The Pursuit of the Millennium:
Revolutionary Millenarians and Mystical Anarchists of the Middle Ages (Revised and Expanded Edition)

First edition, 1957

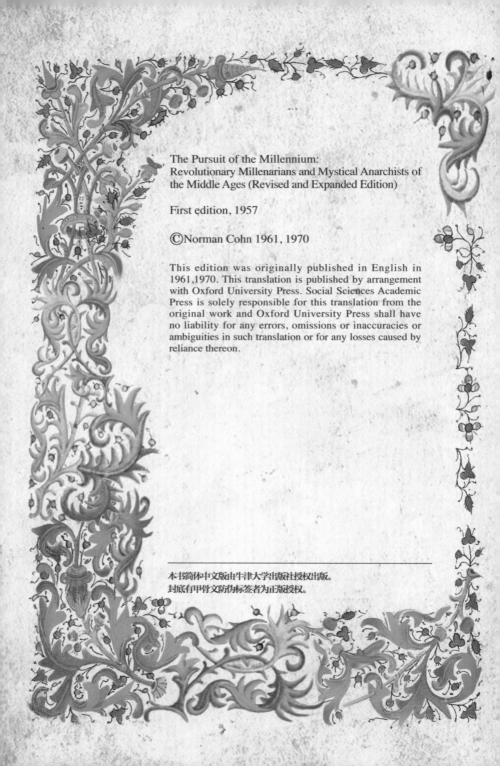

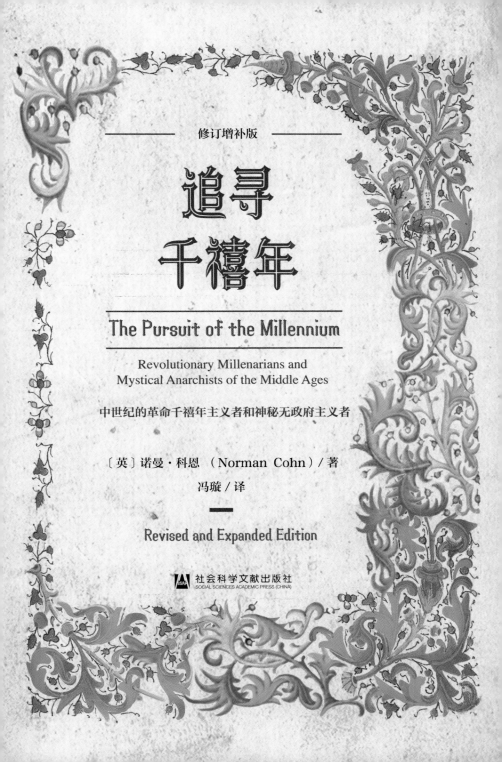

修订增补版

追寻千禧年

The Pursuit of the Millennium

Revolutionary Millenarians and
Mystical Anarchists of the Middle Ages

中世纪的革命千禧年主义者和神秘无政府主义者

〔英〕诺曼·科恩 （Norman Cohn）/ 著

冯璇 / 译

Revised and Expanded Edition

社会科学文献出版社
SOCIAL SCIENCES ACADEMIC PRESS (CHINA)

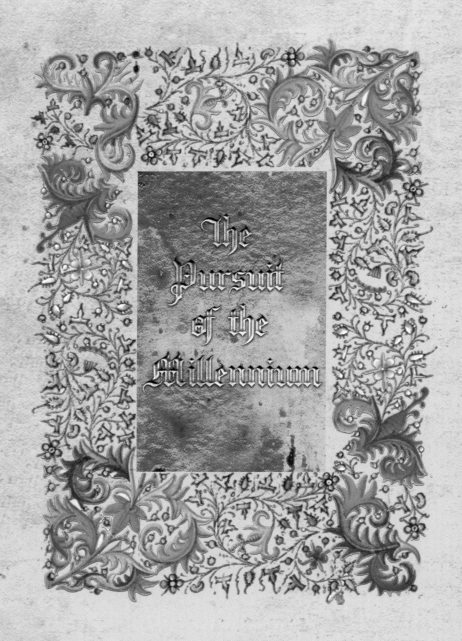

The Pursuit of the Millennium

目录

前　言 …………………………………………………… 001

序言　本书的研究范围 ………………………………… 001

第一章　启示预言的传统 ……………………………… 001

　犹太教和早期基督教的启示文学 …………………… 001

　中世纪欧洲的启示文学传统 ………………………… 017

第二章　宗教异议的传统 ……………………………… 028

　使徒生活的完美典范 ………………………………… 028

　一些早期的弥赛亚 …………………………………… 034

第三章　迷惘穷人的弥赛亚主义 ……………………… 053

　快速社会变革的冲击 ………………………………… 053

　第一次十字军运动中的穷人 ………………………… 063

第四章　对抗敌基督大军的圣徒 ……………………… 078

　末世救主 ……………………………………………… 078

　鬼魔大军 ……………………………………………… 083

　幻想、焦虑与社会神话 ……………………………… 096

第五章　十字军运动的后果 …………………………… 102
伪鲍德温和“匈牙利大师” …………………………… 102
最后的穷人十字军运动 …………………………… 114

第六章　腓特烈皇帝作为弥赛亚 …………………………… 129
约阿基姆预言和腓特烈二世 …………………………… 129
腓特烈的复活 …………………………… 137
未来的腓特烈的宣言 …………………………… 143

第七章　自我牺牲的救赎者精英 …………………………… 156
鞭笞派运动的起源 …………………………… 156
革命的鞭笞派 …………………………… 168
图林根的隐秘鞭笞派 …………………………… 176

第八章　不遵守道德准则的超人精英集团（一） …………… 185
自由灵的异端邪说 …………………………… 185
阿莫里派 …………………………… 191
自由灵的社会学 …………………………… 199

第九章　不遵守道德准则的超人精英集团（二） …………… 207
运动的蔓延 …………………………… 207
自我神化的方式 …………………………… 221
神秘无政府主义的教义 …………………………… 227

第十章　平等主义自然状态 …………………………… 242
在古代思想中 …………………………… 242
在教父思想和中世纪思想中 …………………………… 250

第十一章　平等主义千年王国（一） …………………………… 260
对英格兰农民起义的旁注 …………………………………… 260
塔波尔派的启示文学 ………………………………………… 270
波希米亚的无政府共产主义 ………………………………… 284

第十二章　平等主义千年王国（二） …………………………… 296
尼克拉斯豪森的鼓手 ………………………………………… 296
托马斯·闵采尔 ……………………………………………… 312

第十三章　平等主义千年王国（三） …………………………… 335
再洗礼运动与社会动荡 ……………………………………… 335
明斯特作为新耶路撒冷 ……………………………………… 347
莱顿的约翰的弥赛亚统治 …………………………………… 360

结　论 …………………………………………………………… 373
附录　克伦威尔时期英格兰的自由灵：浮嚣派
与他们的文献 ……………………………………………… 381

注　释 …………………………………………………………… 460
参考书目 ………………………………………………………… 508
索　引 …………………………………………………………… 536

致　谢

我要感谢已故的奥斯特教授（Professor G. R. Owst）和剑桥大学出版社允许我引用《中世纪英格兰神职人员的布道文献》（*Literature and Pulpit in Medieval England*）中对约翰·布罗姆亚德（John Bromyard）作品的翻译。

前　言

《追寻千禧年》第三版的出版为本书的彻底修订提供了机会。距离我开始写这本书已经过去了近四分之一个世纪，距离完成这本书也已经过去了十三年。如果我现在还找不到书中有任何需要改进或澄清的东西，那对学术进步，或对我本人的认识灵活性，或对两者都将是一个糟糕的评价。事实上，我发现了很多需要改进或澄清的地方。旧版本只有十二章，新版本则有十三章，还有不同的“序言”章节和“结论”章节。另有两章被大部分修改，整本书中也有无数小改动。有些读者可能想知道所有这些总的来说意味着什么。那么，这些变化可以被概括为如下几点。

首先，新的研究成果被考虑了进来。《追寻千禧年》仍然是唯一一部以11—16世纪在欧洲西部发展起来的革命千禧年主义和神秘无政府主义传统为主题的著作。但是，关于这个故事中的单一方面和事件的新作品很多，既有短小的文章，也有鸿篇巨制。罗马的罗曼娜·瓜尔涅里教授（Professor Romana Guarnieri）的成果尤其充实了我们对神秘异端宗教[①]自由灵（Free Spirit）的认识。她的贡献包括对玛格丽特·波雷特

① 泛指与主流宗教有某种渊源，然而教义和实践有标新立异之处，从而为主流所不容的新兴宗教。在普通人的心目当中几近“邪教”。（如无特殊说明，本书脚注均为译者注。）

（Marguerite Porete）所著《简单灵魂的镜子》（*The Mirror of Simple Souls*）进行的鉴定和编辑，该作品正是自由灵的基本经文，也是对组成本书附录的年代远晚于它的浮嚣派（Ranters）[①]经文的极好补充。瓜尔涅里教授还创作了迄今为止对该异端宗教在意大利及欧洲北部和中部历史的最近乎完整的叙述。我们对波希米亚的塔波尔派（Taborites）、皮卡第派（*Pikarti*）和亚当派（Adamites）的了解同样有所加深，这不仅是因为捷克斯洛伐克的持续不断的马克思主义研究，也是因为美国学者霍华德·卡明斯基教授（Professor Howard Kaminsky）的一系列令人印象深刻且具有启发性的文章。这些对知识的重要补充，还有许多次要补充，都被纳入了本书的相关章节。

鉴于我从未打算将《追寻千禧年》写成一本中世纪宗教异议（或“异端邪说”）的通史，因此我并没有提及大多数该领域内的最新研究成果，尽管这样的成果非常丰富。然而阅读一些涵盖广泛、具有权威性的著作确实能够发人深省，比如杰弗里·罗素教授（Professor Jeffrey Russell）著《中世纪早期的异议与改革》（*Dissent and Reform in the Early Middle Ages*），戈登·莱夫教授（Professor Gordon Leff）著《中世纪后期的异端邪说》（*Heresy in the Later Middle Ages*），以及乔治·威廉姆斯教授（Professor George Williams）著《激进的改革》（*The Radical Reformation*）。这些作品与《追寻千禧年》最多在个别章节有所重叠，但它们加在一起展示了关于8—16世纪宗教异

① 基督教新教派别，为英国独立派中的一个神秘主义派别，17世纪形成于英格兰，具有唯信仰主义和泛神论倾向。该派可能是接近激进宗教教派的个人团体，因其狂野的行为及主张而受到怀疑，被贬斥为极端派、反律法主义者和泛神论者。

议的宏大历史。在这个更广泛的背景下来看，本书中描述的小派[①]和运动具有的特殊性和极端性就更清晰了：它们在宗教异议的历史上形成了最绝对、最无政府的一派。新的“序言”定义了它们的特性，而新的“第二章”则说明了它们在更广大的社会背景中所处的位置。

第一版已经充分说明了这些小派和运动的社会构成，以及它们所处的社会环境。事实证明，没有必要就这一点做任何修改。也许经济历史学家可以通过对一些个案的详细研究得出进一步的启发，但当下一些历史学家在“异端邪说”问题上的各执一词和武断概括，是必然不会再产生什么值得期待的成果了。例如，关于是否可以将其解释为“弱势群体的一种抗议”，没有什么比西德和东德的某些历史学家之间进行的辩论更无意义；显然，前者无法想象宗教运动如何能表达社会仇恨，后者则不能理解特权阶层怎么也会持有异议。避免这种过分简单化的最佳方法是去了解一下宗教社会学。一个人在这方面有所加强之后，就不太可能认为所有中世纪“异端邪说”都属于同一种类，都反映同样的不满，且都对同一社会阶层有吸引力了。

就革命千禧年主义而言，它的社会学意义体现在本书的所有章节中，但我也尝试在“结论”章节中尽可能简明地对它做出概括。“结论”章节确实是本书中吸引最多注意的部分，很多无论是褒奖还是批评的评语，都是特别针对我认为本书中的故事可能与 20 世纪出现的革命性动荡有关的观点做出的。

---

① 指渊源于某一传统宗教，但尤其执着某一领袖人物，或者信仰和实践某一方面，从而与主流传统有隔阂，甚至是呈现分离倾向的宗教社团。

这个观点不仅在书评和文章中被详尽讨论，也在我受邀前往做演讲的那些英国、欧洲大陆和美国的大学里的自发辩论中被反复提及。这样的辩论是最有益的。所有这些都有助于我澄清自己关于这个问题的想法；我仍然坚信该论点是有充分根据的，但我认为有必要更简洁、更明确地表述它。我在新的“结论”章节中就在尝试这样做。

最后要说的是参考书目。旧版的参考书目中只列出了历史学著作，经过修订后，加入了自我开始撰写本书最初版本以来出现的新历史学著作，这些书名之前标有“*”。然而《追寻千禧年》既是对中世纪历史的研究，也是对千禧年主义的比较研究，而且近年来人们在这个领域中取得了非常可观的进步。我还选择了一些近期的，主要是人类学和社会学方面的著作和论文集补充到参考书目中，其中大部分作品本身也包含参考书目，这将帮助感兴趣的读者在这个深奥难懂但至关重要的领域中做出更多探索。

诺曼·科恩

萨塞克斯大学

1969 年 2 月

序言　本书的研究范围

“千禧年主义”（millenarianism）一词的原始含义是有限和精确的。从关于“末时”、“末世”或“世界的最终状态”的教义层面来说，基督教中一直存在着末世论。基督教的千禧年主义只是基督教末世论的一种变体。它指的是一些基督徒奉行的，以《启示录》（20：4－6）为依据的信仰，即基督第二次降临后，他将在世上建立一个弥赛亚王国，并于最后的审判前统治这个王国一千年。根据《启示录》的说法，这个王国的国民由基督教的殉教者组成，他们会为此而先于普通死者一千年被复活。然而，早期的基督徒已经对这一部分预言做出了宽泛的、抛开字面意思的解释，他们将殉教者等同于自己这样遭受苦难的信徒，并期望在有生之年迎来第二次降临。近年来，人类学家和社会学家都习惯于更宽泛地使用“千禧年主义”这个概念，连一些历史学家在某种程度上也是这样做的。实际上，这个词已经简单地变成某种特定类型救世主义的恰当标签。它在本书中也是以这种方式被使用的。

千禧年主义小派或运动总是将救赎描绘为：

（1）集体性的（collective），也就是它将由作为一个集体的所有信徒共同享受；

（2）尘世的（terrestrial），也就是它将在这个世界中实现，而不是在某个超现实的天堂中实现；

（3）即将到来的（imminent），也就是它将很快且突然到来；

（4）完全的（total），也就是它将彻底改变世上的生活，所以上帝的新安排将不是对现状的区区改善，而是实现绝对的完美；

（5）奇迹般的（miraculous），也就是它将由超自然力，或在超自然力的帮助下得以实现。

即便是设定了这些限制，无限变化的空间依然存在：对千禧年（Millennium）[①] 和通往它的道路的想象有无数种可能。不同的千禧年主义小派和运动所持的态度各不相同，从最暴力的攻击性到最温和的和平主义，从最超凡的精神性到最世俗的物质享乐主义，应有尽有，而且每种小派和运动的社会构成和社会功能也大不相同。

中世纪欧洲[②]的各个千禧年主义小派和运动之间肯定千差万别。一个极端是方济各会神修派（the Franciscan Spirituals）[③]，该修会在13世纪非常活跃。其成员都是严格的

---

① 又译作“千福年、千年王国、太平盛世、黄金时代”等，指耶稣基督复临并在世上建立和平与公义的国度的一千年。本书主要使用千禧年和千年王国两种译法。

② 本书中提及的中世纪欧洲与现代欧洲的地理概念不尽相同，主要包括今天的不列颠群岛、法国、德国西部、阿尔卑斯山地区、意大利中北部和伊比利亚半岛北部等信仰基督教的地区，以区别于拜占庭帝国和伊斯兰教国家。因此，本书中提及的欧洲东、西、南、北、中部也以此范围为参照，不完全等同于现代概念的东、西、南、北、中欧。

③ 亦称“方济各会属灵派”，1274—1318年出现于方济各会内部。由于对会规和布道方式产生不同意见，自1245年起，方济各会会士间出现分歧。一部分人主张保持“原始精神”，过乞食和劳动的修道生活，被称为“神修派”；另一部分人重视学术研究和宣道生活，主张放弃原有托钵方式，改为住院制，被称为“住院派”。

苦行主义者，主要来自意大利城镇中占统治地位的贵族和商人家族混合的阶层，他们中的许多人为让自己变得比乞丐还贫穷而放弃了大笔财富。在他们的想象中，千禧年将是圣灵的时代，到那时全人类都将被祈祷、神秘默观（mystical contemplation）[①] 和自愿贫穷团结在一起。另一个极端是在无依无靠的城镇和乡村贫民中间发展起来的各种千禧年主义小派和运动。这些人绝对不是自愿陷入贫穷状态的，他们的命运是一种极端和残酷的不稳定，他们信奉的千禧年主义是暴力的、无政府的，有时还是真正革命性的。

本书讨论的是 11—16 世纪，在无依无靠的欧洲西部贫民中盛行的千禧年主义，以及适宜其发展壮大的社会环境。但这只是最主要的，而不是唯一的主题，因为穷人不是自己创造了千禧年主义信仰，而是从伪先知或伪弥赛亚那里接受了这一信仰。而伪先知或伪弥赛亚中的许多人曾经是低级神职人员，他们也是从各不相同的渠道获得各自的理念的。有一些千禧年主义幻想是从犹太人和早期基督徒那里继承的，其他一些是从 12 世纪隐修院院长菲奥雷的约阿基姆（Joachim of Fiore）那里继承的，还有一些则是自由灵弟兄会（Brethren of the Free Spirit）[②] 的异端神秘主义者编造的。本书既研究了各种千禧年主义信仰是如何产生的，也研究了它们在被传播给穷人的过程中发生了哪些变化。

---

① 基督教术语，指通过祈祷和默念来感受上帝的力量，是一种对上帝的单纯的、直觉的凝视，因此能够看见上帝的本质。《天主教教理》2715 指出：默观是以耶稣为焦点的信德的凝视。

② 亦称“自由教会”，中世纪基督教派别，为 13 世纪欧洲神秘的泛神主义的一个支派，相信个人通过与神完全合一就能从道德规范中完全解放出来。

充满千禧年兴奋的世界和充满社会动荡的世界在当时虽然并非完全一致，但的确有部分重叠。经常发生的情况是，某些千禧年主义先知吸引了某一特定群体的穷人。接着，穷人想要改善自身物质生活条件的普通愿望，就渗透进关于世界通过最终的、预示末日恐怖景象的大屠杀重生为无罪世界的幻想中。被视作邪恶之人的犹太人、神职人员或富人等都将被消灭；随后，前述的那些穷人，也就是圣徒们将建立起一个没有苦难和罪恶的王国。受这些幻想的鼓舞，许多穷人开始进行一种与其他农民或工匠进行的那种、带有地方性和有限目的的寻常起义完全不同的事业。本书的“结论”章节将试图分析中世纪穷人的这些千禧年主义运动的特殊性，并提出一种看法，即从特定方面来看，这些运动正是20世纪某些大规模革命运动的真正前身。

其他关于这些中世纪运动的全面研究尚不存在。在中世纪出现和消失的一些更纯粹宗教性的小派确实得到了充分关注；但关于在群体性的迷惘和焦虑下，对一个未来的黄金时代或弥赛亚王国的传统信仰如何一次又一次成为社会渴望和社会仇恨的表达工具的故事却没有吸引多少注意力。尽管针对个别事件或方面的优秀专题研究很多，但还没有人将这个故事作为一个整体进行完整论述。本书的目标是尽可能填补这一空白。

要开辟这个基本尚未被探索过的领域，需要结合成百上千的拉丁语、希腊语、古法语、16世纪法语，以及中世纪、16世纪高地和低地德语的原始资源。研究和写作总共花了约十年时间。因为这个时间似乎已经很长，所以我才不情愿地决定将研究局限于欧洲北部和中部。并不是说中世纪的地中海世界没有类似的或同样引人入胜的非凡事件发生，而是在我看来，研究覆盖的地理上的全面程度不如对涉及范围内问题研究的详尽和准确程度重要。

可提供这些原始内容的同时期文献的种类极为丰富，包括编年史，审讯记录，教皇、主教和公会议发布的谴责公告，神学小册子，辩论小册子，信件，甚至抒情诗。撰写这些资料的神职人员大多完全反对自己描述的这些信仰和运动，所以要判断哪些内容是无意识的曲解，哪些是有意识的虚假描述并不总那么容易。不过，幸运的是，对立一方也创作了大量文献，其中许多内容躲过了世俗和教会当局偶尔进行的销毁行动，得以幸存至今。因此，我们不仅可以把某些神职人员的资料与其他神职人员的资料做比较，还可以与许多千禧年主义先知的书面宣告做比较。本书中给出的叙述是搜集、整理、分析和再分析大量证据的漫长过程的最终产物。如果本书中的大部分叙述是坚定确信的，那是因为在写作过程中产生的几乎所有主要怀疑和疑问都在写作完成之前得到了解答。仍然无法确定的地方，则一定会有所说明。

第一章　启示预言的传统

犹太教和早期基督教的启示文学

中世纪后期[1]的革命末世论是在从古代世界流传下来的各种预言的基础上逐渐形成的。所有这些预言本来都是宗教团体在面对威胁或切实压迫时，用来进行自我安慰，或加强和表现自信的工具，最开始的犹太人，以及后来的基督徒都是这么做的。 19

此类预言中最早出现的那些是由犹太人创造的这一点再自然不过了。犹太人与其他古代世界民族的一个非常鲜明的区别就在于他们对历史的态度，尤其是对本民族在历史中扮演的角色的态度。[2]除了波斯人在某种程度上与他们类似之外，犹太人是唯一将坚定的一神论与坚定地认为自己是这个唯一神的选民的信念结合在一起的民族。[3]最晚从逃出埃及时起，他们就确信耶和华的旨意集中于以色列人，只有以色列人被赋予了实现这一旨意的责任。最晚从先知时代起，他们就确信，无论一个国家的神可以有多强大，耶和华都绝不是一国之神，而是唯一的神，是掌控万国命运的全能的历史之主。的确，不同的犹太人从这些信念中得出的不同结论之间存在很大差异。许多人像“第二以赛亚书”（Second Isaiah）① 中说的那样，认为上帝的

① 一些近代学者称《以赛亚书》第40—66章为“第二以赛亚书”；也有学者将这一部分再细分，称第40—55章为“第二以赛亚书”，第56—66章为“第三以赛亚书”，理由是创作时间和作者不同。

拣选对他们施加了特殊的道义责任，让他们有义务在与所有人打交道时表现出公义与仁慈。在他们眼中，以色列人接受的神圣任务是启发非犹太人，并将上帝的救恩带到天涯海角。但是，除了这种道德上的理解之外，随着人们对古老民族主义的热情反复遭受失败、驱逐及离散的冲击和消磨，另外一种解释开始变得越来越有吸引力。正是由于他们完全确信自己就是上帝的选民，所以犹太人用来应对危险、压迫和艰辛的工具往往
20 是关于耶和华将在时候满足时，凭借其全能，赐予他的选民彻底胜利和无尽富足的幻想。

《先知书》[①] 中的一些段落预告了在无比巨大的灾难之后，会出现一个足以被视为失而复得的天堂和新伊甸园的“巴勒斯坦”（Palestine），有些这样的内容是在公元 8 世纪[②]被创作出来的。由于上帝的选民忽视了耶和华，所以他们必须受到饥荒、瘟疫、战乱和囚禁的惩罚，必须经受严格到足以让他们与有罪的过去彻底决裂的筛选和审判。将来一定会有一个耶和华的日子，一个忿怒之日，当这一天来临时，日月星辰都将暗淡无光，天空像被卷起，大地也在震颤。届时必将有一场审判，那些信仰邪教者——那些在以色列却不信主的人和作为以色列人敌人的异教民族——都要接受审判并被打败，甚至是被彻底摧毁。但这还不是结局：以色列的“得救的余民”将免受责罚，并负责实现上帝的神圣旨意。当这个民族以这种方式被更

① 先知指《圣经》中上帝的代言人，他们自称是奉耶和华的默示而行动，他们的话就是耶和华的话。有些先知把自己得到的“启示”记录下来，这些记录或著述就被称为《先知书》。但圣经学家们对于《先知书》的范围和分类意见不一。

② 原文如此，但疑似“前 8 世纪”的笔误，见第 64 页（页边码）：“自希伯来人关于完美弥赛亚的想象早在公元前 8 世纪开始成形以来……”

新和改造后，耶和华将不再复仇，而是成为救主。公义的余民后来被认为可以与此时从死中复活的义人一起重新集中到巴勒斯坦，耶和华会作为统治者和审判者居住在他们中间。他将在重建的耶路撒冷进行统治，那里也将成为全世界的精神之都，成为所有人都拥向那里的天主之城。那时的世界将是公正、和谐和安宁的，穷人会得到保护，连危险的野兽也变得驯服和无害。届时月亮将发出像太阳一般明亮的光，而太阳的光将增强七倍。沙漠和荒原都将转变为良田和美景。羊群和牛群都会有充足的水和饲料，人们会有大量的谷物、葡萄酒、鱼和水果。人类和他们的羊群、牛群都将极大地增多。上帝的选民将生活在喜悦和幸福中，他们不会受到任何疾病和悲伤的侵扰，也不会再做出任何不义之事，而是按照此时被写在他们心中的耶和华的律法生活。

被作为一种民族主义宣传工具的启示文学①，是专门针对犹太人中的下级阶层的，其使用的腔调更粗俗、更自我夸耀。这一点在最早出现的启示文学作品中已经很明显，《但以理书》第七章中的“异象”② 或“梦”是在约公元前 165 年写就的，这个时间在犹太人历史上是一个特别危急的时刻。自巴比伦之囚③三个多世纪以后，巴勒斯坦的犹太人先在波斯人，

① 又译作“默示文体”，是公元前 2 世纪—公元 2 世纪流行于犹太民间的一种宗教文体及著述，主要论述“弥赛亚降临”“世界末日”“最后的审判”等神学命题。后来的基督教神学家用该词泛指一切包含或声称包含关于末世的神秘启示的文献。这种文体也是当时发动群众反对民族压迫的手段之一。《以西结书》《但以理书》《启示录》等都是典型的启示文学作品。

② 又译作“神视”，指人在睡梦中或入迷时所产生的一种非现实的、超自然的或预言式的幻觉。基督教认为这是人们直接从上帝那里得到启示的方式之一，也是上帝直接向人们显示自己的特有现象之一。

③ 指公元前 597—前 538 年犹太人被掳往巴比伦的历史事件。

21 后来在托勒密王朝的统治下享受了一定程度的和平与安全。但公元前2世纪时，情况发生了变化。巴勒斯坦被移交给希腊化的叙利亚塞琉古王朝。犹太人内部为此严重分裂，因为世俗上级阶层热切地接受了希腊人的风俗习惯，普通百姓却更加坚定地固守着祖先的信仰。当塞琉古君主（神灵显赫的）安条克四世（Antiochus Ⅳ Epiphanes）代表亲希腊派介入，甚至做出禁止所有犹太教活动的过分举动后，他得到的回应就是马加比起义（Maccabean revolt）①。《但以理书》中关于“梦”的内容就是在起义高潮期间被创作出来的，其中的四兽象征着世界上接连存在的四个世界强国，即巴比伦、（缺乏历史依据的）米底（Media）、波斯和希腊。这第四兽“与一切国大不相同、必吞吃全地、并且践踏嚼碎”[4]②。当轮到这个国被推翻时，作为以色列人国家象征的“人子”（Son of Man），

> 驾着天云而来，被领到亘古常在者面前；得了权柄、荣耀、国度，使各方、各国、各族的人都侍奉他。他的权柄是永远的，不能废去……天下诸国的大权，必赐给至高者的圣民……[5]

---

① 又译“玛加伯起义”或“玛喀比起义”。公元前167年，犹太人为反抗叙利亚的民族压迫、捍卫自己的宗教信仰，在祭司玛塔提雅领导下进行武装斗争。玛塔提雅的三儿子犹大勇武善战，绰号“马加比”（意为“锤子”或“执锤者”），这次民族起义亦由此得名。

② 本书中涉及《圣经》的翻译，均依照国际圣经协会出版发行的《中文圣经和合本》。但本书原文中引用的《圣经》内容出自《英王钦定本》，而和合本并非完全依照该版本翻译，因此会出现极个别用词不同，或增添、减少的情况，不过均不影响引文大意。下文凡出现此种情况的，中文译文会在和合本基础上根据钦定本加以补充，并做出说明。

这比任何先知的预言都更向前迈了一大步：荣耀的未来王国第一次被想象为不是仅包括巴勒斯坦，而是覆盖整个世界。

从这里，人们已经可以看出一个即将成为，并会一直被保留为革命末世论核心幻想的范例：世界正被一个具有无穷破坏性的、邪恶的、暴虐的力量统治，这种力量被想象为不仅仅来自人类，还来自魔鬼。该力量的暴虐程度将越来越惨无人道，它的受害者所遭受的痛苦将越来越难以承受——直到上帝的圣徒奋起反抗并将邪恶力量推翻的时刻突然来临。届时，此前在压迫者脚下痛苦呻吟的圣徒，也就是那些被上帝拣选的圣洁之人将继承对整个世界的统治权。这将是历史的顶点：圣徒的王国不仅将在荣耀上超越先前的所有王国，而且它永远不会被取代。正是因为存在这种幻想，犹太教的启示文学[6]才能通过其各种衍生物让后来各个时代中那些不满和沮丧的群体着迷。哪怕是在连犹太人自己都忘了它的存在很久之后，该幻想依然在发挥这样的作用。

自公元前 63 年庞培吞并巴勒斯坦到公元 66—72 年的第一
次犹太战争期间，在犹太人与作为他们新主人的罗马人抗争的 22
过程中，源源不断的充满好战情绪的启示一直伴随着抗争出现，并对其产生刺激作用。正因为这种宣传是针对普通百姓而做的，所以它大大利用了关于末世救主，也就是弥赛亚的幻想。这种幻想当然已经很古老，对于先知来说，要在末世统治自己选民的救主通常是耶和华本人；然而自从这个民族在政治上衰落之后，一个未来的弥赛亚似乎开始在民间宗教中扮演起相当重要的角色。起初，该弥赛亚被认为是大卫的后裔，是一个特别明智、公正和强大的君主，将重振本民族的运势。但随着政治局势变得越来越令人绝望，这个弥赛亚也成了一个更加超乎常人的存在。在“但以理的梦”中，驾着天云而来的人子似乎是整个以色列人国家的化身。但是在这里，他可能已经开始被想象成一个超乎常人的个体。在主要出现于公元1世纪的《巴录启示书》（Apocalypse of Baruch）① 和《以斯拉启示书》（Apocalypse of Ezra）② 中，这个超乎常人的存在无疑是一个男人，一个拥有独特神奇力量的善战的国王。[7]

在《以斯拉启示书》中，弥赛亚先被展现为犹大之狮，在狮子的吼声中，罗马鹰这个最后和最坏的兽身上突然冒出火焰，随即被烈火吞噬；接着，弥赛亚又被展现为人子，他先用他呼出的火焰和风暴消灭了大批异教徒，然后将分散到寄居之地的十个部落聚集到一起，在巴勒斯坦为他们建立一个王国，让重新团结在一起的以色列人在这个王国的和平与荣耀中繁荣昌盛起来。[8]根据《巴录启示书》的说法，一定会有一个充满难以忍受的艰辛和不公的时期到来，那就是最后一个，也是最糟糕的罗马帝国的时代。接下来，就在邪恶达到它的最高点时，弥赛亚将现身。他是一个强大的战士，他将击溃并消灭敌人的军队；他将俘虏罗马人的首领，用锁链将其拖到锡安山（Mount Zion）接受处决；他还将建立一个能存续到世界终了之时的王国。所有曾经统治以色列人的国家都将被屠杀殆尽，其余国家的一些人将臣服于上帝的选民。一个极乐的时代将拉开帷幕，届时人们再也不用经历痛苦、疾病、旱夭、暴力、冲突、匮乏和饥饿，地上作物的产量将提高一万倍。[9]这个尘世间的天堂是会持续到永远，还是只持续几个世纪，直到被另一个

① 即《巴录二书》（2 Baruch），旧约伪经之一，属启示文学。传为先知耶利米的助手兼秘书巴录所著，实际成书于公元1世纪前后。

② 旧约伪经之一，属启示文学。成书年代约在公元2世纪中叶或稍晚。

天堂王国取代？对此人们意见不一，但那毕竟只是一个学术问题。无论是暂时的还是永恒的，这样一个王国都值得人们为之奋斗；而且这些启示文学至少已经认定，在将圣徒带入他们的王国的过程中，弥赛亚将在战争中展现出不可战胜的特点。

处于罗马行省总督统治下的犹太人与罗马的矛盾越来越尖 23
锐，所以弥赛亚幻想就成了占据许多犹太人全部心思的东西。根据约瑟福斯①的说法，正是因为相信一位弥赛亚国王即将到来，犹太人才发动了这场完全自杀性质的战争，结果导致公元70年耶路撒冷被占领及圣殿被毁。[10]于公元131年领导了最后一次争取民族独立的伟大抗争的“星辰之子”西门（Simon bar-Cochba）② 仍被人们称为弥赛亚。但是，这场起义遭到的血腥镇压，以及政治层面的民族身份被抹除，共同终结了启示信仰和犹太人的战斗精神。尽管在随后的几个世纪中，分散在各处的群体中又出现过一些自封的弥赛亚，但他们提议的仅是重建故国家园，而不是建立末世中的世界帝国。另外，这样的人从未在欧洲犹太人中间出现过，他们也很少会激励人们进行武装起义。[11]犹太人已经不再珍视和阐述“但以理的梦”中的预言，继续这样做并继续受其启发的人变成了基督徒。

一个经历磨难、最终死去的弥赛亚，一个纯粹属灵的王国——这些后来会被视为基督教教义核心的理念却不是所有早

---

① 弗拉维乌斯·约瑟福斯（Flavius Josephus，约37年—100年），犹太史学家。曾参加犹太人反抗罗马统治的战争，后投降并迁居罗马。著有《犹太古代史》和《犹太战争史》，其中涉及《圣经》人物和其他方面重要史料，对研究基督教的起源有重大意义。

② 原名科西巴之子西门（Simeon bar Kosba），公元135年在其位于耶路撒冷西南部的要塞中战死，剩余犹太人军队随后很快被击败，此次战争中有记录的伤亡人数超过58万。

期基督徒都接受的。自约翰内斯·魏斯①和阿尔贝特·施韦泽②于大约六十年前③确切地阐述这个问题以来，专家们一直在就犹太人的启示预言对基督本人的教义究竟有多大影响而进行争论。如果说这个问题远远超出了本书的研究范围，那么被福音书认定为出自基督之口的一些说法则绝对在这个范围之内。《马太福音》中记载的那句著名的预言无疑具有重要意义，无论基督真的这样说过还是仅仅被认为这样说过，都不影响这一结果："人子要在他父的荣耀里，同着众使者降临；那时候，他要照各人的行为报应各人。我实在告诉你们：站在这里的，有人在没尝死味以前，必看见人子降临在他的国里。"[12]许多早期基督徒会用他们已经熟悉的启示文学末世论来解释这些事情并不奇怪。这些人就像他们之前的一辈辈犹太人一样，也把历史分成两个时期，一个是在弥赛亚的胜利降临之前，另一个是在那之后。[13]他们虽然将第二个时期称为"末世"或"来世"，但这并不意味着他们预料届时万物都会迅速和灾难性地终结；相反，很长一段时间以来，许多基督徒不仅确信基督将很快重新获得权力和威严，还认定他第二次降临后会在世
24 上建立一个弥赛亚王国。他们满怀信心地期盼这个王国能够持续一千年或无限期地持续下去。

基督徒像犹太人一样受到压迫，他们做出回应的方式是向世界，也向他们自己更加坚定地断言，弥赛亚时代即将来临的

---

① 约翰内斯·魏斯（Johannes Weiss，1863 年—1914 年），德国新教神学家和《圣经》释经家。

② 阿尔贝特·施韦泽（Albert Schweitzer，1875 年—1965 年），哲学家、神学家、医生、管风琴演奏家、社会活动家、人道主义者、1952 年诺贝尔和平奖获得者，他提出了"敬畏生命"的伦理学思想。

③ 指 20 世纪初。本书首次出版于 1957 年，增补版出版于 1970 年。

信念是正确的，届时他们受到的不公待遇都将被纠正，他们的敌人都会被打败。基督教想象这种巨大转变的方式与犹太人的启示文学有很大关系这一点，也不会让人意外——实际上，某些启示文学作品在基督徒中的传播甚至比在犹太人中的更为广泛。[14]在名为《启示录》的启示文学作品中，犹太教和基督教元素被融合在一个具有伟大诗意的末世预言中。就像在《但以理书》中一样，这里的骇人十角兽也象征着世上最后的帝国，即此时正在搞迫害的罗马帝国；另一个兽则象征着在罗马各省，为皇帝要求神圣荣耀的祭司们：

> 我又看见一个兽从海中上来，有十角……又任凭它与圣徒争战，并且得胜。也把权柄赐给它，制伏各族、各民、各方、各国。凡住在地上，名字……没有记在……生命册上的人，都要拜它……我又看见另有一个兽从地中上来……又行大奇事……它因赐给它权柄……能行奇事，就迷惑住在地上的人……
>
> 我观看，见天开了。有一匹白马，骑在马上的称为诚信真实，他审判、争战都按着公义……在天上的众军骑着白马，穿着细麻衣，又白又洁，跟随他。有利剑从他口中出来，可以击杀列国……我看见那兽和地上的君王，并他们的众军都聚集，要与骑白马的并他的军兵争战。那兽被擒拿，那在兽面前曾行奇事、迷惑受兽印记和拜兽像之人的假先知，也与兽同被擒拿。他们两个就活活地被扔在烧着硫磺的火湖里。其余的被骑白马者……的剑杀了。飞鸟都吃饱了他们的肉……
>
> 我又看见那些因为给耶稣作见证，并为神之道被斩者

> 的灵魂，和那没有拜过兽……之人的灵魂……（他们）都复活了，与基督一同作王一千年……

到了这个时期的末尾——按照“千年”一词的严格意义来说就是在第一千年的时候——死者都将复活，最后的审判也会来
25 临。那些名字没有记在生命册上的人要被投入火湖。新耶路撒冷会从天而降，成为圣徒们永远的居所：

> 我又看见一个新天新地。因为先前的天地已经过去了，海也不再有了。我又看见圣城新耶路撒冷由神那里从天而降，预备好了，就如新妇妆饰整齐，等候丈夫。我听见有大声音从宝座出来说：“看哪！神的帐幕在人间。他要与人同住，他们要作他的子民；神要亲自与他们同在，作他们的神。神要擦去他们一切的眼泪。不再有死亡，也不再有悲哀、哭号、疼痛，因为以前的事都过去了。”坐宝座的说：“看哪！我将一切都更新了。”……我被圣灵感动，天使就带我到一座高大的山，将那由神那里从天而降的圣城耶路撒冷指示我。城中有神的荣耀，城的光辉如同极贵的宝石，好像碧玉，明如水晶……[15]

人们有多么相信这些预言会一字不差地应验，以及他们对预言的应验抱着怎样狂热的兴奋，都可以从一个被称为“孟他努主义”（Montanism）的运动中看出来。公元 156 年，一个名叫孟他努（Montanus）的人在弗里吉亚（Phrygia）宣布自己是圣灵的化身，也就是第四福音书中提到的要揭示即将发生的事的“真理的圣灵”[16]。不久，他周围就聚集了不少陷入狂喜之

人，这些人经常看到异象，而且确信自己看到的一切都来自神，他们甚至称这些经历为“第三约”（the Third Testament）。这些人所获启示的主题就是王国即将降临：新耶路撒冷即将从天空中降落到弗里吉亚的土地上，这里将成为圣徒的居所。因此，孟他努派召唤所有基督徒到弗里吉亚来，在禁食、祈祷和沉痛的悔改中等待第二次降临。

这是一场极为深刻的苦行运动，它追求的就是痛苦，甚至是殉教，因为要成为千年王国永久居民的不正是那些被复活的殉教者吗？没有什么比迫害更能推动孟他努主义的传播。从公元 177 年开始，当基督徒又开始在罗马帝国的许多省份里遭到迫害时，孟他努主义突然不再只是一种地方运动，而是被传播到更广大的地区，不仅覆盖小亚细亚，还包括非洲、罗马，甚至高卢。尽管孟他努派不再依赖弗里吉亚，但他们对新耶路撒冷即将出现的信心从未动摇。当时西方最著名的神学家德尔图良（Tertullian）① 在加入这场运动时也对此坚信不疑。我们发 26
现他在公元 3 世纪早期记录过一个令人惊奇的征兆：在犹太（行省）的天空中有一座被城墙围绕的城市，它每天早上出现在天空中，随着时间的推移逐渐消失，这样的景象持续了四十天，这无疑是天上的耶路撒冷即将降临的标志。[17]（我们将看到，）同样的异象在大约九个世纪后还会让向着耶路撒冷艰难跋涉的平民十字军中的大批平民神魂颠倒。

---

① 又译作“特图里安、特土良”（约 160 年—约 225 年），早期基督教神学家、拉丁教父。生于迦太基，在罗马接受教育，曾研习哲学、医学和法学。约公元 195 年皈依基督教，晚年因不满正统教会日益世俗化而转入孟他努派。最早提倡理性服从信仰，推崇三位一体学说。主要著作有《护教篇》《论异端无权成立》《驳赫莫金尼斯》等。

孟他努派一天又一天、一周又一周地期待第二次降临的行为方式是追随了许多，甚至可能是绝大多数早期基督徒的脚步。就连《启示录》也仍然认定那事“必要快成”[18]。然而到公元2世纪中叶，这样的态度却变得不那么常见了。写于公元150年前后的《彼得后书》（Second Epistle of Peter）对此的语气有些犹豫不决：出于怜悯，基督可能会耽延降临，直到“人人都悔改”[19]。与此同时，至此时为止原本享有被收入真经权威的基督教启示文学也开始被剥夺这种权威，这个过程一直持续到只有《启示录》被保留在《圣经》中为止，那还是因为《启示录》的作者被错误地认定为圣约翰。如果说有越来越多的基督徒认为千禧年是遥不可及的，而不是即将发生的事件，那么依然坚信它会在日期满足时降临的人也同样不少。护教士查斯丁（Justin Martyr）肯定不是孟他努派，但他在《与特里风谈话录》（*Dialogue with the Jew Trypho*）中清楚地阐明了这个观点。他的犹太人对话者在书中问他：“你们基督徒是否真的坚持认为，耶路撒冷这个地方将被重建，你是否真的相信你的族人将在基督的带领下，与祖先和先知欢聚一堂?”查斯丁对此的回答是，虽然并非所有真正的基督徒都持有这种信仰，但他和其他许多人一致坚信，圣徒确实将在被重建、被装饰一新，并被扩大的耶路撒冷生活一千年。[20]

无论圣徒王国是遥不可及还是即将降临，人们对它的想象无疑是各种各样的，有的从最物质的角度，有的从最精神的角度；但可以肯定的是，包括最博学的基督徒在内的大多数人的想象，主要还是关于物质的。这些幻想的早期范例之一是“使徒教父”帕皮亚（‘Apostolic Father’ Papias）提供的，他出生于公元60年前后，可能曾受教于圣约翰。这个弗里吉亚人很有学问，致力于保存基督训言的第一手资料。他宣称千禧年预言出自基督之口是错的，因为在诸如《巴录启示书》之类的各种犹太启示文学中都可以找到对应的预言。但预言的重要意义其实在于，它们展示了后使徒时代的人，或至少是一些受过教育的坚定的基督徒抱有怎样的期待，以及他们相信基督 27
本人抱有怎样的期待：

> 将要到来的日子里，会有葡萄藤，每根藤上有一万个枝，每个枝上有一万个芽，每个真芽上有一万根茎，每根茎上会结出一万串葡萄，每串葡萄上有一万颗葡萄珠，每颗葡萄珠能酿出二十五桶（metrete）[①] 葡萄酒。当任何圣徒拿起一串葡萄时，另一串就会大喊："我是更好的一串，把我摘下吧，用我赞美主。"同样的，［主］说，一棵小麦上要有一万支穗，每支穗里要有一万个麦粒，每个麦粒能磨出十磅最精细、洁白、纯净的面粉。还有苹果、种子和牧草也都会以与此相似的比例产出。所有动物仅靠从地上获得的食物就可以吃饱，它们之间会变得和平友好，并完全被人类驯服。如今这些事对信徒来说是可信的。而抱着怀疑的叛徒犹大问道："主要怎样实现这样的增长？"但主回答说："他们会看见谁将在那时降临。"[21]

---

① 古希腊计量单位，译为"桶"，参见《约翰福音》（2：6），"照犹太人洁净的规矩，有六口石缸摆在那里，每口可以盛两三桶水"。1 桶约等于 39 升或 10 加仑。

伊里奈乌（Irenaeus）① 也是小亚细亚人，他在公元2世纪末到高卢定居，并将这些预言带到那里。作为里昂主教和杰出的神学家，他在建立西方的千禧年观方面可能贡献比任何人都大。他的鸿篇巨著《驳异端》（*Against Heresies*）的最后几章构成了从《旧约》和《新约》（还有帕皮亚作品段落）中选出的弥赛亚预言和千禧年预言的合集。伊里奈乌认为，相信这些事情必定会发生在尘世是正统信仰不可或缺的一部分，这既是为了将被复活的公义的死者，也是为了公义的在世之人。而且，他为自己的坚定信仰给出的理由表明，补偿性幻想在此时发挥的作用和在“但以理的梦”时期同样重要：

> 正是因为他们在这个被创造的世界中辛勤劳作、历尽折磨并以各种方式接受考验，所以他们理应为自己的苦难而获得奖励；在这个被创造的世界中因对上帝的爱而被杀死的那些人，理应在这个世界中复活；在这个被创造的世界中忍受奴役的人，理应在这个世界中统治。因为上帝在万物上富足，万物都是他的。因此，这个被恢复到其原始状态的被创造的世界，理应无条件地受义人支配。[22]

---

① 又译作“爱任纽”（约130年—约202年），早期基督教教父，在东西方教会有关复活节日期的争议中主张互相尊重、和平商讨。著有《驳异端》（五卷本），旨在驳斥诺斯替教派（Gnosticism）的各种论点，系统阐述基督教神学。其学说涉及上帝、三位一体、创世、原罪、救赎等教义问题。

到公元4世纪，这种模式仍然没有变。当雄辩的拉克坦西[①]开始努力让人们改信基督教时，他毫不犹豫地用不义之人届时将遭到血腥报复来增强千禧年的吸引力：

> 但是那个疯子（敌基督）怒不可遏，他将率领军队包围义人避难的山峰。当后者看到自己被围困时，他们会大声向上帝恳求帮助，上帝会听到他们的话，并向他们派遣一位解救者。然后天会打开，空中风起云涌，基督必带着大能降临。烈焰般的光辉要行在他前面，还有无数天使。大批的不敬神者都将被消灭，他们的血会汇聚成湍流……当和平得以实现、所有邪恶都被抑制，获胜的公义国王会对地上的在世之人和已死之人进行大审判，他会把所有异教徒交给活着的义人，使之接受他们的奴役。他还会把（公义的）死者复活，让他们进入永生，并和他们一起在地上统治；他还要建立圣城，让这个义人的王国持续一千年。在此期间，星辰会变得更加灿烂，太阳的亮度将增强，月亮将不再亏缺。那时，上帝会在早晨和傍晚赐福，土地可以在没人耕作的情况下结出所有果实。大量的蜂蜜从岩石上滴下，牛奶和葡萄酒会从喷泉里涌出。森林中的野兽会收起它们的野性，变得驯服……不再有任何动物要为生存而杀戮。因为上帝必提供丰富而无罪的食物。[23] 28

---

① 拉克坦西（Lactantius，约240年—约320年），古代基督教拉丁教父，著名修辞学家、护教士，生于北非，3世纪末加入基督教。认为基督是创造万物的独一真神，反对异教迷信，反对希腊哲学取代基督教。一生著述很多，主要有《上帝的愤怒》《神圣教规》《论迫害者之死》等。

在（可能生活在）公元5世纪的，地位很低的拉丁诗人科莫迪亚努斯（Commodianus）[24]的书中，通常的关于复仇和胜利的异象突然被明确成了一种拿起武器战斗的强烈渴望——这是对将在中世纪后期爆发于欧洲的十字军运动中的千禧年主义的第一次预示。根据科莫迪亚努斯的说法，当基督复临时，他带领的将不是天使的大军，而是消失的以色列十支派的后裔，这些人都在世人所不知的隐蔽地方得以幸存。这群“隐藏起来的、最后的圣民”被描述为一个特别高尚的群体，他们对仇恨、欺骗或欲望一无所知，因为不喜欢杀戮而成了素食主义者。这些人还是一个受上帝眷顾的群体，因此他们对疲劳、疾病和旱天完全免疫。如今这些人赶来解放耶路撒冷这个“被俘虏的母亲”。“他们陪同天上的国王而来……所有受造之物都为看到这些无与伦比的人物而感到喜悦。”山在他们面前变平，喷泉在他们的路途沿线喷涌，云低下来为他们遮挡太阳的炙烤。但这些圣徒也是勇猛的战士，在战斗中无人能敌。他们像狮子一样狂暴，摧毁他们所经过的土地，颠覆千国，推倒万城。他们“受上帝的许可”抢夺金银，为上帝慷慨施予他们的偏爱而高唱赞美诗。敌基督惊恐地逃到北方，然后带着一支
29 追随者大军返回，这些追随者显然就是那些传奇且令人恐惧的，被统称为歌革和玛各（Gog and Magog）[25]的人，据说亚历山大大帝曾将他们囚禁在遥远的北方。但敌基督还是被上帝的天使击败，并被投入地狱。他手下的各个头目都被贬为圣民的奴隶，后来那些在最后的审判中幸存的少数人也是如此。至于圣民，他们会永远生活在神圣的耶路撒冷——永存不朽，长生不老，且持续婚娶和生养，这些人不受雨水或严寒的侵害，围绕着他们的大地也会永不停歇地产出果实。

中世纪欧洲的启示文学传统

公元 3 世纪，千禧年主义第一次遭到质疑。也许是古代教会所有神学家中最有影响力的奥利金①，开始将千年王国描述为一个不是在时间或空间中发生，而是只在信徒的灵魂中发生的东西。奥利金将一个集体性的千禧年主义末世论替换成了个人灵魂的末世论。激发他深刻的希腊人想象力的是关于精神进步可以在今生开始，并在来世继续的前景。从那以后，神学家对这个主题给予了越来越多的关注。这种关注点的转变确实非常适合当时已经形成有效组织，并享受着几乎不间断的和平和世人公认地位的教会。当基督教于 4 世纪在地中海世界获得至高地位，并成为帝国官方宗教后，教会对千禧年主义的不赞成就更明显了。天主教会此时成了一个强大而兴旺的机构，能够通过被广泛接受的例行程序运作。掌管教会的人不希望看到基督徒仍紧抓着尘世新天堂的过时且不适当的梦想不放。5 世纪初，圣奥古斯丁（St Augustine）② 提出了这个新环境需要的教义。根据《上帝之城》（*The City of God*）的理论，《启示录》应被理解为一种精神寓言；至于千年王国，则随着基督教诞生就同时开始，且在教会中得到了充分的实现。[1]这个观点立即成

---

① 奥利金（Origen，约 185 年—约 254 年），古代基督教希腊教父的重要代表之一。早年曾研习教理和《圣经》，后受希腊哲学的影响，尤其注重新柏拉图主义和新斯多葛主义。著有《论原理》《驳塞尔索》《论祈祷》等。

② 奥古斯丁（354 年—430 年），古代基督教拉丁教父主要代表，著名神学家、哲学家，为古代西方不同哲学、宗教因素的集大成者。创立了体态完备的教父学，为基督教哲学的形成和发展奠定了基础。重要作品包括《上帝之城》《论三位一体》《忏悔录》等。

了正统教义。此时，极受人尊敬的伊里奈乌竟然曾将这种信仰当成正统教义中不可或缺的一部分的事实也变得不可容忍。教会花大力气查禁他所著《驳异端》中的千禧年主义相关章节，
30 并取得了很好的效果。[2]后人直到1575年才在一份被修订者漏掉的手稿中重新发现那些内容。

尽管如此，启示文学传统的重要性仍然不容小觑；就算在官方教义中已无它的容身之地，但在隐蔽的下层社会民间宗教中，它仍然顽强地存在着。这主要是因为“至高者的圣民”这个概念在某些基督教圈子中已经变得像它曾经在犹太人中一样被深信不疑——不过，既然基督教宣称自己是一种具有普遍性的宗教，那么它就不能再从一个国家的层面进行解释。在基督教的启示文学中，关于神选的旧幻想被保留并复兴。正是《启示录》中的大量内容促使基督徒将自己视为上帝的选民——既被拣选来为开启千年王国做准备，又被拣选来继承千年王国。这个想法具有无比强大的吸引力，没有任何官方谴责能够阻止它一次又一次地出现在弱势群体、被压迫者，以及迷惘甚至错乱之人的脑海中。在控制和引导信徒的情感能量，特别是在将他们对今生的希望和恐惧转移向来世方面，制度化的教会确实表现出了最高超的技巧。它的努力往往很成功，但这也不是绝对的。尤其是在充满普遍不安或激动情绪的情况下，人们总是倾向于从《启示录》及无数对其而作的注疏中寻找答案。正是在这一过程中，另一种拥有同样巨大影响力的启示文学逐渐成形，如今的人们称之为中世纪的《神巫的预言》（Sibylline Oracles）①。

① 又译《西卜林巫语》。旧约伪经之一，属启示文学。成书于公元1—2世纪，作者是居于亚历山大城的犹太人。神巫类似以色列人的先知，是异教徒中的宣讲神谕者。

希腊化的犹太教启示文学中有这样一些书籍，它们像被保存在罗马的著名的《西卜林书》（Sibylline Books）一样，宣称自己记录了受启发的女神巫的话语。实际上，这些用希腊六韵步诗行写成的“神谕”不过是旨在引导异教徒改信犹太教的文学作品，而且它们在这些人中间确实非常流行。当基督徒也开始为劝诱他人改宗而创作神巫预言时，他们主要就是从犹太人的巫语作品中汲取内容的。[3]这种新的预言文学中仍然只有一个末世救主，即出现在《启示录》中的善战的基督。但自亚历山大大帝以后，希腊-罗马世界一直习惯于神化他们的各位君主。已经有一些希腊国王被冠以“救世主”头衔，还有一些罗马帝国皇帝在生前就被赋予各种神圣荣誉。因此，当基督教成为帝国的宗教之后，基督教的巫语作品会称君士坦丁大帝（Emperor Constantine）为弥赛亚国王并不令人意外。君士坦丁去世后，巫语继续给罗马帝国皇帝这个身份赋予一种末世论的重要意义。正是因为这些作 31
品，在长达一千多年的时间里，基督徒除了对善战的基督这个形象的想象外，又多了一种对末世皇帝的想象。[4]

中世纪欧洲人知道的最古老巫语作品是《蒂伯尔①神巫预言》（*Tiburtina*），它的基督教版本可追溯至公元4世纪中叶。公元340—350年，罗马帝国被君士坦丁的两个尚在人世的儿子瓜分：君士坦斯一世（Constans Ⅰ）在西边统治，君士坦提乌斯二世（Constantius Ⅱ）在东边统治。阿里乌争端（Arian controversy）②

① 蒂伯尔（Tibur）是伊特鲁里亚地区（Etruria）的一个城镇，位于意大利中部，相当于今天的蒂沃利（Tivoli）。

② 阿里乌争端是阿里乌（Arius）和亚大纳西之间产生的一系列基督教神学争端。阿里乌认为圣子是从属于圣父的，是受造之物；亚大纳西则坚持认为圣子与圣父在本体和实质上相同。

在当时发展到了顶峰；君士坦斯是尼西亚信仰[①]的坚定拥护者及亚大纳西（Athanasius）的保护人，而君士坦提乌斯则出于政治目的而非神学理由地倾向于阿里乌派。公元350年，证明自己是一个道德败坏的统治者的君士坦斯被自己的军队杀死，君士坦提乌斯于是成了帝国的唯一统治者。蒂伯尔神巫的预言体现了天主教教徒对这一挫折的反应。它讲述了一个罗马被占领，暴君压迫贫穷和无辜之人并维护有罪之人的“悲伤时期”。但随后会出现一位名叫君士坦斯的希腊皇帝，他会将帝国的东部和西部团结在自己的统治之下。

这个威严的君士坦斯身材高大、体型匀称、相貌英俊、容光焕发，他会在位112年（或120年）。那是一个富足的时期：油、葡萄酒和谷物数量充足、价格便宜。那还是基督教获得最终胜利的时期。皇帝会摧毁异教徒的城市，并推倒假神的庙堂。他召唤异教徒接受基督教的洗礼，拒绝皈依的异教徒则必须被用刀杀死。在其漫长统治的末期，犹太人也会皈依，当这种情况发生时，圣墓[②]就会荣耀地发出光辉。歌革和玛各的二十二个民族会挣脱束缚，他们的数量像海中的沙子一样多，但是皇帝召集军队消灭了他们。完成自己的任务之后，皇帝就前往耶路撒冷，在各各他山摘下帝国的皇冠，脱下帝王的长袍，然后将这个基督教世

---

① 第一次尼西亚大公会议（the First Council of Nicaea）于公元325年由罗马帝国皇帝君士坦丁一世召集。议题中心是如何解释“道成肉身”的基督和上帝，即“三位一体”中的“父”与“子”的关系。最后，根据何西乌斯的建议，以优西比乌提出的信经为基础，加上父子“同质”一词，强迫通过该内容为正统三一论教义的标准，后成为大多数教会公认并接受的《尼西亚信经》。

② 特指耶稣基督的墓，据推测其位置在他受难处附近。见《约翰福音》（19：41－42）。

界交给上帝照管。黄金时代就此画上句号，罗马帝国也随之走到尽头。但在万物终结之前，还会有一个短暂的磨难期。因为敌基督会在此时出现，并在耶路撒冷圣殿中统治，他依靠行奇事欺骗了许多人，还要迫害那些不受他欺骗的人。看在选民的分儿上，主会缩短这段时间的长度，并派天使长米迦勒去消灭敌基督。那之后，第二次降临的道路就终于畅通了。[5]

《蒂伯尔神巫预言》中首次提出的末世皇帝形象，在被称为《伪美多迪乌启示录》（*Pseudo-Methodius*）的另一部巫语作品中占据了更重要的位置。这个预言被伪装成由公元 4 世纪的 32
主教和殉教者帕塔拉的美多迪乌（Methodius of Patara）创作，但实际上却是在公元 7 世纪末才被写出来。其原本的目的是安慰叙利亚基督徒，因为他们仍然对作为少数群体被穆斯林统治的状况感到难堪和不习惯。预言开头是全面论述从伊甸园到亚历山大大帝的世界历史，然后一下就跳到了其真正作者所处的时代。作者假装是在预言将要发生的事，实际上不过是描述了以实玛利人（Ishmaelites）被基甸（Gideon）打败并赶回沙漠之后，如何返回并破坏了从埃及到埃塞俄比亚、从幼发拉底河到印度的大片土地的事。基督徒因陷入罪中而被罚要屈从于这些人的奴役一段时间，这些人象征的当然就是得胜的穆斯林军队。以实玛利人杀死基督教司祭[①]、亵渎圣地，还用武力或欺诈手段诱使许多基督徒脱离真正的信仰，他们从基督徒手中夺走了一块又一块土地，并夸耀说基督徒将永远受他们奴役。

但是，从这里开始，预言的内容第一次开始谈及未来：正当

---

① 亦译“祭司”。指掌管祭神活动的人。不限于基督教，其他宗教也有此职。罗马天主教中，司祭品为七品，包括主教品和司铎品。在教务方面，主教高于司铎。基督教认为十二使徒为耶稣亲自祝圣的首批司祭。

情况比以往都糟糕时，一个强大的皇帝，一个人们一直以为他已经死了的人，将从沉睡中觉醒，带着他的怒火挺身而出。他会打败以实玛利人，用火和剑摧毁他们的土地，并对他们施加比他们施加在基督徒身上的严重一百倍的压迫。但同时，他也会向那些背弃主的基督徒大发雷霆。此后将迎来一个和平与喜悦的时期，帝国会在这个伟大统治者的统治下实现统一，并获得空前的繁荣。但后来，歌革和玛各的大军突然发起攻击，给全世界带来破坏和恐怖，直到上帝派遣天兵的元帅瞬间将他们消灭。皇帝将前往耶路撒冷，在那里等待敌基督出现。当这件可怕的事发生时，皇帝把他的皇冠放在各各他的十字架上，十字架急速升上天空。皇帝去世，敌基督开始他的统治。但不久之后，十字架会重新出现在天上，这是人子，也就是基督本人带着大能和荣耀驾云降临的标志，他会用他呼出的气杀死敌基督，并进行最后的审判。[6]

催生出这些预言的特殊政治状况已经成为过去，人们对它的记忆也消失殆尽，然而这些预言本身仍然保留着它们的全部魅力。在整个中世纪期间，巫语作品中的末世论与从《启示录》中衍生的各种末世论一样顽强地流传下来，前者会影响后者，同时也被后者影响，但其整体上的流行程度已经超过后
33 者。尽管巫语没有被收入真经，也不符合正统信仰，但其影响力极为巨大——实际上，除《圣经》和教父著作以外，它可能算得上中世纪欧洲最有影响力的著作了。巫语经常规定人们要遵守教会中重要人物做出的宣告，圣伯尔纳①和圣希

① （明谷的）圣伯尔纳（St Bernard de Clairvaux，1090 年—1153 年），中世纪基督教神学家。1115 年创立明谷隐修院，倡导神秘主义。主要著作有《论爱上帝》《蔑视世俗》《论恩宠与自由意志》等。

尔德加德[①]这样的隐修士[②]和隐修女[③]就是此类重要人物的代表，连教皇和皇帝也会视他们的建议为受神启发而获得的。除此之外，巫语还被证明具有无限的适应性：它们会被不断地编辑和重新解释，以适应不同时期的情况，并呼应当时最受关注的问题；它们还无时无刻不在为焦虑的凡人提供迎合他们渴望的，且确信无疑的对未来的预告。当西方所知的唯一版本是由拉丁语写就，因此只有神职人员可以阅读这些预言时，一些对预言要义的理解就已经渗透到哪怕是最底层的平信徒[④]中间。从 14 世纪开始，被翻译成欧洲各国文字的预言版本都已出现。在印刷技术被发明出来后，这些作品也都是最早被印刷的书籍之一。到中世纪即将结束时，当最初影响了神巫预言内容的那些恐惧和希望已经成为一千多年前的往事后，记载这些预言的书籍却依然在被广泛地阅读和研究。[7]

约翰预言传统（Johannine tradition）[⑤] 讲到了一位将要在末世出现的善战的救主，巫语传统则讲到了两位救主，但这两种预言传统都认同，届时还会出现一个上帝的大敌，也就是敌基督这个令人惊叹的人物。关于这个人物的传说是最多种多样

---

① 宾根的圣希尔德加德（St Hildegard of Bingen，1098 年—1179 年），又被称为莱茵河的神巫，中世纪德国神学家、作曲家及作家。逝世后被教廷封为天主教圣人，后又追赠教会圣师称号。

② 原指离开父母家庭，隐遁旷野深山修行的基督徒。后指天主教会、东正教会出家进入隐修院者。须发三绝誓（绝财、绝色、绝意）。

③ 又译“女隐修士”或“修女”。原指独居隐修的基督教女教徒，后指加入隐修院的修女。

④ 平信徒指无神职或圣品的一般教徒。梵二会议前的罗马天主教、东正教和圣公会高教会派主张神职人员和平信徒之间应有区分，认为平信徒要听从和尊重神职人员。

⑤ 源于被认定是由圣约翰所著的《启示录》。——作者注

的，他已经成了一个极为强大，也极为复杂的象征。[8]“但以理的梦”发挥的影响依然是决定性的。当那个预言讲到王必“自高自大，超过所有的神”[9]，并“向至高者说夸大的话”[10]时，这就是在暗指迫害信徒的君主安条克四世，他实际上就是一个妄自尊大之人。然而，促使预言产生的起源很快就被遗忘，哪怕在《但以理书》仍被视为预言未来的神圣经文时就已经如此。脱离了原本的历史背景后，一个憎恨上帝的末世暴君成了犹太教和后来的基督教启示传说中的常见人物。在圣保罗对帖撒罗尼迦（Thessalonians）的警告和《启示录》中，这个人物以伪弥赛亚的形象再次出现：“他是抵挡主，高抬自己，超过一切称为神的和一切受人敬拜的，甚至坐在神的殿里
34 自称是神……”假先知借着撒旦的能力行“神迹和一切虚假的奇事”以欺骗世人。[11]他表现出来的似乎完全是高尚和仁慈，而他的绝对的邪恶却被最狡猾地掩盖了，这使他能够建立一个强大的暴君统治：“又任凭它与圣徒争战，并且得胜。也把权柄赐给它，制伏各族、各民、各方、各国。”[12]

因此，在这里被赋予敌基督这个名字的形象，可以被认为是一个人，一个既有魅力又残酷无情的暴君。他就是撒旦的仆人和工具。但无论他有多么邪恶，敌基督本身从来没有被当作单纯的人类。恶神阿赫里曼（Ahriman）在末日被推翻的古波斯人期待①和至高神与混乱之龙（Dragon of Chaos）交战的巴

---

① 古波斯人的胡腊玛达教（Mazdean，琐罗亚斯德教的别称），中国史称祆教。公元前7世纪末前6世纪初由琐罗亚斯德对古代雅利安人传统宗教进行改革后创建。该教教义认为原始之初存在善恶两大本原，恶本原即阿赫里曼，善本原即阿胡拉·玛兹达（Ahura Mazda）。该教因崇拜善神玛兹达而被称为玛兹达教或胡腊玛达教。

比伦神话混合在一起，渗透到犹太人的末世论中，并深刻地影响了关于末世暴君的幻想。已经在但以理的预言中出现的安条克四世不仅被描述为一个面目狰狞的国王，还是一个有角兽，它"渐渐强大，高及天象，将些天象和星宿抛落在地，用脚践踏"[13]。在《启示录》中，敌基督的传统角色被分成了两个，第一个兽是从天上出现或从海中上来的七头十角的大红龙；第二个兽是"说话好像龙"的有角兽，它从地中的无底洞上来。[14]

此处，敌基督的形象已经和居住在地底深处的其他有角兽的形象融合在一起，这后一个形象即"大龙，那古蛇"，也就是撒旦。在敌基督一直占据着人们的想象，让人们为其着迷的很多个世纪里，他始终保留着这种魔鬼的特征。在整个中世纪，他会被描述成一个登上王位的暴君，或者一个在空中飞行、身边围绕着一些比他低级的鬼魔的魔鬼①或巨龙，又或者一个试图以飞翔证明自己是上帝，结果却被上帝摔在地上杀死的人（插图1）。12世纪中叶，宾根的圣希尔德加德在一个异象中看到的敌基督形象是长着丑恶而可怕的煤一样黑的头，有火红的眼睛和一双驴耳朵，张开的血盆大口中还有铁一般坚固的獠牙。[15]实际上，敌基督像撒旦一样，都是狂暴混乱的毁灭性力量的宏大具象。要理解这种力量被认定为多么无穷、多么超乎常人及多么恐怖，人们只需要看一下梅尔希奥·洛克（Melchior Lorch）描绘的撒旦－敌基督的肖像（见插图2，他

① "魔鬼"据说原是一名天使，因妄想与上帝较量，堕落成魔鬼；被上帝击败后，继续具有超人的力量，专门诱人犯罪，背离上帝；到最后审判时，将被投入火湖受永刑。"鬼魔"指邪恶的灵体，与魔鬼有别。魔鬼只有一个，鬼魔则为数众多；人间各种祸害和病痛，常被认为由鬼魔造成。

在这里被等同于教皇）。这幅画创作于 16 世纪中叶，但它所
35 表达的混合了恐惧、憎恨和厌恶的情感，从很多个世纪以前就
一直困扰着欧洲人。

神巫预言和约翰预言还深刻地影响了人们的政治态度。对于中世纪人来说，末世的惊人事件不是关于某个遥远且不确定的未来的幻想，而是一个绝无差错的、几乎随时可能实现的预言。中世纪编年史清楚地表明了这些期望如何对某些特定政治判断产生影响。[16]即便是在预言最不可能实现的时期，编年史作家依然试图发现基督徒之间的和谐、对不信神者的胜利，以及无与伦比的富足和兴旺等新黄金时代的标志。每当出现新君主，他的臣民都会试图从他身上看到那位主宰黄金时代的最后的皇帝的影子，而编年史作家则会把传统的弥赛亚式描述性短语安在他们头上，例如“公正的王”（*rex justus*），或“大卫”（David）。每当现实经历带来不可避免的幻灭时，人们只会认为荣耀的顶点被推迟到下一个统治者的统治时期了。如果可能的话，他们还会将此时正在统治的君主视为最后的皇帝的“先行者”，他的使命正是为后者铺平道路。无论是出于诚挚的信念还是利己的考量，很多君王都会利用这种持久的希望。在西方，法兰西和德意志的各个王朝也都在利用神巫预言来支持自己对至高权力的主张，就像东方的拜占庭皇帝在他们之前曾经做过的那样。[17]

人们等待敌基督到来的心情比等待末世皇帝的更加焦灼。一代又一代的人们持续预料这个毁灭一切的恶魔即将到来。[18]他统治的时期一定会是一个无法无天的混乱时期，一个充斥着抢夺、劫掠、酷刑和屠杀的年代，但那也是人们长久渴望的终点，即基督复临和圣徒王国建立的前奏。人们总在仔细寻找

“迹象”，根据预言传统，这些迹象将宣布最后的“灾难时刻”的到来，并随之一起降临；而且，鉴于所谓的“迹象”包括糟糕的统治、内乱、战争、干旱、饥荒、瘟疫、彗星、显赫人士的突然死亡，以及普遍罪行的增多，所以要发现迹象从来不是什么难事。匈人、马扎尔人、蒙古人、撒拉森人或突厥人的入侵或威胁入侵总能勾起人们对敌基督的大军，也就是歌革和玛各的记忆。最重要的是，任何可以被视为暴君的统治者都能很容易地体现出敌基督的特征。在这种情况下，敌对的编年史作家会给他冠以常见的“不义的王”（*rex iniquus*）之类的头衔。当这样的君主去世，而预言并没有实现时，他就会被降级为像“公正的王”一样的“先行者”，人们的等待也将重新开 36
始。敌基督也是一个能够被很好地进行政治利用的概念。教皇经常郑重地宣布自己的对手，比如一位不受控制的皇帝或一位对立教皇为敌基督；而同样的称呼也会被反过来扣在他自己头上。

但是，如果关于末世的传统幻想在不断影响人们对政治事件和政治人物的看法，以及人们进行政治斗争的语言，那么它也只是在某些特定的社会环境下，才能作为有影响力的社会神话发挥作用。我们将在适当的时候考虑这些特定情况是什么。不过首先，我们有必要看一看在中世纪欧洲一直存在的宗教异议的传统，这些异议有时就会创造出主张自己是弥赛亚或准弥赛亚的人。

第二章　宗教异议的传统

使徒生活的完美典范

37　本书讨论的运动具有几个先决条件，启示预言的传统只是其中之一；另一个则是整个中世纪期间都存在的宗教异议的传统。[1]这并不意味着这些运动就是宗教异议的典型表现；相反，在运动的氛围、目标、行为方式及（我们后面会看到的）社会构成等诸多方面，它们一点也不典型。尽管如此，我们还是必须将这些特定社会动荡放在普遍的宗教不满的背景下分析，才能充分理解它们。

当然，教会在创造和维持中世纪文明中发挥了重要作用，它的影响充满了生活在各种处境中的所有类型的男男女女的思想和情感，然而它始终难以完全满足由它自己培养出的那些宗教渴望。教会有自己的宗教精英——隐修士和隐修女起码在理论上是，在实践中也确实通常是在全心全意地侍奉上帝。隐修士和隐修女通过祈祷为整个社会服务，他们还经常照顾病人和穷人。但总体上说，满足平信徒的精神需求不是他们的任务，而是在俗教士①的，可在俗教士往往没有能力履行这样的职责。如果说隐修士和隐修女是与这个世界太疏远，那么从主教

---

①　指在教区（世俗世界）中生活，而不是在修道院中隐修的教士。

到堂区司祭这类在俗教士则倾向于过度参与其中。高级神职人员对财富和政治充满野心，低级神职人员则常常与人同居或性生活混乱——这些都成了引发普通人抱怨的理由。另外，人们对传福音的需求非常大。普通人渴望听到简单而直接的布道，这样他们才能将自己听到的与自己经历的联系起来。

人们会以教会自己在欧洲人面前设定的完美典范为标准来评价教会，因为这些标准也是四福音书和《使徒行传》中所描绘的原始基督教的标准。隐修院的生活方式在某种程度上神 38
圣地体现了这些标准，因为它效仿的就是使徒的生活方式。《圣本笃修道院院规》（Rule of St Benedict）① 中写道："那样的话，他们就真的是像我们的祖先和使徒一样，靠自身劳动养活自己的修士了。"[2]10 世纪和 11 世纪，当克吕尼（Cluny）和希绍（Hirsau）的隐修院发起伟大的改革运动时，其目标就是使隐修生活与《使徒行传》中描述的第一个基督徒群体的生活更接近："信的人都在一处，凡物公用……没有一人说他的东西有一样是自己的……"[3]不过这些都仅适用于隐修院的围墙之内，平信徒对此没有多大兴趣。总是有一些普通人会愤愤不平地注意到自己所处时代中依照教阶体制组织起来的富有教会，与第一批贫穷朴素的基督徒之间的天壤之别。这些人想要看到的其实是像最初的使徒一样在普通人中间生活和布道，能够让别人因他们的圣洁而信任他们的人。

准备承担这一角色的人确实存在，哪怕这样做意味着有悖

① 本笃会（Benedictine Order）是天主教最大的隐修院修会之一，公元 529 年由意大利人本笃（Benedict）创立于意大利中部。他制定了一套严格的隐修院院规，要求成员严守纪律，既注重自身修养，又从事社会活动，强调隐修士应勤劳不懈、安贫、贞洁，特别是要服从院长。

教会的原则。在教会眼中，只有由它正式任命的牧师[①]才有权布道，普通人胆敢传教就是违反教会的禁令。然而，在中世纪欧洲，似乎根本就不存在没有世俗布道者模仿使徒四处云游的时候。在6世纪的高卢已经出现了这样的人：后来也继续时不时地出现，但从大约1100年开始，他们突然变得更多，也更重要了。[4]

这种变化可以被看作中世纪基督教历史中不时出现的，为推动教会内部改革而做出的巨大努力之一的副产品；而且在这种情况中，改革背后的动力来自教廷本身。在中世纪，教会以及各个隐修院都需要依赖世俗的君主和贵族，因为后者控制了各个教阶的神职任命。但在11世纪，一系列积极、强大的教皇开始树立教会的自主权；这涉及重新强调神职人员的特殊地位和尊严，即他们是属灵的精英，显然有别于且高于平信徒。令人敬畏的格列高利七世（Gregory Ⅶ）就在禁止买卖圣职和强制推行神职人员独身制方面做出了尤为坚持不懈的努力（当时有许多司祭已婚或与人同居）。

39 为执行这项教廷政策，改革宣传者们毫不犹豫地搅动了平信徒对不听管教的神职人员的不满情绪。有人甚至称买卖圣职的主教是撒旦的仆人，还暗示这种主教授予的圣职无效。教区会议反复禁止已婚或与人同居的司祭做弥撒，格列高利七世本人也会提出同样的禁令。坚持正统信仰的改革者当然没有说由

---

① 《新约》以牧人喻耶稣，以羊群喻教徒。牧师即基督教教会中经由授权而有资格担任神职者，是服事当地社区的神职人员，身兼讲道、祭司和牧灵之职。

品行不端的司祭主持的圣礼①全都无效，但这样的想法会在平信徒中间流传并不令人意外。伟大的改革运动本身增强了普通人的宗教热情，人们对过着使徒生活的圣洁之人的向往变得比任何时候都更加强烈。到 11 世纪末，新近被唤醒的宗教能量开始摆脱教会的控制，并转而反对教会。此时的人们普遍认为，证明一个人是真司祭的，不是他获得任命的事实，而是他对使徒生活方式的忠诚。自此之后，未受任命的云游布道者也可以指望获得他们以前想都没想过的众多追随者了。

我们有必要了解一位于 12 世纪初活跃在法兰西王国的典型的自由布道者的情况。这个名叫亨利（Henry）的人曾经做过隐修士，后来离开隐修院，开始四处云游。[5]他在 1116 年大斋首日（Ash Wednesday）② 这天来到勒芒（Le Mans），而且还摆出了很大排场：像基督最后一次进入耶路撒冷时一样，亨利的两个门徒先于他进入勒芒；这些门徒举着十字架，好像他们的师傅是一位主教。而当地真正的主教，拉瓦尔丹的伊尔德贝（Hildebert of Lavardin）欣然接受了这一切，甚至允许亨利在镇上作大斋期布道，他本人则不明智地踏上了前往罗马的漫长旅途。主教刚一走，年纪轻轻、留着络腮胡、只穿一件刚毛衬衣③的亨利就开始用天生洪亮的嗓音进行批判本地神职人

---

① 亦译“圣事”。基督教神学术语，指由耶稣基督亲自设立或认可的，传达上帝恩宠的仪式或礼仪。

② 又名“圣灰礼日、圣灰星期三”，是四旬期的起始日，即棕枝主日前四十天。这一天教会会举行祝圣圣灰和擦圣灰礼，把上一年棕枝主日祝圣的棕枝烧成灰对其进行祝圣，再用已祝圣的圣灰在教徒前额上划十字圣号，作为悔改的象征。

③ 由粗布或动物毛发制成、紧贴皮肤的衣服或内衣，被各种苦行者或忏悔者当作自我惩罚的手段。

员的布道。他遇到了一群积极配合的听众。勒芒的居民本来就准备好要反抗本地神职人员，因为后者都是愿意为钱财而行不义，且生活放荡的人。此外，勒芒的主教们长期以来一直活跃于当地政治中，还参与了一项不受欢迎的事业，即为各个伯爵提供支持，以阻挠普通市民脱离这些封建领主的统治。总而言之，亨利的布道才进行了不长时间，当地人就开始在街上殴打司祭，并将他们推倒在污泥中。这个结果并不令人感到意外。

人们不必相信教会编年史作家提出的亨利性生活放纵和变态的指控，因为这些都是经常被拿来打压持宗教异议者的陈词
40 滥调。相反，亨利似乎是一位宣扬禁欲的布道者，他会说服妇女将自己的奢侈衣物和首饰投入专门为烧毁它们而点燃的篝火中，还会通过让娼妓和他的追随者结婚来改造她们。但他反对教会的热情是毋庸置疑的。后来活跃于意大利和普罗旺斯时，他拒不承认教会的任何权威，否认被授予司祭之职的人有权祝圣圣体、宽恕罪过或主持婚礼。他教导说，洗礼只能被当作信仰的外在标志。教堂建筑和官方宗教（用来象征财富和威望）的所有外在标志都毫无用处，一个人在任何地方祈祷都可以像在教堂里祈祷一样。真正的教会是由那些遵循使徒的生活方式，生活在贫穷和简朴中的人组成的；对邻居的爱是真正宗教的本质。亨利还认为自己就是受上帝直接委派来宣讲这一信息的。

亨利有许多继任者。在整个中世纪，对宗教改革的需求一直存在，这个需求背后的理想典范在不同时间、不同地点可能会表现出细微差别，但其本质始终不曾改变。在大约四个世纪的时间里，先后出现过瓦勒度派（Waldensians）、方济各会神

修派、再洗礼派（Anabaptists），人们总能看到像使徒一样过着贫穷和简朴生活，四处云游，向渴望精神指导的平信徒传福音的人。[6]

不可否认，并非只有持异议者或（所谓的）持异端者才能成为这种完美典范。在亨利生活的时代，就已经有阿尔贝赛勒的罗贝尔①和克桑滕的圣诺伯特②之类，在教皇的完全许可下，作为云游布道者四处布道的隐修士。到 13 世纪，当方济各会和多明我会被创建起来之后，其成员很有意识地效仿了使徒的生活方式。实际上，要是没有在制度化的教会框架内进行的、以实现原始基督教理想为目的的各种尝试，宗教异议运动的规模肯定还要大得多。然而，这些尝试从未获得完全成功。云游布道的隐修士或托钵修士一次又一次回归了隐修院生活，或者是为追求政治影响力而放弃了追求圣洁。一个又一个原本致力于改革、甘心过使徒的贫穷生活的修会最终却聚敛了大量财富。每当发生这种情况，平信徒中的一些人就会陷入精神上的真空状态，而一些持异议或异端邪说的布道者则会站出来填补这个真空。

通常，这些布道者只将自己视为精神上的指导者。但有时候，他们也会声称自己的身份比这重要得多，可以是受上帝启
发的先知、弥赛亚，甚至就是上帝的化身。这种现象是本书研 41
究的核心问题，现在是时候更仔细地思考此类人物的一些早期实例了。

---

① 阿尔贝赛勒的罗贝尔（Robert of Arbrissel，约 1045 年—1116 年），云游布道者，创立了丰特夫罗修道院（Fontevraud Abbey）。

② 圣诺伯特（St Norbert of Xanten，约 1075 年—1134 年），罗马天主教的一名主教、圣人，普雷蒙特雷律修会（Praemonstratensians）创始人。

一些早期的弥赛亚

6世纪的法兰克史学家，图尔主教圣格列高利（St Gregory, Bishop of Tours）因仔细搜集自己生活时代中所发生事件的信息而闻名。身在位于法兰克王国南北部之间主要通道上的图尔也让他占据了一个绝佳的获取消息的位置。《法兰克人史》（*Historia Francorum*）最后六卷以日记形式，在事件发生时对它们进行了记录，因此具有特别重大的历史价值。公元591年，格列高利就讲述了一个把自己说成救世主的自由布道者的故事。

一个布尔日（Bourges）的人走进一片森林，突然发现自己被一群苍蝇包围，结果他疯了两年。后来他去了阿尔勒省（Arles），在那里成了一名隐士，只靠兽皮做衣物，全心投入祈祷中。苦行结束后，他声称自己获得了治愈疾病和预言未来的超自然天赋。这个人云游到更偏远的塞文山脉（the Cevennes）的热沃当地区（Gévaudon），并在那里自称基督，还称一个与他做伴的女人为玛利亚（Mary）。很多生病的人被送到他面前，只被他触摸就痊愈了。他还会预言未来的事，大多数前来拜访他的人被他预言将会遭受疾病或其他不幸，只有少数人被预言将获得救赎。

格列高利认为这个人表现出的强大能力得益于撒旦的帮助。当然，这些奇事已经引人注目到足以确保他拥有众多忠实追随者，但人们也应当明白，和大部分中世纪的统计数据一样，说他的追随者数量达到三千是严重的夸大。我们也不能认为这些追随者都是没受过教育的人，因为他们之中还包括一些司祭。追随者给这位“基督”带来金银和衣物，但他将所有东西都分发给了穷人。当收到别人献上的礼物时，他和他的女性同伴会俯伏在地进行祈祷。但随后，他会站起身，命令在场的人敬拜他。再后来，他将自己的追随者组织成一个武装群体，并带领他们穿过乡村，拦截并抢夺他们遇到的旅行者。不过，他这样做仍然不是为了变得富有，而是为了被崇拜。他会将所有战利品分发给那些一无所有的人，可以推定其中自然包括他的追随者。另一方面，当这个武装群体进入某个城镇时，包括主教在内的居民也要敬拜他，否则就会受到死亡 42
威胁。

这位弥赛亚最终在勒皮（Le Puy）遭遇了自己的劫数。当他到达这个重要的主教城市时，他将（格列高利口中的）“军队”驻扎在附近的几个巴西利卡（basilica）① 内，仿佛是准备对主教奥列利乌斯（Aurelius）发动战争。接着他派遣使者先去宣布自己即将抵达。这些使者在主教面前赤身裸体、又蹦又跳，甚至翻跟斗。于是主教派了一些自己的人到途中去会见这个弥赛亚。这群人中的领头者假装向弥赛亚鞠躬，其实是为了抓住他的膝盖；之后，弥赛亚很快就被控制住，并被砍成了碎块。格列高利评论说：“就这样，那个基督倒地而死，他其实应该被称为敌基督。”他的同伴玛利亚也被抓住，并受到酷刑折磨，直到她交代了所有赋予他大能的邪恶手段。他的追随者虽被驱散，却仍然遵循自己领袖的禁令。那些曾经信他的人仍然信他，到死都坚持认为他就是基督，那个叫玛利亚的女人也是神一般的存在。[1]

---

① 长方形会堂式教堂。原为古罗马长方形市政公共建筑，用作法庭、市场和会议大厅。在君士坦丁大帝正式承认基督教为合法宗教后，为早期基督教所采用。

对格列高利来说，这并不是什么独一无二的事例。该国其他地区也出现过一些类似的人物，他们也都拥有忠实的追随者，在女性之中尤其具有吸引力；人们会把这些人视为在世圣徒。格列高利本人就遇到过几个这样的人，他总是尽力劝告他们要迷途知返。然而，他本人却将这些事件视为即将到来的终结的诸多“迹象”。瘟疫和饥荒非常普遍，所以假先知怎么能不出现呢？他由此想到基督本人曾说：“……多处必有饥荒、瘟疫①和地震……那时若有人对你们说‘看哪，基督在这里’，或说‘基督在那里’，你们不要信。因为假基督、假先知将要起来，显大神迹、大奇事。倘若能行，连选民也就迷惑了。”[2]而这些就是末日即将到来的标志。

一个半世纪后，圣卜尼法斯②在担任教廷特使③，并努力改革法兰克教会期间就遇到了一个与此非常类似的，名叫阿尔德贝（Aldebert）的人物。[3]这个无人知晓的陌生人来到苏瓦松（Soissons）附近地区，尽管他宣称自己受过任命，但当地主教仍然禁止他在教堂布道。阿尔德贝出身卑微，听他布道的人也都是朴素的乡下人。像6世纪的那个不知姓名的弥赛亚一样，阿尔德贝也过着使徒一样贫穷的生活，也声称自己能奇迹般地治愈病人。一开始，他不过是在乡村中的户外空地上支起一个
43 十字架，然后站在那旁边布道；但没过多久，他的追随者就为他建造了供他布道用的适当场所——先是一些小礼拜堂，后来

① “瘟疫”出自《英王钦定本》，《中文圣经和合本》中没有。

② 圣卜尼法斯（St Boniface，约680年—754年），中世纪早期基督教德意志总主教。公元751年为矮子丕平（Pepin the Short）任法兰克国王加冕，公元754年被巴伐利亚起义者杀死。后世教会尊之为“德意志使徒”。

③ 罗马教皇派往国外的全权代表，负责处理特定事件。通常由罗马教廷枢机主教或受教皇宠信的人担任。

是几座教堂。

阿尔德贝不满足于只做一个改革家，他还宣称自己是在世圣徒。他说，人们应该在圣徒相通（communion of saints）[①] 中向他祈祷，因为他具有的善功（merits）[②] 非同寻常，可以被用来为诚心信奉他的人服务。另外，他还认为自己与圣徒和使徒是平等的，所以他拒绝将自己的教堂献给他们之中的任何一个，而是把它们都献给了自己。实际上，阿尔德贝所做的远不止于此——他声称自己至少具有某些基督独有的特征。为此他宣称自己在母亲的子宫中时就被上帝的恩宠充满，而且由于获得了上帝的特殊偏爱，他从出生时就已经是一个圣洁的存在。在他出生前，他的母亲还梦见自己从右胁生出一头小牛。人们不可避免地会由此联想到天使给玛利亚报喜，以及耶稣是上帝的羔羊——尤其是在人们普遍认为耶稣是从圣母右胁生出的情况下。[③]

圣卜尼法斯给在罗马的教皇发去了一份阿尔德贝写的祈祷文供其考虑。其中的内容显示出阿尔德贝多么确信自己与上帝之间存在特殊关系：上帝似乎已经承诺给他任何他想要的东西。祈祷文以祈求八位天使的支持为结尾。从另一份资料中我们得知，阿尔德贝享受着一位天使的服务，这位天使会从天涯

---

① 指信徒通过洗礼与耶稣基督合成一体，全体信徒之间达成的团契。此词希腊原文有两种含义：一为信徒受洗后共享教会成员的惠益，一为与众圣徒心灵交通。又译为“古往今来一切圣徒的团契”。

② 又译“功劳”。基督教认为，人的“原罪”可靠耶稣基督的救赎而获赦免，但人的“本罪”仍需要靠做善功来补赎。善功的形式很多，如祈祷、读经、抄写经文、斋戒等。

③ 尽管《圣经》中没有明确提及耶稣的出生方式，但神学家对此问题的讨论从很早就已存在。常见的理论有：玛利亚未体验生产之痛；耶稣也不是从产道出生的，而是像他复活时穿过封着石头的坟墓一样穿过了玛利亚的子宫。

海角给他带来能施神迹的圣徒遗物，他可以凭借这些圣物为自己和自己的追随者获得任何他们想要的东西。他还拥有一封来自基督的信，并将其用作自己教导的根据——我们会在后面的章节中反复遇到这种现象。

阿尔德贝的影响力肯定很大。人们抛弃了自己的司祭和主教，成群结队地来听他布道。他对包括许多妇女在内的直接追随者的控制力是绝对的。这些人确信即使自己不向他忏悔，他也知道他们所有的罪；他们还像珍惜能施神迹的护身符一般珍惜阿尔德贝在追随者之间分发的他剪下的指甲和小撮儿头发。他的影响力传播到了很远的地方，圣卜尼法斯将他视为对教会的严重威胁，甚至请求教皇帮助自己把“法兰克人和高卢人带回正确的道路上”，因为阿尔德贝已经导致他们放弃了这条道路。

实际上，教会举行的一系列教会会议都涉及了阿尔德贝的活动这个问题。在教皇扎迦利（Pope Zachary）的许可及法兰克国王丕平（Pepin）和卡洛曼（Carloman）的积极支持下，圣卜尼法斯于公元744年在苏瓦松举行了一次会议。会议决定免去阿尔德贝的圣职，把他抓起来并绑在他竖立的十字架上烧
44 死。但阿尔德贝逃走了，并且继续布道。于是，圣卜尼法斯和卡洛曼国王在第二年又召开了一次教会会议。这次，会议不仅宣告免除阿尔德贝的圣职，还将他逐出了教会。尽管如此，阿尔德贝仍然设法继续传教，以至于没过几个月，教会就不得不于罗马再次召开教会会议，二十四位主教出席了这场由教皇扎迦利本人亲自主持的会议。被提交给罗马会议的不仅有一份圣卜尼法斯做出的全面陈述，还有一本受“弥赛亚本人”正式认可的、由他人为其撰写的传记和一份由他本人撰写的祈祷

文。这些文件使主教们确信阿尔德贝是个疯子，所以他得到了宽大处理。他可以通过宣布放弃异端信仰来避免被逐出教会。圣卜尼法斯本来希望立即将阿尔德贝逐出教会并关进监狱，他认为只要阿尔德贝是自由的，就一定会继续宣扬那些奇特教义并赢得追随者，而且他想得一点儿没错。公元746年，一个被丕平国王派到教皇扎迦利面前的使团就报告说，这位古怪的布道者仍然很活跃，但那之后没过多久，他好像就去世了。[①]

四个世纪之后，当像使徒一样生活的云游布道者开始给制度化的教会带来严重威胁时，一名“基督”正活跃在布列塔尼地区（Brittany）。我们拥有的对这个人最完整的描述是在他出现半个世纪后，由纽堡的威廉[②]撰写的。通常情况下，人们倾向于认为这种很久之后才创作的资料价值有限，但威廉是中世纪编年史作家中比较可靠的一位，而且具体到这份资料来说，大部分内容都是对被描述事件同时期资料的忠实复述，其余的细节似乎也来自另外一些如今已经失传的早期资料。

纽堡的威廉称这位布列塔尼的“基督”为欧多·德·斯泰拉（Eudo de Stella），绝大多数现代历史学家也都使用这个名字或其法文等效拼写“Eudes de l'Etoile”来指代这个人。然而，在大多数现存的与这个人同时期的编年史作品中，他通常被称作埃斯（Eys）、埃翁（Eon）、埃恩（Eun）和埃翁斯（Eons）等，至于“德·斯泰拉”这个名字则从未被提及。关

① 本段中称丕平和卡洛曼为国王，应被理解为一种后人对前人的概称，丕平称帝的具体年份为751年。但卡洛曼自始至终为奥斯特拉西亚宫相，似乎从未加冕为国王。存疑之处暂且遵照原文翻译。

② 纽堡的威廉（William of Newburgh，1136年—1198年），12世纪英格兰历史学家，主要作品有《英格兰史》。

于他的出身也存在着类似的不确定性。只有纽堡的威廉本人声称他出身贵族家庭，普遍观点则认为他来自布列塔尼的卢代阿克（Loudéac），既不是隐修士也不是受任命的司祭，而是一个对拉丁语一知半解的普通人。[4]

尽管如此，他仍然行使了一个司祭的权利。1145 年前后，他开始在户外布道；人们可以假定他也会像其他云游布道者一样高度赞扬使徒的生活方式，还会为自己的追随者做某种弥撒。他肯定具有一种令人着迷的性格，据说那些与他打交道的
45 人"都像粘在蜘蛛网上的苍蝇"[5]一样受他吸引。最终，他把自己的追随者组织成了一个新的教会，其中也有大主教和主教，但是他用智慧、知识、审判之类的词语，及最初的使徒的名字来称呼这些人。他还坚信自己的名字应该出现在祷告末尾的结束语中，"通过我们的主耶稣基督"（permined dominum nostrum Jesum Christum）实际上应该是"通过我们的主埃恩耶稣基督"。所以，他对于称呼自己为上帝之子是毫无疑虑的。

追随埃翁的人很多，他们都是劳苦大众，其中某些人肯定是受纯粹的绝望驱使的。撰写埃翁经历的最初的编年史作家之一就评论说，当时的饥荒十分严重，慈善组织无法为大量挨饿的穷人提供帮助，就连那些平时可以奢侈浪费的人，此时也都沦落到了乞讨食物的地步。我们知道 1144 年的冬天非常难熬，随后的两年里资源也极度匮乏。大批穷人不再耕种已经养不活自己的土地，而是移居到别的地方，甚至别的国家。布列塔尼本来就在大约两个世纪前被诺曼人糟蹋得不成样子，到了 12 世纪，这里依然像一块殖民地，只有稀少的自由农民在此生活，大部分地方仍被茂密的森林覆盖。埃翁就在这些森林中建立了自己的根据地。[6]

如果一个人决定成为云游布道者，无论是持正统信仰的，还是持异议的，他通常都会以进入森林像隐士一样生活一段时间为开端。在这个苦修期中，他会为自己进行布道活动获得精神力量，也可能会为自己赢得圣洁之人的名声，从而吸引第一批信徒。伪鲍德温（pseudo-Baldwin）[7]在 1224 年就是这样开启自己的历程的，埃翁很可能也遵循了相同的路线。可以确定的是，他的追随者被组织起来后，居住在布列塔尼森林里的居民都吓坏了。这是一大群焦虑不安，还有暴力倾向的人，他们以袭击和摧毁教堂、隐修院及隐士的小屋为乐。这些人走到哪里，哪里就会有许多人死在他们的刀下，还有更多人会饿死。当时的编年史就是这么记载的。纽堡的威廉补充说，埃翁的追随者自己过着奢华的生活，穿着华丽的服饰，从不进行任何体力劳动，始终沉浸在“完全的喜悦”中；甚至有人相信，鬼魔会为他们举办丰盛的宴会，参加这些宴会的人都要放弃自己的智慧，并永远成为这个群体中的一员。从所有这一切可以得出的结论是，埃翁的追随者就像之后几个世纪中出现的类似群体一样，主要也靠掠夺为生。

埃翁的影响力绝不仅仅作用于他的直接追随者。实际上， 46
他带来的威胁最终严重到让鲁昂大主教（Archbishop of Rouen）派出了一支武装队伍去抓捕他。埃翁于 1148 年成为阶下囚。在他被捕之前，有人看到彗星突然出现，这是一种为人熟知的重大事件即将发生的预兆。教皇尤金三世（Pope Eugenius Ⅲ）在兰斯（Rheims）的大教堂举行了一场教会会议，埃翁被带到会上，并提出了一个关于自己名字的新评论：“必须用火来审判活的或死的所有人，以及整个世界（Per *eum* qui venturus est judicare vivos et mortuos et seculum per ignem）”[8]这句惯用语其实也是在说他自己，即他就是那个要用火审判的人。据纽堡的威廉记录，埃翁还解释说，他拿的带分叉的手杖规定了如何管理宇宙：当分叉向上时，世界的三分之二属于上帝，三分之一属于他；当分叉向下时，这个比例也会跟着调转过来。

教会会议将埃翁交由鲁昂大主教看管，后者把这个不幸之人关在鲁昂的一座塔楼中，除了水以外几乎什么也不给他，所以埃翁没过多久就死了。纽堡的威廉还讲述了他的主要门徒的命运。这些人都是与他们的师傅一起被捕的，他们坚定地拒绝背弃他，并为他授予他们的那些头衔而感到自豪。于是这些人都被认定为不知悔改的异教徒，并被判处火刑。他们直到最后也不曾动摇，其中一人还扬言处决自己的行刑者必遭毁灭。当被带向木桩时，他不断地高喊着："大地啊，裂开吧！"威廉评论道："这显示了错误牢牢抓住人心时能发挥多大威力。"

似乎没有哪个近现代历史学家否认，6 世纪的那位不知姓名的"基督"、8 世纪的阿尔德贝和 11 世纪的埃翁真的做了他们同时代人说他们做了的那些事。这几个人的情况都很类似——都以全身心投入使徒生活方式为自由布道经历的起点——但他们后来做的事却远远不止于此。这三个人都产生了一种以弥赛亚自居的自负，声称自己是在世圣徒，等同于最初的使徒，甚至是基督。这三个人都获得了大批追随者，他们将这些人组织成致力于崇拜他们的"教会"。这三个案例中的两个是部分追随者被组织成了武装队伍，而武装的目的不仅是保护新救世主，也是要依靠武力传播他的异端宗教。所有这些都被历史学家接受为基本准确的事实。另一个与他们非常相似的人物是安特卫普的坦彻尔姆（Tanchelm of Antwerp），但历史学家在关于他的问题上并没有达成普遍共识。

认为坦彻尔姆曾经是隐修士的说法有一定根据。无论如何可以确定他会读写，这通常是只有神职人员才拥有的能力，另外他的好口才也非常出名。在 1110 年前后，坦彻尔姆发现自 47
己必须从乌得勒支（Utrecht）主教教区逃到佛兰德伯国（County of Flanders）。他在那里赢得了罗贝尔二世伯爵（Robert Ⅱ）的支持，并被伯爵遣往圣座执行重要的外交任务。伯爵希望削弱罗马帝国皇帝在低地国家①的势力，他交给坦彻尔姆的任务就是说服教皇将与帝国皇帝结盟的乌得勒支主教的教区分割成几部分，并将其中的某些部分纳入伯爵的控制之下。坦彻尔姆在一位名叫埃韦瓦彻（Everwacher）的司祭的陪同下前往罗马，不过科隆大主教（Archbishop of Cologne）说服教皇帕斯夏二世（Paschal Ⅱ）拒绝了这个阴谋。[9]

就这样，坦彻尔姆的外交尝试以失败告终，更糟糕的是，他的保护人罗贝尔二世在 1111 年去世。这是让坦彻尔姆迅速朝一个新方向出发的转折点。从 1112 年开始，他成了一名活跃的云游布道者，他不是在佛兰德伯国内活动，而是去了泽兰群岛（islands of Zeeland）、布拉班特（Brabant）、乌得勒支的采邑主教②教区，以及安特卫普，最后这个地方尤其成了他的大本营。

鉴于主要参考资料的性质，人们对随后发生的事产生了争

---

① 莱茵河 - 默兹河 - 斯海尔德河河口的三角洲地区，今天主要指比利时、荷兰和卢森堡，历史上包括了法德的部分地区，如佛兰德伯国、弗里西亚、克里夫斯等。中世纪时，这里出现过很多半独立的公国。

② 指既是主教，也是一个或多个侯国的世俗统治者，同时拥有政教二重权力的人。采邑主教治理的国家的范围会和他管理的教区重叠，但不一定完全一致。

议。这些资料包括一封可能写于1112—1114年的乌得勒支主教座堂教士会（Chapter of Utrecht）① 给科隆大主教的书信，内容是要求已经抓住坦彻尔姆和埃韦瓦彻的大主教继续将他们关在监狱里；以及一本关于坦彻尔姆的持正统信仰的对手——克桑滕的圣诺伯特的传记。但是，就算诽谤坦彻尔姆能让这些文件的作者受益，那也并不意味着他们所说的一切必不真实。实际上，其中许多内容为人熟知，并且很有说服力地相互对应。乌得勒支主教座堂教士会的书信尤其应受到重视，因为它描述的应该就是当时发生的事，而且这封信是写给一个相邻教区的大主教的，后者完全可以去核实信中内容的真伪。[10]

主教座堂教士会的书信称：坦彻尔姆一副隐修士打扮，在空旷的户外布道。我们还知道，他的口才非比寻常，许多听他讲道的人都把他当成主的天使。他表现得像个圣洁之人——乌得勒支主教座堂教士会抱怨说，他和他的主人撒旦一样有一副光明天使的外表。像其他许多云游布道者一样，坦彻尔姆也从谴责不称职的神职人员讲起，比如当时安特卫普唯一的司祭就公然与人同居；接下来他又将攻击范围扩大到整个教会。他不仅告诉人们由不称职者主持的圣礼无效，还说照眼下这个样子，神品（holy orders）② 已经失去一切意义，圣礼不比玷污
48 好，教堂也不比妓院好。这样的宣传被证明非常有效，人们很

① 教士会的职务为在主教座堂或教堂里做礼拜。主教座堂教士会可以作为主教会议，为主教提供建议，在主教缺席时可代理主教职务。

② 又译作“圣品、圣秩”，是基督教主教制教会规定神职人员权力、职分的品级。罗马天主教会的神品分为七级，东正教会的与之大体相同。

快就不再参加圣体圣事（Eucharist）[①]，也不再去教堂。总的来说，正如主教座堂教士会遗憾指出的那样，事情已经发展到十分危急的关头，因为如今的情况是，一个人越鄙视教会，反而越被视为圣洁之人。与此同时，坦彻尔姆还利用了人们心中一种非常切实的不满情绪。主教座堂教士会抱怨说："他轻易就说服民众拒绝向教会牧师奉献什一税[②]，因为这正是他们想做的事。"中世纪的农民确实非常憎恶什一税，不得不交出全部收成的十分之一让他们的心中充满怒火。无论是田里的谷物还是花园里的药草，甚至连他们养的鹅身上的羽绒都要被纳入缴税的范围。如果他们的什一税供养的司祭不值得他们尊敬，这种怒火就更强烈了。

到这里为止，坦彻尔姆的教导会让人想起同样活跃在这个时期的另一名隐修士亨利[11]。而且，这两个人是在同样的社会环境下进行布道的，这个大环境就是自治城镇的兴起。当亨利到达勒芒时，那里的市民还在努力摆脱伯爵的封建领主统治，并为当地主教支持伯爵而感到愤怒。坦彻尔姆履行自己的使徒使命的这些地区也都经历了多年的集体抗争。从 1074 年开始，莱茵河谷（Rhine valley）、乌得勒支、布拉班特、佛兰德和法兰西王国北部的城镇就一个接一个地开始尽可能地尝试摆脱封

---

① 又译"圣体"。天主教和东正教圣事之一。东正教称"圣体血"，新教称"圣餐"。它被公认为耶稣亲自正式建立的圣事。据《马太福音》载，耶稣在最后晚餐时，拿起饼和葡萄酒祝祷后分给门徒说："这是我的身体和血，是为众人负罪而舍弃和流出的。"

② 什一税的依据是《利未记》（27：30）："地上所有的……十分之一是耶和华的……"它本是信徒对教会的一种自愿捐献方式，后来被中世纪欧洲基督教会定为向当地居民普遍征收的一种宗教税，通常以实物形式缴纳，分为大什一税（粮食）、小什一税（蔬菜）、血什一税（牲畜）等。缴税的重担主要落在广大农民身上，且税额往往超过纳税者实际收入的十分之一。

建宗主的统治，无论这种统治是宗教性的还是世俗性的。这些在中世纪村镇历史中不时出现的事件就是社会起义的一些最早期案例，它们大多是由商人为促进自身利益而发起的。商人想要摆脱原本为不得不相互依存的农民而制定的各种法律，这些法律只会阻碍商业活动。他们也想摆脱各种苛捐杂税，过去的人同意缴纳是为了以此换取保护，但此时的市民已经可以保护自己，再收取费用就成了霸道的勒索。他们还想依据承认新经济要求的法律，自己统治自己的城镇。在许多情况下，这些目标是通过和平手段实现的；但在宗主或领主顽固不化的情况下，商人就会将镇上的所有人组织成一个起义群体，群体中的每个成员都会受郑重誓言的约束。

起义主要发生在主教管辖的城镇。与世俗诸侯不同的是，主教就居住在自己统治的城镇中，他当然想要继续保有对生活在他周围的居民的统治权。此外，教会对待经济事务的态度非常保守。在很长一段时间里，它认为经济就是高利贷，而商人
49 则是危险的改革者，所以这些人的计划都应被坚决阻止。从市民的角度说，一旦决定推翻主教的权力，他们完全有能力杀死他，烧毁他的大教堂，并击退任何可能为他报仇的封臣。尽管在所有这些活动中，他们的目标通常是非常有限，而且是完全物质性的，但不难想象，某些暴动中必然伴随着对不称职司祭的强烈抗议。当城市社会中的下级阶层参与到这些运动中时，这样的抗议实际上会变得非常激烈。

这就是亨利和坦彻尔姆煽动群众时所处的社会背景。但除非我们将所有同时期资料都弃之一旁，否则就应该认定坦彻尔姆做的肯定比亨利做的多得多。根据乌得勒支主教座堂教士会的说法，坦彻尔姆将他的追随者组织成一个盲目忠于他的群

体，该群体认为自己才是唯一的、真正的教会，而他则像一个弥赛亚国王一样统治着这些人。在步行前去布道的路上，他周围会围绕着一群护卫，为他开道的人举的不是十字架，而是他本人的长剑和旗帜，好像那是某种皇家徽章一样。他确实公开宣称自己被圣灵充满，而且无论从意义上还是程度上都与基督被圣灵充满一样，所以他也像基督一样，是神。还有一次，他让人把圣母玛利亚的雕像带到他面前，然后在一大群人的见证下庄严地与她订婚。圣母雕像的两侧放着钱箱，分别用来接受男女追随者赠送的结婚礼物。坦彻尔姆说："现在，我要看看哪种性别对我和我的新娘抱有更大的爱。"惊恐地见证这一幕的神职人员记录了人们如何争相献礼，以及妇女们如何将自己的耳环和项链扔进箱子的情景。

神职人员确信坦彻尔姆此举背后的动机是贪婪，但实际上，他很可能像公元6世纪的那位"基督"或与他同时代的隐修士亨利一样，更专注于带领富人远离世俗虚荣之途。人们可能也不该相信那些说他荒淫放荡的故事，因为任何持异端者都会被这样描述。另一方面，似乎没有理由怀疑坦彻尔姆真的将自己视为神圣的存在。乌得勒支主教座堂教士会描述了坦彻尔姆的追随者之一，一个叫马纳塞斯（Manasses）的铁匠如何组织了一个同样由十二人组成的效仿使徒的弟兄会，还安排一个女人来代表圣母玛利亚。[12]这不是人们凭空编造的故事，尤其不会编给邻近地区的大主教听。而且，乌得勒支主教座堂教士会的书信和圣诺伯特的传记作家都指出，坦彻尔姆向他的追随者们分发了他沐浴用的水，其中一些人用饮下这个水来代替圣体圣事，另一些人则把这个水当作圣物珍藏。这会让人想起向追随者分
发自己剪下的指甲和头发的阿尔德贝。任何熟悉有关神力 50

（*mana*，又称内在能量）① 的人类学发现，以及这种能量通过物质媒介传递的方式的人，都能马上理解他们这么做的含义。

圣诺伯特的传记中还补充了其他细节。它讲述了坦彻尔姆如何组建一支全副武装的卫队，并与他们一起举办华丽的宴会。传记中还提到，除非是成为他的追随者，否则任何人，哪怕是邻近地区的大诸侯也不能安全地接近坦彻尔姆，那些尝试的人通常会被其侍卫杀死。让布卢的西格伯特②是一位编年史作家，他作品的续写者之一，一位普雷蒙特雷律修会（Praemonstratensians）③成员甚至称，坦彻尔姆及其追随者进行了“多次大屠杀”[13]。但这些证据都值得怀疑。圣诺伯特的传记作者大概是在 1155 年创作这部传记的。尽管他可能参考了一本早期的、如今已失传的传记[14]的内容，但他更可能是受图尔主教圣格列高利记录的那位 6 世纪“基督”故事的影响。至于西格伯特的普雷蒙特雷律修会续写者，更是在 1155 年之后才开始进行创作，且他的信息来源也不甚清晰。

---

① 为美拉尼西亚语的意译，也常音译为“曼纳”。中太平洋诸岛土著宗教的基本概念。首先由英国传教士罗伯特·亨利·科德林顿（Robert Henry Codrington）发现于美拉尼西亚，意指一种无人称的超自然神秘力量，通过自然力量或物件（如水、石、骨等）起作用；可附着于物件或个人，能被人取得、遗传、转移或丢失。获得它的人被认为可以借其力使他人获福或遭灾。

② 让布卢的西格伯特（Sigebert of Gembloux，约 1030 年—1112 年），中世纪作家，他反对教皇权力的扩大，被主要视为亲帝国的历史学家。西格伯特从年轻时就在让布卢的本笃会隐修院隐修，最重要的作品是《世界历史》（*Chronicon sive Chronographia*）。

③ 罗马天主教修会，1120 年由圣诺伯特创立于法国普雷蒙特雷（Prémontré）。该会遵守奥古斯丁的《会规》，但又受到西多会影响，除发“三绝”誓愿外，还要求苦行；注重传教工作。宗教改革和法国大革命后逐渐衰落，19 世纪后期重新恢复影响。

不过，就算不考虑这些后期增补的故事，我们也可以确定坦彻尔姆确实以某种方式掌握了对广大地区的实质性统治。乌得勒支主教座堂教士会中的座堂区府①坦率地承认自己对此毫无办法。他们还坚称，坦彻尔姆长期以来一直对乌得勒支的教会构成威胁。如果他被释放并被允许恢复传教活动，他们将无法抵抗他，还会失去这个主教教区，且再也没有夺回的希望。即便是在他去世之后（人们相信他是在 1115 年前后被一名司祭杀死的），坦彻尔姆的影响力仍然长期主宰着安特卫普。为抵消这种影响力而被专门组织起来的一群座堂区府不但没能完成这个任务，反而也受到它的影响。克桑滕的圣诺伯特就是在此时被请来的。他原本是一位大贵族，却放弃了在帝国宫廷中的光明前途，改为过着使徒一样贫穷的生活，并在各处云游。圣诺伯特也是一位著名的施神迹者，能医治病人和疯子，还能驯服野兽。[15]因此，尽管经历了一些困难，但他最终还是成功地让平民百姓放弃忠于坦彻尔姆，从而为教会夺回了安特卫普。

过着“使徒”生活的神圣的云游布道者在社会各个阶层中都能找到听众。他们不必须是像阿尔贝赛勒的罗贝尔和克桑滕的圣诺伯特这样的正统信徒，就算是显而易见的持异端者，往往也能够获得大贵族和富有市民的支持，比如朗格多克的卡特里派（the Cathars in Languedoc）② 就是如此。但特别能吸引 51

① 教职头衔。原指罗马天主教会的某些教牧人员。11 世纪，教皇格列高列七世进行教会改革，发誓遵守清贫或修道规则的教牧人员被称为“持律座堂区府教牧”，未发誓的称“不持律座堂区府教牧”。

② 又译“清洁派、纯洁派”，该词来自希腊文“Katharos”，意为清洁者。这是一个在中世纪广为流传的异端教派，常泛指受摩尼教影响而相信善恶二元论和坚持禁欲的各教派。提倡效法使徒的安贫精神，反对道成肉身和复活的教义，谴责婚姻，排斥权威。

社会下层群众的，似乎都是那种宣称自己是神或半神，比如在世圣徒，或弥赛亚，或圣灵化身的布道者。

即便这是真的，人们发现的也只是一种趋势，而不是恒定的规则。6世纪的那位“基督”的某些追随者能够向他奉献金银，坦彻尔姆的一些女性信徒也能给他项链和耳坠。但从另一方面说，“基督”派武装队伍去拦截并抢劫旅行者，然后将赃物分发给穷人。我们很难想象，这样的队伍的成员本身怎么可能不是穷人。坦彻尔姆在默兹河（Meuse）河口和斯海尔德河（Scheldt）河口的瓦尔赫伦岛（Walcheren）及其他岛屿上的居民中找到了自己的第一批信徒，这些人只可能是贫穷的渔民和农民。即便是后来在安特卫普，他最亲密的助手也都是这类人，所以他们才会甘愿接受一个铁匠来组织他们行动。至于埃翁，他的追随者同样是布列塔尼地区荒野森林中的“大批粗人”。

总而言之，我们足以看清，这些救世主主要从最底层社会中获得支持者。伟大的宗教社会学家马克斯·韦伯（Max Weber）在半个多世纪以前[①]就提醒人们注意这种现象中隐含的趋势：

> 救世主义宗教很可能起源于享受特权的社会阶层。先知的魅力……通常与某种起码的知识文化有关。……但当它渗透到弱势的阶层中时，……它会有规律地改变其特征。……而且人们至少可以指出一个通常伴随这种转变出现的特征，这个特征也是不可避免的适应大众需求的结果。它就是：有一个人以救世主的形象出现——无论这个救世主是完全的神，还是人与神的混合——而与这个救世

① 指20世纪初。

> 主的宗教关系正是获得救赎的前提。一个人所处的社会阶层越低，他惯用的表达对救世主需求的方式就越激进……[16]

韦伯指出的趋势在20世纪的许多殖民地，或曾经是殖民地的地区都有所体现。作为成百上千个例子中的一个，人们可以思考一下本特·桑德克勒博士（Dr Bengt Sundkler）对祖鲁救世主（Zulu messiahs）的研究。就像其他那些中世纪时的人物一样，这些祖鲁救世主也称自己是基督徒，并从《圣经》中获得他们的基本灵感和人物设定。但他们为自己提出了尽可能夸大的主张，而且这些主张还被他们的追随者热情地接受了。桑德克勒博士写道："大多数祖鲁人先知被他们的追随者视为半神。先知成了黑人版的基督，正因为如此，他才获得了对其追随者的巨大影响力。"[17]

最著名的祖鲁救世主是以赛亚·申贝（Isaiah Shembe， 52
1870年—1935年），他的人生历程能够给我们带来启发。申贝是一位具有出色口才和迷人魅力的非神职布道者，他建立了自己的教会，以此抵制受白人资助的差会①。起初，他只声称自己是一位先知，特别是在白人当局面前绝不会承认更多的身份。但在他的追随者面前，他最终透露自己就是"救世主"，是耶稣的真正继任者和替代者。耶稣在他所处的时代为白人、为对白人的救赎做了什么，他如今就在为祖鲁人、为对祖鲁人的救赎做什么。他声称当他还在母亲的子宫中时，上帝就感召了他。他预言说，到适当的时候，他会站在神圣的耶路撒冷的

① 基督教新教差派传教士进行传教活动的组织。

大门前，那时他将把白人和跟随差会的黑人拒之门外，只接纳自己的追随者。[18]

所有这些都与中世纪欧洲的救世主们惊人地相似。值得思考的是让申贝和类似的祖鲁救世主们得以活跃起来的社会环境。桑德克勒指出，这样的救世主与祖鲁还是一个独立国家时的统治者既类似，又有区别。弥赛亚和统治者都被视为神圣的存在，但统治者掌握的是祖鲁人的权力，而弥赛亚则“永远声称自己是受鄙视者的代言人”。[19]

通常，这类救世主不会在一般的穷人和被压迫者中获得影响力，而是在传统生活方式遭到破坏，并对传统价值观失去信心的穷人和被压迫者中才能大放异彩。中世纪时，欧洲西部某些特定地区就经历了这种群体性迷惘的危机。11 世纪末以后的情况尤其符合这一特征。从那时起，在宗教异议的大潮中，人们可以很清楚地分辨出一股可以被恰当地称为穷人的宗教异议的细流；也是从那时起，人们就完全可以将之称为穷人的弥赛亚和穷人的弥赛亚运动了。

本书的大部分内容都是关于这样的人物和运动。但首先，我们必须短暂地思考一下，这些穷人是谁，他们与前几个世纪中的穷人有什么区别，他们面对着什么样的新压力，以及他们试图表达什么样的新需求。

第三章　迷惘穷人的弥赛亚主义

快速社会变革的冲击

从 11 世纪末开始，以救世主或在世圣徒为领导，并从巫 53
语作品或圣约翰的末世预言中汲取灵感的穷人的革命运动爆发得越来越频繁。然而，这些运动并不是在任何时候或任何地方都能发生。就欧洲北部而言，人们只在莱茵河谷中才能发现一种明显的、不间断的，且一直延续至 16 世纪的革命千禧年主义传统。在今天的比利时和法国北部一些地区，这种传统曾出现在 11 世纪末至 14 世纪中叶；在德意志王国南部和中部的某些地区，它出现在 13 世纪中叶至宗教改革时期。宗教改革之后，荷兰和威斯特伐利亚（Westphalia）也开始出现一种传统。在一些规模大得多的动荡即将爆发前，伦敦周边和波希米亚地区也各发生了一次千禧年主义骚乱。

除了一两个不太重要的案例之外，本书研究的所有运动都出现在这些相当精确的范围内。人们可能想问这是为什么。尽管寻求一种发生在无法被直接观察的社会中的社会现象的成因是有风险的，但能够从空间和时间上格外清晰地界定革命千禧年主义的发生概率具有重大意义。对这些社会事件的全局性概览显示，能够爆发革命千禧年主义的社会形势实际上非常一致；当人们详细研究某个特定的案例时，这种印象就会得到证实。关于末世的古老预言能够获得新的革命意义和新的爆发力的地区，都是当时正变得人口过剩，且正在经历经济和社会迅速变革的地区。这种情况一时出现在这里，一时又出现在那里，原因在于就经济和社会层面来说，中世纪欧洲各地的发展
54 状况完全谈不上统一。定居务农已经是一种有千年历史的中世纪常态，但只要出现前述那些情况，人们的生活就会面临巨大变化。我们有必要思考一下这种变化包括什么。

这当然不是说传统的务农生活很轻松。虽然人们已经对农业技术做出了一些改进，但这些技术仍然停留在即便风调雨顺也绝不可能让农民丰收的水平；对大多数农民来说，生活肯定一直是充满艰辛的。每个村庄里都有不少农民生活在或几乎生活在勉强活命的状态中。鉴于农业剩余产品太少，信息传递又很不稳定，所以收成不好往往意味着大饥荒。欧洲北部和中部的很多地方在连续几代人的时间里都遭到了诺曼人和马扎尔人的入侵，而范围更广大的地区则在连续几个世纪中反复陷入封建诸侯之间的私人战争带来的动荡。此外，大部分农民往往要永久依赖教会的或世俗的领主，这令他们感到厌烦。许多农民其实属于农奴，这种不自由的身份根植于他们的血液，并世代相传。农奴从出生起就是属于领主的祖传财产，这被认为是一种独特的、耻辱的身份。但除了农奴以外，也存在其他就算不那么耻辱，却几乎与其一样让人难以承受的身份。在战争长期反复出现，又没有有效的中央政府存在的那数百年中，许多小地主发现他们不得不将对自己土地的控制权交给本地领主，因为拥有一群能骑马的仆人的领主是唯一能提供保护的人。这些寻求保护的人的后裔也要依靠一个领主。尽管他们的依赖关系受到一份永久的，并可以世代沿袭的契约的约束，但这些依赖

者承担的义务并不一定就比农奴承担的轻松。在一个最有效的个人独立保障是拥有土地和战斗能力的时代，农民自然完全处于劣势。因为只有贵族才负担得起盔甲，可耕作地区的几乎所有土地也都归贵族或教会所有。要有住的地方得靠租赁，要想获得保护得付出对价；这意味着大多数农民不得不向他们的领主提供令他们难以承受的繁重劳务，并缴纳实物和特定的税费。

诚然，农民的生活状况千差万别。不同世纪之间、不同地区之间的农民被束缚和享受自由的程度差异很大，而且专就束缚和自由这两种状态来说，被归入同一状态类别的农民在法律地位和兴旺程度上也可以表现出无穷无尽的变化。即便是同一
个村庄的人口之间，也往往存在着巨大的不平等。然而，就算 55
将所有这些复杂性都考虑进来，我们仍然可以说，如果贫穷、艰辛和常常是压迫性的依赖关系本身足以催生出革命千禧年主义，那么这种运动本应在中世纪欧洲的农民中间盛行。但实际情况并不是这样。对于许多庄园主来说，再熟悉不过的麻烦还要数：农奴表现出的极强的逃跑渴望，农民群体不断迫使领主减轻他们负担的努力，以及短暂的、不连续的偶发起义。至于定居农民被劝诱去追寻千禧年主义信仰的事其实并不常见。如果真有农民这样做，那或是因为他们被卷入了起源于完全不同的社会阶层的某种大规模运动，或是他们自己的传统生活方式已经不可能继续，或是这两个原因同时发挥了作用——这也是最常见的情况。

尽管存在着贫穷、艰辛和依赖性，但相对而言，中世纪早期的农业社会并不接受穷人的激进末世论，晚期的大多数地区也仍是如此。这其中的原因不难理解。毫不夸张地说，农民的

生活是受习俗和集体惯例影响并靠其维持的。在广阔的北部平原上，农民通常被集中在各个村庄里，一个村庄的居民会遵循该村庄作为一个集体形成的农耕惯例。个人在开阔田野中拥有的狭长地块会与他人的紧密穿插在一起，所以在犁地、播种和收割时，人们往往不得不团结协作。每个农民都有权在规定范围内使用“公有土地”，所有牲畜可以一起在那里吃草。村庄内部的社会关系也受到规范的约束，尽管一个村庄和另一个村庄的规范不尽相同，但它们都是约定俗成，且始终被认为是不可违背的。不仅村民之间的关系如此，每个村民与其领主之间的关系也如此。在各种相互冲突的利益进行的长期斗争中，每个庄园都形成了自己的律法，这些律法是根据实践和习惯建立起来的，它们规定了每个人的权利和义务。庄园领主本人也要遵守这种“庄园习俗”，而且农民在确保他是否实际上遵守了这些律法方面通常是最警觉的。他们在捍卫自己的传统权利，及不时扩大这些权利上也可以表现得非常坚决。他们有资本坚决是因为那时人口稀少，劳动力总是匮乏。这让农民在应对土地财产和武装力量都集中于领主手中的状况时也能在某种程度
56 上掌握先机。结果就是，庄园主的统治绝不是一种不受限制地剥削劳动者的制度。如果习俗规定农民要缴纳实物并提供劳务，那么实物和劳务的数量都是规定好的。对于大多数农民来说，这至少保证了他们能有一小块地可继承和耕种。

农民在旧农业社会中的地位被大大稳固的另一个原因是他像贵族一样，坚决地将自己的一生牢牢扎根于一个亲族中。一个农民所属的大家庭是由拥有共同祖先的男女血亲及他们的配偶组成的，这些人都通过与亲族群体中的大家长的关系而被联结在一起，这个大家长一般是家族长辈中的父亲（没有父亲

的就是母亲)。这种亲族群体通常被正式承认为农民获得的租约的持有者，只要这个群体一直延续，它便可以一直持有这份租约。这样的一个大家庭“用同一个锅，生同一堆火，吃同一根面包”，家庭成员在同一块未划分界限的土地上劳作，世世代代扎根在同一块土地上，是一个具有强大凝聚力的社会单位，就算它本身有时可能因为激烈的内部争吵而产生分裂也没关系。毫无疑问，从属于这样一个群体能让农民个体获益匪浅。即便他不再与这个家族一起生活，无论他有什么需要，也总是可以向他的亲戚寻求帮助，而且可以确定自己会获得帮助。血缘关系虽然束缚了他们，但也帮助了每个人。[1]

农民从出生就存在于其中的社会关系网如此强大，而且被认为非常理所当然，因此它可以避免任何根本性的迷惘。只要这个关系网完好无损，农民就不仅能享有某种物质保障，还能获得某种安全感（这才是与此处要讨论的问题更相关的东西)。无论是持续的贫穷还是偶发的危难都不能破坏这种根本的确信。更何况，这些艰辛本身也被认为是理所当然的，是一种似乎永恒存在的事物状态的一部分。当时人们的视野还很狭窄，这种狭窄既是指地理上的，也是指社会和经济方面的。这不仅是因为他们与庄园范围之外的广阔世界的接触少之又少，更是因为任何根本性的社会转变都是当时的人不能想象的。在一个各方面都很原始的经济中，没有谁特别富裕，也没有什么东西可以引起新的需求，当然更没有什么能激发人们对财富和权力的浮夸幻想。

这种状态从 11 世纪开始发生改变，欧洲有一个接一个地区变得足够和平，于是人口数量增多，商业也获得了发展。最早发生这种情况的地区部分位于法兰西王国境内，部分属于德

57 意志王国领地。在 11、12 和 13 世纪，从索姆河延伸到莱茵河的几乎一整片以佛兰德伯国领地为中心的地区一直处于历代伯爵单独且有效的稳固统治下，所以这里的人口增长迅速。到 11 世纪，法兰西王国东北部、低地国家和莱茵河谷地区的人口已经超出了传统农业体系能够供养的数量。许多农民开始到海洋上、沼泽中和森林里开垦新土地，或者向东迁移，进入到至此时为止一直由斯拉夫人居住的广大德意志殖民地中；这些拓荒者的境遇大多还算顺利。但也有许多没有土地可租种，或是租种面积太小、无法养活自己的人选择留下。这些过剩人口不得不想尽办法自谋生路，他们中的一部分形成了农村无产阶级；另一部分则拥入新兴的商业和工业中心，形成了城市无产阶级。

维京人虽给欧洲许多地方造成破坏，却给当时领地覆盖从阿拉斯（Arras）到根特（Ghent）的广大地区的佛兰德伯国及其周边提供了发展工业的第一波动力。自罗马时期以后，这片地区的人们就一直在进行纺织活动，到 10 世纪，当人们开始从英格兰进口羊毛之后，纺织业就成了一个相当重要的行业。维京人凭借巨大的财富和直至俄国腹地的贸易路线，为高品质纺织品提供了一个极好的市场，而当时又正是一个有效政府让自己的领地实现了足够的和平与稳定，从而使工业发展成为可能的时期。在 11、12 和 13 世纪，大规模的纺织业得以发展起来，并开始遍布覆盖今天整个比利时及法国东北部的范围，使这些地区成了这片以农业为主的大陆上工业化程度最高的地区。因为这种工业的集中，莱茵河谷被紧密地联系起来。到 12 世纪，佛兰德商人已经在莱茵河沿岸进行贸易。到 13 世纪，莱茵河谷的商人成了欧洲北部国际商业的主宰者，佛兰德的布料就是经他们之手被送到德意志王国中部和南部，以及黎凡特的新市场上的。在科隆这个位于多条贸易路线交汇点的城市中，纺织业和铜相关产业都已经蓬勃发展起来。

新兴的工业中心对农民产生了巨大吸引力，最受吸引的无疑是富余劳动力。但那些希望摆脱庄园主的约束及苛捐杂税造成的侵扰的人，那些躁动不安、渴望改变的人，那些碰巧拥有 58
非凡进取心和想象力的人也同样会被吸引。因为在这些中心的生活，肯定能给普通百姓带来他们在农村土地上从未体验过的机会和满足。工业都集中在城镇，任何被城镇接纳的农奴都可以就此摆脱受奴役的状态，并获得自由身份。除此之外，一个穷人要想提升自己的社会地位，在城市里比在庄园里更容易实现这个目标，在经济扩张初期阶段尤其如此。只要拥有经商的头脑，一个身无分文的移居者到头来很可能会摇身一变，成为一位富裕商人。就连为本地市场生产产品的手工业者也通过手工业者行会获得了发展，这些团体不仅发挥了村庄集体和亲族群体在农民身上发挥的作用，还能带来远多于后者能带来的利益。随着人们的社会和经济视野的扩大，对普通百姓而言，艰辛、贫穷和依赖性已经不再是不可避免的命运。

然而还有许多人的情况是，他们产生了新需求，却无法得到满足；过去几个世纪里想都不敢想的财富景象在他们心中激起的是一种痛苦的挫败感。在所有人口过剩、相对城市化和工业化的地区都有许多生活在社会边缘的人长期处于缺乏保障的状态。即便是在最好的时候，这些地方的工业也绝对无法吸收全部剩余劳动力。所以每个市场上都有很多乞丐，他们成群结队地在城镇街道以及城镇之间的通路上游荡。许多人成了雇佣兵，但在那段少有战斗的时期，雇佣军总是会被解散。“布拉班特军”（*Brabançons*）这个词就是用来指代那些从布拉班特和邻近地区到法兰西王国各个省份中抢掠，给各地造成严重破坏的失业雇佣兵群体的。即便是在有工作的手工业者中，也有许多人发现自己反而比庄园里的农民更缺乏防卫能力。

当然，无论是在理性化和非人格化的程度，还是单纯的企业规模上，中世纪企业都不能与19世纪改变欧洲社会结构的大型企业相提并论。但中世纪企业起码不再是由简单的小作坊组成了。这里说的小作坊是那种由本身收入有限、没有什么野心、只对大概三四个助手和学徒进行仁慈的父亲式监管的“师父”，及其助手和学徒一起组成的类似家庭的组织。这种人们已经熟悉的生产方式仅适用于为本地市场进行生产的行业。生产出口商品的企业则将其经济基础建立在一种比较原始
59 的、不受约束的资本主义上。在规模庞大的纺织业中，提供原材料、拥有制成品，并将它们送到国际市场上出售的人显然是商人资本家。在这种情况下，即便是有技能的工人（织布工和缩呢工），其职位也并不稳固。尽管他们有自己的行会，但他们的行会并不能像别的行会保护为本地市场工作的工匠那样保护他们。这些人知道，战争或经济衰退随时可能导致贸易中断，届时他们也将被迫成为绝望的失业群体中的一员。至于大量没有娴熟技能、收入更低、不拥有生产工具，也得不到行会保护的人，就更要完全受市场支配了。[2]

除了可能遭遇与任何农民可能遭遇的一样严重的贫穷外，这些技术工人和临时工还要忍受在庄园主统治下的人几乎不会产生的迷惘。他们没有什么历史悠久的习俗可作为捍卫自己利益的依据，劳动力过剩更让他们缺乏增强自己主张的资本。最重要的是，他们得不到农民拥有的那种能支撑他们存

续的社会关系网络的支持。尽管按照现代标准来说，最大的中世纪城镇也还是很小，比如佛兰德伯国一些城镇群中城镇的人口数量就在 2 万—5 万，但一个不幸的人在这里可能遭遇的失败无疑是他在一个也许只有五十到数百人的村庄中不可能遭遇的。而且就算亲族关系在上流阶层的城市人口中依然重要，它在下层群众中的重要性也变得微不足道了。从人口过剩的农村向工业中心的迁移开始于对农民大家庭的破坏，结束于这些大家庭被最终摧毁。另一方面，在工业人口中，几乎不可能形成任何具有一定规模的亲族群体，一部分原因是当时的死亡率高，大部分工业人口被一代接一代地替换掉了；另一部分原因是贫穷家庭在城镇的某一个区域内只能获得极小的居住面积。[3]

技术工人和无技能的出卖劳力者、没有土地或拥有的土地
不足以养活自己的农民、乞丐和流浪汉、失业者和面临失业威
胁的人，还有许多出于这样或那样的原因，找不到有保障的和
被认可的位置的人，全都处于一种长期的沮丧和焦虑状态中，
因此成了中世纪社会里最易冲动和最不稳定的因素。任何令人
不安、恐惧或兴奋的事件，比如任何类型的叛乱或革命、进行
十字军运动的召唤、政权更迭之间的空白期、一场瘟疫或饥 60
荒，总之就是任何实际上破坏了社会生活惯例的事，都会对这
个群体产生格外尖锐的刺激，并激发特别暴力的反应。他们试
图应对共同困境的方法之一就是在一个弥赛亚领袖的领导下，
建立一个救世主义者群体。

在挣扎于社会边缘的富余劳动力群体中，总是存在着一种强烈的要把某个平信徒，或是背教的托钵修士或隐修士当成领袖的倾向。这个人往往不只自封为圣洁之人，还认定自己就是

先知和救世主，甚至是在世之神。这样的领袖会声称获得了来自神圣起源的灵悟[①]或启示，并凭借它们的威力号令其追随者履行一项规模巨大、震惊世界的共同使命。坚信自己要执行这样的任务，坚信自己被神圣地任命为伟大任务的执行者的信念，为迷惘和沮丧之人带来了新的方向和新的希望。这让他们在世上找到了自己的位置，更不用说这个位置还如此独特而荣耀。加入这样的弟兄会的人感觉自己成了精英，远远高于普通凡人，能够分享自己领袖的非凡善功，也能分享他那不可思议的能力。再说，最能吸引这些属于最贫穷阶层的群众的当然是一个旨在最终实现彻底社会变革的使命。在他们从遥远的过去、从被遗忘的早期基督教世界继承的末世论幻想中，这些人发现了一个最适合他们需求的社会神话。

这一过程在索姆河和莱茵河之间的地区首次出现。在随后的几个世纪中，它会在德意志王国南部和中部出现。再后来，还会在荷兰和威斯特伐利亚出现。发生这种情况的环境每次都很类似，即人口的增加、工业化的进行、传统社会纽带的削弱或瓦解，以及贫富差距的扩大。在上述每个地区中，集体性的无能为力感和焦虑嫉妒的心理都会突然爆发为一种迫切想要痛击邪恶之徒的狂暴冲动——人们希望这样的做法，能让他们在被强加于自己的和自己一直遭受的苦难上建立起最终的王国，在那个王国中，圣徒会聚集在能庇护他们的伟大弥赛亚周围，享受永恒的安逸与财富、保障与力量。

① 也称灵感、神感或默感。基督教神学中指圣灵的一种特殊活动。通过这种活动，上帝或超自然的影响作用于人，使他能领悟到上帝或超自然的真理，并且使他能与上帝直接沟通。

第一次十字军运动中的穷人

安特卫普的坦彻尔姆和布列塔尼的埃翁这两个救世主 61
在世的那半个世纪，也见证了可以被毫不犹豫地称为“穷人的弥赛亚主义”的信仰的第一次爆发。它爆发的时代背景是由 1096 年和 1146 年进行的最初两次十字军运动设定的。

当教皇乌尔班二世（Urban Ⅱ）号召基督教世界的骑士参加十字军运动时，他也在群众中释放了希望和仇恨，但这些希望和仇恨被表达出来的方式却与教皇的政策目标背道而驰。乌尔班于 1095 年在克莱蒙（Clermont）做出的著名演说旨在为拜占庭帝国提供它需要的增援，以便将塞尔柱突厥人从小亚细亚赶出去。作为回报，他希望东方的教会能够就此承认罗马教廷的至高无上，从而恢复基督教世界的统一。其次，他想为贵族，特别是他的祖国法兰西王国的贵族指明一个发挥军事能量的替代性渠道，因为这种能量仍在不断给法兰西王国带来破坏。克莱蒙会议（Council of Clermont）正是一个恰当的机会，理由在于它非常关注神命休战（Truce of God）①。过去的半个世纪以来，教会一直在利用这个巧妙的手段限制封建战争。除了神职人员外，还有许多低级别贵族也因此来到克莱蒙。在会议的最后一天，教皇主要就是在向这些人宣讲他的观点。[1]

乌尔班向那些愿意参加十字军运动的人提供了可观的回

① 指中世纪天主教会针对封建领主混战所采取的一种措施，该措施规定在一个星期的某几天或某些教会节日和大斋节期间暂时停止战争。

报。带着虔诚意图宣誓加入的骑士可以就其所有因罪而应受的暂罚①获赦免；如果他在战斗中死亡，那么他所有的罪都会被赦免。除了精神上的奖励，物质上的回报也同样不可或缺。人口过剩不仅仅发生在农民中间。贵族之间经常爆发战争的原因之一正是土地的严重短缺。长子之外的儿子通常得不到任何祖传财产，所以他们别无选择，只能自谋生路。有一份叙述称乌尔班本人拿许多贵族面对的穷困现实与他们征服南方的富饶新封邑后能享受的兴旺做了对比。[2]无论他是否真这样做过，这个问题都无疑是许多参加十字军运动的人考虑的因素之一。然而在听了乌尔班于克莱蒙做出的呼吁的主教、教士和贵族中间，一些对个人物质或精神收益的期望之外的事情显然也发挥了作用。倾听教皇讲话的参会人员被一种难以抗拒的情绪笼罩着。成千上万的人在齐声高喊："这是上
62 帝的旨意！（Deus le volt！）"人们围在教皇周围，跪在他面前恳求被允许参加圣战。一位枢机主教跪下来，以所有人的名义诵读《悔罪经》（*Confiteor*），当人们都开始跟随他一起背诵时，不少人忍不住流下眼泪，还有许多人抑制不住颤抖。有那么短暂的一刻，这个主要是贵族参加的集会陷入了一种集体性狂热的氛围，这种狂热在后来由普通民众组成的队伍中将成为一种常态。[3]

在克莱蒙的演说只是个开端，许多布道者立即开始煽动这种兴奋之情。乌尔班本人花了几个月的时间走遍法兰西王国，就是为了继续向贵族们宣讲十字军运动。那些参加了克莱蒙会

① 基督教神学末世论用语之一。天主教认为人死后因犯小罪而生前未足够补赎者，虽不下地狱，但还不能上天堂；尚须在炼狱中接受一定的暂时处罚，称为"暂罚"；刑满后，仍可升入天堂。

议的主教也回到各自的教区向本地贵族宣讲。还有许多先知（*propheta*）也在向普通百姓宣讲同样的内容。这些人虽未获得官方授权，但往往具有能施神迹的苦行者的声望，他们之中最著名的要数隐士彼得（Peter the Hermit）。他出生在亚眠（Amiens）附近，起初是一名隐修士，后来成了隐士。他赤脚行走，从未碰过肉或酒，一直过着严苛的苦修生活。身材矮小瘦弱的彼得留着灰白的长胡须，拥有威严的风度和雄辩的口才。[4]因此，据一个认识他的人说，他的一言一行似乎都是半神圣的。[5]他能够对大众施加一种不可抗拒的魅力。人们蜂拥到他周围，拼了命也要从他骑的驴身上拔一根毛当作圣物珍藏。关于他的人生流传着许多神话。据说彼得在教皇发表演说之前就去过耶路撒冷。基督在圣墓教堂①向他显灵，并给了他一封信，委托他号召人们加入十字军。彼得似乎也为增加这个传说的可信性做了贡献，无论去哪里布道，他都会随身携带这封来自天堂的书信。彼得作为宣传者获得了巨大的成功。他走遍法兰西王国北部之后，一支十字军队伍就形成了。人们匆匆变卖财产来购买武器和旅行装备，这使得他们不再具备任何糊口的手段，所以只能马上起程。1096 年 3 月，在由诸侯们进行的官方十字军运动开始四个月之前，彼得已经带领着受他启发而形成的大队人马从法兰西王国进入德意志王国领地。与此同时，在法兰西王国北部、佛兰德伯国和莱茵河沿岸，也有大批人马围绕着各自的领导人集结起来。

教皇所设想的军队是由带着仆人的骑士组成的，所有这些

---

① 亦称“复活教堂”，为耶路撒冷基督教大教堂之一，传说该教堂地基的一部分为耶稣坟墓的遗址，公元 4 世纪由君士坦丁大帝在该地始建教堂，后几经摧毁、重建和扩建。堂中有很多传说性的神圣遗迹、遗物和遗址等。

人都应该受过战斗相关的训练，并且拥有适当的装备；大多数响应教皇召唤的贵族实际上也是以清醒和现实的方式来为这场
63 远征做准备的。反观因先知的宣讲而集结起来的那些人，就完全是另一回事了。组成这些队伍的人没有军事方面的资历，全凭一时的冲动和急躁。他们没有任何理由拖延，只想赶快行动。这些人几乎都是穷人，都来自那些人口过剩的地区，穷人在那里的命运只能是永远缺乏保障。此外，在 1085—1095 年这十年间，人们的生活甚至比以往更艰难。一系列几乎连续不断的洪水、干旱和饥荒等灾难恰恰发生在法兰西王国东北部和德意志王国西部。自 1089 年以后，人们还一直生活在对一种特别令人厌恶的瘟疫的持续恐惧中，这种瘟疫会在没有明显诱因的情况下突然袭击一个城镇或村庄，给大多数居民带来痛苦的死亡。[6]人们对于这些灾难的普遍反应与平常没有什么不同：大家会聚集在隐士和其他圣洁之人周围虔诚地忏悔，并开始作为一个集体寻求救赎。[7]宣讲十字军运动的先知的突然出现，给这些遭受苦难的群众组建更大规模的救世主义者群体，以及逃离已经无法继续生活下去的故土提供了机会。无论男女都匆忙加入了这场新运动，他们通常会把孩子和家庭财物放到手推车上，然后举家迁移。随着队伍的不断壮大，还会有各种难以被归类的冒险者加入他们，比如背教的隐修士，伪装成男人的女人以及许多土匪和强盗。[8]

十字军运动对这一大群人的意义，与它对教皇的意义截然不同。被编年史作家们统称为穷人（*pauperes*）的这些人对协助拜占庭帝国的基督徒没什么兴趣，但他们对抵达、夺取并占领耶路撒冷很感兴趣。这个对于基督徒来说比任何地方都神圣的城市已经被控制在穆斯林手中长达四个半世纪。尽管在乌尔

班最初的计划中，夺回它的可能性似乎不是什么重要的事，[9]但这个前景恰恰是最令大批穷人兴奋的东西。在他们看来，十字军运动就是一次军事性的武装朝圣之旅，也是所有朝圣之旅中最伟大、最崇高的。几个世纪以来，向着圣墓的朝圣之旅一直被认为是一种特别有效的补赎①形式。11 世纪时，这样的朝圣活动变成了集体性的：忏悔者们不再单独或几个人一起前往，而是改为在一个领袖的带领下，组成一支有等级体系的队伍一起前往。这种队伍的规模可以很大，特别是在 1033 年和 1064 年，大型朝圣活动的参加人数都达到了数千人。至少在 1033 年时，最先前去朝圣的就是一些穷人，而且他们之中的一部分 64
是打算就此终生留在耶路撒冷的。[10]参加十字军运动的全部或至少大多数穷人也没想过要再返回自己的家乡：他们打算从异教徒手中夺回耶路撒冷，然后定居在那里，把它变成一个基督教城市。参加十字军运动的每个人都在自己的外衣上缝了一个十字架标记，这是后古典时期②第一次有军队佩戴徽章，这种做法也是迈向现代军队统一着装的第一步。对于骑士来说，这个十字架仅仅象征着在有限时间内进行的一场军事远征取得的基督教胜利；对于穷人们来说，它却意味着那句："背起十字架来跟从我！"十字军运动对穷人来说首先是一种集体性的效

① 基督教神学圣事论用语，源于拉丁语"peona"，意思是"惩罚、惩戒"。指信徒违反宗教戒条以后，通过诵经、禁食、朝圣等方式表明自己真心悔罪，节制肉欲并希冀宽恕。补赎方式视罪的程度而定，重罪者补赎的时间长一些。

② 一种世界史角度的时期划分，大致范围是公元 500 年至 1500 年，与欧洲史角度划分的中世纪（5—15 世纪）范围基本一致。

法基督（*imitato Christi*）①，是一个群体的奉献，作为回报，这个群体将在耶路撒冷被奉为神明。[11]

对这些人来说，占据了他们所有想象力的耶路撒冷不仅是一个地上的城市，更是巨大希望的象征。自希伯来人关于完美弥赛亚的想象早在公元前8世纪开始成形以后，耶路撒冷就一直是这样一个存在。主已经借着以赛亚的口吩咐希伯来人：

> 你们爱慕耶路撒冷的，都要与她一同欢喜快乐……使你们在她安慰的怀中吃奶得饱，使他们得她丰盛的荣耀，犹如挤奶，满心喜乐……看，我要使平安延及她，好像江河……你们要从中享受（注：原文作"咂"）②，你们必蒙抱在肋旁，摇弄在膝上。母亲怎样安慰儿子，我就照样安慰你们。你们也必因（注：或作"在"）耶路撒冷得安慰。[12]

在后巴比伦之囚时期的预言及启示文学中，弥赛亚王国被想象成以被重建得无比宏伟的未来的耶路撒冷为中心。这些古老的犹太幻想进一步增强了耶路撒冷无论如何都能够施加到中世纪基督徒心中的强大情感意义。在事件发生的二三十年后，一名隐修士写出了他想象中的乌尔班在克莱蒙所做演说的内容，他笔下的教皇在谈到圣城时说，它永远辉煌不仅是因为基督在此降临、受难和升天，还因为它是"世界的中心点，有比其他任何地方都富饶多产的土地，就像一个充满欢乐的天堂"。"这个

---

① 基督教教义之一。指一个真正的基督徒必须要像基督那样生活，需要效法的方面很多，主要有爱、虔诚、顺从、清贫等。

② 括注为《中文圣经和合本》原文，非本书译者注。后同。

被置于世界中心的尊贵城市”此时被侵占了，需要帮助，渴望被解放。[13]此外，耶路撒冷对于神学家们来说也是“如同极贵的宝石”的天上城市的“象征”，根据《启示录》的内容，这个天上城市将在末日取代耶路撒冷。如当时的人们注意到的那样，普通百姓会把地上的耶路撒冷与天上的耶路撒冷混为一谈并不奇怪，这使得这个巴勒斯坦城市本身也成了一个在精神上和物 65
质上都被充足赐福的神奇地方。当大批穷人踏上漫长的朝圣之路时，孩子们每到一个城镇或城堡就会大声问：“这是耶路撒冷吗?”好像这些人拥向的就是天上那个神秘城市。[14]

当法兰西王国北部、佛兰德伯国和莱茵河谷的穷人组成自治群体时，同样人口稠密、高度城市化的普罗旺斯（Provence）地区的穷人则纷纷加入图卢兹伯爵雷蒙（Raymond of Toulouse）的军队。结果就是，这支军队中也形成了一种和追随先知的队伍中盛行的那种兴奋之情一样强烈的情绪。无论是在北方还是南方，参加十字军运动的穷人都将自己视为十字军中的精英，是一群被上帝拣选的人，而诸侯们则不是。[15]在安条克之围（Siege of Antioch）的关键时刻，圣安得烈（St Andrew）就是向一个贫穷的普罗旺斯农民显灵，送来令人欣喜的关于圣枪①被埋在城中一个教堂里的消息。当这个农民担心自己身份卑微，不愿将消息传达给贵族领袖时，圣徒向他保证：“上帝从万民当中选择了你们（穷人），就像从燕麦田中挑拣出小麦麦穗一样。

① 《约翰福音》（19：34）：“惟有一个兵拿枪扎他的肋旁，随即有血和水流出来。”有传说称这支曾经刺穿耶稣基督的枪具有超自然之力，拥有此枪者可掌握世界的命运。关于发现圣枪的叙述很多，最有名的就是安条克之围期间的这次。但圣枪的真伪在十字军参与者中间引发了分歧，其发现者后来也被证明为不可信。

因为你们拥有的善功和恩宠超越了所有在你们之前和之后的人，就像黄金胜过白银一样。”讲述这个故事的阿吉莱尔的雷蒙（Raymond of Aguilers）① 是最能分享这个穷人观点的编年史作家。[16]他认为当一些穷人被杀死时，在他们的肩胛骨上发现奇迹般的十字印记是意料之中的事。[17]当谈到平民穷人（*plebs pauperum*）作为被主拣选的人时，他总是带着某种敬畏。

穷人的这种自负在那些混合了事实和传说的稀奇故事中可以得到更清晰的体现，这些故事讲述的是一个被称为“塔弗尔人”（Tafurs）[18]的群体。虽然平民十字军中的多数，甚至可能是绝大部分参与者都在穿越欧洲的过程中丧生了，但还是有足够多的幸存者在叙利亚和巴勒斯坦组成了一支流浪者队伍，“塔弗尔”这个神秘的词似乎就是流浪者的意思。[19]塔弗尔人赤脚，蓬头散发，披着破烂的麻布，身上很脏，还布满疮口。他们靠草根草叶为食，有时还会把敌人的尸体烤了吃。塔弗尔人如此凶悍，以至于他们经过的任何村庄都会被彻底摧毁。因为穷得买不起刀剑或长矛，他们就用灌了铅的大棒、带尖头的棍子、小刀、小斧头、铁锹、锄头和弹弓做武器。冲锋陷阵的塔弗尔人一副咬牙切齿，好像要将敌人生吞活剥的样子，而且真
66 的会吃死掉的敌人。穆斯林在面对诸侯组成的十字军时表现得英勇无畏，但在面对塔弗尔人时却感到无比恐惧，他们说塔弗尔人“不是法兰克人，而是在世鬼魔”[20]。基督教编年史的作者大多是神职人员或骑士，他们主要记录诸侯的作为。虽然这些作者也承认塔弗尔人在战斗中非常高效，但他们显然对塔弗尔人抱有疑虑，并以后者为耻。不过，要是你去读读从穷人角

① 编年史作家，图卢兹伯爵雷蒙的十字军的随军牧师。

度撰写的本国语叙事长诗，你就会发现塔弗尔人不仅被描述为圣洁之人，而且他们要“比骑士有价值得多”[21]。

对塔弗尔人的描述中包括一个塔弗尔国王（*le roi Tafur*）。据说他曾经是诺曼人骑士，后来丢弃了马匹、武器和盔甲，改穿麻布，用长柄大镰刀。至少最初的时候，他就是这样一位苦修者，贫穷对他而言，像对圣方济各①及其门徒一样具有各种神秘的价值。塔弗尔国王会定期检查他的部下。任何被发现身上有钱的人都会被驱逐出他的队伍，并被赶去购买武器，然后加入诸侯领导的正规军队。只有那些怀着最坚定的信念，放弃所有财产的人才会被接纳加入“组织”，即塔弗尔国王追随者的核心圈子。[22]正是由于他们的贫穷，所以塔弗尔人相信自己注定要占领圣城：“最贫穷的人应该占领这里。这是一个迹象，它清楚地表明主神并不在乎那些自以为是、缺乏信仰的人。”[23]虽然穷人将自己的贫穷说成一种善功，但他们其实非常贪婪。这些人认为从异教徒手中抢夺的战利品不仅不会影响他们获得上帝的恩宠，还可以证明这种恩宠有多么切实。在安条克城外发生了一场小规模交战之后，普罗旺斯的穷人“骑着马在营地中飞驰，为的是向他们的同伴展示自己的贫穷终于结束了；还有人同时套着两三件丝绸衣物，赞美上帝是胜利和礼物的赐予者”[24]。当塔弗尔国王领导对耶路撒冷的最后进攻时，他高喊道：“想要获得财物的可怜穷人在哪里？让他们跟我来！……今天，在

---

① 阿西西的圣方济各（Saint Francis of Assisi，1181 年—1226 年），天主教托钵修会方济各会创始人。生于意大利阿西西。1205 年发起组织托钵修会，粗衣赤足，四处传道，1209 年获教皇英诺森三世（Innocent Ⅲ）批准成立方济各托钵修会。

上帝的帮助下，我将获得用很多骡子才能拉走的财富！”[25]后来，当穆斯林拉着他们的财富绕着被占领城市的城墙行进，试图引诱基督徒进入开阔场地时，我们会看到，塔弗尔人根本无法抵挡诱惑。他们的国王喊道：“我们被囚禁了吗？他们带来了财富，我们却不敢去拿！……既然我是在做我想做的事，我才不在乎我会不会为此丧命。”祈求“圣拉撒路”（即寓言中的拉撒路，中世纪的穷人把他当作自己的主保圣人）保佑的塔弗尔国王就这么带领人马出城，朝着灭顶之灾冲去。[26]

塔弗尔人每占领一座城市，就会掠夺他们能拿到的一切，还会强奸穆斯林妇女，并实施不加区别的肆意屠杀。他们完全
67 不受十字军官方领袖领导。当安条克的埃米尔抗议塔弗尔人食人肉的行为时，各位诸侯也只能带着歉意承认：“我们所有人加在一起都不能管住塔弗尔国王。”事实上，诸侯们似乎对塔弗尔人有些恐惧，而且每当后者靠近时，诸侯们都会小心地全副武装起来。[27]毫无疑问，这才是实情，但在从穷人角度讲述的故事中，显赫的诸侯们不仅从未对塔弗尔国王抱有疑虑，还会在他面前表现得谦逊，甚至充满敬意。我们会看到塔弗尔国王敦促犹豫不决的诸侯进攻耶路撒冷的内容：“各位爵爷，我们在做什么？我们对这座城市和这个邪恶种族的进攻已经被拖延得太久了。我们表现的像假的朝圣者。如果一切只依靠我和穷人，那么异教徒会发现我们是他们见过的最糟糕的邻居！”塔弗尔国王让诸侯肃然起敬，以至于他们请他来领导第一次进攻。当他带着满身伤痕被抬离战场时，诸侯都担心地聚集在他周围。但塔弗尔国王并不仅仅是最强大的勇士那么简单。他还经常被与某个先知密切地联系在一起，一个版本中是与隐士彼得，另一个版本中是与一位虚构出来的主教，这个人用圣枪作

为自己的标志，如同穷人也用它作为自己的标志一样。此外，国王本人显然还拥有一种超自然能力，这使他成了超越所有诸侯的存在。在为迎合穷人而编写的故事中，当布永的戈弗雷①要成为耶路撒冷的国王时，诸侯们选择塔弗尔国王作为“至高者”来为他加冕。塔弗尔国王主持加冕礼时，给了戈弗雷一根荆棘以纪念荆棘冠：戈弗雷进行了敬拜，并发誓将耶路撒冷作为仅属于塔弗尔国王和上帝的采邑。当诸侯们觉得自己已经受够了，于是匆匆返回在自己领地中的妻子身边时，塔弗尔国王不愿看到耶路撒冷被抛弃，而是发誓要与自己的穷人大军一起留下来保卫新国王和他的王国。[28]在这些纯属想象的事件中，乞丐国王象征了穷人抱有的毫无理性的巨大希望，正是这种希望支撑他们熬过了前往圣城过程中难以言喻的艰辛。

实现这种希望需要大规模的人类献祭——不仅是十字军的自我牺牲，还有对异教徒的大屠杀。尽管教皇和诸侯原本计划的是一场为实现有限目标而进行的运动，但在现实中，这场运动总是倾向于成为平民希望它成为的样子，即一场消灭“娼妓之子”和“该隐后裔”的战争，这些都是塔弗尔国王对穆斯林的蔑称。我们已经知道十字军会抓住某个地区的所有农民，并强迫他们做出是立即改信基督教，还是立即被杀死的选择。“实现这些目标后，我们的法兰克人就满怀欣喜地返回 68
了。”[29]耶路撒冷被攻破之后，城里发生了大屠杀。除总督和他的侍卫设法用钱保住自己的性命并被送出城外，剩下的所有穆斯林，无论男女老少，都被杀死了。在所罗门圣殿（Temple of

① 布永的戈弗雷（Godfrey of Bouillon，约1060年—1100年），下洛林公爵（Duke of Lower Lorraine），第一次十字军运动的领袖之一。1099—1100年担任耶路撒冷王国（Kingdom of Jerusalem）的第一任统治者。

Solomon）及其周围，“马匹在浸没马膝，不，是深到嚼环的由鲜血汇聚而成的河流中前行。这是上帝做出的公正和绝妙的审判，一座长期以来充满亵渎神明之人的城市也应当流满亵渎者的血”[30]。至于耶路撒冷城中的犹太人，当他们在主要的犹太教会堂避难时，建筑物被点燃，里面的人都被活活烧死了。[31]喜极而泣的十字军一边唱着赞美上帝的圣歌，一边排成长队朝圣墓教堂行进。“新的一天，新的极乐的一天，新的永恒的喜悦……那一天的盛名将在之后所有世纪中流传，它将我们所有的磨难和困苦变成了欢乐和狂喜；那一天是对基督教的确认，是对异教徒的毁灭，是我们信仰的复活！”[32]但是，有少数幸存下来的异教徒躲到了阿克萨清真寺（mosque of al-Aqsa）的屋顶上。著名的十字军首领坦克雷德（Tancred）答应接受高额赎金作为放过他们的条件，并把自己的旗帜交给这些人作为安全通行保证。然而普通士兵顺着墙壁爬上屋顶，砍下每个男人和女人的头颅，不想被斩首的人则直接从屋顶上跳下摔死了。坦克雷德虽然为此怒火中烧，却也无能为力。[33]

考虑到已经出现的这些事件，那么对欧洲犹太人的第一次大屠杀也发生在第一次十字军运动期间就很自然了。[34]由诸侯及他们的仆人组成的正规十字军没有参与屠杀，参与其中的全是受先知启发而聚集起来的那部分人。一位编年史作家写道，十字军运动开始之后，“各地都实现了稳固的和平，生活在各个城镇中的犹太人则立即开始遭到袭击”。据说，在人们刚开始煽动十字军运动时，鲁昂和其他法兰西王国城镇的犹太人群体就已经被要求在改信基督教和遭到屠杀之间做出选择。[35]不过，在莱茵河沿岸各个主教管辖的城市中发生的袭击才是最暴力的。犹太商人在欧洲西部所有贸易通道沿线定居，在莱茵河沿岸定居的传统也已经有几个世纪之久。由于在经济方面的作用，他们总能得到大主教们的特别青睐。但到 11 世纪末，在所有这些城市中，城镇居民与他们的教会领主之间的紧张关系已经引发普遍的社会动荡。当时的环境被证明有利于宣扬十字军运动的先知们，就像它很快也会被证明有利于坦彻尔姆一样。

1096 年 5 月初，在施派尔（Speyer）城外露营的十字军计 69
划于安息日袭击犹太人会堂里的犹太人。不过，这个计划被挫败，他们最终只在街上杀死了十二名犹太人。主教将其余犹太人安置到自己的城堡中，并惩治了一些凶手。沃尔姆斯（Worms）的犹太人就没有这么幸运了。他们也向本地主教和富有市民寻求帮助，但当平民十字军抵达这里，并领导城镇居民对犹太人居住区发动袭击时，主教和富人也无能为力。犹太人会堂和房屋被洗劫一空，所有拒绝接受洗礼的成年人都被杀死。至于儿童，有些也被杀了，还有些被掳去接受洗礼，然后作为基督徒被抚养长大。一些犹太人在主教的城堡中躲藏，当城堡也遭到攻击时，主教提出为他们施洗以拯救他们的性命。但这群人都选择了自杀。据说总共有八百名犹太人在沃尔姆斯丧生。[36]

德意志王国最大的犹太人聚居区位于美因茨（Mainz），在这里发生的事件的过程与其他地方的大致相同。犹太人一开始也受到本地大主教、主要世俗领主和较富有市民的保护，但最终却要在受较贫穷居民支持的十字军的逼迫下选择受洗或死亡。大主教和他手下的所有人都因为担心自身生命安全而逃离了。一千多名犹太男女要么自杀，要么丧命于十字军之手。[37]一支十字军队伍从这些莱茵河沿线城市去了特里尔（Trier）。当地大主教做了一次布道，要求人们不要伤害犹太人。结果连他本人也不得不逃出教堂。这里的情况也是少数犹太人接受洗礼，绝大多数被杀死。[38]接下来，十字军到梅茨（Metz）杀死了更多犹太人，[39]然后于6月中旬返回科隆。这里的犹太人都躲到了邻近的村庄中，但他们还是被十字军找到，并有数百人被杀死。[40]与此同时，有其他十字军队伍继续向东行进，依靠武力强迫雷根斯堡（Regensburg）[41]和布拉格[42]的犹太人群体接受洗礼。在1096年5月和6月中死去的犹太人总数估计有4000—8000。

这成了一种传统的开始。1146年，当路易七世国王（King Louis Ⅶ）和法兰西王国贵族在为第二次十字军运动进行准备时，诺曼底（Normandy）和皮卡第（Picardy）的民众也屠杀了犹太人。与此同时，一个名叫鲁道夫（Rudolph）的背教隐修士从埃诺（Hainaut）前往莱茵河沿岸，在那里呼吁民众参加平民十字军，并以杀死犹太人作为行动的开端。与第一次十字军运动时的情况相同，饥荒使平民百姓陷入绝望。鲁
70 道夫也像每一个成功的先知一样，被认为能够施神迹，并获得了神圣的启示。饥饿的人们成群结队地赶来追随他。事实证明，最能煽动反犹情绪的沃土仍然是内部矛盾本就非常激烈的主教城市，比如科隆、美因茨、沃尔姆斯、施派尔，以及这次的斯特拉斯堡（Strasbourg）和十字军运动途经的维尔茨堡（Würzburg）。反犹运动还从这些地方蔓延到德意志王国和法兰西王国的其他多个城镇。犹太人依然和半个世纪前一样，向主教和富有市民求救，这些人尽可能地帮助了他们。但穷人是无法被轻易阻止的，许多城镇的平民已经处于即将发起暴动的边缘，一场令人无法抵挡的灾难似乎又要降临在犹太人身上。就在此时，圣伯尔纳出面进行了干预，他凭借自己全部的威信，坚持要求人们停止大屠杀。

即便是拥有圣洁之人和施神迹者的极崇高声望的圣伯尔纳，也几乎无法控制群众的愤怒。当他在美因茨与鲁道夫对峙，并作为隐修院院长命令后者返回隐修院时，平民差一点儿就要拿起武器保护自己的先知了。[43]从此以后，对犹太人的大屠杀一直是由平民，而不是由骑士进行的十字军运动中的一个常见现象。这里面的原因很明显。尽管穷人也从被他们杀害的犹太人那里随意抢劫财物（就像他们从穆斯林那里抢劫一样），但获得战利品绝不是他们的主要目标。一部希伯来语编年史记录了第二次十字军运动期间，十字军是如何向犹太人发出呼吁的："加入我们吧，让我们成为一个民族。"[44]犹太人总是可以靠受洗来挽救自己的生命和财产这一点似乎毫无疑问。另一方面，据说杀死一个拒绝受洗的犹太人，可以让杀人者的所有罪过都得到赦免；还有些认为自己根本不配加入十字军的人，在至少杀死一个拒绝受洗的犹太人之后就不会再有这种感觉了。[45]某些十字军参与者的评论被留存到今天："我们已经开启漫长的旅程，要去东方与上帝的敌人作战。看哪，在我们眼前的就是他最糟糕的敌人——犹太人。他们必须最先被解决掉。"[46]还有人说："你们是那些杀死并吊起我们的上帝的人的后代。此外，（上帝）自己说过：'我的孩子来为我报仇的日子终会降临。'我们就是他的孩子，为他向你们进行报复是我们的任务，因为你们表现得那么顽固，还亵渎他。……（上帝）已经抛弃你们，他将他的光辉照在我们身上，使我们成为他的人。"[47]

这无疑阐述了一种（要彻底毁灭犹太教的）信念，它与第一次十字军运动试图彻底毁灭伊斯兰教的信念同样坚定。

第四章　对抗敌基督大军的圣徒

末世救主

71 尽管关于这段早期历史的记录很少，但它们足以表明，有一种巨大的末世狂热情绪在平民十字军中发挥了作用。这个末世是万物自创世之初就一直在努力实现的最终圆满，而穷人必然视自己为促成这次巨大圆满的因素。他们在各个方面都能看到标志着末世开始的“预兆”，并听到“末日的号声，以宣布公义审判的到来”。[1]最重要的是，他们似乎对一位伟大的皇帝要在末世前往耶路撒冷的预言特别着迷，还竭尽全力说服自己相信，带领他们的人就是那位神秘的君主。

在东方流传的希腊预言中，最后一位君主原本是统治君士坦丁堡的罗马皇帝。但当《伪美多迪乌启示录》于 8 世纪在巴黎被翻译成拉丁语后，[2]人们就需要新的解释了。既然这位末世君主要出现在西方的末世论幻想中，那他就不能再是一个拜占庭人。从西方人的角度来说，君士坦丁堡的皇帝是一个非常遥不可及的模糊形象。另一方面，当查理曼（Charlemagne）获得帝国皇帝的头衔时，西方人已经说服自己相信这就是罗马帝国的复兴。自西方的最后一个皇帝被废黜，这个位置已经空缺了长达三个多世纪。直到公元 800 年圣诞节当天，法兰克和伦巴第国王（King of the Franks and King of the Lombards）查理曼在罗马圣彼得大教堂被加冕为罗马皇帝（Emperor of the Romans），这个空缺才终于被最杰出的人填补上。从那之后，将末世皇帝想象成一位西方君主也说得通了，而且这种做法一直被延续下来，哪怕查理曼并没能在其死后留下一个幅员辽阔的帝国也没关系。在后来分别成为法兰西王国和德意志王国的曾经属于查理曼的领土上，人们继续梦想着自己身边会出现一 72
位能将神巫预言转变为现实的伟大皇帝。[3]

11 世纪末期，随着发起十字军运动的想法逐渐成形，这些幻想也获得了一种新的直观性和迫切性。在第一次十字军运动几年前，我们就看到阿尔巴主教本佐（Benzo, Bishop of Alba）预言当时在位的德意志国王和罗马皇帝亨利四世（Henry Ⅳ）会征服拜占庭帝国，战胜异教徒，并在耶路撒冷胜利游行；他还会在那里遇到敌基督并将其打败；之后他会统治一个属于所有人的帝国，直到世界终结。[4]人们也许不该全盘接受从一个坚定支持皇帝与教会斗争的高级教士口中说出的话；但不久之后，当穷人们开始抱着一种狂热的激情前来加入十字军时，古老的神巫预言也重新出现，并获得了一种惊人的活力。[5]一位博学的隐修院院长轻蔑地评论说，假先知的作为让这些人脑子里充满了关于查理曼为领导十字军运动而从死中复活的念头。[6]

实际上，关于战无不胜的加洛林第一人（the first Carolingian）这个形象的民间传说一直在不断增多。查理曼尤其被视为基督最英勇的捍卫者，也是在面对武力强大的穆斯林时不屈不挠地保护基督徒的人。到 11 世纪下半叶，几乎所有人都认定他曾率领十字军前往耶路撒冷，赶跑了那里的异教徒，还让被驱逐的基督徒得以重返家园。不止一位编年史作家讲述过1096年的十字军如何沿着据说是由查理曼为十字军运动而修建的道路行进的事。[7]此外，还有相当多的人认为查理曼并没有死，而是在他位于亚琛（Aachen）的墓穴中，或是在某座山中沉睡，直到他回到人类世界的时刻来临为止。为十字军运动而招募的适合穷人口味的布道者可以很容易地将这些故事与神巫预言结合在一起，好引导平民将查理曼视为那位将从沉睡中醒来，推翻伊斯兰势力，并建立世界终结之前的极乐时代的伟大皇帝。[8]复活的查理曼（*Carolus redivivus*）是不是也被先知描绘成了乞丐国王及穷人的保护者，或是像虽然身无分文，却被视为“至高者”，连耶路撒冷的归属都可以由他决定的塔弗尔国王一样的人？我们对此并不清楚，但穷人肯定能够根据自己的愿望将《伪美多迪乌启示录》中的沉睡皇帝转变
73 为不仅能消灭异教徒，还能救助和提升贫苦之人的救世主。随后几个世纪中的穷人经常这样做，所以在第一次十字军运动时可能就已经有人这样做了。

穷人认为末世皇帝这个角色对于实现他们最深刻的希望是不可或缺的，以至于他们不仅把苏醒的查理曼的幽灵当成末世皇帝，有时还会把活生生的人，即十字军运动的实际领袖也看作末世皇帝。巨大的弥赛亚形象曾被投射到很多人身上，比如下洛林公爵布永的戈弗雷，或是那个顽固政客、图卢兹伯爵圣贾尔斯的雷蒙（Raymond of Saint-Giles），又或是据说已经成为塔弗尔国王的那位诺曼人骑士。[9]尤其重要的是，启发莱茵河沿岸各个城市对犹太人进行大屠杀的莱宁根伯爵（Count of Leiningen）艾米科［（Emico），亦写作艾默里奇（Emmerich）］，似乎确实曾把自己就是末世皇帝的想法强加给他的追随者。艾米科是一个以残暴著称的封建诸侯，但他声称自己是受上帝发

出的异象和启示引导才加入十字军的。有一天，一位基督的使者来到他面前，在他的肉身上做了一个标记——无疑正是那个传统的神选标志，即在一侧肩胛骨上或两侧肩胛骨之间的十字印记，据说查理曼身上就有这个标记，而且末世皇帝也应该有。[10]艾米科声称这个标志是基督本人将带领他取得胜利，并在恰当的时候为他加冕的证据，而且加冕礼将在拜占庭皇帝统治的意大利南部地区举行。[11]这一切难道不是意味着，这位无足轻重的德意志领主承担起了本佐主教曾无果地试图让亨利四世皇帝承担的角色，以及他已经决定要成为将西方和东方帝国统一起来的末世皇帝，然后进军耶路撒冷？实际上，艾米科的远征活动非常不光彩。他带领的由德意志人、法兰西人、佛兰德人、洛林人组成的穷人大军还没有到达小亚细亚，就被马扎尔人击溃并驱散了。[12]艾米科是独自一人回到家中的。尽管如此，超自然的光环依然总是紧紧围绕着他。在他于 1117 年被杀死数年后，还有人认为他在沃尔姆斯附近的一座山中继续以某种形式存在着，人们不时会看到他出现在一支武装队伍里。这个传说强烈暗示出，在大部分人的想象中，他也被坚定地转化成一位终有一天必将归来的沉睡英雄了。[13]

关于谁是第二次十字军运动中末世皇帝这一角色的最佳人选，答案毫无悬念。君主们并没有参加第一次十字军运动，但半个世纪后，当教皇尤金三世呼吁大家为身处困境的耶路撒冷王国提供帮助时，法兰西国王路易七世热情地响应了号召。1145 年圣诞节当天，国王在群众的极度热情中，于圣但尼皇 74
家隐修院（royal abbey of Saint-Denis）宣誓加入十字军。自进入 12 世纪以后，新版本的《蒂伯尔神巫预言》开始流传，其中讲到一位未来的法兰西国王将同时统治西罗马帝国和拜占庭帝国，并最终作为末世皇帝，在各各他放下自己的王冠和长袍。[14]自然而然地，当十字军运动的热情重新在欧洲西部群众中点燃时，这个预言就被套用到了路易七世身上。在先知鲁道夫宣扬屠杀犹太人的同时，一份由另一位先知提出的陌生而神秘的神谕也在被热切地研究着。关于后者我们可以确定的是，它向路易许诺了君士坦丁堡和“巴比伦”，以及一个在小亚细亚的帝国——它还补充说，当他获得如此多的成就时，他的“L”将变成“C”①。不过这些提示已经足以表明一个完整的末世论大纲。路易将成为东方的皇帝统治拜占庭帝国。然后，他会占领那个神巫预言中的异教徒的神秘之都“巴比伦”，那里是鬼魔出没的场所和敌基督诞生的地方——就像圣城耶路撒冷的某种邪恶的对应版本。最终，他将成为“名字为C的国王”（正如《蒂伯尔神巫预言》中提到的那样），换句话说，就是变成新的或复活的君士坦斯这个注定成为末世皇帝的人。

这个神谕的影响非常大。圣伯尔纳似乎就是在研究了巫语作品之后，才克服自己最初的不情愿，转为开始宣扬十字军运动——而且，如果不是因为他的宣讲，可能就不会发生十字军运动了。[15]此外，不仅法兰西人在研究神谕，德意志人也在研究。[16]不过德意志国王康拉德三世（Conrad Ⅲ）不太情愿参与十字军运动，所以根本不能和路易相提并论。然而，尽管路易满怀激情，但他对扮演一个强加给他的末世论角色没有丝毫兴趣。作为一位握有实权、经验丰富的国王，他无论如何都会被卷入从一开始就困扰着这次十字军运动的政治阴谋和对抗中。结果就是，当法兰西国王和德意志国王去荒唐地围困大马士革

① “L”指路易（Louis），“C”指君士坦斯（Constans）。

(Damascus) 时，穷人则被丢在一旁，不仅饱受屠杀和饥荒之苦，还因为失去领袖而迷惘困惑，只能独自去追逐圣徒王国这个致命的海市蜃楼。

鬼魔大军

参加平民十字军的穷人从末世论角度来看待他们的受害者和领导人，也根据末世论来创造自己的社会神话。

约翰预言传统和神巫预言传统都坚持认为，只有先将错误 75
的信仰消除，千年王国才会降临。从某种意义上说，实现一个完全的基督教世界的理想当然是从基督教诞生就开始存在了。不过基督教最初是一种传教士宗教，后来也一直认为必须通过让持错误信仰者改信基督教来实现消除他们的目标。然而在11—12 世纪组建起来的弥赛亚大军却认为，通过杀死不肯改信基督教之人的方式，同样能够实现消除错误信仰的理想。[1]在最深刻地体现了第一次十字军运动精神的著名叙事长诗《罗兰之歌》(*Chanson de Roland*) 中，这种新态度被表达得再明确不过：

> 查理王拿下了沙拉古索城。一千法兰西人在城里搜寻，他们检查了教堂和做礼拜的地方。他们拿着铁锤和铁杖，打烂了所有神位和偶像，没有留下任何占卦和虚谎。查理王信奉上帝，愿意为他服务。教长们在圣水上做了祝福，把异教徒带到领洗之处，如果有人敢反对查理，就把他抓起杀掉烧死。[2]①

① 译文见〔法〕佚名：《罗兰之歌》，杨宪益译，上海译文出版社，1981。

在加入十字军运动的穷人眼中，对穆斯林和犹太人的重创将成为最后一战的第一步，而犹太人和早期基督徒的末世论幻想中已经提到，这最后一战会以消灭撒旦为终结。在这些到处实施屠杀的绝望之人眼前，一个敌基督的影子已然隐约可见。这个巨大而可怕的阴森形象甚至被记录在一些编年史中。敌基督已经诞生，它随时可能在耶路撒冷圣殿中称王：连一些级别较高的神职人员也会说出这样的话。[3]这些幻想与教皇乌尔班的计划没有任何关系，但努力想要描述第一次十字军运动是在怎样的气氛下开始的编年史作家甚至声称，这些内容都是教皇提出来的。他们硬说乌尔班在克莱蒙会议上宣布，上帝的旨意是通过十字军的努力，让基督教在末世重新兴盛于耶路撒冷，这样当敌基督（不久之后必定会）在那里进行统治时，才能有足够多的基督徒与他战斗。[4]

异教徒在这场末世大戏中被迫扮演了强加到他们头上的角色，任凭大众将他们都想象成鬼魔。[5]在 9 世纪的黑暗日子中，当基督教世界确实受到伊斯兰教胜利推进的严重威胁时，一些神职人员曾哀伤地认定穆罕默德就是撒拉森人敌基督的“先
76 驱”，[6]普通穆斯林则是敌基督的“帮手”[7]。此时换成基督徒对已经撤退的穆斯林发动反攻，流行史诗就将穆斯林描绘成（正面和背面）共有两对角的怪物，还称他们是无权生存在世上的鬼魔。[8]但是，如果说撒拉森人（以及他们之后的突厥人）在大众想象中长期具有某种鬼魔的特征，那么犹太人的形象就更加恐怖了。犹太人和撒拉森人通常被认为即使不完全相同，也是非常近似的；[9]但由于犹太人在信仰基督教的欧洲各处都有分布，所以他们也在流行鬼魔学中占据了主要位置。此外，他们占据这个概念的时间也更长，这带来的后果会延续很多世

代，其中就包括在20世纪中期发生的屠杀数百万欧洲犹太人的事件。

在犹太人开始被赋予各种鬼魔特征的时候，他们早已经算不上欧洲西部的新居民。经历了反对罗马的艰难斗争及巴勒斯坦的犹太国家覆灭之后，大规模的主动迁移和遭受驱逐让很多犹太人来到了法兰克王国和莱茵河谷。虽然他们在这些地方没有获得像他们在穆斯林统治的西班牙拥有的那种文化上的卓越地位或政治上的影响力，但犹太人在中世纪早期的命运还绝不至于艰难。从加洛林王朝时期开始，犹太商人就带着香料、香和象牙雕刻之类的奢侈品在欧洲和近东之间往返，还有很多犹太人成了工匠。没有证据表明犹太人在最初那几个世纪里，遇到过被其基督徒邻居格外仇恨或恐惧的情况。相反，犹太人和基督徒之间的社会和经济关系还很和谐，他们相互成为朋友和商业伙伴的情况也不罕见。[10]犹太人在从文化上适应他们定居的各个国家方面进行了长期努力。但他们仍然是犹太人，他们拒绝被自己居住之地的民众同化，这对他们后代的命运产生了决定性影响。

自犹太人在公元前6世纪第一次被驱散到各地以后，一代又一代的犹太人始终拒绝被同化，这本身就是一个不同寻常的现象。除了在吉卜赛人身上能发现某种程度的类似情况之外，似乎没有其他任何像犹太人这样被分散到各地，既没有自己的国籍，也没有自己的领土，甚至没有一种强大的民族同质性，却能作为一个文化实体无限期地持续存在的群体。这个社会学难题的答案很可能会在犹太教中被找到：犹太教不仅像基督教 77
和伊斯兰教一样教导其信徒坚持将自己视为一个全能神的选民，还教导他们将诸如战败、屈辱和被驱散之类的最令人难以承受的群体不幸，视为神圣恩宠的诸多证据和对未来将获得全体人民的福祉的诸多保证。使犹太人继续作为犹太人的原因似乎是，他们坚信犹太人被驱逐和散居不过是对共同罪过的初步赎罪，是为弥赛亚的到来及重返被改造后的圣城而做的准备。不过，在犹太国家最终覆灭之后，他们通常开始认为那个圆满的时刻属于遥不可及的未来。除此之外，出于确保本宗教得以存续的目的，犹太教确立了一系列礼制来有效地避免犹太人与其他人融合。与非犹太人通婚是被禁止的，与非犹太人一起进餐也会非常困难，甚至读一本非犹太教的书都是种过错。

这些情况也许足以解释为什么犹太人经受了这么多个世纪的离散后，依然是一个可被清晰辨识的群体，他们被强烈的团结感联系在一起，对非犹太人表现出某种疏离，并且尽力遵守那些专为强调和让犹太人保持其排他性而设计的禁忌。然而，这种自我保护、自我孤立的倾向还不能充分说明，为什么在基督教世界（而且是只在基督教世界）中，会存在一种比针对其他任何“外群体”都更强烈和持续不断的、专门针对犹太人的仇恨。造成这种情况的原因，正是在第一次十字军运动时突然抓住新大众想象力的完全荒诞离奇的犹太人形象。

天主教的官方教义促成了这种情况的发生。教会一直倾向于将犹太教视为一种危险的影响，甚至是潜在的竞争对手，所以它从未停止过针对犹太教的激烈争论。世世代代的平信徒习惯了听讲道台上的神职人员严厉谴责犹太人的反常、固执和忘恩负义，因为他们拒绝承认基督的神性，还背负着杀害基督的极可恶的世袭罪恶。此外，末世论传统早就将犹太人与敌基督联系在一起。早在公元2世纪和3世纪，神学家就已经预言敌基督会是一个属于但支派（tribe of Dan）的犹太人。[11]这个观点变得如此司空见惯，以至于在中世纪，连诸如圣托马斯·阿奎那①这样的学者都接受了它。这个观点还认定敌基督将在巴比伦出生，在巴勒斯坦长大，他爱犹太人多于爱其他任何民族。他会为犹太人重建圣殿，并把他们从离散的各处集中在一起。犹太人将是敌基督最忠实的追随者，并接受他为复兴犹太 78
人国家的弥赛亚。有些神学家期望犹太人能普遍改信基督教，其他人则认为他们对真理的视而不见将持续到最后，而且在最后的审判中，犹太人将与敌基督一起被打入地狱，在那里忍受永恒的折磨。[12]蒙捷昂代尔的阿德索（Adso of Montier-en-Der）于 10 世纪创作的一份关于敌基督传说的纲要在整个中世纪一直被视为权威著作。在这份纲要中，敌基督虽然仍是一个但支派的犹太人，却变得更加异乎寻常和阴险邪恶。他在这里被说成一个娼妓和一个一无是处的卑鄙小人的后代。此外，在他被孕育之时，撒旦以灵的形式进入了这个娼妓的子宫，以确保这个孩子一定能成为邪恶的化身。他随后在巴勒斯坦接受的教育都是由巫师和术士提供的，他们会把他带入邪术和所有罪恶中。[13]

当中世纪后期的大众开始接触古老的末世论预言时，他们把所有这些幻想都当成极为严肃的真理，并将之详细阐述成一种怪诞的神话。正如敌基督的人类形象容易与一个完全恶魔化的撒旦形象融合在一起一样，犹太人也总被看作撒旦的鬼魔仆

---

① 圣托马斯·阿奎那（St Thomas Aquinas，1225 年—1274 年），中世纪基督教神学家、经院哲学家，曾师从大阿尔伯特（Albertus Magnus），并像他一样研究、宣讲亚里士多德的著作。阿奎那用哲学方法论证神学命题，认为哲学与神学、理性与信仰可以并存，但神学高于哲学，信仰高于理性。在政治上，他主张政权、教权皆源于上帝，但教权高于俗权、教皇位居君主之上。

从。[14]在戏剧和图画中，他们常常被表现为长着山羊的胡须和犄角的鬼魔，而在现实生活中，教会和世俗当局都试图让犹太人在帽子外面戴上犄角。像其他鬼魔一样，他们也被想象和描绘成与象征欲望和污秽的那些生物密切相关，比如有角兽、猪、青蛙、蠕虫、蛇和蝎子。[15]反过来，撒旦本人也通常被赋予犹太人的特征，并被称为“犹太人之父”。人们相信犹太人在会堂里崇拜以猫或蟾蜍的形象代表的撒旦，并在施邪术时寻求他的帮助。[16]就像他们所谓的主人一样，犹太人被认为是搞破坏的鬼魔，他们的唯一目标就是摧毁基督徒和基督教国家——在法语奇迹剧①中，犹太人被描述为“来自地狱的恶鬼和人类的仇敌”（dyables d'enfer, ennemys du genre humain）。

如果犹太人的力量似乎比以往任何时候都更强大，他们的邪恶行径更骇人、巫术更阴险，那么这些都不过是末世确实即将到来的又一个预兆。人们认为，为了给最后的顽抗做准备，犹太人会进行秘密的荒唐竞赛。作为敌基督的士兵，他们要在这些竞赛中练习用刀戳刺。[17]甚至连原本被科莫迪亚努斯视为基督未来大军的消失的以色列十支派，此时也被当成与敌基督
79 的大军——歌革和玛各有关系的人。《伪美多迪乌启示录》将后者描述为以人肉、尸体、从母亲的子宫中扯出的婴儿，以及蝎子、蛇和所有最令人作呕的爬行动物为食的民族。[18]人们还创作了描述犹太鬼魔如何帮助敌基督征服世界，直到基督复临前夕和千禧年开启之初，敌基督和犹太人才一同被喜悦的基督徒消灭的戏剧。[19]每当上演此类戏剧时，犹太人聚居区就需要

① 又称“圣徒剧”，欧洲中世纪三种地方性戏剧之一（另外两种为神秘剧和道德剧）。奇迹剧主要描述圣徒的生平、奇迹和以身殉教的故事，在整个欧洲，特别是法国、德国和英国都有很大影响。

武装队伍的保护以抵挡暴民的狂怒。教皇和公会议可能会坚称，尽管犹太人在皈依基督教之前都应被孤立和贬低，但他们绝对不应被杀害。[20]这样细微的区别对于混乱的民众来说没有什么意义，这些人被关于末世的希望和恐惧席卷，认为自己已经开始进行宏大的末日斗争了。

对犹太人的仇恨常常被归因于他们作为放贷者的身份，因此有必要强调一下这二者之间的联系实际上多么无关紧要。关于鬼魔般的犹太人的幻想在犹太放贷者出现之前就存在了，实际上，这种幻想还对犹太放贷者的出现产生了推动作用。在十字军运动的时代，鉴于宗教不容忍变得越来越严重，犹太人的经济状况迅速恶化。1215 年的第四次拉特兰公会议（Lateran Council of 1215）规定，犹太人不得担任任何文官职务或军队职务，也不能拥有土地；而且这些决定还被纳入了教会法。经商的犹太人也面临着越来越多的不利因素，因为他们再也无法在没有性命之忧的情况下前往各地。此外，基督徒自己也开始进行商业活动，并很快超过了犹太人。后者此时被排除在汉萨同盟（Hanseatic League）① 之外，当然也无力与意大利和佛兰德的各个城市竞争。对于比较富裕的犹太人来说，放贷是经济活动中仅有的、仍然对他们开放的领域。作为放贷者，他们可以待在自己家中而不必踏上危险的旅途；通过让资金处于流动状态，就算遇到紧急情况需要逃离，也不至于失去全部财产。此外，随着欧洲西部经济的迅速发展，人们对信贷的需求持续而紧迫。宗教法禁止基督徒在出借钱财时收取利息，因为这会

---

① 汉萨同盟是中世纪德意志北部城市之间形成的商业、政治联盟，13 世纪逐渐形成，14 世纪达到兴盛，15 世纪开始衰落。该组织 1669 年举行了最后一次正式会议，1862 年彻底解散。

被指责为放高利贷。犹太人当然不受这些禁令约束，他们受当局鼓励，甚至是被强迫将资金投入到抵押贷款行业中，并因为提供了这一必要职能而受到赞扬。[21]

然而，犹太人放贷在中世纪经济生活中具有重要性的时间
80 很短暂。随着资本主义的发展，更有决心的基督徒无视了宗教法对放贷的禁令。到12世纪中期，低地国家的资本家已经在大量进行收取利息的借贷，意大利人更是成了专业的银行家。犹太人根本无法与这些人竞争。城市、地方领主和国王都对犹太人征收重税——犹太人对皇室金库的贡献通常是他们理应缴纳数目的十倍。犹太人发现自己又陷入了一个绝望的不利境地。尽管个别的，尤其是在落后地区的犹太放贷者有时能够积累大量财富，但随意征收的重税很快就会再次使他们陷入贫困。富裕的犹太人从来都不多：大部分人在今天能被算作中产阶级中的下层，还有许多则是纯粹的穷人。在中世纪末期，欧洲北部犹太人的财富极少能参与到伴随着发现新大陆而来的惊人发展中。

被排挤出高端融资市场后，一些犹太人转向了小额放贷和典当。这当然可以算作会引起大众仇恨的理由：秉持曾经繁荣的犹太文化的那些人，此时已经变成一个与围绕着自己的更广阔的社会陷入永恒战争的、被吓坏的群体，也难怪犹太放贷者应对他们遭遇的不安和迫害的反应是展示自己的冷酷一面。但早在这样的情况发生很久之前，对犹太人的仇恨就成了欧洲人的一种流行病。到后来，当暴民开始杀害犹太人时，他们屠杀的范围也从未局限于数量相对较少的放贷者，而是覆盖了他们能够杀死的每一个犹太人。另一方面，无论是不是放贷者，任何犹太人都可以通过接受洗礼来避免被屠

杀，因为人们相信洗礼能够绝对有效地洗去犹太人的鬼魔本性。

不过，犹太人并不是唯一遭到杀害的群体。正如我们将在后面的章节中看到的那样，受末世论启发的大批穷人很快也会开始对神职人员发起攻击。[22]在这种情况中，他们进行杀戮的理由依然是相信受害者是敌基督和撒旦的探子，而消灭这些人是开启千年王国的先决条件。大多数人认为敌基督会是一个犹太人，也有许多人相信他将是一名主教和一名修女的儿子。[23]此外，马丁·路德（Martin Luther）并非（如人们通常以为的那样）最先想到在圣殿中树立王位的敌基督可能就是罗马的教皇本人，所以罗马的教会就是撒旦的教会。在中世纪后期的末世论思想中，这个想法早已是老生常谈。就连圣伯尔纳这样的教会拥护者，也会因受对最终大戏的紧张期待的影响而开始 81
相信，许多神职人员其实是敌基督大军的成员。[24]1209 年，一位先知在巴黎被当作持异端者烧死，他做出的公告中出现了显然是借鉴自约翰预言传统和神巫预言传统的理念，而且这些理念还被当成其教义的重要组成部分。这位先知曾经是一名神职人员，后来改行去做金匠，他预言在五年之内，人们将被饥荒吞噬，国王们会用刀剑杀死彼此，大地将裂开并吞噬城镇中的居民，最后火焰会落在教会的高级教士身上，因为他们是追随敌基督的人。他坚称，因为教皇拥有权力，所以他就是敌基督，而《启示录》中的巴比伦实际上就是罗马。经过这次伟大的净化，世上所有王国都将臣服于未来的法兰西国王，即此时还是法兰西王太子的路易八世（Louis Ⅷ）。他会成为拥有《圣经》的知识和力量，并将在圣灵的安排下永远统治世界的末世君主。[25]

实际上，任何使得千禧年主义运动得以产生的环境都会迫使该运动认定神职人员是一个鬼魔弟兄会。运动的参加者是一位弥赛亚领袖和一群深信自己奉上帝之命，承担着为千年王国铺路的艰巨使命的平信徒，这样的群体注定要与制度化的教会为敌。最好的情况下，他们可能将教会视为一个固执己见的对手；最坏的情况下，则会将其视为冷酷无情的迫害者。但是，敌基督的本性不就是要尽其所能，通过欺诈和暴力来阻止上天注定的圆满吗？还有什么是比隐藏在教皇的斗篷和三重冕之下，利用教会的强大力量和权威与圣徒对抗更好的方法？但若真是这样，那么敌基督的教堂不就只能被视为巴比伦淫妇（“那女人喝醉了圣徒的血”）和一切可憎之物的母（“地上的君王与她行淫，住在地上的人喝醉了她淫乱的酒”）？而该教会的神职人员不也就只能被看作侍奉敌基督，背上驮着淫妇，口中说着亵渎神明的话，并与圣徒作战的多头兽？[26]对于狂热的千禧年主义者来说，没什么能比用《启示录》中的兽来象征神职人员更令人信服了，因为在他们看来，神职人员过的就是一种动物的生活（*vita animalis*），他们是完全臣服于俗世和肉体的存在。[27]

中世纪的教会真的已经沉浸在如此彻底的享乐主义中了吗？还是人们对此的坚信造成了这种（至今仍然普遍存在的）
82 过分简化，就像人们将中世纪的犹太人等同于中世纪的放高利贷者也是种过分简化一样？不可否认，为塑造中世纪社会做出了巨大贡献的教会也是该社会的重要组成部分。在西罗马帝国灭亡之前，教会就获得了皇帝授予的大量本属于异教的财富，从而成了世界上最大的土地所有者。这些财富使教会得以在多次外族入侵或发生大规模迁徙时相对未受损伤，随后世世代代的诸侯和富人的遗赠及奉献又让这笔财富增加了不少。教会法规定教会财产不可剥夺，因此，尽管遭受了世俗权贵的掠夺和破坏，但教会财产的规模最终还是变得十分惊人。一个如此富裕的机构当然可以提供许多诱人的职位。所以贵族家庭通常会通过其影响力，甚至通过购买来为长子以外的儿子们谋求待遇优厚的有俸圣职。以这种方式获得任命的许多主教和隐修院院长不过是套上了神职人员外衣的政客、朝臣或诸侯。所以隐修院院长会将隐修院转变成奢华场所，主教会建造有护城河和塔楼的宫殿，然后在里面过着和其他封建领主一样阔气的生活。平民抱怨神职人员并非没有道理，因为“他们根本不关心我们，而是踩在我们的头顶上，他们的生活方式令人愤慨……平民创造了一切，提供了一切，却仍然躲不开神职人员对他们的永恒折磨，并最终被推向毁灭……高级教士就是一群贪得无厌的狼”[28]。

此外，最晚从13世纪开始，教廷本身也明显地世俗化了。教皇变得更像一位政治家和行政官员。货币的大量流通和贸易的复苏，使教廷得以发展出一个覆盖欧洲的，由训练有素的官僚运作的复杂财政体系。不管教廷多么积极地将新兴资本主义蔑称为“高利贷”，它本身的财务需求却迫使它利用一切手段筹集资金。教皇比世俗君主更早地聘用了银行家。通过这种方式，教廷可以以纯粹的政治手段进行纯粹的政治斗争，甚至可以购买同盟和发动战争。作为一个巨大的君主政体，它也会保有一个无比辉煌的宫廷，像在其他宫廷中一样，阴谋诡计和放荡行为有时也会在这里盛行。实际上，在教阶体制的上层中，普遍存在着明显的、与世俗社会上流阶层的寻常生活方式趋同的倾向。

中世纪后期的千禧年主义者谈到教会的世俗性时，肯定是
83 在谈论某种已经存在的现象。但有一点同样不应被忽视，即世俗化就是这些人从教会中看到的全部。他们没有看到的是，无论教会多么深入地参与了世俗社会，它依然代表着一种更人性化、更无私的生活方式，这不仅体现在它的教义上，更体现在它的实践上，即便是在教廷最世俗的时期，这一点也不曾改变。在一个还根本没有社会公益服务的时代，隐修士和后来的托钵修士将照顾穷人和病人作为他们毋庸置疑的常规职责中的一部分，而且他们这样做时并不要求世俗的回报。在一片饱受封建战争困扰的大陆上，主教们也尽己所能，通过宣讲“神命和平”（Peace of God）① 与“神命休战”来减少苦难和破坏。在任何时候，都有大量的神职人员过着相对简朴的生活，甚至有许多高级教士也以神圣庄严为目标。就算一直有神职人员像很多人都会经常倾向的那样沉迷于舒适和懈怠，但有意志和权力制止这种行为，并至少尝试改革的人也从来不少。11—12 世纪时新修会的组建，13 世纪时圣方济各和圣多明我的改革，15 世纪的公会议至上运动（conciliar movement）②，甚至是在宗教改革前夕传播的“福音”运动，就是证明中世纪教会在面对自身缺点时，具有改革能力的众多

---

① 中世纪天主教会为制止私斗和禁止对某些人的财产施加暴力而采取的措施。宗教会议发布的命令禁止破坏教会建筑及其附属物，不准对传教士、香客、商人、妇女和农民等施加暴力，不准伤害牲畜和破坏农具，违者将被处以绝罚。

② 公会议主义（conciliarism）是天主教内部一些人提出的理论，他们认为公会议权威高于教皇，必要时可以废黜教皇。15 世纪，公会议主义理论发挥了重大作用。1414—1418 年的康斯坦茨公会议（Council of Constance）根据这一理论废黜了三个自封的教皇，选举马丁五世（Martin V）为彼得的唯一合法继承人，从而结束了 1378—1417 年的大分裂。

例子中的几个。

依据原则上被普遍接受的中世纪拉丁基督教（Latin Christianity）① 的规范判断，教会的所作所为实际上并非完全邪恶。但对于为基督复临的迫在眉睫感到既恐惧又陶醉的千禧年主义者来说，这些作为就是彻底的污秽，因为他们以绝对的顽固态度适用该规范，完全拒绝酌情考虑。这一大群受末世论启发的人追求的是可以被他们视为纯粹的属灵存在的领袖，这些领袖要远离物质的关切和算计，且不具有身体的需求和欲望。这样的领袖可以被看作施神迹的圣徒，甚至是在世之神。这样的标准导致他们对神职人员的态度只可能是谴责，因为神职人员都是人，都有人的弱点。正是由于千禧年主义者抱有的超出正常限度的过高期望，末世论运动无法（像教会可以，也确实做过的那样）仅仅谴责某些特定的滥用权力行为，或仅仅批评某些个别的神职人员。它只能将这个整体都视为敌基督的军队，认为他们受自身天性的束缚，一定会致力于实现基督教世界的精神和物质毁灭，尤其是在末世即将来临之际，他们为此做出的努力也将更加凶恶野蛮。在洛克的版画中（插图 2），一个口中有东西喷出的恶魔般的枢机主教②说："上帝和人，消失吧：撒但和我才是主人。"而在丢勒（Dürer）为 84
《启示录》第六章绘制的插图（插图 3）中，到了忿怒之日，不仅是教皇和主教，连普通司祭和隐修士也在徒劳地哭喊，祈求山脉和岩石压在他们身上，好让他们不被复仇的基督看到。

---

① 指罗马教会以及拉丁国家所坚持的基督教信仰和礼仪，与希腊的基督教不同。

② 原文如此，但画中的形象似乎应为教皇。参见前文第 34 页（页边码）及插图 2 图注。

尽管这两幅关于世界末日的作品的创作年代是在很久之后，但它们表达的内容仍是最早由 12—13 世纪的千禧年主义小派提出的，针对敌基督的教会的令人震惊的谴责。

幻想、焦虑与社会神话

精神分析学家指出，在中世纪基督教的世界观中，生活往往被视为好父亲和好孩子向坏父亲和坏孩子发动的殊死斗争。这种模式因其完全天然粗陋的特征而在流行末世论幻想及其所激发的群众运动中尤为引人注目。

末世领袖——无论是末世皇帝还是复临的基督——身上都已经融合了了不起的好父亲和好儿子的形象。因为一方面，这些领袖要像法老和许多其他“神圣的国王”一样，拥有完美父亲的一切属性：他非常睿智、完全公正，还会保护弱者。但另一方面，他也是儿子，他的任务是改变世界；他还是弥赛亚，将建立一个新天新地，他可以说：“看哪，我将一切都更新了！”无论作为父亲还是儿子，这个人物都是无比巨大、超乎常人、无所不能的。人们认为他拥有如此多的超自然能力，以至于这种能力被想象成像光一样散发出来，在传统上，这种光辉象征着内在的灵，它不仅环绕着复活的基督，也被认为与未来的君士坦斯皇帝有关。此外，因为末世领袖是这样被神圣的灵充满的，所以他拥有独特的施神迹的能力。他的军队将战无不胜，他的出现能让土地上长出大量的庄稼，他统治的时代将是这个败坏的旧世界从未体验过的完美和谐的时代。

这样一个形象当然纯粹是种幻想，因为它与任何存在过或可能存在的人类的真实本质和能力毫无关系。尽管如此，这个形象仍然会被投射到某个在世之人身上，而且总是有人非常愿

意接受这种投射，这样的人实际上热切地希望被看作不会犯错 85
的、能施神迹的救世主。这些人中的大部分是下层知识分子，包括许多低级神职人员，比如离开自己堂区的司祭、逃出自己隐修院的隐修士，以及一些领受小品（minor orders）[1] 的神职人员；这些人中还包括一些非神职人员，他们与大多数平信徒的不同在于具有一定读写能力，主要是工匠，有一些是行政官员，甚至偶尔还可能是某个具有超出自己身份地位的野心的贵族。他们获得支配地位的秘诀从不在于他们的出身，也不在于他们的受教育程度，而在于他们的个性。关于这些穷人的救世主的同时期记述通常会强调他们的出众口才、威严举止和个人魅力。人们能够得出的最重要印象是，即便这些人中的一部分或许是在有意识地招摇撞骗，但他们中的大多数真心相信自己就是上帝的化身，或至少是被神明进驻的器皿；他们也真心相信自己的到来能将一切都更新。这种坚定的信念很容易被传达给贫苦大众，因为后者最深切渴望的正是一位末世救主。

忠于这样的救主的人都将自己视为圣洁之人，理由仅仅是他们无条件地服从这位救主，并且无条件地献身于他阐述的末世使命。他们是他的好孩子，作为回报，他们可以分享他的超自然能力。这个领袖不仅会为追随者的利益而施展自己的能力，连他的追随者本身也可以享有这种能力，只要坚持相信这位救主，他们就都能变成超越普通人类的人，变成不会失败也不会犯罪的圣徒。他们是光明的军队，“穿着细麻衣，又白又

---

① 又译“次级神品”或“低级神品”，指天主教、东正教次级神职人员的品位。中世纪教会的接受神职者从剪发礼开始即领受小品，可享受教会俸禄。1972 年，罗马天主教会正式发布文件废除小品职务，其职能通常由平信徒承担。

洁”[1]。他们的最终胜利是永恒的定律。在此期间，他们的所有行为，无论是劫掠、强奸或屠杀，不仅无罪，还是圣洁的。

然而，作为圣徒军队对手的是几乎和他们一样强大的鬼魔父亲与鬼魔儿子的军队。这两支大军互为对立面，形成了一种奇特的对称格局。就像儿子和父亲的形象在末世弥赛亚身上被融合在一起一样，这种融合也存在于他的末世对头敌基督身上，不过后者身上融合的当然是坏儿子和坏父亲的形象。作为“灭亡之子”，敌基督从各个方面来说都是上帝之子在鬼魔中的对应者。敌基督的出生预示末世即将开启。人们紧张地等待着这个从巴比伦传来的神秘而不祥的诞生消息。在敌基督与作
86 为父亲的上帝的关系中，他表现为一个挑衅而叛逆的孩子，狂热地致力于使父亲的意图无法实现，甚至胆敢篡夺父亲的位置，并模仿他那样独掌大权。另一方面，在他与人的关系中，敌基督又成了一个几乎与撒旦合二为一的父亲形象：他会保护自己的鬼魔孩子，但对圣徒却非常残暴、充满欺骗性，会用公正的言语掩盖邪恶的意图；他还是一个狡猾的暴君，一旦被激怒，就会变身为冷酷嗜杀的迫害者。[2]像弥赛亚领袖一样，敌基督也具有超自然的能力，所以他也能够施神迹，但这种能力来自撒旦，并被他用来施导致圣徒毁灭的邪术。因为他的能力不是属灵的能力，所以他不能散发光辉；相反，他像撒旦一样是黑暗的产物，是从无底洞中升起来的兽，是一个被束缚于地上的怪物，从他嘴里会喷出不洁的青蛙、蝎子，以及其他人们熟悉的肮脏和污秽的象征物。[3]

被投射到敌基督这个想象中的人物身上的所有特征，也会被投射到那些被认为是为他服务的“外群体”上。即便是正统的神学家也会将犹太人视为邪恶的孩子，认为他们顽固地拒

绝认可作为众人之父的上帝所断言的事，并冒犯了上帝的威严。在将教皇视为敌基督的小派信徒眼中，神职人员也注定要被看作忤逆自己真正父亲的一伙叛徒。但同时，犹太人和神职人员也很容易被套上父亲的形象。对于神职人员来说，这种情况尤为明显，毕竟平信徒实际上就称呼他们为“神父”。人们可能觉得犹太人被视为父亲的情况不好理解，但那确实是事实。犹太人坚信《旧约》，拒绝《新约》，和耶稣同属一个民族，在许多基督徒的想象中，典型的“老犹太人”甚至至今仍被想象成一种穿着破旧衣服的苍老形象。

被融入末世论幻想中的犹太人和神职人员都成了最恐怖的那种父亲形象。梅尔希奥·洛克描绘的那种具有破坏性愤怒和阳具力量的，戴着三重冕、拿着钥匙和教皇十字架的怪物，就是每一个“假教士”在千禧年主义者眼中的形象。至于犹太人，他们会杀害基督教儿童的说法被传播得如此之广，而且在大众脑海中变得如此根深蒂固，以至于无论教皇和主教对此提出多少异议，都不足以根除这种信念。如果有人仔细查看这幅犹太人对一个无助和无辜的男孩施加酷刑和进行阉割的图画（插图 4），他就可以理解人们对这个想象中的坏父亲形象有多么憎恨和恐惧。在中世纪欧洲，另一个同样具有重要意义的、针对犹太人的常见指控是鞭打、刺伤和粉碎圣体。从犹太人的 87
角度来看，对圣体施行亵渎是没有任何意义的，但在中世纪基督徒的眼里，那却是在重复对基督的酷刑和杀害。在这里，邪恶的（犹太人）父亲也被想象为是在殴打好儿子。许多关于基督如何以鲜血淋漓、痛苦尖叫的孩童形象从被毁坏的圣饼中显现的故事，更支持了人们的这种解读。[4]

犹太人和“假教士”这些人形鬼魔被赋予了属于无底洞

中的兽才具有的特质——不仅是它的残酷，还有它的粗野、动物性，以及邪恶和不洁。犹太人和神职人员一起构成了敌人的邪恶军团，他们与又白又洁的圣徒军队对立——就像一篇中世纪打油诗中说的那样，“我们是上帝的儿女，你们是有毒的蠕虫”[5]。而且圣徒都知道，将邪恶的大军从地上消灭是他们的任务，因为只有被如此净化后的尘世才配得上承载闪耀着光辉的圣徒王国新耶路撒冷。

中世纪后期的文明一直倾向于将“外群体”妖魔化，尤其是在经历严重迷惘的时候，这种趋势会变得特别明显。造成这种结果的不是艰难和困苦本身。贫穷、战争和本地饥荒已经成了普通人生活中的一部分，他们对此习以为常，因此能够以清醒和现实的方式面对。但是，当出现一种不仅具有威胁性，而且超出正常经验范围的情况时，当人们因为对于自己面临的危险不熟悉而感到格外恐惧时，他们就很容易集体性地到鬼魔幻想中寻求安慰。如果威胁足够巨大，迷惘足够严重，且传播得足够广泛，还有可能出现最具爆炸性的大规模妄想。这就是为什么当黑死病于1348年蔓延至欧洲西部时，人们立即认定是某一群人在供水系统中投入了由蜘蛛、青蛙和蜥蜴之类象征着泥土、污秽和撒旦的东西，或蛇怪的血肉调制而成的毒药。随着瘟疫的持续，人们的困惑和绝望与日俱增，各种怀疑在这里或那里时不时地出现，麻风病人、穷人、富人和神职人员相继成了被怀疑对象，最终，受指责的成了犹太人，他们几乎因此而灭绝。

然而，并非所有社会阶层都要经历同等的创伤和迷惘。正如我们所看到的，在人口稠密、高度城市化的地区，总是有很
88 多长期处于不可避免的无保障状态中的人，他们不仅在经济上

无助和脆弱，而且因为缺乏传统的社会关系而饱受困扰。相比之下，即便是在最糟糕的时候，农民至少还有这种社会关系可以依靠。

这些就是最经常遭受打击，且在面对打击时最无能为力的人。他们也是在面临巨大问题并遭受无法忍受的焦虑和折磨时，往往会寻求弥赛亚领袖，并将自己想象成善战的圣徒的人。由此产生的幻想可以很容易地融入源于约翰预言传统和神巫预言传统的末世论中，而且这种幻想以此形式变成了一种连贯的社会神话。神话当然不能使无助的群众摆脱困境，还常常促使他们做出一些将被证明完全是自寻死路的行动。但神话的确能抑制他们的焦虑不安，也确实能使他们感到自己十分重要且无比强大。正是因为这一点，神话才具有了不可抗拒的魅力。

结果就是，许多人干劲十足地依据一种共同的幻想行事，这种幻想毫无根据，却能让他们获得情感上的巨大解脱，甚至让他们心甘情愿去为之杀人或献出自己的生命。在 12—16 世纪，这种现象会反复出现在欧洲西部和中部的许多地区。

第五章　十字军运动的后果

伪鲍德温和“匈牙利大师”

89 大规模十字军运动一直在为群众弥赛亚运动提供环境。官方十字军运动中的世俗政治发挥了越来越大的作用。在始于1189年的第三次十字军运动中，包括神圣罗马帝国、法兰西王国和英格兰王国在内的世俗国家的政治利益已被公开表达出来。而13世纪初的第四次十字军运动更是成了一场纯粹出于政治目的而进行的世俗战争——满足威尼斯的商业野心，及法德诸侯攻破君士坦丁堡、占领并瓜分拜占庭帝国的领土野心是远征背后的混合动力。这样的十字军中不再有穷人的位置，这不是他们会感兴趣的运动，这样的运动也不需要他们。但穷人不曾放弃的是解放和捍卫圣城的旧理想，以及末世论的旧希望。当诸侯们已经完全屈服于世俗性的时候，穷人们反而比以前更加坚信，只有他们才是实现神圣意志的真正工具和末世使命的真正守护者。

最早号召穷人进行一场仅属于他们的十字军运动的先知似乎出现在1198年。讷伊的福尔克（Fulk of Neuilly）是一个典型的苦行者和能施神迹的人，他的声望很高，这主要是因为人们相信他拥有治愈盲人和哑巴的能力。他所设想的似乎是一支完全独立的军队，据说这支军队会严格坚守清贫，就像曾经的塔弗尔国王的大军一样。被福尔克动员起来的群众虽在西班牙海岸惨遭灭亡，但是没过几年，接替他们的“儿童十字军”（Children's Crusades）又兴起了。1212 年，由儿童组成的大军出发去夺回圣城，其中一支队伍来自法兰西王国，另一支规模更大的来自莱茵河谷。每支队伍都以一位青年为领袖，这个人相信自己是被上帝拣选，其追随者也将其视为能施神迹的圣徒。这数千名儿童不会为别人的恳求或武力所阻止；他们的信 90
念如此坚定，以至于他们相信地中海将在他们面前变干，就像红海曾在以色列人面前变干一样。这些十字军运动也以毁灭性的失败告终，几乎所有儿童都遭遇了不幸，不是在海中被淹死，就是在非洲被饿死或被卖为奴隶。[1]尽管如此，这些大规模人员流动还是开创了一个传统。之后的一个多世纪里，穷人自发进行的十字军运动时有发生，其导致的后果也不再是只给他们自身带来灾难。

与此同时，已经过去二十多年的第四次十字军运动也在佛兰德和埃诺间接引发了一场运动，运动的起源虽然是一场政治阴谋，但它激起的却是群众对弥赛亚希望的强烈兴趣。十字军于 1204 年占领君士坦丁堡后，诸侯们忙着瓜分拜占庭帝国的领土当作自己的采邑，并将佛兰德伯爵鲍德温九世（Baldwin IX, Count of Flanders）推上君士坦丁堡皇帝及所有西方诸侯的宗主的位置。鲍德温的处境危如累卵，没过一年，他就被保加利亚人俘虏并处死。留在家乡的鲍德温之女乔安娜（Joanna）成了女伯爵，但由于无法有效地抵挡坚决而有能力的法兰西政治家“尊严的”腓力二世（Philip Augustus，又译作腓力·奥古斯都），她的佛兰德伯国和埃诺伯国都被归入了法兰西王国统治之下。这是一种不受欢迎的统治，当腓力二世于1223年去世后，爆发全面起义唯一欠缺的因素就是一位领导者。关于沉睡皇帝的古老幻想于是以适应此刻情况的形式重新出现了。鲍德温凭借其非凡的历史，在大众想象中变成了一个超乎寻常人的，由一半魔鬼、一半天使结合而成的传奇生物。人们还逐渐精心阐述出一部完整的传奇。广泛流传的说法是伯爵其实根本没有死，而是因为犯了重罪，所以仍在执行教皇要求他进行的补赎。多年以来，他一直像流浪的乞丐和隐士一样隐姓埋名地生活。但如今补赎日期将满，他很快就会荣耀地归来，让自己的土地和人民获得解放。[2]

1224年，一个陌生人穿行在图尔奈（Tournai）附近的乡村里，慷慨地分发礼物，并宣布鲍德温即将回归。几个月后，在图尔奈和瓦朗谢讷（Valenciennes）之间出现了一名乞讨的隐士，他看起来像一位典型的先知，身材高大，留着长发和飘逸的胡须。人们发现他住在附近树林中一个用树枝搭建的小棚
91 屋中。关于他就是失踪伯爵的说法立刻传开了。我们一直不能确定是隐士主动提出了这个说法，还是他被动接受了人们安排的角色。但我们知道，他又坚持在树林里待了一年以完成补赎，还利用这段时间为自己找了多名顾问，并组建了一个秘密宫廷。也有一些贵族去拜访他；鲍德温的一个外甥就真的相信这名隐士是自己的舅舅。佛兰德抵抗法兰西运动的领袖们也至少宣称承认他，这样他们就可以以他作为自己行动的代表了。获得这些支持后，隐士宣布自己就是鲍德温，是在经历了可怕的痛苦之后从东方返回家乡的。很多人从瓦朗谢讷跑来看他，并于1225年4月把他迎回城中。入城时，隐士身穿猩红色长袍骑在马上，围观的人们都陷入了狂喜。

隐士被佛兰德和埃诺的大多数贵族和城镇接受，于是开始

行使最高统治权。但当乔安娜女伯爵邀请他到自己的宫廷中接受承认和赞美时，他拒绝了。相反，他准备用武力确立自己的位置。另一方面，乔安娜在询问一些认识她父亲的十字军参与者之后，开始谴责这个隐士为冒名顶替者。各个城镇都陷入了动荡不安的状态，这不仅是因为人们看到了通过摆脱法兰西国王宗主权来扩展自身权利的机会，还因为他们真的相信，自己真正的领主已经回到他们中间。于是人们拿起武器，废黜了乔安娜，还差一点儿把她抓起来。内战就此爆发；隐士成了一支强大军队的领袖，他们将整个埃诺毁灭殆尽，劫掠并破坏了每个抵抗中心，甚至点燃挤满人的教堂。（如一位近现代历史学家描述的那样，）这不是一场普通的战争，而是一场充满宗教兴奋的战争，一场对乔安娜女伯爵的征讨运动——乔安娜女伯爵此时不仅被视为法兰西王国的盟友，还被视为一个不忠和叛逆的女儿，所以人们对她充满憎恶。[3]再说领导征讨运动的领袖可不是什么普通的指挥官，而是一位神圣的君王，一位深受敬仰之人。人们会亲吻他的伤疤，因为那是他经历的长期苦难的见证。人们还会为争抢他的一根头发或一块衣物碎片而大打出手，甚至像以前的人喝坦彻尔姆的洗澡水一样喝他的。[4]

到了5月，这位隐士可能是在瓦朗谢讷被加冕为佛兰德和埃诺伯爵，以及君士坦丁堡和帖撒罗尼迦皇帝（Emperor of Constantinople and Thessalonica），典礼同时体现出东西方仪式的华丽壮观。新君主立刻册封了骑士，慷慨地分配了采邑和有俸圣职，并开始对属于他的各个城镇进行访问。隐士身着通常由帝王穿着的紫色服饰，不是坐在轿子上就是骑在高贵的驯马上。他的周围围绕着代表他在东西方领土的旗帜，为他开道的 92
是传统上一直被用来为君士坦丁大帝继任者开道的十字架。隐士此时仍然蓄着具有圣洁隐士风格的长胡须，他没有拿金属节杖，而是拿着代表仁慈的白色木杖。他看起来一定很像一位最终前来实现古老神巫预言的弥赛亚皇帝。

群众的狂热势不可当。城镇居民和农民从各处赶来，在隐修院院长和隐修士的带领下排成长长的游行队伍去看他；里尔（Lille）、根特和布鲁日（Bruges）等城镇不仅把城门钥匙赠送给他，还向他提供钱财，并为这场如此神奇、像重生一般的回归而赞美上帝；当他经过时，人们会向他下跪。如一位当时的观察家评论的那样："就算上帝降临世间，也不可能得到比这更好的接待了。"[5]然而，并不是所有阶层的人都为他疯狂。富人倾向于对这位新统治者持怀疑态度，穷人则对鲍德温重新出现在他们中间深信不疑。尽管近现代历史学家有意忽略这一事实，但原始资料足够清楚地表明，承认这个人为救世主的是城市贫民，尤其是规模巨大的纺织业中的工人。根据前述那位观察家的说法，"穷人、织布工和缩呢工是他的至交密友，生活顺遂、家境富裕的人则处处遭遇麻烦。穷人说自己会拥有黄金和白银……他们称呼他为皇帝"。[6]考虑到1225年的佛兰德和埃诺正处于几代人不曾经历过的严重饥荒中，这样的评论似乎更显得意义重大。

从政治上说，这位隐士已经成了一股不容忽视的力量，因为他不仅在国内建立了权威，还在国外赢得了认可。邻国诸侯纷纷派遣大使到他的宫廷中去，英格兰的亨利三世（Henry Ⅲ）提议签订盟约，而结盟针对的目标当然是法兰西王国。作为应对，法兰西国王路易八世与乔安娜女伯爵也缔结了一项盟约。与此同时，他还暗示如果新统治者亲自来拜访他，他可能也会承认这个新统治者。[7]隐士接受了邀请，并摆出极大的排场前往位于佩罗讷（Péronne）的法兰西王国宫廷。这成了他犯下的一个致命错误。在与路易的对话中，隐士被证明无法记起真正的鲍德温一定知道的事情。很快就有人认出他其实是一个来自勃艮第（Burgundy）的农奴，名叫雷的贝特朗（Bertrand of Ray），曾作为一名游方艺人跟随其领主参加第四次十字军运动，并在后来因冒充内行和假扮他人而臭名昭著。

被揭穿的冒名顶替者不敢继续装下去，而是趁夜离开了宫廷，此前一直是他忠实拥护者的一百名随行骑士也在彻底的幻 93
灭中四散奔逃。伪鲍德温本可以挽救自己的性命，因为路易给了他三天的宽限期，让他离开法兰西王国领土。不过他没有好好利用这个安全保障，而是回到了在瓦朗谢讷的旧指挥部。他的到来使城镇陷入骚乱。富裕市民试图逮捕他，却被愤怒的群众阻止。一些有钱人反而遭到囚禁，还被勒索赎金，其余富人则逃出城去。平民罢免了旧政府，在一片忙乱的欢庆中宣布成立一个公社。他们把救世主安置在城中的堡垒里，同时着手加固城墙。当伪鲍德温再次失去勇气，并带着大笔钱财逃离时，瓦朗谢讷实际上就要被法兰西人包围了。最终伪鲍德温还是被认出并抓获，然后在这个见证了他胜利的城镇中被耻辱地游街示众。到了 10 月，也就是在首次宣布自己是伯爵和皇帝约七个月之后，他被吊死在里尔的一个市场上。[8]

在执行死刑之前，雷的贝特朗将自己描述为一个被骑士和市民的邪恶劝诱引入歧途的可怜人。然而，没有什么可以打破他对大众想象的控制力。虽然这些城镇不得不乞求法兰西国王的宽恕，但镇上的平民仍然忠于他们失踪的领主。尽管乔安娜女伯爵凭借其审慎和勇气统治了自己的领地，但在她去世后，人们仍然世世代代地把她看作弑父者，只在佛兰德群众中做了几周救世主的、来自东方的拉丁皇帝鲍德温（却如莱宁根伯爵艾米科一样），成了人们心中另一位终有一天必将回归的沉睡君主。还用当时那位观察家的话来说就是，“瓦朗谢讷的人们像英国人等待亚瑟王一样等待着他”[9]，或者也可以说，他们像各地的平民一直在等待复活的君士坦斯一样等待他。尽管这起事件很快就结束了，但它开启了一个社会动荡的时代，这种动荡将持续一个半世纪。

在法兰西王国，对弥赛亚的期待主要集中于卡佩王朝（Capetian dynasty），该王朝在12—13世纪时享有一种特别强烈的半宗教性声望。早在第二次十字军运动时，路易七世就被许多人视为末世皇帝。到13世纪初，无论平民还是国王及其官方护教士①都一致宣称，法兰西王国在所有君主国中具有至
94 高无上的地位。[10]为法兰西国王施涂油礼的圣膏装在一个由鸽子从天堂带来的神圣安瓿（*sainte ampoule*）中。作为国王旗帜的金焰旗（oriflamme）同样来自天堂；国王本人还拥有不可思议的能力，特别是治愈疾病的能力。腓力·奥古斯都这个称号就是效仿了“永远尊贵”（*semper augustus*）这个典型的帝王头衔，他视自己为第二个查理曼，是上帝指定的要成为拉丁基督教世界领袖的人。在1214年的布汶战役（battle of Bouvines）当天，通过粉碎英格兰王国、德意志王国和佛兰德伯国的联盟，腓力二世朝成为这种领袖迈进了一大步，他实际上承担了一个祭祀王的角色，并像查理曼在《罗兰之歌》中一样保佑了自己这支为真正信仰而战的军队。[11]

也是在这几年里，巴黎的一些小派信徒开始将当时的王太子、后来的路易八世视为将依照圣灵的安排，永远统治一个统

---

① 为基督教教义辩护的神学家和著作家。

一和洁净的世界的弥赛亚。[12]如果说路易八世是通过他的机敏和决心，而不是任何圣灵的恩赐①来使自己出类拔萃的，那么他的继任者则真的是一位世俗的圣徒。被称为圣路易（St Louis）的路易九世（Louis Ⅸ）为整个基督教世界的国王树立了新榜样。他严格遵循苦行主义，真诚关心最卑微的子民，这些都为他赢得了非凡的敬意。人们不禁会想，当这样一个光芒四射的人物参加第七次十字军运动时，将有什么令人难以置信的事情发生？所以他于1250年在曼苏拉（Mansura）被击败，随后被囚禁四年的事对于整个基督教世界无疑是一次可怕的打击。这种幻灭感太强烈，以至于许多法兰西人开始嘲笑神职人员，说穆罕默德似乎终归是比基督更强大。[13]

正是作为对这一灾难的反应，被称为“牧人十字军运动”（Crusades of the Shepherds）的第一次无政府主义运动应运而生。1251年复活节这天，三个男人开始在皮卡第宣讲十字军运动，几天之内，他们的召唤就传遍了布拉班特、佛兰德伯国和埃诺这些已经超出法兰西王国边界的地方，这里的群众仍然像他们的上一代人在雷的贝特朗出现时一样渴望一位弥赛亚。[14]三人中的一个是名叫雅各布（Jacob）的背教隐修士，据说他来自匈牙利，并被称为“匈牙利大师”。[15]这个瘦弱、苍白、留着络腮胡的苦行者年约六十，举止威严、能言善辩，会讲法语、德语和拉丁语。他宣称圣母玛利亚曾在众多天使的围绕下向他显灵，并给了他一封信——他总是把这封信拿在手

① 基督教神学救赎论用语。指上帝通过圣灵分派给信徒的能力，目的是帮助圣徒在地上成就天国的事工。保罗在《新约》保罗书信中称圣灵所赐的各样恩赐目的是造就教会，具体包括行神迹、医治疾病、说预言、教导、讲道、说方言、传福音等的能力。

95 中，就像隐士彼得也被认为曾携带类似文件一样。按照雅各布的说法，这封信号召所有牧羊人，前去帮助路易国王解放圣墓。他宣称，上帝被法兰西骑士的骄傲和卖弄触怒，于是选择了卑微之人来完成他的计划。耶稣降生的喜讯就是最先被传达给牧羊人的，如今，上帝还是要通过他们来彰显自己的大能和荣耀。

牧羊的或放牛的年轻人，甚至是小男孩和小女孩都抛弃了自己的畜群，在没有与父母告别的情况下，就聚集到有描绘圣母奇迹般显灵的图像的古怪旗帜下。没过多久，盗贼、娼妓、亡命徒、背教隐修士和杀人凶手也都加入队伍中，而且还成了队伍的领袖。不过这些新加入者中的许多人也把自己打扮成放牧者的样子，且所有人一概被称呼为“牧人”（*Pastoureaux*）。这支队伍很快就壮大起来，虽然当时给出的六万人的估计肯定不足为信，但数千人是绝对有的。整个队伍被划分成五十个独立行进的团队；团队成员拿着干草叉、斧头、匕首和长矛，在进入城镇时还会高高举起这些武器，以威吓掌权者。[16]当补给不足时，他们就靠武力抢夺需要的东西。但也有各种不同的叙述宣称这些东西是被无偿献给他们的，因为人们将“牧人”敬为圣洁之人。[17]

很快，牧人的行为就与追随坦彻尔姆和埃翁的队伍的行为完全一样了。雅各布会在一群武装护卫的围绕下宣讲反对神职人员的内容，他说托钵修会会士（Mendicants）① 是伪君子和流浪汉，西多会会士（Cistercians）② 迷恋土地和财产，普雷蒙特雷律

① 托钵修会是天主教修会的一种，始于 13 世纪，15 世纪后逐渐增多。此种修会初期规定不置恒产，会士以托钵乞食为生，但随着势力和财富增长，也开始置产设院。其活动范围深入社会各个阶层，组织体制上强调对会规和上级及教皇的绝对服从，这些皆与隐修院修会不同。

② 西多会是天主教隐修会之一。以本笃会会规为蓝本，强调安贫、简朴及隐居生活。会士除祈祷外，还要垦荒，要依靠自己的劳动和在俗弟兄的帮助生活。

修会会士犯了骄傲和暴食的罪，奥古斯丁律修会①会士是半个世俗之人加半个破坏斋戒规定之人；至于他对罗马教廷的攻击就更加没有底线了。他的跟随者被教导要轻蔑圣礼，并将他们自己的集会看成真理的唯一体现。[18]雅各布声称他本人不仅可以看到异象，还能治愈病人，于是人们纷纷把病人送来请他触摸。他宣布摆在他的追随者面前的食物和酒从来不会变少，反而会随着人们的食用和饮用而增多。他承诺当十字军到达海上时，海水将在他们面前分开，好让他们鞋不沾水地前往圣地。他还妄称自己拥有神奇能力，可以凭借这些能力赦免各种罪恶。如果在他的追随者中有哪对男女想结婚，他就会为他们主持结婚仪式。如果有夫妻想分开，他也会同样随意地为他们举行离婚仪式。据说他已经让十一个男人娶了同一个女人，这其实暗示他把自己看作“在世基督”，所以需要“门徒”和“圣母玛利亚”。任何 96
敢于反驳他的人都会立刻遭到其保镖的殴打。杀死司祭被认为是格外值得称赞的行为。据雅各布说，喝一杯葡萄酒就可以为此赎罪。所以难怪神职人员会为这一运动的蔓延感到惊恐。

雅各布的队伍首先前往亚眠，并在那里受到热情接待。市民将食物和酒水献给十字军，还称他们为最圣洁的人。雅各布给人们留下了极好的印象，以至于市民恳请他随便处置他们的财物。有些人还在他面前下跪，“好像他就是基督的肉身”。离开亚眠之后，队伍分成两拨：一拨向鲁昂行进，并在那里驱散了一场由大主教领导召开的宗教会议；[19]另一拨则向巴黎行进，到达巴黎的雅各布让布兰卡王太后（the Queen Mother Blanche）

① 亦称奥斯定律修会。中世纪基督教修会。11 世纪中叶在意大利北部和法国南部出现各种神职人员组成的社团。至 12 世纪早期，这些社团的成员已遍布欧洲西部，成员一般遵循奥古斯丁的《会规》。

为他着迷。王太后送给雅各布很多礼物，还准许他自由地做他想做的任何事。此时的雅各布穿着打扮得像个主教，他在教堂里布道，在举行一些他自己的奇怪仪式之后洒圣水。与此同时，城中的牧人则开始袭击神职人员，用刀杀死或在塞纳河里淹死了许多人。如果不是吊桥被及时收起，连大学里的学生也要性命不保（尽管他们只领受小品，但他们当然也属于神职人员）。

当牧人离开巴黎时，他们继续分散成很多小队，每支队伍都由一位“师傅”带领，每当队伍穿过城镇和村庄，“师傅”就会祝福众人。在图尔，十字军再次袭击了神职人员，特别是多明我会会士和方济各会会士都被拖出来，一边游街，一边遭受鞭打。多明我会教堂被洗劫一空，方济各会会院也遭破门而入。对由不称职之人主持的圣礼的由来已久的蔑视也被显露出来：牧人没收了圣饼，在对其进行亵渎之后，将其扔到大街上。所有这些行为都是在民众的认可和支持下进行的。在奥尔良（Orleans）也发生了类似的事。这里的主教原本关闭了城门，想把即将到来的人群阻挡在外，但市民故意违背他的命令，反而将牧人迎入城中。雅各布向公众讲道时，一位来自主教座堂学校的敢于反驳他的学者被人用斧头砍死了。牧人冲向司祭和隐修士的藏身之地，突袭了他们的房子，还将其中大部分烧成平地。包括大学老师在内的许多神职人员，以及不少市民都被打死或淹死在了卢瓦尔河（Loire）中，剩下的神职人员则被赶出城。当牧人离开这里后，怒火中烧的主教因为神职
97 人员遭受的对待而对奥尔良下达了停圣事①的禁令。[20]同时期

① 天主教会对教士和信徒的纪律处罚方式之一。在受处分期间，神职人员无权施行圣事礼仪，信徒不得参加和领受圣事礼仪。

的人认为，牧人之所以很有威望，很大程度上是因为他们杀死和劫掠司祭的习惯。[21]当神职人员试图抗议或抵抗时，他们在平民中间得不到任何支持。一些教士在目睹牧人的所作所为后，会认为教会从未面临过更大的危险是完全说得通的。[22]

在布尔日，牧人的命运开始发生变化。这里的市民也违背了他们的主教，在城镇能容纳的前提下，让尽可能多的牧人进入城中，而容不下的那些则在城外扎营。这一次，雅各布宣扬的内容是反对犹太人，他还派自己的手下去摧毁神圣的卷轴（Sacred Rolls）①。十字军也抢劫了整个城镇中的房屋，拿走了他们能找到的所有黄金和白银，并强奸了任何他们能抓到的妇女。如果有神职人员没有受到侵扰，那仅仅是因为他们一直躲藏得很好。但到了此时，王太后已经看清这是一场什么样的运动，并宣布所有参加该运动的人为不法之徒。这一消息传到布尔日后，许多牧人都逃跑了。最终有一天，当雅各布正在大声斥责神职人员的懒散放纵，并呼吁城中人民反对他们时，听众中有一个人勇敢地反驳了他。雅各布举剑冲向那个人并把他杀了，但这也让市民感到忍无可忍，他们于是拿起武器，将这些不守规矩的来访者赶出了自己的城镇。

此时遭受暴力对待的人变成了牧人自己。雅各布被骑马追捕他的市民砍成碎块。他的许多追随者在布尔日被王室官员抓获并绞死。一群幸存者去了马赛和艾格莫尔特（Aigues

---

① 即律法书，希伯来文称《妥拉》（Torah），意为“晓谕”或“教诲”，中文有时译为“法度”或“法则”。后特指业已形成的五卷律法书，即《旧约》前五章。犹太教、基督教称其为上帝通过摩西向以色列人颁布的律法。犹太人把这部分内容抄写在羊皮卷轴上，放入约柜，供奉在会堂中最神圣的位置。

Mortes)，他们希望从那里起程前往圣地，但那两个城镇都收到了布尔日的警告，所以这些牧人也被抓获并绞死了。最后一批人抵达了波尔多（Bordeaux），然而等待他们的是加斯科涅总督西蒙·德·蒙福尔（Governor of Gascony，Simon de Montfort）领导的英格兰军队。牧人被驱散，他们的领袖试图继续前往东方，但被一些水手认出来并淹死了。这个领袖的一名副手逃到英格兰的肖勒姆（Shoreham），还在当地召集了数百名农民和牧羊人。当关于这些事件的消息传到亨利三世国王耳朵里时，他足够警觉地向整个王国中的郡长们发出了镇压该运动的指示。[23]然而没过多久，这场运动就自己分崩离析了，连在肖勒姆的那位运动倡导者也被自己的追随者撕成了碎片。一切都结束后，立刻有谣言传遍各处，说这场运动其实是苏丹的阴谋，他付钱给雅各布，让后者把信仰基督教的成年男子和青少年送去给他做奴隶。据说雅各布和其他领袖原本是穆斯
98 林，他们通过邪术获得了对基督徒的统治。[24]但也有人认为，到该运动被镇压时，牧人才刚开始商讨这个计划的第一部分。这些人说，牧人的领袖们本打算先屠杀所有司祭和隐修士，再屠杀所有骑士和贵族；当所有的当权者都被推翻后，他们就可以在全世界传播他们的教义了。[25]

最后的穷人十字军运动

群众的弥赛亚运动不仅变得越来越独立，其针对富人和特权者的敌视态度也越来越直白。在这一点上，此类运动反映了群众情绪的真正变化。贫富之间的对抗并不是什么新鲜事物。即便是在古老的庄园制度下，如果领主的统治是专横的、反复无常的或与庄园传统背道而驰的，农民也会奋起反抗。地方起

义绝不是人们闻所未闻的事。然而平信徒中的上级阶层变成源源不断、充满怨恨的批评针对的目标，却是从商业经济和产业经济的发展破坏了庄园体系之后才开始的。

人们的大部分敌意指向的是城镇中的商人资本家。这些人通常十分富有——四十名资本家就可能占有本城镇一半的财富及城镇所在地的绝大部分土地。在城镇发展初期，甚至在整个中世纪，富人确实提供了很多公共服务，威尼斯就是这样的例子之一。但在低地国家和莱茵河谷的许多城镇中，富人很快就组成了自私的寡头统治集团，只关心如何保护本集团的利益。作为城镇中唯一掌权的人，这些资本家在很大程度上能够决定一项产业中的工资水平和工作时间，能为他们获利的那些产业都被包括其中。最重要的是，这里没有一种因为成了年代久远的传统而变得神圣，从而能将大资本家和哪怕是几乎长期为他们工作的高级工匠联合在一起的社会纽带，自然就更没有什么能让他们和自己临时雇用的出卖劳力者或无业人员团结起来的东西。在一些高度城市化的地区，富裕的寡头与大量的流动劳动者就生活在相隔不远的地方，后者此时要么是过度劳累，要么是找不到工作，还一直处于令人绝望的贫穷中，所以极端残暴的阶级仇恨在这些地方变得越来越强烈是不可避免的。[1]

古老的贵族与城镇中的掌权者一样受憎恨，事实上，他们经常通过婚姻关系来与后者结成联盟。随着维京人和马扎尔人 99
入侵欧洲时代的终结，以及王权逐渐限制了私人战争，贵族作为没有武装的农民的武装保卫者这一传统职能似乎越来越没有必要。另外，在城市化程度最高的地区，庄园体系迅速瓦解。复兴的商业还让此时的城镇中充满奢侈享受，在前几个世纪中足以令一个大地主满足的生活条件，如今看来似乎根本不算什么。地主想追求新的生活标准，而且大都想要居住在城镇中；因此他们不能再接受往往是几个世纪前确定下来的用服务和实物支付租金的方式，而是不得不去赚取货币。赚钱的唯一方法是让农奴购买自由身份，然后再让他们为租种土地而支付货币形式的租金。农民通常能够从这种变化中大大受益；不过他们对此的态度也受到了一种纽带断裂的影响，这种纽带虽然经常被他们视为沉重的压迫，但也确实具有一种父亲般的特质。随着农奴制的消失，物质利益成了规范地主如何与农民打交道的唯一标准。对很多个人来说，庄园经济的崩溃完全是场灾难。减少租户数量对土地所有者有利，所以他们总会找任何能找到的借口来驱逐租户。许多无法继续租赁土地的农民就成了农村的无产者。与此同时，也有不少拥有少量土地的人因为追求其收入不足以维持的生活水平而倾家荡产，这些人最终也加入了无产者的行列。[2]

在这个新世界中，人们做梦都想不到的繁荣与严重的贫穷，以及他们还不习惯的巨大不安全感一同降临，因此穷人的抗议是激烈而频繁的。抗议内容被记录在各种各样的文件中，比如他们自己写的谚语就是这么说的：

> 穷人总是在工作，他们忧虑、劳累、哭泣，从来不曾发自内心地欢笑，但富人却可以又唱又笑……[3]

——奇迹剧也许是大众自我表达的最主要手段，有一部奇迹剧这样写道：

……每个人都应该拥有和别人一样多的财产，但我们没有任何可以称之为归我们所有的东西。大领主们占有一切，穷人却只得到苦难和厄运……[4]

还有一首最广为人知且有影响力的讽刺诗中写道：

地方法官、教长①、教区执事②、市长几乎都靠抢劫为生……他们都要吸穷人的血，都想抢劫穷人的东西，……就 100
像从活生生的动物身上拔毛。强者掠夺弱者……[5]

诗中还写道：

我想把贵族和神职人员都勒死，一个也不放过……勤劳的工人制作了小麦面包，但他们永远吃不到一口——不，他们只能得到谷物筛出的糠；他们也喝不到好酒，只能得到沉淀的渣滓；他们也穿不上好衣服，只能得到碎布头。一切美味和高级的东西都归贵族和神职人员所有……[6]

有时候，这种阴沉、消极的不满情绪会被激进的平等主义取代。早在12世纪80年代，法兰西王国中部的一个木匠就如常见情况那般受关于圣母的异象感召，建立了一个弟兄会，该弟兄会的目标是清除世上所有由失业雇佣兵组成的土匪团伙。起初，这些“和平改革者”组成了一个可以和教堂

---

① 指教会牧师的领袖。

② 低级别的教区官员，负责看管崇拜场所、维护教堂秩序等。

建筑匠弟兄会相提并论的虔诚团体。团体成员来自各个阶层，他们加入弟兄会是受到主教许可的，而且都要发誓不喝酒、不赌博、不咒骂。但当土匪被解决之后，这场运动就转变成了穷人宣扬人人平等的革命运动。因为穿着统一的白色兜帽而被称为卡皮雄（*Caputiati*）① 的运动参与者坚称所有人都是平等的，且都有权享有他们从亚当和夏娃那里继承的自由。结果卡皮雄变得越来越暴力，并开始杀害贵族，最终被武装力量镇压。[7]

尽管描述这些事件的隐修士可能会为“卡皮雄的极度疯狂”而震惊，但像这些人一样的平等主义者总是能够灵活地援引教会教义来为自己辩护。因为，尽管教会在实践上往往变得非常世俗，但它从未停止将贫穷上升为最崇高美德之一和实现圣化的最主要手段之一的做法。对于教会中那些具有专门知识的圣洁之人，也就是隐修士来说，贫穷被认为是与贞洁和顺从一样必要的。比圣方济各早一个世纪的圣诺伯特这样的宗教专家，就选择穿着破衣烂衫在世间云游。但这样对贫穷的赞美一定意味着对财富的谴责吗？神学家当然会否定这样的结论。圣托马斯·阿奎那重申了教父制定的教义：神圣天道（Providence）② 将每个人分配到生活中的不同位置上，富人尽管确实应该慷慨地施舍救济，但也应该保留足够的财富，以使自己和家人能够按照适合其位置的方式生活。不过，这并不能阻止贫穷的大众将富人视为恶劣的、应下地狱的人。基督难道

① 源于兜帽（hood）的拉丁语“caputium”。

② 基督教神学术语，亦被称作“护佑”“天意”“神佑”等。其拉丁语原意是“预知”。正统派认为此系上帝赐恩的行为，借此世上所有事件都被引导并安排，为的是实现上帝的荣耀。

不曾对一个年轻的富人说，“要变卖你一切所有的，分给穷人，就必有财宝在天上……骆驼穿过针的眼比财主进神的国 101
还容易呢”?[8]他难道不曾讲过财主“穿着紫色袍和细麻布衣服，天天奢华宴乐”，并因为这些而被投入了地狱的火焰中，但乞丐拉撒路却可以在亚伯拉罕（Abraham）的怀中安歇的故事?[9]

一旦富有的平信徒不再发挥家长式的作用，他就成了与神职人员和犹太人相同的被投射的对象；也就是说，他也会既被视为坏父亲，又被视为坏儿子，并同时获得一种鬼魔的特征。在有些布道中，富人被描绘成基督的不孝子——他们铁石心肠，对父亲的苦难漠不关心，最后肯定会受到可怕的惩罚。[10]而在装饰穆瓦萨克的圣皮埃尔隐修院教堂（abbey-church of St Pierre at Moissac）门廊的精美罗马式雕刻中，富人则被表现为一个疏忽的坏父亲。雕塑家用一系列场景充满激情地刻画了整个“财主和拉撒路”的故事：从像恶劣家长一样的财主拒绝拉撒路参加宴会，到拉撒路在亚伯拉罕的父亲一般的照料中喜乐，被沉甸甸的钱袋坠着向下的财主却要受到恶鬼折磨（插图 5）。但是，雕塑右下角的那些人物才更生动地传达了这个故事在广大群众心中具有的深刻情感含义。那些形象象征了财主最大的热情所在，他渴望得到更多，此谓贪婪（*Avaritia*）；他渴望世俗享乐，此谓色欲（*Luxuria*）；这种象征语言也是中世纪鬼魔学所使用的。渴望获得更多的欲望由一个男性鬼魔象征，对肉体之乐的热爱由带着蛇的女人象征。这个形象为人们所惯用，既是肉欲的体现，也是一个地上鬼魔的视觉化身——她实际上是像撒旦和《启示录》中的兽，以及陪伴它们的蛇、蝎子和蟾蜍一样，生活在黑暗世界中的居民。[11]

此外，在无数对《启示录》的集注中，贪婪和色欲都被视为敌基督仆人具有的特征。因此，在正统观念中，正如穆瓦萨克的雕刻描绘的那样，财主与邪恶的犹太人及邪恶的神职人员之间的差别已经很小。但是，如果教会都可以为了努力争取新大众的忠心而讲出这种言论，那么那些向作坊和简陋小屋里的织布工宣讲教义的持异端者，或者那些令圣伯尔纳感到惊恐的，和其他男男女女一起坐在织机旁，不削发，还留着络腮胡的背教司祭就更不知道会说些什么了！[12]对这些人而言，财主无疑是敌基督大军中的一员。在12—13世纪的一些相信末世论的小派信徒看来，富裕的平信徒已经在经
102 历一种变形，随着时间的流逝，他们将转变为20世纪人宣传的那种资本家：一种具有破坏性、残酷无情、沉迷于肉欲、善于欺骗，以及最重要的是几乎无所不能的真正恶魔般的存在。

在这样的背景下，最后一次平民十字军运动可以被看作对某种千禧年主义的最初尝试，这种形式的千禧年主义在中世纪欧洲仍然算一个新事物，其目标也许还很混乱，但打倒有钱有势者、提高贫穷之人地位这一点是确信无疑的。在14世纪的前二十五年中，对十字军运动的热情比以往任何时候都更成了穷人的专属。耶路撒冷王国已不复存在，人们都撤出了叙利亚。教廷放弃了罗马的神秘氛围，迁移到更加安全的阿维尼翁（Avignon）；每个国家的政治权力都被掌握在精明现实的官僚手中——只有在索姆河和莱茵河之间的焦虑不安的群众仍然受到古老末世论幻想的搅动，但此时他们已经向其中渗透了一种严酷的野蛮残暴。只要受到一点儿鼓励，这些人就可能发起行动，将他们完全不切实际的幻想转变为现实。1309年，教皇克雷芒

五世（Clement V）派医院骑士团（Knights Hospitallers）① 去占领罗得岛（Rhodes），好把那里作为对抗土耳其人的据点；同年，皮卡第及莱茵河下游沿岸的低地国家发生了非常严重的饥荒。这两件事加在一起，足以在该地区再引发一场平民十字军运动。于是武装队伍重新出现，参加者包括极为贫困的工匠和缺乏技能的出卖劳力者，还混杂了一些把自己的财富挥霍一空的贵族（有人记得队伍里有很多破产地主）。这些人在整片地区里乞讨和掠夺，屠杀犹太人，也攻击城堡，因为贵族会让作为自己宝贵收入来源的犹太人在城堡里避难。最终，武装队伍袭击了布拉班特公爵（Duke of Brabant）的城堡。布拉班特公爵坚决反对任何群众起义，还在三年前挫败过一支由叛乱的纺织工人组成的大军，据说军队的领导人都被他活埋了。此时，公爵立即率领一支队伍前去对付十字军，最终将伤亡惨重的敌人都赶跑了。但过不了几年，就会有新的队伍再度聚集起来。[13]

这确实是一段充满极深重苦难和极高涨热情的时期。[14] 1315 年，普遍的农作物歉收甚至把穷人逼入食人肉的绝境，由赤身裸体的忏悔者组成的长长的游行队伍呼喊着向上帝祈求怜悯，关于千禧年的希望也一下高涨起来。[15] 在饥荒期间流传着一个预言，它预告了在饥饿的驱使下，穷人会于当年拿起武器，向富人和有权势之人发起攻击，还会推翻教会和一个强大的君主国。在付出大量血的代价之后，一个新时代将到来，届

---

① 罗马天主教军事修会，主要由意大利骑士组成，既是军事组织（保护朝圣香客安全），又是医疗组织（救护病弱香客）。于 1099 年由杰拉尔多创建于耶路撒冷，后积极参与十字军运动，运动失败后，先迁罗得岛，后迁马耳他，故有“罗得骑士团”“马耳他骑士团”等称呼。

103 时所有人都会团结起来高举同一个十字架。[16]法兰西王国的腓力五世（Philip Ⅴ of France）于1320年并不很认真地提议再进行一次前往圣地的远征，尽管该提议完全不切实际，并且马上被教皇否决，但绝望的群众却毫不令人意外地立刻全盘接受。这一次在法兰西王国北部宣扬十字军运动的是一名背教隐修士和一名被免去圣职的司祭，他们的行动取得了很好的效果，以至于一场大规模运动“像旋风一样突然而意外地”爆发了。但在这场运动中发挥主要作用的似乎又是一些自称为被神指定的救世主的先知。犹太编年史作家们参考已经失传的西班牙语资料，讲述了一则故事：一个牧童声称有一只鸽子出现在自己面前，然后鸽子变成圣母，吩咐他去召集十字军，并许诺会让他们获得胜利。还有编年史作家提到了一位自称带有神选标记，也就是肩胛骨之间有十字标记的领袖的故事。

像1251年时一样，最先响应号召的又是牧羊人和猪倌，其中有些还只是孩子；因此，这次运动依然被称为“牧人十字军运动”。但是，当这些队伍穿过城镇时，无论男女的其他人，如乞丐、亡命徒和土匪之类的，也像上次一样加入进来。最终形成的队伍很快变得混乱且难以控制。没过多久，就有大量牧人遭到逮捕和囚禁，但剩下的成员总会在民众的热烈支持下冲进监狱解救他们的兄弟。当这些人到达巴黎时，城里人都被吓坏了。牧人会闯入城堡，袭击教长。最后，因为听说武装军队即将被调动来对抗他们的传闻，牧人在圣日耳曼德佩（St Germain-des-Prés）的空地上摆好了战斗队形。结果并没有军队来与他们作战，牧人于是离开都城，继续向南进发，最终进入西南方的英格兰领地。犹太人早在1306年就被驱逐出法兰西王国，但在这片地区里还可以见到他们的身影。所以当牧人行进到此地时，他们杀死犹太人并抢走他们的财物。法兰西国王虽然下令要求保护犹太人，但民众坚信这种屠杀是圣洁的，所以竭尽全力帮助十字军。当图卢兹的地方长官和王室官员逮捕了许多牧人后，城中居民攻占了监狱，随后对犹太人展开大屠杀。在阿尔比（Albi），尽管执政官关闭了城门，但大喊着他们是来杀死犹太人的十字军强行闯入城中，并受到城内群众的热烈欢迎。在其他城镇中，连本地官员也参与到居民和十字军对犹太人的屠杀中。从西部的波尔多到东部的阿尔比，整个法兰西王国西南部的所有犹太人几乎都被杀害了。[17]

渐渐地，牧人还开始将他们的注意力转向神职人员。自封为“上帝的牧人”的这些人开始攻击司祭是“劫掠民众的假牧人”。据说，他们正计划大规模没收归在俗教士或隐修院所 104
有的全部财产。卡尔卡松的王室管家（Seneschal of Carcassonne）算是一位王室官员，他试图组织力量抵抗牧人，却遇到了极大困难，因为各地的平民百姓都拒绝提供帮助。在阿维尼翁的教皇居所中，人们陷入了巨大的恐慌，因为教廷预计十字军会朝这座城市进军，这让他们非常惧怕随之而来的后果。最终教皇约翰二十二世（Pope John XXⅡ）将牧人逐出教会，并呼吁博凯尔的王室管家（Seneschal of Beaucaire）采取行动抵御他们。[18]这些措施被证明是有效的。民众不得向可能是十字军的人提供食物，否则将面临死刑的惩罚；各个城镇的大门也开始关闭起来。许多牧人凄惨地饿死了，还有许多在图卢兹和纳博讷（Narbonne）之间各地的战斗中丧生，或是二三十个一起被捕，然后被吊死在树上。追捕和处决活动持续了三个月左右。幸存者分散成一些小群体，翻过比利牛斯山脉

(Pyrenees) 去杀死更多犹太人，直到阿拉贡国王 (King of Aragon) 的儿子带队阻击并驱散他们为止。与以往的任何一次十字军运动相比，人们在这次牧人十字军运动持续期间更强烈地感受到它对整个社会既有结构的威胁。1320 年的牧人将恐怖深深地植入了所有富人和特权人士的心中。

尽管该社会神话已经以这种或那种形式让大众为之着迷长达两个多世纪，但在此次牧人十字军运动之后，要在索姆河和莱茵河之间的北部地区追寻它的踪迹就变得越来越困难了。自雷的贝特朗时代以后，在低地国家上演的“显赫之人”与“卑微之人”之间的战争几乎从没停止过，至此还变得更加暴力和残酷了。1325 年，佛兰德伯国沿海地区自由且富足的农民受布鲁日纺织工人支持，拒绝缴纳什一税和其他税费，并拿起武器对抗无论是教会还是世俗的地主。由此导致的激烈内战一直持续到 1328 年法兰西国王派兵干预，并在卡塞勒山 (Mount Cassel) 将起义者最终击败为止。1320—1380 年，在根特、布鲁日和伊普尔 (Ypres) 这三个纺织业中心城市中，织布工一次又一次发动的血腥暴乱，都以遭到血腥镇压告终。直到 1379 年，根特的织布工夺取了政权，并从他们所在的城镇成功掌控了整个佛兰德，甚至推翻了伯爵的统治。但经过仅仅三年的交战，他们就再次于罗斯贝克 (Rosebeke) 被法兰西军队击败。[19]同一时间 (1381—1382 年)，在法兰西王国北部，包括巴黎及各个皮卡第和诺曼底城镇这些曾经有牧人活跃的地
105 方，还发生了一系列由重税引发的群众起义。这些起义者的第一个袭击目标总是税务办公室，他们会在那里销毁档案、洗劫钱箱并杀死税务官；第二个袭击目标则是犹太人聚居区，他们会在那里杀死犹太人并抢劫受害人的财物。在鲁昂，起义者甚

至选出了一位自己的国王，他们不但欢欣鼓舞地让国王出现在众人面前，还在他的命令下杀死了税务官和一些地位比较显赫的市民。无论是巴黎还是鲁昂的叛乱分子都受到了根特这个榜样的启发——“根特万岁!”是他们的口号。国王和他的贵族军队此时已经战胜佛兰德织布工并踏上返回法兰西的归程，他们虽在途中成功粉碎了这两个地方的起义，但城镇和乡村的穷人还是联合起来，成帮结队地给这片地区造成了严重破坏。

总体而言，这些运动都专注于极为有限且现实的目标：起义者想要的是更多钱和更多独立性。然而他们心中就没有某种千禧年主义热情在暗暗涌动吗？虽然这些已经无法被证明，但值得一提的是，完全有资格就此做出评判的亨利·皮雷纳①就相信这一点。可以肯定的是，一方面，在阶级战争的高潮期间，例如1377年在伊普尔，纺织工人不仅会作为叛乱分子被处以绞刑，还会被异端裁判所认定为持异端者并判处火刑。[21]另一方面，一些持异议的神职人员当时正在宣扬某种非常具有革命性、主张人人平等的千禧年主义。这些人之中有一位方济各会会士，名叫罗奎塔亚德的约翰②，他人生中的最后二十年都是在教会监狱中度过的，其间尽管不断受到会因自己持有的观点而被烧死的威胁，但他依然创作了一些非常有意思的预言

① 亨利·皮雷纳（Henri Pirenne，1862年—1935年），比利时历史学家和教育家，是关于中世纪和比利时历史的著名学者，所著多卷本《比利时史》（*Histoire de Belgique*）是西方著名史学著作之一。

② 罗奎塔亚德的约翰（John of Roquetaillade），出生于1310年前后，去世时间在约1366年至1370年。法国方济各会炼金术士，后因其耸人听闻的预言而遭到囚禁。《与我一同经历苦难》就是他在1356年普瓦捷惨败后不久创作的。

性作品。法兰西王国于1356年在普瓦捷（Poitiers）惨败，与此同时，自由佣兵团（Free Companies）① 在乡村地区劫掠破坏，而体现了农民狂怒的扎克雷起义（*Jacquerie*）② 也即将爆发。约翰就是在这个时候创作了《与我一同经历苦难》（*Vademecum in tribularionibus*），这部著名作品后来还被译成英语、加泰罗尼亚语和捷克语，它非常清楚地说明了旧的末世论传统如何被改造成新的激进主义的表达工具。[22]

罗奎塔亚德的约翰宣布，国王在普瓦捷被俘标志着法兰西王国灾难性时期的开始，整个国家将因战败而陷入极深的低谷。确实，整个基督教世界都将迎来一段充满麻烦的时期。1360—1365年，卑微之人将与显赫之人对抗。在这一时期，大众的公义将兴起，人们会用一把双倍锋利的剑杀死暴君和贵族；许多诸侯、贵族和强大之人将从尊贵的地位上被推下，他们依靠财富获得的虚荣也将被打破。贵族要经历难以想象的折磨，那些因为自己造成的损害而让人民陷入巨大苦难的显赫之
106 人也将遭劫掠。这时候还可以找到一名忠实的仆人兼陪伴者的人确实可以认为自己是幸运的。接下来，风暴、洪水和瘟疫将杀死大部分人，消灭顽固的罪人，为世上的更新复兴铺平道路。一个西方的敌基督将出现在罗马，一个东方的敌基督将从耶路撒冷散布他的虚假教义；后者将在犹太人中找到自己的追

---

① 或称“大佣兵团”（法语：grande companie），是12—14世纪由私人组成的雇佣兵组织。因为独立于任何政府，故称“自由”。他们没有雇佣合约时经常依靠掠夺物资为生。1356年以后，自由佣兵团在法国的塞纳河到卢瓦尔河一带进行非法活动，并在巴黎通往各地的道路上肆虐，造成了严重的社会问题。

② 1358年初夏在法国北部爆发的农民起义，起义持续数周后被平息。“扎克”是当时贵族对农民的蔑称，源于他们穿的白色罩衣（Jacque）。

随者，这些人会迫害基督徒、摧毁教堂、推翻祭台。撒拉森人和鞑靼人会洗劫意大利、西班牙、匈牙利、波兰以及德意志王国的部分地区。统治者和人民对神职人员的奢侈生活、财富和骄傲感到愤怒，他们将联合起来剥夺教会的所有财产。赤贫和被屠杀将成为神职人员，尤其是方济各会会士面临的惩罚；但在那之后，教会，特别是方济各会将被这些苦难净化，他们的生活将与人们坚信的基督和使徒的生活一样，处于绝对贫穷中，这会让他们重获新生，并将他们的影响力散布到全世界。到 1367 年，这个困难时期会走向终结。一位伟大的改革家（*reparator orbis*）将成为教皇，同时法兰西国王将推翻一切惯例，当选罗马皇帝。教皇和这个国王－皇帝会联手将撒拉森人和鞑靼人赶出欧洲，他们会让所有穆斯林、犹太人和鞑靼人都改信基督教，还会让支持教会分裂的希腊人与罗马教廷和解，并消除地上的所有异端邪说。法兰西国王将成为整个世界的征服者和统治者，无论是在东方、西方，还是南方。他的王国将比世界上已存在过的任何一个国家都更配得上这样的荣耀，因为它会将亚洲、非洲或欧洲曾存在过的所有王国都包括在内。然而，这个战无不胜的查理曼的后代将成为“一个具有普遍性的教会的非常贫穷的丈夫”①，以及自创世以来最神圣的君主。尽管教皇和皇帝都会在十年之内死去，但他们建立的和平统治将持续一千年，直到世界终结。

在整个 14 和 15 世纪，甚至是进入 16 世纪后，关于“第

① 指教会将归顺于法兰西国王。参见《以弗所书》（5：22－24）：“你们作妻子的，当顺服自己的丈夫，如同顺服主。因为丈夫是妻子的头，如同基督是教会的头，他又是教会全体的救主。教会怎样顺服基督，妻子也要怎样凡事顺服丈夫。”

二个查理曼”将成为皇帝、征服世界，并踏上最后的圣墓之旅的预言一直在法兰西王国流传。但是，后来的这些预言都具有那种为满足王朝需要而进行的政治宣传的特征，却没有革命性神话的特征。[23]末世论激情的中心实际上已经不再是法兰西王国和低地国家。随着与英格兰侵略者的斗争变得越来越绝望，法兰西普通百姓的忠诚越来越集中在作为国家生存和独立意志象征的现实的君主身上。最终，曾经被千禧年主义先知掌
107 控的这片地方变得只接受圣女贞德的领导。百年战争之后，在巨大的重建努力下复兴的法兰西王国成了一个君主专制国家，受王室军队和文官队伍控制，法兰西城镇则失去了一切自主权。在这样的状态下，任何形式的群众运动几乎都没有机会发生。但最重要的其实是，在索姆河和莱茵河之间的地区曾存在很长时间的过剩人口集中的现象已经不复存在。皮卡第、佛兰德、埃诺和布拉班特都不再是欧洲北部人口最稠密、工业化程度最高的地区。到 14 世纪末，包括阶级战争、国际战争、移民、英格兰羊毛短缺，以及来自意大利城镇的竞争加剧在内的一系列因素，导致这里的纺织业严重受损，人口数量也急剧下降。

德意志王国的情况则截然不同。自 13 世纪初以后，王室权力就一直在走向衰落，统一的国家逐渐瓦解成一个个小公国。与此同时，工商业却获得发展，人口数量也出现增长。这让德意志王国成了一系列新弥赛亚运动的发生地。

第六章　腓特烈皇帝作为弥赛亚

约阿基姆预言和腓特烈二世

除了那些衍生自《启示录》和《神巫的预言》的末世论之外，13世纪时又出现了另一种末世论，它起初是与其他末世论并存，但很快就与后者融为一体。菲奥雷的约阿基姆（1145年—1202年）[1]发明了这个新的预言体系，在马克思主义出现之前，该体系一直是欧洲最有影响力的思想体系。经过多年对《圣经》的深思，这位卡拉布里亚（Calabria）的隐修院院长和隐士在1190—1195年的某个时候获得灵悟，它似乎揭示了《圣经》中一种具有独特预言价值的隐含意义。 108

认为《圣经》具有隐含意义的观点早就不新鲜。寓言性解释一直是《圣经》传统解释方法中很重要的一种。但认为这些方式不仅适用于解释道德或教义，也适用于理解和预测历史发展的观点就很新鲜了。约阿基姆坚信自己找到了一把钥匙，用这把钥匙来解析《旧约》和《新约》，特别是《启示录》里的事件和重要人物，能够让他从历史中观察到一种模式和意义，并就未来历史进程中的各个阶段做出详细预测。在约阿基姆对《圣经》的注释中，他细致地给出了一种阐释，即历史是一段要经历三个连续时代的上升过程，每个时代由三位一体中的一个位格主宰。第一个时代是圣父的时代（律法时代）；第二个时代是圣子的时代（福音时代）；第三个时代是圣灵的时代，它与前两个时代相比，就像是白日的光亮与星光和黎明相比，也像盛夏与冬春相比。如果第一个时代是恐惧和奴役的时代，第二个时代是信仰和顺从的时代，那么第三个时代就是爱、喜乐和自由的时代，届时关于上帝的知识将被直接展示在所有人心中。圣灵的时代会是人类安息的时代。那时
109 的世界就是一座巨大的隐修院，所有人都将成为沉醉于神秘极乐之中的默观修士，并在赞美上帝中被团结在一起。这个新版本的圣徒王国将一直持续到最后的审判。

约阿基姆不是蓄意提出非正统观点的，他也没有任何推翻教会的愿望，反而是在至少三位教皇的鼓励下，才将自己受神恩所获得的启示写了下来。尽管如此，他的思想给出的暗示仍然对正统中世纪神学的结构具有潜在危险。他关于第三个时代的观点与圣奥古斯丁提出的，神的国从教会诞生那一刻开始已经实现的观点相矛盾，因为圣奥古斯丁宣称这已经是世上能实现的最好的王国，除此以外，不会再有其他千年王国。无论约阿基姆多么顾及教会的教义、主张和利益，他实际上提出了一种新型千禧年主义。更重要的是，当后世详细阐述这种千禧年主义时，他们会先从反教会的层面，再从直白的世俗层面入手。

长远来看，约阿基姆的推测带来的间接影响一直延续到今天，且在教会强烈反对的某些“历史哲学”中表现得尤其明显。尽管这位超凡脱俗的神秘主义者要是看到后来发生的事恐怕会惊恐万分，但不可否认，他的关于三个时代的幻想反复出现在了诸如莱辛（Lessing）、谢林（Schelling）和费希特（Fichte）等德国唯心主义哲学家阐述的历史演进理论中，连黑格尔（Hegel）也在某种程度上提及了这些内容；三个时代

的幻想还出现在奥古斯特·孔德（Auguste Comte）的观点中，这种观点认为历史是一种从神学阶段到形而上学阶段，再到科学阶段的上升过程；然后又出现在马克思的原始共产主义、阶级社会和一个最终的共产主义三个阶段的辩证法中。这个最终的共产主义阶段将是一个自由的领域，在这个领域里，国家将消亡。[2]一个更加自相矛盾，但同样确实存在的情况是，如果不是因为关于第三个，也是最辉煌的神圣安排的幻想在过去很多个世纪里已经成了欧洲社会神话的普遍理念之一，那么“第三帝国”（the Third Reich）这个最早由公关专家穆勒·范登·布鲁克（Moeller van den Bruck）于 1923 年创造出来，后被采纳为假定会持续一千年的“新秩序”的名称的说法就不会具有那么多情感意义了。[3]

约阿基姆关于世界要如何以及何时经历其最终转变的描述才是最让 13 世纪人印象深刻的。在约阿基姆派的历史观中，每个时代开启前都必须经过一段酝酿期。第一个时代的酝酿期从亚当持续到亚伯拉罕；第二个时代的酝酿期从以利亚（Elijah）持续到基督；至于第三个时代，它的酝酿期始于圣本笃，并在约阿基姆撰写他的作品时接近尾声。根据圣马太的 110
说法，从亚伯拉罕到基督，共有四十二代。[4]鉴于《旧约》是后来发生的所有事情的范本，所以从基督诞生到第三个时代的实现之间也必须经过四十二代。约阿基姆按照三十年一代人计算，最终将人类历史的顶点设定在 1200—1260 年。但与此同时，通往顶点的道路必须被铺平，这个目标将由一个隐修士的新修会来实现。这些隐修士将在世界各地传播新的福音。在他们中间将出现十二位能让犹太人皈依的牧首，还会出现一位至高无上的圣师，他是新领袖（*novus dux*），将带领全人类摆脱对世俗财富的迷恋，转向对属灵事物的热爱。在第三个神圣安排的时代即将满足前的三年半中，敌基督将掌权。他会是一位世俗的国王，他要严厉惩治腐败世俗的教会，直到这个形式的教会被彻底摧毁为止。在敌基督也被推翻之后，圣灵的时代就会完全到来。

当这个教义被方济各会中的严格主义者采用时，它有多么容易引发争论就变得显而易见了。约阿基姆设想的完全超凡脱俗的完美修会典范几乎被以弟兄会的形式变为现实。这个弟兄会是在他去世仅几年后，围绕着一个阿西西穷人（*poverello* of Assisi）[①] 组建起来的。后来，随着方济各会发展成一个大修会，它不得不为日常的现实需求而做出妥协；于是修会的势力渗透到各个大学中，以获得影响力并施加影响。与此同时，修会还获得了财产。但许多方济各会会士拒绝接受这些创新，而是坚守着绝对贫穷的古老理想。这样的会士组成了一个少数派团体——方济各会神修派，起初它属于修会内部的派别，后来则脱离修会独立存在。到 13 世纪中期，神修派挖掘了（到此时为止还完全没有引起人们注意的）约阿基姆预言，并对其进行了编辑和评注。他们还编造了一些预言，并成功地将这些内容说成是出自约阿基姆之口，这部分预言反而比约阿基姆本人撰写的那些更广为人知、更具影响力。在这些作品中，神修派改写了约阿基姆的末世论，改写后的内容说他们自己就是那个将取代罗马教廷，并带领人类进入荣耀的圣灵时代的新修会。伪约阿基姆派预言在欧洲南部经历了什么样的变迁不在本书的研究范围之内；关于在神修派之外出现的更加极端的团

① 即阿西西的圣方济各。

体，以及围绕着多尔奇诺修士（Fra Dolcino）① 和里恩佐修士（Fra Rienzo）② 这样的人物兴起的，与在北方发生的任何运动一样具有革命性的激进千禧年主义运动，足够另写一本书。[5]尽 111
管伪约阿基姆派预言写于意大利，但它也影响了德意志王国的事态发展。[6]大众想象中的末世教会惩戒者角色之所以会被认定为腓特烈二世（Frederick Ⅱ），很大程度上就要归因于伪约阿基姆派预言。[7]

早在其人生历程初期，也是在约阿基姆派开始关注他很久之前，腓特烈就已经成为末世论期待指向的目标。法兰西人对卡佩王朝有什么期待，德意志人就对腓特烈有什么期待。被称为“巴巴罗萨”（Barbarossa，意大利语，意为“红胡子”）的腓特烈一世（Frederick Ⅰ）在1190年进行的第三次十字军运动中刚一丧命，就有一个关于未来的腓特烈的预言在德意志王国传开。这个腓特烈将作为末世皇帝完成未竟之业，同时也是能通过解放圣墓来为基督复临和千年王国做好准备的末世救主。三十年后，当帝国皇冠被戴在巴巴罗萨的孙子腓特烈二世头上时，这些预言也被无比确信地适用到他身上。就这样，末世皇帝的形象第一次与一位现实中的地区联合体统治者联系到一起，这片地区以今天的德国为中心，但也包含勃艮第和意大利大部分地区，它在西方曾经被称为罗马帝国（此时被称为神圣罗马帝国）。[8]

---

① 1260年，杰拉尔德·塞加莱利（Gerard Segarelli）在帕尔玛（Parma）创立使徒会（Apostolici），该派吸收了方济各关于守贫的教导，后遭罗马教廷谴责，塞加莱利被以异端罪处以火刑。多尔奇诺接替其成为运动的新领袖，1307年也被处以火刑。

② 参见下文第210页（页边码）关于里恩佐的内容。

腓特烈二世[9]生活和性格中的很多东西也促进了这个弥赛亚神话的传播。他是一位极出众的人物，既多才多艺、智慧过人，又放荡淫乱、残酷无情，与他同时代的人都为他着迷。此外，他确实在1229年进行过一次十字军运动，甚至夺回了耶路撒冷，并给自己加冕为耶路撒冷之王。最重要的是，他一再被卷入与教廷的格外激烈的冲突中。整个基督教世界都见证了这些不同寻常的事件：教廷数次将皇帝当作持异端者、伪誓者和亵渎者逐出教会，皇帝的回应则是宣称要剥夺教会的财富，因为那正是它败坏的根源。所有这些都让他与末世的神职人员惩戒者角色相吻合。实际上，写于13世纪40年代的伪约阿基姆派著作《耶利米书集注》（*Commentary on Jeremiah*）确实预言腓特烈会积极打击教会，并于1260年将其彻底推翻。对意大利的神修派来说，虽然神职人员完全应当受到严惩，而且让他们受罚也是揭开第三个时代序幕的必要条件，但这仍应被看作邪恶的行为。在这些人眼里，皇帝其实是《启示录》中的兽，神圣罗马帝国则是巴比伦，它们都是撒旦的工具，并注定要被消灭。不过，从另一种角度看待神圣罗马帝国这个教廷敌
112 对者也是可能的。在德意志王国，腓特烈继续被视为救世主，他作为救世主的任务此时又加入了严惩教会这一项；也就是说，（世俗的）末世皇帝和约阿基姆派预言中的（修会的）新领袖被融合成了同一个人。

为迫使腓特烈顺从自己，罗马教廷向整个德意志王国下达了停圣事的禁令——这意味着人们不能举行不可或缺的圣礼，而根据当时的信念，这暗示了在此期间去世的任何人都不可避免地要到地狱中受折磨。人口众多的施瓦本公国（Duchy of Swabia）就在帝国的统治范围内，且特别坚定地支持霍亨斯陶

芬王朝（Hohenstauffen）。1248 年，有云游布道者到这里公开宣讲神职人员深陷于罪恶之中，所以那些人主持的圣礼已经失效。至于教皇英诺森四世（Pope Innocent Ⅳ），因为他的生活如此邪恶，所以他颁布的停圣事禁令毫无威力。真理都被云游布道者们保护着，只有他们才拥有上帝授予的赦免罪恶的能力，教皇和主教都是彻头彻尾的持异端者，理应被无视。另一方面，人们应该为腓特烈皇帝和他的儿子康拉德祈祷，因为他们都是公义的，而且确实是完美的。[10] 当这种宣传在霍尔（Hall）传开时，工匠们发动起义，不仅驱逐了神职人员，还驱逐了许多富有贵族。这一事实很有意思，因为可以肯定，不久之前在佛兰德让君士坦丁堡皇帝鲍德温成为穷人的救世主的那种盛行的想象，此时也在腓特烈皇帝身上发挥着同样的作用，而这种想象有多么不恰当则无关紧要。

就在此时，持异议的多明我会会士阿诺德（Brother Arnold）在施瓦本创作了一份约阿基姆主义宣言，他在其中非常清楚地表述了这种幻想。[11] 与意大利的约阿基姆主义预言一样，这份宣言也对作为世界末日的 1260 年充满期待，因为它将见证第三个时代的满足。但在那之前，阿诺德会士将以穷人的名义请求基督来审判教皇和各级神职人员。基督会做出回应，他将降临到世上宣告审判结果。教皇将展露自己其实是敌基督的真实身份，神职人员则是敌基督的爪牙。基督将判定他们罪大恶极，不仅是因为他们不道德、充满世俗性，还滥用禁令，更主要的是因为他们剥削和压迫穷人。通过阿诺德和他的同伴，上帝的旨意得以被表达；他们要执行的任务就是实现上帝的旨意，他们执行任务的方式就是剥夺罗马教廷的权威，然后以一直且将继续生活在绝对贫穷中的圣洁之人的身份来亲自

行使这种权威。教会掌握的巨大财富将被没收并分配给穷人。在自封为“穷人的中保[1]”的阿诺德眼中，只有穷人才是真正
113 的基督徒。这场伟大的社会革命将在腓特烈皇帝的帮助下展开，据阿诺德说，腓特烈皇帝已经了解这个计划，并承诺提供支持。

这些幻想中包含的社会激进主义与约阿基姆预言体现的清高的精神性截然不同，但它对穷人有极强的吸引力。它甚至本可以引发一场广泛的革命运动，可事实上，腓特烈在1250年突然去世了，此时距离他承担起自己的末世论角色还有十年时间。他的死给因此失去救主的德意志约阿基姆派和因此失去敌基督的意大利约阿基姆派都带来了灾难性的打击。不过，很快就有传言称皇帝还活着。他或者是被教皇赶到了海外，或者是在一位占星家的建议下主动离开，又或者是作为朝圣者或隐士去进行漫长的补赎了。但当时还有一种更超自然的理论。腓特烈一生的大部分时间都是在意大利南部和西西里岛度过的，那里流传的一个隐晦的巫语警句是“他万寿无疆”（Vivit et non vivit）；还有一位隐修士看到皇帝进入埃特纳火山（Etna）的最深处，同时有一群火焰般燃烧着的骑士沉入发出嘶嘶声的大海中。如果对这位隐修士而言，这意味着腓特烈下了地狱，那么对许多西西里人来说，这另有一种解释。埃特纳火山长期以来一直被视为已故英雄的居所，其中就包括亚瑟王本人。当腓特烈成了这些人中的一员时，他也就成了一位有一天会作为救世主返回的沉睡的

---

① 意为“居中者”“调停者”。基督教认为人因始祖亚当犯罪堕落而陷在罪恶中不能自拔，而耶稣基督在世人中间完成了救赎世人的计划，这位救世主因此成为人与上帝和好的中介。

皇帝。[12]而且当那个关键时刻到来时，他也的确再次出现了：1260 年之后的几年里，一个住在埃特纳火山山坡上的冒名顶替者就成功吸引了众多追随者。复活的腓特烈的幻想在西西里岛其实很快就失去了吸引力，但它却让一代又一代德意志人深深着迷，就像复活的查理曼的幻想让法兰西人着迷一样。

腓特烈的复活

腓特烈二世去世三十四年后，他经历了一次与曾经发生在佛兰德伯爵鲍德温身上的类似的复活。1284 年，一位编年史作家讲述了一个曾经是隐士的人在沃尔姆斯附近自称腓特烈皇帝的故事；几乎就在同时，另一位编年史作家也讲述了一个类似人物在群众的高涨热情中被护送到吕贝克（Lübeck）的事。[1]这两个例子中的伪腓特烈都是在可能要被揭穿真面目时立刻消失了。他们和 1284 年在莱茵河谷成功树立自己帝王身份的人是同一个人吗？可能不是，因为最后一个人不像冒名顶替者，倒像是一个真心相信自己就是腓特烈的狂妄之人。他被当作疯子赶出科隆，却在邻近的诺伊斯（Neuss）受到殷勤款待，因为这里的人恰好都视科隆大主教为死对头。[2]于是伪腓特烈就在诺伊斯建立了一个宫廷。像雷的贝特朗一样，这个人也描述了自己多年来如何作为朝圣者，为自己在人生早期犯下的罪过进行补赎；但有时，他也会利用围绕着已故的腓特烈的传说，声称自己曾居住在很深的地下。[3]关于他到来的消息传到了很远的地方，并在意大利引起极大轰动，数个城镇都派遣使者前往诺伊斯调查此事，意大利的约阿基姆派则迅速下结论称，腓特烈最终真的承担起了名副其实的敌基督角色。[4]

114

德意志王国当时的形势倾向于认可这种复活。自 13 世纪初以来，中央政府变得越来越弱势，德意志王国逐渐分解成多个半独立的公国，这个过程恰好与法兰西王国的情况背道而驰。尽管腓特烈并没有采取任何行动来阻止这种分裂，还总是把大部分注意力放在意大利和西西里岛而不是德意志王国，但他坚定而有趣的性格却为德意志人的忠诚提供了一个投注的焦点。他去世后不久，大空位时代（the Great Interregnum）就来临了，在长达二三十年的时间里，没有一位国王能够在德意志王国获得普遍认可。这个国家像两个世纪前的法兰西王国一样陷入动荡之中，世仇争斗和私人战争在四面八方打响，即便是在哈布斯堡王朝（Habsburg）第一位君主鲁道夫（Rudolph）于 1273 年被选为德意志国王之后，这种状况仍在继续。已经体验过自主的幸福的诸侯们坚决不肯放弃这种幸福，这意味着要让王权一直衰弱下去。所以一个自称腓特烈二世的冒充者刚一出现，几位最显赫的诸侯就急忙给予他官方承认，不是因为他们相信这个冒充者，而是因为他们想让鲁道夫颜面扫地。[5]此外，德意志王国当时已经出现了蓬勃发展的城市文明。恰恰就在大空位时期，各个自治城镇的制造业和贸易活动都获得了巨大发展；尽管这些城镇维持着一种比德意志王国其他任何地方出现过的都更有秩序、更兴旺的生活，它们依然会因为各种社会冲突而分裂。在莱茵河沿岸城镇中出现了比以往任何时候都
115 多的、生活在缺乏安全感和贫穷状态中的工匠。促成伪腓特烈成功的最大因素当然是城市穷人仍然对关于腓特烈二世作为弥赛亚的期待念念不忘。诺伊斯的君主似乎首先是穷人的朋友；他把先知当成自己的公关人员，而编年史作家则将先知视为持异端者。[6]

最终，被成功冲昏头脑的伪腓特烈做出了不自量力的举动。他起程向南去，宣布自己要在法兰克福（Frankfort）主持一场帝国会议，还召唤鲁道夫国王前来参会，以便让作为皇帝的他将德意志王国授予鲁道夫。鲁道夫的回应是派军队向着冒充者出发，并围困了后者避难的韦茨拉尔（Wetzlar）。镇上人的态度出现了分歧，就像瓦朗谢讷的居民在伪鲍德温事件中持有不同意见一样。此时平民百姓也准备好拿起武器捍卫他们的皇帝，但这个冒充者还是被交给了鲁道夫，也可能是他本人选择了自首。经过审判，他被烧死在木桩上。采取这种处决方法具有重要意义，因为火刑不适用于政治叛乱案件，而仅适用于涉及巫术或异端的案件。这证实了编年史作家同样指出的东西：这个人极度狂热，他认为自己不仅是真正的腓特烈二世，还是上帝派来的末世救主，是来惩戒神职人员，并建立上帝对整个世界的统治的。直到最后，伪腓特烈似乎还完全确信自己会在几天后复活，他向他的追随者承诺自己会复活，而他们也相信他真的会。[7]不过黯淡的现实是，他立即就被一个类似的人物取代了，后者出现在低地国家，宣称自己被焚烧三天之后从死中复活，不过最终还是在乌得勒支被处决。[8]

此时，围绕着伪腓特烈这个形象的民间传说开始不断增多，就像围绕着真正的腓特烈的传说曾不断增多一样。在韦茨拉尔的处决反而提高了腓特烈二世作为超乎常人和永生不灭的存在的声望。据说在木桩周围的灰烬中找不到一根骨头，只有一小粒豆子。人们立刻得出结论说，这肯定意味着皇帝已经被神圣天道从火焰中救出，所以他还活着，有朝一日定会返回。[9]这种信念代代相传，直到 14 世纪中期仍然有人在说，无论是被切成一千块，还是被烧成灰烬（这显然是指他在韦茨拉尔遭处决），腓特烈一定会重新归来，因为这是上帝的不可更改的圣命①。[10]各种细节被加入这些怪异奇特且绘声绘色的传说
116 中：那个神话般的东方君主祭祀王约翰（Prester John）② 为腓特烈二世提供了一件石棉长袍、一个能使他隐身的魔戒和一种让他永远年轻的魔药。[11]以朝圣者形象做掩护的腓特烈二世会常常出现在农民面前，并告诉他们自己夺回正当合法的帝国领袖身份的时刻终将到来。

在整个14世纪的德意志王国，中世纪群众曾经设法从约翰预言和神巫预言中挖掘出的所有末世论希望都被集中到了有朝一日终将复活的腓特烈身上：[12]

> 所有国家都在经历艰辛。基督教世界两个领袖之间的夙怨爆发了，激烈的斗争随之开始。许多母亲为孩子的死亡而悲伤，无论男女都要遭受磨难。抢劫和纵火同时出现，所有人都在争吵不休，所有人都在伤害他人的身体并侵害他人的财物，所有人都在遭遇令人悲痛的事。但是，当苦难严重到任何人都无法减轻它的时候，高贵而温柔的腓特烈皇帝就按照上帝的旨意出现了……感到充满勇气的男人和女人立刻聚集起来，一起踏上前往海外的旅程。神的国被应许给他们。他们成群结队，争先恐后……和平统

① 基督教神学上帝论命题。谓上帝单单凭借其绝对主权，命定世界的创造和人类历史的目标，决定其终局，并且其旨意的设定完全不受世界上发生的事情及人类历史的影响，系上帝自己的决定。

② 中世纪天主教传说人物，一说为东方一基督教国家的国王和大司祭，一说为西辽（即哈剌契丹）国王弘可汗，由信奉聂斯托利派而改奉正统基督教。另一说为埃塞俄比亚皇帝。历史文献未有记载。

> 治了整片大地，堡垒不再是威胁，人们不再惧怕武力。没有人反对到那棵枯干①的远征。当皇帝将盾牌挂在枯干上时，那树就长出了叶子，还开出了花朵。圣墓获得了解放，从此以后，人们无须再为它拔剑而战。高贵的皇帝恢复了适用于所有人的律法……所有异教徒国家也都向皇帝致敬。他推翻了犹太人的政权，但不是依靠武力；犹太人的能力被永远破坏，他们没有进行任何反抗就归顺了。神职人员也几乎完全失去了控制力。出身高贵的皇帝解散了所有隐修院，他让修女结婚；我告诉你，她们必须去为我们种植谷物、制作美酒！[13]

到14世纪中期，德意志王国中已经出现一大批相互交战的公国，皇帝对这种持续不断的混乱也无能为力。这样的状态会一直持续到16世纪。与此同时，德意志王国南部和中部的城镇取代低地国家城镇，成了阿尔卑斯山以北商人资本主义的主要中心，而且这些地方内部的社会矛盾也已经激化到非常严重的地步。兴旺的行会与贵族斗争，也与其他行会斗争，穷人心中则积累了一种对所有富人的致命仇恨。人们发现一位马格德堡（Magdeburg）的编年史作家曾警告富有市民："你一定不要像最近这样对平民百姓太放纵，他们必须受到严格控制，因为贫富之间自古以来就存在仇恨。穷人憎恨所有拥有任何财产的人，而且他们伤害富人的愿望比富人伤害他们的强烈得 117
多。"[14]穷人在此时的德语文献中表达的观点像一个世纪前的穷

① 《马太福音》（21：18－22）提到了无花果树枯干，无花果树在《圣经》中象征着以色列。

人在法语文献中表达的一样充满暴力。例如诗人苏肯维特①就描述了饥饿的男人如何将苍白瘦弱的妻子和孩子留在简陋的棚屋里，自己则带着用随便什么东西充当的武器和满腔绝望的勇气聚集到狭窄的街道上：

> 富人赚得盆满钵满，穷人落得一无所有。穷人的肚子是空的……砍倒富人家的大门，我们要和他一起吃饭。就算我们都被刀剑杀死，也好过都被饿死，我们宁愿勇敢地拿生命冒险，也不愿以这种方式灭亡……[15]

在这样一个社会中，可以预见，未来的腓特烈会更加清晰地体现出一种伟大社会革命者的特征，即成为穷人的救世主。在 1348 年，也就是阿诺德和施瓦本的布道者做出预言整整一个世纪之后，这些预言重现于世。一位名叫温特图尔的约翰（John of Winterthur）的隐修士注意到，在大众的期待里，这些预言的腔调变得更加激进了："他一从死中复生，并重新站上他的权力巅峰，就会把贫穷的妇人和少女嫁给有钱的男人，也让没钱的男人迎娶富裕的女子……他会确保从未成年人、孤儿和寡妇那里偷走的一切都被归还给他们，以及所有人都得到完全公正的对待。"除此之外，人们还直接接受了伪约阿基姆派预言中的形象，即"他会极其严厉地惩罚神职人员，以至于如果没有其他办法隐藏身份，他们宁可在头顶剃光的部分涂满牛粪……"[16]

---

① 彼得·苏肯维特（Peter Suchenwirt，约 1320 年—1395 年）是一位奥地利诗人和司宗谱纹章的官员，苏肯维特是中世纪时对这种官员的德语称谓，他的职责主要是以纹章装饰其他物品和解释贵族纹章。

温特图尔的约翰急忙与这些令人震惊的信念划清了界限。他评价说，认为持异端的皇帝会回归是纯粹的异想天开。说一个被烧死在火刑柱上的人可以重掌一个国家的统治权与天主教信仰相悖（这又是韦茨拉尔留下的阴影！）。这个隐修士有充分的理由强调这一点，因为所谓的腓特烈第二次降临的信条被认为是最危险的异端邪说。即便是再过一个世纪，也就是腓特烈本人逝世两百年之后，该预言依然被视为邪说。一位编年史作家在 1434 年写道："围绕着持异端者腓特烈皇帝出现了一种新的邪说，一些基督徒至今仍在秘密地坚守这种信念；他们绝对相信腓特烈皇帝还活着，并将一直活到世界终了之时，除他以外，谁也不是真正的皇帝……魔鬼创造了这种愚蠢的想法，以误导这些持异端者，以及那些易受欺骗的人……"[17]一位希腊哲学家的不寻常故事向人们展示了神职人员对这种异端邪说的重视程度，以及他们是如何机警地关注着它的动向。这位哲学家于 1469 年冒险前往罗马，去宣告自己通过长期研究希腊的神巫预言得出的信念，即最后的皇帝不久将使所有人都皈依 118
基督教。尽管无论是这个预言，还是其他拜占庭预言都认为，最后一位皇帝的到来绝不意味着将发生对神职人员的屠杀或任何形式的社会动荡，但这对罗马的教会当局来说仍然是一种极端不可想象的理念，所以他们囚禁了这位不幸的哲学家，并没收了他的财物。[18]

未来的腓特烈的宣言

想了解 15 世纪和 16 世纪初期关于未来的腓特烈的神话，我们不需要再靠偶尔出现的敌对证人叙述进行拼凑。此时，神话的内容已经完全大白于天下。因为在阿诺德会士的宣言问世大约两三个世纪之后，一些比它更为详尽的宣言也纷纷被公之于众。

这些作品中最早的一个是1409年或1439年创作的拉丁语小册子《变色龙》（*Gamaleon*），它讲述了一位未来的德意志人的皇帝将推翻法兰西君主和教皇的故事。等他完成自己的任务后，就不会再有人记得法兰西王国的存在，马扎尔人和斯拉夫人将被征服，并沦为完全依靠德意志王国的附属，犹太人也将被彻底击垮。而德意志人将被提升到其他所有民族之上。罗马的教堂都会被征用，所有神职人员都将被杀死。德意志人的宗主教①将取代教皇，在美因茨主持一个新教会，但这个教会也要服从于皇帝，新的腓特烈是“一只来自鹰族的鹰”，它张开的羽翼比海洋还宽阔，能延伸到大地尽头。这就是第二次降临和最后审判之前的末世。[1]

大约在1439年，又有人创作了一份影响力大得多的作品，即所谓的《西吉斯蒙德的改革》（*Reformation of Sigismund*）。这部作品似乎本来是由一位名叫兰特瑙的弗雷德里克（Frederick of Lantnaw）的司祭，为在巴塞尔（Basle）召开的公会议编写的拉丁语纲领。该会议从1431年起就一直在努力推行对教会的改革。然而，德语版《西吉斯蒙德的改革》绝不仅仅是对该纲领的翻译。德语版作者可能是兰特瑙的弗雷德里克本人，但更可能是他的一位平信徒朋友。[2]这个人对帝国改革的论述与对教会改革的一样全面，他显然也很熟悉德意志王国南部城镇

① 《旧约》中用来指犹太民族不同时期的领袖。基督教最初用此来尊称一些年长的主教，后逐渐成为一些主要大教区主教的特殊称呼。在西部教会中，宗主教权位仅在教皇之下，在东正教会中则指高级主教；在后来实行自主的正教会中都以此职为最高教职，亦称“牧首”。

中的生存状态，最重要的是他表现得像一位城市穷人的代言人。这里说的穷人指的不是被行会组织起来的有技能的工匠，而是没有加入工会的劳动者，是城镇中最贫穷和最弱势的群 119
体。《西吉斯蒙德的改革》要求压制垄断性质的行会和大规模的贸易公司。它倡导一种平等主义秩序，工资、物价和税费都是固定的，这才更符合穷人的利益。与此同时，在还执行农奴制的农村地区，农奴制必须被废除；而且城镇的大门必须像古时候一样，向曾经是农奴的那些人敞开。

这样看来，该纲领虽然不可能马上被实行，但至少是由观察和经验得来，而不是受了千禧年主义的启发。然而在这本书的结尾处，作者却借西吉斯蒙德皇帝之口讲述了一个奇特的弥赛亚预言。西吉斯蒙德皇帝本人也曾作为被赋予弥赛亚期待的对象，但几年前就去世了。作者让西吉斯蒙德给人们讲述了上帝的声音如何吩咐他为一位祭祀王铺路，而且这位祭祀王不是别人，正是兰特瑙的弗雷德里克，他将作为腓特烈皇帝，向人们揭示自己其实是一位具有无与伦比的能力和威严的君主。从此时开始，腓特烈的和帝国的旗帜随时可能被树立起来，两者之间还要树立一个十字架。然后，所有诸侯和领主，还有每座城市都必须公开拥护腓特烈，否则就将丧失财产和自由。西吉斯蒙德继续描述了自己如何寻找这位兰特瑙的弗雷德里克，并最终在巴塞尔的公会议上找到他，还发现这位司祭的贫穷程度和基督一样。西吉斯蒙德给了他一件长袍，并将整个基督教世界委托给他来管理。因此他将统治“从这海直到那海”的所有区域，没有人能抵挡他。他将把一切动乱和不法行为踩在脚下，他将消灭邪恶之人并用火将他们烧为灰烬。所谓邪恶之人是指那些被金钱腐蚀的人、买卖高级圣职的人和贪得无厌的商人。在他的统治下，普通百姓将为公义得到伸张而欢欣鼓舞，他们的灵魂和身体的所有渴望都会获得满足。[3]

比《西吉斯蒙德的改革》篇幅更长，内容更详尽，言辞也更挑衅的是《百章书》（*Book of a Hundred Chapters*）。这本书由一位住在上阿尔萨斯（Upper Alsace）或布赖斯高（Breisgau）的不知姓名的政论家创作，此人通常被称为“上莱茵的革命者”（Revolutionary of the Upper Rhine）。这名年事已高的政治狂热分子对中世纪的大量启示文学十分了解，并为详尽阐述自己的末世纲领而尽情借鉴其中内容。他在16世纪初用德语创作的专著成了对中世纪流行末世论最后的，也是最全面的论述。[4]

在序言中，“上莱茵的革命者”指明了自己的灵感来源。
120 遵循真正的中世纪风尚，这个来源自然是由天使长米迦勒传达的来自全能者的消息。上帝为人类的罪恶感到怒不可遏，以至于打算让最可怕的灾难降临到世上。直到最后一刻，他才暂停了毁灭人类的惩罚，好让他们再获得一个改过自新的机会。为了实现这个目标，上帝希望由一个虔诚之人组建一个虔诚平信徒的联合会——这个特定的虔诚之人自然就是作者本人。只有那些本身是婚生的合法子嗣，此时已婚，且始终遵循一夫一妻制的人才有资格加入这个协会（这位作者对于通奸问题的态度非常执拗）。成员将佩戴一个黄色十字作为标志。他们从一开始就会得到圣米迦勒的积极支持；不久之后，他们将在“来自黑林山的皇帝”腓特烈的领导下聚集在一起。这位令人惊叹的人物不仅让人想起末世皇帝，还会想起犹太教与基督教共有的启示预言中的，尤其是《启示录》中的弥赛亚。“他将统治一千年……天堂将向他的人民敞开……他将穿着洁白如雪的衣服，留着一头白发；他的宝座将如火焰一般；数十万，甚至上百万的人都要侍奉他，因为他会伸张正义。”还有：“王必骑着白马，手中拿着弓，上帝会赐给他冠冕。这样他就有权力号令整个世界；他手中还将有一把长剑，他将杀死许多人……”与此同时，这个救世主将为他的追随者建立一个弥赛亚王国，在这个王国中，他们的一切需要，无论是精神的还是物质的，都能被充分满足。他将可以对自己说：“我是新的统治的开始，我会为那些干渴之人提供生命之水；追随我的人将得到满足。我将成为他们的神……”[5]他还会以低廉的价格分发大量面包、大麦、葡萄酒和油。[6]显然，在这个幻想中，来自黑林山的皇帝和复临的基督已经被融合成同一个救世主。当这位政论家不止一次，似乎漫不经心地吐露出他期望这个救世主就是他自己的时候，这个观点就更令人震惊了。[7]

然而，通向千年王国的道路上也有屠杀和恐怖行动。上帝的目标是建立一个没有罪恶的世界。如果罪恶继续盛行，那么上帝的惩罚肯定还要降临到世上；反之，一旦罪恶都被清除，那么世界就能为圣徒王国做好准备。因此，黄十字弟兄会（Brethren of the Yellow Cross）最紧迫的任务就是消灭罪恶，这实际上意味着消灭犯罪之人。该弟兄会被描绘成一支由精英团
体领导的十字军，《百章书》的作者称这个精英团体为“新骑 121
士团”，他们将服从于末世皇帝本人。这支十字军的目标是让皇帝能够“以上帝的名义摧毁巴比伦……并将整个世界置于他的统治之下，这样整个世界就只有一位牧羊人、一个羊圈和一种信仰”[8]。为了实现这一目标，暗杀是完全合法的。“一个人因为他人的诸如亵渎之类的恶行而发起攻击，甚至是将其打死，那么杀人的人应当被视为上帝的仆人，因为每个人都有责

任惩罚恶行。”[9] “上莱茵的革命者”尤其号召人们去暗杀当时在位的马克西米利安一世皇帝（Maximilian I），因为他对后者深恶痛绝。[10]但是，经过初期的这些谋杀行动之后，来自黑林山的新皇帝与黄十字弟兄会一起“通过武力控制从西到东的整个世界”[11]的日子就将到来，那会是一个恐惧无处不在、持续不断的阶段，令人满怀希望的预言届时会得到充分应验：“很快我们就会把血当酒喝！”[12]

“上莱茵的革命者”没有给谁将成为参与这些正义行为的弟兄留下任何疑问：他们是平民，是穷人。至于巴比伦的居民，那些必须被消灭的罪人，则是沉迷于色欲和贪婪的人，那些纵情歌舞、穿着精美衣物，犯下淫乱罪行的人，他们都是“教会和俗世中的显赫之人”[13]。与最常见的情况一样，家境富裕、衣食无忧、生活放荡的神职人员又成了最主要的敌人。这个狂热的平信徒不厌其烦地用最耸人听闻的语言描述即将到来的皇帝（也就是他自己）将如何惩罚那些托钵修士、隐修士和隐修女，因为他们都是撒旦的孩子。他对打破贞洁誓言并建立家庭的司祭的怒火尤其强烈。他痛斥这些人应该被吊死或活活烧死，或是和他们的情妇一起被驱赶到土耳其人的领地中；他们的孩子则是真正的敌基督的孩子，因此应该被饿死。但应当被消灭的不只他们，还有全部神职人员。弥赛亚就这样对自己的军队高呼：“继续袭击他们，从教皇到年幼的学生都不要放过！杀死他们每一个人！”[14]他预言每天将有 2300 名神职人员被杀死，且屠杀将持续四年半。但这还不是终点，因为城镇中那些富有的“放高利贷者”几乎像神职人员一样可憎。在“上莱茵的革命者”眼中，买卖圣职的主教享受的高额圣俸都来源于各种税费。他还看到大量的放高利贷者无情地压榨和勒索穷人，商人忙着操纵物价，店主不断提高售价并缺斤短两。伴随这些现象一起出现的还有一群不讲道德的律师，他们会热切地为每一次不公正行为辩护。所有这样的人都应当被屠杀； 122
在此刻被他称为“虔诚的基督徒”或是“平民百姓”的那些人的协助下，来自黑林山的皇帝将烧死所有放高利贷者，并吊死所有律师。[15]

获取利润的可能性在中世纪后期的社会中，也像它在其他所有存在利润的社会中被证明的一样诱人。毫无疑问，“上莱茵的革命者”抱怨的那些权力滥用情况是真实存在的，但它们还不能解释这一特定的社会批评所具有的最突出特征，即它蕴含的末世论腔调。“上莱茵的革命者”完全相信上帝已经下令对神职人员和“放高利贷者”进行大屠杀，以永远消除这种权力滥用，所以大屠杀将是在千禧年到来之前必不可少的对世界的净化。关于千禧年的一个非常清楚的事实是它坚决反对资本家。教会财产将被改作俗用，由皇帝处置，以造福全体人民，尤其是穷人。所有收入都将被没收，无论它是因地产还是贸易活动产生的。这样做等于废除了诸侯国，并剥夺了所有富人的财产。租金、税金和各种应缴纳费用都只能由皇帝设定。尽管这些要立即进行的改革已经具有足够广泛的影响力，但除此之外，“上莱茵的革命者”还期望对社会进行一项更加彻底的转变，即让它达到一个完全废除私有财产，所有东西都归人们共享的状态：“自私自利带来了多少危害啊！……因此，有必要将所有财产变成一份财产，那样才能真正只有一位牧羊人和一个羊圈。”[16]

人类会被证明可以足够无私心地适应这样一个体系，还是会有紧抓着色欲和贪婪不放的反动者来扰乱整体的和谐？“上莱茵的革命者”至少没有回避这个问题。他宣称，皇帝每年都会颁布一次揭露罪行的命令，最主要是针对放高利贷和淫乱行为；他还敦促人们告发他人的犯罪行为，但他更强调的是让人们站出来坦白自己的罪过。每个堂区都将设立一个官方法庭，受不可抗拒的内心渴望驱使的罪人将到法庭上接受不公开的审判。法官必须“冷酷无情地”惩处所有罪恶——因为对罪人的怜悯就是对整个群体的犯罪。鉴于此，首犯的罪人可能会受到鞭刑，第三次出现在法庭上的人处境可就大大不妙了。“如果一个人不能停止犯罪，那么他不在世上比在
123 世上更好”[17]：所以这个人将立即被一些虔诚不可置疑的秘密使者处决。“上莱茵的革命者”很享受描述这些处决如何被执行的过程——方式包括用火烧死、用石击死、用绳勒死，或者活埋。他坚称，没有什么比这种新型的公正更能建立和保护新的平等主义和公有制。[18]

如我们所看到的，在这位 16 世纪空想家之前，已经有其他人想象过一种平等的社会秩序，而且也认为这种秩序要靠武力来实现和维持。但“上莱茵的革命者”至少在一个方面表现出了真正的原创性：在他之前，还没有人将这种集体或公有原则与狂妄自大的民族主义结合起来。这个人深信，在遥远的过去，德意志人实际上“像兄弟一样一起生活在世上”，所有东西都是公有的。破坏这种幸福秩序的首先是罗马人，然后是罗马教廷。正是罗马法和教会法引入了“我的”与“你的”之分，从而削弱了人们之间的兄弟情谊，并为嫉妒与仇恨的出现创造了机会。这个奇怪的想法背后存在着一整套历史哲学。《旧约》被认为是毫无价值的，因为从上帝创造天地开始，被他拣选的人就不是犹太人，而是德意志人。亚当和他的直到雅

弗（Japhet）为止的所有后代，包括所有族长，都是说德语的德意志人。包括希伯来语在内的其他语言都是在巴别塔①之后才出现的。雅弗和他的亲族最先来到欧洲，并带来了他们的语言。他们选择在位于欧洲中心的阿尔萨斯定居，他们建立的帝国定都特里尔。这个古代德意志人的帝国幅员辽阔，覆盖整个欧洲，因此亚历山大大帝可以被算作德意志民族的民族英雄。这个帝国还是所有帝国中最完美的，是一个真正的人间天堂，因为它是根据被称为《特里尔法》（Statutes of Trier）的法典来治理的，这部法典确立了兄弟之爱、人人平等和公有原则。上帝是在这部法典中，而不是在冒充内行的摩西编造的“十诫”中表述了他对人类的诫命——鉴于此，“上莱茵的革命者”还考虑周全地在自己的著作后面附上了该法典的内容。[19]

拉丁人的历史则与此截然不同。这些悲惨可怜的民族不是雅弗的后裔，也不被认为是欧洲的原始居民。他们的家乡在小亚细亚，这些人在那里被特里尔的勇士击败，然后被征服者当 124
作农奴从那里带走。因此，法兰西人这个尤其被厌恶的群体本来就是一个服从于德意志人的民族，理应受德意志人统治。意大利人则是由于违反《特里尔法》而被驱逐到阿尔卑斯山另一侧的农奴的后代。根据这些事实，这位政论家毫不费力地认定，罗马的历史就是一串连绵不断的战败。这些拉丁人正是一切邪恶的来处，是一种逐渐污染整个海洋的毒源。罗马法、教廷、法兰西人、威尼斯共和国都是一种由来已久的、反对德意

① 见于《创世记》第十一章。当时天下人的口音言语都一样，他们联合起来要建一座城和一座塔，塔顶通天；为阻止人类的计划，耶和华变乱了人们的口音，使他们的言语彼此不通。于是人们就停工不造那城了，并自此分散在全地上。

志人生活方式的巨大阴谋的各个方面。[20]

幸运的是，邪恶的力量要被永远摧毁的时候到了。当来自黑林山的伟大领袖以腓特烈皇帝的身份掌权时，他不仅要让德意志人的生活摆脱拉丁人的腐化，也要恢复人们遵守《特里尔法》的黄金时代，还要让德意志人重新获得上帝原本打算让这个民族拥有的至高地位。[21]“但以理的梦”这部古老的启示文学作品曾在马加比起义期间给犹太人带来灵感，而“上莱茵的革命者”则对此进行了重新诠释。在他口中，四个连续的帝国变成了法兰西、英格兰、西班牙和意大利。皇帝为这些国家的傲慢所激怒，他将把它们全部征服——“上莱茵的革命者”宣称已经通过炼金术发现了进行这项事业所需的新炸药。“他会利用自己的残酷将恐惧灌输到那些民族的心中”，从而将德意志人的帝国确立为第五个，也是最伟大的帝国，这个帝国将永不覆灭。结束以上西方战事返回的皇帝，接下来将彻底击败进入欧洲的土耳其人。他会带领由各族人民组成的大军向东推进，完成传统上被安排给末世皇帝来完成的任务。他将为基督教世界征服圣地，而“穆罕默德的团体”将被彻底推翻。异教徒要接受洗礼，“不接受洗礼的人既不是基督徒，也不是信奉《圣经》的人，所以他们将被杀死，这样他们就可以在自己的血中受洗”[22]。所有这些之后，皇帝将成为整个世界的最高统治者，并接受三十二位国王的致敬和进贡。

值得一提的是，这里要被如此积极地强加给所有人的基督教，几乎并不是我们认识的那种基督教。根据“上莱茵的革命者”的说法，最早的基督徒是特里尔帝国的公民，他们崇拜的神和朱庇特（Jupiter）类似，他的圣日是星期四，而不是
125 星期天；受他派遣去给德意志人传信的使者也不是天使，而是

居住在阿尔萨斯山区的精灵。历史上的基督的教导只能命令犹太人，而不是德意志人。[23]对于德意志人来说，正当的宗教仍然是特里尔帝国黄金时代盛行的宗教，那才是腓特烈皇帝要恢复的宗教。“上莱茵的革命者”在这里大量吸收了《变色龙》中的内容：当这个宗教被恢复之后，世界的精神中心就不再是罗马，而是美因茨，教皇也会被宗主教取代。但这位宗主教并不是教会的领袖，而是完全依赖于皇帝的任命，所以在必要时也可以被皇帝废黜。喜悦且荣耀地站在未来宗教核心位置的人是皇帝，也就是“上莱茵的革命者”本人，他将成为“至高的司祭”，还“必须被视为在尘世的上帝”。[24]未来的帝国实际上将是一个靠对由德意志之灵转世而来的弥赛亚的崇拜和恐惧团结起来的准宗教群体。这就是“上莱茵的革命者”兴奋地欢呼时想到的东西：“德意志人曾经将整个世界掌握在手中，他们将凭借比过去更大的能力再次做到这一点。”[25]

一个并没有受过太多教育的知识分子主张的粗糙的民族主义，在这些幻想中暴发成了流行的末世论信仰。其导致的结果竟不寻常地与作为民族社会主义“意识形态”核心的幻想十分类似。人们只需回头看看那些已经几乎被遗忘的诸如罗森贝格①和达里②之类的“权威人士”撰写的小册子，就会立即为二者之间的相似程度感到震惊。在原始的德意志文化中也存在着同样的信念，即上帝的意志曾经在本文化中得到实现，且这

---

① 阿尔弗雷德·罗森贝格（Alfred Rosenberg，1893 年—1946 年），纳粹党重要成员，为纳粹党党内的思想领袖，很多纳粹信条源于他的思想，包括种族清洗、地缘政治、生存空间和纳粹主义等。德国战败后，罗森贝格被盟军逮捕，并在纽伦堡审判中被判处绞刑。

② 里夏德·达里（Richard Darré，1895 年—1953 年），纳粹“血与土”种族意识形态的主要思想家，也是纳粹党和纳粹党卫军中的高官。

种文化在整个历史中一直是一切美好的源泉。后来的资本家、劣等人、非德意志人和罗马教廷共谋破坏了德意志文化，因此必须由一位新的杰出人物来将其恢复。这个人出身卑微，但拥有真正的德意志灵魂，这个由上帝派来的救主，既是政治领袖又是新基督。这些内容都摆在书里：在东西方发动的攻击，还有历史上最大规模的屠杀——恐怖既被作为一种政策手段，也是纯粹为了恐怖而恐怖。实际上，唯一没有写到的只有希特勒所谓的会持续一千年的世界帝国的最终结局。

《百章书》当时没有被印刷出来（后来也没有）。没有任何迹象表明这位不知姓名的“上莱茵的革命者”在当时的社会运动中发挥了任何重要作用。他的重要性不体现在他对别人产生的影响上，而是体现在他自身受到哪些影响上。因为就算
126 某些细节可能是他经过自己的深思熟虑想出来的，但他详细阐述的这个幻想大体上依然是未来的腓特烈将成为穷人的弥赛亚的传统预言。毫无疑问，在 16 世纪的大部分时间里，这个预言一直以这样或那样的形式让德意志王国的农民或工匠之类的平民着迷。这段时间里在位的皇帝包括西吉斯蒙德、腓特烈三世、马克西米利安一世、查理五世，人们想方设法要把这些人看成腓特烈二世转世（真正的转世，而不是一种比喻）。而当这些君主未能扮演好他们被寄予厚望的末世角色时，大众还会继续想象出一个将从穷人中复活的完全被虚构出来的皇帝，如“上莱茵的革命者”说的那样，这个腓特烈“出身卑微”，但他会把真正的君主赶下台，然后代替他进行统治。[26]

人们很容易夸大这种期望在 16 世纪前二十五年的德国历史中不时爆发的那些抵抗运动和叛乱中发挥的作用。农民的态度通常是尤其现实的。即使他们能够看得比眼前的不满更

长远，改为要求对帝国的社会和政治结构进行全面改革，他们的纲领往往也是相当有限和实际的。然而，在一系列被称为鞋会起义（*Bundschuh*，后面章节中还会讲到）的运动中，一些与《百章书》中论述内容相似的幻想确实发挥了一定作用。“上莱茵的革命者”在1510年写下了1515年将是世界末日的预言。1513年，鞋会起义也是在上莱茵地区爆发的，其宣称的目标正是“帮助义人，铲除亵渎者”，以及最终夺回圣墓。一些参加这场起义的人甚至自欺欺人地认为，马克西米利安皇帝是支持他们的事业的，眼下他隐藏自己对起义者的同情心只是迫不得已。[27]

第七章　自我牺牲的救赎者精英

鞭笞派运动的起源

127　在卡马尔多利（Camaldoli）和丰泰阿韦拉纳（Fonte Avellana）的隐修院中的隐修士于11世纪初开始进行自我鞭笞之前，该行为在欧洲似乎本不为人知。[1]但这种新的补赎方式一经发明就迅速传播开来，直到它不仅成了整个拉丁基督教世界隐修士生活的常规特征，还成了所有补赎方式中最常见的一种——事实上，因为它太常见，所以连"*disciplina*"（惩罚）一词的含义都被局限为"鞭打"。一位14世纪的托钵修士根据亲身经历做出的生动描述，展示了这种行为对实践者意味着什么。这个人在一个冬日夜晚，

> 将自己关在房中，脱掉所有衣物……拿起带尖刺的鞭子，抽打自己的身体、手臂和双腿，直到鲜血像从接受放血（治疗）的人身上涌出一样沿着他的身体淌下。鞭子上的尖刺之一被弯成钩状，它会将被它勾住的任何皮肉撕扯下来。他打自己打得太用力，以至于鞭子断成三节，尖刺都被甩到了墙上。他站在那里凝视满身是血的自己，映入眼帘的是一幅非常凄惨的景象，这让他从各个方面联想到了受人爱戴的基督在遭受可怕殴打时的模样。出于对自

> 己的怜悯，他开始痛哭起来。接着，他就赤身裸体、满身鲜血地跪在寒冷的空气中祈祷，请求上帝抹去自己温柔的双眼看到的他的罪过。[2]

中世纪的自我鞭笞是一种人们对自身施加的严厉酷刑，为的是让这个爱论断、爱惩罚的上帝放下他的棍棒，宽恕自我鞭笞者的罪过，并免除他们本来要在今生和来世遭受的更严重的惩罚。然而，除了宽恕之外，这里还蕴含着另一个更加让人陶醉的前景。如果一个坚持正统信仰的托钵修士都能从自己流血的身体上看到基督的形象，那么我们自然不应为那些因加入鞭笞派而逃离了教会监督的平信徒产生的想法感到惊讶——他们往往会觉得自己被赋予了一种救赎的使命，该使命不仅能确保对他们本人的救赎，还能确保对全人类的救赎。就像在他们之 128
前的十字军中的穷人一样，持异端的鞭笞派将自己的补赎看作一种具有独特末世论价值的、集体效法基督的行为。

有组织的鞭笞派游行正是在人口密集的意大利城市中首次出现的。该运动由佩鲁贾（Perugia）的一名隐士于1260年发起，并且向南传播到了罗马，向北传播到伦巴第的各个城市。它传播得如此之快，以至于对当时的人来说，它就像一场突如其来的忏悔的流行病。游行队伍通常由司祭带领，参加者人数众多，不分老幼，都是男子。他们举着旗帜和点燃的蜡烛，不分日夜地从一个城镇行进到下一个。游行队伍每抵达一个城镇，成员就会分成小组，在教堂前狠狠地鞭打自己，一打就是数个小时。这种公开的补赎行为对普通民众的影响是巨大的。罪犯会自首，抢劫者会送回自己抢走的财物，放高利贷者会退还贷款的利息，敌人会和解，世仇也被放下。就连导致意大利分裂的两个交战派别，即支持教皇的归尔甫派（Guelphs，又译教皇派）和支持皇帝的吉柏林派（Ghibellines，又译皇帝派）也暂时抛开了一些彼此之间的不妥协。① 还有些城镇整个加入了运动：雷焦（Reggio）的首席地方法官、主教和所有行会就都参与其中。游行队伍在行进过程中会不断吸收新成员，最终的人数能够达到数千人之多。不过，就算有时候是所有阶层的人都参与其中了，但能够坚持下去的只有穷人。因此，在运动后期，他们成了唯一留下来的群体。[3]

第一次大规模的自我鞭笞行为在什么情况下爆发是一个很重要的问题。即便是按照中世纪的标准，意大利当时的情况也算得上异常艰难了。1258 年发生了饥荒，1259 年暴发了严重的瘟疫。最重要的是，归尔甫派和吉柏林派之间持续不断的战争使这个国家陷入极度悲惨且缺乏安全感的状态。归尔甫派掌权的城镇中的情况尤其令人绝望，佛罗伦萨人在蒙塔佩托（Montaperto）被托斯卡纳的吉柏林派击败并遭到大肆屠杀，这对于支持教皇的归尔甫派来说是一个重大打击。再加上腓特烈二世的儿子曼弗雷德（Manfred）似乎即将建立起对整个意大利的统治，所以鞭笞派运动始于归尔甫派城镇，并在大多数归尔甫派中间盛行并不是没有原因的。[4]然而，所有这些苦难都被认为不过是一场让人难以承受的最终灾难的序幕。有编年史作家指出，在鞭笞派游行期间，人们表现得像是担心上帝即将通过一场从天而降的地震或大火将他们全部毁灭，以此作为对

① 12—15 世纪意大利政治斗争中的两个派别。教皇派代表意大利工商业主的利益，控制意大利中部和北部一些工商业发达的城市，成员多为商人、银行家和作坊主；皇帝派代表意大利封建主的利益，控制意大利北部和中部一些工商业不那么发达的城市，成员多为封建主。

他们的罪恶的惩罚。这些忏悔者就是在这个仿佛已经被推到深渊边缘的世界里，一边殴打自己，一边趴在地上哭喊：“请圣母可怜我们！求耶稣基督饶恕我们！”以及“怜悯，怜悯！安宁，安宁！”据说他们会这样不停地喊，直到田野和山脉中似乎都回响着他们的祈祷，而奏乐唱歌的欢快声音则完全听不到为止。[5] 129

但是，鞭笞派努力要从上帝那里获得的并不仅仅是摆脱眼前的不幸。根据伪约阿基姆派预言，1260 年是末世之年，是第三个时代满足的时候。遭受饥荒、瘟疫和战争之苦的意大利民众迫不及待地期盼着圣灵时代的降临，这个时代里的所有人都将过上安宁的生活，他们将自愿保持贫穷，且沉浸在默观的极乐中。随着时间一个月接一个月地过去，这些千禧年期待变得愈发强烈，趋近年底时，更是表现出一种绝望和歇斯底里的特征，人们开始紧紧地抓住这唯一的救命稻草。连 9 月的蒙塔佩托战役也被赋予一种末世论的重要意义。然而又过了六周却什么也没发生后，鞭笞派运动就于 11 月出现了。编年史作家帕尔马的萨林贝内（Salimbene of Parma）本身是一位约阿基姆派，他讲述了人们多么渴望在这些凄惨的游行中看到伟大圆满的开端。[6]

幻想破灭后，意大利的大规模鞭笞派运动很快就消失不见了，但到了 1261—1262 年，它又翻越阿尔卑斯山，重新出现在德意志王国南部和莱茵河沿岸城镇中。[7]运动的领导者似乎仍然是意大利人，但当他们经过德意志城镇时，成百上千的居民蜂拥而至，组成了新的游行队伍。毫无疑问，该运动在意大利已经形成一种组织，不过编年史作家们到此时才开始注意到这一点。德意志王国的鞭笞派拥有自己的仪式和歌曲，他们甚至设计了一套制服。[8]此外，运动的领袖被证明握有一封天堂来信，就像曾经的隐士彼得携带的一样，也和几年前的“匈牙利大师”携带的一样。不过这一次，书信的内容被保留下来。信上说：不久前，一块闪耀着超自然光芒的大理石石板在大量信徒的见证下，降落到耶路撒冷圣墓教堂的祭台上。一位天使出现在祭台旁，宣读了由上帝亲自在石板上刻下的信息。这是一条充满末世论含义的信息，大量措辞取自被认为是由基督本人写下的著名启示预言，它讲述的是基督复临之前的苦难和可
130 憎之物。[9]因为上帝对人类的骄傲、卖弄、亵渎、通奸、不守安息日和小斋的戒条，以及放高利贷的行为感到愤怒——实际上，就是对于所有从某种特殊意义上被视为富人之罪的罪恶感到愤怒，所以他已经通过地震和大火、干旱和洪水、饥荒和瘟疫，以及战争和入侵来对人类进行惩罚，撒拉森人和其他异教徒就是因此才给基督教世界造成了重创。最终，上帝因人类顽固坚持自己的邪恶做法而怒不可遏，决定杀死地球上的所有生物。但圣母和天使拜倒在他脚下，恳求他给人类最后一次机会。上帝被这些恳求感动，于是应许如果人们改正自己的错误，停止放高利贷、通奸和亵渎神明，那么人世就会繁荣昌盛，土地上也将结出丰硕的果实。听到这一消息，耶路撒冷的信徒就开始不顾一切地寻求某种能够纠正人类致命的犯罪倾向的方法。最终天使再次现身，命令他们进行一场为期三十三天半的鞭笞游行，以此来纪念传统计算方法认定的基督在世上度过的年数。书信最后的结论是这场运动已经成形：西西里国王首先发起了这场运动（人们不禁要问这指的是不是作为末世救主的腓特烈?），如今伟大的朝圣旅程抵达了德意志王国。任何因为自己的世俗心而没有将这个神圣信息传达给会众的司

祭，都必定要永远在地狱中受折磨。[10]

人们肯定会想起，两个半世纪后，“上莱茵的革命者”将试图利用另一封天堂来信作为依据，以组建他的反教会的黄十字弟兄会。尽管意大利的鞭笞派一直受到神职人员的严格控制，但德意志王国的鞭笞派却很快就开始反对教会。德意志人和意大利人一样熟悉伪约阿基姆预言，也同样期盼着 1260 年的世界末日。不过，他们反对神职人员的态度更激烈，对罗马教廷的抵抗也更加不妥协。此时距离施瓦本的千禧年主义者阿诺德会士宣布他和他的追随者是圣洁群体，并将在 1260 年从敌基督的教会手中夺走所有权力才刚过去几年时间；在此期间还发生了腓特烈二世的去世和大空位时代的开启，这只会让德意志人民对圣徒的千年王国更加充满渴望。这场运动最终成了织布工、鞋匠、铁匠之类的穷人的专利，如此一来，它就变成了一种反对神职人员的共谋。[11]鞭笞派开始声称，他们可以靠自己的善功获得救赎，而无须教会的帮助：只要参加一次他们 131
的游行，就可以让一个人就他所有的罪获得赦免。[12]没过多久，大主教和主教们就开始忙于将这些危险的忏悔者逐出教会，并逐出自己的领地，诸如巴伐利亚公爵（Duke of Bavaria）之类的世俗诸侯也为镇压提供了帮助。[13]

德意志王国和欧洲南部的鞭笞派群体自首次出现后，又持续存在了两个多世纪，但他们在这两个地区的地位和功能却大不相同。在意大利和法兰西王国南部，鞭笞派群体公开地活跃在每个重要城镇中。他们的宗教观点通常极为正统，而且这些群体同时得到了教会和世俗权威的认可。然而在德意志王国，人们完全有理由将这类人视为带有革命倾向的异端群体。这场运动虽然在 1262 年遭到镇压，但一直秘密地持续着。1296

年，莱茵河沿岸的城镇经历了八十年来最严重的饥荒，于是身着统一服装、口中唱着赞美诗的鞭笞派就突然出现在了这里。[14]1348—1349年，当有史以来规模最大的鞭笞派运动席卷德意志王国时，它同样有仪式和歌曲，甚至有同一封天堂来信，且信中的内容几乎没有任何变化。这些似乎都可以证明，运动中至少有一些领导者肯定来自一个秘密组织，并且能够借鉴一些只有内行才懂的传统。

1348—1349年的运动是由黑死病的蔓延催生的。这次腺鼠疫流行病似乎起源于印度，通过陆路传播到黑海，然后又通过海路从那里传播到地中海。1348年初，流行病在意大利和法兰西王国南部的港口肆虐。从欧洲西部沿海地区开始，疾病沿着贸易路线缓慢推进，最终蔓延到除波兰和波希米亚以外的所有国家，波兰得以幸免是因为它在边境执行了检疫隔离措施，波希米亚躲过一劫是因为有山脉阻隔通路。每个地区的疫情一般持续四到六个月，在人口密集的城镇中，情况尤其严重。一切遏制它的努力都毫无效果，堆在教堂墓地里的尸体多得来不及被掩埋。从死亡率的角度来说，似乎可以肯定这场瘟疫是过去一千年来西欧遭受的最大灾难，远超过20世纪两次世界大战造成破坏的总和。根据负责任的现代权威估计，1348—1349年，欧洲约有三分之一的人丧生。[15]

遵循通常的中世纪风格，这场瘟疫被解释为上帝对充满罪
132 恶的世界中的背德行为做出的惩罚。鞭笞派游行从某种程度上说是一种转移这种惩罚的尝试，而且天堂来信中还被加入了一个新段落以强调这一点。让人们进行游行的是关于瘟疫的传言和预感，而不是瘟疫的实际暴发，因为通常情况是，游行在瘟疫到来很久之前就已经消失了。[16]运动似乎于1348年末在匈牙

利兴起，然后向西传播，首先在德意志王国中部和南部的城镇中蓬勃发展起来，后来蔓延到莱茵河谷中的城镇，接着又从这里分别向威斯特伐利亚、布拉班特、埃诺、佛兰德伯国和法兰西王国传播，直到法兰西国王阻止了它的发展。[17]从低地国家出发的一支队伍还乘船前往伦敦，到圣保罗大教堂前进行自我鞭笞。但在英格兰，这场运动没有获得任何追随者。[18]

鉴于这场运动的运作方式，它的蔓延速度自然非常迅速。举例来说，它在3月传播到波希米亚，4月到马格德堡和吕贝克，5月到维尔茨堡和奥格斯堡（Augsburg），6月到斯特拉斯堡和康斯坦茨（Constance），7月到佛兰德伯国。然而，这种蔓延并不稳定，主流中还存在各种小支流、逆流和涡流。鞭笞派队伍的人数在50—500人，或是更多。曾经有半年时间里，每周都有一支新队伍抵达斯特拉斯堡。据说大约有一千名当地市民加入了这些游行队伍，并跟随他们离开，有的向上游去，有的向下游去。[19]从8月中旬到10月初，每隔几天就会有一支新队伍抵达图尔奈。在此期间的最初两周中，抵达这里的队伍分别来自布鲁日、根特、斯勒伊斯（Sluys）、多德雷赫特（Dordrecht）和列日（Liège），接着图尔奈也加入该运动，并组织了一支队伍前往苏瓦松。[20]要从整体上理解这场运动，人们必须在脑海中描绘出这样一幅景象：运动覆盖了多个地区，它们一个接一个地被挑动起情绪，这种激昂状态能够饱满地维持约三个月，之后才会逐渐消退。在运动最先爆发的东部地区，这种状态到年中就结束了。不久之后，德意志王国中部和南部的热情也渐渐消退。在低地国家和法兰西王国北部，狂热状态持续到了深秋。在这个或那个阶段参加过这场运动的总人数肯定非常多。要找到相关数字很难，但据可靠文献记述，低地国家的一家隐修院在当时成了鞭笞派的一个朝圣地，该隐修院在半年时间内不得不为 2500 人提供食物。在某两个半月的时间内，抵达图尔奈的人数达到了 5300 人。另一个也许有些夸张的说法是，当爱尔福特（Erfurt）拒绝向鞭笞派敞开大门时，在城墙外扎营的人大约有 3000 名。[21]

这种群众性自我鞭笞行为可以被恰当地称作一场运动，而
133 不仅仅是一种风潮的关键理由在于其组织方式。除了最后阶段之外，这种组织在低地国家是非常统一的。鞭笞派有属于他们的统称。他们称自己为扛十字架的人（Cross-bearer），或鞭笞派弟兄会（Flagellant Brethren），再或者是像 1309 年的十字军一样称自己为十字弟兄会（Brethren of the Cross）。如他们在 1262 年运动中的前辈一样，也如十字军一样，鞭笞派会穿着统一的服装：包括前后都有红色十字的白色长袍，以及一个有类似标志的帽子或兜帽。每个鞭笞派队伍都由一名领导者指挥，值得注意的是，这个人必须是平信徒。其他队员会称呼这个人为“师傅”或“神父”，无论是在私下里，还是在公开进行自我鞭笞时，这位领导者都可以聆听队员的忏悔，然后惩戒或赦免他们的罪过——这种做法让神职人员感到惊恐。在游行期间，每个成员必须发誓完全服从自己的领导者。游行持续的时间也是固定的：除了在低地国家进行的某些地方性短期游行之外，所有游行都要持续神秘的三十三天半。在此期间，鞭笞派要遵循严格的纪律：禁止洗澡、刮胡子、换衣服或在柔软的床上睡觉。如果有人殷勤款待，他们也只能跪在地板上洗洗手，以此作为谦卑的标志。未经领导者许可，成员之间不许对话。最重要的是，他们被禁止与女人有任何来往。他们必须避开妻子。在鞭笞派暂住的房屋中，他们也不能让女人给他们送

上饭菜。如果一个成员对女人说哪怕一个字，他就必须在自己的师傅面前跪下，后者会一边打他一边说："凭借纯洁殉教的荣耀而起，从此以后谨防罪恶！"

当鞭笞派来到一个城镇后，成员会前往教堂，在教堂前面围成一个圈，脱下衣服和鞋，穿上一条长度从腰到脚像裙子一样的东西。然后他们就会开始一种仪式，尽管各地之间有一些细微差异，但该仪式仍算得上惊人地标准化。忏悔者会围成一圈，一个接一个扑倒在地，手臂向两侧伸出，摆出耶稣受难的姿势，一动不动地趴着。他们身后的人要从这些俯卧在地的身体上跨过去，同时用鞭子轻轻地鞭打地上的人。有重罪要赎的人还需摆出象征他们过犯的姿势。领导者会亲自从这些人身上跨过，一边用鞭子鞭打他们，一边反复说出他的宽恕套语："凭借纯洁殉教的荣耀而起……"

当所有人都趴下之后，他们就可以一起站起来进行自我鞭笞了。这些人用带铁钉的皮鞭有节奏地抽打自己，同时吟唱赞 134
美耶稣受难和圣母荣耀的圣歌。站在圆圈中央的三个人是领唱。每首圣歌中都有三个特定段落，在唱到这里时，所有人都会"像被闪电击中一样躺倒在地"，双臂伸出，一边哭泣一边祈祷。领导者在他们中间游走，命令他们向上帝祈祷，请求他怜悯所有罪人。这样持续一会儿后，人们就站起来，双臂上举并继续唱圣歌，然后重新开始自我鞭笞。[22]如果有任何妇女或司祭不慎走进这个圈子，那么整场自我鞭笞仪式将失效，必须从头重新开始。[23]这些人每天要公开举行两次完整的鞭笞仪式，每天晚上还要在卧室里进行第三次非公开的自我鞭笞。他们在鞭打自己时如此认真，以至于不得不很用力才能把鞭子上的尖钉带下来的皮肉扯掉。他们的鲜血会喷溅在墙上，他们的身体会肿胀糜烂，布满青紫。

公众对鞭笞派很有好感。这些忏悔者走到哪里，都有大批群众蜂拥前来观看和聆听。无论是庄严的仪式，可怕的鞭打，还是吟唱圣歌和朗读天堂来信都能对人们产生一种不可抵挡的影响。圣歌的歌词也许是仅有的用普通民众听得懂的语言创作的东西。[24]阅读天堂来信则是仪式中的高潮。所有听众都在叹息哭泣。没有人质疑这封信的真实性。人们对鞭笞派的看法与鞭笞派对自己的定位一致，即他们不仅是为自己的罪行赎罪的忏悔者，更是将世人的罪都承担起来的殉教者，他们通过这样做来防止瘟疫暴发，实际上是避免了人类的灭绝。欢迎和帮助这些人成了一种荣幸。当鞭笞派游行队伍接近一个城镇时，城中会响起钟声；鞭笞仪式结束后，居民们会急忙把仪式的参与者邀请到自己家中。人们还很乐意捐钱为游行者购买旗帜和蜡烛。连城镇的官员也会慷慨地使用公共基金资助这种游行。

这其实是牧人故事的重演。像文明开始复兴、物质财富开始增加以来的所有时候一样，城市中的大众总是对神职人员感到不满，无论这样做有没有道理，反正大众在神职人员身上除了世俗心之外什么也看不到。各种批评的例子在14世纪中期非常普遍，有些甚至就是借神职人员之口而保留下来的。有一个人说：

> 买卖圣职的行为渗透得如此之深，已经变成一种不可变更的常规操作，所有世俗和修会的神职人员，无论级别高低，都在毫无羞耻心地，甚至是公开地买卖教会职务。
> 135 他们不会受到任何人的斥责，更不用说受到任何惩罚。主似乎没有将买卖双方赶出圣殿，反而是将他们关在了圣殿

内，好像买卖圣职绝不应当被视为异端行为，反而是符合教会和天主教规范的圣洁行为。教士俸禄、教士住宅、教士的尊严、教士助理的职位、堂区的教堂、小教堂，以及祭台都可以被拿来卖钱，或是换取女人和情妇，或是成为骰子游戏中的赌注被输掉或赢回来。每个人的级别和职业仅取决于金钱、影响力或其他与利益相关的考量。就连隐修院（院长）之职、会院（院长）之职、监护人之职、教士之职、讲师之职，甚至是一些最不重要的职位，也都被低能、粗野、无知、年轻、缺乏经验的人从主教或罗马教廷那里买了去，而这些人是不是通过盗窃等手段，或是其他什么方式获得的金钱并不重要。因此，如今很难再在堂区和修会的神职人员中找到值得尊敬的人，而这样的人在过去本来是很普遍的。看看那些隐修院院长、修道长①、监护人、大师、讲师、教长和座堂区府们，你只能一声长叹！看看他们的生活和他们做出的榜样，看看他们的行为和教导，还有那些由他们负责的会众所处的危险处境，你必然颤抖不已！主啊，仁慈的父亲，请怜悯我们，因为我们在你面前犯了严重的罪！[25]

另一名神职人员也哀叹："教会变得多么可鄙！教会的牧师自己吃饱喝足，却不顾他们的教徒；他们剥削这些教徒，甚至掠夺教徒的钱财；他们的行为不像牧羊人，而是像狼！上帝的教会不再有一点儿美好之处，她从头到脚没有一块地方是健康的！"[26]

① 本笃会隐修院院长副手，负责隐修院纪律；或中等规模会院的院长。

此类抱怨究竟在何种程度上有理有据并不重要。可以确定的是，平信徒已经无法在神职人员中轻易找到他们迫切需要的人，即那种宗教上的大师，那种似乎可以凭借自己的苦行主义保证自己施神迹的能力的人。相对而言，鞭笞派看起来却正像是这样的大师。他们声称不仅能通过自我鞭笞赦免自身的一切罪恶、确保自己上天堂，还因此被赋予驱除污鬼、治愈病人，甚至是起死回生的能力。有些鞭笞派声称自己曾与基督一起吃饭喝酒，还曾与圣母进行交谈；至少有一个鞭笞派说自己是死而复生的。所有这些主张都被大众热切地接受了。人们不仅把病人送来请这些圣洁之人医治，还把布料浸在从他们身上淌下的鲜血中，然后将其作为圣物来珍藏。男人和女人都恳求鞭笞派允许他们将这些布料覆到自己的眼睛上。在某一场鞭笞仪式的过程中，有人抱着一个死去的孩子绕着鞭笞派围成的圈子走，希望能借此让孩子复活。[27]无论鞭笞派出现在德意志王国的什么地方，当地的平民都会把他们当作神人（man of God）①并求助于他们，在工业和贸易中心的平民尤其如此。与此同
136 时，平民还开始诅咒神职人员。[28]这为鞭笞派提供了他们之中许多人一直等待的机会。

革命的鞭笞派

1349 年的鞭笞派运动只在低地国家的有限区域内受到了神职人员的有效控制；而在低地国家的其他地方及整个德意志王国，这场运动最终发展成了一场激进的、嗜血的对千禧年的追寻。

---

① 对先知和受人爱戴的宗教领袖的敬称。

当时正是一个最有利于展开这种运动的时机，因为人们的末世期待比通常更普遍和强烈得多。最著名的德语敌基督戏剧都在这几年中被创作出来并上演绝不是一种偶然。1348 年，人们已经将发生在克恩滕（Carinthia，又译卡林西亚）和意大利的地震解释为引领末世来临的那种“弥赛亚灾难”。[1]就算当时的人没有被明确告知，他们仍然会用同样的领悟来解读“黑死病”这个独一无二的可怕灾难。[2]实际上，难以承受的不安全感、迷惘和焦虑往往能将大众心中的末世兴奋激发到狂热程度。发生于这场毁灭世界、改变世界的末世大戏期间的鞭笞派游行也展现了它所有的恐怖和兴奋：

“瘟疫操纵着平民百姓，让许多人丧命，

“大地震动。犹太人被烧死，

“一群半裸的奇怪男子鞭打自己。”[3]

经历这些苦难之后，迎接人们的当然就是千禧年了。许多人寄希望于善战的弥赛亚的降临，就像后来的“上莱茵的革命者”会为之着迷一样。温特图尔的约翰正是在 1348 年注意到，普通百姓是多么普遍和热切地期盼着腓特烈皇帝复活，他会屠杀神职人员并迫使富人与穷人结婚。[4]据说还有某个“伟大的占星家”预测：1348 年不仅会发生瘟疫，还会有一位皇帝降临，他会审判教皇和枢机主教，并把他们遣散，还会推翻法兰西国王，从而确立自己对所有国家的统治。[5]

许多鞭笞派本身肯定就沉浸在对千禧年的幻想中。一位当时的编年史作家记录说，1349 年的游行被认为只是一个开始，每次游行持续的时间是三十三天半，但整个运动计划持续三十 137
三年半，届时基督教世界就被拯救了。[6]对布雷斯劳（Breslau，弗罗茨瓦夫的旧称）的鞭笞派信念的调查同样显示出他们对千禧年主义心醉神迷。[7]那里的忏悔者告诉人们，既有的隐修院修会和托钵修会将经历巨大的苦难，直到十七年后（整个转化时期的一半！），它们都将被一种新的修会取代，后者会持续存在至末日。这当然就是约阿基姆派信仰中的预言之一；而且值得注意的是，天堂来信如今再次出现，它已经从约阿基姆预言会成为世界末日的 1260 年一直流传到此时。这样一份文件会成为鞭笞派运动的宣言不是没有原因的，因为可以肯定，当鞭笞派谈论一种具有独特的圣洁性的新修会时，他们就是在说自己。这些人真的将自己看作一群圣洁之人，是圣徒组成的军队。他们不仅称自己为扛十字架的人和十字弟兄会，并在进行自残酷刑的过程中赞美基督受难，还经常宣称基督本人向他们展示过其流血的伤口，并命令他们到外面去鞭打自己。有些人甚至公开表示，除了基督在十字架上被钉死之外，没有任何人付出的鲜血能和鞭笞派付出的相提并论；他们还说自己的血与基督的混在了一起，二者具有相同的救赎能力。[8]

正如人们预见的那样，这些幻想的发展呼应了鞭笞派游行队伍的社会构成变化。该运动的参与者始终以农民和工匠为主体。但起初也有贵族和富有市民加入，不过后来这些人都退出了，运动的基调也越来越取决于大量新被吸收进来的社会边缘人群，比如流浪者、破产者以及各种亡命徒和罪犯。[9]与此同时，运动的领导权被交到了一些“先知”手中，他们似乎大多是持异议者和背教隐修士。[10]当教皇最终决定发布反对鞭笞派的诏书时，他明确表示自己认为队伍中大部分成员是单纯的人，他们是被那些很清楚自己在做什么的持异端者引入歧途的。教皇还补充说，持异端者中包括不少隐修士和托钵修士，他们必须被逮捕。[11]一位低地国家的编年史作家提出了一种观点，即该运动是由德意志王国的背教隐修士以摧毁神职人员和教会为目的而组织起来的。[12]在这场运动销声匿迹三年之后，科隆大主教仍然威胁要将参与过该运动的助祭①和低级神职人员逐出教会，除非他们可以找到愿意宣誓证明他们的清白的人。[13]布雷斯劳发生的事件能够解释出现这种指控的原因。如 138
我们看到的那样，鞭笞派在这里公开表达自己的约阿基姆派信仰。人们都知道这些人的领袖是一名助祭，他煽动追随者攻击神职人员，最终被当作持异端者烧死了。[14]

随着鞭笞派运动发展成一种以救世为目的的群众运动，其行动方式也变得与之前的平民十字军的行动方式越来越相似。德意志王国的鞭笞派最终都成了尤其坚定的反教会者，他们不仅谴责神职人员，而且完全否认神职人员称自己具有超自然权威的主张。他们否认领受圣体的礼仪有任何意义，当圣体被抬高时，他们也拒绝表达敬意。他们还会经常打断教堂的礼拜仪式，说只有自己的仪式和圣歌才具有价值。他们把自己置于教皇和神职人员之上，理由是教会只能将《圣经》和传统作为其权威的来源，而自己则直接受到圣灵的教导，并受圣灵指示到世界各地去。鞭笞派全然拒绝听取任何神职人员的批判；相反，他们像“匈牙利大师”一样宣称任何反驳他们的司祭都应被从讲坛上拖下来并烧死在木桩上。当两名多明我会会士冒险与一支鞭笞派队伍进行争论后，他们都遭到被用石块砸的厄运，一名会士被砸死，另一名因为跑得快而躲过一劫。到处都在发生类似的事件。有时，鞭笞派还会教促民众用石头攻击神

① 亦称“辅祭”“会吏”，天主教会教职之一。协助主教做具体教务和事务工作；举行宗教仪式时，协助主教或神父参加一定的礼仪，但没有资格举行圣礼。

职人员。任何试图平息他们对教会的怒火的人，哪怕是本弟兄会的成员，都将面临严重的危险。[15]教皇抱怨说，这些忏悔者一有机会就窃取教会财产为自己的弟兄会所用。[16]一位法兰西编年史作家说，鞭笞派运动旨在彻底摧毁教会，夺取教会的财富并杀死所有神职人员。[17]我们没有理由认为这两个人是在夸大其词。

与往常一样，犹太人也要和神职人员一起遭殃，而且他们遭受的苦难更加深重。伴随黑死病而来的对欧洲犹太人的大屠杀是20世纪的大屠杀之前最严重的一次，鞭笞派在这场屠杀中发挥了重要作用。最初的屠杀是由一群平民自行发动的，因为他们坚信瘟疫的起因是犹太人给一口水井下毒。屠杀持续到1349年3月。也许是因为那时人们已经注意到，犹太人也像基督徒一样会感染瘟疫，而且犹太人全被杀死的区域里，瘟疫
139 也照样肆虐。四个月之后，鞭笞派的宣传引发了第二波屠杀。哪里的当局至此时为止保护了犹太人，哪里就会出现大批要求屠杀犹太人的人。[18]1349年7月，鞭笞派来到法兰克福，并直接冲向犹太人聚居区，城中居民也加入了消灭全部犹太人的行动。城市当局对这一事件感到非常不安，他们将忏悔者赶出了法兰克福，并加固城门以防止他们返回。[19]一个月后，美因茨和科隆同时发生了大屠杀。自我鞭笞者在美因茨举行一场仪式的过程中，围观人群突然开始横冲直撞地向犹太人发起攻击，结果导致德意志王国最大的犹太人群体被屠杀殆尽。[20]在科隆，一支已经在城外驻扎了一段时间的鞭笞派队伍进入城镇，并集结起一大群“无所顾忌的人”。他们违背市议会和富有市民的意愿，袭击并杀死了许多犹太人。[21]布鲁塞尔的情况同样如此，尽管布拉班特公爵为保护犹太人做出了种种努力，但鞭笞派的逼

近和给水井下毒的谣言加在一起，还是引发了一场造成当地群体中的六百名犹太人全部丧命的大屠杀。[22]鞭笞派依靠众多穷人的帮助，在低地国家的广大地区中烧死或淹死了他们能找到的所有犹太人，“因为他们想以这种方式取悦上帝”。[23]

鉴于相关资料很少，几乎不可能确定鞭笞派在1349年下半年领导或煽动了多少次这样的屠杀，但这个数目一定很大。犹太人自己开始把鞭笞派视为最凶险的敌人。教皇对鞭笞派的主要抱怨之一是：“他们的大多数成员或追随者表面上很虔诚，实际上却做出一些残忍的、不敬神的行为，杀死了被虔诚基督徒接受和认可的犹太人。”[24]至少可以肯定，当鞭笞派停止由1348年的恐慌引发的行动时，德意志王国或低地国家已经没有多少犹太人了。1348—1349年的大屠杀成了犹太人地位从1096年开始的持续恶化过程的完结。在中世纪剩余的时间里，德意志王国的犹太人群体一直规模很小，也很贫穷，而且要被隔离在犹太隔都中。

鞭笞派是否还打算推翻他们的其他传统仇敌，即以财主为典型的那些人？他们是否像其他受末世论启发的群体一样，将消灭富人和特权者定为自己的目标？教皇谴责他们劫掠并杀害平信徒、神职人员和犹太人。一位编年史作家则具体指出，他们攻击的都是家境富裕之人。[25]最终这些人肯定都和“牧人” 140
一样成了“显赫之人”惧怕的对象。在法兰西王国，腓力五世（Philip V）禁止公开进行自我鞭笞，违反者可判死刑，这阻止了该运动渗透到皮卡第以外的地方。[26]在德意志王国，如爱尔福特之类的一些城镇对鞭笞派群体关闭了大门，其他如亚琛和纽伦堡（Nuremberg）之类的城镇则保证在其城墙范围内发现的鞭笞派都要被处死。[27]1400年时，随着新一波瘟疫的到来而爆发的一次小规模鞭笞派运动，再清楚不过得展现了让城镇当局担心的究竟是什么。当年，有些鞭笞派被囚禁在马斯河（Maas，即默兹河）沿岸的维塞（Visé），有些被通厄伦（Tongeren）拒之门外，还有些在根特被佛兰德伯爵镇压。当一支鞭笞派队伍接近马斯特里赫特（Maastricht）时，富裕市民试图关闭城门，但无产阶级布料缩呢工却发动起义，推翻了地方法官及其支持者，并将忏悔者迎入城中。因为这些圣洁之人的到来而壮大的缩呢工队伍于是向本地领主——列日的主教关闭了城门。[28]

到 1349 年下半年，鞭笞派运动已经成了与两次大规模牧人起义一样的无政府主义力量，并同样激起了教会和世俗权力对他们的联合反击。在受鞭笞派侵扰的地区，诸侯和主教们向索邦神学院寻求指导。索邦神学院于是向阿维尼翁的教皇请示，但同时也向该地区派遣了一位名叫让·迪·费（Jean du Fayt）的神学院博士，这位佛兰德隐修士曾在自己的家乡研究过这一运动。当瘟疫于前一年 5 月先蔓延到法兰西王国南部时，克雷芒六世（Clement Ⅵ）曾亲自制定公开进行自我鞭笞的习俗，并有大量男女都参与了这项活动。后来教皇意识到这种仪式的危险性，于是一支从巴塞尔来到阿维尼翁的自我鞭笞者队伍遭到了斥责。[29]此时，让·迪·费的报告也立即得到了回应。[30]1349 年 10 月，教皇颁布反对鞭笞派的诏书。在总结了他们教义中的怪异之处以及他们针对神职人员和犹太人的罪行后，诏书指出这些人已经不把世俗权威放在眼里，还说如果现在不抵制这些人，他们可能很快就要无法无天了。因此，要对这个“小派”进行压制。阐述其学说的“犯错的大师们”将被逮捕和处理，必要时甚至可以判处火刑。诏书被传达给德意志、波兰、法兰西、英格兰和瑞典的大主教们。随后教皇还给法兰西和英格兰的国王们写了信。巴黎大学此时也宣布正式谴责该运动，神职人员则马上开始撰写反对鞭笞派的小册子。[31]

诏书的效果立竿见影。整个德意志王国及各个低地国家的 141
大主教和主教们都禁止任何人再进行鞭笞派游行。许多堂区司祭、特遣牧师①和座堂区府都被免去圣职或逐出教会，他们得前往阿维尼翁才能寻求赦免。[32]世俗当局在镇压该运动方面也做了积极配合。那些仍经常有鞭笞派出现的城镇采取了驱逐他们的措施。我们听说过鞭笞派被依照某个伯爵的命令砍了头，还有很多成员在威斯特伐利亚被绞死。按照大主教的要求，特里尔主教教区内的城镇当局着手对鞭笞派进行处决，几乎将他们彻底消灭。[33]在迫害的压力下，几乎所有忏悔者都迅速放弃了这场运动，正如一位编年史作家说的那样，“（鞭笞派）像他们突然出现一样突然消失了，就像暗夜中的幻影或戏弄人的鬼魂”[34]。有些鞭笞派真的是扯下他们的统一服装迅速逃离了。接下来的一年恰好是圣年（也称禧年）②，许多人通过挨打来进行补赎，不过这一次他们是在罗马圣彼得大教堂的主祭台前接受神职人员的鞭打。[35]尽管如此，鞭笞派运动仍然在这里或那里继续存在着。直到1351年，图尔奈依然认为有必要定期更新对鞭笞派活动的禁令。乌得勒支主教到1353年仍在追捕鞭笞派。科隆大主教在1353年和1357年还不得不去处理鞭笞派的问题。那以后，这些西部地区的人就再也没有听到过鞭笞

---

① 为非堂区性质的个人、团体或特殊机构提供宗教方面服务的人。在历史上多为皇室、贵族和其他教会中教阶较高的人士服务。因服务于军队、医院、监狱和教育机构等而有“随军牧师”“驻院牧师”等区分。

② 基督教定期举行赦罪、朝圣等特殊庆祝活动的年份。主要存在于天主教传统中，为特别祈祷、做补赎，与天主和好之年或特赦之年。

派的消息了。[36]

在中世纪流行的末世论背景下，1349 年鞭笞派运动的故事引发了一个明显的疑问：在德意志王国某处，是否有一个自封的救世主在试图通过鞭笞派运动实现一种状态，好让他可以趁机公开宣称自己为末世救主？不幸的是，现有资料不能为这个问题提供答案。人们只能以早几年在意大利出现的一次较小规模的，同样逃脱了教会控制的鞭笞派运动为例。这个例子中的领袖是一个平信徒，名叫阿斯科利的多梅尼科·萨维（Domenico Savi of Ascoli），他在做了多年隐士之后，声称自己已经变成上帝之子；为此，他被当作持异端者烧死了。[37]这当然并不能证明在 1349 年的德意志王国也有类似的人物存在，它只是让这个观点看起来更合情合理。此外，还有很多关于一个被称为康拉德·施密德（Konrad Schmid）的鞭笞派弥赛亚的信息，他算得上真正与这个意大利异教首领相对应的人，同时也是一个伪腓特烈。施密德于 14 世纪 60 年代领导了一场运动，在迫害的压力下，该运动后来变成了一个在德意志王国中部和南部城镇中存在的秘密小派。这个人和他的追随者的故事值得我们详细研究。

图林根的隐秘鞭笞派

142 康拉德·施密德是个平信徒，但有足够的读写能力，这让他能够尽情阅读隐修院藏书室中那些启示预言。他对早期鞭笞派运动的传统及多少有些晦涩难懂的传说也非常熟悉。他秉持的教义从很多方面看不过是 1348—1349 年忏悔者教义的翻版。对他的追随者来说，自我鞭笞在此时与在那时一样，是一种集体效法基督的行为，是一种救赎性的献祭，仅凭这一个行为就可以保护世界免受吞噬一切的最终灾难，他们自己也会因此成为圣洁的精英团体。他们认为自己当然也应该拒绝罗马教廷及其所有著作，要嘲笑圣体圣事，还要称教堂为窃贼的窝点并谴责神职人员是吸血的冒充内行者，说他们本质上就是《启示录》中的兽。在拒绝承认世俗权力的权威、坚持认为皇帝并不比教皇更拥有要求他们服从的权力，且所有法律对他们都没有效力等方面，这些小派信徒也不过是确认了从他们的前辈的行为中就可以推测出的那些东西。然而在其他一些方面，施密德的教义又是最具启发性的，因为它极尽所能地强调了在德意志王国的鞭笞派运动中一直没有被直接表明的弥赛亚信仰的重要性。[1]

根据这些教义，传统上被视为预告基督降临的以赛亚的预言，实际上是在预言施密德的降临，如今他就是真正宗教的唯一传播者。由此看来，当施密德的天主教敌人说他相信自己是上帝时，他们是在描述客观的真相。与此同时，这位鞭笞派领袖还自封为图林根国王。德意志王国中部大片地区在当时被称为图林根，1348—1349 年鞭笞派运动在这里的盛行程度可能是其他地区无法匹敌的。这里的城镇或村庄没有一个不受影响；鞭笞派变得如此受欢迎和有势力，以至于他们曾公开煽动百姓向神职人员投掷石块；当大批鞭笞派在城外驻扎时，爱尔福特①被吓得关闭了城门。[2]然而，施密德宣称自己是图林根国王的原因并不只是看出这个地方特别支持其使命，还因为图林根是一个在创建有关未来的腓特烈皇帝的大量民间传说方面发挥了独特作用的地区。[3]

---

① 爱尔福特就位于德意志王国中部，是今天的图林根州首府。

1314—1323 年，图林根一直由腓特烈二世的外孙，绰号“无畏者”的藩侯腓特烈（Margrave Frederick the Undaunted）
143 统治。当时有一个派系把他看作帝国尊严的天然继承人，并散播了很多竭力支持他主张权力的宣传；而在普通百姓眼中，他则成了一个末世论人物。很多人都相信他身上有奇迹胎记，即在肩胛骨之间的发光的金色十字图案，这被认为是末世皇帝命中注定的标志；人们还期望他对神职人员进行最后的惩戒。在他去世后，无畏者腓特烈的形象与其外祖父腓特烈二世的形象被融合在了一起。图林根人开始讲述一个在基弗霍伊泽山（Kyffhäuser mountain）中沉睡的神秘的腓特烈的故事，说他有一天将带着荣耀归来，在他位于图林根的王国中统治世界。[4]因此，康拉德·施密德声称自己是图林根国王，就等于声称自己是末世预言中的腓特烈。他在反对当时处于统治地位的藩侯时宣称自己拥有更伟大的功绩就是要表达这个意思，而且平民百姓也确实称呼他为腓特烈皇帝。既是复活的腓特烈，又是上帝的化身，这位异教首领在此时就已经开始扮演一个半世纪后会占据“上莱茵的革命者”所有想象的那个角色了。

要获得这个小派的接纳，一名准成员必须向施密德做一次全面的忏悔，然后接受他亲自实施的鞭打，并宣誓绝对服从于他。从此以后，该成员承认的唯一义务就是完全服从于这位救世主。施密德教导他的追随者说，他们能否获得救赎取决于他们对他的态度。如果他们在他手中没有“像丝绸一般柔顺”，如果他们表现出丝毫对独立自主的追求，他们就会被交到撒旦手中，接受身体和精神上的折磨。他是他们的神，他们必须向他祈祷，并称呼他为“我们的父”。

那些忠于施密德的人会得到回报。他们可以就人类历史将要在他们里面，并通过他们达到真正的终结这个特定认知而感到欢喜。他们将 1349 年的鞭笞派与他们自己的关系比作施洗约翰（John the Baptist）与耶稣的关系。[①] 实际上，连基督本人也不过是他们的先行者而已；因为，尽管他指出忍受鞭打是获得救赎的真正方法，但只有那些鞭打自己的人才可以宣称自己将这个方式坚持到了最后。此时的基督教教规被一种更高级的教规取代了（人们在这里可以发现熟悉的约阿基姆派模式），而且康拉德·施密德的追随者是这种教规的唯一传播者。就像基督能将水变成酒一样，他们用在血中受洗代替了在水中受洗。上帝确实将最好的葡萄酒留在了最后[②]，这酒不是 144
别的，而是鞭笞派流的血。

这些人深信，当他们鞭打自己时，天使会保护他们，而这个天使的名字令人意外地叫作维纳斯（Venus）。他们沾满鲜血的皮肤看上去全是红色的，就像去参加婚宴的礼服，他们在自我鞭笞时穿的裙子被称作纯洁长袍。先知们要是还活着，此刻一定会感到极为欢喜，并参与到这些神圣的鞭打中！至于大卫王，他实际上已经预见到了这种幸福极乐，并且因知道自己不可能活到加入该小派的那天而陷入绝望。即便如此，他和他的妻子还是会每天晚上鞭打自己，好以此种方式参与到这种比任何事都更能取悦上帝的活动中来。然而，所有这些不过是对即将到来的欢乐的浅尝——千年王国即将开启，在这个王国中，自我鞭笞者将围绕在这个既是皇帝又是神的领袖周围，他

---

① 参见《路加福音》(3：16)：“约翰说：‘我是用水给你们施洗，但有一位能力比我更大的要来，我就是给他解鞋带也不配。他要用圣灵与火给你们施洗。’”

② 参见《约翰福音》(2：10)。

们会组成一个天使的唱诗班，还会被称为王侯之子。与此同时，该小派中的许多成员已经急不可待，他们变卖了所有财产并拒绝再工作，因此很快就陷入了极端贫穷之中。

与1348—1349年那段时间一样，瘟疫在很大程度上促进了鞭笞派的宣传。瘟疫一直是每隔几年就会暴发，虽然规模较小但无疑足够令人担忧，所以每次都会引起新一轮的恐慌。[5]很可能就是1368年流行病的格外严重启发施密德宣布“末日审判”即将进行，千禧年将于次年开启。然而此时，异端裁判所已经开始注意到这个在图林根日益壮大的异端团体。它派出了一位精力格外充沛的裁判官来处理这个情况，最终许多人都被处决。有理由相信，康拉德·施密德也是于1368年在北豪森（Nordhausen）被烧死的七个持异端者之一。那里距他作为复活的腓特烈理应从中现身的基弗霍伊泽山仅十五英里。[6]

就这样，教会当局再次着手镇压了德意志王国的鞭笞派运动。1370年，维尔茨堡主教在其教区中禁止进行自我鞭笞。两年后，教皇鼓励德意志王国的异端裁判所迅速处理任何它们能够抓到的鞭笞派。[7]但该运动仍然在秘密地进行着。1391—1392年，海德堡（Heidelberg）周边的农民和工匠中出现了新的鞭笞派团体，负责处理这些人的裁判官认为最好立即前往施密德在图林根的旧总部。到那里之后，他发现瘟疫正在当地肆虐，且有犹太人遭到屠杀。他还毫不费力地在爱尔福特也找到
145 一群持异端的鞭笞派。这群人的领袖被烧死，还有些人被要求进行补赎，其他人则干脆逃跑了。[8]

对于整个基督教世界来说，1400年前后是一个充满悲伤和动乱的时期。奥斯曼帝国的土耳其人在巴尔干半岛上挺进，并于1396年将西方派去抵挡他们的十字军全部歼灭。比这种

外部威胁更令人不安的是教会大分裂导致的不团结，此时出现了两个敌对的教皇，他们都主张整个基督教世界应服从自己，并谴责对方为持异端者。这是一个充斥着深刻而普遍的迷惘的时期，这种迷惘总能被证明是对末世论兴奋的巨大刺激。1396年，多明我会会士圣文森特·费雷尔（St Vincent Ferrer）看到了一个关于即将降临的末世的异象，并坚信敌基督马上要进行统治，于是他开始带领自我鞭笞者进行穿越西班牙、法兰西王国南部和意大利的游行。1399 年，一个意大利农民受神眷顾看到一个启示异象，由此引发的鞭笞派运动横扫了整个意大利。[9]即便是在此类运动普遍仍受教会控制的南部地区，人们偶尔也会摆脱这种控制。当一支来自伦巴第城镇的人数众多的鞭笞派游行队伍突袭罗马时，教皇逮捕了队伍的首领并将其烧死；而一支由费雷尔的一个门徒领导，有数百名伦巴第工匠参加的游行队伍进入罗马向敌基督宣战这件事，也一定让教廷感到极为不安。[10]正是这种不幸的经历使杰出而审慎的沙利耶·德·吉尔森①于 1417 年在康斯坦茨公会议（Council of Constance）上，直接向费雷尔发出了停止鼓励这种对教会如此危险的倾向的呼吁。[11]

但是，持异端的鞭笞派数量最多的地方仍然是图林根及其周边地区。这些人也坚信自己生活在末世，而且他们会用传统的流行末世论来解释本派创始人康拉德·施密德的生与死。《启示录》讲述了两位进行反对敌基督布道的“见证人”，在

① 沙利耶·德·吉尔森（Charlier de Gerson，1363 年—1429 年），中世纪法国基督教神学家，曾任巴黎大学校长，后任教会长老。强调公会议的权威高于教皇。认为教会是基督的神秘身体，坚持在祈祷中灵魂和上帝之间相同一的神秘学说。

被他杀死后，又被奇迹般复活的故事。① 流行的末世论认为这两个见证人是在《旧约》中未见死就进入天堂的以利亚和以诺（Enoch）。② 鞭笞派此时正是将施密德和随他一起丧命的他最亲密的同伴，视为在末世以见证人身份转世的以利亚和以诺，而敌基督当然就是罗马教廷。但该小派的信徒也确信施密
146 德还会再返回，届时他要推翻敌基督并主持最后的审判。正是由于已经有了以利亚和以诺返回的例子在前，所以鞭笞派每时每刻都在期待第二次降临的发生，而且他们无疑是希望施密德会同时以末世皇帝和人子的身份出现。[12] 15 世纪初，一位图林根的编年史作家注意到关于沉睡的腓特烈的“秘密异端邪说”在当地多么盛行——天真之人如何坚决地确信皇帝确实会不时现身于百姓中间，以及他们如何信心满满地等待着他作为末世皇帝返回；而且，秘密的鞭笞派运动偏偏可以在基弗霍伊泽山周边的城镇中持续存在绝对是有原因的。[13] 另外，这些隐秘的鞭笞派对于自己与前人之间联系的意识仍然很强烈。他们保留着 1349 年运动的仪式，并仍然依靠天堂来信作为自己行为的依据。他们还保留了最纯正的施密德教义，并尽职地将其从上一辈传到下一辈，以至于其内容在经过一个世纪之后几乎没有任何改变。这些人实际上形成了一个组织严密的群体，这个群体中的新生婴儿受洗的方式就是被殴

---

① 参见《启示录》（11：7－12）“他们作完见证的时候，那从无底坑里上来的兽必与他们交战，并且得胜，把他们杀了。……过了这三天半，有生气从神那里进入他们里面，他们就站起来……他们就驾着云上了天，他们的仇敌也看见了。”

② 参见《列王纪下》（2：11）：“他们正走着说话，忽有火车火马将二人隔开，以利亚就乘旋风升天去了。”《希伯来书》（11：5）：“以诺因着信，被接去，不至于见死，人也找不着他，因为神已经把他接去了。”

打至流血。

传统上，针对持异端者的起诉是由教会负责进行的，而需要世俗当局介入的仅限于执行罪犯被判处的刑罚。就目前可以收集到的信息来看，此处情况的特殊性显得尤为意义重大，因为，追究图林根鞭笞派的活动始终是由本地的地方诸侯主动发起的。在起诉这些确实是持异端者，但更是社会革命者的人时，异端裁判所发挥的作用充其量只能算是次要的。1414—1416 年在松德斯豪森（Sangerhausen）发现大规模鞭笞派群体时的情况就是这样。在由裁判官和世俗法官联合进行了集中审判之后，群体的领袖及其两个门徒被作为不知悔改的持异端者烧死，其余的人则在宣布放弃信仰后获得释放。但裁判官一离开该地区，邻近地区的诸侯就把他们能找到的鞭笞派全都抓了回来。在 1414 年有八十或九十名鞭笞派被烧死；在 1416 年，有三百名鞭笞派在同一天被烧死，这无疑是对这场运动给“显赫之人”带来的恐惧的惊人体现。[14]然而，这也没能让该运动彻底终结。经过一代人之后，又有十二名鞭笞派成员于 1446 年在北豪森被发现，施密德本人当初可能就是在这里被烧死的。这次的情况与前面说到的一样，就连那些宣布放弃信仰的人也被烧死了。只有世俗当局才能在未经教会批准的情况下采取这样的行动。已知被烧死的人中有一个织布工，这大概不是一个无关紧要的信息。[15]1454 年，又有数十名鞭笞派成员 147
在松德斯豪森被烧死，其中有男人也有女人。[16]最晚到 15 世纪 80 年代，（目前已知的）最后一批隐秘鞭笞派受到审判并被烧死，对他们的处决依然是由本地诸侯煽动的。[17]

尽管自此以后再没有什么关于这个小派的消息了，但有意思的是，这场运动最盛行的地方，正好也是后来见证托马斯·

闵采尔（Thomas Müntzer）丰功伟绩的地方。1488 年或 1489 年时，这位农民战争的先知就出生在距离北豪森仅几英里的一个村庄中，而将他的农民军队彻底击败的大屠杀同样发生在这里。

第八章　不遵守道德准则的超人精英集团（一）

自由灵的异端邪说

卡特里派也被称为阿尔比派（Albigensian）或新摩尼教派 148
（Neo-Manichean），关于它的文献很多，但关于另一个被称为自由灵或属灵自由（Free Spirit or of Spiritual Liberty）[1]的异端教派的则少之又少。这完全不会令人惊讶，因为卡特里派成员“完人”（*perfecti*）曾主宰法兰西王国南部大部分地区的宗教生活长达半个世纪甚至更久，直到他们的势力被一次改变法兰西王国历史的十字军运动打破为止；而自由灵中的“内行”（adept）的故事就远没有这么充满戏剧性了。尽管如此，自由灵异端邪说在欧洲西部的社会历史（区别于纯粹的政治历史）中扮演的角色却比卡特里派的重要。它传播的区域按中世纪标准来说算很广阔了。14 世纪时，一个在摩拉维亚（Moravia）的人希望加入这个小派，结果他被领着横穿欧洲，直到科隆才被介绍给一个当地的群体；而一些女性内行则会从科隆长途跋涉四百英里，去寻找一个位于偏远的西里西亚（Silesia）的群体。一个世纪后，一批来自皮卡第的内行还能对波希米亚的塔波尔派革命施加不小的影响；而且这个运动具有一种非凡的生存能力，尽管一直在遭受迫害，但它作为一种可被辨识的传统信仰存在了大约五个世纪之久。[2]

因此，自由灵异端邪说在任何关于革命末世论的研究中都应占有一席之地，尽管拥护该邪说的人并不是社会革命家，也没能在由城市贫民组成的动荡群体中找到追随者，但关于其重要性的结论仍然成立。这种异端邪说实际上是一种关于个人救赎的诺斯替派（gnostics）意向，但其得出的“诺斯”（gnosis，意为“真知”）是一种半神秘的无政府主义——鲁莽和无条件地肯定自由，甚至到了完全否认任何束缚和限制的程度。① 这些人可被视为巴枯宁（Bakunin）和尼采（Nietzsche）在很久以前的先驱，或者更应该被视为在过去半个世纪里②的波希米亚知识分子的先驱，因为这些知识分子也一直遵循巴枯宁和尼
149 采在他们比较不羁的时期表达的那些理念。但是，如果出现了潜在的革命形势，那么这种极端的个人主义者就很容易成为能发挥实效的社会革命者。无论尼采所宣称的超人以怎样通俗的形式出现，他都无疑依然占据了许多进行民族社会主义革命的“武装波希米亚人”的想象：今天的许多世界革命支持者更多是受了巴枯宁而不是马克思的影响。在中世纪后期，正是自由灵内行继续将仅存的彻底革命的社会学说保留为其关于完全解放的信条的一部分。也是他们之中的理论家启发了中世纪欧洲见证过的，关于彻底社会革命的最雄心勃勃的尝试。

① 诺斯替派也称灵知派，“诺斯”一词在希腊语中意为“真知”或“灵知”，该教因强调只有凭借诺斯才能得救而得名，认为物质世界不是至高神所创，有一个真实存在的精神世界与物质世界相平行。在基督教中，诺斯替派最初作为思想学派出现，至2世纪晚期成为独立教派。

② 指1920—1970年。

长期以来，自由灵的异端邪说一直被认为是中世纪历史上最神秘、最令人费解的东西之一，历史学家关于其本质的争论也很多。经常有人提出，这场运动只存在于教会的神学论争中，而这种论争唯一的关切就是诋毁和破坏所有对正统教义持有异议的事业。[3]但这些疑问之所以出现，只是因为还没有人尝试使用所有已知的资料。异端裁判所审问的报告、教皇和主教做出的警告和谴责、神学家的辩论性论文，以及幻灭的追随者做出的揭露等带有敌意的资料并不（像人们一直认定的那样）是仅有的全部资料。感到惊恐的神职人员不止一次注意到，自由灵内行创作了属于他们的丰富理论文献。尽管这些作品总会遭异端裁判所扣押和销毁，但仍有三份留存下来可供研究，且其中两份已经被使用多年。一是名为《凯瑟琳修女文集》（*Schwester Katrei*）的小册子，该作品创作于 14 世纪，是用中古高地德语的阿勒曼尼方言（Alemannic dialect）写成的，并且由于被非常错误地归为伟大的多明我会神秘主义者埃克哈特大师①的作品而受到保护。[4]二是一份拉丁语“宗教信条”清单，该清单于 15 世纪在莱茵河附近一个隐士小屋中被发现，但它的实际年代肯定比这要早得多。[5]三是一份篇幅很长的深奥文献，题目叫《简单灵魂的镜子》（*Le Mirouer des simples ames*）。起初它被认为是由一位名不见经传的持正统信仰的神秘主义者创作，如今罗曼娜·瓜尔涅里教授已经确定它其实出

① 埃克哈特（Eckhart，约 1260 年—1327 年），中世纪德国神秘主义哲学家、神学家，出生于图林根。1275 年入多明我会，1326 年被指控为异端，1329 年其主张受到教皇约翰二十二世的谴责。他深受大阿尔伯特、托马斯·阿奎那和新柏拉图主义影响，认为存在即神性，其学说对基督教神秘主义和宗教改革产生了深刻影响。主要著作有《讲道集》《神的安慰》《超脱》《崇高的人》等。

自著名的自由灵内行——玛格丽特·波雷特笔下。玛格丽特在1310年被当作持异端者烧死，她的书则被证明是关于自由灵及其所受迫害历史的关键文献。[6]

很可能还有其他此类文献有待人们发现。与此同时，既有
150 资料足以表明，天主教就自由灵异端邪说进行的描述大体上是准确的。[7]其他日期晚一些的证据也可以为此提供补充。在英国内战期间和之后，一些被自己的敌人称为浮嚣派的特定小派信徒受到人们的谴责，谴责内容不过是重复早些时候的人们针对自由灵内行提出的那些。与其他中世纪的持异端者一样，浮嚣派的著作也要被焚烧，但仍有一些抄本幸存至今，可被用来与人们谴责他们的理由进行比对。直到这些抄本中的部分内容被翻印到本书第一版中之前，这些材料一直为研究自由灵的历史学家所忽略，但它其实具有高度的相关性。本书附录中给出的例子涵盖了自由灵异端宗教从最精神到最粗俗的所有形式，这些内容最终决定性地证明，在17世纪确实存在着这样一场运动，它与被不太完整的中世纪资料概括描述出的那场运动十分相似。

从历史角度来说，自由灵异端邪说可以被看作神秘主义的一种不循常轨的形式。从11世纪开始，神秘主义就在西方基督教世界里盛行。[8]正统的和异端的神秘主义都起源于对直接理解上帝和与上帝沟通的渴望；两者都强调直觉的，特别是极乐的体验的价值，也都极大地受到对新柏拉图主义哲学的再发现的促进，还都从中吸收了大部分概念性工具。然而，二者之间的相似之处仅限于此。天主教神秘主义者是在被巨大的、制度化的教会认可和延续的信仰中体验这种经历的。他们也经常批判教会，但他们批判教会的目的是改造教会。自由灵内行则非

常主观，他们除了尊重自己的体验外，不承认任何权威。在他们眼中，对教会最宽容的定位是称之为获得救赎的障碍，最严厉的则说它是专横的敌人——无论在哪种情况中，此时的教会都是一个陈旧的、应当被由自由灵群体取而代之的机构，因为后者视自己为圣灵的器皿。[9]

自由灵异端邪说的核心就在于其内行看待自己的态度：内行相信自己已经达到绝对的完美，所以不会犯下任何罪。尽管这种信念带来的实际后果因人而异，但可能的后果之一必然是反律法主义（antinomianism）①，即对道德规范的否定。“完美之人”总能得出这样的定论，即他本人可以，甚至有义务去做任何被普遍认为不可做的事情。在特别重视贞洁，将婚外性行为视为尤其严重罪行的基督教文明中，这样的反律法主义 151
通常会出于其原则而采取许可乱交的形式。当然，宗教团体之间常常将乱交作为批判对方的理由，在中世纪的情况也与在早期教会中的一样，这种指责是进行争论时常用的陈词滥调。但是，当被用来针对自由灵内行时，这些指责就带上了不同的语气和感觉。这里描述的是一个完全令人信服的色情狂形象，这种色情性绝不产生于对感官享受的不负责任的追求，而是首先具备了一种能够成为精神解放标志的象征价值——这种价值碰巧也是“自由性爱”在我们这个时代中通常具有的。

---

① 泛指那些认为基督徒不必宣扬和遵守旧约时代的道德条文的主张。该主张一般基于三条理由：一是认为基督已经释放他的门徒获得完全自由，因此不必再受旧约律法的约束；二是认为律法从创造物质世界的恶神而来，并非来自天父；三是认为犯罪是人的生存状态使然，既然犯罪不可避免，就无须通过遵行律法来刻意抵制。

在西方基督教世界范围内，无法确切认定自由灵异端邪说在 13 世纪初之前是否存在。[10]不过，在这个时间点之前，类似的异端宗教在东方的基督教世界和西班牙的伊斯兰教地区都已经很活跃。亚美尼亚教会（Armenian Church）几乎从成立之初就不得不应对一个被称为优奇派（希腊语：Euchites）或梅塞林派（叙利亚语：Messalians）① 的神秘教派，这个小派最早于公元 4 世纪在埃德萨（Edessa）周边地区发展起来。优奇派是流浪的"圣洁之人"，靠乞讨为生；他们追求的也是一种通常等同于自我神化的自我提升，以及一种通常被表现为混乱性行为的反律法主义。[11]

12 世纪末期，以塞维利亚（Seville）为代表的一些西班牙城市见证了一些神秘的穆斯林弟兄会的活动。这些被称为"苏非"（Sufis）② 的人都是"圣洁的乞丐"，他们身穿打了各色补丁的长袍，成群结队地穿行在街巷中和广场上。他们中的见习者要接受丧失尊严和自我否认的训练，包括：必须穿破旧的衣服，只能低头看着地面，只能吃令人恶心的食物，还必须盲目地服从群体中的师傅。然而一旦熬过见习期，这些苏非就进入了完全自由的境界。他们不学习书本上的知识

---

① 这个教派的希腊语和叙利亚语名称含义都是"祈祷者"。该派主张摒弃礼仪，四处流浪，露宿街头；认为因为亚当犯罪的结果，每个人（包括基督）内心中都存在魔鬼，魔鬼在本质上与人的灵魂合一，洗礼不能驱除魔鬼，只有无止境的祈祷才可以获得自由。

② 伊斯兰教神秘主义派别。"苏非"一词系阿拉伯语音译，其词源有多种说法，学者一般认为"Sufis"一词源自"sūf"（羊毛），因其成员身着粗羊毛织衣而得名。起源于 7 世纪末 8 世纪初，早期奉行苦行禁欲主义，8 世纪后期起逐渐发展为神秘主义；提出以对安拉的爱为核心的神智论、泛神论和人主合一论等；12 世纪后在各地形成了常设性教团组织，由德高望重的大苏非担任长老，各地之间互不隶属。

和神学的精妙理论，而是靠对真主的直接认识来感受喜悦——实际上，他们觉得自己被与神圣本质紧密地结合在一起。这反过来又使他们摆脱了所有束缚。每一个突如其来的念头都是神圣的天命。如今他们可以用世俗财物包围自己，可以过奢侈的生活，还可以在不受任何良心谴责的情况下撒谎、偷窃或行淫。因为他们内在的灵魂完全被真主吸收了，所以外在的行为无关紧要。[12]

苏非主义从9世纪开始发展壮大，它本身很可能与某些在东方的基督教神秘主义小派有很大关系，似乎也反过来促进了自由灵神秘主义在基督教欧洲的发展。毫无疑问，12世纪西 152
班牙的苏非主义者具有的每一个特征都成了一两个世纪后的自由灵内行的典型特征，甚至包括穿打了各色补丁的长袍这样的细节。

无论如何可以肯定的是，在1200年前后，自由灵异端宗教开始作为一种可辨识的邪说出现在西方基督教世界中。

阿莫里派

13世纪初，自由灵的学说被详细阐述为一种无所不包的神学和哲学体系。[1]这是一群很有意思的人的工作成果，他们之中包括一些在西方基督教世界最好的正统神学院——巴黎大学接受教育的人。德意志编年史作家、海斯特巴赫隐修院（abbey of Heisterbach）修道长对此做出了最详尽的叙述。[2]他写道："在巴黎这个所有知识的源泉和神圣著作的汇集之处，魔鬼凭借其说服力将反常的理解灌输给一些学识渊博的人。"这个群体里共有十四人，都是来自巴黎及其周边，或是像普瓦捷、特鲁瓦（Troyes）和奥尔良附近的洛里斯（Lorris）之类城镇的神职人员，包括堂区司祭、特遣牧师、助祭和襄礼员[1]。这位编年史作家痛惜地说："他们本是有丰富知识和良好理解力的人。"这种描述基本上合情合理：十四人中的九人曾在巴黎学习过神学，还有两位据说已年逾花甲。他们之中的领袖名叫威廉（William），也是一位神职人员，并且接受过神学方面的教育，却被称为"金匠"（*Aurifex*）。他获得这个绰号的原因是人们把他视为一位金匠，但这可能意味着他其实是一位哲学炼金术士：这种炼金术士的志向是唤醒灵魂中休眠的魔法力量，而这种力量的象征通常就是黄金。

一方面是由于威廉的不谨慎，另一方面是由于巴黎主教组织的间谍活动，这些持异端者最终被发现并一网打尽。他们在由桑斯（Sens）大主教主持的会议上接受了审问，有三人宣布放弃信仰，从而被判处终身监禁；其余人仍公开宣称忠于自己的异端信仰，于是都被判处火刑——即便是在临死那一刻，这些人也没有表露出丁点儿悔改的迹象。编年史作家的评论仍然可以让人想象出当时的气氛："他们被带去执行刑罚时，狂风暴雨骤然来袭，没有人怀疑此刻兴风作浪的正是诱惑这些即将走向死亡的人犯下重大错误的东西。当天晚上，曾经是这群人
153 领袖的人敲响了一位女隐居者的家门。此刻承认错误为时已晚，他宣布自己现在已经是地狱中的重要客人，注定要遭受永恒之火的折磨。"

这些小派信徒尊崇的哲学大师是贝内的阿莫里（Amaury

---

① 罗马天主教会和东正教会中的低级神职人员。专司点燃祭台蜡烛，弥撒中读福音和书信时执烛，弥撒前为神父准备弥撒用葡萄酒和洗手水等。可由儿童担任，故又称"辅祭童"。

of Bène），此人是巴黎大学一位出色的逻辑学和神学讲师，曾经拥有很高的声望，还得到过王室宫廷的资助，包括王太子在内的许多显赫人物都是他的朋友，并对他的观点印象深刻。但最终，他因教授错误教义而受到谴责，不仅被教皇判定有罪，还被迫公开宣布放弃自己的信仰。这样的经历摧毁了阿莫里的精神，他一病不起，没多久就去世了（1206 年或 1207 年）。[3]大约两三年后，当这个小派被发现时，神职人员立即宣布阿莫里与此脱不了干系，并给这些持异端者定名为“阿尔莫里派”（Almaricans）或“阿莫里派”（Amaurians）。[4]在他们被处决前，已经有一份题为《反对阿莫里派》（*Contra Amaurianos*）的小册子流传开来。[5]又过了几年，当枢机主教兼教廷特使库尔松的罗伯特（Robert of Courçon）于 1215 年受命为巴黎大学制定章程时，他小心翼翼地禁止了所有对“异教徒阿莫里的学说概要”的研究。[6]在同一年举行的拉特兰公会议（Lateran Council）上，教皇英诺森三世在一份教皇诏书中表述了自己的看法：“我们不认同并谴责不敬虔的阿莫里的背理信条，他的思维被说谎之人的父①夺去了判断力，因此他的教义与其被当成异端邪说，倒不如被看作疯言疯语。”[7]在那些小派信徒被烧死的同时，阿莫里的骸骨也被挖出来，重新埋到了未被祝圣的土地上。

关于阿莫里本人的学说，可以确定的只有它是一种神秘的泛神论，借鉴了很多新柏拉图传统的内容，尤其深受西欧人做出的对新柏拉图主义的最杰出阐释——约翰内斯·司各特·埃

---

① 指魔鬼，出自《约翰福音》（8：44）：“你们是出于你们的父魔鬼……他说谎是出于自己，因他本来是说谎的，也是说谎之人的父。”凡不义之人，及有说谎、杀人之恶行者，皆被喻为魔鬼之子。

里金纳①著《论自然的区分》（*De divisione Naturae*）的影响。该作品至此时已经存在了三个半世纪之久，此前从未被谴责为异端邪说，如今却因为阿莫里对它的使用而在 1225 年受到桑斯公会议的谴责。同样遭到怀疑的还有关于亚里士多德（Aristotle）作品的阿拉伯语概述和集注，这些内容的拉丁语译本都是此时才刚开始在巴黎出现的。谴责阿莫里派的宗教会议也谴责了这些作品，库尔松的罗伯特还在 1215 年的大学章程中加入了避免有人研究这些内容的预防措施。亚里士多德这位知识巨人为正统中世纪哲学提供了框架，然而他在欧洲的首次亮相却因涉嫌启发了贝内的阿莫里而遭到封禁，这实在是一个非常有意思的现象。但是，在这些形而上学的推测中，几乎没有什么可以解释这个在 1209 年被发现的爆炸性学说是如何产
154 生的。阿莫里对阿莫里派教义实际上究竟有多大影响，恐怕会一直让人充满怀疑。[8]

阿莫里是一位专业的哲学家；阿莫里派成员虽然也在大学里接受教育，但让他们感兴趣的却是截然不同的事。他们是先知，他们不关心抽象理念，而是关心如何挑动普通教徒混乱而动荡的情绪。他们还和其他先知一样硬说自己是圣洁之人，有奇迹般的能力。他们的一个敌人评论说："从表面上看他们的样子和听他们讲的话，他们似乎是虔诚的"[9]；也正是出于这个原因，他们的教导被热切地接受了。除此之外，他们也像大多数"使徒般的"布道者一样，在大规模商业中心城镇活动。

① 约翰内斯·司各特·埃里金纳（Johannes Scotus Erigena，约 810 年—约 877 年），中世纪早期著名经院哲学家和翻译家，曾将许多希腊教父的著作译成拉丁语，并加以评注。神学上受新柏拉图主义影响，具有神秘主义色彩，因其泛神论倾向而被教会斥为异端。

他们的主要据点似乎是香槟地区（Champagne）的特鲁瓦，这里当时是从佛兰德伯国前往里昂途中最重要的城镇。在特鲁瓦，一位似乎是阿莫里派追随者的骑士于1220年被逮捕并被烧死；在里昂，关于这种异端邪说的余音一直延续到1225年。[10]渗透到该小派中的间谍发现自己要和一些传教士一起在整个香槟地区四处游荡。这里像佛兰德伯国一样，也是由一系列强大的统治者统治的地区，他们通过维持和平使人口得以增长，也让贸易和工业得以发展。这里有兴旺的纺织业；从地中海到德意志王国、从佛兰德伯国到欧洲中部和东部的贸易路线也交汇于此；到13世纪，香槟地区的大型集市已经成了主要的贸易中心。在这个人口众多的城市化地区，传教士们一次又一次地举行秘密集会，他们会在集会时入迷并看到异象。他们会宣讲《圣经》中的经文，并就其给出一种异端解读。据我们所知，他们就是这样引诱了众多天真的人。[11]该小派甚至创作了自己的文献，以方便平信徒使用。巴黎的宗教会议谴责了一些纯粹大众化的神学著作和深奥难懂的亚里士多德著作，所有这些作品都是用本国语言写就的。

阿莫里派保留了他们的创始大师的泛神论观点，但又赋予其一种强烈的情感内容。宗教会议发现他们有时会谈论泛神论观点，声称“万物归一，上帝存在于一切事物之中”。[12]然而，更引人注目的是其三位领导者之一从该普遍命题中得出的结论：“他敢于断言，就他本人而言，他既不会被火焰吞噬，也不会感受到酷刑的折磨，因为他说只要他存在，他就是上帝。”[13]人们可以从中发现新柏拉图主义的影子，但当一个人在受到事关生死的审判时，这样的力量肯定不只来源于泛神论的推测。实际上，它的根源也确实来自其他地方，那就是自由灵的神秘主义。当

155 阿莫里派宣称“他们每个人都是基督和圣灵”[14]时，他们要表达的也是坦彻尔姆要表达的一切。他们深信，被基督教神学奉为独特奇迹的道成肉身（the Incarnation）① 此时正在他们每个人身上重现。

他们真的相信，在基督身上实现的道成肉身如今已被超越。尽管在那个时候，这些法兰西先知根本不可能对菲奥雷的约阿基姆的教义有什么了解，因为这些内容还隐藏在后者的手稿中尚未被人发现，但这些法兰西先知对历史的解释与这位卡拉布里亚隐修院院长的解释具有惊人的相似性，不过他们由此得出的结论却迥然不同。像约阿基姆一样，阿莫里派也将历史划分为三个时代，分别对应三位一体中的三个位格，但与前者不同的是，阿莫里派认为每个时代中都有恰当的道成肉身。从世界的开始直到基督诞生，是圣父独自行为的时代。他曾以亚伯拉罕的身份化为人，可能也以《旧约》中的其他族长的身份化为人。自耶稣基督诞生以来的时代是圣子的时代。而此时，圣灵的时代正在开启，它将持续到世界的末日。这个时代将以最后的，也是最伟大的道成肉身为标志。此时轮到圣灵来化身为人，阿莫里派就是圣灵化身的第一批人，他们称自己为第一批“属灵之人”。[15]

阿莫里派并不期望自己一直是地上唯一的在世之神，而是认定他们会带领全人类走向完美。圣灵通过他们与世界沟通，但它说的话会让道成肉身变得更常见，过不了多久就会变成普遍现象。[16]在“属灵之人”的指导下，世界正在进入它最高级的

---

① 基督教的中心教义，即上帝的儿子、三位一体真神中的第二位降世成为肉身，是为耶稣基督。

时代，在该时代中，每个人都是，而且知道自己是神圣的。他们预言："五年之内，所有人都将成为属灵之人，到那时，所有人都可以像基督说'我是神的儿子''还没有亚伯拉罕就有了我'那样说'我是圣灵''还没有亚伯拉罕就有了我'。"[17]然而，这并不意味着在阿莫里派的末世论中，千年王国不再是只留给圣徒精英团体的。这些默默无闻的知识分子的思想也沉浸于此时在大众中流行的传统弥赛亚幻想中。金匠威廉就曾预言，在阿莫里派预言的这五年过渡期中，世界将经历一系列灾难，即人们熟悉的"弥赛亚灾难"。在这些灾难中，大多数人将灭亡，有些死于战争和饥荒，有些被地上出现的深渊吞噬，还有些被从天而降的大火烧为灰烬。这很清楚地表明，只有一群"得救的余民"能够幸存下来体验神性的喜悦。此外，阿莫里 156
派和德意志王国的约阿基姆派一样，并没有用圣灵时代的幻想完全取代以末世皇帝为中心的幻想。五年的苦难将以推翻敌基督和他的大军为终结，这里的敌基督同样还是教皇和罗马教廷。那之后，所有王国起初都将由此时在位的法兰西国王腓力二世统治，随后将由阿莫里的朋友和资助者——法兰西王太子统治，后者会长生不死，并会在圣灵时代中永远统治。（人们可能会假设）"要献给法兰西国王十二个饼"① 的说法意味着路易八世将成为第二个基督，他会像坦彻尔姆和"匈牙利大师"一样主持一个效仿十二门徒的十二人枢密院或神圣顾问团。[18]

人们认为阿莫里派是神秘的反律法主义者，这可能没有

---

① 即陈设饼，出自《利未记》（24：5）：（耶和华晓谕摩西说）"你要取细面，烤成十二个饼……"陈设饼预表基督。

错。巴黎附近的圣维克多隐修院是当时整个西方基督教世界中，在神秘主义理论和实践上最具领先地位的隐修院之一，这里的院长就认为，有必要提醒本院隐修士抵制不循常规的神秘主义可能带来的危险后果，这样才能“不使这座城市，这个知识的源泉，被这场瘟疫污染”。他高呼：“那些亵渎上帝的新奇事物，是由某些特定的人提出的，他们是伊壁鸠鲁①的门徒，而不是基督的。他们用最危险的谎言，在暗中努力说服人们相信有罪之人不应受到惩罚，他们说罪不算什么，所以任何人都不应因犯罪而被上帝惩罚。而且，就算从表面上看他们的样子和听他们讲的话，他们似乎是虔诚的，那么在内心中，在他们的思想和秘密计划中，这种虔诚也变得毫无价值了。不过，最严重的疯癫和最无礼的谎言其实是，这样的人竟然毫不脸红、毫无畏惧地说自己就是上帝。天啊，多么愚蠢透顶，多么令人憎恶，多么自以为是，一个通奸者、一个男宠、一个声名狼藉的人、一个充满罪恶的皮囊，竟然说自己是上帝！”[19]而且，如经常出现的情况一样，这种自以为是的最主要表现方式也是彻底的乱交：“他们实施强奸、通奸和其他满足肉欲的行为，并向作为他们犯罪对象的妇女和受他们哄骗的天真之人承诺，说他们犯的罪不会受到惩罚。”[20]在接下来的几个世纪中，这样的反对之声会一再响起，而且这种反对并不是没有充分理由的。

---

① 伊壁鸠鲁（Epicurus，前341年—前270年），古希腊哲学家、无神论者，伊壁鸠鲁派创始人。他成功地发展了阿瑞斯提普斯（Aristippus）的享乐主义，并将之与德谟克利特（Democritus）的原子论结合起来，否定了上帝、善恶报应和灵性的世界。在中世纪，伊壁鸠鲁成了不信神、不信天命、不信灵魂不死的同义语。

自由灵的社会学

要理解中世纪后期所有大规模异端运动，就必须把它们放在狂热追求自愿贫穷的背景中。从 12 世纪开始，欧洲西部出 157
现了前所未有的巨大财富，因此受益的人大多沉迷于奢华和炫耀的新机会。但总有一些人会从这些新享受中看到撒旦的诸多诱惑，他们觉得自己有责任放弃所有财产、权力和特别待遇，加入饱受贫穷之苦的大众中。鉴于贫富之间的对比在城镇中比在庄园中明显得多，因此城镇中的自愿贫穷更具有特殊意义。

渴望放弃一切的心理并不局限于某一个阶层，最能从新环境中获取物质利益的商人阶层有时也会产生这种感觉。两个最著名的自愿贫穷者——圣方济各和异端小派瓦勒度派创立者彼得·瓦勒度（Peter Waldo）就都出身于商人阶层。在俗教士中的下层群体往往出身社会底层，他们也会感到烦躁不安。许多司祭为抗议高级教士的铺张排场和沉迷物欲而离开自己的堂区，改为去追求彻底贫穷的生活。许多领受小品的神职人员，而且往往是知识最渊博的那些，也会产生类似冲动。至于农民和工匠，就如有些人选择参加十字军运动或鞭笞派游行一样，自然也有人可以选择把本就不可避免的正常程度的贫穷，变为一种更加极端的赤贫，但因为这种行为是自愿的，所以这样做的人就可以认为自己是值得称赞的。同时期很多对自愿贫穷者的描述都提到了织布工。在 12 世纪，这种织布工通常原本是苦行者，他们是在追求贫穷的过程中才加入这个唯一已经发展到可以雇用临时劳动力的行业中的；但从 13 世纪开始，自愿贫穷的织布工中也开始包括一些纯粹是工匠的人。[1]

选择自愿贫穷的人还形成了一个流动的、躁动不安的知识阶层，其中的成员总是沿着城镇之间的贸易路线云游，大多情况下是秘密地在充满迷惘和焦虑的城市社会中寻找受众和追随者。他们把自己看作使徒的，实际上也是基督的唯一真正效仿者，还称自己的生活方式是“使徒式的”；直到12世纪中期，他们偶尔会被认定为持异端者的原因都是这个，而不是他们秉持了任何怪异的神学学说。但从12世纪下半叶开始，大量有男有女、四处云游的“圣洁的乞丐”已经准备好消化和吸收
158 当时存在的任何异端教义。许多人成了卡特里派、瓦勒度派或约阿基姆派，也有一些成了自由灵内行及其宣传者。大约在1230年，在坦彻尔姆的老地盘安特卫普，一个名叫威廉·科内利斯（Willem Cornelis）的人成功地证明，将作为该异端邪说最突出特征的反律法主义，与无论是自愿的还是不那么自愿的对贫穷的狂热追求结合起来是件多么容易的事。这个为了遵循“使徒式”生活而辞去有俸圣职的人宣称，没有践行彻底贫穷的隐修士一定会被罚入地狱受折磨，而切实地保持贫穷能够免去所有罪过；由此得出的结论之一是，穷人行淫无罪——据说科内利斯本人就“完全屈服于欲望”。[2]二十多年后，教会当局仍在努力根除安特卫普民众具有的这种想法。那时的人们已经认定：富人都被贪婪腐化了，他们不可避免地要下地狱；就算是拥有一件换洗衣服，也会阻碍人们获得救赎；邀请一个有钱人吃饭更是犯了弥天大罪；而从富人手中抢夺财物分给穷人却是义举，穷人必然获得上帝的赦免，且他们如何放纵肉欲都不会削弱这种恩宠。[3]

13世纪初期，方济各会和多明我会这两个大托钵修会成立，并在教会的鼓励下开始做那些“使徒般的”持异端者为

反对教会而做的事。一群精英加入了这些修会，成为云游布道者，他们实践了保持贫穷和各种自我克制的行为方式，从而赢得了城市群众的热爱。同时，有大量城镇居民加入方济各会和多明我会的第三会（又译在俗会），这些人虽然作为平信徒生活在社会中，但他们遵循的苦行主义与真正的托钵修士遵循的不相上下。通过批准建立托钵修会，教会在一段时间内控制和利用了威胁其安全的那种情感能量；但到13世纪中期，这种疏导方法变得不再那么有效。修会失去了大部分原始热情，它们的苦行主义不再那么严格，它们的声望也随之下降，于是教会发现自己不得不再次与自愿贫穷的自治群体正面对抗。在欧洲南部，各种超苦行主义团体从方济各会中分离出来，并开始反对教会。意大利北部和法兰西王国南部曾经是卡特里派活跃的地方，如今这里成了方济各会神修派和“小兄弟”（*Fraticelli*）① 的根据地；与此同时，欧洲北部也见证了自由灵的卷土重来。[4]

在被抑制了半个世纪之后，自由灵异端邪说于13世纪末 159
开始迅速传播开来。从那时起直到中世纪末期，一些通常被称为“贝格哈德”（Beghards）的人将它传播到了各地，这些人组成的群体相当于托钵修会的非官方世俗版本。他们也都靠行乞为生，英文中的“乞求”（beg）和“乞丐”（beggar）实际上可能就是从对这些人的称呼派生而来的。[5]贝格哈德经常到各个城镇中，成群结队地在街上穿行，同时高喊着标志性的乞讨

① 方济各会创始人方济各称所建立修会的修士为“小兄弟”，因此方济各会也叫小兄弟会。从历史上看，“小兄弟会”可以指凡属于方济各会第一会的所有修会；或专指方济各创办的小兄弟会，即方济各会的母会；或作为方济各会神修派的别称。

口号："以上帝的名义乞讨面包！"他们穿的衣服很像托钵修士的，但通过某些细节上的特殊设计来与后者做了区分。有些长袍是红色的，有些从腰部以下是开衩的。为了强调他们的贫穷，长袍的兜帽很小，上面还打满补丁。[6]我们知道的贝格哈德是一个没有明确定义，且总是到处游荡的弟兄会组织，他们像云游布道者一样在各地游走。只要受到一点儿惊扰，他们就会分散成小群体迅速离开，像几只不安的麻雀一样从一座山转移到另一座山。这些自称"圣洁乞丐"的人非常看不起温和宽容的隐修士和托钵修士，还喜欢打断教会的礼拜仪式，对教会的纪律也很不耐烦。他们经常布道，这种布道是未经教会授权的，却在群众中取得了巨大成功。他们不遵循共同的特定异端教义，但到 14 世纪初，教会当局意识到这些人当中有不少自由灵的传教士。[7]

表面上看，秉持异端邪说的贝格哈德（14 世纪后他们被称为自由灵弟兄会）似乎和早期的一代又一代"使徒般的"持异端者一样遵守苦行主义。有些贝格哈德作为隐士定居在城镇附近，靠他们的仰慕者送来的奉献过活。至少在一个例子中，科隆的一群持异端邪说的贝格哈德就一起居住在一个"自愿贫穷之屋"，靠他们在街头收集的施舍度日。更常见的情况是，贝格哈德过着四处游荡、身无分文、居无定所的生活。他们中有些人根本没有固定住处，身上没有任何财物，拒绝进入任何房屋，并坚持留在街上吃乞讨来的食物。[8]与其他"自愿贫穷者"一样，贝格哈德中也包括拥有不同社会经历的人。我们可能会听说某些自由灵弟兄会成员是工匠出身，也可能听说其他一些人来自富裕兴旺、历史悠久的家族，还可能听说有些人像在所有弥赛亚运动中都出现过的一样，来自知识分子中较低级的阶层，比如曾经的隐修士、司祭和领受小品的神职人员。[9]然而，所有人似乎都是能读会写，有表达能力的：我 160
们会一次又一次地发现，必须与这些人做斗争的神职人员总在为他们的教导的精妙和雄辩，以及他们处理深奥神学概念的高超技巧而感到惊愕和沮丧。

像任何其他先知一样，自由灵内行也把自己具有的支配力量归功于自己遵循苦行主义的声望（这被认为是获得施神迹能力的保证），另外一部分原因则是其口才和举止。但自由灵内行想要的追随者不同于其他先知想要的。他要吸引的不是流离失所、迷失方向的穷人，而是那些出于其他不那么强烈的原因而感到迷惘和沮丧的人。这指的是女性，尤其是城市社会上层中的未婚女子和寡妇。一方面是因为长期战乱，另一方面是因为男性人口中的大部分由于成了正规神职人员和在俗教士而自愿不婚，因此女性的数目总是远远超过可以娶妻的男性的数目。在农民群体和工匠群体中，未婚女子和寡妇被吸收到了工业和农业活动中；在贵族群体中，未婚女子和寡妇总是可以去做修女。然而，对于出生在富裕商人家庭中的女性来说，除了嫁为人妇之外，中世纪社会没有为她们提供任何其他被认可的角色。毫不令人意外的结果就是，这一阶层中的未婚女子和寡妇既不需要工作，也没有家务活可干，她们不拥有明确的地位，也享受不到社会的尊重，所以往往像穷人一样迫切渴望某种救主或圣洁之人的出现，以在其帮助下获得一种与她们此时体会到的绝对卑微一样绝对的优越。[10]

这样的女性在自由灵异端运动中一直发挥着重要作用。我们已经知道阿莫里派会“在寡妇之家中”担任未经授权的精神指导。当他们被捕时，被他们“腐化和欺骗”的大量女性追随者也被带到巴黎接受审讯。[11]之后的几十年，直到中世纪末期，该运动的存续都应主要归功于被称为“贝居因”（Beguines）的城镇女性，她们通常出身于富裕家庭，在虔诚地献身于这种宗教生活的同时，仍继续生活在俗世中。13 世纪期间，贝居因的数量在相当于今天比利时的地区，以及法兰西王国北部、莱茵河谷、巴伐利亚和马格德堡之类的德意志王国中部城镇中变得相当多，比如科隆就有两千名贝居因。这些女性显示身份的标志是一套宗教服装，包括一件灰色或黑色的羊毛连帽长袍和一块面纱，但她们的生活方式并不是所有人统一的。有些女性除了宗教信仰与他人不同外，在生活上与别的
161 女性几乎没什么区别：她们也与家人住在一起，或享有私人收入，或靠工作维持生计。另外一些女性则像云游的托钵修士一样过着独立的生活：她们是与贝格哈德真正相对应的女性版本。然而，绝大多数贝居因会聚集起来组成非官方的宗教团体，一起生活在一栋或几栋房子中。[12]

对教会而言，这一广泛的女性运动带来的麻烦与男性进行的类似的“使徒”运动带来的相同。到 13 世纪下半叶，行乞的贝居因为自己或以某个群体的名义乞讨的行为引起了教会当局的怀疑。1259 年，美因茨主教区会议谴责了贝居因和与之对应的贝格哈德，后又在 1310 年再次做出谴责。这些会议把在行为和穿着上将自己与其他基督徒区分开的“圣洁乞丐”逐出了教会，并下令说如果他们拒绝纠正自己的行为，还会被赶出所有堂区。与此同时，贝居因的正统信仰也开始受到质疑。在莱茵河谷，除非是在教堂里或有证人在场，否则隐修士不得与贝居因说话；进入贝居因的房屋的隐修士还会被逐出教会。[13]为给 1274 年在里昂召开的公会议做准备而提交的报告是

关于教会中存在的弊端的，其中就提及了几宗针对贝居因的投诉。一位图尔奈的方济各会会士汇报说，贝居因没有接受过神学培训，却以拥有一些新颖和过分玄妙的观点为荣。她们将《圣经》翻译成法语，解释其中的奥秘，并在她们的集会中或大街上进行大不敬的讨论和宣讲。巴黎的公众可以看到充满错误和异端邪说的本国语版本《圣经》。[14]一位德意志王国东部的主教则抱怨说，这些女人就是无所事事、传播流言蜚语的流浪者，她们以自由的人才能最好地侍奉上帝为借口而拒绝服从男人。[15]

贝居因没有明确的异端目标，但她们确实渴望获得最激烈的神秘主义体验。当然，许多修女也有这种愿望，但神秘主义只对贝居因具有各种诱惑，而修女则可以对这些诱惑免疫。贝居因缺乏一个正规修会设定的组织纪律，也没有受到在俗教士对她们进行的充分监督，因为神职人员并不赞同她们新奇而大胆的宗教信仰。托钵修士确实能够更好地引导这些女性的情感能量，从而使她们能够侍奉而不是威胁教会。到 14 世纪上半叶，几乎所有贝居因都被归入方济各会和多明我会的第三会。[16]但托钵修士从没能成功地掌控整个运动。最严格执行苦 162
行的那些贝居因选择接受自由灵弟兄会的成员，而不是托钵修士作为自己的精神指导。

到 1320 年，自由灵运动因为遭受迫害而不得不转入地下。此后，持异端的贝格哈德似乎也减少了乞讨活动，而是依靠他们与某些贝居因群体之间达成的秘密共识而存续。当一位自由灵传教士来到这样一个群体中时，他会立即获得接纳，并得到食物和庇护。[17]在宣誓保密后，“传达圣言的天使”已经到达并在隐蔽所等待的消息会被送到其他持赞同态度的群体中。贝居因会从四面八方聚集到此来聆听这个圣洁之人的宣讲。贝格哈德会宣讲他的神秘学说。一位编年史作家说，这些用复杂词语包裹起来的“令人难以置信的精妙字句，达到了德语能够达到的最令人赞叹、最充满灵性、最玄妙的高度”[18]。贝居因完全陶醉其中，她们宣布这个贝格哈德为“一个与上帝极为相似，并非常熟悉他的人”[19]。正是通过这种方式，并且是在这样的社会环境下，此学说得以保存和发展。自由灵的千年王国已经成了一个无形的帝国，它是由男男女女之间的情感纽带联系在一起的，当然，很多时候也可能是色欲的纽带。

第九章　不遵守道德准则的超人精英集团（二）

运动的蔓延

从阿莫里派和威廉·科内利斯的时代开始，自由灵异端邪说在欧洲广大地区的传播变得有迹可循。 163

1215 年前后，自由灵内行似乎活跃在上莱茵地区，有些人还在斯特拉斯堡被烧死了。[1] 1240 年，著名学者大阿尔伯特①在科隆与自由灵内行会面；[2] 还有迹象表明，13 世纪 70 年代时，他们在特里尔的主教教区中也很活跃。[3] 1307 年，一位大主教为此召集了一个科隆的地方宗教会议，试图清除正在城中宣讲自由灵教义的、行乞的贝格哈德和贝居因。这些努力都没有成功，而且科隆的方济各会会士仍然有理由将这些持异端者视为强劲的竞争对手。[4] 与此同时，自由灵还被传播到了更广泛的德意志王国领地中。在 1270 年前后，两名身着红色长袍的贝格哈德在巴伐利亚讷德林根（Nördlingen）周边地区进行秘密宣

① 大阿尔伯特（Albertus Magnus，约 1200 年—1280 年），中世纪经院哲学家、神学家、科学家。1223 年入多明我会，曾任雷根斯堡主教。他是第一个系统评注亚里士多德著作的拉丁文著作家，并力图综合亚里士多德与柏拉图的学说，认为二者都可以为基督教服务。主张哲学应当与神学区别开来，二者都具有真理性。主要著作有《箴言四书注》《被造物大全》《亚里士多德哲学论疏》等。

传，该地区在当时可不是什么穷乡僻壤，而是位于通往布伦纳（Brenner）的路线和从法兰西王国前往东方的路线上。改信这两个男子宣讲的宗教的男男女女中有一些人被发现并受到审讯，他们公开宣称信仰的异端信条也被提交给大阿尔伯特，供他进行专业的检查并对其进行驳斥。但这种异端已经找到一个新的根据地，它会在巴伐利亚城镇中兴旺发展很长时间。[5]

到14世纪初，自由灵在法兰西王国北部也建立了据点。玛格丽特·波雷特是一位来自埃诺的、学识渊博的贝居因，她当时正在康布雷（Cambrai）、沙隆（Châlons）和巴黎的主教教区中传教。她还写了一部神秘主义神学著作，即《简单灵魂的镜子》，该作品如今已被瓜尔涅里教授重新发现。当时，这本书遭到康布雷主教谴责，并在瓦朗谢讷被公开焚毁；不过玛格丽特重新写了一本，而且不顾多次警告，依然坚持将其展示给“贝格哈德和其他易受欺骗的人”。玛格丽特在一名贝格哈德的陪伴下过着一无所有的流浪生活，这个贝格哈德认为自
164 己是获得神圣任命的“守护天使”，负责保护自愿贫穷者。最终两人都落入了巴黎异端裁判所手里。在为期十八个月的监禁中，玛格丽特坚定地拒绝通过改变信仰来换取赦免。1310年，她的书被一个神学家委员会认定为邪说；她本人被逐出教会，并被判处火刑。玛格丽特似乎有很多追随者，因为她去世几个月之后，克雷芒五世还在命令朗格勒（Langres）的异端裁判所对在当地迅速增多的、已经对基督教信仰构成严重威胁的持异端者进行严厉打击。玛格丽特的书甚至流传到英格兰。1327年，当作为爱德华三世（Edward Ⅲ）新娘的埃诺的菲利帕（Philippa of Hainaut）抵达英格兰时，这本书也被她的某个随从带到了那里，这是自由灵对社会上流阶层具有吸引力的又一

个例子。[6]

到玛格丽特被处决时，自由灵已经引起了教会的严重关切。1311—1312 年，在克雷芒五世号召下于罗讷河（Rhône）上的维埃纳（Vienne）举行的公会议，花很长时间仔细审查了"贝格哈德的错误"——如我们现在认识到的那样，他们研究的主要资料之一就是玛格丽特的《简单灵魂的镜子》。教皇于其诏书《在我们的时代》（*Ad nostrum*）中对自由灵教义进行了分析和谴责，还指示主教和裁判官仔细观察贝格哈德和贝居因的生活和谈话，并对任何被发现持有非正统观念的人提起诉讼。[7]另一份题为《关于一些问题》（*Cum de quibusdam*）的诏书对前一份诏书的指示进行了补充，旨在确保未来所有的贝居因都要生活在恰当地接受教会监督的群体里。然而，后一份诏书的内容非常令人困惑，它带来的影响之一就是一些完全无辜且持正统信仰的贝居因群体也开始遭到迫害。没过多久，连教皇本人都开始尝试保护莱茵河沿岸城镇中许多因自由灵弟兄会的过错而受难的贞洁女性，不过这样的努力大都徒劳无功。混乱和迫害持续了一个多世纪之久。[8]

确实是自由灵弟兄会成员的贝格哈德和贝居因当然也遭到了迫害。1317 年，斯特拉斯堡主教收到许多对其辖区内的异端邪说的投诉，于是他成立了一个调查委员会，并很快依据该委员会的调查结果向自己的神职人员发出一份牧函：禁止"自由灵的小兄弟姐妹"，也就是被通俗地称为"贝格哈德和以上帝的名义乞讨面包的'维斯特龙'（*Swestrones*）①"的那些人穿着他们独特的服装，违反者将被逐出教会；禁止人们给

① 对贝居因的另一种称呼。

如此着装的人施舍，违反者同样要被逐出教会。被用于举行异
165 端集会的房屋会被宣告为罚没财产，并被供给穷人使用。人们还要上交异端邪说的文献，“以上帝的名义乞讨面包”的口号也没人喊了。[9]主教尽一切努力来确保这些指示得到执行。在亲自走访自己的辖区并发现到处都有异端的迹象后，他建立了德意志王国领地中的第一个由主教管辖的正规异端裁判所。这个裁判所对持异端者进行了严酷的迫害。[10]一些持异端的贝格哈德逃到邻近的主教教区中，但斯特拉斯堡主教依然不肯放过他们。他写信给美因茨主教教区的各位主教，提醒他们注意这种威胁教区的危险，并敦促他们以自己为榜样。不过，这个人并不是一个盲目的狂热者，因为他也会为那些遭到错误迫害的贝居因的利益而致信教皇。[11]

接下来一次对自由灵弟兄会的攻击发生在他们的传统领地科隆。他们的老敌人——曾召集1307年地方宗教会议的那位大主教于1322年再次召集了一场会议，以应对自由灵持续宣传的问题。此时，该运动已经转入地下。科隆的持异端者找到了一位杰出领袖，这个叫瓦尔特（Walter）的人来自荷兰，曾是一位活跃在美因茨的传教士。他口才出众，很有说服力，由他撰写的各种德语小册子在他的追随者中秘密传播。后来他被抓住并经历了最可怕的酷刑，最终因为拒绝背叛同伴或放弃信仰而被执行火刑。[12]有一份资料称，瓦尔特是一位背教司祭，他领导的一个大型秘密团体在1325年或1327年遭算计而被一网打尽。据说这一次就有多达五十名自由灵弟兄会成员被处决，其中一些是被烧死的，还有一些被淹死在莱茵河中。[13]

尽管遭受迫害，但自由灵仍在科隆和莱茵河沿岸持续存在。1335年，一个持异端的贝格哈德群体被发现已经在科隆

的一个“自愿贫穷之家”中生活了三十年或更长的时间。[14] 1339年，三名持异端的贝格哈德在把毕生都花在让女性了解自由灵的学问和传统之后，才终于在康斯坦茨被抓。[15] 1353年，教皇英诺森六世（Innocent Ⅵ）为持异端的贝格哈德重新开始活动感到非常担忧，所以他任命了德意志王国的第一位教廷裁判官，并命令世俗当局协助此人，允许其随意使用他们的监狱。[16] 1356年，一位从巴伐利亚来到莱茵河谷的自由灵内行因传授自由灵教义而遭逮捕，并在施派尔被烧死。[17] 一年后，科隆大主教再次抱怨持异端者的数量太多，这些人很可能会污染他所有信众的心灵。[18] 14世纪的最后十年里，巴塞尔的尼古拉 166
斯（Nicholas of Basle）这位重要异教领袖在从康斯坦茨到科隆的几乎整片莱茵河沿岸地区赢得了众多追随者。其中一些人在海德堡和科隆被烧死，而他本人尽管曾多次挫败裁判官给他定罪的努力，但最终还是在维也纳被捕并被烧死。[19] 但自由灵在莱茵河沿岸仍然持续存在。到1458年，还有一名内行在美因茨被烧死。[20] 到15世纪末，斯特拉斯堡的讽刺作家塞巴斯蒂安·布兰特①在写到该异端邪说时，依然像是在说一种为人们所熟知的现象。[21]

在巴伐利亚，这种首次出现于1270年的异端邪说也持续存在了很长时间。到1330年前后，它似乎已经穿过巴伐利亚，传播到波希米亚王国和奥地利公国的边境。[22] 到14世纪中期，自由灵传教士在巴伐利亚的贝居因群体中非常活跃。[23] 1342年，一个持异端的贝格哈德秘密团体在维尔茨堡的主教教区中被发

① 塞巴斯蒂安·布兰特（Sebastian Brant，1458年—1521年），德国人文主义者、讽刺作家，代表作《愚人船》（*Das Narrenschiff*）。

现。[24]1377 年，雷根斯堡的宗教会议仍然有理由抱怨自由灵相关信仰盛行的现象。[25]四年后，一名自由灵弟兄会成员在邻近的艾希施泰特（Eichstätt）主教教区中被捕并接受审判。[26]1400 年前后，一名裁判官讲述了一些自由灵弟兄会成员在雷根斯堡附近的卡姆（Cham）的自愿贫穷群体中生活的事。[27]整个 15 世纪，自由灵似乎一直在巴伐利亚徘徊。到该世纪中期，在维尔茨堡召开的一次宗教会议重申了对云游传教的贝格哈德的禁令；艾希施泰特主教也宣布将那些持异端的贝格哈德逐出教会，他们通常被称为“自愿贫穷之人”，此时仍然依靠乞讨在各地云游。类似的禁令会一直被反复重申至 15 世纪末。[28]

自由灵在整片帝国领土中向东渗透的程度是未知的，但在 1332 年，人们在东至西里西亚的施韦德尼茨（Schweidnitz，希维德尼察的旧称）发现了一个持异端的贝居因团体。这些女性也住在一个自愿贫穷之家里，这与三年后在科隆发现的贝格哈德的自愿贫穷之家非常相似，而且这个贝居因的自愿贫穷之家也和贝格哈德的一样已经存在了大约三十年。[29]在施韦德尼茨的自愿贫穷之家只是组成了一个秘密组织的许多自愿贫穷之家中的一个；通过途经这些地方的持异端的贝格哈德，这些相似的群体之间能够保持联系，其中最远的甚至远至布雷斯劳、布拉格、莱比锡、爱尔福特和美因茨。[30]在德意志王国中部，位于爱尔福特和马格德堡之间的地区成了自由灵的一个重要中心，这里出现贝居因的时间是已知最早的之一。最著名的贝居因，马格德堡的玛蒂尔达（Matilda of Magdeburg）在 1235 年就加入了她的群体；流浪的贝格哈德也是在 1261 年就引起了
167 马格德堡宗教会议的注意。玛蒂尔达在 1265—1277 年写了一本记述自己神秘主义体验的书，并在其中提到了针对自由灵弟

兄会的警告。[31]但相关记录其实很少，对德意志王国中部的自由灵的明确记载最早要到1335年才出现。当时一名受自由灵教义影响的抄写员被捕，他拒绝以精神失常的理由为自己免罪，于是在爱尔福特被烧死。[32]第二年，三名“属乎崇高的灵”的贝居因在马格德堡被捕，但她们在宣布放弃信仰后获得释放。[33]

在14世纪下半叶，德意志王国中部的自由灵弟兄会与康拉德·施密德创立的鞭笞派联系密切，而且这两个小派能够有效地互为增强，以至于这片地区被当局视为德意志王国领土上最危险的异端据点。接近1370年的时候，教皇与皇帝之间的持久对立终于休战，查理四世皇帝的特遣牧师，也是其朋友的瓦尔特·克林格（Walter Kerlinger）被乌尔班五世（Urban V）任命为德意志王国裁判官，并获得了皇帝授予的巨大特权。[34]这个人把精力都集中在德意志王国中部。1368年，他在爱尔福特对一位自由灵领袖进行审判；之后不久，又在北豪森抓捕了四十多名有男有女的持异端者，其中七人被他烧死，康拉德·施密德似乎就是死者之一。[35]很快，爱尔福特和马格德堡就没有持异端的贝格哈德和贝居因了。[36]不过当皇帝宣布克林格已经消灭德意志王国中部的所有异端时，他还是过分乐观了。如我们所见，隐秘的鞭笞派会在那里继续存在一个世纪。到1551年，人们还发现过一个名为“血友”（Blood Friends）的小派，它存在于距爱尔福特不足三十英里的地方，且显示出自由灵具有的所有基本特征——这绝对不是什么巧合。[37]

1372年，乌尔班的继任者格列高利十一世（Gregory XI）发现从德意志王国中部逃离的持异端者都跑到莱茵河谷、低地国家和德意志王国最北端避难了，他于是敦促皇帝确保这些地区的世俗当局配合裁判官捉拿逃犯。[38]到14世纪末，自由灵似乎确实已经传播到德意志王国北部。大约在1402年，属于汉萨同盟的吕贝克和维斯马（Wismar）这两个城镇中就有两名“使徒”被烧死。[39]我们对于波罗的海沿岸城镇中自由灵弟兄会的情况知之甚少，要么因为他们在这些地方的数量真的很少，要么因为异端裁判所很少到这么远的地方追捕他们。但我们可以肯定，低地国家中的自由灵弟兄会成员仍然很多。在14世
168 纪晚期，荷兰、布拉班特和莱茵河谷都被视为异端势力尤其根深蒂固的地区。一位名叫赫拉德·格鲁特（Gerhard Groot）的布道者建立了共同生活弟兄会（Brethren of Common Life）①，这是一个宗教性的，但不需入隐修院修行的团体。托马斯·厄·肯培（Thomas à Kempis）② 对这个弟兄会赞赏有加。格鲁特创建它的目标之一就是在正统信仰的范围内提供一种出口，以疏解那些原本要到自由灵异端团体中寻求满足的需求。[40]

在布拉班特，著名神秘主义者、“令人钦佩的”吕斯布鲁克（Ruusbroec ‘the Admirable’）见识过很多自由灵弟兄会成员。其中有一位名叫埃尔奇·布勒默（Heilwijch Blomart）的妇女，通常被称为布勒默迪内（Bloemardinne）。这位富商之女在布鲁塞尔获得了巨大的声望，被视为在世圣徒。她的追随者中似乎既有最高级别的贵族，也有普通百姓。据说当她于1335年去世后，她经常坐的一把银椅子被一位公爵夫人当作圣徒遗物收藏；还有大群残疾人前来触碰她的遗体，希望能因

---

① 罗马天主教修会，专事“内心生活”，效法基督。设立男女两会，完全自养，钱财公有；后遭教会谴责，至16世纪宗教改革时期逐渐消失。

② 又译“金碧士”或“多马·肯比斯”等。中世纪德意志基督教神秘主义作家。代表作《效法基督》（又译《师主篇》）影响极大。

此被奇迹般地治愈。[41]布勒默迪内教导的是某种神秘主义学说，就算该学说原本算不上自由灵教义的清晰体现，那么在她去世后，她的门徒也把它变成了那样。正是与这些人的斗争启发了吕斯布鲁克创作最早一批作品的灵感，这些作品都是在1335—1340年完成的，其中就包括他的代表作《精神的婚恋》（*The Spiritual Espousals*）。直到88岁的吕斯布鲁克于1381年去世为止，他在一本接一本的作品中不停地批判自由灵弟兄会。[42]这位神秘主义者给出的关于该异端神秘主义的叙述是我们拥有的最详尽和最深刻的内容之一。[43]

布鲁塞尔一直是自由灵弟兄会的避风港。1410年，康布雷主教任命两名裁判官前去铲除所谓的"布勒默迪内异端"，但二人发现自己在大众的热情面前毫无办法。当他们走在街上时，有人在他们身后唱歌，甚至有人想要谋害他们的性命。尽管如此，他们还是揪出了一个异端团体。[44]1411年，主教审问了一个名叫希尔德尼斯森的威廉（William of Hildernissen）的隐修士，他被怀疑为该异端团体的领袖之一。出身贵族家庭的威廉在莱茵河谷和低地国家曾是一位成功的神学讲师，还曾两次担任修道院院长。他的参与程度并不明确，而且他受的惩罚仅仅是进行几年的补赎和隐居。调查结果显示，存在一个自称"智慧分子"（*Homines intelligentiae*）的秘密团体。[45]在中世纪神秘主义的术语中，"智慧"（*intelligentia*）是灵魂的最高能力，是使神秘的极乐境界成为可能的东西。该群体的建立是因为一个名叫莱乌的埃吉迪乌斯（Aegidius de Leeuwe），外号"歌唱者"（Sanghers，拉丁文化拼法为Cantor）的平信徒获得了一个启示。此人是佛兰德一个知名家族的后裔，在调查进行时已去 169
世。智慧分子中也包括不少女性成员；威廉必须在有很多贝居因居住的布鲁塞尔地区公开宣布放弃信仰是有重大意义的。

自由灵弟兄会在低地国家的活动与他们在莱茵河谷的活动不应被割裂开来。如我们所见，贝格哈德是在这一整片地区中来来去去的，在低地国家与法兰西王国北部之间的情况也与此相同。1365 年，教皇乌尔班五世认为有必要就法兰西王国境内贝格哈德的活动发表意见。主教和裁判官被警告说，这些人仍在戴着圣洁的面具，向易受欺骗的群众传播他们的错误思想，巴黎主教还获得了关于这些人的生活方式和在哪里可以找到他们的完全而详细的信息。[46]1372 年，一群有男有女的持异端者在巴黎被捕，他们自称为“穷人协会”，但其更为人熟知的下流外号是“特卢平派”（Turlupins）①。这群人的领袖是一个女人，名叫让娜·达本顿（Jeanne Dabenton）。她是被烧死的；在狱中死亡的她的男助手的尸体，及她的追随者写的文章和他们的奇特服装也都被焚烧了。我们对这个团体的教义一无所知，但“特卢平派”这个名字通常只被用来指代自由灵弟兄会成员。[47]14 世纪末和 15 世纪初，自由灵肯定在法兰西王国北部引起了人们的注意。巴黎大学名誉校长吉尔森对此问题很有发言权，因为他不仅学识渊博、经验丰富，而且对神秘主义充满同情心。在 1395—1425 年撰写的一系列作品中，吉尔森思考并谴责了那些秉持“自由之灵”（Spirit of Liberty）异端邪说的“特卢平派”、贝格哈德和贝居因的虚假神秘主义。[48]他所

---

① 这是一个含有低俗暗示的名字，关于这个单词的具体含义说法不一，其词源似乎是拉丁语中的“狼”（Lupus），有一种解释是指因不属于社会主流而被迫躲进森林，与狼一起生活的人；还有一种是指非常贫穷，只能靠像羽扇豆（lupin beans）之类的野果充饥的人。总之，它是一个体现了这个群体为人所指责的衣不蔽体、乱交等特征的蔑称。

谓的法兰西持异端者的信仰和习俗实际上与跟他们对应的德意志持异端者的信仰和习俗完全相同。1418 年，来自里尔和图尔奈的四十名狂热分子横穿欧洲，将自由灵教义传入了即将爆发革命和内战的波希米亚——这导致的后果将在后续章节中进行论述。[49]

一个世纪后，在宗教改革的动荡中，低地国家和法兰西王国北部见证了一种名为“属灵自由”（Spiritual Liberty）的教义的传播，但它在所有根本问题上的观点都与自由灵的旧教义相同，而且它也让宗教改革的支持者像曾经反对自由灵的天主教教徒一样感到恐惧和震惊。1525 年，安特卫普有一个不会读写的年轻石板匠，名叫卢瓦·普鲁斯汀克（Loy Pruystinck）。他在裁布工和袜子商人之类的工匠和学徒中找到了追随者，还曾派遣数名使节到威滕伯格（Wittenberg）拜见 170
马丁·路德。就在这一年，农民战争动摇了德意志王国的整个社会结构，路德本人也正在为农民的千禧年主义先知托马斯·闵采尔大发雷霆。来访者让路德印象深刻并感到震惊，所以他给在安特卫普的路德宗团体写信，提醒他们假先知就在他们中间。然而，就算路德的警告和天主教异端裁判所的警觉加在一起确实妨碍了该运动的发展，但那依然无法永久地阻止它。1530 年，安特卫普暴发严重瘟疫，这催生了大批新信徒。据说普鲁斯汀克在穷人中间的声望高到他们看到他走近就会屈膝下跪。这个教派还吸纳了许多来自社会边缘的人，比如小偷、娼妓和乞丐。但在贡献捐款的追随者中，也不乏富商，甚至连法兰西国王弗朗索瓦一世（Francis Ⅰ）的珠宝商也是其中之一。无论社会地位多么不同，这些人都被要求成为朋友，并在公开场合拥抱彼此；至于普鲁斯汀克本人，他似乎既要体现贫穷的使命感，又要主张自己的至高身份，所以他穿着被剪成破布，却在上面缝着珠宝的长袍。世俗当局于1544年着手彻底消灭这个小派时，它不仅已经传遍安特卫普，还传遍了整个布拉班特和佛兰德伯国。最终，普鲁斯汀克被用慢火烧死，他的门徒中有五人被斩首，其他的则逃到了英格兰。[50]

如果说仅凭人们对普鲁斯汀克教义少得可怜的了解，还不能确定就他和他的追随者提出的反律法主义指控是否恰当，那么说昆廷派（Quintinists）这个小派似乎继承了中世纪自由灵弟兄会的所有无政府主义理念，则是确信无疑的。该派创立者是一位名叫昆廷（Quintin）的裁缝，其事业持续的时间几乎与普鲁斯汀克的完全重合。昆廷是埃诺本地人，最早也于1525年在里尔为人所知。十年后，他与另一名裁缝及一个背教司祭一起移居巴黎。加尔文发现，这些"昆廷派"［他称其为"属灵自由思想者"（Spiritual Libertines）］正在那里的宗教改革支持者中间秘密宣传。他与这些人进行公开辩论，并于1539年在修订版《基督教要义》（*Institutes of the Christian Religion*）中对他们进行谴责。[51]与此同时，德意志宗教改革家布塞尔①在斯特拉斯堡会见了属灵自由思想者，并观察了他们的秘密宣传活动，之后他给对神秘主义非常感兴趣的纳瓦拉的玛格丽特王后（Queen Margaret of Navarre）写了一封信，为的是警告王后不要被这些人欺骗。这个警告非常关键，因

① 马丁·布塞尔（Martin Bucer，1491年—1551年），宗教改革家，1506年入多明我会，后受马丁·路德影响退出。他在宗教改革热潮中加入新教，认为只要根据《圣经》教导，宣传真正的福音，并按照上帝的旨意生活，就可以按照人文主义的观点改造人和社会。

为在 1543 年，昆廷和他的三名同伴确实设法加入皇后的随
从人员队伍，成了她的家仆，他们都是被当作基督徒神秘主 171
义者而接受的。两年后，加尔文本人也写信给玛格丽特，告
知她关于这些受她保护的人的真实身份。[52]昆廷似乎至少是被
赶出了宫廷，因为他在 1547 年回到家乡，后因企图引诱图
尔奈的一些尊贵女士而被人发现，在接受审判后被烧
死了。[53]

与此同时，昆廷和他的门徒通过秘密讲道和散发小册子进行的宣传，已经让图尔奈和瓦朗谢讷的很多人改变信仰——加尔文认为人数达到一万！[54]为抵消这些活动的影响，斯特拉斯堡的法兰西新教徒群体派遣他们的一位牧师到图尔奈去，但这位牧师在那里被天主教当局逮捕并处以火刑。更为有效的抵制活动还要数加尔文持续撰写的针对该小派的辩论文章。1545 年，他写了名为《反对自称属灵之人的荒唐暴躁的自由思想者小派》（*Contre la secte phantastique et furieuse des Libertins qui se nomment Spirituels*）的论文。1550 年，一位曾经的方济各会会士成了受鲁昂的贵族夫人们保护的人，当这位会士写文章捍卫该小派及其信仰时，加尔文与他的合作者法雷尔①写了一些小册子作为回应。[55]之后，这种异端邪说就从这些长期以来一直作为其根据地的地方消失，或者至少是转入地下了；与此同时，在其位于德意志王国中部的另一个重要据点中，该异端也最终覆灭。

---

① 法雷尔（Farel，1489 年—1565 年），法国宗教改革家。1534—1535 年在日内瓦领导宗教改革运动，随后与加尔文共同创立新的教会制度。1538 年被驱逐出日内瓦，避居纳沙特尔。主要著作有《言语之剑》《十字架的正确使用》等。

以上研究足以表明，自由灵异端宗教已经扩展到非常广泛的区域，可这还不是故事的全部。由于在本书序言中已经指出的原因，这里几乎没有提及欧洲南部的情况；但实际上，在不同的时期，自由灵在意大利和西班牙都曾十分活跃。1307年，也就是玛格丽特·波雷特在法兰西王国北部活跃时，一个名叫古比奥的本蒂韦尼亚（Bentivenga da Gubbio）的人也正在劝诱翁布里亚（Umbria）的修女改宗，他甚至试图让蒙特法尔科的圣克莱尔[①]皈依自由灵［在意大利称“自由的灵”（Spirit of Freedom）］。14世纪晚期，还有人提到这种异端邪说正在翁布里亚和托斯卡纳（Tuscany）蓬勃发展——与在北方的情况一样，这种信仰总是被与狂热追求自愿贫穷结合在一起。到14世纪40年代，被翻译成意大利语和拉丁语的玛格丽特·波雷特的著作在意大利广为流传；锡耶纳的圣伯尔纳定[②]针对它们提出了警告，帕多瓦（Padua）的教会当局也在竭力防止隐修士接触这些书。接下来的一个世纪中，当加尔文与法兰西王国的属灵自由思想者斗争时，在西班牙，类似的学说也在被称为“光照派”（Alumbrados）的神秘主义者中间广泛传播。[56]

172 对这些情况的进一步追踪超出了本书的研究范围。不过，关于自由灵在克伦威尔（Cromwell）时期英格兰的短暂重现，可以通过附录提供的文献进行详细研究。

---

① 蒙特法尔科的圣克莱尔（St Claro of Montefalco，1268年—1308年），奥斯定会修女，一生苦修敬虔，因其对基督的爱而闻名，死后尸体被做防腐处理，据说人们在她的心脏上发现了十字标记。

② 锡耶纳的圣伯尔纳定（St Bernardino of Siena，1380年—1444年），出身于意大利贵族家庭，入方济各会。因其在15世纪重振意大利的天主教信仰的事迹，被尊称为“意大利的宗徒”。

自我神化的方式

自由灵内行并没有组建一个单一的教会，而是形成了许多志同道合的团体，每个团体都有自己的独特惯例、仪式和信条。各个团体之间的关联往往微不足道。但这些人之间确实保持着沟通，而且自由灵始终能够作为一种准宗教被清晰地辨识，并拥有世代相传的、单一的基本教义文集。这种教义直到14世纪才开始完全为人所知，而且它当时就显示出的那些特点，在这场运动的整个历史中几乎保持不变。[1]

形而上学的框架是由新柏拉图主义提供的，但始于伪丢尼修（Pseudo-Dionysius）① 和埃里金纳的为使新柏拉图主义适应基督教信仰所做的一切努力在此都被忽略，而此前一直被轻描淡写的普罗提诺②的泛神论却得到强调。自由灵弟兄会毫不犹豫地提出："上帝即一切存在"[2]，"上帝存在于每块石头中，存在于每个人的四肢中，就像它存在于圣饼中一样"[3]，"每一个受造之物都是神圣的"[4]。与此同时，他们采纳了普罗提诺本人对这种泛神论的解释：真正的上帝是事物的永恒本质，而不

---

① 亚略巴古人丢尼修（Dionysius Areopagita，约6世纪，又译伪丢尼修），中世纪基督教神秘主义神学家。传为叙利亚修士。曾假托《新约·使徒行传》中使徒彼得的弟子，亚略巴古人丢尼修之名，著有一系列希腊文神学著作，这些著作后被埃里金纳译为拉丁文，广为流传，对东方教会影响很大。

② 普罗提诺（Plotinus，约205年—270年），罗马帝国哲学家、新柏拉图主义创始人、神秘主义者。其宗教哲学兼收毕达哥拉斯、柏拉图的思想，以及东方神秘主义的"流溢说"（emanationism，又译流射说）。认为世界本质是"太一"（希腊文 tòpo 的意译），太一超越一切存在，并通过流溢创造万物。其思想对早期基督教的发展具有深远影响。著作由其学生整理编纂成《九章集》。

是它们在时间中的存在；凡是从上帝中流溢出，单独地、暂时地存在的，就不再是上帝。[5]另一方面，任何存在的东西都必然渴望它的神圣起源，并要努力寻找返回这个起源的道路。到了时间的尽头，实际上一切都将被上帝重新吸收：不会再存在任何从上帝中流溢出的东西，不会再有任何单独存在的东西，也不会再有任何东西具备知晓、希望和行动的能力；唯一剩下的只是一个单一的、不变的、不活跃的本质，即一种包容一切的“天恩”。自由灵弟兄会坚称，就连三位一体中的三个位格也会被包含到这个没有区别的太一中。在时间的尽头，上帝真的会是一切。[6]

即便此时，再吸收也只是人类灵魂在肉体死亡那一刻才面临的命运。当肉体死亡时，灵魂会消失在它的神圣起源中，就像从水罐中舀起的一滴水又滴回水罐里，或者像一滴酒滴入大海中一样。[7]这个教义听上去不带什么个人感情，但它肯定算是
173 一种对普遍救赎的确信。而且自由灵弟兄会确实一贯秉持天堂和地狱只是世上灵魂的不同状态，也不存在什么来世的惩罚或奖赏的观点。[8]让圣灵在自己里面化身为人，并接受它带来的启示——这就是从死里复活，也是拥有了天堂。一个在内心认识上帝的人，走到哪里都带着自己的天堂。一个人只需要承认自己的神性，就可以作为属灵之人复活，成为世上天堂的居民。相反，不知晓自己的神性是一种极大的罪恶，实际上，应该说是唯一的罪恶。这就是地狱的含义，也是人活一世，走到哪里都要背负的东西。[9]

普罗提诺则认为人类甚至可以在肉体死亡之前就体验到这种再吸收。灵魂有可能摆脱肉体的束缚和对自身存在的意识，从而在某个瞬间，静止地、无意识地沉入那个太一之中。这就

是新柏拉图主义中吸引自由灵弟兄会的方面。尽管自由灵在传统上被视为“泛神论异端”，但许多持异端者对泛神论的形而上学没什么兴趣或并不了解。他们的共同点其实是对人类灵魂的某种态度。有一个女人说：“灵魂如此巨大，以至于所有的圣徒和天使都无法充满它；灵魂如此美丽，以至于圣徒和天使的美丽都比不上它。它充满了万物。”[10]对于自由灵弟兄会来说，灵魂不仅注定要在肉体死亡后被上帝重新吸收，而且就其本质来说，灵魂自身就具有永恒的神性，即便是当它存在于人的身体中时，它也有可能具有神性。[11]那篇从莱茵河附近的隐士小屋中发现的异端论文就写道：“神圣的本质就是我的本质，我的本质就是神圣的本质……自古以来，人就是上帝中的上帝……自古以来，人的灵魂就存在于上帝中，它就是上帝……人不是被生出来的，而是来自完全不能被创造的永恒；鉴于人不能被生出来，所以人也是完全不灭的。”[12]人们必须把这些观点考虑在内，才能理解该异端邪说反复断言的：“每一个有理性的受造之物都从本质上受神保佑。”[13]

然而在实践中，自由灵弟兄会像其他任何小派一样坚信，最高的精神特权要被保留给他们自己的弟兄会成员。他们将人分成两类：一类是占大多数的“粗陋的灵”，这些人没能发掘出自己的神圣潜能；另一类是他们自己，即“精妙的灵”。他们声称，对其他凡人和整个世界来说，完全地、彻底地被上帝再吸收只能分别发生在死后和世界终结之后，而“精妙的灵” 174
可以在活于世上时就体验这种再吸收。这已经远远超出了普罗提诺的观点。实际上，这个异端的核心根本不是一个哲学理念，而是一种渴望，是某些人迫切想要超越人的自身条件并化身为神的渴望。观察了这些持异端者的神职人员对此毫不怀疑。他们抱怨说，这些男人和女人把自己置于圣徒、天使、圣母，甚至是基督本人之上。[14]斯特拉斯堡主教评论道："他们说，他们本质上就是上帝，与上帝没有任何区别。他们相信，所有神圣的完美都存在于他们之中，他们即永恒，并将永生不灭。"[15]吕斯布鲁克记录了他的持异端对手秉持的最高主张：

> 我与基督在任何方面都一样，没有例外。像他一样，我就是永生和智慧，我的神圣本质来源于圣父；也像他一样，我在人世间以人类的方式降生。所以我与他合一，既是上帝也是人。上帝赐给他什么，就同样赐给我什么，而且给得一样多……基督被派来过一种活跃的生活，那是为了侍奉我，为了让他为我而活并为我而死。而我被派来过一种默观的生活，这是高级得多的生活……如果基督活得更长，他也能达到我已经达到的默观生活。被赋予基督的一切荣耀，实际上是赋予我和所有达到这种更高级生活的人的……在圣体圣事期间，当他的身体在祭台上被高举时，其实是我被提升了。他的身体从哪里来，我也一样从哪里来，因为我和他有同样的血肉，是同一个谁也不能分割的位格。[16]

这些说法经常被认为是争辩时的夸大其词，但它们其实是相当客观的描述。持异端者说圣母和基督没有达到"精妙的灵"要求的完美，很多这样的例子都有记录可循。[17]自由灵内行也就自己的经历留下了非常完整的叙述。首先是一个见习修士练习各种技法的阶段，涵盖了从自我克制和自我折磨到培养绝对的消极和冷漠等种种，这都是为了让他们获得一种理想的心理状态。[18]在完成可能会持续数年的训练之后，受训者就会得到回报。一位内行说："一个人只有在完全转变为上帝时才能获得自由灵。这种结合是如此彻底，以至于无论是圣母玛利亚还是天使都无法区分人与上帝。在这种结合中，人已经恢复到其从上帝中流溢出之前的最初状态。人被一种本质的光照亮，其他所有创造出来的光和它相比都是黯淡和模糊的。人还可以随心所欲地成为圣父、圣子或圣灵。"[19]在自由灵弟兄会中，这样 175
的主张绝非例外。一个住在科隆的自愿贫穷之家中的人就断言自己"在永恒中完全液化"[20]，并与上帝融合在一起，因此就算是天使也无法区分他和上帝。施韦德尼茨一个自愿贫穷之家中的一个女人坚称自己是上帝，就像上帝是上帝一样；她还说自己像基督一样与上帝密不可分。[21]那位隐士的论文内容与此大致相同："完美的人是上帝……因为这样的人是上帝，所以圣灵在这个人身上表现为本质的存在，就像其在上帝中一样……完美的人超越了单纯的受造之物……他已经达到了基督与圣父之间的那种最紧密的结合……他是上帝，也是人。"[22]然而，对此做出最完整叙述的还要数一份名叫《凯瑟琳修女文集》的异端邪说小册子。在她的灵魂经历一系列"飞升"的极乐，但过一会儿又落回她身上之后，凯瑟琳修女体验了让她完全摆脱人类存在局限的伟大极乐。她赶紧请来显然也是一位自由灵弟兄会成员的告解神父，并对后者说："与我一起欢喜，我已经成为上帝！"他的回答是："赞美上帝！现在离开所有人，再次回到合一的状态中，这样你将一直是上帝。"这个女人陷入了深度的入迷状态，她从中醒来时已经确信："我在永恒的天恩中成为永恒。基督让我与他平起平坐，我永远不会失去这种身份。"[23]

这样的经历与教会所承认并赞同的“神秘融合”（*unio mystica*）有很大不同，因为“神秘融合”是一种短暂的启发，只能偶尔获得，也许一生只有一次。无论它能释放出什么能量或授予什么保证，经历过它的人并没有因此而脱离自己作为人的身份，他依然不得不作为一个普通的凡人过完自己在世上的生活。相比之下，自由灵内行则觉得自己被彻底转化了，他不仅与上帝融合，还变得与上帝完全相同，并且以后也将永远保持这种状态。这样的说法仍然可以算是轻描淡写，因为还经常有内行声称自己已经超越了上帝。施韦德尼茨的女人们就声称她们通过自己的努力让灵魂达到了完美，这种完美比灵魂最初从上帝那里流溢出时具有的更伟大，也比上帝原本打算让灵魂达到的境界更高级。她们声称自己可以控制三位一体，可以“像坐在马鞍上一样驾驭它”。施瓦本的持异端者在1270年说，他们已经上升到高于上帝的地方，到达神性的顶峰，并且已经抛弃上帝。[24]内行通常会断言自己“不再需要上帝”。[25]

获得神性自然意味着获得了大得令人惊叹的施神迹的能
176 力。一些自由灵弟兄会的成员确信他们已经获得了预言的天赋、知晓天地间的万事万物，还可以施神迹——比如从水面上穿过也不会把鞋弄湿，或者在高出地面一码的空中也可以行走。但对于他们中的大多数人来说，这些主张太不值一提了，因为他们觉得自己实际上无所不能。[26]斯特拉斯堡主教评论说：“他们宣称自己创造了万物，还说他们创造的比上帝创造的还多。”[27]神秘主义者吕斯布鲁克笔下的持异端对手这样说：

当我处于我的原始存在和我的永恒本质中时，上帝对我来说没有意义。我希望成为的是我，我就是我希望成为的。我凭着自己的自由意志出现并成为我。如果我认为我不需要成为任何东西，那么我现在就不会被创造出来，因为没有我，上帝就不能知晓、希望或做任何事情。我通过上帝创造了自己，也创造了万物，是我的手在支撑着天地和所有受造之物……没有我，什么都不存在。[28]

如果谁对于这些叙述抱有任何怀疑，那么持异端者自己再次为人们消除了这种怀疑。施韦德尼茨的一个女人说："当上帝创造万物时，是我与他一起创造的……我已经不仅仅是上帝。"[29] 隐士的论文用一句话就概括了绝对被动与绝对创造力的融合："完美的人是无为的起因。"[30]

神秘无政府主义的教义

从深度心理学的角度上说，所有神秘主义者都是通过深刻的内省来开启他们的心理冒险之旅的，在这个过程中，他们作为成年人体验了一种对幼年时的扭曲幻想的重新激活。这可能产生两种不同的结果。一种结果是，神秘主义者像一位病人完成成功的精神分析治疗一样，从自己的内省经历中走出来，自此形成一个更加完整的人格，并具有更广泛的同情心，更加能够摆脱关于自己和他人的错误观念。另一种结果是，神秘主义者内化出一种无所不能的、极具侵略性和肆意妄为的、巨大的家长形象，从而成了一个虚无主义的夸大狂患者。很多自由灵内行就属于后一种类型。

考虑到这一具体情况，略微了解一下让－安托万·布兰（Jean-Antoine Boullan，1824 年—1893 年）这个奇特人物会很

有启发性。他创立了一个小派，据说该派曾经拥有约六十万名成员，其中大部分在欧洲东部。这个人将自己视为“耶和华
177 的刀剑”，肩负着清除世上的不洁（即罗马教廷），以及在末世拯救人类的任务。布兰对神职人员进行了猛烈批判，并将他们视为自己的迫害者。他本人在性行为方面鲁莽冲动，他还教导自己的追随者去践行一种“神秘婚姻”，说那可以让他们在沉迷于乱交的同时而不犯“原罪”。布兰非常喜欢奢侈的生活。为了赚钱，他用所谓的超自然启示来蒙骗那些容易轻信的人，但同时他也将自己获得的大部分钱财分给穷人。尽管他所处的时代要晚得多，但他的所有举止让他和一位典型的自由灵内行没什么区别。于 1948 年发表的对布兰的精神病学和笔迹学研究表明，他是典型的偏执狂患者，被关于壮观场面和遭受迫害的幻想困扰；他还很聪明、无畏、充满活力、积极主动。这是一种受疯狂和永不满足的渴望驱动的人格，要满足这种渴望，他需要采用最微妙的掩饰技巧，和不惜将任何比他软弱的人践踏在脚下的冷酷无情。[1]这样的解释与我们对中世纪自由灵弟兄会，及接替他们的属灵自由思想者的了解完全吻合。

科隆是这种异端邪说的主要据点，在一份大约在 1330 年写于此地的纲要中，天主教神秘主义者苏索①令人敬佩地用简单几笔就概括出让自由灵从本质上体现为无政府状态的那些特

① 海因里希·苏索（Heinrich Suso，约 1295 年—1366 年），中世纪德国神秘主义神学家，1308 年入多明我会，1324 年成为埃克哈特的学生。认为上帝是永恒的，人终将回归到上帝。著有《真理书》《永远的智慧书》等。

征。他描述的是在一个阳光灿烂的星期天，当他坐着陷入默念①时，一个无形的意象如何出现在他的灵面前的故事。苏索问这个意象："你从哪里来?"意象回答："我不从任何地方来。""告诉我，你是什么?""我什么也不是。""你希望什么?""我什么也不希望。""这是一个奇迹！告诉我，你叫什么名字?""我被称作无名的荒野。""你的真知灼见能把你带向何处?""进入不受约束的自由。""告诉我，你说的不受约束的自由指什么?""指一个人遵从自己任何突如其来的念头，而不需要区分上帝和自己，也不用考虑之前或以后……"[2]

确切地说，将自由灵内行与其他所有中世纪小派信徒区分开的，恰恰是他们完全不遵守道德准则这件事。在他们看来，获得救赎的证据就是不再有良知或悔恨的概念。他们的无数宣言都证明了这种态度："把自己所做的一切归于自己，而不是归于上帝的人是愚昧无知的，也就是身陷地狱之中……一个人的所作所为中没有什么是归于他自己的。"[3]他们还说："认识到是上帝在通过他做所有事的人不会犯罪。因为他绝不能将自己做的一切归于自己，而是要归于上帝。"[4]"一个有良知的人本身就是撒旦、地狱和炼狱，他是在自己折磨自己。自由的灵能够摆脱所有这些事。"[5]"除非认为一件事是罪，否则什么都不是罪。"[6]"一个人可以与上帝彻底结合在一起，以至于他做什么都不会犯罪。"[7]"我属于天性的自由，我所有的天性要求获得满足……我是一个遵从天性的人。"[8]"自由的人做任何让自己愉快的事都理所应当。"[9]这些说法很典型，其含义也显而 178

① 亦称"默想""沉思"。基督教灵修和寻求理解的一种方法。常结合祈祷和阅读《圣经》，排除一切杂念，全神贯注于一个主题，使自己的意念沉浸于对其的反思和遐想之中，以便获得启发。

易见。这个精英团体中的成员认为他们的每个行为都“不是在时间中，而是在永恒中”进行的；它具有巨大的神秘意义和无穷的价值。这是一位内行向一位有些困惑的裁判官吐露的秘密智慧，这个内行保证这是“从神圣深渊的最深处汲取的”，其价值远远超过爱尔福特金库中所有黄金的价值。内行还补充道：“如果一个‘自由人’要违背自己的天性，约束自己的行为，那还不如让整个世界都被摧毁并彻底灭亡。”[10]

经过二十二年的补赎，海因里希·苏索得到了上帝的命令，内容是让他扔掉鞭子和其他实施酷刑的工具，并永远放弃苦行主义。但这位自由灵的新内行所做的远不止于此。重生到一种良知停止发挥作用、罪恶全被废除的状态中后，他觉得自己就像一个享有无限特权的贵族。他要把作为见习修士接受苦行训练时消耗的力量全都补回来。[11]他不需要再行守夜礼，也可以在柔软的床上睡觉了。他还不再禁食；从此以后，他的身体必须获得最好的肉食和葡萄酒的滋养，大吃大喝比参加圣体圣事更具有精神价值。[12]金质酒杯如今是比面包皮恰当得多的礼物。[13]持异端者的行为举止和外表也会发生变化。他们有时还会穿贝格哈德或贝居因的带兜帽斗篷，但再也不会有打补丁或衣不蔽体的情况。在施韦德尼茨，内行可以随意挑选见习修女给她带来的衣物，还会在连帽长袍里面穿精致的连衣裙。[14]凯瑟琳修女“一成为上帝”，听取她忏悔的神父就告诉她要穿“柔软的连衣裙”和“高贵的服装”。[15]自由灵弟兄会的成员有时确实会打扮得像贵族一样。在中世纪，当服装通常作为一种清晰且可靠的社会地位辨别依据时，这样的行为自然会引起混乱和不满。一位神职人员抱怨说：“他们没有统一的服装。有时他们会穿价格不菲的衣服，表现出一种放荡淫乱的风气；有时又穿得特别破烂，这完全取决于他们所处的时间和地点。他们相信自己无可挑剔，因此他们真的认为自己穿什么样的衣服都可以。”[16]持异端者把用贵族长袍取代乞丐的破衣烂衫，作为 179
自己经历了从“最低级的凡人”到精英集团成员的转变的象征，这个集团相信自己有资格主宰世界。

人们不应认为自由灵内行都几乎永久地生活在隐居和默观中。他们也在世上游走，并与其他人打交道。但是，这种交道比较特殊，因为“成为上帝”的能力确实会导致他们对所有正常社会关系的拒绝和抛弃。人们对自由灵的社会学说了解不多，但其文献可以表明其观点，并且这些观点都是一致的。一个写于14世纪中期的描述可能是基于直接观察做出的，它描绘了一个贝居因向一个作为她的精神指导的贝格哈德背诵教理问答的场景：

> 当一个人真正获得了高深知识时，他就不再需要遵守任何法律或命令，因为他已经与上帝合而为一。上帝创造一切事物都是为了服务于这个人，上帝创造的一切都是这个人的财产……他可以按照他的意愿和渴望从一切受造之物中索取一切，并且完全不需要有良心上的顾虑，因为所有受造之物都是他的财产……整个天堂都要侍奉他，所有的人和受造之物都有义务服务于他并听从他的命令；如果有任何违背，违背本身就是犯罪。[17]

被保留下来的异端文献证实了这一切。隐士的论文在提到“既是上帝又是人的完美之人”时说：“一切存在的都属于他。”[18]《凯瑟琳修女文集》将自由灵的社会学说放在新柏拉图主义的背景下进行论述。它的论点是一切事物都在利用其他事物：鹿要吃草，鱼要在水中游，鸟要在天上飞。因此，“成为上帝”的人必须使用所有受造之物。因为通过这样做，他或她“是在将所有事物推向它们的最初起源”。凯瑟琳修女神化之后立即收到的忠告就包含了同样的内容：“为了上帝的荣耀，你应当按照自己的意愿命令所有受造之物来为你服务……你应将一切高举给上帝。如果你想使用所有受造之物，你有权这样做，因为你使用每个受造之物都是将其推向其最初起源。”[19]

如在该运动早期时一样，这种态度的表达方式之一仍然是有一点儿神秘色彩的、不加选择的乱交行为。根据一位内行的说法，就像牛是被创造出来供人使用一样，女人也是被创造出来供自由灵弟兄会使用的。实际上，发生这种亲密关系之后，一个女人会变得比以前更贞洁，因此，如果她此前已经失去童贞，此时反而可以重获童贞。[20]从13世纪施瓦本的持异端者到17世纪的浮嚣派都一而再、再而三地表达了同样的观点：对
180 于“精妙的灵”来说，性交在任何情况下都不是罪恶的。还有人认为，“精妙的灵”最确切的标志之一就是拥有在沉迷于乱交时不畏惧上帝、不感到良心不安的能力。有些内行认为由像他们这样的人进行的性行为本身就具有一种超越人类知识和经验的，半神秘的价值。[21]“智慧分子”称性行为是“天堂之乐”和“上坡”（acclivity，用来指代升入神秘极乐的术语）[22]；1550年的图林根“血友”将性行为视为一种圣礼，并将其命名为“克里斯蒂”（Christerie）。[23]对于所有像他们这样的人来说，通奸也具有一种象征意义，是一种对解放的肯定。如浮嚣派的克拉克森（Clarkson）所说，“直到犯下所谓的罪，你才

能脱离罪的力量”。[24]

鉴于此，在自由灵内行中经常发现的亚当崇拜就变得完全可以理解了。人们大概不用相信编年史作家称这种异端宗教涉及群体性交狂欢的说法。从早期教会时代起，这样的故事就一直被用来破坏少数派群体的声誉，现存的文件中没有任何内容支持这样的说法，哪怕是这样说自由灵内行也不合理。不过，自由灵内行有时确实会举行裸体仪式，就像他们有时确实会乱交一样。用一位异端裁判所裁判官的话说，这些人断言自己在这两种情况下都被恢复到了犯罪（the Fall）① 之前的无罪情景。[25]这位敏锐的评论者就是吉尔森，他清楚地看到了这种联系，并指出“特卢平派”经常一起不穿衣服，还说人们不应该为任何自然的东西脸红。他们像亚当和夏娃一样赤身裸体，一点儿也不觉得难堪，因为他们认为这是世上完美状态的重要组成部分，且将之称为“无罪情景”。[26]与此类似，“智慧分子”的领导者也宣称自己有一种特殊的实施性行为的方式，就是亚当和夏娃在伊甸园中采取的方式。[27]这个人还将自己设定为救世主，说他的使命是揭开第三个，也是最后一个时代的序幕；而且他绝对不是唯一一个将这些原本截然不同的幻想融合在一起的自由灵内行。1381 年，一位艾希施泰特的内行宣布自己是第二个亚当，他取代了基督，要以尘世天堂的形式建立第三个，也是最后一个时代，这个时代会一直延续到该尘世天堂被整个提升到天上为止。[28]受加尔文谴责的属灵自由思想

---

① 又译“人的堕落”，基督教神学基本教义之一。由于始祖亚当和夏娃违背上帝的诫命，人类失去了原先享有的幸福和美善，从原始无罪的情景中堕落，结果成了罪和死亡的奴隶。故而人类需要救赎。参见《创世记》第三章。

者宣称，他们已经找到返回亚当在品尝能分辨善恶的智慧果之前所处状态的方法——而且他们也生活在末世，在此期间，基
181 督教的教规将被一种新的、更高级的教规取代。[29]实际上，人们已经可以在这个中世纪的异端邪说中发现千禧年主义和原始主义的融合，如今后者还成了现代浪漫主义的一种常见形式。在亚当崇拜中，失落的天堂得以重建，与此同时，千禧年的来临也获得确认。在世之神会让人间重获原始的无罪情景和天恩，因为在他们里面，创造能够达到完美，并实现超越。

就算只有内行才能充分享受新天堂的极乐，一些特定的人至少也可以略微体验一下。比这些被称为“在世之神”的内行低一级的，是一个人数更多、有男有女的阶层，这个阶层里的人也完全掌握了自由灵的秘密，他们本身也体验到了极乐，但还没有经历将人转变为神的决定性过程，而是凭借自己与内行的特殊关系而间接享受了一种超人性。这种关系指什么再清楚不过了。“成为上帝”之后的新内行会开始与那些渴望“达到完美”的虔诚灵魂寻求联系。他迫使这些人跪着发誓无条件地服从于他。这种誓言意味着发誓人在此前做出的其他誓言全部作废，甚至包括缔结婚姻关系的誓言。[30]吉尔森提到的正是这样的男人和女人，他们对一个人做出绝对服从的承诺，同时得到自己无论做什么都不是犯罪的保证。这些人就是自由灵运动中的普通成员。[31]

背教隐修士美因茨的马丁（Martin of Mainz）于1393年在科隆受审，并作为不知悔改的持异端者被烧死。他坦白的内行和门徒之间的关系特别能说明问题。[32]一直在莱茵河谷传播自由灵异端邪说的马丁是巴塞尔的尼古拉斯的门徒，后者不仅是著名异教首领，还自称新基督。在马丁看来，通往救赎的路只

有一条，那就是绝对服从于他的师傅。这样做是一次可怕的体验。然而一旦完成，它就会带来巨大的特权，因为尼古拉斯是理解力和权威的唯一正当来源。他解读福音的方式是连使徒也无法做到的。如果一位神学家希望取得精神上的进步，他要做的就是把《圣经》放在一边，改为采取绝对的服从。只有尼古拉斯有权任命他人为司祭。在他的认可下，一个人可以布道并主持弥撒。因为天主教教阶体制内的神职人员都没有获得这种认可，所以他们不能做出任何有效力的行为。但最重要的是，一个人如果遵循了尼古拉斯的命令，他就不会犯罪。如果 182
尼古拉斯命令一个人行淫或杀人，那么这个人就可以不带任何疑虑地照做。唯一的罪就是违抗他的命令或不认他。当一个人采取服从他的行动时，这个人就“进入了原始的无罪情景”。

在自由灵的封闭群体与未获得救赎的大众之间存在着一条不可估量、不可逾越的鸿沟。内行对于一个普通凡人的“关注不比对一匹马的多”[33]，在他们眼中，普通人类的存在只是为了供他们利用，这些人是“令人丢脸的上帝的选民”。从此时起，这些高高在上的小派信徒在接下来多少个世纪中最为人注意的特征一直是这种漫不经心的不诚实。加尔文还观察到，这些人的主要宗教信条之一是，内行必须伪装成任何能让他获得最大影响的角色。[34]毫无疑问，这些人在撒谎和伪装上确实练就了非凡的技巧，他们采用这些手段不仅可以保护自己免受与他们敌对的神职人员的攻击，还可以让他们获得天真之人的好感和信任。

令人感到奇怪的是，最初让自由灵内行成为革命性社会学说倡导者的东西，恰恰就是这种对自己的无限优越性的坚定信念。到14世纪，他们之中至少已经有一些人认定，无罪情景中没有私有财产制度。1317 年，斯特拉斯堡主教评论说："他们相信万物公有，因此他们觉得自己的盗窃行为合法。"[35]实际上，内行认为万物都是属于他的财产的情况很常见。在鞭笞派弥赛亚康拉德·施密德被捕的同一时间，于爱尔福特被捕的约翰·哈特曼（Johann Hartmann）十分清楚地指出了这一点，他说："真正自由的人是万物之王和万物之主。万物都属于他，他有权使用能取悦他的一切。如果有人试图阻止他，他可以杀掉想要阻止他的人并占有其财产。"[36]科隆的一个自愿贫穷之家里住着一位名叫布吕恩的约翰（John of Brünn）的内行，他就这一观点的表述更加明确。他说上帝是"自由的"，因此其创造的一切都是"公有的"。在实践中，这意味着所有东西都应在实现了"灵的自由"的人之间共享。他的解释是，如果有人拥有大量食物，那这个人就可以满足自由灵弟兄会对食物的需求。一位自由灵内行可以在酒馆吃饭并拒绝付钱；如果酒馆老板要求他付钱，那么老板就该挨打。被免费提供给内行的食物是被"传递给了永恒"。自由灵弟兄会成员普遍接受该观点，其中就食物所说的一切同样适用于金钱。自由灵内行花
183 的所有钱也都被"传递给了永恒"，或是传递给了"极度的贫穷"。根据布吕恩的约翰的说法，如果内行在路上捡到钱，那就是上帝希望他与他的兄弟一起花掉这些钱的征兆。因此，他必须为了这个目的而留下这些钱，即使钱的主人主张所有权并试图强行要回也不可以。如果钱的主人或内行在争斗中丧命，这也不是什么大事，因为这个灵魂是回归了自己的起源。但是，如果内行交出钱，那么他就会退出"永恒，进入现世"。当内行做出救助病人的善举时，他会要求获得施舍。如果内行被拒绝，那么他们可以强行抢夺钱财，即使被抢之人死于饥

饿，内行也不用有任何顾虑。欺骗、盗窃、暴力抢劫都是正当的。约翰承认自己实施过以上所有行为，并说在他认识的大约二百名贝格哈德中，这样的行为很普遍；还有证据表明，自由灵弟兄会的成员实际上也普遍实施了这些行为。他们的名言之一就是："眼睛看到和渴望什么，就用手去抓住什么。"[37]

这种态度一直持续到16世纪和17世纪。加尔文对属灵自由思想者的描述是，他们认定任何人都不应拥有属于自己的东西，但每个人都可以占有所有他能抢到的东西。[38]如果所有这些仅仅是为盗窃寻找的正当理由，那么它就没有什么重要意义了，因为以偷盗为业的人不需要教义，而其他人也不会被他们的言辞所打动。但实际上，自由灵内行一定要就私有财产发表的观点具有远比这广泛得多的含义。"给出去，给出去，给出去，放弃你的房屋、马匹、财物、土地，放弃，自己什么都不拥有，让所有东西成为公有……"[39]名叫阿比泽·科佩（Abiezer Coppe）的浮嚣派的这段呐喊呼应了早他三个世纪的布吕恩的约翰的号召："上帝创造的所有东西都是公有的！"当这些语句被看作是在延续一种特定的社会批评传统时，它们的全部力量就显现出来了，我们会看到，这种传统不仅非常激进，而且历史悠久。

以上关于自由灵内行的自我神化和神秘无政府主义的叙述，写于瓜尔涅里教授将玛格丽特·波雷特的《简单灵魂的镜子》发表出来几年之前。鉴于这是唯一由中世纪的自由灵内行创作，且完整留存至今的作品，因此哪怕存在重复的风险，也有必要在这里对它做一番概述。

这本书显然是一部深奥难懂的作品，正如作者本人所说，书中的语言不是为了让那些受理性驱使的粗俗凡人理解的。它作为

一本指导手册而被写出来，是为了在一群可能成为自由灵内行的
184 人面前大声朗读；它的主题是灵魂向着完全自由的上升。

灵魂的进步要经历七个阶段。前三个阶段致力于苦行的自我克制和服从。此后，在第四阶段，灵魂将达到一种极乐的状态，它在这种状态下会被爱的光芒所蒙蔽。然而，尽管灵魂可能认为自己已经实现了与上帝的结合，它仍然只处于上升的初期。到第五阶段，灵魂认识到了自己的罪，以及横亘在自己与完美的善，也就是上帝之间的巨大鸿沟。此刻，上帝会用不可抗拒的大量爱与光将灵魂席卷到自己之中，这样灵魂的意志就可以与上帝的意志合而为一了。

到此时为止，这种上升与秉持正统信仰的神秘主义者已知的上升还没有什么区别。但到了第六阶段，区别就出现了：灵魂在上帝中被彻底消灭，以至于除上帝以外，一切都不复存在。此时，灵魂只能看到自己，它就是上帝；而上帝也在这个灵魂中看到了自己的神圣威严。灵魂与上帝的这种完全合二为一远远超出了天主教神秘主义者的经验。上升的第七个也是最后一个阶段也是如此，在这个阶段中，灵魂虽然仍在世上，但已经可以在荣耀和天恩中感受永恒的喜悦，而正统神学则认为荣耀和天恩只存在于天堂中。

灵魂的这种神化之所以可能，是因为灵魂自始至终存在于上帝里面。灵魂与上帝是一体的，就像火焰与火是一体的；它从上帝中来，也要回到上帝中去，就像一滴水来自大海再重新流入大海一样。上帝就是一切存在，因此当灵魂在上帝中被消灭时，它就重新融入了自己真正和原始的存在中。

灵魂同时也重新融入了亚当在犯罪之前享受的原始的无罪情景。因此，它摆脱了原罪的后果，重新变成无罪的，甚至变

成不可能犯罪了，因为“这个灵魂没有自己的意志，只有上帝的意志，上帝只让它具有它该具有的意志”。[40]反过来说，这意味着它可以自由地做任何它想做的事。因此，内行“只做他们想做的事；如果他们做了别的，他们将失去安宁、自由和高贵的地位。灵魂不会因为让自己满意而受责备，而且它在能够只做自己想做的事之后才算达到完美境界”。[41]既然爱，也就是上帝，占据了灵魂，那么上帝就掌管了万事万物和一切行为，所以灵魂不会感到不安和悔恨。灵魂做出的任何外在行为都是上帝的作为，是上帝在灵魂中操控的结果。

灵魂超越了人类的极限，进入一种完全冷漠的状态，在这种状态下，它什么都不在乎——不在乎其他人，也不在乎上帝。它甚至不在乎自身的救赎：“这样的灵魂无法将自己视为 185
善良的或邪恶的，它们感觉不到自己，无法判断自己是皈依了还是误入歧途了。”[42]让一个灵魂关心这些事，就是让它退回自我意志的层次，这会让它失去自由。

既然救赎已经不再是需要关心的事，那么基督所提供或推荐的有助于获得救赎的行为自然也成了无关紧要的事。圣礼、布道、苦行主义和默念都不再有任何价值，圣母和圣徒的代祷①也变得毫无意义。实际上，神化的灵魂甚至也不再需要上帝。一旦实现了神圣合一的绝对静止，知识、赞美，甚至对上帝的爱就都不存在了。“在存在的至高境界，上帝本身也在自身中被自己抛弃了。”[43]这意味着基督教的上帝被抛在了一边，受支持的成了泛神论极乐的神。

---

① 基督教祈祷方式的一种，指教徒彼此之间代向上帝祈求祷告。代祷被认为是一种美德。基督用自己的死为完全的义代祷，叫神所拣选的人得神的救恩。

神化的灵魂对世上的事物也只会抱有一种深刻的冷漠。“这个灵魂不会为自己可能犯过的任何罪，或上帝为其遭受的折磨，又或是其邻居仍在犯的罪和仍在忍受的苦难而感到痛苦。”[44] “这样的灵魂的思想如此神圣，以至于它们从来不关心过去的事或已经被创造出来的东西。”[45] 与此同时，这样的灵魂可以根据自己的需要随意利用所有受造之物：“当必要性要求它们这么做时，这些灵魂为什么要为使用自己需要的一切而有任何疑虑呢？那是没有进入无罪情景的表现，也是对灵魂摆脱万物后获得的安宁的阻碍……这样的灵魂会使用被制造和创造出来的一切，这是天性决定的，它们的心境如此平和，就像它们利用自己行走于其上的土地一样理所当然。”[46]

总而言之，玛格丽特·波雷特的书证实了我们对自由灵的看法，那些原本必须从各种或多或少有些缺陷的资料中逐步构建起来的解释如今被证明是大体正确的。正如玛格丽特反复强调的那样，她只是在对一个精英群体讲述自己的观点，她称这个群体为“伟大的教会”，以此来区别于被她称为“小教会”的制度化的罗马教廷。但是，她确实向这个精英群体宣讲了一种关于自我神化和神秘无政府主义的教义。

相较于被认为是由约翰·哈特曼、布吕恩的约翰，或加尔文口中的属灵自由思想者宣扬的那些内容，玛格丽特的教义仅在两点上与之不同。玛格丽特从来没有暗示神化的灵魂（也就是我们说的自由灵内行）就会或就应放纵自己实施盗窃或乱交之类通常被认为是犯罪的行为；而且除了一些暗示之外，
186 她也没有提到财产公有的问题。这并不令人意外。只要仔细阅读本书附录中的浮嚣派相关材料，人们就会发现，尽管所有这

些作者都秉持同一种神秘主义教义，但他们从中得出的实际结论却各不相同。

接下来的几章将说明自由灵教义的某些方面包含了怎样的革命性和无政府主义潜力。

第十章　平等主义自然状态

在古代思想中

187 像其他构成欧洲革命末世论的想象一样，关于平等主义和共产主义的想象都可以追溯到古代世界。中世纪欧洲正是从希腊人和罗马人那里继承了“自然状态”（the State of Nature）的概念，在这种状态下，人人享有平等的地位和财富，没有人受到其他人的压迫或剥削。这种状态是以普遍善意和兄弟之爱为特征的，它有时还意味着完全的财产公有，甚至是配偶共享。[1]

有希腊语和拉丁语文献提到，自然状态曾存在于一个早就消失的黄金时代中，该时代也被称为“萨图恩统治时代”（Reign of Saturn）。这个神话在奥维德（Ovid）《变形记》（*Metamorphoses*）中的版本也会反复重现于后来的文献中，并对中世纪的共产主义思考产生重大影响。根据奥维德的说法，在人类历史的开端，也就是在萨图恩被朱庇特推翻之前的第一个黄金时代中，“没有法律，社会却自动地保持了信义和正道。在这个时代里没有刑罚，没有恐惧；金牌上也没有刻出吓人的禁条……大地无须强迫、无需用锄犁去耕耘，便自动地生出各种需要的物品……”但在后来的时代中，“谦逊、真理、信仰都从世界上逃走，欺骗、诡计、阴谋、暴力和可恶的贪婪代替了它们……土地在以前和日光空气一样，是人人所得有的，如今却有人在仔细丈量，用长长的界线标划了出来……铁这件凶物出现了，黄金比铁还凶。战争出现了……人靠抢夺为生……”[2]①

有的描述称萨图恩被推下奥林匹斯山王座后，到意大利避难，并在那里创立了当地的黄金时代，维吉尔（Virgil）② 的作品就是这样的例子。历史学家格涅乌斯·庞培·特洛古斯③与奥维德是同时代的人，他的作品也为中世纪学者所熟知。特 188
洛古斯生动地描述了那个幸福时期及为纪念它而进行的一年一度的庆典：

> 意大利的第一批居民是原住民。据说他们的国王萨图恩非常公正，在他的统治下，没有人是奴隶，也没有人拥有任何私有财产；所有东西都不被分割，而是由人们共有，就好像那是所有人共同继承的一份遗产。为了纪念这个先例，法令规定，在农神节（Saturnalia）期间，所有人应享有平等的权利，所以在宴会上，奴隶可以不受任何歧视地与他们的主人坐在一起。[3]

---

① 〔古罗马〕奥维德：《变形记》，杨周翰译，人民文学出版社，2008。

② 普布利乌斯·维吉利乌斯·马罗（Publius Vergilius Maro，前70年—前19年），常用的称呼为英语化的维吉尔（Virgil or Vergil），古罗马诗人，创作了《牧歌》《农事诗》《埃涅阿斯纪》三部杰作，被当代及后世广泛认为是古罗马最伟大的诗人之一，因在《牧歌》中预言耶稣诞生被基督教奉为圣人。

③ 格涅乌斯·庞培·特洛古斯（Gnaeus Pompeius Trogus），生活于公元前1世纪，古罗马历史学家、博物学家，著有四十四卷本《腓利史》。

正如讽刺作家琉善①提出的那样，在公元2世纪，这个神话的意义仍然着重于强调平等主义。他提到黄金时代的神时是这样评论的：

> 如今我听到诗人们说，在过去，当你是国王时，这个世界有另一副样子：人们不用播种或耕作就可以从土地上收获果实——每个人的食物都是准备好的，而且是吃不完的；一些河流中流淌着葡萄酒，另一些流淌着牛奶，还有一些流淌着蜂蜜；最重要的是，他们说，当时的人本身就像金子，他们从来没有体会过贫穷。而我们甚至都算不上铅，只能是一些更低劣的金属；我们大多数人是在就着自己额头上的汗水吃面包皮；我们永远躲不开贫穷、匮乏和无能为力；我们哀叹"天啊！"或者"命啊！"——我们穷人就是这么生活的。相信我，如果我们没有看到富人享受着怎样美好的时光——他们的钱箱里有多少金银，以及他们有多少衣物、奴隶、马车、地产和农场，我们经历的一切可能还不会令我们这么烦恼。富人拥有那么多，可他们甚至都不会屈尊看一眼贫穷的大众，更不用说与我们分享任何东西了。[4]

平等主义自然状态为哲学思考及美文（belles-lettres）②创作

---

① 萨莫萨塔的琉善（Lucian of Samosata，约125年—180年后），讽刺散文家，生于叙利亚，但其作品全部用古希腊文写就。

② 源自法语，意为"美丽的"或"美好的"，它不属于小说、诗歌、戏剧等任何主要的文学类别，这类文章只关注语言的美学特性，而不追求实际的应用。

提供了主题，而且比起以文学作品为途径，这种观念更多是以哲学理论为表现形式来影响中世纪政治理论的。早在公元前3世纪，希腊的斯多葛派（Stoics）①就坚定地认为所有人都是兄弟，而且所有人都是天生自由和平等的。学派初期的创始人芝诺（Zeno）似乎就是通过描述一个理想的世界社会（world-society）来开创其学说的，他说在这个世界社会中，人们将像一群羊一样生活在唯一的公共牧场中。种族和政治忠诚的差异，也许还有地位和个人性格的差异都将消失，所有人团结在一种感情和意志的完全一致中。此外，斯多葛信仰主要衍生自迦勒底人（Chaldean）的占星术，并以对天体的崇拜为中心，所以它很快就赋予太阳神一个独一无二的地位，因为他的无与伦比的慷慨、仁慈，最重要的是公正都非常出名且广受赞美。太阳的光芒可以照亮整个世界，一些斯多葛派成员从中看到了社会公义，甚至是财物公有的最佳典 189
范——该理念很快就成了平等主义言论中经常提到的观点，在随后很长时间里也一直如此。[5]

有两部作品似乎是在斯多葛派的强烈影响下被创作出来的——其中一个可能写于公元前2世纪，另一个大概写于公元2世纪。它们极为生动地阐述了古代世界留给中世纪的那种平等主义幻想。两者中较早的一部讲的是有福人之岛（Isles of the

① 希腊的哲学流派之一，也称为“淡泊派”。斯多葛派认为世界理性决定事物的发展变化。所谓“世界理性”，就是神性，它是世界的主宰，个人只不过是神的整体中的一分子。所以，斯多葛派是唯心主义的。在社会生活中，斯多葛派强调顺从天命，要安于自己在社会中所处的地位，要恬淡寡欲，只有这样才能得到幸福。他们自称是世界主义者，打破了希腊人和野蛮人之间的传统界限，宣扬人类是一个整体，只应有一个国家，一种公民，即宇宙公民；而这个国家也应由智慧的君主来统治。

Blessed）的故事，不过其内容只以希腊历史学家西西里的狄奥多罗斯[①]在其著作《历史丛书》（*Historical Library*）中给出的摘要的形式留存下来。在文艺复兴时期，这些摘要又作为单独的作品被编辑和翻译了很多次。七个岛屿被献给太阳，成了赫利奥波利斯人（Heliopolitans，即太阳人）的居住地。太阳全年都从这些岛屿正上方经过，所以这里的白天和黑夜总是一样长。岛屿上的气候总是完美无缺，季节一直停留在夏天，所以总有充足的水果和鲜花。每个岛屿上的人口都被分为四个部落，每个部落四百人。所有成员都拥有同样完全健康的体质和同样绝对美丽的容貌。每个居民要轮流执行必要的打猎或捕鱼任务，或是为国家提供服务。因此，所有居民都在轮流使用所有土地、牲畜和工具，但这些东西并不属于任何特定的人。居民也没听说过结婚为何物，而是可以随意与任何人发生性行为；部落会负责把孩子养大，其抚养孩子的方式是让孩子的母亲都认不出自己的孩子。没有继承人的结果是任何能导致竞争或对抗的理由都被消除，因为在毫不扭曲的心灵中运作的自然法则在这些人中间产生了一种完善且无穷的和谐。实际上，在如此公平的秩序下，分歧是不可想象的。赫利奥波利斯人连预期寿命也是平等的，所有人都会在达到能力巅峰的一百五十岁时自愿而安详地离世。[6]

另一部作品也只能以后来作家所做摘要的形式为人所知。

---

① 狄奥多罗斯（Diodorus Siculus），公元前 1 世纪古希腊历史学家，著有《历史丛书》，该书共四十卷，分为三部分。第一部分按地区分别介绍了古埃及、印度、阿拉伯及欧洲等地区的历史与文化。第二部分记述自特洛伊战争至亚历山大大帝的世界历史。第三部分记述亚历山大以后至约公元前 60 年的历史。

亚历山大的克雷芒①目睹了诺斯替派异端邪说在自己周围的迅速传播，他在攻击该邪说的过程中，对一些小派信徒给予了极大的关注，他称这些人为“卡波克拉蒂斯派”（Carpocratians）②，还说这个教派的创立者正是一篇名为《论公义》（*On Justice*）的希腊语论文的作者。[7]虽然最近的研究表明，诺斯替派似乎不太可能写过这篇论文，但没有理由怀疑论文本身是否存在，或者克雷芒的引用是否准确。人们从中再次看到了以普照的阳光为支撑论点的关于绝对平等主义的教义，因为这篇论文的观点是，上帝的公正即“平等的共有”。天堂从四面八方平等地笼 190
罩大地，夜晚也平等地展示所有星辰。根据上帝的命令，无论穷人或富人，愚人或智者，男人或女人，统治者或被统治者，自由人或奴隶，无论好坏的所有动物，都会受到同样灿烂的阳光的照耀：没有人能获得比他应得的更多的阳光，也没人能抢走他的邻居获得的阳光。上帝还赋予所有人没有任何区别或歧视的同等的视觉，好让他们公平地、共同地体验。他还确保太阳将为所有动物提供食物，而所有人也应平等地共同享用食物。

通过这些方式，上帝已经毫无疑问地确立了他对公正的定义。他原本的意志就是将相同的原则适用于所有事物，无论是

① 克雷芒（Clement of Alexandria，约150年—211或215年），早期基督教教父，主张希腊哲学与基督教的结合，并用哲学解释基督教，使之成为系统的教义。反对诺斯替教派，但也强调知识的重要性，借以调和诺斯替派与正统基督教之间的冲突。著有《劝告异教徒》《导师》《杂文集》等。

② 早期基督教派别。该派认为耶稣是普通人，不是救世主，耶稣与众不同之处在于他的灵魂未曾忘记自己的本源和故乡乃在未知的完美上帝所在境界。该派以推翻犹太教圣经律法为己任，因为据说这种律法来自创造世界的邪恶天使。在伦理生活上较放肆。至4世纪消失。

土地及土地上结出的果实，还是各种各样的财物。上帝为造福所有人而创造葡萄藤、谷物和其他各种水果。起初，这些东西自由地把自己奉献给每只麻雀和每位过路人。但人制定的法律破坏了神圣的法律，破坏了它所表达的公有秩序。正是这些人类法律创造出了“我的”和“你的”的区分，因此，原本属于所有人的东西此时不再被所有人共享。也是这种对公有和平等的侵犯导致了盗窃和所有犯罪。此外，上帝原本希望男人和女人像动物一样自由交配：在这个领域，神圣的公正也规定了公有和平等，但这同样被人类自己毁掉了。

与那些希腊人相反，罗马的斯多葛派如人们可能预料到的那样，对宣传平等主义没有兴趣；但就连他们也认可，在很久以前的黄金时代，人们曾生活在一种平等状态中。他们关于这一主题的教导的最全面版本是塞涅卡①写的一些内容，下面这段话就是一个很好的例子：

> ［那是一段］美好的时光，所有人都可以不加区别地享用自然的慷慨馈赠，直到贪婪和对奢侈享受的渴望在人中间造成分裂，使他们从团结协作变成相互掠夺……确实没有任何人类状态比那时的更珍贵；如果上帝允许人来创造地上的存在并为所有人制定习俗，那么人制定出来的一定是那个时代的习俗。据说当时“没有人去耕种土地，

① 卢修斯·阿奈乌斯·塞涅卡（Lucius Annaeus Seneca，约公元前 4 年—公元 65 年），古罗马哲学家、新斯多葛派哲学的主要代表人物之一。提倡禁欲主义，宣扬宿命论，认为神是最高的理性和最高的智慧。其学说对早期基督教思想的形成具有较大影响。曾为尼禄的私人教师和顾问，后自杀。

没有人可以在土地上划分界线，人们将所有东西放在公有的储藏地点，土地能够更自由地生长出所有东西，因为没有人对它提出任何要求”。有谁能比那时的人类更快乐？他们共同享受着自然提供的一切，所以自然足够成为所有人的母亲和守护者，所有人都享受着公有财产的保障。他 191
们难道不应该被称为最富有的一群人，在他们中间难道不是找不出一个穷人？然而贪婪侵入了这种可能实现的最好的安排，她的目的是私吞一切并宣布一切归自己所有，但最终她使万物都成了他人的财产，并使自己从拥有无穷的财富沦落为一无所有。贪婪由于渴望许多而失去一切，这造成了贫穷。如今，贪婪可能会努力挽回她失去的一切，她可能会想要更多土地，会用金钱或武力赶走自己的邻居以扩大自己的财产范围，直到这个范围有一个省那么大，然后假装能够长时间在属于她的土地中穿行就等同于真正的拥有这些土地——无论边界如何扩大，我们都找不回被我们抛弃的一切。当我们做了所有事情后，我们会拥有很多，但我们曾经拥有的是整个世界。世上的土地在无人耕作时更加肥沃，并且满足了不相互抢夺土地的人们的需求。无论自然提供了什么，人们在发现这些东西时所获得的快乐都比不上他们向别人展示自己发现的东西时获得的快乐。没有谁比谁拥有更多或更少，所有东西都按照公共协定被大家分享。那时的强者还不会抢夺弱者的东西；守财奴还没有通过藏匿财富来阻止别人获得生活必需品。每个人都还像照顾自己一样照顾他们的邻居。[8]

但塞涅卡相信，过去的平等主义秩序已经消失，而且它必须消失——这才是他论点的核心。[9]随着时间的推移，人变得邪恶和堕落；一旦发生这种情况，那么诸如私有财产、高压政府、地位分化，甚至奴隶制等制度不仅是不可避免的，也是不可或缺的——它们不仅是人性败坏带来的后果，也是对此的补救措施。原始平等主义自然状态的概念正是以这种形式，在附加了这些限定条件的情况下，才被教父们接受，并将其纳入教会的政治理论中的。

在教父思想和中世纪思想中

最晚从公元 3 世纪起，基督教教义中就包含了“已经不可挽回地消失不见的平等主义自然状态”的概念，这是从极具影响力的斯多葛派哲学中吸纳来的。尽管谈论伊甸园的社会和经济组织几乎是不可能的，但正统神学家仍然设法利用希腊 - 罗马神话来阐述关于人类犯罪的教义。

这种社会理论的核心是强调自然状态和约定状态之间的区
192 别：自然状态基于自然法则形成，并直接表达神圣意志；而约定状态则源于风俗习惯，并被习惯认可和提倡。后来的大多数教父都同意：不平等、奴隶制、高压政府，甚至是私有财产都没有被包含在上帝原本的打算中，这些是由于人类犯罪才产生的结果。另一方面，从人类犯罪之后，情况的发展开始让这些制度变得不可或缺。被原罪败坏的人性需要受到在平等主义秩序中本不存在的限制的约束。因此，财富、地位和权力的不平等不仅是犯罪的后果，也是对犯罪的补救措施。这种观点认可的唯一建议是针对个人的建议，而且仅适用于个人行为问题：主人应当公平合理地对待自己的奴隶，因为在上帝眼中，奴隶是和主人一样珍贵的人；富人有慷慨施舍的道德义务；把自己的钱财用在邪恶之事上的富人将丧失对钱财的所有权——这些就是教会在正统信仰范围内，从原始的平等主义自然状态教义中得出的实用结论。这些结论非常重要，它们在很多方面影响了基督教世界的生活，但它们既没有创造，也不打算创造一个消除贫富差别的社会，更不用说一个没有私有财产的社会了。[1]

然而最重要一点在于，正是教会的教导使“自然”社会曾是一个平等主义社会这一概念永久存续下来。很多教父都详细阐述过人性的原始平等这个主题，他们在谈论奴隶制时尤其会涉及这个主题。教会接受奴隶制，并敦促奴隶服从主人，哪怕他们面对的是严苛无情的主人；但这并不能阻止神学家发表相反的意见，比如有影响力的 4 世纪神学家“安布罗斯注释者”（Ambrosiaster）① 就提醒主人们说，上帝没有创造奴隶和自由人，而是把所有人都创造为自由人。[2]在圣奥古斯丁的《上帝之城》中，这一点被表达得再清楚不过了：

> 这是由自然秩序规定的，因此上帝创造了人。他说：“使他们管理海里的鱼、空中的鸟、地上的牲畜，并地上所爬的一切昆虫。”他没有打算让按照他的形象创造的理性动物统治非理性动物以外的东西，不是人统治人，而是人统治动物。……
>
> 因此，奴役的首因是罪，由于罪，人被置于奴役状态下……

① 这个名字是人们对给保罗书信写集注之人的称呼，拉丁语的字面意思是“可能是安布罗斯”，这位作者的真实身份还难以确定，但很可能是达马苏一世教皇（Pope Damasus）在位期间的一位神职人员。

> 所以依据本性，上帝首先创造出来的人中间没有人的奴隶，也没有罪的奴隶。[3]①

193 尽管教会实际上拥有大量农奴，但圣奥古斯丁表达的观点在整个中世纪仍然属于正统信仰。世俗的封建律师也持有相同的看法。13 世纪著名法兰西法学家博马努瓦②的观点可以代表中世纪思想家的普遍观点：“虽然如今的人被分成各个阶层，但在创世之初，所有人都是自由的，所有人享受的自由都是一样的，因为所有人都知道，我们是同一位父亲和同一位母亲的后代……”[4]

天主教教义将世上万物应归所有人共有这个观点包含并保留到自身之中的方式极为不同寻常。我们发现圣西普里安(St Cyprian)③ 在 3 世纪时重申了斯多葛派的惯用说法。他指出，上帝的恩赐是给所有人的。白昼把光明带给所有人，阳光照在所有人身上，雨水为所有人落下，风也为所有人而吹，灿烂的月光和星光都归所有人共有。这就是上帝的不偏不倚的恩赐，因此一个愿意效仿上帝的公正的人应与其他基督徒分享自己拥有的一切。[5]到 4 世纪下半叶，这一观点已在

---

① 〔古罗马〕奥古斯丁：《上帝之城》，王晓朝译，人民出版社，2018。

② 菲利普·德·博马努瓦（Phelippes de Beaumanoir，约 1247 年—1296 年），法国法学家和皇室官员，他的著作被认为是关于法国旧习惯法最优秀的作品之一。

③ 塔修斯·凯斯利乌斯·西普里亚努斯（Thaschus Cæcilius Cyprianus，约 200 年—258 年，英语化后称西普里安），早期基督教拉丁教父，约 246 年皈依基督教，249 年当选迦太基城主教，258 年遭罗马皇帝迫害，被处死，成为非洲第一位殉道的主教，被称为圣徒。

基督教作家中间获得广泛认可。我们看到维罗纳的圣芝诺①也重复过这种对比，该说法已经成为一种老生常谈：理想情况下，所有财物都应归人们共有，“就像白昼、太阳、夜晚、雨水、出生和死亡都是由神圣公义毫无差别地平等赋予所有人的”[6]。而更加令人震惊的还要数伟大的米兰主教圣安布罗斯②的某些声明，这些内容可以算是对塞涅卡创建的传统的最有力表达：“自然将万物提供给所有人共享。因为上帝命令要产出万物，好让食物归所有人共有，所以土地也应该归所有人共有。就这样，自然创造了一种公有权利，而利用和习惯则创造了一种私人权利……”[7]为支持这种观点，安布罗斯援引了斯多葛派观点和《创世记》的内容，好像那都是与他立场完全一致的权威似的。安布罗斯还在其他地方评论道：“主神尤其希望世上的土地成为所有人的公有财产，并为所有人提供果实，但是贪婪创造了财产权。”[8]

就连格拉蒂安③的《教令集》（*Decretum*）中也有一段赞美包括自由性爱在内的共产主义自然状态的内容，该著作后来成了所有大学研究教会法的基础课本，并构成了《天主教会

① 维罗纳的圣芝诺（St Zeno of Verona，300 年—371 年或 380 年），维罗纳的基督教主教，或早期的基督教殉教者，是罗马天主教和东正教的圣人。

② 圣安布罗斯（St Ambrose，约 339 年或 340 年—397 年），早期基督教拉丁教父。他坚决捍卫正统基督教，强烈反对阿里乌派，赞同禁欲主义，主张教会独立统一；在教会政治、教堂音乐、神学教义、伦理思想和礼仪教规方面多有建树。

③ 格拉蒂安（Gratian，？—约 1160 年），中世纪基督教教会法学家，编纂教会法典的首创者。1139 年起将大量教父著作、会议教令、教皇敕令等约 3800 篇文件汇编成册，该资料汇编后被称为《格拉蒂安教令集》，并成为教会法学基本教科书。

法典》(*Corpus juris canonici*)① 的第一部分。这段内容如何会被收入《教令集》无疑是思想史上最奇怪的故事之一。[9]在1世纪末期活跃且有影响力的教皇克雷芒一世(Pope Clement Ⅰ)是罗马最早的主教之一,他在去世后被视为圣彼得本人的学
194 生。这样的盛名导致大量杜撰内容被毫无根据地认定为出自他笔下。这些作品之一是一封据称由克雷芒写给圣雅各的叙事信,信中描述了他与圣彼得一起云游,结尾是他"认出"在童年时期就与自己分离的父母和兄弟。该作品最初可能是在公元265年前后写于叙利亚,如今我们见到的是该作品在那大约一个世纪之后的样子。根据现有的这份《认出克雷芒》(*Recognitions of Clement*)的内容,克雷芒的父亲似乎是一位异教徒,彼得和克雷芒与他辩论,并最终让他皈依基督教。在辩论过程中,这位父亲引用了以下被他认定是"希腊哲学家"观点的内容,这么说本来不算错,但他硬说这位哲学家是柏拉图就不对了。

> 这个世界上的一切东西都应该供所有人共同使用,但是因为出现了不公,一个人说这是他的,另一个人说那是他的,因此凡人之间就出现了分裂。简而言之,一个非常智慧的希腊人知道情况会变成这样,所以他说所有东西在朋友之间应被共享。毫无疑问,配偶也被包括在"所有东西"之中。他还说,就像空气不能被分割,灿烂的阳光也不能被分割一样,被赐予这个世界的其他所有东西也

① 天主教会的法典汇编,为中世纪教会立法的重要依据,一直使用至20世纪初。共六卷,包括四部正式法令集和两部非正式的教令集。

不应当被分割，而是真的应当归所有人共有。[10]

大约五个世纪之后，这段话又获得了全新的意义。公元 850 年前后，一位法兰西隐修士因为把自己的作品说成是出自塞维利亚大主教伊西多尔①笔下而得名伪伊西多尔（Pseudo-Isidore）。[11]在这份如今被称作《伪教令集》（False Decretals）的著名文集中，伪伊西多尔凭空创造了许多假教令和教会法规。该文集以五封“教皇克雷芒的书信”开头，但五封信全都是伪造的，其中三封正是出自伪伊西多尔本人之手。在第五封写给圣雅各和耶路撒冷的基督徒的信中，伪伊西多尔加入了前面引用的这段话，但他不再将其作为从异教徒嘴里说出的话，而是把它说成教皇克雷芒一世的观点。信中的教皇为了强化这一论点，还就耶路撒冷的第一个基督徒群体引用了《使徒行传》第四章的内容：

那许多信的人都是一心一意的，没有一人说他的东西有一样是自己的，都是大家公用……内中也没有一个缺乏的，因为人人将田产房屋都卖了，把所卖的价银拿来，放在使徒脚前，照各人所需用的，分给各人。[12]

教会法学的创立者面对的正是这种半基督教、半斯多葛派的混合论点。1150 年前后，当格拉蒂安创作那部伟大的汇编作品时，他从没有，或至少是没有比与他同时代的人更多地质疑过 195

① 伊西多尔（Isidore，约 560 年—636 年），西班牙基督教神学家，中世纪早期基督教拉丁教父和学者，先后主持 619 年塞维利亚会议和 633 年托莱多会议，代表作为《语源学》二十卷。

伪伊西多尔教令的真实性。所以包含了奇怪地认可无政府共产主义内容的教皇克雷芒的第五封书信也被收录到《教令集》中，并因此获得了一种权威。这种权威一直被维持到它在16世纪与其他《伪教令集》中的内容一起遭到怀疑为止。格拉蒂安确实对这份文件做了一些评论，意在限制其范围；但在《教令集》中的其他地方，他毫无保留地接受了书信中（除自由性爱之外）的论点。[13]在中世纪后期，认为社会之初，也是其最好的状态中，根本不存在私有财产，因为一切都归所有人共有的想法成了教会法学家和学者的普遍观点。[14]

1270年前后，自古以来第一次有人在文学作品中提到平等主义自然状态。默恩的让（Jean de Meun）是一位喜欢深思的平信徒，生活在巴黎拉丁区，对拉丁语文献非常精通，并深受大学中进行的时事辩论的影响。他在自己的长诗《玫瑰传奇》（*Roman de la Rose*）中对这个问题进行了详尽的论述。在所有中世纪文学作品中，没有比《玫瑰传奇》更受欢迎的本国语著作了——有大约二百份法语版抄本留存至今，此外还有不计其数的翻译版本。正是《玫瑰传奇》让数量庞大的平信徒了解到一种此前只为学识渊博的神职人员所知晓的社会理论。默恩的让对黄金时代及其衰落的描述因此成了一种既严肃又流行的社会学散文，相当于让人们提前大约五个世纪就浅尝了卢梭（Rousseau）《论不平等》（*Discours sur l'inégalité*）的第二部分。像后一部作品一样，《玫瑰传奇》也是一份会引发社会神话研究者极大兴趣的文件。

诗人这样写道："如古人留下的文字能够证明的那样，很久以前，在我们的祖先生活的时代，人们温柔而诚恳地爱着彼此，而且这种爱不出于想要得到什么的贪婪和欲望。善良支配了整个世界。”[15]那时的人口味简单，只吃水果、坚果和芳草，只喝水，他们穿的是野兽皮，住的是山洞，对农耕一无所知。然而，他们没有体会过艰辛，因为大地无偿地提供了他们所需的所有食物。恋人们在开满鲜花的大地上，在树叶形成的遮挡下相拥（对这位作家而言，自由性爱是原始极乐的重要组成部分）。“他们在这里跳舞嬉戏，享受甜蜜的闲散时光，这些 196
简单而宁静的人除了快乐地生活和享受彼此的友谊之外，什么都不用操心。此时还没有像罪犯一样抢夺属于别人的东西的国王或诸侯。所有人都是平等的，谁也没有私有财产。他们熟知爱和权威从来不能友好共存的格言……因此，我的朋友，古人和平、体面地相互为伴，不受任何束缚或限制，就算把阿拉伯和弗里吉亚的所有金子都给他们，他们也不会放弃自由……”[16]

不幸的是，这种幸福的状态被一支恶行的大军终结了。欺骗、骄傲、垂涎、嫉妒等都是其中的成员。他们的第一个举动就是将贫穷和贫穷之子——盗窃——释放到地上，在此之前，世人对他们原本一无所知。接下来，

> 看到人类享受幸福让这些鬼魔陷入狂怒和嫉妒，他们入侵了整片大地，播下不和、欺骗、争吵、纠纷、战争、诽谤、分歧和诉讼、仇恨及积怨的种子。因为他们执迷于黄金，所以他们就将大地都掀开，把金属和宝石之类隐藏在地下的宝藏都挖了出来。贪婪和垂涎已将获取财富的热情灌输到人们心中。垂涎大肆敛财，而贪婪则是个守财奴——她是一个不快乐的人，她永远不会花钱，只要没有灾祸先降临到这些钱财上，她就会把它们都留给继承人和

遗嘱执行人来保管。

> 自从人类开始为这群鬼魔所苦，他们便放弃了最初的生活方式。人类无法停止作恶；他们变得虚伪且满口谎言；紧抓着财产不放，还将土地分给个人并划定界限。为了解决如何划定这些界限的问题，他们往往会大打出手，并抢夺能从别人那里抢到的一切。最强大的人会获得最多的份额……[17]

最后，无政府状态变得如此令人无法忍受，以至于人们不得不选出一个人来恢复和维持秩序。他们选了“他们可以找到的最高大、最魁梧、最强壮的农奴，也是他们使他成了诸侯和领主”。但是他需要帮助，因此就出现了各种税费以负担维持强制机构的费用。这就是王权的开始。后来钱币被铸出来，武器也被造出来，

> 与此同时，拥有财富的人非常害怕这些财富被从他们手中偷走或是劫掠一空，于是这些人加固了城市和城堡的围墙，并建造了带雕塑装饰的宏伟宫殿。从此，这些人就变得更可怜了，因为一切原本像空气和阳光一样归众人所有，从他们出于贪婪将原本公有的财富据为己有开始，这些不幸福的人就再也体会不到任何安全感了。[18]

这就是被中世纪欧洲许多有思想的人认可的平等主义和共产主
197 义理念，而且也不能说完全没有出现过要将这些理念转变为现实的尝试。教会本身一直认为，自愿贫穷的群体生活是“更完美的方式”；但它也坚称，在一个败坏的、受困于（亚当和

夏娃）犯罪带来的结果的世界中，这种理想只能，也只应由精英群体去追寻。在神职人员范围内，这种态度在各个修院修会和托钵修会中找到了一种制度化的表达方式。不少平信徒也被这种态度所吸引，特别是在商业复兴，新的财富出现，以及城市文明发展壮大之后。从 11 世纪开始，在欧洲所有较发达和人口较多的地区都有生活在半隐修群体中的平信徒，他们的所有财产都是公有的。有些群体得到了教会的认可，有些则没有。对于所有这样的群体来说，《使徒行传》第四章中对耶路撒冷的第一个基督徒群体的描述就是他们效仿的榜样。正如我们所看到的，这个榜样曾经被伪伊西多尔引用到他杜撰的教皇克雷芒的书信中，并因此获得了巨大的声望，因为人们无法知道圣路加允许自己的想象力凌驾于史实之上的程度究竟有多深。

但是，对这种想象出来的原始教会的模仿并不是为了恢复，甚至不想尝试恢复已消失的全人类的黄金时代，也就是分别由塞涅卡为古代世界，由默恩的让为中世纪欧洲描绘出来的那个时代。总的来说，即便是从 12 世纪开始活跃起来的那些异端小派也不像他们偶尔宣称的那样关注从社会和经济层面“消除差别的”问题。例如，卡特里派和瓦勒度派就都没有对这个问题表现出多少兴趣。直到接近 14 世纪末时，似乎依然只有少数默默无闻的小派信徒，例如一些自由灵内行会试图将古老的平等主义自然状态理论拿出来说，并将其投射到对未来的设想上。[19]但是，不管付诸实践的人有多稀少，这种重建黄金时代的尝试并非没有重要意义。因为它创造出了一种学说，当这种学说被与流行末世论的幻想融合并介绍给处于动荡中的穷人时，它就立刻变成了一种革命神话。

第十一章　平等主义千年王国（一）

对英格兰农民起义的旁注

198　人们从什么时候开始，不再只简单地将没有地位或财富阶层的社会视为属于遥远过去的、无法挽回的黄金时代，而是将其视为在不久的将来注定实现的美好明天？据现有资料判断，这种新的社会神话产生于1380年前后的动荡年代中。有人提出，也许它最初形成于佛兰德伯国和法兰西王国北部的城镇中，这些地方当时都被暴力的起义浪潮席卷，[1]但这种观点尚未获得证实。相反，在研究关于1381年英格兰农民起义的编年史，[2]以及被认为是由著名的约翰·鲍尔（John Ball）[3]①发出的宣言时，人们却可以意外但明确地发现该神话就隐藏于其中。

并非多数起义者都明显受这一神话影响。绝大部分农民和支持他们的城镇工匠似乎只关注有限且现实的目标。此时，领主与其雇农之间的纽带已经失去了它曾经具有的任何父亲般的特征；农民不认为有必要向不再是他们保护者的领主缴纳重税或提供服务。此外，自黑死病暴发以来，劳动力短缺成了长期存在的问题，普通百姓因此受益匪浅，但这种益处仍然没有达

---

① 中世纪英国民间传教士、农民起义领袖，主张社会平等、财富平等、建立无阶级社会。他参加并领导了1381年英格兰农民起义，起义失败后受审并被英王理查二世处死。

到令他们满意的程度。农民和工匠一直都在遭受法律限制的困扰，特别是体现在《劳工法令》（Statute of Labourers）中的那些，这让他们无法充分发挥自身经济地位的力量。对与法兰西王国战争的处理不善和征收特别繁重的人头税这些事也进一步加剧了长期怨恨导致的不满。然而，无论普通民众心中有多少憎恶和愤怒，当起义爆发时，它仍然是严格局限于现实目标的。国王在迈尔恩德（Mile End）颁发，但后来被废止的授予人们自由的特别法令准确反映了这些目标，其内容包括：确保 199
将应缴纳给庄园主的各种费用折合成现金形式的租金，用就劳动支付工资取代隶农制[①]，取消对自由买卖的限制。该计划中虽然没有任何关于平等主义自然状态即将奇迹般恢复的暗示，但这并不是说起义中就没人抱有这种幻想。

傅华萨[②]在他的一个著名段落中写到了下面这些被认为是典型的约翰·鲍尔布道词的内容：

> 如果我们都是亚当和夏娃这同一位父亲和同一位母亲的后代，那么领主除了让我们在地上耕种，好供他们浪费我们种出的产品以外，凭什么说或靠什么证明自己比我们更应当成为领主？他们穿着由天鹅绒和缎子制成，

---

① 农奴的一种变体，地位介于自由人和奴隶之间，在中世纪西欧很常见也很重要。隶农通常租住庄园主的房子，有时要为庄园主耕种土地或提供其他服务，可能还要缴纳租金或实物。隶农是被固定在土地之上的，未经庄园主的同意不得离开。

② 让·傅华萨（Jean Froissart，约1337年—约1405年），中世纪法国作家。作品既包括短抒情诗，也有较长的叙事诗。其著作《大事记》（*Chronicles*）被认为是14世纪英格兰、苏格兰和法国骑士制度复兴的主要作品，他的历史著作也是关于英法百年战争前半段的主要参考文献之一。

> 还用松鼠皮镶边的衣物，我们却穿着粗糙的土布。他们有葡萄酒、香料和精细面包，我们却只能吃黑麦、变质的面粉和稻草，只能喝水。他们住在美丽的大宅和庄园中，而我们却要忍受艰难，不畏雨雪地到田地中耕作。然而正是我们和我们的劳动为他们提供了维持自己虚荣浮华的财富。[4]

对于这样的状况，这位宣讲者建议了一种激烈的解决方法："好人们，在英格兰的生活不能，也永远不会变好，除非所有东西都变成公有，隶农和贵族的区别不复存在，我们所有人都具有同样的地位。"

英国编年史作家托马斯·沃尔辛厄姆（Thomas Walsingham）是圣奥尔本斯（St Albans）的一位隐修士，他也提供了一份据说是对鲍尔在布莱克希思（Blackheath）向起义者群体所做布道的记录，其内容涉及一个在当时已是约定俗成的谚语，并且至今仍然著名的格言：

> 在亚当耕地、夏娃织布时，
> 哪有什么贵族？

根据沃尔辛厄姆的说法，鲍尔的论点是，起初所有人都被创造为自由和平等的，是邪恶之人违背了上帝的意志，依靠不公正的压迫，最先引入农奴制。但此时正是上帝赐予的时机，普通百姓只要愿意，就可以摆脱他们长期以来忍受的枷锁，并赢得他们一直渴望的自由。为此，他们必须有一颗善良的心，并像《圣经》中的明智农夫那样，把麦子收进谷仓，连根拔起并焚烧几乎让优质谷物无法生长的稗子，因为收获的时候已经到了。稗子就是那些大领主、法官和律师，他们和其他可能危及未来公有制的人都必须被消灭。等这些显赫之 200
人都被拔除之后，人们就可以享受平等的自由、地位和权力了。[5]

尽管无法知道约翰·鲍尔是否真的做过这样的布道，但我们有充足的理由相信，这些布道词中奉行的教义在起义之时确实正在传播开来。英格兰人对于原始的平等主义自然状态学说肯定不陌生。在创作于14世纪最初十年的《财主与穷人的对话》（*Dialogue of Dives and Pauper*）中，我们就读到了“根据自然和上帝的法则，所有东西均为公有”[6]的内容，而且作者还通过提及伪造的克雷芒第五封书信这个老套的权威和《使徒行传》第四章来反复强调此观点的正确性。完全正统的布道者则援引圣安布罗斯的话来实现同样的效果：“土地是为所有人创造的，而不论这个人是贫穷还是富有。富人为什么要挑战穷人在这方面的权利？善良不知道什么是财富，所有人在它眼中一样贫穷……”[7]连威克里夫①也以学术研究的名义，在自己于1374年在牛津撰写的论文《论政权》（*De civili dominio*）中论述了同样的想法。他提出，不义之人获得领主之位不啻篡权，是违背法律首要原则，且与神圣目标不符的；而为了基督的缘故放弃统治权的义人则换来了对宇宙的完全统治，这样的权力是连我们的第一对父母——亚当和夏娃——在犯罪之前也没有享受

① 约翰·威克里夫（John Wyclif，1330年—1384年），中世纪欧洲宗教改革运动的先驱，曾任牛津大学教授，反对教皇权力至上，否认教士有赦罪权，主张简化教会仪式、用民族语言举行宗教礼仪，建立摆脱教廷控制的民族教会。

过的。[8]自格拉蒂安时代以来，许多学者不断发展了对这个主题的研究，威克里夫也提出了自己的一些不同想法：

> 首先，上帝的所有美好事物都应该归所有人共有。证明如下：每个人都应该蒙受上帝的恩宠；如果他蒙受了恩宠，那么他就是世界及世上一切的主人；因此，每个人都应该是整个世界的主人。但是，由于人的数量很多，除非所有人都认定一切归所有人共有，否则前述状态就不会实现：因此，一切都应为公有。[9]

当然，威克里夫从来没有打算将这个理论应用于世俗社会。他只提过一次，而且是用拉丁语。当时他为了把观点阐述得更具体，甚至补充说，在现实生活中，义人必须默许不平等和不公正，并任由不义之人拥有财富和权力。如果说威克里夫对神职人员的财富和世俗性的攻击是极为认真的，那么他关于万物公有的评论则不过是一种形式逻辑的运用而已。尽管如此，在将这些评论从其学术背景中抽离出来，并抛开那些限定成分的修饰之后，人们就会发现它们其实与自由灵的神秘无政府主义
201 几乎没有差别。考虑到有多少来自各个阶层的学生聚集在牛津大学，要说没有一个人很快接受了这些理念，并将其简化为宣传口号，然后传播到国外，那就太让人惊讶了。[10]兰格伦就在这次大型起义之后创作了《农夫皮尔斯》（*Piers Plowman*）① 这首

① 中世纪寓言长诗，被认为是中世纪最杰出的英语文学作品之一。该诗以乡村荒野为背景，以梦幻、寓言、象征和讽刺为手段，用普通人能够理解的语言解释了宗教理念。其作者被推定为威廉·兰格伦（William Langland，约1332年—约1386年）。

长诗，并在其中讲述了关于自然状态的思考如何从大学渗透到普通百姓中间，以及它带来了什么样的影响。

> 嫉妒听说这件事，就命令修士到大学里去，
> 学习逻辑、法律，以及默观，
> 然后向人们宣讲柏拉图的学说，并用塞涅卡的话佐证，
> 他们说天空之下的所有东西都应该公有。
> 向无知之人宣讲这些的人是在撒谎，我像确认我活着一样确认这一点，
> 因为上帝给人定下了律法，并由摩西教给世人：
> 不可贪恋他人一切所有。[11]

然而，在其漫长的历史中，平等主义自然状态的想象始终没能成为一种能够引发变革的社会神话，如果不是受到更加带有个人色彩和更具热情的社会批评的强化，它在此时依然不会有太大的影响力。已故的奥斯特教授在他对中世纪布道词的精彩研究成果中提出，哪怕是最正统的布道者也会批评社会各阶层的罪过，而且会把最严厉的斥责留给富人和有权势之人。尤其具有重要意义的是将最后审判说成穷人复仇之日的解释。这一解释于13世纪被创造出来并得到详细阐述，剑桥大学名誉校长约翰·布罗姆亚德①在他的布道指南中就此做了精彩表述。以下内容摘自奥斯特的总结和翻译，这能让人

① 一位颇具影响力的14世纪英格兰多明我会会士，也是多产的布道指南编纂者。

们多少体会到布罗姆亚德论点中蕴含的情感力量：

> 左边，在最高法官的宝座前，站着“冷酷的领主们，他们通过严苛的租金和强取豪夺来剥削上帝的良民……邪恶的神职人员，没有照他们应当做的那样，用基督的财富来滋养他的穷人。放高利贷者和虚伪的商人……欺骗基督的信徒……”。右边的义人中，有许多曾被前述施恶行者“折磨、伤害或压制”。届时，受压迫者要当着上帝的面对他们的压迫者提出严重的控诉。
>
> 他们可以勇敢地将自己的诉求摆在上帝面前以寻求公义，可以与法官基督说话，并依次陈述各自遭受的伤害……“我们的劳动和财物……被他们夺走，以满足他们
> 202 的贪婪。他们害我们遭受饥饿和辛劳，这样他们才能依靠我们的劳动和财物过上精致的生活。我们辛勤工作，活得如此艰难，每年有充足食物的日子达不到一半，而且我们有的只是面包、麸皮和水。不，更糟的是，我们会被饿死。他们却要吃三四道菜，道道都是我们的劳动成果，是被他们夺走的我们的财富……我们又饿又渴，饱受天寒地冻和衣不蔽体的折磨。当我们生活在匮乏中时，那些强盗不会把本就是我们的东西给我们，也不会用这些财富来为我们提供衣食。但是，他们会喂饱自己的猎犬、马匹和猴子，有钱人、有势力的人、富足的人、暴食的人、酒鬼和他们的娼妓，这些人有食物和衣服，却让我们在匮乏中受煎熬……
>
> 哦，公正的上帝，威严的法官，猎物在他们与我们之间不是被平均分配的。他们的饱食意味着我们的饥荒。他

> 们的快乐意味着我们的不幸。他们的格斗和比赛是对我们的折磨……他们的盛宴、享乐、浮华、虚荣、过剩和富余是我们的禁食、惩罚、穷困、灾难和毁灭。他们随之起舞的小调与欢笑是我们的嘲讽、呻吟和抗议。他们唱的歌词是："很好了！很好了！"而我们的哀叹是："倒霉了！倒霉了！"……

布罗姆亚德还补充说："毫无疑问，公正的法官会为那些因此大声抗议的人伸张正义。"受压迫之人的控诉有多凄惨，压迫者要面临的命运就有多糟糕："在世上被称为贵族的很多人，必将在审判席上感到最深的羞耻……"[12]

这种布道的目的当然不是煽动社会起义。对富人进行这样的布道是敦促他们公正、仁慈地对待穷人，并慷慨地施舍；对穷人进行这样的布道也不是为了激发他们的不满，反而是要对他们进行慰问和安抚。尽管如此，这种对最后的审判的描述还是显示了"卑微之人"对"显赫之人"的所有不满，而且这种不满是作为宏大的末世戏剧的一个组成部分被提出来的。要将这样的预言转变成最容易引发激动情绪的革命宣传，人们要做的就是让审判之日更加接近，即表明它不是要发生在遥远和不确定的未来，而是已经近在眼前就行了。这正是被沃尔辛厄姆认定为由约翰·鲍尔所做的布道带来的效果。要理解该布道内容的全部意义，人们只需回想一下关于麦子和稗子的寓言的经文——可以肯定，任何聆听这些布道的中世纪会众都会马上联想到这一内容。因为按照基督对门徒的解释，该寓言是一种末世论预言，它谈论的就是在末世发生的巨大动乱：

203 那撒好种的就是人子，田地就是世界，好种就是天国之子；稗子就是那恶者之子，撒稗子的仇敌就是魔鬼；收割的时候就是世界的末了，收割的人就是天使。

> 将稗子薅出来用火焚烧，世界的末了也要如此。人子要差遣使者，把一切叫人跌倒的和作恶的，从他国里挑出来，丢在火炉里，在那里必要哀哭切齿了。那时，义人在他们父的国里，要发出光来，像太阳一样。有耳可听的，就应当听。[13]

通过宣告这个预言即将实现，也就是上帝指定的收割的时候终于到了，这个布道实际上是在召唤作为天国之子的平民百姓来消灭预告千禧年即将开启的鬼魔势力。出现在《农夫皮尔斯》中的象征主义，也被运用到这段像那些布道词一样被说成出自鲍尔之口，但其实作者身份存疑的晦涩难懂的韵文中，为的都是传达同样的革命性信息。从中可以发现人们对被视为上帝大军的穷人，与被视为撒旦大军的压迫者之间进行的最后战斗的迫切期盼。那些传统上被认为由富人犯的罪——比如贪婪和色欲等——都将通过这场战斗被清除；“被锁起来的真相”将被公之于众；“无比美好的真爱”将重返世上。这是千年王国的开始，这个千年王国不仅是传统末世论中预言的圣徒的王国，也是原始的平等主义自然状态的再现，是第二个黄金时代。韵文的内容也坚称这些是被指定在此刻发生的：“上帝会给予补救，现在是时候了。”[14]

人们普遍认为，14 世纪发生的三次大规模农民起义——1323—1328 年的佛兰德沿海地区起义、1358 年的扎克雷起义和 1381 年的英格兰农民起义——都是为了实现社会和经济性

1.《敌基督的故事》

图中左侧的敌基督受魔鬼启发正在宣讲教义，图中右侧的“两位见证人”以诺和以利亚正在做反对敌基督的宣讲。画面上方描绘的是敌基督在魔鬼的帮助下尝试飞翔，以此显示自己是上帝，一位天使长正准备将他杀死。

（© TPG Images）

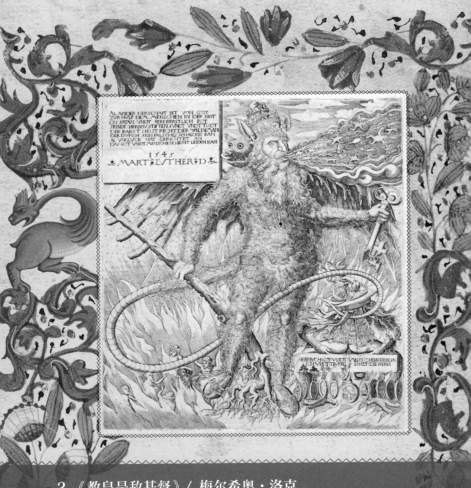

2.《教皇是敌基督》/ 梅尔希奥·洛克

在这幅献给路德的恐怖图像中，教皇被描绘为一个有尾巴和其他撒旦具有的动物特征的形象。从他口中喷出来的青蛙（及其他爬行动物）会让人想起《启示录》（16:13）中对敌基督的描述。图中的一处文字说明将这个人物与野人（Wild Man）相提并论。

如伯恩海默博士（Dr.Bernheimer）在其研究中表明的那样，中世纪鬼魔学中的野人是一种具有引发色欲能力和破坏力的怪物，一种与潘神（Pan）、法翁（Faun）、萨蒂尔（Satyr）和半人马（Centaur）同源的地上灵体，后来变成了一种可怕的鬼魔。洛克的野人也拿着一个教皇十字架，那是一根像半人马拿的那样的树干，它同时是阴茎的象征。

（©Wikimedia Commons）

3.《忿怒之日》/ 阿尔布雷特・丢勒

这是根据《启示录》（6：9–16）创作的："……我看见在祭坛底下，有为神的道并为作见证被杀之人的灵魂……我又看见地大震动，日头变黑像毛布，满月变红像血；天上的星辰坠落于地……地上的君王、臣宰、将军、富户、壮士和一切为奴的、自主的，都藏在山洞和岩石穴里，向山和岩石说：'倒在我们身上吧！把我们藏起来，躲避坐宝座者的面目和羔羊的忿怒。'"

（©Wikimedia Commons）

4. 画中描绘的是中世纪人诠释的犹太人谋杀基督徒男孩的仪式。这是把折磨和阉割儿子的父亲的离奇形象投射到犹太人身上的显著例子。

（©Wikimedia Commons）

5.《财主和拉撒路》

雕塑上部：财主在家中大吃大喝的时候，拉撒路在其门口死去，他的灵魂被天使送到亚伯拉罕的怀中。

雕塑中部：财主去世后，被鬼魔用力推入地狱，并因为身上钱袋的重量而一直下坠。

雕塑右下：一个恶鬼象征着“贪婪”，带着蛇的女人象征着“色欲”。

（© TPG Images）

6.《鞭笞派游行队伍》/ 1349 年

（©Wikimedia Commons）

7.《焚烧犹太人》/ 1349 年

（©Wikimedia Commons）

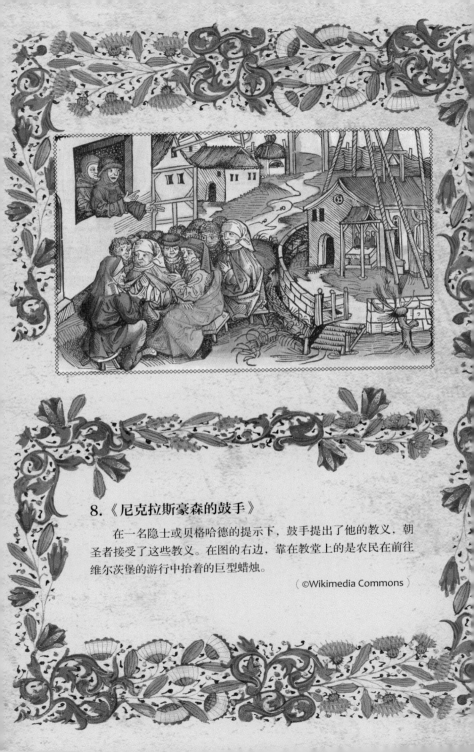

8.《尼克拉斯豪森的鼓手》

在一名隐士或贝格哈德的提示下，鼓手提出了他的教义，朝圣者接受了这些教义。在图的右边，靠在教堂上的是农民在前往维尔茨堡的游行中抬着的巨型蜡烛。

（©Wikimedia Commons）

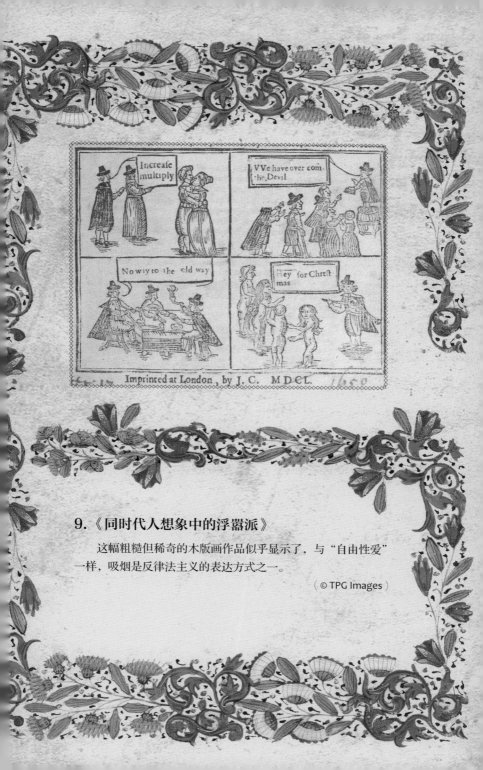

9.《同时代人想象中的浮嚣派》

这幅粗糙但稀奇的木版画作品似乎显示了，与“自由性爱”一样，吸烟是反律法主义的表达方式之一。

IOHAN·VA·LEIDEN·EY·KONINCK·DER·WEDERDOPER·
THO·MONSTER·WA ERHAFTICH·COTER·
HÆC·FACIES·HIC·CVLTVS·ERAT·CV̄·SEPTRA·TENE·
HENRICVS·ALDEGREVER·SVSATIĒ·FACIEBAT·
·ANNO·M·D·XXXVI·
GOTTES·MACHT·IST·MYN·CRACHT·

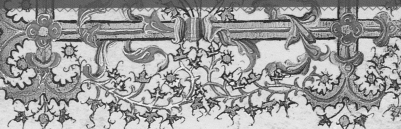

10.《作为国王的莱顿的约翰》/ 海因里希·阿尔德格雷弗

人们认为这幅精美的版画是应主教要求，在他攻下明斯特之后的某个时间，以真人为模特创作的。插着两把剑的王权宝球象征着伯科尔森宣称的精神上的和世俗上的普遍统治。伯科尔森的座右铭之一是“上帝的大能即我的力量”。

质的有限目标。实际上，这个说法更适用于前面两场发生在欧洲大陆上的起义，就英格兰的起义而言，这个说法也许并不完全准确。虽然起义中的大多数参与者也是出于特定不满而要求进行特定改革的，但似乎仍可以肯定地说，对千禧年的期待和渴望在这里并不鲜见。从社会学的角度来看，这丝毫不会令人感到惊讶。下层神职人员，尤其是以约翰·鲍尔为典型的、 204
背教的和非正规的神职人员在英格兰的起义中发挥了重大作用；而且，正如我们所看到的，这些人总是热切地想要承担某种受上帝启发的先知角色，并担负起引导人类顺利度过注定发生的末世动乱的使命。[15]与此同时，这场起义的特殊之处还在于，它既是农村的起义，也是城市的起义。肯特（Kent）和埃塞克斯（Essex）的农民似乎是出于对国王的仁慈和全能的确信，才向伦敦进发的；[16]但当他们到达那里时，城市中的居民也发动了起义，后者不仅确保抵达的农民不会被挡在城门之外，还加入他们的队伍。这无疑改变了起义的性质。

傅华萨说鲍尔最热心的追随者是“嫉妒富人和贵族”的伦敦人绝对有充足理由。当时，在伦敦也存在着一个下层社会，就像在法兰西王国、德意志王国和低地国家城镇中一直存在的那些一样：其成员包括被排除在行会之外，又不被许可组建自己的组织的熟练工人；没有技能的出卖劳力者；身心俱疲的士兵和逃兵及数量过多的乞丐和失业者。实际上，整个下层社会中的人都生活在巨大的痛苦中，永远处于被饿死的边缘，且该群体的规模还因为乡下来的农奴的加入而不断扩大。在这种混合了狂热的预言家和处于社会边缘那些迷惘、绝望的穷人的社会环境中，一场必然会震动国家整个社会结构的动乱注定要爆发出灾难性的力量，并引发最暴力的后果。[17]在这场动乱中，所有事情似乎真的焕然一新了，所有社会规范都在瓦解，所有阻碍都在崩塌。它实际上非决定性地暗示出，千禧年期望也许就隐藏在这场起义的一些更令人惊讶的副产品背后：比如伦敦人烧毁萨伏依宫，把宫中的所有财物全部毁坏，而不是据为己有；[18]又比如起义者在史密斯菲尔德（Smithfield）向国王提出的明显不切实际的要求；[19]可能还比如杰克·斯特劳（Jack Straw）① 承认，除了一些托钵修士外，贵族和所有神职人员都要被杀死（前提是假设他真的做出过这样的坦白）。[20]

在这种情况下，人们肯定很容易宣称并且相信，通向一个平等主义，甚至是共产主义千年王国的大道已经铺就。大约四十年后，同样的情况会在波希米亚重现，届时爆发的是规模大得多的胡斯革命（Hussite revolution）。

塔波尔派的启示文学

205 尽管在民族组成上绝对以斯拉夫民族为主，在语言上也绝对以斯拉夫语为主，但波希米亚人的国家从很多个世纪前就已经被纳入西欧文明，而不是东欧文明的范围。它属于拉丁教会而不是希腊教会；从政治上讲，它也是神圣罗马帝国的一部分。波希米亚人的君主政体从大约 1200 年开始就不间断地存续着；14 世纪后半叶，波希米亚国王还先后戴上了德意志王国和神圣罗马帝国的冠冕。当时，波希米亚既是帝国的重要选

① 1381 年英格兰农民起义领袖之一，傅华萨称其于 1381 年被斩首，沃尔辛厄姆称其坦白自己“计划杀死国王”。

侯国，又是最重要的大学——成立于1348—1349年的布拉格大学的所在地。波希米亚曾有效地支配欧洲中部的政治和文化生活，但它在15世纪初失去了这样的地位。当时的波希米亚国王瓦茨拉夫四世（Wenceslas Ⅳ）被从帝国皇位上赶下台，布拉格大学也从一所国际性大学变成了纯粹的波希米亚大学。然而也是在这段时间，波希米亚成了一场引发激烈争端的宗教运动的中心，该运动给整个欧洲带来的深刻影响将持续数十年。[1]

波希米亚人也会对教会提出人们通常提出的那些批评，而且他们的态度比欧洲任何人的都更坚定。这里的教会拥有巨额财富——一半的土地都是教会财产；许多神职人员，特别是大主教们无疑都过着世俗的生活；教廷不断干涉国家内政，并从中强行索取可观的经济利益。此外，这里的平信徒对神职人员的惯常憎恨还因为民族情感而被大大增强。自12世纪以来，在波希米亚出现了数目可观的德意志人后裔，这个少数民族群体讲德语，并坚决地维持自身的德意志特征——这样的人在高级教士当中尤其常见。所以捷克人针对神职人员的不满与他们针对外来少数民族的不满融合到了一起。

14世纪60年代时，一位名叫克罗梅日什的约翰·米利奇（John Milíč of Kroměříž）① 的苦行者兼改革者在布拉格获得了巨大的影响力。他非常关注敌基督，起初将其想象为一个人，但后来变成将其认定为教会内部的腐败。教会明显腐败的事实

---

① 又译“扬·米立奇”，捷克语的拼法为 Jan Milícz Kroměříže，德语拼法为 Johann Militsch von Kremsier。原文后三章中的大部分人名是英语化之后的拼法，中文也按原文翻译，所以可能出现与常见译名略有不同的情况，类似情况均通过注释补充说明。

意味着敌基督的统治已经开始，而敌基督开始统治则意味着末世即将到来。不过，要为末世做准备，就必须推翻敌基督，也就是说神职人员必须学会生活在贫穷中，平信徒则必须远离
206 “高利贷”。比米利奇更有影响力的是他的门徒亚诺夫的马修（Matthew of Janov）①，后者活跃在 1390 年前后，也沉迷于敌基督的概念，并用隐喻将其解释为所有把对自身和俗世的爱看得比对基督的爱更重要的人。马修比米利奇更深刻地认识到敌基督具有的压倒一切的力量。在他眼中，当前这个时代已经完全被敌基督统治——司祭和隐修士的世俗性，以及更重要的教会大分裂丑闻就是证明。基督的最终胜利当然是确信无疑的，但为之做准备是所有真正基督徒的任务。他们要做到这一点，一方面可以靠回归《圣经》中阐明的戒律，另一方面可以靠每日参加领受圣体的礼仪。马修坚称，圣体是基督徒必不可少的精神食粮，它应该像被充分和频繁地提供给司祭一样，充分和频繁地提供给平信徒。敌基督的机构首先是由假司祭组成的——为什么敌基督的追随者反而可以比大多数基督徒更多地与基督进行最亲密的接触？在亚诺夫的马修的思想中，圣体第一次获得了后来它将在整个胡斯运动中获得的那种核心地位。

由约翰·米利奇和亚诺夫的马修提出的改革要求被其他布道者持续推行。威克里夫的著作于 1380 年在波希米亚为人所知，他的教导和模范作用又进一步激发了人们对改革的渴望。到 14 世纪末 15 世纪初，本身就是威克里夫坚定支持者的约

① 又译“亚诺夫的马捷”或“马赛厄斯”，捷克语拼法为 Matěj z Janova，拉丁语拼法为 Matthias de Janow。

翰·胡斯（John Hus）① 采纳了前者的观点，他对该教义的阐述如此有效，以至于这场运动的意义不再局限于地方，而是遍布整个拉丁基督教世界。像自己的前辈们一样，胡斯也是一位受欢迎的布道者，他最喜欢的主题是神职人员的腐败和世俗性。但是，不同寻常的各种天赋的综合使他立刻当上了大学校长。他既是平民百姓的精神领袖，也是在宫廷中有影响力的人物；这些都让他的抗议活动变得格外重要。他的抗议活动还比任何前辈的都彻底。当教皇约翰二十三世②派遣使节到布拉格号召人们对自己的政敌——那不勒斯国王进行“征讨”，并向那些为此项事业捐款的人授予赎罪券时，胡斯对教皇的命令进行了反抗。像在他之前的威克里夫一样，他宣告说，当教皇的命令与《圣经》中表述的基督的律法背道而驰时，信徒们就不应遵从这些命令。由他发起的反对售卖赎罪券的运动也在全国范围内引发了兴奋。[2]

胡斯从来都不是极端主义者或叛乱分子，他只是因为拒绝盲目服从自己在教会中的上级而触怒了他们，但这已经足够让 207
他赔上性命。他于 1412 年被逐出教会，又于 1414 年被召唤到当时在康斯坦茨召开的公会议上。因为轻信西吉斯蒙德皇帝的通行许可能够保证自己的安全，所以胡斯不明智地遵从了召唤。他本打算用教会确实需要根本性改革的论点说服公会议。

① 又译“扬·胡斯”（Jan Hus，英文化拼法为 John Hus 或 John Huss，1369 年—1415 年），中世纪捷克宗教改革家。深受威克里夫思想影响，反对德意志封建主与天主教会对捷克的压迫和剥削，抨击神职人员的奢侈堕落，主张用捷克语举行宗教仪式。主要著作有《论教会》。

② 约翰二十三世（Pope John XXⅢ，1410 年—1415 年）不被承认为合法的教皇，所以已过世的教皇约翰（1958 年—1963 年）也称约翰二十三世。——作者注

结果在被捕并拒绝宣布放弃信仰之后，胡斯被当作持异端者烧死了。他所持“异端”的核心思想是宣称罗马教廷不是神的机构，而是人的机构，且教会真正的领袖应该是基督，不是教皇，没有任何值得称赞的品格的教皇应该被废黜。具有讽刺意味的是，判定胡斯有罪的公会议确实刚刚以买卖圣职、谋杀、鸡奸和行淫的罪名废黜了教皇约翰二十三世。[3]

胡斯被处决的消息把波希米亚的动荡转变成了一场全国性的改革。在早于路德整整一个世纪之前，国家挑战由教皇和公会议代表的教会权威的情况就第一次出现了。1415—1418 年，在捷克主要贵族和瓦茨拉夫国王的赞成和支持下，波希米亚各地都实施了改革。原有的教阶体制在很大程度上被一个国家性教会取代，后者不再受罗马控制，而是依赖波希米亚世俗权力的资助。与此同时，在胡斯曾经的追随者，斯特日布罗的雅各布（Jakoubek of Stříbro）① 的敦促下，从此以后平信徒也被许可同时领受饼和酒，而不是像中世纪后期的惯例那样只领受饼。

这些都是意义深远的变化，但它们本身并不意味着与罗马教廷的正式决裂。相反，它们被当作一种可以用来说服整个教会的改革。如果罗马教廷或康斯坦茨公会议认可这一方案，那么捷克贵族、大学主管和许多普通百姓就能够满意了。然而，这种情况并没有发生。1419 年，瓦茨拉夫国王在（其弟）西吉斯蒙德皇帝和教皇马丁五世（Martin V）的压力下改变政策，放弃了胡斯运动这项事业。胡斯派的宣传活动受到限制，饼酒同领（utraquism）也遭到冷遇。在布拉格被称为“新城”

① 又译“米斯的雅各布”，其名字的拉丁文拼法为 Jacobellus de Misa。

的区域里，普通百姓因受到一位名叫约翰·泽列夫斯基（John Zelivsky）① 的前隐修士兼狂热胡斯派的鼓动而变得越来越躁动不安。1419 年 7 月，当瓦茨拉夫国王把新城政府中的所有胡斯派议员全部撤换时，平民发动了起义，他们冲进市政厅，将多位新议员从窗口扔了出去。

尝试压制胡斯运动的失败大大增强了该运动的激进倾向， 208
因为从一开始，某些运动参与者抱有的目标就远远超越了贵族或大学主管抱有的目标。这些激进分子中的绝大多数来自较低的社会阶层，包括织布工和其他纺织工人、裁缝、啤酒酿造者、铁匠——实际上就是来自各行各业的体力劳动者。这些人发挥的作用如此惊人，以至于天主教辩论家们甚至可以伪称整个胡斯运动从一开始就是由工匠行会资助的。更准确的说法应该是，波希米亚的总体动荡助长了工匠群体的躁动不安，这种情况在布拉格尤其明显。[4]

首都工匠的经济状况很优越，却被排除在任何市政当局的决定之外，因为对政府的控制完全掌握在大贵族家庭手中——这些人几乎全部强烈反对胡斯派，而且他们之中有很多德意志人。1419 年 7 月的起义使这种情况发生突变。起义的成功极大增强了行会的势力，并让它们有效地控制了行政机关。工匠们于是驱逐了大批天主教教徒，并将他们的房屋和财产，以及许多属于他们的职务和特权据为己有。此外，隐修院也都被征用，属于隐修院的大部分财产被转移给布拉格市，这也能间接地使工匠们受益。尽管新城在行会的统治下并不比在贵族统治下更奉行平等主义，但它由工匠控制的这个事实就足以使它成

---

① 又译“扬·泽列夫斯基”，其名字的捷克语拼法为 Jan Želivský。

为激进影响的中心了。[5]

虽然组织并指挥布拉格激进运动的是行会，但运动中的大部分普通成员却不是有技能的工匠，而是来自城市人口最底层的那些人，比如各行各业的熟练工、无技能的出卖劳力者、契约仆人、乞丐、娼妓和罪犯。即便是在14世纪，也就是这个城市最繁荣昌盛的那段时间，也有大量极度贫穷的贫民窟居民生活在布拉格。[6]胡斯革命之前的三四十年里，这种人的数量大大增多，他们所处的状况也大大恶化。当时的波希米亚陷入了人口过剩的状态。富余人口一如既往地从农村地区流向各个城镇，尤其是首都。不过波希米亚没有能够吸收这些劳动力的出口产业，因此他们中的许多人只是进一步扩大了失业群体的规模。[7]就连那些找到某种不需要熟练技能的工作的人也依然处于
209 绝望的境地：通货膨胀导致货币贬值，物价不断上涨，但工资水平却还保持在1380年前后的样子。[8]到1420年，布拉格三四万人口中的绝大多数处在饿死的边缘，因为他们获得的工资都不足以糊口。胡斯运动中的激进派成员主要就是从这些饱受困扰的无产阶级中招募的。

激进主义也得到了农民的大力支持。长期以来，大部分农村人口都依赖拥有土地的领主生活，无论该领主是教会的还是世俗的。但因为由德意志殖民者引入，并已经在捷克农民中广泛适用的土地使用权制度，农民对领主的依赖变得不再绝对。租金和其他应缴纳费用是明确和固定的：租约可以继承，因此具有很大的保障性；有时租户可以出售租约，因此许多农民享受到了一定的迁徙自由。皇权在14世纪的增强也进一步防止了贵族对平民的剥削，1356年时还通过了赋予依赖领主的农民在领地法院起诉其领主的权利的法律。贵族们为这些限制感

到恼火：到15世纪初，他们坚决采取行动，以剥夺农民的传统权利，并迫使这些农民陷入完全依赖领主的境地。通过操纵法律，许多农民逐渐被剥夺了将土地使用权遗赠给继承人的权利，而他们自己却被更加牢固地束缚在土地上，他们应缴的费用和需要提供的服务也增加了。至胡斯革命爆发时，波希米亚农民似乎已经不安地意识到自己的地位正受到威胁。[9]此外，在农村地区也存在着一个能够不顾一切行动起来的阶层，包括不拥有土地的劳动者、农场工人及许多城镇和农村都容不下的富余人口。这些人都非常愿意支持任何可能对他们有所帮助和救济的运动。[10]

从1419年起，胡斯运动中的激进派开始与运动中的保守派分裂，并发展出一条自己的路线。面对瓦茨拉夫国王的新迫害政策时，一些激进司祭开始走出堂区体系，把会众组织到波希米亚南部的各个山顶上。在那里，他们向平信徒同时提供饼和酒，并进行反对罗马教廷滥用权力的布道。新的集会地点很快变成了永久定居点，人们在这里有意识地模仿《新约》中描绘的最初的基督徒群体的生活方式；这些定居点共同组成了 210
一个完全处于封建制度之外的社会雏形——它试图依靠兄弟之爱，而不是武力来规范群体中的事务。这些定居点中最重要的一个位于卢日尼采河（River Lužnica）边一座距贝希涅城堡（Bechyne castle）不远的小山上。最有意义的是，该地点被重新命名为“他泊山”（Mount Tabor），因为根据一个可以追溯到公元4世纪的信仰，基督就是在名为“他泊”的山上预言了自己的第二次降临（《马可福音》第十三章），他在这里升天，有朝一日还将荣耀地返回这里。[11]很快，这个名字，连同其具有的全部末世论含义，都被与胡斯运动参与者中的激进派联系在一起。所以无论是同时期的人还是今天的历史学家，都称他们为塔波尔派。

塔波尔派并不具有什么统一的纲领，因为他们的愿望是多种多样、混乱不清的。这些人的行为动力是一种民族的、社会的和宗教的仇恨。实际上，城镇中大多数富足的商人都是坚定的天主教教徒和德意志人这个事实，再加上认为封建主义和农奴制是德意志制度这个错误观念的广泛传播，导致塔波尔派比饼酒同领派（Utraquists，对胡斯运动中的温和派的称呼）[①] 更加坚定地反对德意志人。但最重要的是，塔波尔派彻底抵制罗马教廷。当饼酒同领派在绝大多数问题上坚持传统天主教教义时，塔波尔派则断言，无论是平信徒还是司祭，每个人都有权根据自己的领悟来解释《圣经》。许多塔波尔派成员不接受关于炼狱的信条，将祈祷和为死者做弥撒视为徒劳的迷信，对圣物或圣像没有任何敬意，对教会的许多仪式嗤之以鼻，还拒绝宣誓并抗议死刑制度。最重要的是，他们坚持认为，除了《圣经》中明确表述的内容之外，没有什么需要被视为宗教信条。

所有这些都使人想起了前几个世纪中的持异端者，尤其是那些研读《圣经》的瓦勒度派，他们实际上曾在波希米亚较贫穷阶层中非常活跃。但就像在欧洲其他地区一样，波希米亚也早就存在一种千禧年主义倾向，这种倾向与瓦勒度派的严肃

① 又名“圣杯派”（Calixtines），源于拉丁语“Calix”（圣杯），是15世纪捷克胡斯派中的温和派。主要代表中小封建主和城市中等阶层的利益，要求限制大封建主、教士和上层市民在捷克民族教会中的权力，没收教会财产。后与德国封建主和天主教当局妥协，共同镇压激进的塔波尔派。

异议的差别和它与正统天主教信仰的差别一样大。在黑死病和大规模鞭笞派游行的时代，一位名叫里恩佐①的罗马护民官和先知曾在布拉格预言，一个宁静、和谐和公义的时代，一种真正的天堂般的秩序即将开启。[12]约翰·米利奇和他之后的改革者一直怀着对第二次降临的期待；14 世纪末期，在波希米亚还 211
出现了受自由灵教义影响的千禧年主义小派信徒。1418 年，对千禧年的期待又因为从国外来到布拉格的大约四十名皮卡第（*Pikarti*）而增强了。这里说的“皮卡第”可能只是一些贝格哈德，但更可能真的是一些皮卡第派（英文化拼法 Picards）②，他们是为逃离当时在里尔和图尔奈盛行的迫害而来到这里的。[13]无论如何，这些人似乎与自由灵内行，即布鲁塞尔的“智慧分子”关系密切。他们痛斥那些无视基督要求绝对贫穷的命令，并剥削穷人，以便自己过上奢侈放荡生活的高级教士。另一方面，他们认为自己才是圣灵的器皿，拥有与使徒，甚至是基督拥有的一样完整的关于真理的知识。而且鉴于他们相信罗马教廷是巴比伦淫妇，以及教皇是敌基督，所以他们显然也认为自己生活在千禧年前夕，或者可能是像“智慧分子”一样相信自己生活在第三个时代前夕。

起初，瓦勒度派倾向在塔波尔派中占据主导地位。在 1419 年的大部分时间里，塔波尔派的目标都是进行一次全国性的改革，但与最初的胡斯改革不同的是，这次改革将包括与

---

① 科拉·迪·里恩佐（Cola di Rienzo，1313 年—1354 年），14 世纪罗马政治家，意大利平民起义领袖。致力于复兴古罗马的荣耀。1347 年在平民支持下自封护民官，并宣布一系列针对贵族的改革措施，但其统治很快被贵族推翻。1354 年受教皇委派重返罗马恢复教廷在罗马的权威，但再次失败并被暴民处死。

② 胡斯运动中一个拒绝接受变体论的小派。

罗马彻底决裂的内容。波希米亚的宗教生活，乃至某种程度上的社会生活都会进入一种符合瓦勒度派的使徒贫穷和道德纯洁理念的状态。当年 10 月和 11 月，波希米亚各地的塔波尔派聚集在布拉格，激进派领导者试图赢得胡斯派地方法官和大学主管对他们计划的支持。但这必然不会成功，而且他们很快就发现自己面对的是比预想中更冷酷无情的反对。瓦茨拉夫国王因为议员被杀的消息受惊过度，已于 8 月去世。那些拥护胡斯运动的大贵族与他们的天主教盟友联手，确保了瓦茨拉夫国王的弟弟西吉斯蒙德皇帝继承王位，也确保了激进分子的计划无法成功。不久，布拉格的地方法官也毫无保留地加入保守派一方。所有人都同意饼酒同领的圣体圣事应当被保留，但他们也都坚决认定塔波尔派必须被镇压。于是在从 1419 年 11 月开始的几个月里，整个波希米亚的塔波尔派都被排除在了国家运动之外，并遭到了旨在彻底消灭他们的野蛮迫害。与此同时，启示幻象和千禧年幻想则如预期那般获得了新的活力。

马丁·胡斯卡（Martin Huska）因其非凡口才而得名“雄辩者”（Loquis）。在他的带领下，一些曾经是司祭的人开始公
212 开宣讲伟大圆满即将到来，并宣称必须消除一切邪恶，好为千禧年做准备的时刻已经来临。他们预言，在 1420 年 2 月 10—14 日，每个城镇和村庄都会像所多玛一样被大火毁灭。① 在整个基督教世界，上帝的忿怒将降临到所有没有立即逃上“山”的人头上——这里的“山”指的是已经成为塔波尔派据点的五个波希米亚城镇。[14]这个消息的传播在最底层社会中激起了

① 参见《创世记》（19：24－25）：“当时，耶和华将硫磺与火，从天上耶和华那里，降与所多玛和蛾摩拉，把那些城和全平原，并城里所有的居民，连地上生长的都毁灭了。”

极大热情。许多穷人卖掉自己的财产，拖家带口地迁移到这几个城镇中，然后把自己的钱都献给了那些布道者。

这些人认为自己正在参与与敌基督及其大军进行的最后战斗。[15]这一点在当时流传的一封公开信中被表现得很清楚：“有五个城市不会与敌基督达成协议或向他投降。”[16]当时的一首塔波尔派歌曲也指出了这一点：“忠实的信徒，因上帝而喜乐吧！致敬他、赞美他，因为他愿意保护我们，并慷慨地将我们从邪恶的敌基督和他狡猾的大军手下解救出来……”[17]在他们遭受的苦难中，千禧年主义者认出了早已预料到要降临的“弥赛亚灾难”，而这种信念让他们获得了新的战斗性。布道者不再满足于等待奇迹来消灭那些不敬虔的人，而是呼吁信徒自行在世上进行必要的净化。这样的布道者之一就是布拉格大学的毕业生约翰·卡普克（John Capek）。据说他写的小册子中“充满的血比池塘中充满的水还多”，他在其中引用《旧约》来证明上帝的选民以耶和华之名杀人是一种不可推卸的责任。这份作品为其他布道者提供了辩论的武器，他们利用其中的论点来敦促聆听自己布道的人展开屠杀。他们宣称对罪人不能表露一丁点儿怜悯，因为所有罪人都是基督的敌人。[18]“不用自己的刀杀死基督敌人的人要受诅咒。每个信徒都必须用敌人的血洗自己的手。”[19]布道者本身也热心地参与了杀戮，因为“每个司祭都可以合法地追捕、伤害和杀死罪人”[20]。

应当被处死的罪行包括那些一直令穷人厌恶的事，即贪婪和色欲；但除此之外，也是最重要的一点在于，一切违反“遵守神圣法则之人”意志的行为也都被定为死罪。在激进的塔波尔派眼中，所有反对他们的人都是罪人，都必须被消灭；

而且，证明这种嗜杀成性的证据绝不只出自他们的敌人之口。彼得·切尔奇基奇（Peter Chelčicky）① 是一位不愿放弃自己爱好和平的瓦勒度派观点的塔波尔派，他注意到发生在许多同伴
213 身上的变化，并为此感到惋惜。彼得评论说，撒旦已经诱使他们将自己视作天使，他们必须净化属于基督的世界中的所有丑恶，还注定要审判这个世界，就凭他们“杀了许多人，并使许多人变得贫穷”[21]。一份由千禧年主义者撰写的拉丁语小册子被留存到今天，它可以证实这一切：“公义的人……如今报仇成功，并在罪人的血中洗了手，所以可以欢喜了。”[22]但最极端的塔波尔派的行为比这还要过激，他们坚持认为任何人，无论出身高低，只要没有积极帮助他们“解放真理”和消灭罪人，那么这个人就是撒旦和敌基督大军的成员，因此只能被消灭。[23]因为复仇的时候到了，效仿基督不再意味着效仿他的仁慈，而是效仿他的愤怒、残酷和报复心。作为“上帝的复仇天使和基督的战士”，上帝的选民必须毫无例外地杀死所有不属于这个群体的人。[24]

千禧年主义的兴奋之情还受到政治局势发展的鼓舞。1420年3月，温和胡斯派与西吉斯蒙德皇帝之间的休战终止，一支由多国人组成，但以德意志人和马扎尔人为绝对主力的天主教军队入侵了波希米亚。捷克人从未接受西吉斯蒙德皇帝为他们的国王；尽管从法律角度上说并非如此，但捷克实际上进入了

① 彼得·切尔奇基奇名字的捷克语拼法为 Petr Chelčický，他是捷克基督教精神领袖，也是波希米亚改革最有影响力的思想家之一。他发表的作品批判了教会和国家的不道德和暴力行为。他基于《圣经》提出了许多改进人类社会的建议，包括不抵抗思想，这些思想影响了托尔斯泰、甘地和马丁·路德·金等人道主义者，但胡斯运动中的大部分人拒绝接受他的非暴力思想。

一段会一直持续到1436年的政权空白期。这个国家还在天才军事指挥官约翰·杰式卡（John Žižka）① 的领导下展开了一场战争，并在一场又一场战斗中击退侵略者。杰式卡是一位塔波尔派，在战斗中冲锋陷阵的也都是塔波尔派。至少在最初阶段，他们当中更极端的那些人从不怀疑自己就生活在“世界走向圆满，一切邪恶都被消灭的时候”[25]。

在一切邪恶都被消灭之后，千禧年就会降临。这些人完全相信，世上的罪人被除尽之时，就是基督“带着荣耀和大能”降临之日。接下来，人们将在塔波尔派的圣山上举行“弥赛亚盛宴”；盛宴之后，基督将取代德不配位的西吉斯蒙德皇帝。[26]他将统治整个千年王国，圣徒会“在天父的王国中像太阳一样闪耀”；他们“像太阳一样光辉灿烂，完全没有污点”，还会像天使或犯罪之前的亚当和夏娃一样在一种无罪情景中体验永恒的极乐。[27]而且这个千年王国也是伪约阿基姆派预言的第三个，即最后一个时代。在这个王国中，人们不再需要靠举行圣礼来确保获得救赎；神职人员的理论知识将被视为虚荣； 214
教会本身也会消失。在这里，没有人会经历物质上的匮乏或身体上的痛苦；妇女不需要进行性交就可以怀孕，并可以毫无痛苦地生下孩子；疾病和死亡将不复存在。在这里，圣徒们将生活在一个充满爱与安宁的群体中，不受任何法律的约束，也不受任何胁迫：他们是新天堂的居民，正如我们会看到的那样，这个天堂也将是平等主义自然状态的重现。[28]

---

① 又译“扬·杰式卡”（约1376年—1424年），其名字的捷克语拼法为Jan Žižka，德语拼法为Johann Ziska。捷克民族英雄，宗教改革家，胡斯的信徒。胡斯战争爆发后，领导革命军三次打败教皇和神圣罗马帝国皇帝组织的十字军，取得战争的重大胜利。1424年死于瘟疫。

波希米亚的无政府共产主义

如果塔波尔派末世论主要来源于约翰预言和约阿基姆预言，那么它的某些特征无疑也会让人联想到关于黄金时代的神话。人们在研究塔波尔派千年王国的社会组织时会发现这一点尤其引人注目。要说清约翰·鲍尔的声望，或皮卡第派移民和本地自由灵内行的教义在这里分别产生了什么影响是不可能的。捷克人的传统文献中本来就有极易引发争议的思想。波希米亚不仅像其他国家一样熟悉关于无政府共产主义自然状态的想象，而且认为这个想象具有一种特殊的民族意义。大约在此三个世纪前，第一位波希米亚历史学家——布拉格的科斯马斯[①]就曾想象并描绘了最早定居在波希米亚的人如何生活在财产完全公有的状态下：

> 就像阳光的照耀或水的滋润一样，耕地和牧场都是公有的，甚至连婚姻也是开放的……因为他们像动物一样，只在一个晚上交配……没有人知道什么是“我的”，就像在隐修院中生活一样，他们嘴上说的，心里想的，以及实际上对待所有东西时，都只知道“我们的”。他们的棚屋不上锁，他们不会将有需要的人拒之门外，因为那时既没有盗贼和强盗，也没有穷人……然而可惜的是，他们用兴旺换来了败落，用私有财产取代了公有财产……因为渴望占有

---

① 布拉格的科斯马斯（Cosmas of Prague，约1045年—1125年），其名字的捷克语拼法为Kosmas Pražský，拉丁语拼法为Cosmas Decanus。神职人员、作家和历史学家。出生于波希米亚的一个贵族家庭，代表作为用拉丁语创作的《波希米亚编年史》。

的热情在他们心中燃烧得比埃特纳火山的火焰更猛烈……[1]

后来的编年史作家也为这些思想能够在学识渊博的人中间永远存续下去做出了贡献。意义更重大的是 14 世纪初出现在《捷克韵文编年史》（*Czech Rhymed Chronicle*）[2]中的相同想象，这部用本国语写成的作品直到中世纪末期都非常流行，并在许多方面预示了塔波尔风暴的降临。在对商人、德意志人和城镇 215
文明进行猛烈攻击的上下文环境中，作者带有宣传目的地描绘了早已消失的、生活在喜悦和幸福中的第一批捷克人。这种做法与几个世纪后，“上莱茵的革命者”拿所谓的最初的德意志人的公有制生活与被罗马人引入的邪恶的高利贷生活方式做比较很相似。这些幻想给捷克人的社会和历史观造成了多么深远的影响，可以从被译成本国语的 14 世纪法典《卡罗利尼陛下》（*Majestas Carolini*）① 中看出来，连这份庄严的文件也宣称，不仅所有事物在很长一段时间里原本是公有的，而且那样的风俗才是正确的。[3]

正如极端的塔波尔派理解的那样，千禧年的特征即恢复已经消失的无政府共产主义秩序。税费、应缴费用和租金都要被取消，各种私有财产也将被废除。[4]届时将不再有任何人类权威：“所有人都要像兄弟一样生活在一起，任何人都不需要服从于另一个人。”[5] “主会进行统治，王国要被交给世上的人。”[6]而且既然千年王国将是一个无阶级的社会，那么可以预见，为迎接它而做准备的屠杀，必将以针对“显赫之人”的

① 神圣罗马帝国皇帝查理四世（Charles Ⅳ）在 1350 年提议的用于管理波希米亚的法律，该法典的目的在于增强皇权，但它由于受到波希米亚宗教会议的反对而始终未能生效，1355 年时被查理四世撤回。

阶级战争的形式出现，它实际上是对敌基督的老盟友——财主的最终进攻。塔波尔派在这一点上非常明确："所有领主、贵族和骑士都应像不法之徒一样在树林中被消灭。"[7]然而，像其他地方在过去几个世纪中的情况一样，被视为财主的首先是富有的城镇居民、商人或遥领地主，而不是老式的封建领主。而且激进的塔波尔派最渴望消灭的也正是这些城市财主，他们还想将这些城镇都付之一炬，好让任何信徒都不能再进入这些地方。布拉格是西吉斯蒙德拥护者的据点，因此成了最受憎恶的地方。塔波尔派称之为巴比伦的做法足以清楚表明他们认为这个名字意味的即将降临到该城市头上的厄运是什么。[8]巴比伦是敌基督的诞生地，也是与耶路撒冷相对的魔鬼之地，它在传统上被视为色欲和贪婪的化身。《启示录》中已经预告了它将如何走向覆灭：

> 她怎样荣耀自己，怎样奢华，也当叫她照样痛苦悲哀……所以在一天之内，她的灾殃要一齐来到，就是死亡、悲哀、饥荒。她又要被火烧尽了，因为审判她的主神大有能力。地上的君王，素来与她行淫、一同奢华的，看
> 216 见烧她的烟，就必为她哭泣哀号。因怕她的痛苦，就远远地站着说："哀哉！哀哉！巴比伦大城，坚固的城啊！一时之间你的刑罚就来到了！"地上的客商也都为她哭泣悲哀，因为没有人再买他们的货物了……[9]

此后，善战的基督出现在天上，站在天使大军的前面，对敌基督发动战争，并在地上建立千年王国。

在伟大的净化被实施，完全的公有状态也在波希米亚大地

上被重新建立起来之后，圣徒们就应该去征服并统治其他地方了。因为他们是“被派往全世界的军队，他们带着复仇的瘟疫，向各国以及它们的城镇实施报复，并对每个抵抗自己的人做出审判”[10]。此后，“国王要侍奉他们，任何不侍奉他们的国家都将被摧毁”[11]；“上帝的儿子们将把君王踩在脚下，普天之下所有领地都要归他们所有”[12]。这是一个最有威力的社会神话，是许多极端主义者很多年来，哪怕是在最沮丧的时候也一直坚守的信念之一。第二次降临可能会无限期地延后，传统的社会秩序可能会保持不变，进行平等主义革命的任何真正机会也可能消失，然而这些幻想却一直萦绕在人们心头。最晚到1434年，我们还能在塔波尔派的集会上听到有人宣称，无论眼下的形势多么不利，上帝的选民必须崛起并消灭敌人的时刻一定会很快到来。先要被消灭的是君主们，然后是忠诚度或有用性值得怀疑的自己人。完成这些之后，波希米亚就完全处于他们的控制之下了，他们必须不惜一切血的代价，先征服邻国，然后征服其他所有地方：“因为罗马人就是这么做的，他们靠这样做统治了整个世界。”[13]

实际上，建立世界范围无政府共产主义秩序的计划取得的成功极为有限。1420年初，在某些核心地区建立起了由塔波尔派司祭控制的公共基金，成千上万来自波希米亚和摩拉维亚的农民和工匠卖掉所有财产，然后把收入存入这个公共基金。这些人与自己之前的生活彻底断绝了关系，很多人甚至把自己的房子和土地都烧了个精光。他们中的大部分人加入塔波尔派军队，成了没有任何财产、居无定所的基督的勇士，过着奇特的、像十字军运动中的穷人一样的生活。但是，也有许多人定居在塔波尔派控制的城镇中，并在那里形成以彻底实现平等

217 主义为目的的群体，群体中的人只被兄弟之爱团结在一起，从来不讲“我的”或“你的”。[14]

此类群体中的第一个在1420年初成立于波希米亚南部的皮塞克（Písek）。当基督没能按照预期重新降临世间后不久，又一个群体也于1420年2月成立起来。由塔波尔派司祭领导的塔波尔派成员和农民组成的队伍占领了卢日尼采河上的乌斯季（Ústí）；几天后，他们迁移到附近一个由插入河中的岬角形成的天然要塞中。所有这些都发生在前一年被命名为“他泊”的那座山周边，此时这个要塞也被重新命名为“他泊”。到了3月，军事指挥官杰式卡放弃了他在比尔森（Plžen）的总部，并与所有在比尔森的塔波尔派一起转移到他泊。当地的封建领主很快就在一系列突围中败下阵来，于是整片地区都成了塔波尔派的统治范围。1420—1421年，他泊和皮塞克是塔波尔派运动的两个主要据点，但他泊尤其成了运动中那些最激进的千禧年主义者的基地。这里从一开始就被极度贫穷的人主宰，他们要做的是着手开创新的黄金时代：“在他泊不存在‘我的’和‘你的’之分，所有财产均为公有，因此所有人必须始终对所有东西坚持公有，谁也不能拥有任何属于自己的东西，拥有私有财产就是犯了弥天大罪。”[15]

对他们的社会实验来说不幸的是，塔波尔派革命者把全部注意力都放在公共所有权上，却完全忽略了生产的需要。甚至可以说，他们似乎相信，新的理想群体的成员能够像伊甸园中的亚当和夏娃一样无须进行任何劳作。然而，就算这场践行共产主义的早期实验很快就以失败告终并不会令人意外，但它结束的方式仍然值得关注。自由灵内行普遍认为自己有权偷盗和抢夺，此时的塔波尔派群体也采用了非常相似的手段，但他们行事的规模大得多。当公共基金被用尽后，激进分子宣称，作为“遵循上帝律法之人”，他们有权抢夺任何属于上帝的敌人的东西。起初，敌人的范围包括神职人员、贵族和全体富人，但没过多久，任何不是塔波尔派的人都被纳入了这个范围。[16]从此以后，伴随杰式卡领导的主要战役，或与这些战役联合进行的许多行动都变成了单纯的匪盗袭击。正如较为温和的塔波尔派在他们的宗教会议上抱怨的那样，“许多群体从没想过要靠自己的劳动谋生，而是只想进行单纯以抢劫为目的的不义战斗，好用别人的财产来养活自己”[17]。尽管他们憎恶富人的奢 218
侈生活方式，但许多激进的塔波尔派其实和自由灵的某些内行一样，会给自己准备君主般华丽的衣物，然后把它们穿在外袍里面。

当地的农民损失也很惨重。在忠于塔波尔派政权的农民中，只有少数人出卖自己的财产并加入上帝选民的群体。1420年春，在革命激情带来的第一波狂热中，塔波尔派宣布废除所有封建束缚，免去所有应缴费用和劳务，许多农民于是匆忙接受了新政权的保护。但仅仅不到半年之后，他们就完全有理由后悔自己的决定了。1420年10月，塔波尔派迫于自身的经济困境，打算向受他们控制的领地内的农民收取费用。没过多久，应缴费用的数额又大大增加了，以至于许多农民发现自己的生活反而比受领主控制时更艰难。[18]

最引人注目的描述依然是由温和的塔波尔派在宗教会议上做出的。该会议抱怨说：“几乎所有群体都在以一种非常不人道的方式侵扰周边的平民百姓，像暴君和异教徒一样压迫他们，甚至毫不留情地向哪怕是最虔诚的信徒勒索租金，完全不顾这些百姓中的一部分与群体中的人拥有相同信仰、与他们一样面临着战争的危险，并且也遭到了敌人的残酷虐待和抢掠。”[19]这些农民被夹在交战双方之间，他们的处境确实相当凄惨。战争的情势摇摆不定，农民们不得不一会儿向塔波尔派，一会儿向封建领主缴纳费用。除此之外，他们还经常由于通敌而受到双方的惩罚：塔波尔派说他们是“暴君的同盟”，天主教教徒说他们是“异教徒之友”。至于他们本身是否情愿则不被考虑在内。当农民处在塔波尔派统治下时，他们被所谓的兄弟视作最卑贱的农奴。“遵循上帝律法之人”会这样威胁农民缴纳费用：“如果你不服从，我们将在上帝的帮助下，用各种手段，尤其是通过火烧的方式来迫使你执行我们的命令。”尽管塔波尔派挑战封建制度的力度是前所未有的，但波希米亚农民究竟因此获得多少好处却值得怀疑。可以肯定地说，在战争结束时，农民的处境比以前更糟糕，而贵族的势力却进一步壮大，这让他们可以轻易地将一种最繁重的农奴制度强加到农民身上。

即使在塔波尔群体内部，无政府共产主义的实验也很快就
219 被抛弃了。无论实验者多么不愿意工作，他们都不得不靠工作谋生。很快，工匠们就开始按照与波希米亚其他城镇中存在的类似的行会体系来组织自己。最重要的是，从 1420 年 3 月起，塔波尔派还参与到针对侵略军的国家战争中，他们实际上帮助布拉格的非塔波尔派的胡斯派保卫首都数月之久。即便是塔波尔派军队也不可能在没有等级制度的情况下运作，所以既不是平等主义者，也不是千禧年主义者的杰式卡确保了指挥官的职务只能由像他本人一样来自下层贵族的人担任。所有这些都是为了抑制塔波尔派司祭的激情，所以当塔波尔派于 9 月返回他泊时，他们对选举一个“主教”来监管所有人并管理公共基

金的关注已经超过了对千禧年的。然而，对新黄金时代的追寻也不是没经历任何斗争就被抛弃的。尽管越来越多的塔波尔派在调整自己以适应经济困难、战争和毫无消失可能的阶层社会，但少数人对此的回应仍是发展新形式的千禧年主义信仰。

布道者马丁·胡斯卡在一定程度上受到皮卡第派移民的启发，从而发展出一种圣体教义，该教义与通常的塔波尔派思想完全划清了界限。杰式卡及其他许多塔波尔派与布拉格的饼酒同领派一样，对圣体抱有崇高敬意，因为圣体就是基督的身体和血；当他们参战时，有人会像举旗子一样，用一根杆子挑着一个圣杯走在队伍最前面。与此相反，胡斯卡拒绝接受变体论（transsubstantiation）①，反而宣扬领受圣体的礼仪的主要意义是一场爱的盛宴，也是为重新降临的基督与他的选民一起举行的“弥赛亚宴会”而进行的彩排。因为在国外传播这样的理念，胡斯卡于1421年8月被烧死了。[20]

这些想法也被传播到他泊。1421年初，数百名激进分子在一个叫彼得·卡尼斯（Peter Kániš）的司祭的领导下忙于在此传教，这些人也被冠以皮卡第派的称呼，并引发了很大的分歧。直到2月，他们要么是自己离开了，要么是被驱逐出了他泊。这些人中的大多数只是单纯地接受了胡斯卡的圣体教义，但也有大约二百名极端分子奉行的是最激进的自由灵学说。这些人将以波希米亚亚当派（Bohemian Adamites）② 的称呼在历

① 天主教神学圣事论学说之一，指圣体礼用的饼和酒在礼仪过程中发生质变，转变成耶稣的肉和血。天主教会将此作为必须相信的信条。

② 亚当派中的一个教派。亚当派亦称“裸体主义者”，是基督教不同时期对一些小派的统称。该派主张人类应当学习始祖亚当，通过裸体完全地返璞归真；应取消婚姻，过群居生活，有传说他们实行乱交。

史上留名。他们认为上帝住在末世圣徒，也就是他们这些人里面。这使得他们超越了基督，因为基督的死证明他其实不过是
220 个凡人。鉴于此，他们抛弃了《圣经》、使徒信条和所有书本知识，认为只要进行如下祈祷就足够了：“在我们里面的父，照亮我们，你的意志会被实现……”他们还坚称天堂和地狱并不存在，只有公义之人和不义之人的区分；由此得出的结论是，因为他们是义人，所以会永远生活在地上的千年王国中。[21]

杰式卡为处理亚当派的问题而中断了一场战斗。1421 年 4 月，他抓获了包括彼得·卡尼斯在内的大约七十五名亚当派成员，并将他们作为持异端者烧死了，其中有些人甚至是大笑着迈步走入火焰的。幸存者随后找到了一位新领袖——他可能是个农民，也可能是个铁匠，有时被成员们称为亚当，有时又被称为摩西——据说他被授权掌管整个世界。[22]似乎还存在一个自称圣母玛利亚的女人。至于其余的亚当派，据说他们像自由灵内行一样生活在一种毫无限制的群体状态中，不仅没有人拥有任何属于自己的财物，就连专属的婚姻关系也被视为一种罪过。塔波尔派通常遵循严格的一夫一妻制，但在亚当派中，自由性爱似乎成了一种规则。有基督关于娼妓和税吏的评论①为依据，亚当派宣称，贞洁的人不配进入他们的弥赛亚王国。[23]另一方面，任何一对男女都不得在未经“亚当－摩西”许可的情况下发生性行为，后者会在祝福他们时说：“去吧，要结出果实，要繁衍后代来充满大地。”该教派还有围着火堆举行

---

① 《马太福音》（21：31－32）：“耶稣说：‘我实在告诉你们：税吏和娼妓倒比你们先进神的国。因为约翰遵着义路到你们这里来，你们却不信他；税吏和娼妓倒信他。……’”

裸体舞蹈仪式并吟唱赞美诗的习惯——实际上，不管天气冷热，这些人似乎大部分时间都赤身裸体，并声称自己处于犯罪之前的亚当和夏娃曾享有的无罪情景中。

当杰式卡追捕皮卡第派时，这些超无政府主义者躲藏在韦塞利（Vesely or Weseli）与因德日赫赫拉德茨（Jindřichuv Hradec）① 之间的内扎尔卡河（River Nezarka）中的一个岛上。像其他塔波尔派一样，亚当派也视自己为复仇天使，他们的使命是在全世界范围内挥舞刀剑，直到将所有不洁的东西都消除。他们宣称，鲜血必须淹没整个世界，血水之深能淹没马头；尽管他们人数很少，但会竭尽所能实现这一目标。他们以自己的岛屿为据点，不断向附近的村庄发动夜间突袭，还称这些突袭为“圣战”；在这些行动中，他们给自己的共产主义原则和对破坏的渴望找到了一种表达的出口。自己没有任何财产的亚当派会抢走他们能抢到的一切。与此同时，他们还会放火烧毁村庄，并杀死或烧死他们能找到的所有男人、女人和孩 221
子。他们为这种行为寻找的借口依然出自《圣经》：“半夜有人喊着说：‘新郎来了……’”[24]②亚当派称司祭是鬼魔的化身，因此他们在屠杀司祭时尤其充满热情。

最后，杰式卡派遣一位高级军官带领一支由四百名训练有素的士兵组成的队伍去终结这场混乱。“亚当－摩西”泰然自若地宣布，敌人到了战场上就会失明，整个军队都将寸步难行；而圣徒们只要坚定地站在他身边，就会刀枪不入。他的追随者相信了他，并为他们的岛屿设置壁垒，这些人在防御时充

① 德语称“诺伊豪斯”（Neuhaus）。

② 参见《马太福音》（25：1－13），大意是让信徒时刻警醒、预备着，为基督复临做好准备。

满了干劲和勇气，杀死了许多进攻者。1421 年 10 月 21 日，他们终于被击败并全部歼灭。只有一人因为杰式卡的命令而免于一死，这样他就可以对这个群体的教义和惯例进行完整的描述。这个人是在其证词被妥善记录并提交给布拉格饼酒同领派神学院教师做考量之后才被烧死的，其骨灰被沉入河中——这一预防措施强烈表明，这个人不是别人，正是弥赛亚领袖“亚当 - 摩西”。

至此，波希米亚的社会革命在塔波尔派运动的目标中已经不再占据主要位置。翌年，一场反革命运动终结了工匠群体在布拉格的统治地位；那之后，尽管人们可能还会继续谈论革命，但实际权力越来越多地被掌握在贵族手中。然而在边境之外，波希米亚革命者的教导和榜样继续在不满的穷人身上发挥作用。一位敌对的编年史作家说：“波希米亚人如今变得那么强大威武、那么傲慢，以至于他们令各地的老实人感到恐惧，因为后者怕这种流氓行为和混乱秩序会传染其他人，让那些人也与所有体面、守法的富人作对，而这正是那些不想工作，却狂妄自大、贪图享乐的穷人最爱做的事。所有国家中都有许多这样的人，粗俗而一无是处的人尽其所能地支持波希米亚人的异端邪说和不信神行为；不敢公开这样做时，他们就在暗中作祟……所以波希米亚人在粗人中间有许多秘密支持者……他们过去常常和司祭争辩，说每个人都应该与其他人分享自己的财产。这会让许多卑微之人感到高兴，而且很可能会变为现实。”[25]

各地的富人和特权人士，无论是神职人员还是平信徒，都一样担心塔波尔派影响力的蔓延会导致一场最终破坏整个社会

222 秩序的革命。塔波尔派的宣传不仅旨在推翻神职人员，还要推

翻贵族，这些内容被渗透到法兰西王国，甚至是西班牙，并吸引了许多持同情态度的人。当勃艮第和里昂周围的农民起义反对教会的和世俗的领主时，法兰西神职人员立即将起义归咎于塔波尔派小册子的影响——他们这么说很可能是对的。[26]但塔波尔派最有机会发挥影响力的地方还要数德意志王国，因为在1430年，塔波尔派大军已经深入莱比锡、班伯格（Bamberg）和纽伦堡，而且德意志人的焦虑也是最严重的。[27]当美因茨、不来梅（Bremen）、康斯坦茨、魏玛（Weimar）和斯德丁（Stettin）的行会针对贵族进行起义时，这些混乱也被归咎于塔波尔派。1431年，乌尔姆（Ulm）的贵族召集与他们结盟的城镇联合进行针对胡斯派波希米亚人的新十字军运动。他们指出，德意志王国中有一些与塔波尔派有很多共同点的革命分子。穷人的叛乱可以非常容易地从波希米亚扩散到那里；如果发生这种情况，城镇中的贵族们将成为最主要的受害者之一。同年召开的巴塞尔公会议也表达了对德意志王国普通百姓可能与塔波尔派结盟，并开始掠夺教会财产问题的关切。

这种恐惧可能有草率和夸大之嫌，但在接下来的一百年中，人们将多次证明，它并非毫无根据。

第十二章　平等主义千年王国（二）

尼克拉斯豪森的鼓手

223 在1434年的利潘战役（battle of Lipan）中，塔波尔派军队被一支不是由外国天主教教徒，而是由波希米亚饼酒同领派组成的军队击败，几乎全军覆没。从那以后，胡斯运动中的塔波尔派势力就迅速衰弱了。1452年，他泊也被饼酒同领派占领。连贯的塔波尔派传统此后仅存在于一个被称为波希米亚弟兄会或摩拉维亚弟兄会（Bohemia or Moravian Brethren）的小派中，这种存在是纯粹宗教形式的，也是和平的、非革命性和非政治性的。即便如此，在波希米亚肯定仍然有一种隐秘的、激进的千禧年主义在继续流传。15世纪50年代或60年代初，出身富裕贵族的维尔斯贝格的扬科和利文（Janko and Livin of Wirsberg）两兄弟开始传播末世论预言，其中不乏约翰预言和约阿基姆派传统的内容。

这种教义的核心是一位弥赛亚，他被称为受膏的救主；人们期待他将揭开第三个，也是最后一个时代的序幕。扬科和利文断言，《旧约》中预言的弥赛亚和真正的人子不是基督，而是他们所说的弥赛亚，将在历史尽头出现在荣耀中的也是这个人。他被赋予了其他任何人都不曾获得的领悟：他曾目睹三位一体和神圣的本质；相比之下，他对《圣经》隐含意义的理解让以前所有对《圣经》的解读都成了盲目猜想和胡言乱语。他的使命不仅是拯救人类，还是拯救上帝本身，因为自从世界存在以来，上帝就一直在因人类的罪恶而受折磨，如今他每天都在呼唤受膏的救主来帮他摆脱痛苦。但是，这样的任务当然要以付出大量血的代价为前提才能实现。因此，新的弥赛亚将从杀死敌基督（教皇）开始，继而消灭所有神职人员，因为这些人是敌基督的帮手，但托钵修士可以被排除在外。最后，他将消灭所有以任何方式抗拒他的人。在达到这样的良好效果之后，世上将如《启示录》中所预言的那样的，只剩下一万四千人①。这些“得救的余民”将被团结在同一个信仰之下， 224
形成一个不举行外在膜拜仪式的精神上的教会，而受膏的救主将立即以罗马皇帝和上帝（*sicut Caesar imperator et Deus*）的身份统治所有人。[1]

大屠杀本身是在雇佣军的帮助下进行的——这一点很奇怪，而且具有一定意义。当时，与波希米亚接壤的地区实际上已经被遭到遣散的波希米亚雇佣军破坏殆尽，这些人保留了不少塔波尔派的行为方式，他们称自己是“弟兄会”，还给自己设防的营地取名“他泊”。尽管这些人并不是什么宗教狂热分子，而是单纯的土匪，但在维尔斯贝格兄弟之类充满激情的波希米亚人眼中，他们很容易被当成 1420 年那些革命的千禧年主义者的真正后继者。[2]大屠杀后要形成的新秩序无疑是打算带有一些平等主义特征的：幸存下来的神职人员，也就是托钵修士将不拥有任何财产；贵族将放弃他们的城堡，像普通市民一样居住在城镇中。让当时的人感到尤为震惊的是，这种用本国

① 原文如此，疑为十四万四千的笔误。参见《启示录》第七章和第十四章。

语进行传播的教义鼓励民众“通过起义和叛乱来反对他们在宗教和世俗中的上级”[3]；传播者还毫不犹豫地拿该教义与“曾出现在波希米亚……并想在那里建立一个尘世天堂”[4]的皮卡第派的教义相提并论。

创作这一教义的人似乎并不是维尔斯贝格兄弟，而是一个脱离自己所属群体的方济各会会士，他相信自己就是那位受膏的救主。维尔斯贝格兄弟完全被这个大人物控制了，他们乐意将自己视为他的使者和传令官，扬科甚至将自己视为新的施洗约翰，并在东方之外的地方使用了约翰这个名字。他们从位于波希米亚最西端的埃格尔（Eger）的大本营将他们师傅的预言传播到各地，宣传针对的受众不仅有平信徒，还有倾向于神修派和约阿基姆派信仰的方济各会会士。兄弟二人声称自己在德意志王国有众多支持者，如果将他们团结起来，完全可以与任何诸侯较量。这当然是夸大其词；但让人觉得有意思的是，当该学说渗透到爱尔福特这座贫富差距极其明显的大城市时，一位身为大学知识分子领袖的教授认为自己有必要撰写并宣读一份驳斥该学说的文章。[5]

受膏救主降临的预定年份是 1467 年，但届时会发生什么却永远不会有人知道了，因为在预定时间的前一年，由罗马教廷特使领导的教会当局决定，镇压这一运动的时候到了。维尔
225 斯贝格的扬科似乎逃走了，他后来的命运无人知晓；利文虽靠宣布放弃错误信仰避免了被烧死在火刑柱上的结局，但他被囚禁在雷根斯堡主教的监狱中，没几年就去世了。与此同时，埃格尔则忙着在写给帝国内其他姐妹城市，甚至是教皇的书信中就自己被指控为异端邪说的温床而辩护。

如果说在波希米亚，这种运动的生存空间越来越小，那么

在德意志王国，情况反而变得对接受塔波尔派影响格外有利了。在连续几代人的时间里一直困扰着普通百姓的那些国家结构上的缺陷仍然让人无法忽视，甚至还比以往任何时候都更严重。皇室的尊严和权威日渐衰弱，德意志王国继续分裂成一堆乱七八糟的公国。15 世纪下半叶，皇帝的威望更是跌至谷底。起初，腓特烈三世因为自己的名字而成了最疯狂的千禧年期待的焦点，但他在 1452—1493 年的统治证明他是一个特别无能的君主。他之所以没被赶下皇位仅仅是由于没有合适的对手出现，在他当政的后期，臣民几乎忘了他的存在。国家中心的这种权力真空导致了一种长期且广泛存在的焦虑，这种焦虑在关于"未来的腓特烈"的民间传说中获得了表达，但仍然可能以末世论热情狂潮的形式突然猛烈爆发。焦虑最常见的表现形式是集体朝圣，这不仅让人回想起早些时候的平民十字军运动和鞭笞派游行，而且它也像那些活动一样容易脱离教会的控制。[6]

与波希米亚接壤的德意志王国领土成了特别有利于塔波尔派宣传其思想的地方。巴伐利亚城镇中有数世纪悠久历史的异端传统在整个 15 世纪一直存在。到该世纪中期，艾希施泰特主教仍然认为有必要用逐出教会的惩罚来威胁那些在教堂门口抽打自己的鞭笞派，及四处云游、寻求施舍，并认为自己已经达到完美境界的"自愿贫穷"的贝格哈德。直到该世纪末，这样的禁令还会时不时出现。[7]同样是在 15 世纪中期，于维尔茨堡召开的宗教会议重申了对云游布道的贝格哈德的古老禁令。[8]激进的塔波尔派信仰在其诞生的故乡早已绝迹，却能在德意志王国继续发挥影响。它在这种环境里反而发展得更好的原因是，没有哪儿的神职人员比巴伐利亚的更抵挡不住贪婪和色

欲的诱惑。无数主教的抱怨证明了下层神职人员的荒淫程度，
226 他们中的许多人沉迷于饮酒和赌博，甚至毫不犹豫地带着情妇去参加宗教会议。至于主教们本身，也很少有谁做过任何能让自己赢得信徒忠心的事。

维尔茨堡采邑主教教区内的情况尤其激发了强烈的民愤。历任主教与维尔茨堡市民之间的对立已经延续了数代人，15世纪初，市民曾被决定性地击败这个事实，也没能给这里的紧张局势画上句号。15 世纪上半叶的主教们穷奢极侈，只有依靠征收比以往都繁重的税才能偿还自己的债务。到 1474 年，税率已经高得离谱，连主教手下一名官员都将当地农民比喻成一群拉着沉重马车的马，只要在马车上再加一个鸡蛋，这些马就彻底拉不动了。[9]这里的平信徒已经连续几代都在接受持异端布道者的宣讲，他们相信神职人员应该生活在完全的贫穷之中，所以如此重税对他们而言必然显得尤为不公。当时的主教舍伦贝格的鲁道夫（Rudolph of Scherenberg）虽然既有能力又有责任心，但这一事实无法改变群众的想法。在 15 世纪 70 年代的维尔茨堡城区和主教教区中，无论主教的个人品格如何，平信徒，尤其是穷人，都只会把他看作一个彻头彻尾的剥削者。

在距离维尔茨堡不远的陶伯河河谷（Tauber）有个名叫尼克拉斯豪森（Niklashausen）的小村庄。1476 年，从这里兴起的运动几乎可以被称为一场新平民十字军运动。[10]在法兰西王国、低地国家和莱茵河谷的早期十字军运动中发生过的许多情景，此时都在德意志王国南部重演了；但这一次，弥赛亚王国不再是天上的耶路撒冷，而是约翰·鲍尔和激进的塔波尔派设想的那种自然状态。这次运动中的救世主是一个名叫汉斯·伯

姆（Hans Böhm）的年轻人，这个名字暗示他要么是波希米亚人后裔，要么是在大众心目中被与胡斯运动教义联系在了一起。伯姆原本是一个牧羊人，业余时间会到旅馆和市场上打鼓、吹笛子，所以也是一名受欢迎的表演者，这就是为什么他至今还被称为尼克拉斯豪森的鼓手（或吹笛人）。有一天，这位小伙子听说了意大利方济各会会士乔瓦尼·迪·卡皮斯特拉诺[①]的故事，后者曾于二三十年前到德意志王国鼓励忏悔，敦促他的听众抛弃华丽的衣物、烧掉所有骰子和纸牌。此后不久的四旬期[②]期间，这个牧羊人就在尼克拉斯豪森的堂区教堂前烧了自己的鼓，并开始给众人讲道。

与据说在1320年发起了牧人十字军运动的另一位牧羊人一样，伯姆也宣称被天堂光辉围绕的圣母玛利亚在他面前显 227
灵，并向他传达了一个极为重要的消息。伯姆不再用鼓声来召唤人们跳舞，而是改用纯粹的神之道来启发他们。他要解释神圣天道如何偏爱尼克拉斯豪森胜过其他任何地方。尼克拉斯豪森堂区教堂里树立的圣母像被赋予了奇迹的大能，一直吸引着朝圣者前来。此时，圣母宣布这个地方可以让整个世界得到救赎。这个信息的措辞让人强烈联想到鞭笞派先后在1260年和1348年使用过的天堂来信。上帝本打算以最令人痛苦的方式惩罚人类，但因为圣母求情，他同意暂不实施惩罚，但是人们

① 乔瓦尼·迪·卡皮斯特拉诺（Giovanni di Capistrano，1386年—1456年），曾作为宗教裁判所裁判官前往德意志王国、匈牙利和波希米亚迫害胡斯派。他坚决反对教廷代表与胡斯派进行和谈，认为任何安抚和调解都是对异端的纵容。

② 又译“大斋期”或“封斋期”。基督教的斋戒节期。据《新约》载，耶稣于开始传教前在旷野守斋祈祷四十昼夜。教会为表纪念，规定棕枝主日前的四十天为此节期。

此时必须大批前往尼克拉斯豪森的圣母像朝圣，否则惩罚终究会降临到世上。圣母将从尼克拉斯豪森，而且是仅从那里赐福给全世界：人们只能在陶伯河河谷——而不是罗马或其他任何地方——找到神圣的恩宠。任何来朝圣的人都将被免除所有罪过，任何死在那里的人都会立即进入天堂。

这个曾经是牧羊人的人原本很愚笨，此时却突然展现出惊人的口才。每到礼拜日和宗教节日，都有很多人来聆听他的布道。很快，他也遵循了从坦彻尔姆开始的众多先知一直遵循的路线。起初他只是劝说人们忏悔：女人要扔掉金项链和花哨的方头巾；男人则要少穿颜色鲜艳的衣物，鞋头也不能太尖。但没过多久，先知就开始宣称自己拥有奇迹般的，和他起初说是圣母才具有的一样令人震惊的大能。他宣称，上帝没有用一场霜冻冻死所有谷物和葡萄藤完全是他一人祈祷的结果。此外，他还发誓说自己可以亲手将任何灵魂带出地狱。

尽管伯姆是在堂区司祭的同意下开始布道的，但可以预见，他宣讲的内容最终也会转向批判神职人员。他无比激烈地表达了对贪婪和色欲的惯常指责，还说让一个犹太人成为基督徒都比让一个司祭成为基督徒容易。神职人员的行为一直让上帝无比愤怒，而如今他不会再容忍下去了。清算的日子就在眼前，杀死神职人员会被视为最值得称颂的行为，因此神职人员将非常乐意把自己头顶剃光的部分遮盖起来以逃避追捕他们的人（从这里我们可以认出温特图尔的约翰在 1348 年看到的那种特别受欢迎的伪约阿基姆派预言的影子）。上帝已经收回赋
228 予神职人员的属于他的力量，世上很快将不再有司祭或隐修士。伯姆还威胁性地补充说，即便是此时，他们要将他作为持异端者烧死的想法也是欠考虑的。他们若要这样做，就会受到

可怕的惩罚，因为真正的持异端者正是他们自己。

伯姆并没有满足于只做出概括的批判和模糊的威胁。他号召自己的听众拒绝一切税费和什一税。他高呼，司祭从此以后应被取消圣俸，改为靠人们自愿捐给他们的食物为生，过那种吃了上顿就要去找下顿的日子。这种人们耳熟能详的教导具有和往常一样强大的吸引力。著名的斯彭海姆隐修院院长特里特米乌斯（Trithemius，Abbot of Sponheim）① 评论说："还有什么比看到神职人员和司祭被剥夺所有特权和权利，并失去什一税和其他税收更让平信徒高兴呢？因为普通百姓天生就是图新鲜的，而且一直渴望摆脱主人束缚他们的轭。"[11] 德意志首主教②兼美因茨大主教也在尼克拉斯豪森的先知身上看到了一种可能对教会造成无法弥补的破坏的力量。[12]

最终，伯姆成了一位社会革命家，并宣告基于自然法则的平等主义千年王国近在眼前。在这个即将到来的王国中，使用森林、水资源和牧场，以及捕鱼和狩猎的权利将像在古时一样由人们共享。所有类型的供奉都将被永远废除。人们不再欠领主任何租金或服务，也不再向诸侯缴纳任何税费。等级和地位的区分将不复存在，没有人可以对其他人行使权力。所有人将像兄弟一样生活在一起，每个人都享有同样的自由，并从事与其他人等量的工作。"无论主教还是诸侯，也无论伯爵还是骑士，他们都只拥有与普通人一样多的东西，但每个人拥有的都是足够的。诸侯和领主也要用劳动换取自己每日面包的时候必将来

---

① 原名约翰·海登贝格（Johann Heidenberg，1462 年—1516 年），德意志本笃会隐修院院长、神秘主义者、词典编纂者、编年史作家和密码学家。

② 又译"首席主教"。主教制教会中一种高级主教。在行政管理上拥有高于或先于其他主教的权力。

临。”[13]伯姆还将他的攻击范围从本地的领主和诸侯扩展到了社会制高点。“皇帝是个恶棍，教皇是个废物。是皇帝赋予了诸侯、伯爵和骑士向百姓征税的权利。哀哉，你们这群可鄙的鬼魔！”[14]

毫无疑问，伯姆的教导以不同的方式吸引了社会群体中不同阶层的人。推翻无论大小的所有统治者的要求可能对城市贫民特别有吸引力：我们已知被吸引到尼克拉斯豪森的城镇居民实际上不仅来自维尔茨堡，还来自德意志王国南部和中部各地。[15]另一方面，所有人都可以使用森林、水资源、牧场，及
229 自由捕鱼和狩猎的诉求，则表达了农民的普遍愿望。德意志农民认为这些权利在古时曾属于他们，但后来被贵族侵犯了；[16]这也是他们一直希望未来的“腓特烈皇帝”能够纠正的侵害之一。不过，最吸引人的其实是宣讲者本人的声望，他作为一个被上帝派来的奇迹般的存在这一点吸引了成千上万人进入陶伯河河谷。无论是农民还是工匠，这些普通百姓都把他看作一个超自然的保护者和领导人，是可以像未来的“腓特烈皇帝”那样，赋予每个人最充足的神圣恩宠，并带领他们共同进入一个尘世天堂的人。

尼克拉斯豪森发生奇妙事件的消息在附近的一个个村庄里迅速传开，然后又被信使带到更遥远的四面八方。不久就有包括男女老幼的大批信徒从各地涌向尼克拉斯豪森，有些甚至是举家迁移到此。不仅是邻近的乡村，整个德意志王国南部和中部，从阿尔卑斯山到莱茵兰（Rhineland）再到图林根的整片区域都陷入骚动。工匠抛弃了他们的作坊、农民抛弃了他们的田地、放牧者抛弃了他们的牲畜，甚至有很多人还穿着工作时的衣服，拿着工作时用的镐、锤子和镰刀就匆忙出发，赶去满怀崇敬地聆听这个此时已经被称为“圣洁青年”之人的宣讲

了。这些人互相都只称呼“兄弟”或“姐妹”，而且这样的问候还成了有集会口号意义的呼喊。在众多易受欺骗且激动不已的普通百姓中间流传着一些奇妙的传闻。曾经的大批平民穷人对耶路撒冷抱有什么信念，这些人就对尼克拉斯豪森抱有什么信念。在这里，天堂已经实实在在地降临到人间；有无穷无尽的财富摆在那里等待信徒去收获，他们会抱着兄弟之爱与其他信徒一起分享。与此同时，如在他们之前的牧人和鞭笞派一样，这些人也会排成长长的队伍，举着旗子，唱着自己创作的歌曲游行。在这些歌曲中，有一首特别受欢迎：

我们向上帝抱怨（求主怜悯）
不能杀死司祭的事（求主怜悯）[17]

朝圣者虽会在到达尼克拉斯豪森后将供品摆在圣母像前，但他们对先知本人的虔诚表现得更加强烈。朝圣者会跪在他面前哭喊：“上帝从天堂派来的神人啊，请怜悯我们！”人们不分昼夜地围绕在他身边，以至于他几乎无法吃饭或睡觉，还常常有被挤死的危险。他的衣物也会被抢走，并被撕成极小的小块， 230
任何能够获得这么一小块儿布料的人都将其视为无价的圣物，“好像那是伯利恒马槽里的干草一样”①。不久之后，就传出了消息，说他仅靠用手触摸就治愈了天生失明或不能说话的人；还有人说他能让死者复活，能让岩石中冒出水。[18]

一波朝圣者离开后，会不断有新的朝圣者再来。编年史作家们称一天就有三万、四万，甚至七万人聚集在尼克拉斯豪

① 指耶稣出生的马槽，参见《路加福音》（2：7）。

森。[19]尽管这样的数字过于荒唐了，但聚集人群的规模肯定确实很大。这个小村庄周围形成了一个面积广阔的营地，人们在此搭建帐篷，还有商贩、工匠和厨师在这里满足旅客的需求。伯姆不时会站在木盆上，或站在房屋上层的窗口旁，甚至是爬到树上向群众宣讲他的革命性教义。

朝圣活动始于 1474 年 3 月底。到 6 月，教会和世俗当局都认定伯姆的宣传对社会秩序构成了严重威胁，必须受到处理。首先，纽伦堡市议会禁止本市居民前往尼克拉斯豪森朝圣。[20]接下来，受影响最直接的维尔茨堡也采取了积极措施。市议会为拥入城中的外地人数量之多感到不安，因此把能够关闭的城门都关闭，命令市民准备好武器和盔甲，并竭尽所能地阻止荒唐言论的流传。最终，采邑主教开始设法摧毁先知的势力。在他召集的宗教会议上，人们做出了逮捕伯姆的决定。[21]

伯姆的天主教敌人的说法是他此时试图组织叛乱。据说他在 7 月 7 日的布道末尾处对听众中的男性说，下个星期天要带着武器来，但不要带妇女和儿童，因为根据圣母的命令，他要对他们讲一些严肃的事情。[22]可以确定，由主教派来的骑兵队于 7 月 12 日星期六晚抵达尼克拉斯豪森，抓住伯姆并将其带到了维尔茨堡。在黑暗中，朝圣者无法保护自己的先知。但第二天，一个农民担当起了预言家的角色，他宣称神圣的三位一体向他显灵，并让他向聚集在此的朝圣者传达一个信息：他们要大胆地到囚禁伯姆的维尔茨堡城堡去。随着他们的接近，城墙将像耶利哥城（Jericho）的城墙一样塌陷①，城门也将自动

---

① 参见《约书亚记》（6：2－5，20）："……于是百姓呼喊，祭司也吹角。百姓听见角声，便大声呼喊，城墙就塌陷，百姓便上去进城，各人往前直上，将城夺取。又将城中所有的，不拘男女老少、牛羊和驴，都用刀杀尽。"

打开，而圣洁青年会胜利地摆脱被囚禁的状态。朝圣者们立即 231
相信了这个说法。几千名男女老少抬着从尼克拉斯豪森教堂拿的数百支巨型蜡烛，却几乎没有携带任何武器地连夜朝维尔茨堡行进，直到在黎明时分抵达城堡墙下。

主教和市议会希望尽可能避免暴力。他们派遣使节去给朝圣者讲道理，但使节被朝圣者丢的石块赶了回来。第二位被派去的使节获得了一些成功：属于主教臣民的那部分朝圣者纷纷离开并平静地返回家中。剩下的人依然立场坚定，强调圣洁青年必须获得释放，否则他们就要在圣母奇迹般的帮助下，使用武力把他救出来。守城人朝高出他们头顶的地方开了几炮作为警示，但没人受伤的事实反而增强了朝圣者认为圣母在保护他们的信念。他们大喊着自己救主的名字，尝试冲进城中。这次，守城的人是认真瞄准才开炮的，紧接着骑兵也出击迎战。马上就有约四十名朝圣者丧命，其余的则仓皇无措地逃跑了。[23]

人们对伯姆的支持是如此强大，以至于取得这样压倒性的胜利仍不能让主教和市议会安心。维尔茨堡的居民受到警告说，他们可能还要面临新一轮更猛烈的外部袭击，但同样需要担心的是城镇内部也有许多等待与大批朝圣者里应外合的人。[24]因此，主教要求邻近地区的领主随时准备在他需要时提供帮助。[25]然而在任何新骚乱发生之前，伯姆已经受到教会法庭的审判，并被判犯有异端罪和巫术罪。他的两个农民门徒也被斩首，其中之一就是那个因为看到异象而尝试组织营救伯姆的人。伯姆本人被绑在火刑柱上烧死时，还一直在吟唱赞美圣母的圣歌。处决过程中，围观者都被限制在远离火刑柱的地方；普通百姓期待来自天堂的奇迹能解救圣洁青年，并让烈火在他的迫害者中间燃烧。主教和神职人员也在猜想会不会出现什么邪恶的干预。所以火刑之后，伯姆的骨灰被投入河中，就像两个世纪前诺伊斯的伪腓特烈的骨灰被投入河中一样，这样做是为了避免先知的追随者把他的遗骸当作圣物珍藏。但即便如此，还是有一些人把火刑柱周围的泥土撮起来带走并珍藏了。

教会用尽一切办法来消除伯姆及其成就留下的痕迹。仍然摆在尼克拉斯豪森教堂里的贡品的价值肯定相当可观，但它们都被没收并由美因茨大主教、维尔茨堡主教及对教堂所在地拥
232 有所有权的伯爵瓜分了。德意志王国所有受影响地区的大主教、诸侯和城镇议会联合起来禁止朝圣者再到该地朝圣。[26]尽管如此，朝圣者还是会继续前来，从维尔茨堡主教教区来的人尤其多；[27]当人们受到被逐出教会的威胁，就连该教堂也被关闭，并收到停圣事的禁令之后，朝圣者仍然持续不断地抵达这里。[28]最终，美因茨大主教在1477年初下令拆除教堂。[29]但之后很多年里，人们照样偷偷到这个地方朝圣，特别是在晚上。

毫无疑问，尼克拉斯豪森的圣洁青年是被比他精明得多的人利用了。已知某些本地领主试图利用群情激愤来削弱他们的上层领主，也就是维尔茨堡主教，毕竟他们与主教关系不睦已经很多年了。[30]领导了前往维尔茨堡的夜间行进的就是这些人，其中一位后来向主教座堂教士会转让了自己的大部分领地作为补赎。[31]但是，比这些政治密谋者发挥了更大影响的其实是两个隐藏在故事背景中的人，如果没有他们，这些大规模朝圣活动可能根本不会发生。

这不禁再次让人想起1320年的牧人起义，当时的情况也是一个身份卑微的牧羊人看到了圣母显灵的异象，并收到了她的

信息。不过，直到一名背教隐修士和一名被免去圣职的司祭开始向他提供支持，并组织了必要的宣传后，群众运动才随之兴起；也是在这些人的领导下，该运动才变成一场革命性运动。伯姆同样是一个身份卑微的牧羊人。已知他十几岁时被认为是个愚笨的人；在开始讲道之前，他甚至说不出一句整话；直到他死的那天，他还不会背诵《主祷文》①。[32]尽管如此，他却能让德意志王国广大地区陷入混乱，这都是因为他得到了别人的协助。尼克拉斯豪森的堂区司祭早就意识到几个奇迹就可能吸引人们向这个此前籍籍无名的小教堂供奉大量祭品，因此，正如他本人后来承认的那样，他编造了一些奇迹，并把它们说成是因圣洁青年才发生的。[33]但最主要的角色其实是由一名隐士扮演的，这个人曾经在附近的一个山洞里住了一段时间，并因其圣洁性而享有很高的声望。[34]

这名隐士似乎完全控制了伯姆，有时靠威胁，有时靠启发，甚至有人说，连圣母的异象也是他设计出来的欺骗这个年轻牧羊人的诡计。[35]还有人说，当伯姆站在窗口对人群讲话时，隐士会躲在后面指点他［如舍德尔（Schedel）创作的编年史
中的木版画插图所示（插图 8）］。[36]即便这个故事是出于人们 233
的想象，它可能也足以说明二人之间真正的关系是什么样。这当然还增加了人们对教会当局如何认定这名隐士身份的兴趣。隐士在圣洁青年被捕时逃跑了，但没过多久就被抓到。他们说他是一个贝格哈德，是波希米亚人，还是胡斯派。[37]尽管既有证据不算确凿，但似乎有理由肯定是隐士把宗教朝圣活动转变

---

① 又称《天主经》，见《马太福音》（6：9－13），是耶稣教导门徒如何祷告而亲自做的示范，后成为基督教最常用的祈祷经文。除开头的称呼和最后的赞颂外，仅七项祈求。

成了一场革命运动。他一定是把宁静的陶伯河河谷看作了千年王国未来的中心，在这个王国中，原始的平等主义秩序将得到复兴。近现代历史学家拒绝接受伯姆被捕时正赤身裸体地在小酒馆里宣讲令人惊奇的事情的说法，并认为这是明显的诋毁。[38]但这样想也许过于草率了，毕竟，波希米亚的亚当派不就是以这种方式来象征自然状态重返堕落世界的吗？

主张人人平等的千禧年主义此时已经有效地渗透进德意志王国，在接下来的半个世纪中，人们还会听到更多相关内容。《西吉斯蒙德的改革》这份几乎已经被遗忘了大约四十年的手稿，在伯姆遭处决几年后第一次被印刷成书，并分别于1480年、1484年、1490年和1494年再版。该作品原本创作于波希米亚的塔波尔派势力刚刚覆灭后，它本身就是一个证明塔波尔派理想具有的吸引力的实例。尽管其中的计划相对温和，但它也号召穷人在祭祀王腓特烈的领导下，拿起刀剑，行使自己的权利。同样的主题还将以激烈得多的形式再现于“上莱茵的革命者”于16世纪初创作的《百章书》中。那个奇怪的预言用很长篇幅预告的内容，归根结底仍是约翰·鲍尔和激进的塔波尔派精炼地暗示的那些：在与敌基督大军进行了最后的血腥战斗之后，世上将重新建立完美的公义，所有人都是平等的，都像兄弟一般相处，甚至可能共同拥有所有东西。这些想象不仅仅是纸上谈兵，在上莱茵地区附近就出现了致力于将这些想象转变为现实的运动。这些运动被统称为鞋会起义（*Bundschuh*），这个词指的是农民穿的木鞋，它被用来指代起义者，这和法国大革命期间用无套裤汉（*sans-culotte*）指代平民百姓的用法相同。

鞋会起义的领袖是个叫乔斯·弗里茨（Joss Fritz）的农

民。起义的普通参与者也多是农民；不过我们已经知道，城市 234
贫民、被解散的雇佣军和乞丐之类的人也在这场运动中发挥了很大作用，而且他们无疑正是赋予这场运动其独特性的人。因为在那段时间里，德意志王国南部还爆发了不少其他农民起义，那些起义的目标都是要实现有限的改革，只有鞋会起义的目标是开启千禧年。像在尼克拉斯豪森爆发的起义一样，于1502 年发生在施派尔主教教区的鞋会起义从整体上说，也是由最近一次尝试挽救帝国正在瓦解的结构以失败告终引起的，更直接的原因则是失去偿付能力的采邑主教征收重税，但起义的目标绝对是进行一场最彻底的社会革命。所有权威都将被推翻，所有税费都将被废除，所有教会财产都将被分配给百姓，所有森林、水资源和牧场都将成为公共财产。运动的旗帜上画着被钉死在十字架上的基督，他的一侧是一个正在祈祷的农民，另一侧是这个农民的木鞋，鞋的上方还有一句口号："只要上帝的公义！"起义者的计划原本是占领布鲁赫萨尔（Bruchsal），以及位于城中的采邑主教宫殿；之后运动就会从那里开始，像野火一样在整个德意志王国范围内向四面八方蔓延，并为支持它的农民和城镇居民带来自由，也给不支持它的人带来灭亡。[39]尽管这一计划遭到泄露，运动也被镇压，但乔斯·弗里茨没有丧命，还在 1513 年和 1517 年组织了类似的起义，人们在那些起义中也会发现相似的融合幻想：一方面要消灭所有有钱有势之人并建立平等主义秩序；另一方面要在皇帝的带领下"摆脱亵渎者"，甚至夺回圣墓。[40]木鞋的形象获得了如此巨大的意义，以至于人们普遍认为，最初占领耶路撒冷的就是举着带有这一图案的旗帜战斗的农民。[41]

与此同时，在德意志王国的另一个区域，也就是图林根这个从不缺乏千禧年主义神话和运动的地方，托马斯·闵采尔正在开启一段将经历大风大浪的职业生涯。最终，他会成为平等主义千年王国的先知，他的声望将一直持续到今天。

托马斯·闵采尔

托马斯·闵采尔[1]于1488年或1489年出生于图林根的施托尔贝格（Stolberg）。他并不像很多人说的那样出身贫寒，他的父亲也没有被某个封建暴君绞死。实际上，闵采尔家境小
235 康，他的父亲在自己的床上寿终正寝。当三十出头的闵采尔第一次清晰地进入人们的视线时，他不是什么社会不公的受害者和敌对者，而是一个被视为“终身学生”的学识渊博、智慧超群的人。大学毕业继而成为司祭后，他过着一种不安定的云游生活，总是选择前往他认为能够让他继续深造的地方。他对《圣经》已经非常精通，掌握了希腊语和希伯来语，也学习了教父神学和经院哲学①，还专注于研究德意志神秘主义者的著作。然而，他从来不是一个纯粹的学者，而且他永不满足地进行学习其实是因为他孤注一掷地想要解答一个私人疑问。当时的闵采尔在精神上很纠结，对基督教真理乃至上帝的存在都充满怀疑，但就算确定之后他也仍在固执地继续争辩——实际上，这种不稳定的状态往往会以彻底改变宗教信仰而告终。[2]

马丁·路德比闵采尔年长五六岁，那时他刚刚成为罗马教

① 又译“士林哲学”或“经院主义”，指中世纪西欧基督教哲学。中世纪教会垄断一切学问，修士会聚于学院（经院），主要研究基督教的教理，同时也研究哲学、逻辑、语法、修辞学等知识，以为基督信仰服务为目的。由于这一时期的哲学主要产生于经院，故称“经院哲学”。

廷遇到过的最强大对手，而且（一度偶然和短暂地）成了德意志王国的实际领导人。1517 年，他把自己创作的著名的反对售卖赎罪券的论文钉在了威滕伯格教堂的大门上；1519 年，他在公开辩论中质疑了教皇的至高无上；1520 年，他出版了揭开德意志宗教改革序幕的三篇论文，并因此被逐出教会。虽然按地区组织的福音教会还要过很多年才出现，且大多数人仍然坚决拥护“古老的宗教”，但此时已经存在一个可被辨识的路德宗，并有很多神职人员加入其中。闵采尔最初也是以路德追随者身份脱离了天主教正统信仰。这场剧烈的宗教动荡先是引发教会的分崩离析，最终实现了对这个中世纪庞大结构的彻底摧毁。让闵采尔声名远播的所有事迹都是在此期间做出的。然而，闵采尔几乎是像迅速接受路德教义一样迅速抛弃了这些思想；正是对路德的越来越激烈的反对让闵采尔创造并宣布了自己的学说。

闵采尔想要变成一个全新的人，想要对自己和自己的人生目标有把握，所以他其实并不能从路德的因信称义理论[①]中找到他需要的东西，而是要在好战和嗜血的千禧年主义中才能找到。闵采尔于 1520 年到茨维考（Zwickau）受教职，并认识了一个名叫尼克拉斯·施托希（Niklas Storch）[3]的织布工，随后才逐渐了解这种教义。茨维考靠近波希米亚边境，施托希去过波希米亚，他教导的内容从本质上说就是对过去的塔波尔派教
义的复兴。他宣告，此时就像在使徒时代一样，上帝正在与自 236

① 基督教神学救赎论术语。广义指“信仰”是得到救赎和在上帝面前得称为义的必要条件。狭义指基督教新教，尤其是路德宗关于如何得救的教义。该理论主要依据《罗马书》，路德据此强调由于基督在十字架上的救赎奇功，神人之间的阻隔已被排除，信徒凭借信仰就可以与上帝直接交通，而无须以教皇为首的教阶制度作中介。

己的选民直接交流，而他这样做的原因是末世即将来临。首先，土耳其人必将征服世界，敌基督必将统治世界；但随后，上帝的选民会马上崛起，消灭所有不敬虔的人，以确保第二次降临的到来和千年王国的开启。在这个计划中，最吸引闵采尔的部分是义人要向不义之人发起的灭绝战争。已经抛弃了路德思想的他，如今只思考和谈论《启示录》以及《旧约》中的一些事件，例如以利亚杀死巴力的先知，耶户杀死亚哈的儿子们，以及雅亿暗杀熟睡的西西拉。① 同时期的人注意到了他身上发生的这些变化，并为这种有时会以完全疯狂的形式表现出来的嗜血感到痛惜。[4]

上帝的选民必须使用武力为千禧年的到来做准备，但谁才是上帝的选民？在闵采尔看来，选民是那些接受了圣灵的人，而他通常将圣灵称为"活基督"。与在属灵自由思想者的著作中一样，在闵采尔笔下，历史上的基督与被想象为产生于个体灵魂中的"活着的"或"内在的"或"属灵的"基督之间有一个明确的区分，而且只有后者才具有救赎的能力。但历史上的基督仍然在一个方面具有重大意义：他通过接受被钉死在十字架上而为救赎指明了道路。因为谁要得救，谁就必须切实地遭受最可怕的苦难，他必须真的洗清所有自我意志，并摆脱所有将他与尘世和受造之物联系在一起的羁绊。首先，他必须做自愿进行苦修的准备；接下来，当他适于并配得上接受苦难时，上帝就会在他身上施加更多强烈到言语难以形容的苦难。这些最后的苦难被闵采尔称为"十字架"，它们可能是疾病、

① 分别参见《列王纪上》第十八章、《列王纪下》第十章和《士师记》第四章。

贫穷和迫害，所有这些都必须被耐心地忍受，但最重要的是，其中还将包含强烈的精神痛苦、对尘世的厌倦、对自身的厌倦、希望的丧失、绝望和惊恐。只有达到这种程度，灵魂才能被完全暴露出来，与上帝的直接沟通才有可能发生。[5]这当然是传统的教义，中世纪的许多天主教神秘主义者就持有这种观点；但当闵采尔谈到结果时，他遵循了另一种不太正统的信仰。据他说，“活基督”一旦进入灵魂就是永远进入，蒙受这种恩典的人就成了圣灵的器皿，他甚至会说这个人就“成了上帝”。[6]这样的人被赋予了完美理解上帝旨意的能力，并彻底遵守该旨意，因此拥有无可争辩地执行天意注定的末世论使命 237
的资格，这也正是闵采尔宣称自己具有的资格。有一点是不容忽视的，即这位先知出生在距离北豪森仅数英里的地方，那里是奉行自由灵与鞭笞派混合教义的秘密运动的中心。抽打自己的鞭子也许已被抛弃，但深植于其中的幻想从未改变。[7]

在施托希的帮助下发现真我之后，闵采尔立即改变了自己的生活方式，他放弃了阅读和追求知识，谴责在路德信徒中数量很多的人道主义者，并持续不断地在穷人中宣传他的末世论信仰。自 15 世纪中期开设银矿以来，茨维考已经成了一个面积达德累斯顿（Dresden）三倍的重要工业中心。来自德意志王国南部和中部各地的劳动者潮水般涌向矿场，造成这里长期劳动力过剩。此外，不加控制地开采白银导致通货膨胀，让所有行业中的劳动者，甚至包括有着悠久历史的纺织业中的工人都陷入几乎赤贫的状态。[8]抵达茨维考几个月后，闵采尔开始在有织布工专属祭台的教堂里布道；他站在教堂讲坛上激烈地指责普遍不受欢迎的本地方济各会会士，还抨击了一位受本地富裕市民青睐，而且是路德朋友的布道者。没过多久，整个城镇就被划分成两个敌对阵营，它们之间的敌对情绪已经十分激烈，暴力冲突似乎迫在眉睫。

1521 年 4 月，市议会介入调停，并驱逐了这个引起动荡的后来者，为此，大量民众在施托希的带领下起义。然而起义遭到镇压，许多人被捕——其中五十多人是织布工这一点尤其值得注意。[9]至于闵采尔，他去了波希米亚，显然是希望能在那里找到一些塔波尔派团体，尽管此时距离后者活跃的年代已经过去很久。在布拉格，闵采尔依靠翻译的帮助布道；还用德语、捷克语和拉丁语出版了一份宣言，宣布他在波希米亚建立了一个新教会，这个教会只由上帝的选民组成，因此将直接受上帝的启发。[10]此时，他用在英格兰农民起义期间被引用过的那个关于小麦和稗子的末世寓言来定义自己的角色："收获的时间到了，所以上帝雇用我来收获。我已经磨快了我的镰刀，因为我的思想无比坚定地专注于真理之上，而我的嘴唇、双手、发肤、灵魂、身体和生命都在诅咒不信神的人。"[11]

238 闵采尔吸引波希米亚人的尝试自然是失败的，而且他还被驱逐出了布拉格。在接下来的几年里，他在德意志王国中部四处游走，陷入了极度贫困，支撑他的是对自己作为先知的使命的不可动摇的信心。如今他签名时已经不再使用自己的学术头衔，而是自称"基督的信使"。他经历的艰辛在他眼里有一种弥赛亚式的价值："让我的苦难成为你的榜样。让稗子像以往一样尽情地膨胀吧，它们仍然必须与纯正的小麦一起被用链枷击打。永生神在我里面把镰刀磨利，好让我割下红色的罂粟花和蓝色的矢车菊。"[12] 1523 年，闵采尔被邀请到一个名叫阿尔施泰特（Allstedt）的图林根小城受教职，他于是结束了自己的云游生活，在那里结婚，并开创了第一个用德语进行的礼拜仪式，还将拉丁语赞美诗翻译成本国语。闵采尔作为布道者的声望自此传遍了整个德意志王国中部。来自周围乡村的农民，还有来自曼斯费尔德（Mansfeld）各个铜矿的数百名矿工经常来听他布道。这些人与阿尔施泰特的本地工匠组成了闵采尔的追随者群体，于是他着手将他们打造成一个名为“选民同盟”（League of the Elect）的革命组织。这个同盟的成员主要都是没受过教育的人，闵采尔把它当作对大学的回应，因为大学一直是路德影响力的中心。如今，精神上的启蒙将取代对《圣经》的学习。阿尔施泰特也将取代威滕伯格，成为新宗教改革的中心，这种改革将是全面的，也是最终的，它将预示千禧年即将来临。

不久之后，闵采尔就开始与城镇当局发生冲突，因此萨克森的两位诸侯——选帝侯智者腓特烈（Elector Frederick the Wise）和他的兄弟约翰公爵（Duke John）开始带着好奇和警惕观察起了闵采尔的所作所为。1524 年 7 月，已经放弃传统天主教信仰并成为一名路德追随者的约翰公爵来到阿尔施泰特。为了了解闵采尔是个什么样的人，公爵命令他为自己进行一次布道。闵采尔照做了，他讲的正是末世论信仰的源头《但以理书》。没过多久，闵采尔就把布道的内容印制出来，这份文件能够为人们提供关于他的末世论信仰的最清晰概览。[13]最后一个世界帝国即将终结；此时的尘世不过是撒旦的帝国，是大蛇（神职人员）和鳗鱼（世俗统治者和领主）蠕动着凑在一起相互污染的地方。[14]萨克森诸侯们该选择是要做上帝的仆人还是魔鬼的仆人了。如果答案是要成为前者，那么他们的职责很明确：

> 将选民中的基督的敌人驱逐出去，因为你们就是实现 239
> 此目的的工具。备受珍爱的兄弟们，不要肤浅、做作地认定

上帝会在不用你拔剑的情况下就将这一点实现，否则你的剑可能会在剑鞘里生锈……基督是你的主人，所以，不要让那些使我们背离上帝的施恶行者再多活一秒。因为如果一个不敬虔的人妨碍了敬虔的人，那他就没有权利活在世上。[15]

司祭、隐修士和不敬虔的统治者都必须灭亡。布道者这样坚称：

用剑消灭他们是必须的。因此我们应当公正并恰当地完成这项工作，亲爱的父亲们，也就是像我们一样承认基督的诸侯们必须这样做。但是，如果他们不这样做，那么他们手中的剑就会被夺走……如果他们抵抗，那么他们也会被毫不留情地杀死……在收割时，人们必须将杂草从上帝的葡萄园中拔掉……为这项工作而磨利镰刀的天使不是别人，而是上帝最坚定的仆人……因为不敬虔的人没有权利活着，除非选民决定饶他们一命……[16]

不过闵采尔承认，只有让诸侯获得上帝的旨意，他们才能有效地执行这些任务；又因为诸侯仍然离上帝很远，所以他们无法自行获得旨意。鉴于此，闵采尔总结道，诸侯的宫廷中必须有一名司祭，他通过克己和苦行来使自己有资格解释诸侯的梦境和他们看到的异象，就像但以理在尼布甲尼撒二世（Nebuchadnezzar Ⅱ）的宫廷上所做的那样。伴随着这个建议的《圣经》典故足够清楚地表明，闵采尔把自己看作受上帝启发的先知，并将取代路德，成为受诸侯偏爱的人，就像但以理取代未受启发的文士一样。[17]他想要以这种方式对这片地区的统治者施加足够大的影响，好让自己能够直接指导他们为迎接千禧年而做出必要准备。

闵采尔对千禧年抱有什么想象是一个让人们争论不休，也确实很难做出决断的问题。根据他的著作来看，他对未来社会本质的兴趣显然远不如对假设要先于此发生的大规模清剿的兴趣浓厚。他似乎也没有表现出多少对改善生活在他身边的农民的物质生活水平的兴趣。为诸侯布道几天之后，他就给在桑格豪森（Sangerhausen）的追随者写信，要求他们必须在所有世俗事务上服从领主。如果领主对自己目前收到的服务和租金不满意，他们也必须准备好把自己所有的世俗财物都献给领主；唯独在领主干预他们的精神安康——尤其是禁止他们去阿尔施泰特聆听闵采尔的布道时——他们才必须大声哀号，直到让全世界都听见。[18]即便是在谈到选民同盟时，闵采尔的态度也是一样的。在尝试说服选帝侯在阿尔施泰特的探子加入同盟时， 240
他是这么说的：

> 如果有流氓和恶棍出于滥用同盟的目的加入其中，那么他们必须被移交给他们的专制统治者，要不然就根据每个人的情况，（由同盟）自行对他们做出审判。特别是在提供规定的服务方面，同盟必须表明，成员不应认为他们可以免于向自己的专制统治者提供任何东西……以免某些邪恶的人认为我们联合起来是为了实现更多物质目的。[19]

然而，所有这些并不如有些人提出的那样，必然意味着闵采尔不曾把千禧年想象为平等主义，甚至是共产主义的。这同样也很可能意味着，他认为现有秩序已经无可救药，只能等末世灾难自然发生；与此同时，他认为一旦末世发生，原始的自然状态将理所当然地自动恢复。自塔波尔派的时代以来，这样的想象从未失去其魅力——我们知道在闵采尔活动的圈子中的人对此非常熟悉。据一个相当可靠的消息来源称，闵采尔的第一位老师——织布工尼克拉斯·施托希对这些问题的看法就与自由灵弟兄会持有的观点没什么区别；他坚称上帝把所有人创造成一样的，他们都是赤裸裸地被送到人间，都处于同一个等级，并平等地共享所有事物。[20]此外，闵采尔认识年轻的人道主义者乌尔里希·赫格瓦尔德①。赫格瓦尔德创作的一部著作曾预言人类将回归“基督、自然和天堂”，他将这定义为一个没有战争、匮乏或奢侈的状态，其中的每个人都将像兄弟一样共享一切。而且，鉴于农民的生活与上帝为亚当和夏娃指定的生活最接近，所以赫格瓦尔德最终去做农民了。[21]曾是闵采尔的亲密伙伴，甚至是其门徒的人道主义者卡尔施塔特②也成了农民。[22]从一个不那么复杂的层面上说，选民同盟中的普通成员会认为，自己理解的同盟计划就是“他们应该是兄弟，并且像兄弟一样彼此关爱”[23]。

至于闵采尔本人，当他写到上帝的律法时，他显然将其等同于原始的、绝对的、被假设为没有财产或地位区分的自然法则。[24]这种印象还因为《托马斯·闵采尔的历史》（*Histori Thomä Müntzers*）而被进一步强化了，尽管这是一部具有倾向

① 乌尔里希·赫格瓦尔德（Ulrich Hugwald，1496 年—1571 年），瑞士人道主义学者和改革家，曾就信徒洗礼问题与闵采尔辩论。1525 年加入再洗礼派，并因此入狱。后回乡务农并脱离了再洗礼派，1542 年起成为巴塞尔大学教授。

② 卡尔施塔特（Karlstadt，约 1480 年—1541 年），德意志神学家。1505 年任维滕贝格大学教授，1523 年提出宗教改革纲领。

性的宣传作品，但它是在人们对闵采尔的故事还记忆犹新时被创作出来的，并且总体上显示出了高标准的事实准确性。根据 241
这份叙述，闵采尔至少在其生命的最后几个月里曾教导说，既不应该有国王，也不应该有领主，而且根据一种对《使徒行传》第四章的误解，他认定所有东西都应该公有。[25]综上所述，这些事实无疑表明，这位先知临死前的坦白虽然是在遭受酷刑的情况下被迫做出的，但其内容可能依然足够准确。他承认他的同盟的基本原则是万事万物归所有人共有；其目标是实现一种人人平等，按需分配的状态；同盟还准备处决任何阻碍其实现自己计划的诸侯或领主。与"上莱茵的革命者"在不受任何胁迫的情况下，为他想象中的黄十字弟兄会起草的计划相比，同盟的计划中并没有什么新鲜的东西。[26]

闵采尔为约翰公爵布道时，肯定是希望自己能借此赢得萨克森诸侯对他事业的支持。几天后，当他的追随者被以曼斯费尔德侯爵为代表的各地领主赶出领地，来到阿尔施泰特避难时，闵采尔就呼吁萨克森的诸侯为这些人报仇。但诸侯们没有采取任何行动，这导致闵采尔改变了自己的态度。[27]7 月的最后一周，他在布道时宣称，一切专制统治者都将被推翻，弥赛亚王国开启的时候到了。毫无疑问，这本身足以使诸侯们提高警惕，更何况路德此时已经写了《致萨克森诸侯的信》（*Letter to the Princes of Saxony*），并在其中指出闵采尔的煽动正变得多么危险。[28]结果，闵采尔被召唤到魏玛向约翰公爵解释自己的行为。尽管当时他依然只是被告知在选帝侯考虑此事之前不要做出任何更具挑衅性的宣告，但这已经足以促使他踏上革命的道路。

在他于此时创作的小册子《明确揭露缺乏信仰的世界中

的虚假信仰》（*The explicit unmasking of the false belief of the faithless world*）中，闵采尔直白地指出，诸侯不配在开启千禧年的过程中发挥任何作用[29]——“因为他们将自己的一生都花在了兽性的吃喝上，从小就过着锦衣玉食的生活，一生中从未经历过一次困苦，将来也不打算有这么一天。”[30]实际上，正是诸侯、领主和所有有钱有势的人在顽固地维护既有的社会秩序，他们不仅阻止自己，也阻止他人获得真正的信仰：“必须将强大且自以为是的不信神者从高位上推下，因为当圣洁的、诚实的基督教信仰尝试展现自己真正的、原本的全部力量时，这些人会阻碍其在他们自己心中，以及在整个世界中的发
242 展。”在（像路德一样的）贪财文士的煽动下，“显赫之人竭尽所能地阻止平民百姓感知真理”。因为共同的经济利益而“像蟾蜍卵一样”联合在一起的这些人用高利贷和税费骚扰穷人，导致他们没有时间学习和遵守上帝的律法。[31]然而，闵采尔提出，所有这些都不是绝望的理由——相反，如今压迫整个世界的过分暴政就是伟大圆满即将到来的确切标志。正是因为上帝的光芒照到了世上，所以“某些（领主）才真正开始阻碍、骚扰和剥削他们的人民，开始威胁整个基督教世界，开始最无耻、最残酷地折磨和杀死自己的同胞和外乡人”[32]。

闵采尔已经达到了英格兰农民起义和胡斯革命期间的早期先知曾达到的高度。对他来说，此时可能成为上帝的选民，并肩负开启平等主义千年王国使命的也是穷人。摆脱了贪婪和色欲的诱惑的穷人至少有对这个尘世的财物漠不关心的可能，这会让他们获得接受启示信息的资格。因此，当有钱有势者在最后一次大收获中像杂草一样被拔掉时，穷人则可以形成一个真正的教会：“届时，显赫的必须服从于卑微的。啊，如果贫穷

的、受践踏的农民知道这一点，那对他们将有很大帮助。”[33]然而，闵采尔坚持认为，到此时为止，连穷人也还不够格进入注定由他们享有的荣耀。[34]首先，他们同样必须摆脱他们的世俗欲望和轻浮消遣，这样才能在叹息和祈祷中认清自己的悲惨状况，以及对一位上帝派来的新领袖的需要。“如果只有痛苦的真相才能让神圣的教会焕然一新，那么上帝的仆人必须像以利亚一样站出来……展开行动。实际上，他们中的许多人将不得不被动员起来，这样他们才能抱着最大的热情和最强烈的诚意去清除基督教世界中的不敬虔的统治者。”[35]正如闵采尔以前曾以新的但以理自居而向诸侯们提供服务一样，此时他又提议由自己来担任受上帝神圣启发的人民领袖一职。

在《明确揭露缺乏信仰的世界中的虚假信仰》被写出后不久，又出现了另一份专门针对路德的、言辞更激烈的小册子，它被恰如其分地命名为《最详细和最急需的、对在威滕伯格的没有圣灵、放纵肉欲之人的辩驳和回应》（*The most amply called-for defence and answer to the unspiritual soft-living flesh at Wittenberg*）。[36]路德和闵采尔此时有充分理由将彼此视为
死敌。和闵采尔一样，路德的一切作为都建立在末世即将到来 243
的信念上。但他眼中唯一的敌人是教廷，他在其中看到了敌基督和假先知；他认为只有靠传播真正的福音，才能推翻教廷。当这项任务被完成后，基督就会返回，判决教皇及其追随者接受永恒的折磨。他还会建立一个王国，但这个王国并不在这个世上。根据这样的末世论，武装起义注定是无关紧要的，因为他人造成的肉身的死亡与上帝判定的刑罚相比，完全不值一提。而且武装起义还注定被视为有害的行为，部分原因是它将破坏使《圣经》得以传播的社会秩序；更重要的是，它会让

人质疑被路德视为世上最重要之事的宗教改革。[37]因此，可以预见的是，路德会竭尽全力消除闵采尔的影响。相对的，闵采尔会将路德视为一个末世论人物也不令人意外，他认为后者就是《启示录》中的兽和巴比伦淫妇。[38]实际上，他的小册子的标题就是在暗指《犹大书》（Epistle of Jude）中关于末世的章节，该章节说的是主带着他的一万圣者降临，要在不敬虔的人身上行审判——这些人被称为“末世的好讥诮的人”，他们“为得便宜谄媚人”，是放纵肉欲和“没有圣灵”的人。[39]

正是在通过《最详细和最急需的、对在威滕伯格的没有圣灵、放纵肉欲之人的辩驳和回应》对路德进行攻击时，闵采尔条理清晰地提出了他的社会革命学说。路德将自己的小册子献给选帝侯和约翰公爵，闵采尔则将自己的回应献给作为万王之王和所有信徒的君主的基督——他还明确指出，这里所说的基督指的是他和他的追随者体验的基督的灵。他就此给出了自己的理由：诸侯们，也就是此时被他称为“不敬虔的流氓”的那些人丧失了主张荣耀、服从和统治的权利，从此以后，这些都只属于上帝的选民。说“上帝的旨意和他的工必须通过遵守律法来获得完整地实现”[40]没错，但这不是不敬虔之人能完成的。当不敬虔之人承担起抑制罪恶的任务时，他们把律法当作消灭上帝的选民的手段。更具体而言，闵采尔坚持认为，被掌握在“显赫之人”手中的上帝的律法只是他们用来保护自己所占有的财产的工具。在对路德的严厉攻击中，闵采尔惊叹道：“可怜的谄媚之人……闭口不提所有窃得财物的起
244 源……看，高利贷、盗窃和抢劫行为的种子地是我们的领主和诸侯，他们把所有受造之物霸占为他们的财产，水中的鱼、空中的鸟、地上的作物都成了他们的。”[41]闵采尔还引用了《以赛

亚书》中的一段：“祸哉！那些以房接房、以地连地，以致不留余地的……”[42]这些抢劫者利用法律来禁止他人抢劫：“他们向穷人宣扬上帝的诫命，并说：‘上帝命令你们不可偷盗。’……他们压迫所有人，剥削可怜的农夫，霸占一切活物——但是，一旦（农夫）犯下哪怕是最轻的罪行，他就必须被绞死。”[43]路德最大的罪过是，他为这些不公正的行为辩护；相反，闵采尔却宣告，挥舞着刀剑消灭包括所有“显赫之人”在内的不敬虔的人，是存在于普通百姓中间的上帝的选民的权利和责任。他对路德喊话说：“上帝没有让义人伤心，而你这只狡猾的狐狸却用你的谎言伤了他们的心，由此你也增强了不敬虔的流氓的力量，使他们得以继续原来的生活方式。因此，你会和被抓到的狐狸一个下场。人民将获得自由，唯有上帝能在他们之上作主。”[44]

具有讽刺意味的是，闵采尔主要想到的这两位诸侯——选帝侯腓特烈和约翰公爵，恰恰是德意志诸侯中仅有的极度宽容的人。他们的领地处于路德掀起的巨大动荡的中心，他们自己也感到完全迷失了方向，并对自己的权利和地位充满疑虑。约翰公爵没有对闵采尔那充满挑衅的布道提出异议；选帝侯则评论说，如果上帝希望这样，那么政府就必须将权力交到平民手中。[45]在处理阿尔施泰特的革命者先知的问题上，两兄弟都表现出了同样的不确定。到魏玛为自己申辩一周后，闵采尔打破假释规定，趁夜翻过阿尔施泰特的城墙，直奔自由的帝国城市米尔豪森（Mühlhausen）。他这样做与其说是担忧自己的安全，倒不如说是为了表现对权威的藐视。

米尔豪森这个相对较大的图林根城镇陷入间歇性动荡状态已超过一年时间。曾经是隐修士的海因里希·普法伊费尔

(Heinrich Pfeiffer) 正在带领较贫穷的市民，从至此时为止仍占据垄断位置的寡头政治集团手中夺取政治控制权。城中一半人是穷人，据已知的情况来说，这个比例比当时其他德意志王国城镇的都高。在危机到来时，这些穷人总能表现出准备好进
245 行激进社会实验的状态。闵采尔在这里找到了一群数量不多，但非常狂热的追随者。像往常一样，出于对即将降临到不敬虔之人头上的灭顶之灾的痴迷，闵采尔带着一支武装队伍在城镇街道上巡查时，会让人举着一个红色的十字架和一把不带剑鞘的长剑走在队伍最前面。[46]然而，公开的起义爆发没多久就被镇压，闵采尔也再次被驱逐出境，并重新过上了云游生活。在纽伦堡，他设法出版了两份宣扬革命的小册子，但这些内容马上就被市议会查禁，闵采尔也不得不离开那里。随后的数周里，他最远云游至瑞士边界附近，直到被召唤回米尔豪森。[47]在这里，普法伊费尔已经成功恢复了自己的地位，革命状态也重新被煽动起来。1525 年 3 月，原本的市议会被推翻，由市民选举的新议会取而代之。[48]但是，闵采尔似乎并未在这些事件中发挥任何作用。让他作为积极行动的革命者亮相的并不是在米尔豪森的革命，而是农民战争的爆发。

德意志农民战争的起因一直是，且无疑将继续是一个存在争议的问题。但我们依然可以比较确信地做出一些概括性的评论。起码可以肯定，起义的背景更类似于英格兰农民起义的，而不是扎克雷起义的。德意志农民的幸福程度比以往任何时候都高，尤其是在各地发起起义的那些农民都绝不是单纯受苦难和绝望驱使，他们都属于一个正在崛起的充满自信的阶层。这些人的社会地位和经济状况都在改善，也正因如此，他们对于阻碍他们继续提升的障碍尤为不耐烦。所以当这些农民为消除

此类障碍而努力时，他们毫不令人意外地完全没有采取末世论的思考方式，而是出于政治角度，根据现实情况及目标的可实现性来考虑问题。在农民中的精英的领导下，农民群体最渴望实现的不过是地方自治而已。从 1525 年 3 月到 5 月初的运动第一阶段仅包括一系列地方斗争，其中许多农民群体还真的迫使其直接领主（无论是教会的还是世俗的）做出让步并赋予农民更大的自治权。这些成果都不是通过流血实现的，而是通过更加坚定地进行一代代农民都在进行的艰难、顽强的讨价还价来实现的。[49]

然而，在起义的背后还存在着更深层次的冲突。随着皇权 246
的逐步瓦解，德意志王国已经沦为一个由无法调和且经常交战的各个封建权威组成的杂烩。但到 1525 年，这种近乎无政府的状态已经接近尾声，因为各地的大诸侯都在忙着建立由自己进行专制统治的小国家。农民的传统生活方式受到破坏，其固有的权利因这种新型国家的发展而受到威胁。农民憎恨新增的税费，厌恶用罗马法取代“习俗”，还为中央集权政府干预地方事务而感到不满，于是他们奋起反击。诸侯清楚地意识到，农民阻碍了他们创建自己的国家的计划。他们还意识到，农民起义为他们提供了一个主张和巩固自己权威的绝佳机会。因此诸侯们——更确切地说是一个特定的诸侯集团——确保了这场起义必须以农民的惨败为终结。最终，一系列也许更应该被称为屠杀的“战斗”造成大约十万名农民丧生。农民、下层贵族和教会基础全部被削弱，从此陷入了无助的依附地位，而建立在这种情况之上的诸侯王朝则会一直持续几个世纪。

托马斯·闵采尔在整个农民战争中扮演的角色很容易被夸大，而且也确实总被夸大。斗争的主要战场是那些新国家发展程度最高的地区，这样的地区大都位于德意志王国南部和西部，而且在 1525 年之前的几年中就已经爆发过许多农民起义。闵采尔在这些地方似乎根本没有任何影响力。但图林根的情况很特殊，这里此前没有发生过农民起义，到 1525 年也几乎没有任何要发生暴乱的迹象。实际上，这里的起义很晚才发生，且采用了一种奇怪的无政府形式。在德意志王国南部和西部的农民行事有秩序、讲纪律；图林根的农民则组成一些杂乱无章的小队，在乡村中搜寻，抢劫财物并焚烧隐修院。这些暴力行为的发生就算不是闵采尔引起的，也至少是受他煽动的。[50]

闵采尔追随者的中坚力量仍然是选民同盟。他以前在阿尔施泰特的一些会众追随他来到米尔豪森，他们无疑帮助他在此组建了一个新组织。最重要的是，他可以继续依靠数百名加入同盟的曼斯费尔德的铜矿工人。这些人通常是从国外招募来的，大多是流动的临时工，经常面临失业风险，缺乏各种保障，所以众所周知，他们像织布工一样容易受到革命热情的刺
247 激，因此也非常为当局所忌惮。[51]闵采尔能够领导这样的追随者自然让他获得了作为革命领袖的巨大声望；因此，虽然他在米尔豪森的影响力无法与普法伊费尔匹敌，但他在农民起义中的影响力则比后者大得多。不过，就如他们在关于改革要求的书面文件里清楚表明的那样，就连图林根的农民也并不认同闵采尔的那些千禧年幻想，但他们的确将他视为一个著名的、虔诚的、学识渊博的，且毫无保留地投入到他们的斗争中的人。闵采尔究竟在多大程度上有资格被称为图林根农民的“战争”领袖一直是个存在争议的问题，但似乎有一件事是肯定的，那就是除了他，这些人也没有其他领袖。[52]

1525 年 4 月，闵采尔在自己位于米尔豪森的教堂里挂起

一条白色横幅，上面的图案是一道彩虹，它象征着与上帝的盟约。[53]闵采尔宣布自己很快就会举着这面旗帜，带领两千名“外国人”一起游行。这些人显然都是选民同盟的成员，人数可能真有这么多，也可能只是他随口一说。[54]实际上，他和普法伊费尔确实在当月底参加了一次劫掠活动，在此过程中，多座隐修院和女修道院被毁，但这还绝不是他梦想的末世斗争。在一封他写给在阿尔施泰特的信徒的书信中，人们不难感受出那种曾经被认为是属于约翰·鲍尔的语气——而且这一次不再是由他人转述，而是直接出自闵采尔之口：

> 我告诉你们，如果你们不肯为上帝的缘故受苦，那你们就一定是魔鬼的殉教者。所以你们要当心！别那么沮丧、消极，不要讨好那些背理的空想家，他们是不敬虔的流氓！开启并参与主的战斗！现在正是时候。让你所有的兄弟都加入——以免他们嘲笑神圣的见证——否则他们全都要被消灭。整个德意志王国、法兰西王国和意大利都提高了警惕。主人想要消遣，所以恶棍们就必须奉陪。克莱特高（Klettgau）、黑高（Hegau）和黑林山的三千农民已经起义，而且他们的数量一直在增加。我唯一担心的是有些愚蠢的家伙会接受某种危险的协议，只因为他们还没有意识到那东西的危害。
>
> 就算你们中只有三个相信上帝、只求他的名字和荣耀的人，那么这三个人就不会惧怕十万人。
>
> 现在，攻击他们、攻击他们、攻击他们！是时候了。这些恶棍像丧家犬一样消沉……这是非常、非常必要的，是不可估量的必要……不要在意不信神者的哀叹！他们会

以一种友好的方式乞求你们，像孩子一样抱怨和哭泣。别可怜他们……鼓动乡村和城镇里的人行动起来，最重要的
248 是那些擅长此道的矿工和其他好伙伴们。我们不能再沉睡下去了！……把这封信给矿工们看！……

攻击他们，攻击他们，趁火焰正热！不要让剑凉下来！不要让它变钝！握紧锤子，敲响宁录的铁砧！① 将他们的塔推到！只要他们还活着，你就永远不会摆脱对人的恐惧。只要他们还统治着你们，别人就无法给你们讲关于上帝的内容。攻击他们，攻击他们，趁太阳还没落山！上帝在你们前面，所以跟随他，跟随他！……[55]

这封信足够清楚地表明了闵采尔生活在怎样的幻想中。因为宁录原本打算建造巴别塔，后来这个塔又被等同于巴比伦；而宁录不仅被公认为是第一个建造城市的人，还被视为私有财产和阶级分化的发明者，即原始平等主义自然状态的破坏者。[56]在推翻宁录并推倒他的塔的号召中，闵采尔参考了一系列《圣经》中的末世预言，包括《以西结书》第三十四章关于弥赛亚王国的预言，《马太福音》第二十四章关于基督对自己第二次降临的预言，《启示录》第六章中关于忿怒的大日的预言，当然还少不了“但以理的梦”。所有这些都表明，即便是在自己职业生涯的最后阶段，闵采尔依据的假设以及他思考的术语仍然是由末世论信仰规定的。有一些重要意义的是，就在那

① 传说宁录骄傲自大、暴虐无道，自称唯一的统治者，甚至纠集大军，准备与神交战，结果其军队在遮天蔽日的蚊虫中覆灭；还有一只蚊子从宁录的鼻孔钻进他的颅腔，啃噬他的大脑，宁录只能命人用锤子敲击铁砧，希望噪音能让蚊子停止啃噬。最终他忍受了四十年的痛苦才离世。

时，曾经被闵采尔视为榜样的尼克拉斯·施托希也亲自承担起了末世救主的角色：被从茨维考驱逐后，施托希拥有了新的追随者群体，这是一个由背教隐修士、织布工和其他工匠混合而成的群体，其组织核心是十二名“使徒”和七十二名“门徒”。当农民战争爆发时，施托希声称自己得到了上帝的承诺，内容是他将在四年之内把在位的不敬虔的统治者赶下台，继而统治整个世界，并将世上的各个王国赐给他的追随者。[57]

当闵采尔和施托希为千禧年的到来做准备时，路德则在撰写一份名为《反对实施盗窃和谋杀行为的农民团伙》（*Against the thievish, murderous gangs of the peasants*）的言辞激烈的小册子。[58]该作品极大煽动了德意志王国中部的诸侯，而此前，他们本不像德意志王国南部和西部的诸侯那样坚决地反对起义。最不愿意针对农民采取行动的老选帝侯腓特烈于5月4日去世，他的继任者是弟弟约翰。这位新选帝侯联合其他诸侯一起向黑森伯国的腓力一世伯爵（Landgrave Philip of Hesse）寻求帮助，这位还不到二十岁的年轻人作为军事指挥官已经拥有很高的声望，而且还刚刚镇压了自己领地中的起义。伯爵于是立 249
即领军进入图林根并直奔米尔豪森，因为诸侯们都认可那里就是整个图林根叛乱的根源。至于农民方面，最终有大约八千人在弗兰肯豪森（Frankenhausen）组建起一支军队。[59]这个小城镇离闵采尔在米尔豪森的总部非常近，离他的老敌人曼斯费尔德的欧内斯特（Ernest of Mansfeld）的城堡也很近，所以认为选择这个地方是受先知本人的启发似乎合情合理。农民此时肯定已将闵采尔视为他们的救主，并恳求他加入他们的队伍。他们的呼吁得到了响应。尽管反对干预的普法伊费尔留在了米尔豪森，但闵采尔还是带领三百名最虔诚和狂热的支持者出发了——这个数字意义重大，因为基甸打败米甸人（Midianites）的队伍就是由三百人组成的。[60]在《明确揭露缺乏信仰的世界中的虚假信仰》中，闵采尔就援引了基甸的例子。在他写过的言辞最激烈的书信之一中，他曾在自己的签名中加上了“用基甸的刀”——二三十年之后，同样以米尔豪森为中心的血友的领袖也会宣告自己的使命是用基甸的刀消灭不敬虔的人。① 闵采尔于5月11日到达农民的营地，并立即让人们感受到了他的影响力。他命令附近村庄的农民参军，还威胁说如果他们不这样做，他就会用武力迫使他们加入。[61]闵采尔向爱尔福特发出了请求增援的紧急呼吁，也向敌人发出了威胁的书信。他对自己的死对头曼斯菲尔德伯爵欧内斯特说：“你是劣质、破旧的袋子里装的蠕虫，你说说是谁让你成为诸侯，统治上帝用他的宝血赎来的人民的？……凭着上帝的大能，你将被毁灭。如果你不在地位卑微的人面前表现出谦逊，那么你将在所有基督徒眼中永远地丧失名誉，还会成为撒旦的殉教者。”[62]不过一切都是徒劳的，爱尔福特要么是不能，要么是不愿响应闵采尔的号召，至于他的敌人，更不会这么轻易被他吓到。

黑森伯国的腓力一世伯爵在自己的行动中表现出了对农民队伍军事技能的最彻底的蔑视，但结果证明他甘愿冒轻敌的风险完全是有道理的。5月15日，他带领的得到其他诸侯增援的部队已经在可俯瞰农民军队的山丘上占据了有利位置。尽管人数上处于劣势，但诸侯的军队拥有充足的大炮和两千名骑兵，而农民则只有少量大炮，且没有一名骑兵。在这种情况下

① “基甸的刀”（sword of Gideon）参见《士师记》（7：18，20）。

进行的战斗只会有一个结果。尽管如此，诸侯还是提出条件说，只要农民交出闵采尔及与他关系最密切的追随者，他们就 250
会饶其他人不死。该提议可能是真诚的，因为在处理自己领地中的叛乱时，伯爵也是在要求服从的前提下避免了不必要的流血。要不是闵采尔本人的干预，农民很可能会接受这个提议。

《托马斯·闵采尔的历史》中的叙述似乎是真实的：先知发表了慷慨激昂的演讲，他宣称上帝已经对他说话，并承诺让他获得胜利；他本人会在披风的袖子里接住敌人的炮弹；到了最后时刻，上帝宁可改变天地也不会让他的人民灭亡。一道彩虹的出现进一步增强了演讲的效果，彩虹作为闵采尔旗帜上的标志，自然而然地被解释为上帝恩宠的象征。起码可以说，闵采尔的直接追随者们似乎对即将发生巨大奇迹这件事充满信心；毫无疑问，他们的有组织性和狂热程度足以让他们控制住混乱而没有主心骨的农民。[63]

与此同时，没有得到满意答复的诸侯们已经变得不耐烦，于是下令开炮。农民没有为使用他们仅有的大炮做任何准备，甚至没有逃跑。实际上，当敌人第一次，也是仅有的一次数炮齐发时，他们仍在吟唱“降临吧，圣灵”，就好像他们期待第二次降临会在此时此刻发生一样。炮火带来的效果即时而直观，更是灾难性的：农民打破队形，狂乱奔逃，敌人的骑兵则穷追不舍，并杀死了数百人。诸侯的军队只损失六人就驱散了农民军，并占领了弗兰肯豪森，在此过程中他们共杀死大约五千人。几天后，米尔豪森未做任何抵抗地投降了，但作为对这个城市据称在起义中扮演的角色的惩罚，它被处以巨额罚款和赔偿金，还被剥夺了作为帝国自由城市的地位。[64]闵采尔虽然逃离了战场，但很快在弗兰肯豪森的一个地窖中被找到。他在被移交给曼斯费尔德的欧内斯特后遭受酷刑折磨，坦白了关于选民同盟的一切，最终于1525年5月27日与普法伊费尔一起在诸侯的营地中被斩首。[65]施托希似乎也在这场起义中发挥了一些作用，但他一直在逃，后来也于当年去世。[66]

然而，闵采尔的历史角色绝对没有就此结束。尽管从未宣称自己是再洗礼派，但在农民战争之后的那些年里，闵采尔很自然地在发展得更广泛的再洗礼运动（Anabaptist movement）
251 中成了受人敬仰和怀念的对象。更令人好奇的是他在过去一百年中被复兴和神化的情况。今天①有一部分历史学家将闵采尔当成一个巨大的象征，一个“阶级斗争”历史上的杰出英雄。非马克思主义历史学家通过指出闵采尔关注的东西本质上是神秘主义的，且他整体上对穷人的物质利益漠不关心来反驳这一观点。然而，人们也可以说，非马克思主义观点同样过分强调了他的某一方面。闵采尔是一位痴迷于末世论幻想的先知，也确实曾尝试通过利用社会不满来将幻想转化为现实。让马克思主义者将他视为自己一员的那种直觉或许也是有道理的。

① 上一句的“过去一百年中”和此处的“今天”均以20世纪60年代末为参照时间点。

第十三章　平等主义千年王国（三）

再洗礼运动与社会动荡

虽然伴随路德宗教改革出现的某些现象让路德和他的同伴 252
感到震惊，但若让今人回顾过往，我们就会发现，这些情况其实再自然不过，甚至是不可避免的。因为改革者反对罗马教廷的权威，所以他们依赖于《圣经》文本。而一旦众人开始自己阅读《圣经》，他们就会自行对之进行解释，且他们的解释并不总与改革者的解释一致。路德的影响力扩展到哪里，哪里的司祭就会丧失大部分身为平信徒与上帝之间的中保和不可或缺的精神向导的传统声望。然而，一旦平信徒开始感到自己正与上帝面对面，并依赖自己的良知为指导，一种情况就注定要发生，即某些平信徒会宣称自己获得了与新旧正统信仰都背道而驰的神圣提示。

最重要的是，路德宗教改革曾在一段时间内增强了催生出它的那种强烈而广泛的兴奋。一旦宗教改革挑战了西方至此时存在的唯一教会的有效性和权威性，这样的结果就不可避免。此前，世人整体上毫不怀疑地接受了罗马教廷提出的对宇宙和人类本质的连贯解释。天主教教义提供了一个恒常的布局，所有基督徒都已经习惯于据此给自己定位，就像他们已经习惯于依赖天主教教会组织提供的权威体系一样。专门针对懈怠和世俗的神职人员的持续指责，及大分裂引发的公开且强烈的抗议恰恰表明了人们对教会的需求有多迫切。许多个世纪以来，无论其有何失败之处，罗马教廷起码在欧洲社会中发挥了一个重要的规范作用。然而正是因为路德的猛烈攻击太有效，以至于教会的这一职能被严重扰乱。结果就是，人们在感到获得解放
253 的同时，也感到一种同样广泛蔓延的迷惘。此外，路德宗教改革本身并不能完全掌控它在民众中释放的所有忧虑。路德之所以没能获得广大平民的忠心，一方面是由于他的救赎教义内容，另一方面是由于他与有权有势的世俗权力的结盟。在焦虑不安、迷失方向的群众中形成了一种同时反对路德主义和罗马天主教教义的运动，反对者称之为再洗礼运动。它在许多方面都可以被看作对各个中世纪小派的继承，但其规模远远大于那些小派。[1]

再洗礼运动不是一个由各个同类部分组成的统一运动，它也从没有一个核心组织。大约存在过四十个各自独立的再洗礼派派别，这些秘密的、总受到被消灭的威胁的小派分散在整片德语地区中，每个群体都由一位自称受上帝启发的先知或使徒领导，并根据其设定的不同路线自行发展。但就整个运动而言，某些特定倾向是各群体普遍共有的。总的来说，再洗礼派不看重神学思考或正规宗教仪式。作为去教堂做礼拜的替代，他们制定出了一套规定，即一丝不苟、严格按字面意思遵守他们认为是从《新约》中找到的戒律。再洗礼派不关心神学，只研读《圣经》，然而他们很容易根据自认为是从上帝那里得到的直接启示来解释《圣经》。他们的价值观主要遵循道德，对他们来说，宗教首先是积极的兄弟之爱。他们的群体是仿照他们设想的早期教会的样式设置的，他们的目标是实现基督倡

导的道德理想。[2]

再洗礼派最有特点的地方是他们的社会态度。这些小派信徒往往对私有财产感到忧虑，并将财物公有视为理想状态。虽然大多数再洗礼派群体没有做出什么实行公有制的尝试，但他们绝对会认真承担做慈善和慷慨互助的义务。[3]再洗礼派群体也经常表现出明显的排他性。每个群体内部都非常团结，但对整个社会的态度往往是排斥的。再洗礼派对国家尤其充满怀疑，他们认为国家作为一种制度，对于不义者来说无疑是必要的，但对于真正的基督徒（指他们自己）来说却并无必要。虽然再洗礼派愿意遵守国家的许多要求，但他们拒绝让国家入侵关于信仰和良知的领域，而且总的来说，他们倾向于尽量减少与国家打交道。大多数再洗礼派拒绝担任国家公职，或者拒绝针 254
对另一个再洗礼派求助国家权力，或者拒绝代表国家拿起武器。他们对非再洗礼派个人的态度同样疏离，通常会避免与本群体之外的人进行任何社交。这些信徒认为自己是仅有的上帝的选民，他们的群体是唯一直接受上帝指导的群体：是罪恶汪洋中的公义小岛。连路德都承认罗马天主教教徒也可以被拯救，但对于再洗礼派来说，路德宗信徒和天主教教徒都比土耳其人更恶劣，是敌基督的真正帮手。让再洗礼派得名的再洗礼仪式首先是一种象征性地表达自愿割裂与未得救赎世界的关系的手段。但就算在再洗礼派内部，同样的认为某群体是“唯一被选择群体”的执迷也很盛行，所以这场运动的历史中不止一次出现过分裂。

农民战争之后的几年里，再洗礼运动从瑞士传播到德意志王国。多数再洗礼派是平和之人，只要不是关乎良知和信仰的问题，他们实际上很愿意尊重国家的权威。绝大部分人对于社会革命一无所知。但再洗礼派中的普通信徒几乎完全来自农民和工匠阶层；而农民战争之后的当局对这些阶层极为恐惧。因此，哪怕是最和平的再洗礼派也会遭到残酷迫害，更有数千人被杀死。最终，这种迫害恰恰造成了它原本想避免的那种危险。再洗礼派不仅确立了对国家和既有秩序的敌意，还用启示性术语将自己遭遇的苦难解释为撒旦和敌基督对圣徒的最后一次猛烈攻击，也就是那些预示千禧年即将到来的“弥赛亚灾难”。许多再洗礼派变得沉迷于想像清算的那天，届时他们会崛起，推翻强大的统治者，并在最终归来的基督的带领下，在世上建立千年王国。此时再洗礼运动的内部情况与早先几个世纪中的异端运动的内部情况不无相似之处。大部分再洗礼运动延续了前几个世纪中以瓦勒度派为代表的，和平与苦行的异议传统。但与此同时，又有另一种再洗礼运动逐渐兴起，同样古老但激进好战的千禧年主义在其中找到了新的表达方式。

这种新再洗礼运动的第一个宣传者是一位名叫汉斯·胡特（Hans Hut）的流动装订工。汉斯·胡特曾经是闵采尔的追随者和
255 门徒，也和后者一样是图林根人。这个人自称是上帝派来的先知，他宣布基督将于 1528 年的圣灵降临节期[①]返回世上，并将一柄两刃的公义之剑交到重新受洗的圣徒手中。圣徒将就司祭和牧师的错误教导做出审判，最重要的是就世上的显赫之人进行的迫害做出审判，而国王和贵族都将被锁上锁链囚禁起来。最终，基督会建立一个千年王国，其特征似乎是自由性爱和财

① 据《使徒行传》记载，耶稣复活后第四十日升天，第五十日差遣圣灵（圣神）降临。门徒领受圣灵后开始传教。据此，教会规定复活节后第五十日为圣灵降临节（Whitsunday），即五旬节。以这一天为起点的一周为圣灵降临节期（Whitsuntide）。

物公有。胡特于1527年被捕，后被囚禁在奥格斯堡，最终要么是被处决，要么是自己死在了监狱里。但在那之前，他已经在德意志王国南部城镇中说服一些人改信他的宗教信仰。[4]

在胡特的追随者公开表述的信仰中，人们能够发现被几乎一字不漏地重复出来的约翰·鲍尔和激进塔波尔派的教义："基督将剑交给再洗礼派，让他们去复仇，去惩罚一切罪恶，消灭所有政府，将所有财物公有化，杀死那些不肯重新受洗的人。"以及："政府没有恰当地对待穷人，而是让他们承受了过于沉重的负担。当上帝让他们复仇时，他们想要惩罚并消灭邪恶……"[5]胡特本人也许认为所有这些只会在基督"驾云降临"时发生，但他的门徒并不都那么有耐心：在内卡河畔的埃斯林根（Esslingen on the Neckar），再洗礼派似乎计划于1528年凭借武力建立一个神的国。在这些激进的千禧年主义者心中，公有制理想显然具有革命性意义。纽伦堡城镇当局对乌尔姆的居民说，再洗礼派旨在颠覆既有秩序并废除财产私有，这种警告无疑是有一定根据的。[6]在德意志王国南部，革命的再洗礼派确实只是一支规模很小且发挥不了什么作用的队伍，到1530年就被彻底消灭了。但几年之后，它会重新出现在荷兰和德意志王国西北端，届时他们产生的影响将引起整个欧洲的注意。[7]

16世纪初的德意志王国西北部主要都是一些小规模的教会国家，每个国家都由一位采邑主教作为最高统治者。这样的国家往往会受到激烈社会冲突的困扰。国家政府由采邑主教和主教教区内的教士会控制，前者是由后者选举出来的，所以其政策在很大程度上受后者控制。教士会的成员完全来自本地贵族阶层——拥有四分纹章通常是获得参选资格必不可少的条件

之一。当选者往往会选择他们之中的一人为主教。这群贵族教
256 士不受任何上级的控制：在本地区的宗教会议中，他们的利益能够获得最有力的代表，而且这些人总是可以依靠骑士团的支持。鉴于此，他们的统治行为往往仅为本阶层和本辖区内的神职人员利益服务。在一个教会国家中，神职人员不仅数量众多，而且享有各种特权。以明斯特（Münster，又译闵斯德）的主教教区为例：这里大约有三十个与教会相关的中心，包括四家隐修院、七家女修道院、十座教堂、一座大教堂，当然还有教士会自己的礼堂——其成员拥有圣职，享受丰厚的薪俸。隐修士被允许从事世俗的商业和手工业活动。最重要的是，神职人员这个整体几乎完全不用交税。[8]

但是，教会国家的教士－贵族阶层的势力很少能有效地扩展到本国都城。在这些国家中也和在其他地方一样，商业发展和货币经济使得城镇越来越重要。国家总是缺钱，于是城镇通过常见的在税费上讨价还价的方法逐渐为自己赢得了一些让步和特权。明斯特的主教教区是教会国家中最大和最重要的，这里的情况也最符合前面的描述。从 14 世纪初开始，明斯特就享受了很大程度的自治，而很少居住在这里的主教的权力则受到很大限制。

这当然并不意味着城镇居民对他们获得的让步感到满意。主教和教士会通常不享有任何宗教声望并不令人意外，因为他们都过着完全世俗的奢华生活。就 16 世纪 30 年代明斯特的情况来说，主教不过是一位世俗领主，甚至都没有被授予圣职。而且采邑主教常常征收重税，于是全部负担就落在了平信徒身上，但他们却是从行政管理中受益最少的人。此外，每当教会国家选举一个新主教时，它还必须向罗马教廷支付一笔

巨款，比如明斯特在1498—1522年就支付了三次。神职人员不用缴税这件事会引发强烈怨恨自然不奇怪。商贩和工匠都反对隐修士参与工商业活动，因为他们不用养家，不用服役或提供军事服务，也不受行会规章的限制，所以占据了一切竞争优势。

到16世纪，市议会已经变成一个稳定而相对保守的机构，它们不再是抵制主教和教士会权力的核心，承担这一角色的变成了行会。明斯特的情况肯定就属于此类。这里在15世纪成 257
了一个重要的商业中心，还是汉萨同盟成员，各个行会都获得了强大的政治权力。到16世纪，不少于十六个各自独立的行会组成了一个大行会，这使得该组织有能力在时机恰当的时候动员并带领本市所有人反对神职人员。农民战争就提供了这样的机会。一个惊人的事实是，当从德意志王国南部传来的革命激情蔓延到西北部时，奋起抗争的既不是农民，也不是世俗国家的城镇，反而单单是作为教会国家首都的那些地方，比如奥斯纳布吕克（Osnabrück）、乌得勒支、帕德博恩（Paderborn）和明斯特。明斯特的行会领导了一场对一个与它们进行商业竞争的隐修院的袭击，它们还要求对神职人员的特权做出全面的限制；教士会迫不得已做出了重大让步。

然而这一次，无论是在明斯特还是它的几个姐妹城镇中，行会获得的胜利都没能维持多久。诸侯一击败南方的农民，北方各主教教区中的教士会就重新获得了之前失去的一切权力。它们迅速撤销了所有让步，粉碎了一切改革尝试，还竭尽所能地羞辱那些叛乱城镇。到1530年，所有教会国家都重新恢复了旧的统治体系，不过其稳固程度已经大不如前，因为城镇居民此时比以往任何时候都更加痛恨神职人员和贵族占据的支配地位。他们已经感受过自己的力量，而且渴盼着再次使用这种力量的恰当时机。此外，城镇居民这些年来的处境也确实令人绝望。1529 年，黑死病的暴发给威斯特伐利亚带来了毁灭性打击，与此同时，农作物的收成也很糟糕。1529—1530 年，黑麦的价格几乎翻了三倍。到 1530 年，国家又开始征收一项为抵御奥斯曼土耳其侵入帝国东部领地提供财政支持的特别税。有证据表明，在 16 世纪 30 年代初期，德意志王国西北部的困境总的来说异常严峻。可以预料，在某个教会国家中必将出现新的混乱：当明斯特主教在 1530 年试图将其主教教区出售给帕德博恩和奥斯纳布吕克主教，并因此与其在教士会中的盟友疏远之后，混乱就爆发了。[9]

1531 年，一位名叫伯恩特·罗特曼（Bernt Rothmann）的年轻特遣牧师开始在明斯特吸引大批信众。这位铁匠的儿子不仅口才过人，还因天赋出众而读了大学。他很快就成了一位路德宗信徒，并开始领导一项早在 1525 年就已经出现的、要将
258 明斯特归入路德教会的运动。[10]支持他的不仅有各个行会，还有一位有钱有势、贵族出身的布料商人伯恩特·克尼佩尔多林克（Bernt Knipperdollinck）[11]。这场运动曾经被认为是新教徒的民主运动，此时因一位主教辞职和他的继任者去世而受到进一步推动。1532 年，行会在民众的支持下成了本市的主人，并迫使市议会在所有教堂中安排路德宗布道者。新主教无法使该市放弃这种信仰，所以到 1533 年初，他正式承认明斯特为一个路德宗城镇。

这样的状态并不会维持太久。在相邻的于利希 - 克利夫斯 - 伯格联合公国，再洗礼派布道者在过去几年中一直享有传教的自由，这在其他任何地方几乎都是不可能的。但在 1532

年，他们被驱逐出境了，其中一些人来到明斯特寻求庇护。1533年，又有更多再洗礼派从尼德兰来到这里。这些人都是著名空想家梅尔希奥·霍夫曼（Melchior Hoffmann）[12]的追随者，此人是中世纪云游先知的真正继任者，为宣扬第二次降临和千禧年即将到来的内容而走遍欧洲各地。1529年前后，霍夫曼投身再洗礼运动。接下来的一年里，以尼德兰北部各省为主的一些地方都出现了深受其影响的再洗礼运动新分支。霍夫曼认为，在"弥赛亚苦难"及诸多迹象和奇事的时期过去之后，千禧年将于1533年，也就是被人们相信为基督逝世满1500年的这个时间点开始。到1533年，霍夫曼追随者带来的千禧年主义幻想很快就变成一种大众痴迷，并主宰了明斯特城中较贫穷阶层成员的全部生活。

与此同时，罗特曼放弃了路德宗信仰，转为将他所有的口才和威信都奉献给再洗礼运动。在他的布道中，一个古老的传统被赋予了新的生命。1524年时，那份无政府-共产主义教义的古老根源，即伪造的教皇克雷芒一世的第五封书信在巴塞尔被制成印刷品。1531年，人道主义者塞巴斯蒂安·弗兰克（Sebastian Franck）用生动活泼的口语化德语对其进行概括，从而吸引了许多读者，而且他还在其中添加了自己的评论：

> 此后不久，宁录开始统治，之后也是谁有能力，谁就可以击败他人。于是他们开始瓜分世界，并为财产问题争论不休。"我的"和"你的"之分由此开启。最终，人们变得如此野蛮，就像野兽一样。每个人都想比另一个人更美更好，实际上是想成为他人的主人。然而，上帝把万物创造为公有，就像我们今天仍然可以共享空气、火焰、雨

露、阳光，以及好偷窃的暴虐之人无法据为己有的其他任何东西一样。[13]

259 这就是罗特曼此时谈论的主题。他在 1533 年 10 月提出，想象中的原始教会的共产主义才是真正的基督徒群体的理想状态。他在布道和各种小册子中宣称，真正的信徒应该一丝不苟地效仿最初的基督徒的生活方式，包括将所有财物视为公有。[14]

与之前几个世纪的情况一样，这种教导以不同的方式吸引着属于不同社会阶层的人。有些资本家突然停止了放高利贷的行为，并废除了所有欠他们的债务；还有许多家境富裕之人下定决心要像充满关爱的兄弟般生活，将所有财产视为公有，放弃所有奢侈品，把所有富余的东西都捐给穷人。但与此同时，这种布道的消息也在各地的一无所有、无家可归和一事无成的人中间传开。一位观察者说："所以他们都来了，有荷兰人、弗里斯兰人，以及来自各地的流氓，都是从没在任何地方安定下来的人，他们蜂拥到明斯特并聚集在那里。"[15]其他消息来源则提到了"逃犯、流亡者、罪犯"[16]以及

挥霍父母钱财，不曾靠自己的劳动挣到一分钱的人；……从小就学会游手好闲，让自己背上沉重债务的人；不是因为听说神职人员有什么宗教信仰，而是因为听说他们有多少财富而憎恨他们的人；以及假装像使徒一样赞美财物公有，直到厌倦了贫穷就想着掠夺和抢劫神职人员及富有市民的人。[17]

如果这些词句会让人想起曾经被用来描述牧人群体的内容，那绝对不是巧合。到16世纪，尼德兰北部的社会状况已经变得与大约两个世纪前的佛兰德伯国、埃诺和皮卡第的状况非常相似。虽然这些旧中心的人口一直在减少，但荷兰的人口却像德意志王国南部的一样在增加。随着佛兰德纺织业的崩溃，荷兰纺织业则飞速发展起来。此时，该行业最重要的中心是莱顿（Leyden），荷兰成了有最多缺乏安全感和烦恼不堪的工人聚集的地方。此外，这些工人的状况似乎比在过去几个世纪里的还要糟糕。新的资本主义制造业在很大程度上仍然依靠农村人，参与其中的工匠用资本家提供的生产资料在自己家中进行生产；在这种制度下，行会无法再有效地运作。有证据表明，失业者和未加入工会者的数目都比前几个世纪里更多，他们的处境也更加绝望。再洗礼运动以其最激进、最原始的千禧年主义形式在这些人中间盛行；此时源源不断地拥入明斯特的就都 260
是这样的人。

在明斯特，越是家境兴旺的市民自然越感到不安。他们中的大多数人也许曾因主教和教士会的失败以及路德宗事业的胜利而欢欣鼓舞，但受大量找不到工作的绝望外国人支持的强大的再洗礼运动，则会给他们所有人带来显而易见的严重风险。面对这种威胁，路德宗信徒和罗马天主教教徒团结到了一起。当年年底，市议会多次尝试禁止罗特曼布道或是将其驱逐出境，但凭借着追随者的忠心，他总能抗拒议会的禁令。其余的再洗礼派布道者则确实遭到驱逐，并被路德宗布道者取而代之，但他们不久就重返这里，并将路德宗布道者赶出了教堂。笼罩着这座城镇的兴奋态势已经持续增强了好多个星期，直到1534年的最初几天，将要引导这种激情去实现特定目标的那些人来了。

梅尔希奥·霍夫曼认为千禧年将从斯特拉斯堡开启，他曾在那里遭到逮捕，然后在囚禁他的塔楼上的笼子里过完了自己最后的日子。于是先知的重任就降临在一位荷兰再洗礼派，来自哈勒姆（Haarlem）的面包师扬·马提斯［Jan Matthys（Matthyszoon）］身上。[18]这种领导层的变化也改变了这场运动的整体基调。霍夫曼是一个和平的人，他教导他的追随者避免一切暴力，只抱着平静的信心等待千禧年的到来。而马提斯则是一位革命领袖，他教导说，义人必须亲手拿起刀剑，并挥舞着它们砍向不义之人，这才能积极地为千禧年的到来做好准备。他宣称自己已经得知，他和他的追随者就是受召唤来消除世上的不敬虔者的。在这样的教导中，皮卡第派、托马斯·闵采尔和汉斯·胡特的精神重新焕发了生机。

马提斯从尼德兰向各地的再洗礼派群体派遣使徒，这些使徒都相信圣灵已经像在五旬节降临到最初的使徒身上一样降临到他们身上。在到访的每个城镇中，他们都会为大量成年人施洗，并授予一些“主教”为人施洗的权力；然后他们就会继续前进，与此同时，新皈依的城镇也会派出新的使徒起程去完成类似的任务。在 1534 年的最初几天，两名使徒抵达明斯特，他们的到来立即引发了像传染病一样迅速蔓延的热情。罗特曼和其他再洗礼派布道者也重新受洗；之后是大量修女和一些家境富裕的女性平信徒，最终，城中大部分人都重新受洗。据说一周之内进行的洗礼次数达到一千四百次。

261 最初的使徒继续前进，但又有另外两名使徒取代他们来到明斯特。具有重要意义的是，这两个后来者起初被认为是以诺和以利亚。[19]根据传统的末世论，以诺和以利亚这两位先知将作为对抗敌基督的“见证人”返回世上，他们的出现就是第二次降临的征兆。两名新使徒中的一位叫扬·伯科尔森［Jan Bockelson（Bockelszoon，Beukelsz）］，通常被称为莱顿的约翰（John of Leyden）。他当时只有二十五岁，是几个月前才在马提斯的说服下改变信仰并受洗的。他将在明斯特获得极高的声望，而且这种声望一直持续到今天。就如发生在“匈牙利大师”和其他很多中世纪人身上的情况一样，或者实际上应该说，是和任何时候都经常出现的情况一样，此时的人们也认为弥赛亚领袖会是一个外来者，一个来自边缘的人。起初伯科尔森是和他的师傅一起发挥作用，后来则变成仅凭他一人，就让明斯特的再洗礼运动获得了一种其他任何地方的再洗礼运动都不具有的激进的战斗性。他还将引发一场比一个世纪之前在他泊爆发的更令人震惊的千禧年主义革命。[20]

明斯特作为新耶路撒冷

1534 年 2 月，明斯特的再洗礼派势力迅速增强。伯科尔森马上与行会领袖及再洗礼派支持者、布料商人克尼佩尔多林克拉上了关系，他过不了多久就会迎娶后者的女儿为妻。2 月 8 日当天，伯科尔森和克尼佩尔多林克在各条街上狂奔，召唤所有人忏悔自己的罪过。[1]歇斯底里的情绪闸门根本不需要更多刺激就被放开了，女性再洗礼派的反应尤其激烈，她们从一开始就是罗特曼最积极的追随者，后来她们的人数还因为许多修女的加入而大大增加，这些修女都离开自己的修道院，穿上世俗的服装，并重新受洗。此时她们开始在街上看到启示异象，而且这种感受如此强烈，以至于她们会扑倒在地，一边尖叫一边扭动，甚至口吐白沫。[2]正是在这种充满超自然期望的气氛中，再洗礼派第一次发动武装起义，占领了市政厅和市场。如果路德宗多数派愿意使用受其支配的武装力量，他们肯定能够击败当时仍然只占少数的再洗礼派。但再洗礼派赢得了议会成员的同情，所以起义的结果是，官方认可了良心自由原则①。[3]

再洗礼派就这样为他们已经规模巨大、实力雄厚的群体赢
262 得了法律上的认可。许多富裕的路德宗信徒为对手持续施加越来越大压力的前景感到担忧，于是带着所有能带走的财物离开了这个城镇。留下的人中，再洗礼派占大多数；他们派遣信使，并发布宣言，敦促附近城镇中的再洗礼派带着家人一同前往明斯特。宣言称世上其他地方注定要在复活节之前被摧毁，但明斯特会得救，还会成为新的耶路撒冷。移民抵达后可以得到为他们准备的食物、衣物、金钱和住所，但他们必须携带武器。[4]这样的召唤受到热烈响应。最远至弗里西亚（Frisia）和布拉班特的再洗礼派都拥入明斯特，抵达这里的新移民数量最终超过了离开的路德宗移民数量。[5]结果是，2 月 23 日举行的市议会年度选举选出了一个再洗礼派占压倒性优势的团体，克尼佩尔多林克还当上了两位市长之一。接下来的几天，隐修院和教堂被洗劫一空，在一次破坏圣像的夜间狂欢中，大教堂里的雕塑、绘画和书籍都被毁了。[6]

与此同时，扬·马提斯也抵达明斯特。这个人身材瘦高、形容憔悴、留着长长的黑胡子。他和伯科尔森一起迅速统治了整个城镇。罗特曼和其他本地再洗礼派布道者的受欢迎程度无法与“荷兰先知”匹敌，而且他们很快就只能随波逐流地服从于这场野蛮运动，无法对其发挥什么影响力，更别说抵制其

① 即遵循个人的宗教和道德信仰的自由。

发展了。他们在这个政权中只能充当顺从的宣传员角色，所有实权则集中在马提斯和伯科尔森手中。这个政权是一种神权统治，受上帝启发的群体已经将原本的国家吞没。神权统治被认为是为神服务的，这个神就是圣父——他是忌邪的和严苛的父，压倒一切地占据了许多早期千禧年主义者的想象力。马提斯和伯科尔森鼓励他们的追随者向圣父而不是圣子祷告祈求。[7]正是为了使上帝的儿女能够团结一致地侍奉圣父，他们决心创建一个“所有不洁都被清除的新耶路撒冷”。为了组成这个洁净的、未被玷污的群体，马提斯主张处决所有留在这里的路德宗信徒和罗马天主教教徒；但克尼佩尔多林克指出，这样做将使整个外部世界都与本市为敌，因此最终的决定是将这些人驱逐。[8]

2 月 27 日上午，在陷入预言家疯狂状态的马提斯的敦促下，武装人员冲到街上大喊：“滚出去，你们这些不敬虔的人，再也不要回来了，你们是圣父的敌人！”当时正赶上一场 263
强暴风雪，天气冰冷刺骨，再洗礼派将大批“不敬虔”的人赶出城镇，甚至对他们拳打脚踢，还为他们遭受的苦难而嘲笑他们。这些人中包括老人、残疾人、幼童、孕妇和刚分娩不久的妇女。他们大多出身于比较兴旺富裕的人家，却被迫留下所有财产、金钱和替换衣物，连食物也都被夺走了，所以这些人不得不在乡间乞讨食物和住处。[9]仍然留在城中的路德宗信徒和罗马天主教教徒则被集中到市场上受洗。仪式持续了三天；所有人都受洗之后，未受洗就被定为死罪。到 3 月 3 日上午，明斯特已经没有一个“信仰邪教者”，住在城中的全是上帝的儿女。这些人互相称呼“兄弟”或“姐妹”，他们确信自己生活在一个只由爱凝聚在一起的群体中，而且不会犯罪。[10]

先知们之所以要消除居民中的路德宗信徒和罗马天主教教徒，不仅是出于狂热的信仰，还因为他们知道明斯特即将被包围。尽管主教之前不情愿地对路德宗群体做出了官方承认，但他并不准备给再洗礼派同样的待遇。主教一直在试图阻止再洗礼运动，而当该运动在先知的带领下发展成一项激进运动之后，他更是立刻准备对其展开武力镇压。再洗礼派第一次拿起武器占领市场的时候，主教就马上带兵赶向了明斯特。但当时的市议会拒绝了他的帮助。在接下来的几周中，主教又着手筹建了一支雇佣军。邻近的城镇和公国都提供了武器、弹药和补给，有的还不情愿地提供了一些不太合格的雇佣兵。因此，当再洗礼派在宣传中声称自己只是在抵抗罗马天主教的侵略时，他们无疑是完全真诚的。[11]可以肯定，正是驱逐路德宗信徒和罗马天主教教徒这件事促使对方立即宣战。驱逐行动的第二天，即 2 月 28 日，敌人在城外兴建了土方工程，围困就这样开始了。

普通再洗礼派民众惊讶地发现自己突然陷入了战争，但在克尼佩尔多林克的积极领导下，人们很快恢复自信，并勇敢地面对这一威胁。城中人任命了军官，安排人员不分昼夜地定时
264 站岗放哨，还组建了消防队，并为加农炮修建掩体和战壕，以及在城门后面建造巨型土方工程。所有成年男女，甚至青少年都承担了一定的职责。[12]很快人们就针对城墙之外的围城军队发动了突围，并与之展开小规模交战。与此同时，一场社会革命也在扬·马提斯的指示下揭开序幕。他采取的第一个措施就是没收出逃居民的财产。在他们的房屋中发现的所有借据、账簿和契约均被销毁，所有衣物、寝具、家具、金属器件、武器和食物储备都被转移并存放到中央仓库中。在为期三天的祈祷之后，马提斯宣布了由上帝选出的负责管理这些物资的七位

“执事”的名字。他们鼓励穷人来向自己提出申请，然后会根据穷人的需要向他们发放日用品。[13]

无论受益者多么欢迎这些举措，但这些举措是在一个外国人、一个后来者的吩咐下实施的这个事实还是引起了不满，一位铁匠公开发表了反对马提斯的言论。先知立即将此人逮捕并将其带到市场上。全体居民也被召唤到那里。被保镖环绕着的马提斯向人们发表讲话，内容是宣布主因为他的先知受到诽谤而怒不可遏，所以将对整个群体进行复仇，除非这个不敬虔的铁匠被从选民群体中剔除。少数抗议这个程序合法性的显赫市民也被投入监狱，而马提斯则先用剑戳刺铁匠，后将其射杀。人群被警告要以此为戒，还要尽职地唱一首赞美诗之后才可以解散。[14]

恐怖统治已经开始，正是在这种恐怖气氛中，马提斯将已经在人们心头萦绕了好几个月的原始共产主义念头转变成了现实，这就是再洗礼派想象中那辉煌的千禧年景象。马提斯、罗特曼和其他布道者发起了一场宣传运动。内容包括宣告真正的基督徒不应拥有属于自己的钱财，而应将所有钱财视为公有；由此得出的结论自然是，人们必须把所有钱财以及金银饰品都上交。起初，这个命令遭到了反对，一些再洗礼派把他们的钱埋了起来。马提斯应对这种状况的办法就是加强恐怖统治。直到面临驱逐时才受洗的那部分人被集中到一起，并被告知，除非圣父选择原谅他们，否则他们就得死在义人的刀下。接下来这些人就被锁在教堂内，在无法确定自己命运的状态下被囚禁了数小时之久，直到他们完全灰心丧气。最终马提斯带着一群武装人员进入教堂。他的受害者们双膝跪地爬向他，恳求他作 265
为最受圣父青睐的人为他们求情。他也许这样做了，也许只是在装样子，然后就告诉那些惊恐的可怜人说，他们已经赢得了赦免，圣父很高兴接纳他们加入义人的群体。经过这次恐吓行动之后，马提斯对新耶路撒冷的士气状况感到放心多了。[15]

反对私人拥有钱财的宣传持续了数周之久，宣传中还伴随着最诱人的哄骗和最可怕的威胁。肯不肯放弃钱财被当成是不是真正基督徒的考验。那些不能服从规定的人被宣告为应当被消灭的人，而且似乎也确实有一些人遭到处决。经过为期两个月的不间断施压，钱财私有制被有效废除了。[16]从此之后，金钱仅能出于为公共服务的目的而被用在与外界进行的交易中，比如雇用雇佣军、购买物资和散发宣传品。另一方面，城中的工匠不再以现金，而是以实物形式获得工资，而且他们的工资似乎也不再是由私人雇主，而是由神权政府支付。

政府采取了各种措施来实现财物公有。每座城门旁边都设有公共食堂，在城墙上值班的人员会在这里一起用餐，并一起学习《旧约》。每个食堂都由一位马提斯任命的执事管理。执事负责提供口粮；他们完成这个任务的方式是到私人家中，对在那里找到的食物进行登记，然后按照要求征用这些东西。另外，大量来到这里的移民需要有地方可住。起初，政府认为把隐修院和属于路德宗信徒或罗马天主教教徒的房屋分配给他们就够了；但后来，独占住所也被认定为有罪的行为，因此所有房屋的大门都必须不分日夜地向所有人敞开。[17]

所有这些措施当然都是适应受围困期间状况的。然而，有些人提出的，明斯特的"共产主义"只是为满足战争需要而进行的征用的说法则肯定具有误导性。[18]废除钱财私有、限制食物和住所私有，被视为迈入一个新国家的最初几步。罗特曼说在这个国家里，所有东西属于所有人，"我的"和"你的"

的区别将荡然无存；[19]伯科尔森后来也说："万物都将属于公有，没有私有财产，也没有人需要做任何工作，他们只要相信上帝就可以了。"[20]罗特曼在围城发生很久之前就认定财物公有是精英集团的理想状态；此时，为了侍奉"荷兰先知"，他要求将这样的理想转化为一种适用于所有人的社会制度。在他于1534年10月创作的，要向其他城镇的再洗礼派群体散发的宣传册中，罗特曼用下面这个段落清晰地表述了一种常见的、混合了千禧年主义和原始主义的观点： 266

我们永远赞美和感激上帝在我们中间恢复了公有制，恢复了它在创始之初适合于上帝的圣徒的样子。我们希望公有制在我们中间也能同样充满活力和荣耀，并像以往任何时候一样，由同样纯洁的心凭借上帝的恩宠去遵守。因为我们不仅是将所有财物都集中在一起由执事照管，然后根据每个人的需求依靠这些财物生活，更重要的是，我们团结一心地通过基督赞美上帝，并迫切地渴望以任何方式互相帮助。鉴于此，一切为自己打算和以获得私有财产为目的的行为，例如买卖物品、出卖劳力、收取利息和放高利贷（即使对象是不信神者），或者榨取穷人的血汗（让同胞和他人工作，自己坐享其成）——实际上就是一切违反爱的行为都因爱和公有的力量而被废除了。知道上帝如今希望废除这些可憎之事后，我们宁死也不会做出这些行为。我们知道这样的牺牲会使主喜悦。如果一个基督徒或圣徒没有生活在，或者不是全心全意地渴望生活在这样的公有制中，那么他就不可能让上帝满意。[21]

新社会秩序的吸引力绝不全是理想主义的。在前一年，大批无家可归和一无所有的人就是被社会革命的前景吸引到明斯特。但此时，革命真的发生了，而且其领导人有时还会向其他城镇发出专门针对最贫穷阶层的宣传材料，且这些材料都是用亲切友好的话语写成的。有一封信这样说道："我们当中最贫穷的人曾经被鄙视为乞丐，如今却走到哪里都穿得像最高贵、最杰出的人一样……靠着上帝的恩宠，他们变得像市长或城中最有钱的人一样富裕。"[22]毫无疑问，更广泛区域中那些最贫穷的阶层对这个新耶路撒冷的态度中的确混合了同情、希望和敬畏。一位学者从安特卫普给鹿特丹的伊拉斯谟①写信说："再洗礼派煽动的叛乱让在这些地区中的我们都生活在难熬的焦虑中，因为它确实像火一样在各处燃烧。我认为，几乎没有哪个村庄
267 或城镇中没有秘密发光的火把。他们宣扬财物公有，导致所有一无所有的人蜂拥而至。"[23]各个政府采取的镇压措施显示了它们对这一威胁的重视程度。不仅是在明斯特主教的辖区内，连邻近的各个小公国，以及克利夫斯公国和科隆大主教的辖区内，接受再洗礼派信仰都被定为死罪。骑兵小队会在道路上巡逻并逮捕所有值得怀疑的人。明斯特被围困的几个月中，其他城镇已经有无数男女被斩首、溺死、烧死或遭受轮刑②。[24]

---

① 德西德里乌斯·伊拉斯谟（Desiderius Erasmus，1466 年—1536 年），尼德兰文艺复兴时期人文主义者，生于荷兰鹿特丹天主教家庭，编辑希腊文和拉丁文对照的《新约》，订正了通俗拉丁文本的错误。他对路德神学进行过研究，不赞成其预定论；宣扬自由思想和怀疑精神，但不同意推翻教皇和否定天主教会。

② 一种中世纪欧洲曾使用的酷刑，即用轮状刑具砸碎受刑者的骨头，后将其缚在轮子上，再将轮子插到杆子上，等待受刑者死亡，或对其进行斩首或焚烧等进一步刑罚。出于宗教目的，死者尸体不得被收殓，以防止其复活。

明斯特的社会革命不断吸引着半文盲群体中的成员，并依赖于这些人的支持，因此它也是一场毫不妥协地反知识分子的运动。再洗礼派以缺乏书本知识为荣，并宣称上帝选择了没文化的人来拯救这个世界。[25]当这些人洗劫大教堂时，他们尤其喜欢弄脏、撕毁和焚烧老图书馆中的书籍和手稿。最终，马提斯在3月中旬查禁了除《圣经》外的所有书籍。其他所有著作，哪怕是归私人所有的，也都必须被带到大教堂广场上并投入巨大的篝火中。[26]这一做法象征着与过去的彻底决裂，是对前人所有知识遗产的完全废弃。它尤其剥夺了明斯特居民在此之后了解教父们的神学思考的所有机会，从而保证只有再洗礼派领袖才能对《圣经》进行解释。

到3月底，马提斯已经建立起绝对的独裁统治，但几天之后他就死了。复活节当天，他认为自己收到了上帝的命令，要带领几个人进行一次突围。他出发时还深信，在圣父的帮助下，仅凭这几个人就能赶走围城的大军并解放这座城镇；结果却是，他和他的队友都被敌人砍成了碎块。[27]这件事给马提斯的年轻徒弟扬·伯科尔森提供了一个机会，他到目前为止并没有发挥什么作用，但他从各个方面来看都是最适合抓住并充分利用这一机会的人。伯科尔森一生没少体验过屈辱和失败，所以无疑非常渴望一些极好的补偿。作为荷兰乡村村长与威斯特伐利亚女农奴生下的私生子，伯科尔森受过一定教育，对书本知识算有一知半解。他的第一份工作是给一名裁缝做学徒。当试图作为一名商人自立门户时，他很快就破产了。不过，伯科尔森拥有非凡的天赋，只缺一个供他发挥的时机。因为天生的出众相貌和卓越口才，伯科尔森从小就沉迷于创作、编排和表演戏剧。在明斯特，他可以把现实导演成一场戏剧，他自己就 268

是剧中的英雄，整个欧洲都是他的观众。新耶路撒冷的居民对他十分着迷，他们对他的虔诚程度起初甚至超过了对马提斯的。

在利用人们的虔诚时，伯科尔森表现得比马提斯更像一个政客。他非常精明，知道应该如何激发群众的热情，以及在热情被挑起时如何利用它实现自己的目的。然而另一方面，他似乎很容易被半神秘主义的热情感染。当一个作为间谍返回城中的叛逃者宣称自己是被天使带到这里的时候，伯科尔森不但相信了他，还立刻把他当作心腹。[28]此外，他本人经常宣称已获得启示——我们不应轻率地认定这全都是他在有意识地捏造事实。当面对死亡时，他宣称自己一直在寻求上帝的荣耀，这可能也不是在撒谎。[29]实际上，就像自坦彻尔姆以来的其他众多先知一样，伯科尔森似乎也是一个夸大狂患者，他的行为不能被简单地解释为虔诚的迷信或工于心计的伪善。至少可以肯定的是：明斯特人口约一万，其中只有一千五百人能拿起武器。[30]换作一个具有平凡人格的人，是不可能促使这样一个小城在极度艰辛的状况下，抵抗各个公国联军的围困超过一年之久的。

伯科尔森的第一个重要举措就很能体现他的特点，这个举措既有宗教性也有政治性。5 月初，他先是在镇上疯狂地裸奔，然后陷入一种为期三天的沉默的极乐状态。待能够重新开始讲话之后，他召集全体市民，宣布上帝已向他揭示，本市原有的组织结构是人的作品，因此必须被换成新的上帝的作品。于是市长和议会都被剥夺了全部职能。取代他们的是伯科尔森本人和以古代以色列人为榜样的十二长老。能够体现伯科尔森政治敏锐性的是，长老中包括了一些被罢免的市议员、行会代表、一位本地贵族成员和一些来自尼德兰的移民。[31]这个新政府获得了处理所有事务的权威，无论是公共的还是私人的，也无论是精神的还是物质的，甚至连城中所有居民的生死都掌握在他们手上。政府还制定了新法，部分是为了进一步推进社会化进程，另一部分是为了推行严格禁欲的道德伦理。[32]法律就劳动做出了严格的规定。没有应征入伍的工匠都成了公共雇员，他们要为整个群体工作，且得不到金钱上的报酬[33]——这 269
种安排自然剥夺了行会的传统职能，所以行会很快就消失了。与此同时，除了谋杀和盗窃之外，新法将撒谎、诽谤、贪婪和争吵都定成死罪。然而最重要的一点还要数它是一部绝对的威权主义法典；死亡被用来惩罚各种不服从，比如年轻人忤逆父母，妻子违抗丈夫，任何人冒犯上帝以及代表上帝的明斯特政府。后面这些规定不可能被按照字面意思强制执行，但它确实为先知提供了恐吓工具。为了确保这种工具的有效性，克尼佩尔多林克被任命为刽子手，并被授予“公义之剑”，还有一名全副武装的保镖负责保护他的安全。[34]

起初，性行为像生活的其他方面一样受到严格管制。唯一被许可的性关系是两个再洗礼派之间的婚姻关系。通奸和行淫都被定为死罪，而且与“不敬虔”的人结婚也被包含在这些概念中。[35]这些规定是与再洗礼派传统一致的，就像前几个世纪中的瓦勒度派一样，再洗礼派普遍遵守比同时代大多数人更为严格的性道德准则。然而，这种秩序突然走向了终结，因为伯科尔森决定要建立一夫多妻制。让这样的事业得以被推进的原因是，许多出逃居民在离开时将女眷留在了城中，因此这里此时的适婚女子数量至少是适婚男子的三倍。另外，没有证据能证明伯科尔森这样做是为了给原本没有防御能力的女性提供保护者。再洗礼派方面也从来没有提出过这种说法。伯科尔森此时想带领明斯特的再洗礼派走的道路，实际上是前几个世纪中自由灵弟兄会和亚当派已经走过的老路。他向聚集在一起的布道者和长老们解释，上帝如何向他揭示了《圣经》中的“生养众多，遍满地面”必须被视为一种神圣的命令。以色列人的族长已经树立了很好的榜样，他们所实行的一夫多妻制必须在新耶路撒冷得到复兴。伯科尔森连续争论了好几天，最终甚至以上帝的忿怒来威胁持异议的人。那之后，布道者就顺从地到大教堂广场上阐述新教义去了。[36]

像财物公有一样，一夫多妻制在被推行之初也遭到抵制。人们发动了一场武装起义，把伯科尔森、克尼佩尔多林克和布道者都投入了监狱；但起义者的人数很少，所以很快就被击
270 败，其中大约五十人遭杀害。在接下来的几天里，其他敢于批评新教义的人也被处决。[37]到了 8 月，一夫多妻制正式确立。在莱顿已经有妻子的伯科尔森先是娶了马提斯的美丽遗孀迪瓦拉［（Divara），亦写作迪弗尔（Diever）］，没过多久，他的妻妾人数就达到了十五名。布道者及几乎所有男性都效仿他，开始寻找新的妻子。从女性的角度来说，尽管有不少人欢迎一夫多妻制，但也有很多人认为这是一种暴政。政府还制定了一项法律，规定一定年龄以下的女性必须结婚，无论她们是否愿意。由于未婚男人很少，这意味着很多女人依法必须接受成为他人的第二、第三或第四位妻子的角色。而且，由于所有与“不敬虔”的人缔结的婚姻关系都被宣告无效，所以那些出逃居民的妻子也要被迫对丈夫不忠。拒绝遵守新法将被判处死刑，实际上也确实有一些女人被处决。另一方面，许多结婚已久的妻子很快就开始与这些突然来到家中的陌生女人吵架。

这种行为也被定为死罪，并导致了更多处决。然而，再严厉的惩罚也不能促进家庭和谐。最后，政府不得不批准离婚，这一决定反过来又改变了一夫多妻制，使之变得与自由性爱没什么不同。结婚的宗教仪式变得可有可无，缔结和解除婚姻关系都变得很容易。尽管我们现在找到的很多充满敌意的叙述可能因为夸大而不值得相信，但似乎可以肯定，圣徒王国的性行为规范几乎是坐了一次从严格的禁欲主义到接近于乱交的过山车。[38]

明斯特的社会重组并没有让伯科尔森疏忽抵御外敌的城镇防御工作。在长达数月的时间里，城外的敌人也确实不怎么强大。主教发现，要发动有效的进攻极为困难。他的盟友克利夫斯公爵和科隆大主教虽然不太情愿地向他施以援手，但他们提供的帮助永远不够，所以主教不得不持续恳求他们提供更多资金和军队。主教的雇佣军成员都出身于和大多数再洗礼派相同的社会阶层，他们总是会同情被围困者的状况；而且他们的薪饷往往不能按时发放这一事实也让他们变得更加不可靠，尤其是在伯科尔森精明地提出愿意定期支付他们报酬之后就更是如此了（这个提议显然与他的共产主义理论背道而驰）。再洗礼派向敌军营地射出的传单产生了预期的效果。整个6月，大约有二百名雇佣兵转投再洗礼派，其他人则干脆临阵脱逃，各自回家去了。[39]

与围城的队伍相比，守城队伍则训练有素。这主要是伯科 271
尔森个人的功劳。与马提斯不同的是，无论伯科尔森的言行多么放肆，他从没有忽略战争的物质现实，而且他肯定还是位非常有能力的组织者。当城镇遭到炮轰后，女人们连夜修复了受损的城墙。当雇佣军试图攻占城镇时，迎接他们的不仅有炮弹，还有石块、沸水和点燃的沥青。反过来，当被围困者主动突围时，他们则能够让雇佣军陷入严重的混乱，从而趁机破坏很多大炮。城镇内部的纪律也非常严明。每个人都会被分配一项主要任务，可能是作为工匠制造器具，也可能是作为维修工人修复防御工事。长老们在白天和夜晚都会定期检查城墙上的守卫。一些投诚的雇佣兵因醉酒并在酒馆中引发骚乱而被枪决。有一次，主教试图效仿伯科尔森的做法，向墙内投射了一些小册子，内容是承诺如果城镇投降，人们都会得到特赦。伯科尔森立即将阅读此类小册子的行为定为死罪。[40]

1534 年 8 月底，一次重大进攻被有效地击退后，主教突然发现自己的封臣和雇佣军都抛弃了他，这也使得伯科尔森的声望达到最高点。伯科尔森本来可以组织一次不错的突围，那样他可能有机会占领主教的营地，然而他却选择利用这个机会自封为国王。

莱顿的约翰的弥赛亚统治

伯科尔森自封的头衔不是什么普通国王，而是末世的弥赛亚。为了做到这一点，他以一种比平时更加戏剧化的方式祈求上帝的启示。对于这个所谓的启示，他可能相信，也可能根本不信。9 月初，一位来自邻近城镇的名叫迪森舒尔（Dusentschur）的金匠被奉为新的先知。有一天，这个人在主广场上宣布，天上的圣父向他揭示，伯科尔森将成为全世界的国王，管辖世上所有国王、诸侯和显赫之人。他要继承他的祖先大卫的节杖和宝座，并且将一直保有它们，直到上帝从他手中收回王国。于是迪森舒尔从长老手中拿走了公义之剑，将其呈给伯科尔森，还为他涂膏，并宣布他为新耶路撒冷之王。[1]伯科尔森面伏于地，

声称自己德行不配，恳求圣父为他的新任务提供指导。然后，272
他就对聚集在此的民众讲话："谦卑的牧羊人大卫也是这样受上帝的命令，由先知涂膏成为以色列人的王。上帝常常以这种方式行事；凡抗拒上帝旨意者，都将招致上帝的忿怒降在他身上。现在，我被赋予了统治世上所有国家，以及用这把剑消除邪恶之人带来的混乱，并捍卫义人的权力。因此，这个城中的任何人都不要犯下拒绝上帝旨意的罪，否则他将立即被用此剑处死。"人群发出了抗议的低语，但伯科尔森继续说："你们应该觉得羞耻，你们私议的是圣父的命令！就算你们全都团结起来反对我，我依然会统治这个城镇和整个世界，因为圣父希望我这样做；而且我的国将从现在开始并持续下去，它永远不会覆灭！"[2]之后人们就默默地散开并返回家中。在接下来的三天里，布道者们进行了一次又一次的布道，以说明《旧约》中的先知预言的弥赛亚不是别人，正是伯科尔森。

这位新国王想尽办法来强调自己登基的独特意义。街道和城门都被重新命名。[3]星期天和节日被废除，一周中的每一天也被按字母系统重新命名，连新生婴儿的名字也要由国王根据特殊的系统来选择。[4]尽管货币在明斯特没有任何用处，但国王还是创造了一种新的纯粹出于装饰目的的钱币。被铸造出来的金币和银币上刻有铭文，铭文的内容是对赋予这个王国存在意义的整个千禧年幻想的概括："《圣经》已经变成血肉存在于我们里面。"/"一个国王统治所有人，一个上帝，一种信仰，一种洗礼。"[5]一种特殊的标志也被设计来象征伯科尔森声称他拥有的，对整个世界的无论是精神上还是世俗上的绝对统治：标志中的王权宝球代表世界，球体上插着两把剑（至此时为止，教皇和皇帝的标志上都只有一把剑）。球体顶部有一个十字架，上面刻的字是："统治一切的义人之王。"国王本人把用黄金铸成，上面拴着一条金链的标志戴在脖子上。他的侍从则把这个标志戴在衣袖上，以此作为自己的身份证明。明斯特的人也都接受这个标志为新国家的象征。[6]

新国王身着华丽的长袍，戴着戒指、项链，还穿着一副由城中最好的工匠用最好的金属打造的马刺。他也组建了卫队，并任命一系列宫廷官员。每当国王公开露面时，他身后都会跟
273 着一群同样衣着华丽的侍从。身为伯科尔森正妻的迪瓦拉被宣布为王后，她也拥有自己的侍从，并像丈夫一样主持自己的宫廷。地位较低的妻妾的年龄都不超过二十岁，她们要服从于迪瓦拉并执行她的命令，但也都能有漂亮的衣服穿。这个奢华的宫廷由大约二百人组成，他们就在位于大教堂旁边的被征用的豪宅中过着富足的生活。[7]

市场上还立起了一张国王的宝座，宝座上蒙着金色的布料，它所在的位置比周围的给王室议员和布道者准备的长凳都高出很多。有时国王会来这里进行审判或见证新法令的颁布。在欢迎乐曲的伴奏下，头戴王冠、手持节杖的国王会骑马抵达。为他开道的是步行的宫廷官员，跟在他后面的是此时担任首席大臣的克尼佩尔多林克和王室演说家罗特曼，再后面还有一长串的大臣、侍臣和仆从。王室卫队陪同并保护着整个队伍，当国王坐上宝座时，他们还要在广场周围围成一圈，充当一条警戒线。宝座的两边各站着一名年轻男侍，一个拿着一本《旧约》，以表明国王是大卫的继任者，并被赋予了重新解释神之道的权力；另一个则举着一柄不带剑鞘的长剑。[8]

国王为自己、妻妾和朋友精心设计了这种华丽的生活方式，同时却强迫广大群众严格遵守苦行主义。人们已经交出了

自己的金银，连他们的住所和食物也被征用。如今，先知迪森舒尔突然宣布他得到了圣父憎恶所有在衣着上过分讲究的行为的启示。因此，衣物和寝具都要遵循严格的配给制度。在国王的命令下，所有“富余”都必须上交，拒不上交者将面临死刑的惩罚。在对每栋房屋都进行搜查之后，被收集来的“富余”衣物和寝具装满了八十三辆货车，其中至少一部分似乎被分发给了来自荷兰和弗里西亚的移民，以及叛逃到这里的围城雇佣兵。[9]但这并不能给明斯特的普通居民带来多少安慰，因为让他们印象更深刻的是自己的财产损失与王室的无限奢华之间的对比。[10]

伯科尔森意识到，就连他拥有的巨大威信也不足以确保新政权中的无特权群体默许他的所作所为，因此他使用了各种技巧来让群众顺从。比如，他用自由灵内行会采用的说辞为自己辩解：他被允许享受浮华和奢侈是因为从世俗和肉体的意义上
讲，他已经完全消亡。他还会保证，说百姓很快也将达到与他 274
相同的境界，也能坐在银椅上，围在银桌旁吃饭，却只把它们视为像泥巴和石头一样廉价的东西。[11]总体而言，这样的千禧年预言和承诺已经使这个城镇处于兴奋状态超过一年之久。此时，相关的谈论越来越频繁，人们的渴望之情也越来越强烈。罗特曼于 10 月创作了一份名为《恢复原状》（*Restitution*）的小册子，接着又于 12 月发表了《复仇的公告》（*Announcement of Vengeance*）。这些文件足够清楚地说明了创作者鼓励明斯特居民怎样看待自己的角色和命运。[12]

在这些作品中，关于三个时代的幻想被表现为一种新的形式。第一个时代是罪的时代，它持续到大洪水暴发；第二个时代是迫害和十字架的时代，它持续到此时；第三个时代将是圣

徒复仇和获胜的时代。这些作品解释说，基督曾经试图将有罪的世界恢复成真理的世界，但没有获得持久的成功——不到一个世纪之后，他的努力就被天主教会推翻了。随后的十四个世纪是衰落和荒凉的世纪，在此期间，基督教世界无助地受制于巴比伦。但如今，苦难的时代即将结束。基督即将复临；为了给自己的到来做准备，他在明斯特建立了他的王国，并指派新的大卫，即扬·伯科尔森统治这里。在这个王国中，《旧约》的所有预言都已经被实现和超越，万物的复原也已完成。上帝的子民必须挥舞公义之剑，从这个王国出发，不断扩大王国的范围，直到它覆盖整个世界："一个羊圈、一个羊群、一位国王。"清除世界中的邪恶，为基督复临做好准备是他们的神圣任务："所有圣徒的荣耀就是复仇……任何没有（再洗礼派）标记的人都必须受到毫不留情的报复。"[13]只有完成大规模的杀戮后，基督才会重新降临、进行审判，并宣告所有圣徒的荣耀。届时真的会出现一个新天新地，圣徒们，也就是上帝的儿女，将在这个新世界里摆脱不义之人对他们的长期奴役，过上再也不用哭泣和叹息的生活。在这个国度中，不会再有任何王侯或领主，所有财物都是公有的。金银器和珍贵珠宝将不再被用来满足富人的虚荣心，而是只被用来显示上帝的儿女的荣耀，因为他们将继承全地。[14]

为补充说明这些承诺，还有人安排了宏大的噱头。10月，
275 先知迪森舒尔突然宣布，主的号角将被吹响三次，在它第三次被吹响时，城中所有居民都必须聚集到"锡安山"（大教堂广场的别名）。男人要全副武装，但也要带上妻子和孩子。上帝的儿女们将一起走出城镇。他们会被赋予超自然力量，因此，只要五个人就可以杀死一百个敌人，十个人则可以杀死一千

个，敌人在他们面前会落荒而逃。而他们将胜利地前往应许之地，上帝保证他们在旅途中不会感到饥饿、口渴或疲劳。号角确实被吹响了，不过是由迪森舒尔本人每隔两周吹响一次的。不听从先知的话无异于自寻死路，因此，当号角第三次被吹响时，甚至包括生完孩子不久的妇女在内的所有人都来到集合地点。国王也穿着盔甲、戴着王冠，在所有宫廷官员的簇拥下骑马抵达，并任命了将领导主的大军的各个官员。然而，这次远征在最后一刻突然被取消了。国王宣布他只想考验一下人民的忠诚度，此时感到非常满意的他于是邀请大家参加宴会。席间每个男人身边都坐着多位妻子，和蔼可亲的国王和王后则在一旁监督。宴会结尾还举行了领受圣体的礼仪，在布道者阐述圣礼意义的同时，国王、王后以及王室议员向人们分发了小块面包和小份葡萄酒。之后，国王和他的宫廷官员开始用餐。用餐完毕，国王又突然受到启示，于是派人去监狱中带来一个被俘虏的雇佣兵，就这么把他的头砍了。[15]

恐怖是新耶路撒冷生活中一个长久存在的、司空见惯的特征，但它的程度在伯科尔森统治期间又加深了。迪森舒尔宣布君主专制没几天，就再次声称自己获得了启示，说将来所有坚持犯下违反公认真理罪行的人都必须被抓到国王面前，并被判处死刑。他们将被从上帝的选民中铲除，他们的记忆将被完全抹去，他们的灵魂在死后也不会获得任何怜悯。没过几天，处决就开始了。最初的几名受害者都是女性：一个因拒绝丈夫行使婚姻中的权利而被砍头；另一个因重婚而被砍头，因为拥有多名配偶当然完全是只能由男性行使的特权；第三个是因侮辱一名布道者并嘲弄他的教义而被处死。[16]这些判决也许能使新国王获得一种虐待狂的满足感，它们肯定也有助于强化男性圣

徒对女性圣徒的主宰。但实施恐怖统治的目的远不止这些。它
276 首先是一个外国暴君在统治本地人民时使用的政治武器。伯科尔森特别留心在移民群体中壮大自己的保镖队伍。这些人要么没有财产，要么是为来明斯特而抛下了财产。他们都受伯科尔森支配，一损俱损，一荣俱荣。只要为他服务，他们就可以享受巨大的特权，比如身着华丽的长袍，在穿着破衣烂衫的普通市民面前作威作福。他们还知道，如果闹起饥荒，自己将是最不可能遭受饥饿之苦的人。国王最早的行动之一就是征用所有骑乘用马，然后将他的卫队转变成一支骑兵队。队伍在公共场所操练；民众很快就看出，这支武装力量既可以用来对付墙外的敌人，也可以用来镇压墙内的敌人。

对于整个被围困群体而言，君主制的建立从各个方面看都是灾难性的。当伯科尔森和其他领导人全神贯注于组建王室宫廷和扩大及确保自己的特权时，他们其实错过了一个发动决定性突围的最有利时机。此时的主教已经从他的失利中恢复过来，并在数周之内再次包围了城镇。到迪森舒尔召集居民向镇外行军时，真的那样做无异于自寻死路。伯科尔森肯定意识到了这一点，因为他虽然还在谈论征服世界，却也开始向其他城镇的再洗礼派进行宣传，希望能够煽动他们来解救明斯特。在“锡安山”的盛大宴会结束时，迪森舒尔又得到了一个启示，为此他和另外二十六名布道者作为“使徒”到各个邻近的城镇去了。使徒们坚信任何拒绝欢迎自己的城镇都会立即被地狱吞没，所以他们都表现得泰然自若，并公开宣讲自己的教义。最初，他们取得了一些成功，但各地政府进行了积极的干预，没过多久，这些“使徒”就和许多欢迎他们的本地再洗礼派一起被处决了。[17]

当伯科尔森得知“使徒”的命运后，他放弃了公开宣传，改为进行秘密煽动。许多征收来的黄金和白银似乎被从明斯特偷偷运出，以用来在威斯特伐利亚、尼德兰和瑞士筹建一支雇佣军。[18]这个计划似乎也没产生什么作用，不过与此同时被偷偷散发到荷兰和弗里西亚的数千本罗特曼的小册子，倒是发挥了可观的宣传效果。有人开始计划大规模的再洗礼派起义。[19]1535年1月，在一个自称“基督和上帝之子”的先知的带领下，一千名全副武装的再洗礼派聚集到格罗宁根（Groningen）。这 277
些人打算向明斯特进发，因为他们相信伯科尔森会来与他们会合，敌人也会因为他的临近而四散奔逃。结果却是他们自己被海尔德兰公爵（Duke of Gelderland）的军队击败并驱散。[20]3月，约八百名再洗礼派占领了西弗里西亚的一座隐修院，并以之为据点抵御帝国总督带领的雇佣军，在遭到密集炮击和多次攻打之后，再洗礼派全军覆灭。与此同时，三艘满载着再洗礼派的大船在艾瑟勒河上（river Ijsel）遭到拦截，最终连人带船一起沉没。也是在这个月，一位明登（Minden）的再洗礼派成了本地最贫穷人口的领袖，并试图以明斯特为榜样建立一个原始共产主义的新耶路撒冷。市议会通过威胁使用加农炮镇压了这场起义，但直到5月，明斯特的一位使者还在阿姆斯特丹领导了一场起义，起义者攻占了市政厅，在经过激烈的战斗之后才被镇压。[21]所有这些起义的目标都与伯科尔森指定的，也是从牧人时代以来就启发了众多千禧年主义运动的那个目标相同：“杀死世上所有隐修士、司祭和统治者，因为只有我们的国王是公义的统治者。”[22]毫无疑问，如果不是因为策划起义的人员信息和储藏弹药的地点在1月就被叛徒泄露给敌人，1535年前几个月中的再洗礼派起义肯定会爆发得更猛烈。[23]无论如何，它们都进一步证明了新耶路撒冷可以在再洗礼派及德意志王国西北部和尼德兰的普通百姓中唤醒怎样的虔诚。[24]

与此同时，主教一方则加强了削弱明斯特的行动。1534年底，上莱茵和下莱茵各个邦国的代表在科布伦茨（Koblenz）开会，同意提供能让围城产生真正效果所需的军队、装备和资金。明斯特被战壕和木质碉堡，还有两层步兵和骑兵组成的防线围绕起来。因此，这才是明斯特第一次彻底与外界隔绝。当帝国议会于 4 月在沃尔姆斯召开时，帝国内的所有国家都承诺为执行围困提供资金，明斯特的毁灭就此已经注定。围困者不再需要靠发动猛攻去占领城镇；相反，他们把精力都集中在让城里人饿死上，而且他们在这方面确实取得了很大成功。封锁始于 1535 年 1 月，城里几乎立刻就出现了粮食短缺。[25]在国王
278 的命令下，执事们再次走访所有人家，征用了最后一批食物，所有的马也都被杀了。大部分食物似乎是被留给王室宫廷的，据说宫廷中的人在任何时候都吃得很好，并且拥有足够维持半年的肉、谷物、葡萄酒和啤酒。尽管后来伯科尔森和克尼佩尔多林克均否认这一说法，但客观证据似乎并不支持他们。[26]可分发给民众的口粮自然很快就耗光了。到 4 月，城中的饥荒已经非常严重，包括狗、猫、家鼠、大鼠和刺猬在内的所有动物都被杀死并吃掉，人们还开始吃草和苔藓、旧鞋子，以及墙壁上的涂料，甚至是尸体。[27]

作为这个噩梦王国的统治者，伯科尔森更是将自己进行统治的旧手段发挥到了极致。他宣布自己又获得了启示，说人们将在复活节时得救；如果没有，他们就可以把他烧死在市场上。当人们并没有如期得救时，他又解释说，自己讲的得救是指精神上的救赎。他还承诺，圣父不会让自己的儿女饿死，他

会把鹅卵石变成面包。许多人相信了伯科尔森，但在发现石头仍然是石头时，终于忍不住痛哭流涕。[28]忠于自己热爱舞台的初心，伯科尔森为自己的臣民设计了越来越多的奇妙娱乐。有一次，他召集饥饿的人们参加为期三天的舞蹈、竞速和田径比赛，因为这是上帝的旨意。在大教堂里还上演了各种戏剧表演，比如对弥撒仪式的淫秽、滑稽的模仿，还比如基于富人和拉撒路的故事创作的社会道德剧。[29]但与此同时，饥荒的效力已经发挥出来，饥饿导致的死亡变得如此普遍，以至于人们不得不将尸体扔进巨大的公共坟墓中。到了 5 月，当大多数居民已经八周没尝过面包后，国王终于同意让那些希望离开的人离开。即便此时，国王依然诅咒了这些逃难者，并保证对他们的不忠行为的回报将是在地狱中遭受永恒的折磨。实际上，这些人在尘世的命运已经足够可怕。他们之中的壮年男性全都立刻被杀死；至于妇女、老人和儿童，主教完全有理由担心，如果允许他们通过封锁线，他们可能会在自己的后方引起麻烦，因此他拒绝让这些人越过木质碉堡。结果就是，逃难者在城墙外的无人地带中徘徊了五个星期，像动物一样在地上爬，只能吃草，甚至乞求雇佣军杀死他们。死掉的人数量很多，以至于地上的尸体随处可见。在征求了盟友的意见后，主教才终于将幸存者转移出来，其中那些被认定为坚定再洗礼派的人终究难逃一死，其余人则被放逐到主教教区中的偏远村庄。[30]

围攻者一次又一次朝城里发射传单，向居民承诺特赦和安 279
全通行保证，条件是交出国王和他的宫廷成员。围困者想尽一切办法鼓励人们反抗自己的国王。到了这个时候，普通百姓如果可以的话，肯定是愿意接受这些建议并采取行动的，但他们已经完全无能为力了。正是在围困的最后、最绝望的几周中，伯科尔森使出了恐怖统治的全部手段。5 月初，他出于行政目的将城镇划分为十二个区域，在每个区域中都安置了一个被称为公爵的王室官员和一支由二十四人组成的武装队伍。这些“公爵”都是从外国移民中选出的，且大多是身份卑微的工匠。伯科尔森向他们保证，到城镇被解放、千禧年被开启之时，他们都将成为真正的公爵，并统治帝国中那些他已经明确指定的广大区域。

“公爵们”也许真的相信自己的国王，但为了避免他们当中任何人有所怀疑，所有“公爵”都被禁止离开自己的区域或与其他“公爵”见面。事实证明，他们足够忠诚，且他们对待平民百姓的手段也足够残忍。为了消除任何有组织反抗的可能性，哪怕是几个人之间的聚会也被严格禁止了。打算密谋离开，或帮助其他人离开，或批评国王及其政策的人，一经发现就会被立即斩首。这些处决主要是由国王本人执行的，他还宣称自己很乐意对每位国王和诸侯做同样的事。有时，尸体会被切成四块，分别钉在醒目的地方以起到警示作用。到 6 月中旬，这样的场面几乎每天都能见到。[31]

毫无疑问，伯科尔森宁愿让所有人都饿死也不会拱手交出明斯特。但结果是，这场围困结束得很突然。两名在夜间逃离城镇的男子向围攻者指出了防御的某些薄弱环节。于是围攻者在 1535 年 6 月 24 日夜间发动突袭，并攻入了城镇。经过数小时的绝望战斗，仅剩的两三百名再洗礼派幸存者接受了对方提供的安全通行保证。他们放下武器回到家中，结果依然难逃一个接一个被杀死的厄运。这场几乎杀光所有人的屠杀持续了数天。[32]

明斯特的所有再洗礼派领袖都死了。据说罗特曼是在战斗中丧命的。拒绝放弃信仰的王后迪瓦拉被斩首。根据主教的命令，伯科尔森被用一条铁链拴着，像表演马戏的熊一样被展示了一段时间。1536 年 1 月，他被带回明斯特，和克尼佩尔多 280
林克及另一位再洗礼派领袖一起，当众被用炽热的烙铁折磨致死。在酷刑过程中，这位前国王一言不发，一动不动。[33]死刑执行完毕后，三个人的尸体被放在笼子里，吊在市中心的一座教堂塔楼上，今天的人们依然可以在那里看到这些笼子。与此同时，那些逃亡的，或被再洗礼派赶走的人都返回了明斯特。神职人员被恢复了职位，这个城镇也重新正式成为一座天主教城镇。为避免再有人试图自治，防御工事都被夷为平地。

再洗礼派的最初的、和平的形式一直流传到今天，比如门诺派（Mennonites）、（瑞士）弟兄会（the Brethen）和胡特弟兄会（Hutterian Brethren）就是这样的群体；它还对浸礼宗①和贵格会②产生了影响。至于激进的再洗礼运动，也就是其他很多人曾努力尝试通过武力开启千禧年的那种运动则迅速衰落了。起初，人们似乎把约翰·巴登堡（Johann Batenburg）看作继承了马提斯和伯科尔森信仰的新领袖，但他在 1537 年被处决。又过了大约一代人的时间，一个名叫扬·威廉森（Jan Willemsen）[34]的补鞋匠动员了大约三百名激进分子，其中一些

---

① 基督教新教主要宗派之一。该宗有些神学家认为本宗可以追溯到中世纪某些奉行类似礼仪的派别和 16 世纪的再洗礼派。反对给婴儿行洗礼，认为领洗者必须达到能够理解受洗意义的成年期；主张受洗者必须全身浸入水中，以象征受死埋葬而重生。

② 亦称“公谊会”“教徒派”“友爱会”“朋友会”。17 世纪由福克斯创建于英国，旨在反抗国家所统治的教会和某些被认为倾向于罗马天主教的教义与仪式。福克斯主张，借助神圣的灵、内在的光，一个人不借任何被授予圣职的传道人及被祝圣的教堂，就能发现真实信仰的训示。

正是明斯特时代的幸存者。这些人在威斯特伐利亚的韦瑟尔(Wesel)和克利夫斯周边建立了新耶路撒冷。这些圣徒也实行一夫多妻制——威廉森本人作为救世主，共有二十一位妻子。为了给这种做法提供辩解，他们还秘密重印了罗特曼的小册子《恢复原状》。此外，自由灵的神秘无政府主义为这些人提供了公有准则，就像它曾经为波希米亚的亚当派提供准则一样。这些人宣称万物理应归他们所有，因此他们组成了一个强盗团伙，袭击贵族和司祭的住所，最终沦为纯粹的恐怖主义者。这个过程总共持续了十二年，直到弥赛亚和他的追随者被抓住并处决为止。

随着威廉森于 1580 年在克利夫斯被执行火刑，由莱宁根的艾米科、“塔弗尔国王”、坦彻尔姆和埃翁开启的故事适时地走向了终结。

结　论

我们一直在思考的这些运动与其他社会运动的关系是怎 281
样的？

它们发生在一个农民起义和城市暴动非常普遍，而且往往能够获得成功的世界中。经常发生的情况是，平民百姓强硬而精明的叛逆性对他们有很大帮助，能够迫使他们的对手做出让步，能够给他们带来财产和权利上的切实收益。在反对压迫和剥削的历史悠久的艰苦斗争中，中世纪欧洲的农民和工匠没有扮演过什么不光彩的角色。但本书描述的这些运动，绝非穷人为改善生活而做出努力的典型案例。《但以理书》、《启示录》、《神巫的预言》、菲奥雷的约阿基姆的思想、平等主义自然状态的学说，这些最各不相同的材料被先知们拿来进行详细阐述、重新解释和通俗化，以此构建他们的启示传说。然后，这种传说会被传达给穷人，它导致的结果既是一场革命运动，也是一种准宗教救世主义的爆发。

这种运动的特点是，其目标和前提是无限的。它不被看作一种为了特定的、有限的目标而进行的社会斗争，而是被视为一种具有独特重要性的，与历史上已知的所有其他斗争都不属于同一类型的事件，也是一场能够让世界被彻底转化并得到救赎的巨变。这才是它的本质。我们把这种反复发生的现象，或者说这种持久不衰的传统称为“革命千禧年主义”。

正如我们在本书中一次又一次看到的那样，革命千禧年主义只在某些特定的社会状况下才会盛行。在中世纪，它最能吸引的人既不是牢固地融入乡村和庄园生活的农民，也不是牢固地融入行会的工匠。这样的人有时可能属于贫穷和受压迫的群体，有时则来自能享受相对的富足和独立的阶层。他们可能会奋起反抗，也可能会接受现状，但从总体上讲，他们不倾向于
282 忙碌地跟随某些受启示的先知去追寻什么千禧年。这些先知找到的追随者是一群没有加入工会的、孤立存在的人，他们可能来自农村，也可能生活在城市里。12—13 世纪的佛兰德伯国及法兰西王国北部与 16 世纪的荷兰和威斯特伐利亚就都属于这种情况，而且近期的研究表明，15 世纪初的波希米亚也属于同样的情况。革命千禧年主义从处于社会边缘的人群中汲取力量，这些人中包括没有土地，或拥有的土地根本不足以维持生计的农民；长期生活在失业威胁中的熟练工人或没有特殊技能的出卖劳力者；以及乞丐和流浪汉。实际上就是那些不仅贫穷，而且在社会中完全没有确定的、被认可的位置的大批不固定人群。这些人缺乏传统社会群体提供的物质和情感支持；他们的亲族群体已经瓦解，且自身没有在乡村或行会中被有效地组织起来；他们没有正规的、制度化的方法来表达不满或提出诉求。于是他们等待一个先知来将他们团结成一个属于他们自己的群体。

因为这些人发现自己处于一个不被庇护、无力自保的境地，所以他们倾向于对任何可能破坏正常的、熟悉的生活模式的情况做出非常激烈的反应。人们一次又一次地发现，革命千禧年主义总会在灾难的背景下爆发：瘟疫揭开了第一次十字军运动及 1260 年、1348—1349 年、1391 年和 1400 年鞭笞派运

动的序幕；饥荒奏响了第一次、第二次十字军运动，1309—1320 年平民十字军运动，1296 年鞭笞派运动，及围绕着埃翁和伪鲍德温的运动的前奏；商品价格的惊人上涨导致了明斯特的革命。中世纪最普遍的灾难——黑死病则引发了席卷整个社会的最大一波千禧年主义浪潮。在此情况下，又是处于较低社会阶层中的人受这种激情影响的时间最长，而且他们表达自己兴奋的方式就是暴力和屠杀。

然而，无所寄托的穷人不仅会被能直接影响他们物质生活的特定灾难或动荡影响，还对那些不这么突然和剧烈，但经过一代又一代的时间后，同样能够无情地逐渐破坏曾经控制中世纪生活的权威框架的过程尤为敏感。唯一属于所有人，且对所有个人的生活做出规定和要求的权威就是教会，但教会的威信并非不容置疑。当教会显然已经被色欲和贪婪污染时，一种将 283
苦行主义视为恩宠的最确信无疑标志的文化，势必会质疑教会的价值与合法性。在中世纪的后半段中，神职人员的世俗性一次又一次导致平信徒的不满，而这种不满也自然而然地延伸到穷人心中。许多遭受苦难、无依无靠的人不可避免地怀疑，那些夸耀卖弄的主教及悠闲自在的司祭是否真的可以帮助他们获得救赎。但是，如果让这些质疑者疏远教会，他们同样会因这种疏远而受折磨。从他们热情地欢迎简朴改革的每一个迹象，以及他们会热切地接受，甚至崇拜任何真正的苦行者这一点上，不难看出他们其实是多么需要教会。不确定自己能得到教会的安慰、指导和调停会加剧他们的无助，增强他们的绝望。正是由于穷人的这些情感需求，所以我们思考的那些激进的社会运动就成了教会的替代品，因为二者都是由施神迹的苦行者领导的救世主义者群体。

国家君主几乎与教会一样容易被与超自然权威联系到一起。中世纪的王权在很大程度上仍然是神圣的王权。君主是统治宇宙的力量的代表，是道德法则和神圣意图的化身，是世上秩序和公义的保证人。最需要这样一个人物的群体依然是穷人。当我们谈论第一次十字军运动中的穷人时，他们已经在自己的想象中创造出了令人惊叹的君主：一个被复活的查理曼、一个莱宁根的艾米科、一个塔弗尔国王。任何对皇室权力的长期扰乱或皇室的明显失败都会给穷人带来极大痛苦，而那种痛苦正是他们想尽办法渴望摆脱的。拒绝接受鲍德温九世伯爵在被囚禁期间去世这个事实的人是佛兰德的“穷人、织布工和缩呢工”，所以他们也成了君士坦丁堡皇帝伪鲍德温最为忠实的追随者。1251 年，第一批牧人就是抱着解救被撒拉森人囚禁的路易九世的期望而行动起来的。后来，法兰西王国的革命千禧年主义随着君主威望的增强而逐渐减弱；德意志王国至高统治力的持续衰落却促使对末世穷人的拯救者——被复活的，或未来的腓特烈的个人崇拜日趋旺盛。拥有所有神圣王权光环的最后一个君主是腓特烈二世。随着他的去世和被称为“大空位时代”的灾难性分裂的发生，德意志王国的普通百姓中
284 出现了一种会持续几个世纪的焦虑。13 世纪的诺伊斯的伪腓特烈的经历，围绕着 14 世纪和 15 世纪的鞭笞派领袖康拉德·施密德的帝王传说，16 世纪“上莱茵的革命者”的预言和主张——这些都是持久的混乱，以及因为混乱而蓬勃发展的失控的千禧年主义的证明。

当人们最终开始思考中世纪末期发展壮大的，信奉无政府共产主义的千禧年主义群体时，一个事实马上变得显而易见：这种群体总是出现在有其他广泛得多的起义或革命爆发的时

候。比如1381年英格兰农民起义中的约翰·鲍尔和他的追随者；1419—1421年波希米亚胡斯革命初期的极端主义者；以及1525年德意志农民起义中的托马斯·闵采尔和他的“选民同盟”就都属于这种情况。明斯特的激进的再洗礼派也是如此，他们是于发生在明斯特及德意志王国西北部教会国家中的一系列起义的末期，建立起自己的新耶路撒冷的。在以上每个例子中，大规模动乱本身都是为有限和实际的目标而进行的；然而，在每个例子中，大规模动乱的气候都会孕育出一个特殊的千禧年主义群体。随着社会紧张局势的加剧和起义运动在全国范围内的蔓延，在偏激进的参与者中，就会出现一个先知和一群追随他的穷人，他们的目标是将这个本来有明确目标的社会动荡转变为《启示录》中的大战，也就是对世界的最终净化。

像千禧年主义运动本身一样，先知的形象也在几个世纪中逐渐发生了变化。坦彻尔姆和埃翁宣称自己是在世之神；莱宁根的艾米科、伪鲍德温和各个伪腓特烈宣称自己是末世皇帝；约翰·鲍尔、马丁·胡斯卡、托马斯·闵采尔，甚至是扬·马提斯和扬·伯科尔森这样的人则满足于成为第二次降临的基督的先驱和先知。然而，将先知作为一种社会人格类型分析后可以对他们做出如下概括。与通常是农民或工匠的群众起义领袖不同，先知很少是，甚至很少曾经是体力劳动者。他们有的是地位不高的贵族，有的根本就是冒名顶替者，但更常见的还要数知识分子或半知识分子——曾经是司祭，后来改做自由布道者的人是所有先知中最常见的类型。他们所有人都具有的特点是熟悉《启示录》和千禧年预言的内容。另外，研究其中任何一位的人生历程都会让我们发现，在意识到可以将巨大社会

动荡中的穷人转化为可能的追随者很久之前，这个人就已经为
285 关于末世论的幻想着迷了。

通常，先知还要满足的一个条件是具有某种人格魅力，这才能让关于他自己就是那个能将历史推向其指定的圆满状态的特殊角色的主张具有某种程度上的可信性。先知的这一主张会深刻地影响围绕他而形成的这个群体，因为先知给他的追随者提供的，不仅是改善他们生活处境和摆脱紧迫焦虑感的机会，还是一个执行受上帝指定的、具有极大重要性和独特性使命的前景，而后一点才是更重要的。这种幻想能对这些人产生真正的作用，既能让他们从孤立和分散的状态中逃脱，又能为他们凄惨绝望的处境提供情感上的补偿，因此很快就迷住了这些人。随后出现的就是一个新的团体——一个焦躁不安、完全冷酷无情的团体。团体中人痴迷于启示幻想，并坚信自己绝对不会犯错；他们还将自己置于远远高于其他人的位置——除了自己的所谓任务之外，他们不认可其他任何主张。尽管并非总会如此，但一个可能的结果是，这个团体最终会成功地将其领导权强加于迷失方向、困惑无助和担惊受怕的大众身上。

本书讲述的故事在大约四个世纪前就结束了，但它并非与我们所处的时代毫无关联。我已经在我的另一部作品[①]中证明，关于全球范围的犹太人破坏阴谋的纳粹幻想，与激发了莱宁根的艾米科和匈牙利大师的幻想之间的联系多么密切；以及大众的迷失和不安全感在当时如何与在很多个世纪之前一样助

---

① *Warrant for Genocide*: *the myth of the Jewish world conspiracy and the Protocols of the Elders of Zion*, Lomdon and New York, 1967. ——作者注

长了对犹太人的妖魔化。两者之间的相似之处及实际上的连续性都是无可争辩的。

但是，人们可能也会思考 20 世纪的左翼革命和其他革命运动。因为，就像中世纪的工匠被整合到行会中一样，拥有先进技术的社会中的产业工人也表现出了改善自身条件的迫切渴望。他们的目标非常实际，即确保分享更大份额的经济成果、社会权利、政治权利，或以上任何几项的结合。但是，关于最终的《启示录》中的战斗，或平等主义千年王国的充满感情的幻想对这些人来说吸引力不大。会对那些思想着迷的人一部分是某些技术落后的社会中的群体，这些社会不仅人口过剩、极度贫穷，而且正在经历向现代世界过渡的种种问题，并因此 286
而产生了混乱、迷失了方向；另一部分是技术先进的社会中的某些特定的政治边缘人群——主要是年轻或失业的工人，以及少数知识分子和学生。

人们肯定可以分辨出两种截然不同且形成鲜明对比的趋势。一方面，世界某些地区的劳动者已经通过工会、合作社和议会党派机构彻底改善了自己的命运。另一方面，自 1917 年以来的半个世纪中，那种在与“显赫之人”的最终的、灭绝性的斗争的幻想中将塔波尔派司祭或托马斯·闵采尔与最迷惘、最绝望的穷人团结到一起的社会心理过程，以及建立一个完全禁止追逐私利的完美世界的尝试，一直在被不断重复和扩大。

如果能换个方向看问题，我们甚至可以发现一种通向千禧年的替代路线，即自由灵异端宗教的当代版本。如今有些人尝试在致幻药物的帮助下实现让个人完全摆脱社会的束缚，甚至是摆脱外部现实的束缚的理想——这种自我神化的理想，其实早就存在于那个离经叛道的中世纪神秘主义中了。

古老的宗教习语已被世俗化的习语取代，这往往会掩盖一些原本显而易见的东西。一个简单的事实是，抛开最初的超自然认可的革命千禧年主义和神秘无政府主义仍然与我们同在。

附录　克伦威尔时期英格兰的自由灵：浮嚣派与他们的文献*

经常有人断言，我们无从知晓自由灵弟兄会或属灵自由思想者的真实信仰，因为我们掌握的信息都来自他们的敌人。自由灵内行真的把自己当作神圣的存在吗？他们真的认为自己可以谋杀、抢劫、行淫而不犯罪吗？他们会不会只是在尝试后来被称为“寂静主义”（Quietism）① 的那种消极神秘主义？我们听到的那些关于这些人的令人反感的故事会不会仅仅是有意或无意的诽谤？ 287

在本书第八章和第九章中提供的证据应当足够消除这些怀疑。但我们确实无法将对这些小派信徒的指控与他们自己的文献进行详细比对。要找到这种佐证，就有必要看一下发生在英国内战期间及之后的短暂却热闹的“自由灵”复兴。与他们前辈的作品一样，被称为浮嚣派[1]的英国自由灵内行的著作也被勒令焚毁了。但是，要销毁一版印刷品远比销毁几本手稿难得多，因此零星的浮嚣派小册子得以流传至今。这些作品之前

---

* 一字不差地翻印自 1957 年版。自那以后，关于自由灵的经证实的证据开始出现，比如瓜尔涅里教授于 1961 年和 1965 年发表的玛格丽特·波雷特的著作；参见前文第九章末尾。——作者注

① 天主教神修理论之一，认为纯真在于灵魂的绝对寂静，以及人应当抑制个人的努力，以便上帝充分施展作为。通常专指 17 世纪下半叶西班牙神秘主义者毛里诺斯（Miguel de Molinos）倡导的理论。

没有被翻印过，但已被证明具有重大意义。作为历史文献，它们毫无疑问地确认了“自由灵”就像人们说的那样：是一种往往等同于自我神化的自我提升体系；是对彻底解放的追求，对它的实践可能导致反律法主义，尤其是混乱的性爱倾向；它通常还是一种革命性的社会学说，谴责私有财产制度，并以废
288 除该制度为目标。但浮嚣派文献的意义不仅是历史性的。如果说阿比泽·科佩的独特风格足够充满活力，且丰富多彩到可以让他跻身文学怪人的殿堂，那么约瑟夫·萨蒙（Joseph Salmon）无疑也应该被视为一位真正出色的诗人。

多亏了人们就克伦威尔时期英格兰的宗教和社会生活创作的所有作品，关于浮嚣派繁荣发展的这个时期的社会环境的信息并不匮乏。众所周知，在内战期间及之后的日子里，军队和平民中的宗教热情都很高涨，而且无论是主教制还是长老制的教会①都无法引导平信徒泛滥的宗教虔诚。许多人认为，上帝将他的圣灵降临在所有肉体中的时候到了。极乐状态天天都能出现，到处都有人做出预言，千年王国的希望充满了所有人心中。克伦威尔本人在获得权力之前也曾被这种希望所感动。新模范军（New Model Army）中的成千上万名士兵和伦敦及其他城镇中的成千上万名工匠每天都期盼着，通过内战的暴力，圣徒的王国将在英格兰的土地上兴起，且基督会降临以统治这个王国。

在国王被处决之后的那个政治动荡、充满不确定的时期，

① 主教派一般指采用主教制的新教教会，如圣公会、监理会等。16 世纪宗教改革运动时，加尔文宗主张建立长老制以取代主教制，由各教堂会众推选平信徒领袖数人为“长老”，由长老聘请牧师从事教会牧灵工作和教会管理工作。

这种兴奋之情尤其强烈，并且一直持续到护国公时期开启。1649—1650年，杰拉德·温斯坦利（Gerrard Winstanley）受超自然启示感动，在萨里郡（Surrey）的科伯姆（Cobham）附近创建了著名的“掘地派”（Diggers）①。温斯坦利坚信旧世界会“像被扔进火中的羊皮纸一样燃烧并渐渐消逝”，因此他试图将人类恢复到“童贞状态”，也就是私有财产、阶级区分和人类权威都还不存在的原始主义千年王国。[2]也是在这一时期，宗教狂热者的数量大大增多。如一位小册子作者在1651年所说的：“撒旦播种异端和培育异端分子并不是什么新鲜事，但他们从未像如今这样密集过，因为这些人不是一个个地冒出来，而是成群结队地涌现（就像从无底洞中涌出来的蝗虫）。他们如今正像一大群埃及蚂蚱一样扑向我们。”[3]这位作者特指的异端邪说就是浮嚣派的主张。浮嚣派也被称为“大成就者”[4]和“大教授”[5]，他们的数量在1650年前后变得非常多。有些人是军队中的军人——我们听说过多名军官被革职和当众鞭打，或一名士兵因为“激昂宣讲”而在伦敦城内被游街和鞭打的事。[6]在这个国家的各个地方都有浮嚣派群体。伦敦的浮嚣派尤其多，数目达到了几千人。

最早一批贵格会信徒，比如乔治·福克斯（George Fox）、 289
詹姆斯·内勒（James Nayler）及他们的追随者经常与浮嚣派接触。主教派或长老派的敌对观察家有时会将贵格会信徒和浮嚣派成员认定为同一种人，[7]因为两者都抛弃了宗教的外在形式，而将真正的宗教视为灵魂个体的“内在圣灵”。不过，贵

① 英国内战时期的新教激进群体，主要由贫民组成。该派别主张土地公有，希望建立社会平等、政治平等的小规模农村集体，类似于现代概念上的共产主义、农业社会主义或乔治主义，有时被认为是无政府主义的先驱。马克思主义唯物史观将之列为空想社会主义团体。

格会信徒本身却把浮嚣派成员视为犯错的灵魂，是需要被劝说改变宗教信仰的人。乔治·福克斯于1649年在考文垂（Coventry）的监狱中第一次见到浮嚣派后写下了一段奇怪的话。他说：

> 当我进入囚犯所在的监狱时，巨大的黑暗力量袭击了我，我一动不动地坐着，让我的灵在上帝的爱中聚集。最终，这些囚犯开始大声抱怨、吹嘘，甚至亵渎神明，这使我的灵魂深感悲痛。他们说自己是上帝，但我们不能接受这样的说法……之后，看到他们说自己是上帝，我就问他们是否知道明天会不会下雨？他们说不知道。我告诉他们，上帝是知道的……当我为这些人亵渎神明的言辞而斥责他们之后，我就离开了，因为我认为他们是浮嚣派。[8]

福克斯在1654—1655年见过很多浮嚣派，不过那时他们的影响力已经迅速衰落。在莱斯特郡（Leicestershire）斯旺宁顿（Swannington）举行的浸礼宗、贵格会和浮嚣派的联合会议上，福克斯发现浮嚣派“非常粗鲁，并煽动粗鲁的人反对我们。我们叫浮嚣派站出来，证明他们的神。结果他们来了很多人，都很粗鲁，又唱又跳，还吹口哨；但主的大能证明他们是错的，所以许多人都改为信奉主”。[9]在雷丁（Reading）的一次类似会议上，福克斯再次证明浮嚣派是错的。[10]当他被关在查令十字（Charing Cross）的监狱中时，有浮嚣派成员来探望他，这些人喝酒吸烟的行为让他震惊。在对这一事件的描述中，自由灵的传统教义以口号的形式出现了：“其中一人喊道‘一切都是我们的’，另一人则说‘一切都很好’。”这一次，福克斯依然成功挫败了那些人的气焰。[11]直到1663年末，他还哀叹说有两名贵格会信徒被浮嚣派说服而皈依了他们的信仰，其中一个“已经一无所有，连他的朋友都抛弃了他”，但另一个“被挽救回来，之后又变成了有用之人”。可以肯定的是，很多浮嚣派成员成了贵格会信徒，因为一些同时代的人坚信，只有贵格会才可能控制温斯坦利口中的“浮嚣派势力……（它是）能够毁灭一切的野兽”。[12]1652年，霍瑟姆法官（Justice Hotham）对福克斯说：“要不是上帝提出了（福克斯）宣讲的光与生命的原则，这个国家就要被浮嚣派掌控了，全国所有法官利用所有法律也无法阻止这种情况，因为浮嚣派会模仿我们的行为，并遵从我们的命令，同时仍然保持他们的原 290
则。但就是这个真理原则推翻了他们的原则根基……”[13]事实上，随着贵格会运动的发展，浮嚣派运动的规模就萎缩了，到护国公时期结束时，它已经变得无关紧要。

在本附录中，与浮嚣派相关的材料被分为以下两类：

一、同时代人对浮嚣派的描述。

二、浮嚣派著作的摘录。

一　同时代人对浮嚣派的描述

（一）托马斯·爱德华兹（Thomas Edwards）著《坏疽：对过去四年在英格兰被宣讲和执行的这一时期各个小派的诸多错误思想、异端邪说、亵渎言辞和有害行为的搜集和编目》①第二版（增补版）证明，自由灵相关学说在1646年的英格兰

① *Gangraena, or a Catalogue and Discovery of Many of the Errours, Heresies, Blasphemies and pernicious Practices of the Sectaries of this time, vented and acted in England in these four last years*, 1646, pp. 21 sq.

已经为人所知。尽管爱德华兹是长老派，且强烈反对所有独立派[①]，但我们没有理由怀疑其描述的准确性：

> ……一切受造之物在被创造的最初状态中都是上帝，每个受造之物本身就是上帝，每个拥有生命、能够呼吸的受造之物都从上帝中流出，并且将再次回到上帝里面去，就像一滴水落入海洋一般被上帝容纳……一个受过圣灵洗礼的人，就像上帝知道一切一样知道一切，这个境界就是一种难以理解的奥秘或一片广阔的海洋，没人能在这里抛锚，也没人能测量出海底的深度……如果一个人凭借圣灵知道自己已获得上帝的恩宠，那么就算他确实杀了人或喝醉酒，上帝也不会在他身上看到任何罪恶……整个世界都是圣徒的，财物应该公有，圣徒应当分享贵族和富人的土地与财产……圣父根据律法统治，圣子根据福音统治，如今圣父和圣子将王国移交给圣灵，它将统治这个王国，并降临到所有肉体上……届时将有一次全面的还原，所有的人都应与上帝和好并获得救赎，那些在这次还原之前就相信并成为圣徒的人会被置于那些不相信的人之上。
>
> 我还可以列举出那些诚实的、通情达理的人向我和另外一些人报告的，其他被人如此表述的错误说法（这些报告很可能是真实的），比如：……如果一个人深受圣灵

① 基督教新教公理宗派别，为英国清教徒主张采用公理制的派别的统称，16 世纪下半叶产生于英国。主张各个教堂独立自主，只成立联合会性质的组织而不设行政性的各级总机构；反对设立国教，更不赞成教会从属于国家政权。其成员以社会中下层神职人员和世俗人士为主，包括城乡中小资产阶级和新贵族。

感动而要去实施杀人或通奸等行为，并在一次又一次祈祷自己不要这样做之后仍然感到这样做的迫切必要，那么他就应该这样做……

（二）著名清教徒[①]、杰出的理查德·巴克斯特（Richard Baxter）本质上是一位严肃、可靠的作家，他在 1696 年出版的自传《巴克斯特的遗产》[②] 中记录了他对浮嚣派的回忆： 291

……浮嚣派……致力于……以“人心中的基督”的名义点亮自然之光，并羞辱和贬低教会、《圣经》、现有的教会职务及我们的礼拜仪式和法令条例；还号召人们倾听在自己里面的基督。但除此之外，他们还拼凑了一种应受诅咒的自由主义教义，这些思想使他们陷入了生活的所有可憎的污秽之中。他们教导说……上帝不考虑人的外在行为，而只考虑人的内心；对洁净者而言，一切都是洁净的（连被禁止的事也是洁净的）。所以他们是在上帝的许可下，说出最可怕的亵渎言辞，而且他们之中的许多人（也是在上帝的许可下）普遍犯有淫乱之罪。一位原本非常敬虔且理智的已婚女士就被他们引入邪路，变成一个不知羞耻的娼妓，最终在伦敦流落街头。

世界上任何小派的出现，都不会比浮嚣派的出现更能

---

① 对 16—17 世纪英国基督教新教加尔文派的称呼，原指英国圣公会中以加尔文学说为根据的改革派。他们要求“清洗”圣公会内保留的天主教教义传统、教阶体制和烦琐礼仪，提倡“勤俭清洁”的生活。后形成温和的长老派和激进的独立派。

② *Reliquiae Baxterianae*, 1696, pp. 76 - 7.

为宗教专家们敲响要谦卑、敬畏、谨慎和警醒的警钟。从没有任何东西如此清晰地向世人展示了，见习修士精神上的无凭无据的傲慢会导致什么，以及严格持守宗教信条的大师们会被这些异端邪说的风潮带向哪里。这种道德败坏在阿宾顿（Abbington）的士兵和平民中都很常见，我曾亲眼见过那里的人写的书信，其中充满了可怕的起誓、诅咒和亵渎，都是正派人不屑于复述的东西，无论书面还是口头；而且所有这些内容都被当作知识以及他们的宗教的一部分来说，他们用一种狂热盲信的口吻，将之归因于上帝的圣灵。

（三）一个特别鲜活的描述浮嚣派教义的例子是主教派神学博士爱德华·海德（Edward Hyde，D. D.）就《启示录》（12：3）和《哥林多后书》（11：14）进行的布道《一个奇迹，然而它并不是奇迹：天上的大红龙》[①]：

最后，天上的龙，这龙不过是一个假装的、完全直观的，对以圣灵显示的上帝的意淫，是在以寓言阐释《圣经》，但也是对其文意的否认……

有人说：对我们而言，没什么是不洁的，也没有不许犯罪这一说；我们可以犯任何罪，因为我们不认为任何东西不洁，但对那些认为事物不洁的人来说，他们就是在犯罪……这些人还说：我们是洁净的，所以所有事物对我们来说也是洁净的，比如通奸、行淫等。我们没有被玷污，

① *A Wonder and yet no Wonder*: *a great Red Dragon in Heaven*, 1651, pp. 24, 35 sq.

只是相信，所以所有事物对我们来说都洁净，而那些不相信的人，他们的思维和良心就被玷污了……上帝可以做一切事……如果他做一切事，那么他也犯罪，他也实施罪行，他没做过的就是根本不存在的……如果上帝即一切，那么他也是罪和邪恶；如果他是万物，那他也是这只狗、这个烟斗，他是我，我是他。我听到有些人就是这么说的……

他们就是上帝，是像上帝一样无限和全能的；他们与真神一样拥有荣耀、美德、威严和大能；永恒的威严住在 292
他们里面，而不是其他任何地方；不存在所谓上帝的神圣与公义；他们中的不义、不洁的行为，亵渎咒骂的言语，醉酒及其他类似的污秽和粗野的举止，都不是被神之道禁止的邪恶行为；任何个人或多人实施这些行为是得到上帝许可的，或这样的行为，以及做这些事的人和上帝一样。任何人否认和亵渎上帝，或否认上帝的神圣与公义；诅咒上帝，指着上帝的名起誓和发假誓，及撒谎、偷窃、哄骗和欺诈他人；谋杀、通奸、乱伦、行淫、不洁、鸡奸、醉酒，使用肮脏淫秽的言辞的行为本身都不是可耻、邪恶、有罪、不敬、恶劣和可憎的。通奸、醉酒、咒骂之类的公开的邪恶行为在本质上与祈祷和感恩的义务一样神圣和公义；他们实施任何行为，无论是卖淫、通奸、醉酒还是其他什么都不是犯罪，而且这些行为还是由真神，或是由上帝的威严和在他们里面的永恒做出的。天堂及所有幸福都存在于实施这些犯罪和邪恶行为中；那些最完美的，与上帝和永恒最相似的人，可以犯下最大的罪也丝毫不感到悔恨或羞愧；没有什么事是真正不义或完全罪恶的，而是取

> 决于人们如何论断；也没有天堂或地狱，没有救赎或天谴。它们其实是一回事，它们之间，或者光明与黑暗之间都没有任何区别，原因就是上帝。除非我们自由地行淫、咒骂及实施其他类似行为，否则我们的圣灵就不能获得平和与宁静。人会被神化。人死之后，圣灵会进入狗或猫。上帝相信上帝。世上所有妇女不过是同一个丈夫的妻子，因此，一个男人可以与世上所有女人在一起，因为他是所有女人的丈夫，等等。①

（四）许多辩论性小册子都是专门针对浮嚣派的。其中之一是由一个自称“亲眼看见、亲耳听见的见证者”的人创作的，该作品的基调和精心组织足以给人一种其内容值得信任的印象：约翰·霍兰（John Holland）著《无底洞中的烟：对那些自称浮嚣派，或者该叫疯子群体的人们的教义的更真实、更全面的探索》②：

> 给基督徒读者的话
>
> ……这些人公开实施的亵渎神明的行为比无神论者的更多更糟，（主知道）我没有任何让他们遭受憎恨的意
> 293 图，更没打算因为其观点而煽动任何人来迫害他们，因为当我思考《圣经》在讲什么时，我发现用肉体武器来对付精神敌人并不是上帝的方法……

---

① 原文为 That all the women in the world are but one womans husband in unity ［sic］; so that one man may be with all the women in the world, for they are her husband in unity etc. ［sic］。此处为根据上下文推断得出的含义，原文中的［sic］表示笔者也认为引文原文存疑。

② *Smoke of the Bottomlesse Pit or, A More true and fuller Discovery of the Doctrine of those men which call themselves Ranters: or, The Mad Crew*, 1651 (6 pp.).

……关于上帝

他们坚称，上帝本质上存在于每个受造之物中，且每个受造之物中存在的上帝是同等的，但上帝在受造之物中表现自己的方式不尽相同。我在他们的一本著作中看到过这样的表述，说在常春藤叶子中的上帝的本质和在最荣耀的天使中的一样。我还听另一个人说，在一块木板中的上帝的本质和在天堂的一样，然后他就将手放在一块松木板上。他们都说，除了在他们里面的和在所有受造之物中的上帝以外，没有别的神，所以人不应该寻求除了在自己之中的上帝以外的任何神，也不应该向其祈祷。

他们授予上帝的头衔如下：称其为存在、充实、大运动、原因和无穷。我听到一个人发誓说，如果有上帝存在，那么他就是上帝。我对他说，上帝知道万物，并且能够做他想做的任何事，但你不能，所以你不是上帝，而是亵渎者。另一个人回答说，他不是唯一的上帝，但他也是上帝，因为上帝在他里面，也在世上的所有受造之物中……

……关于圣灵

他们都断言世界上只有一种灵，那些善的灵或恶的灵的各种名字不过是人们的想象，是用来吓唬人的；他们还说自己只受这唯一的灵的教导，并遵守它的教义。无论是出自《圣经》还是其他什么地方的教义对他们都没有用。我听到他们中的一个人说他不需要读《圣经》，也不需要听布道，因为圣父、圣子和圣灵都在他里面；他还说自己可以证明这一点，但在我看来，他最好的论点也是毫无根据的……

……关于婚姻

他们说，让一个男人被一个女人束缚，或者让一个女人被一个男人束缚是咒诅①结出的果；但他们说，“我们摆脱了这个咒诅，因此我们可以自由地使用我们喜欢的人”。……他们是从主对夏娃的话中推断出这种观点的，因为主说“你必恋慕你丈夫”。

……关于上帝的诫命

他们说，《旧约》和《新约》中所有上帝的诫命都是咒诅结出的果，所有摆脱咒诅的人，也都摆脱了诫命。还有人说，所有诫命都是要使人提升，好活在上帝里面，也让上帝到他们里面；他们说“我们已经活在上帝里面，上帝也在我们里面，因此我们高于一切诫命”。他们甚至说“上帝的意志就是我们的意志，我们的意志就是上帝的意志”；他们还说上帝的意志就是他的律法，因为有时他会命令人去杀人、
294 盗窃和撒谎。也有时，他会做出与此相反的命令，由此他们推断出，“既然我们活在上帝里面，而上帝在我们里面，我们为什么不能像他一样做？如果杀人、盗窃和撒谎是犯罪的话，上帝就是这些罪的创造者”；他们说，“做这些事是上帝的意志，我们是凭借他的力量做成这些事的……”

……关于天堂和世上

他们教导说不存在天堂或地狱，天堂和地狱只存在于人的心中。他们还说有些人能够看到上帝在万物之中，且他的意志被所有人执行，但他们从不会带着恶意来执行，也感觉不到上帝里面有一丝愤怒。他们可以不受良心谴责地、平静地做出被我们视为犯罪的任何行为，并认为自己高于所有法令和所有诫命；这样的人就在天堂里，天堂也

---

① 参见《创世记》（3：14 - 19）。

在他们里，而那些看不到和不相信这些的人则在地狱里，地狱也在他们里。我看过他们之中的一个人写给朋友的一封信，但这封信始终没有被送到收信人手上。在信的最后此人这样写道："寄自天堂与地狱，也是寄自德特福德(Detford)，写于我与自己和好的第一年……"

补遗

读者，我没有遵循我本应遵循的那种有条理的方法，而是以困惑的方式写下了这些人的观点。主是所有人心的检查者，我敢在他面前说，我如实地记述了这些人的观点，并迫不得已重复了那些极端的咒骂。我希望那些真正敬畏上帝的人能原谅我这一点。再会。

（五）浮嚣派的主观性有时似乎会导致他们格外冲动。原本是浸礼宗教徒，后来成了贵格会信徒的塞缪尔·费希尔(Samuel Fisher)在《婴儿洗礼不过是婴儿主义；不针对任何人的五字回答，致所有关心这个问题的人》[1]中对他们的反复无常做出了绘声绘色的描述：

……你已放弃研读［《圣经》］，还阻止其他人研读，说读它没有益处，说它不过是被编造出来以震慑世人的，为的是让人们不敢去享受那种自由（即你承诺并渴求的随意满足淫荡肉欲的自由），这使你成了一个风向标，一口没有水的井，一颗徘徊的星，一朵在暴风雨中被吹来吹

① *Baby-Baptism meer Babism; or an Answer to Nobody in Five Words, to Everybody who finds himself concerned* in it, 1653, p. 516.

去的云，因为你没有恒定的规矩可循，没有人可与之交谈或受其指教或将之铭记，或因其而获得一个稳固的根基。你能有的只是呼啸的风声，花里胡哨的幻想，自己不切实际的大脑中臆造的愚蠢念头和变幻无常的灵。

（六）议会对自由灵教义的传播甚为关注。暗示这种关注的
295 迹象最早在1648年就已经存在。[14]最终，残缺议会（the Rump）于1650年6月14日任命一个委员会来“考虑镇压打着自由、宗教和其他旗号，实施淫秽、放荡和不敬神行为的人的方法”[15]。一周后，该委员会就“一个被称作浮嚣派的小派的几种可憎行为”做出汇报，并受命编写一项法案，“以制止和惩罚这些令人厌恶的观点和行为”。[16]议会分别于6月24日、7月5日、7月12日和7月19日对编写完成的法案进行辩论，并于8月9日通过该法案。[17]11月，委员会又被重新召集起来，以考量在伊利（Ely）和多塞特郡（Dorsetshire）的浮嚣派的最新信息。[18]

1650年8月9日通过的“对无神论的、亵渎性的和极端无礼的观点的处罚”法案中相关段落①内容如下：

……他们悲痛和震惊地发现，最近有形形色色的男男女女意识到自己的观点无比丑恶和可怕，而且在下文提到的所有邪恶和可憎的行为方面都很放纵。这些人否认人与人之间的文明和道德公义的必要性，他们不仅是出了名的败坏和混乱，甚至还要使整个人道社会瓦解。议会……颁

① ‘Punishment of Atheistical, Blasphemous and Execrable Opinions’（H. Scobell, A Collection of Acts and Ordinances..., 1658, Part II, pp. 124–6）.

布法案并规定……（除非有身体疾病或精神问题），任何人胆敢公开表明，或胆敢以书面形式继续认定他（她）自己或任何其他普通的受造之物就是上帝，是无穷的或全能的，或拥有与真神拥有的同等的荣耀、美德、威严和大能，或宣称真神或永恒的威严住在受造之物里面而不是别的地方；任何人否认上帝的神圣或公义，或胆敢如前所述公开表明，他们中的不义以及不洁的行为，亵渎咒骂的言语，醉酒及其他类似的污秽和粗野的举止，都不是被神之道禁止的邪恶行为，或任何个人或多人实施这些行为是得到上帝许可的，或这样的行为，及做这些事的人和上帝一样；任何人胆敢如前所述公开表明，否认和亵渎上帝，或否认上帝的神圣或公义，或诅咒上帝，或指着上帝的名起誓或发假誓，或说谎、偷窃、哄骗和欺诈他人，或谋杀、通奸、乱伦、行淫、不洁、鸡奸、醉酒，使用肮脏和淫秽的言辞的行为本身出现在任何人身上，或由任何一人或多人做出，都不是可耻、邪恶、有罪、不敬、恶劣和可憎的；任何人如前所述公开表明，通奸、醉酒、诅咒之类公开的邪恶行为本质上与祷告、布道或感谢上帝的义务一样是神圣和公义的；任何人如前所述公开表明，他们实施的 296
任何行为（无论是卖淫、通奸、醉酒或其他类似的公开的邪恶行为）都不是犯罪，或宣称这些行为是由真神，或凭借上帝的威严或在他们里面的永恒实施的，或宣称天堂及所有幸福都存在于实施这些犯罪和邪恶行为中，或宣称这样的男女是最完美的，或像上帝或永恒一样，可以犯下最大的罪也丝毫不感到悔恨，或宣称不存在真正的不义、邪恶或罪，而是取决于人们对它的判断，或宣称没有

> 天堂和地狱、没有救赎和天谴，或宣称它们其实是一回事，它们之间没有真正的界限和区别。所有如此公开表明、坚持相信或出版上述无神论的，亵渎性的或极端无礼的观点的人，或被控告并有证据证明其实施了上述任何行为的……或前述人员或群体已被定罪或做出了坦白的，应被……投入监狱或惩教所，刑期六个月……

该法案还规定，对再犯的处罚是放逐；对拒绝接受放逐，或未经议会特别许可就从被放逐地返回的处罚是死刑。

（七）面对迫害，许多浮嚣派像在他们之前的持异端的贝格哈德和贝居因一样，似乎也采用了一种秘密语言来进行机警和秘密的宣传。1651 年 9 月，在听了浮嚣派成员阿比泽·科佩在伯福德（Burford）做出的“改变信仰的布道”后，阿宾登牧师约翰·蒂克尔（John Tickell, Minister of Abingdon）在《冒着爱之家主义[①]浓烟的无底洞……以及对科佩的（某种意义上的）改变信仰的布道的简短记录……》[②] 中评论了这些策略：

> ［他们］过去常常说一件事，但其实是指另一件……他们会刚说了什么，又立即收回……在最近的针对浮嚣派

① 爱之家（Familia Caritatis，英文 Family of Love）是由德国神秘主义者亨德里克·尼科利斯（Hendrik Niclaes）于 16 世纪创立的基督教神秘主义派别，该教派类似于再洗礼派，反对婴儿受洗，倡导宗教改革。其教义对一些社会精英、艺术家和学者很有吸引力，其信仰者通常会保持信奉正统信仰的表象，以避免被视为异端。

② *The Bottomles Pit Smoaking in Familisme ... together with some breef notes on AB. COPPS Recantation Sermon* (*as'twere*) ..., 1651, pp. 37 – 40.

的法案被颁布之前，他们讲话很大胆，如今他们已经不敢了……他们中的一些人假装自己已经重回真理之道，其实他们的惯用伎俩（*generall straine*）是用合理的言辞，尤其是其含义已被广泛认可的经文来做例子，以遮掩他们的败坏观点。他们会告诉你基督在耶路撒冷被钉死在十字架上，但这要怎么解释？……他们令人厌恶地将之曲解为对基督在他们里面真正死亡的预示和比喻（他们就是这么假装的）……从我对他们的了解来看，他们似乎会用各种花言巧语来避免被自己人之外的人了解：你不会知道去哪里才能找到并逮捕他们，但自己人却可以明白他们的意思——只要获得他们的“钥匙”，你也可以……人们通过 297
观察得出的结论一定是这样的：他们会首先暗示自己渴望获得你的好感，然后破坏你的判断力。他们会在对你微笑的同时划破你的喉咙。他们使用的词汇像蜜一样甜，像油一样滑，但充满了毒性……

（八）许多关于浮嚣派的叙述给人的印象是最富于幻想和充满污言秽语的纪实性俏皮话。这样的内容可见于以下作品：1650 年（12 月）由官方发行的《浮嚣派的宗教信仰：对他们的可恶又恶毒的观点，及他们令人鄙视的生活和行为的可信赖且毫无差错的叙述。另有对他们最近的令人震惊的恶作剧和独一无二的行为举止的真实发现……》[1]；鲁尔斯顿（G.

---

[1] *The Ranters Religion or, A faithfull and infallible Narrative of their damnable and diabolical opinions, with their destestable lives and actions. With a true discovery of some of their late prodigious pranks, and unparalleled deportments* ... Published by Authority (December) 1650 (8 pp.).

Roulston）著《浮嚣派的〈圣经〉，即他们主张并坚持奉行的七种各自独立的宗教》[1]；《浮嚣派的日常》[2]；及（晚至1706年的）吉尔登（C. Gildon）著《邮差的信被抢走了（第二版）》[3] 第六十六封信。以这些作品中反复提到的"像亚当派一样"的狂欢为例，该行为并没有以任何方式得到确认，即便是浮嚣派的非常直白的供述中也没有提到过。在所有这些材料中，唯一值得保留的可能是《浮嚣派的日常》中对一位女性浮嚣派成员的描述，但这更多是因为其文字的优美生动而非其内容的真实可靠：

> ……她高度赞扬那些给予妻子自由的丈夫，并愿意将自己与其他任何同类人联系在一起，她会从这些人中做出选择；她赞扬宪章路（Charterhouse-Lane）的管风琴、（古）提琴、钹和锣奏出的音乐是天籁［；］她把玻璃杯随手一扔，然后总结道，不存在什么天堂，天堂就是她在世上享受的欢乐，她非常不拘小节，还会随着角笛的乐声跳金丝雀舞。

然而，敌对批评家们对一场浮嚣派的盛宴的详细描述也是完全值得信赖的。按需印刷版《问询和审判，及浮嚣派的宣言……》[4]，《从老贝利传来的奇怪消息，即今年1月18、19

---

① *The Ranters Bible*, *or*, *Seven several Religions by them held and maintained* (December) 1650 (6 pp.).

② *The Routing of the Ranters* (November) 1650.

③ *The Post – Boy robb' d of his Mail* (second edition), Letter LXVI, pp. 426 – 9.

④ *The Arraignment and Tryall with a Declaration of the Ranters* ... published according *to order*, 1650 (6 pp.).

和20日在老贝利法院提审囚犯时进行的对浮嚣派的举证、质证、宣告、起诉和定罪》[①]，《浮嚣派在激昂宣讲：对他们的抓捕、审讯和他们的坦白……》[②] 这三份资料都涉及1650年11月1日在伦敦被捕的八名浮嚣派成员。部分成员的名字已知，包括约翰·柯林斯（John Collins）、T. 莎士比亚（T. Shakespear，一个"猎场管理员"）、托马斯·里夫（Thomas Reeve）、托马斯·威伯顿（Thomas Wiberton）、M. 沃德尔沃斯（M. Waddleworth，一个"手套商人"）。这些浮嚣派在圣吉尔斯跛子门（Giles Cripplegate）堂区穆尔路（Moor Lane）上一间名叫"戴维和哈普"（*David and Harp*）的小酒馆聚会。小酒馆的老板姓米德尔顿（Middleton）。招待这群人的老板娘 298
"一直被怀疑是浮嚣派的一员"［她大概就是克拉克森供认的作为其情妇的玛丽·米德尔顿夫人（Mrs Mary Middleton）］。当时也有其他妇女在场。浮嚣派用《诗篇》的曲调唱亵渎的歌曲。邻居通知了警察，警察于是派出一位密探（*agent provocateur*）。这个人仔细观察了浮嚣派的所作所为，发现他们互相称呼为"同类人"——这在浮嚣派中，尤其是男女之间，无疑是一种很常见的称呼。他们说了很多咒骂的话，尽管当时绝对没有发生多人乱性行为，但其中一个男人的确以不雅的方式裸露身体。后来，浮嚣派一起坐下来吃饭，很显然，这顿饭对他们而言具有一种泛神论圣体圣事的意义。"他们之中的一

---

① *Strange Newes From the Old-bayly or The Proofs, Examinations, Declarations, Indictments and Conviction of the Ranters, at the Sessions of Gaole-Delivery, held in the Old Bayly, the 18, 19 and 20 of this instant January...*, 1651 (6 pp.).

② *The Ranters Ranting: with The apprehending, examinations and confession...*, 1650 (6 pp.).

人用手拿起（一块牛肉）撕成碎片，并对其他人说，这是基督的肉，要接受并吃掉。”当这些人被捕时，他们之中的一人举着蜡烛在屋子里一边寻找一边说“他是在寻找自己的罪，可什么也没有找到。别人认为他的罪特别巨大，但那其实很小，以至于他都看不见”。这就是神秘的反律法主义语言，这些人的口号或口令是“猛击我，惩罚我！”这表明他们确实给自己的行为赋予了某种半神秘的价值。当被问及这个口号时，他们说“猛击”意味着上帝，但是整句话的完整含义只有在将它放到浮嚣派著作中的特定短语里时才会变得清楚：“我被……消耗着，受惩罚、受打击，甚至沉入虚无，陷入静止的永恒的最深处（我母亲的子宫）”（科佩）；再如，“如今它已被惩罚并猛击入其唯一的中心，它要在那里永恒地居住在它唯一的父的怀抱中。只有这才是受造之物的阴暗理解中最令他们恐惧的、唯一的惩罚……”（克拉克森）。

第二天早上，这些浮嚣派中的七人被带到约翰·沃拉斯顿爵士（Sir John Wolaston）面前，后者将他们送到布莱德韦尔（Bridewell）打草[①]。柯林斯和里夫还于次年1月到老贝利法院出庭应诉，他们依据1650年8月9日通过的镇压“无神论的、亵渎性的和极端无礼的观点”的法案受到起诉，最终都被判处六个月监禁。

（九）汉弗莱·埃利斯[②]在《伪基督：对最近在南安普敦

① 大麻（hemp）是桑科大麻属植物，其茎皮纤维长而坚韧，可用于制绳索。打草的工具是长柄木槌。

② 汉弗莱·埃利斯（Humphrey Ellis），逝世于1676年，英国罗马天主教教士，英格兰共和国时期英国天主教领袖。

郡广泛流传和发生的……重大冒名顶替行为、令人惊恐的亵渎、令人憎恶的做法及不道德的欺骗的真实可靠的描述》[①] 中详细介绍了威廉·富兰克林（William Franklin）和玛丽·盖德伯里（Mary Gadbury）的情况，他们似乎是那些领导中世纪自由灵团体的“基督”和“圣母”的真正继任者。曾在温切斯特（Winchester）做牧师的埃利斯是一个完全可靠的消息来源。他说他描述的是“最近才发生在我们身边的事情，这一带的大多数人对此还记忆犹新”。大部分内容是他亲眼所见，另外他还能接触到这些小派信徒在法庭上接受审判的供词。 299

威廉·富兰克林来自安多弗（Andover），靠制作绳索在伦敦生活了多年。他是一位受人尊敬的已婚男子，属于公理宗（Congregationalist）[②]，“被敬虔的人视为一位杰出的圣徒，也是卓越的信仰专家”。但不幸降临在他身上。他的家庭遭受瘟疫的重创，他自己不但疾病缠身，还在 1646 年的一段时间里受到某种精神紊乱的困扰。正是在这种紊乱的影响下，他开始宣称自己是上帝和基督，这让其他公理宗教友感到震惊。没过多久，他恢复健康并做出了忏悔。之后他的日常表现也没有让人觉得疯癫。他形成了“一种谨小慎微地表述自己观点的方式”，在埃利斯看来，富兰克林可以为自己的行为负全部责任。然而他很快又抛弃了虔诚的教友，转而宣称自己获得了启示和预言的天赋，并开始与浮嚣派走到一起。

---

① *Pseudochristus; Or, A true and faithful Relation of the Grand Impostures, Horrid Blasphemies, Abominable Practises, Gross Deceits; Lately spread abroad and acted in the County of Southampton ...* , 1650（62 pp.）.

② 基督教新教主要宗派之一，以公众治理的教会制度为特征，故名。坚持公理制的教会主要有公理会、浸会等。

此时约四十岁的富兰克林摈弃了妻子，开始与其他妇女住在一起。其中最主要的一位就是玛丽·盖德伯里，她当时三十岁，已经被丈夫抛弃很长时间，在伦敦靠“为贵妇人出卖不值钱的首饰”为生。遇到富兰克林后，玛丽·盖德伯里马上开始看到异象并听到声音。她获得的神秘启示的大意是：“届时不会再有国王，只有一个万王之王，万主之主……圣徒将审判世界，世界将坦白并说，这是主的城……我将派我的儿子以人的样子降临，他会统治万国，人们会面对面、眼对眼地看到他。”这个欣喜若狂的女人被富兰克林轻易说服，相信他就是上帝应许的基督，并开始在自己的邻居中间散布喜讯。在富兰克林的影响下，她感受到跟随基督走上自愿贫穷道路的必要。因此，她卖掉了她拥有的一切，把得到的钱都用来让缺衣少食的人穿暖吃饱。她跟随着富兰克林，“接受他……作为她的主和基督”。

在相信主已经毁掉富兰克林从前的身体，从而切断了将他与妻子和孩子联系在一起的纽带之后，玛丽·盖德伯里开始在夜晚与富兰克林同房，不过她坚持说她只是把他当作“属灵者”来“陪伴”。当一位牧师问她是否为自己与富兰克林同居感到羞耻时，她回答说：“无罪情景中的亚当和夏娃都赤身裸体，并不
300 感到羞耻，但罪把羞耻带到了世上。然而当他们进到基督里面，羞耻就被带走了！”从这一切之中显然可以看出中世纪异端邪说中的亚当崇拜的影子。所以人们也不用为这位女士开始称自己为“羔羊的新娘”“基督的配偶”“圣母”“只被阳光包裹的女人”而感到诧异，她甚至声称自己“与上帝等同”。

1649 年，这对男女受天命委托前往汉普郡（Hampshire），这是体现他们真诚本意的令人信服的标志，因为那里是这个国

家中唯一一个富兰克林为人所知且一定会被认出来的地方。17世纪时，将自愿贫穷当作一种持久的生活方式已不再切实可行，所以富兰克林不得不经常返回伦敦赚钱。他不在的时候，玛丽·盖德伯里会代表他进行不懈的宣传。她唯一的依据就是她本人得到的启示，但这些启示都是用《圣经》中的话来解释的。她获得了相当大的成功："无论是在城里还是乡下，都有很多人被动摇，还有些人完全被她的谎言所吸引。"而且，富兰克林本人也具有那种可以被算作自由灵异教领袖特征的不寻常的口才，"他讲的话似乎很有道理，可能很容易悄然地给头脑简单之人造成影响……他还经常以《圣经》作为依据，并使用《圣经》的语言讲话，不过是以一种非常奇怪的诋毁和歪曲的方式，他是用自己的寓言性幻想取代了经文的真正意义"。埃利斯对这两个人活动的评论与五个世纪前安特卫普的神职人员对坦彻尔姆运动的评论相同：在这些事情上，魔鬼会将自己伪装成光明天使。

埃利斯说，对千禧年的期盼在当时非常盛行，所以这对在世之神很快就找到了信徒。他们的狂热皈依者之一是伍德沃德牧师（Minister Woodward）的妻子。没过多久，两人就住进牧师的房子里，然后又很快说服了牧师本人。埃利斯说："此时，这种有毒的感染开始全速传播，很多人接受了，而且这些接受者也是很活跃的人，他们传授、散播这些思想，向更广泛的人群宣讲这些内容……他们说服其他人也接受和认可……这个富兰克林就是上帝之子、基督和弥赛亚的想法。"门徒各自分配到了特殊的角色：一个是施洗约翰，"被派去告诉人们基督已经降临到世上"；另一个是毁灭天使，"被派去诅咒世界"；还有一个是治愈天使，负责治愈被他的同伴诅咒的那些

人。掩盖在这些《圣经》象征之下的无疑就是自由灵信仰。例如，有人发现玛丽·盖德伯里向女主人伍德沃德夫人索要白
301 色亚麻布，说上帝已吩咐她为自己做一件白袍，“因为他使她洁净”。也有人发现一名士兵观看了这些超自然存在施神迹并公开宣讲绝对的泛神论。还有人发现“毁灭天使”本人否认上帝与撒旦之间的一切对立，断言“万物自然而生”，并称自己为“光明之神和上帝”。

富兰克林和他的主要追随者于 1650 年 1 月在温切斯特被捕并受审。一开始，他们表现出了强烈的自信，没有否认任何指控。当被询问名字和住所信息时，他们坚称自己没有任何“肉体需要的东西”，因为他们完全是属灵的。他们还按照与富兰克林初次会面的日子来计算自己的年龄，“好像他们是从那时起才出生的”。富兰克林本人也坚持认为自己就是基督，他的门徒也认可他。然而，到布莱德韦尔服刑的前景让富兰克林丧失了勇气。他宣布放弃错误信仰，他的门徒为此怒不可遏，并立即抛弃了他。3 月，囚犯们在西部巡回审判法庭受审，所有人都被收监，直到他们能为保证遵纪守法提交抵押为止。除了富兰克林交不出抵押，其他人很快都被成功保释。玛丽·盖德伯里则被送到布莱德韦尔，并在那里接受了数周的鞭刑。

（十）总是被以这种或那种方式与自由灵联系在一起的无政府－共产主义态度在浮嚣派中间也一直存在。理查德·希科克（Richard Hickock）在《针对被称作浮嚣派的人的证词及他们的抗辩》① 中写到有浮嚣派说：“你与我们共命运，让我们同

① *A Testimony against the People call'd Ranters and their Pleads*, 1659 (8 pp.).

用一个钱袋。”此外，1650年12月，当许多浮嚣派开始抛弃这场运动时，似乎有人在伦敦的南安普敦议会所在地（Southampton House）附近组建了一个“浮嚣派议会”。八位持异议，并给出真名的浮嚣派成员在《浮嚣派的宣言……由刚刚成为浮嚣派的斯塔布斯出版》[1] 中留下了一份关于会议进程的报告，这份文件能够让人们清楚地了解这场运动的社会构成和社会学：

> ……许多代表穷人利益的疑问被提出来，人们渴望知道在已经有数百位伟人倒下的情况下，他们该如何继续。对此问题的回答是：他们应该借钱，然后永远不还；而且他们不仅应该使用一个男人的妻子，还应该利用他的领地和全部财物，因为所有东西都是公有的。但是，可惜呀！这种做法无法被有效实行。当很多较贫穷的人明白这个蒙蔽他们的诡计行不通之后，他们就陷入了巨大的痛苦。他们诅咒所有害自己受骗的人，对那些人恨之入骨。就这样，在场的三百人中，有不超过一百五十人面露凶光地离开了，其余人则彻底改变了态度。凭借上帝的神圣怜悯在 302
> 他们心中发挥的作用……他们皈依了（正统宗教）……此时都在各自的居住地谦恭地生活……

还有其他迹象表明，成为浮嚣派后，本来有工作的人也放弃了正常的工作，改为依靠施舍过活。《浮嚣派的宗教信仰》评论

---

① *The Ranters Declaration... published by M. Stubs, a late fellow – Ranter*, 1650 (6 pp.).

说："这种无所事事是所有邪恶的根源……浮嚣派的例子就是最好的证明，他们就是一群懒惰的人，他们的一生不过是一场持续不断的酩酊大醉……"

（十一）浮嚣派为绰号"S. S. 先生"的塞缪尔·谢泼德（S. S. Gent, i. e. Samuel Sheppard）创作的讽刺喜剧提供了主题。这部名为《一群天生快活的人，又名魔鬼变的浮嚣派：在这个时代做一个激昂宣讲的浮嚣派》[①] 的作品夸大了浮嚣派那些比较明显的特征。例如，他们的"共产主义"让他们宣布：

……我们的女人归大家共享。
我们一起喝到酩酊大醉，我们恪守相同的誓言，
如果一个人的斗篷要靠借，那其他人就都不穿。

"这群天生快活的人"由来自不同阶层的人组成，包括一位学者（有时是一个主教派信徒）、一位画家、一名药剂师、一名裁缝、一名士兵和一位绅士。这些人到酒馆里"喝甜美的葡萄酒，抽浓烈的烟草，直到我们能够长生不老"。加入这群人的还有两位女士，她们原本是受尊敬市民的妻子。当所有人都被逮捕并送到布莱德韦尔受鞭刑时，一场狂欢正拉开帷幕。

在一个场景中，浮嚣派们一边跳舞一边合唱：

快来呀，别磨蹭，我们从不缺少快乐，

---

① *The Joviall Crew, or, The Devill turn'd Ranter: Being a Character of The roaring Ranters of these Times*, 1651.

围成圆圈跳舞唱歌，因为我们是快活的浮嚣派
胆怯的灵魂尽管拒绝碗里的酒，
他们说到酗酒就会吓得发抖：
私酿烈酒者才会惧怕当官的，
他们在瘸子面前也不敢动一动。

快来呀，（同上）……
我们才不怕死后要下地狱，
因为戈耳工或复仇女神都不存在：
我们活着就要饮酒和 **** ①
才不管法官和陪审团怎么判。

来吧，小伙子们，接受你的快乐，
畅饮你的美酒，
一杯接一杯，谁也不准走，
直到我们都喝够。

所有人都躺下，仿佛陷入狂喜， 303
为的是获得一个令人愉悦的异象。
醒来之后，裸露着大腿，
谁会担心一点小伤口？②

---

① 指性交。在台词中不能说出亵渎性语言，可能会通过表演者的动作来表现或请观众意会。

② 参见《利未记》（19：28）：“不可为死人用刀划身，也不可在身上刺花纹。……”《利未记》主要记述了上帝让摩西晓谕以色列人的一些律例，这里是说浮嚣派淫乱，违反了这些律例。

没错，没错，我们这群快活的人，
像霍布戈布林[①]一样跳滑稽的舞蹈；
咒骂且行淫，饮酒又吼叫，
但不会斗殴或争吵。

二　浮器派著作的摘录

已知有四位浮器派信徒曾著书立说，尽管当局尽了最大努力将其销毁，但这些作品中的大部分有副本被保留到今天。通过类推法，这些内容可以填补中世纪自由灵文献遭破坏所留下的空白。

（一）雅各布·包姆利［（Jacob Bauthumley），亦写作博顿利（Bottomley）］创作了《上帝的光明面和黑暗面：关于光明面（上帝、天堂和人世）黑暗面（撒旦、罪恶和地狱），也是关于复活和经文的简洁直白的论述……》[②]。当时包姆利正在军中服役，因写这本书而受到烫穿舌头的惩罚。1654—1655年，他出现在于莱斯特郡（Leicestershire）举行的贵格会与浮器派联合大会上。包姆利代表了浮器派最高深的学术和最精妙的理论。尽管他的教义可以被轻易地用来为道德上的无政府主义辩护，但人们可以相信他的保证，即他写作“不是为了支

① 霍布戈布林（Hob-gobblins），传说中的壁炉精灵，原本被认为是对人友善的，后被基督教描述为喜欢恶作剧、爱搞破坏的精灵。莎士比亚的《仲夏夜之梦》中的小精灵浦克（Puck）就是一个霍布戈布林。

② *The Light and Dark sides of God*, *Or a plain and brief Discourse of The light side* (*God*, *Heaven and Earth*) *The dark side* (*Devill*, *Sin*, *and Hell*). *As also of the Resurrection and Scripture* ..., 1650 (84 pp.).

持任何人的不恰当行为或邪恶想法”。有人认为，包姆利的教义之于劳伦斯·克拉克森（Laurence Clarkson）和阿比泽·科佩等浮嚣派，就相当于贝内的阿莫里的教义之于阿莫里派。以下摘录虽然只是这一大部头作品中很短的几段，但很具代表性：

关于上帝

啊，上帝，当你不能被命名，我该说你是什么？当说到你时，我该说些什么，我说的都是矛盾的事吗？如果我说我看到你，那不过是你看到自己，因为在我里面的只有你能看到你自己。如果我说我认识你，那完全是你对自己的认识，因为我要先知道你（的存在），然后才能认识你。如果我说我爱你，那也不是这样，因为在我里面能爱你的只有你自己，因此，你只不过是在爱你自己。我寻求你只是你在寻求你自己。我为你喜悦其实是你在为自己喜悦，而且是在以一种没人能想象的方式为自己喜悦。

……你是所有受造之物的生命和实质，他们说话和移 304
动，都是活在你里面；不管受造之物是什么，它都与在你里面一样……主啊，离开你我将去向何处？因为你的存在就是所有受造之物的实质和存在，也是你的存在充满了天地，以及其他所有地方……

不，我看到上帝在所有受造之物里面，无论是人还是兽，游鱼还是飞禽，以及所有植物，从最高的雪松到墙壁上的常春藤；上帝是它们一切的生命和存在，上帝真的住在它们里面，如果他能够接受这么卑微的表现方式，也不存在于受造之物之外，那么如果你愿意，它也可以住在你里面……

人有没有看到上帝在他们里面，制定了他们所有的想法，做了他们所有的工，并且在所有状况下与人同在？有什么人能从外部实现这些？上帝是你里面的灵，是真正掌握你的。神圣的智慧看得最清楚，万物在他面前没有别样，都要如此……［以前，我］曾认为我的罪过或我的修行真能让［上帝］改变他对我的或善或恶的打算。

但如今，我看任何状况或行为，都会从中看到一种对至高无上的意志的甜蜜认同，一切都不会亏欠，也不会富余；任何人都不用做什么或成为什么，而是只要甜蜜地服从就好；它是孕育了万物的子宫，所有受造之物都在这里形成并被带到世上。

……鉴于万物都由上帝而来，所以他们都应放弃自己的存在、生命和幸福，以再次进入上帝里面……尽管外面的衣物都化为虚无，但里面的人仍然活着；尽管影子消亡了，但实际上是上帝的灵魂或本质永世长存。此外，对我来说很清楚的是，没有任何东西属于神圣的本质或属于上帝，而应该说它们就是上帝。原因是在上帝中没有差别，所以他是一个不可分割的本质：……我不认为……［上帝］有多或少的程度之分，或爱一个人比另一个人更多，或恨一个人比另一个人更多……我看不出上帝中有爱或恨，或任何这样的激情。承认程度之分是不完美。

……而且上帝爱所有受造之物的存在，是的，所有人在他眼中都是相同的，并都获得了神圣本质的鲜活想法，只是神圣本质在某些人身上没有像在另一些人身上那样荣耀而纯粹地显现。有些人活在上帝的光明面中，另一些则在黑暗面中；但就上帝而言，光明与黑暗对他来说是一体的，因为没有什么与上帝相悖，那只是与我们的理解相悖……

包姆利拒绝接受三位一体论，并在这一段中做了总结：

我不认为上帝只在基督的，或那个被称为基督的人的肉身中显现，他也真正和切实地居住在其他人和受造之物里面，就像他在作为人的基督里面一样。

关于天堂 305

……当上帝显现在他的荣耀和洁净中，显现在爱和恩宠中，并平和地安息在圣灵中时，人便进入了天堂，或说天堂在人里面……

……我知道上帝住在哪里，他从哪里降临，要把人带去哪里以把他们包裹在圣灵之中；那里有一个新天新地，我希望享受的天堂就是停止我对上帝的世俗和黑暗的理解，只像在我的灵里面的基督一样生活。

关于罪

……尽管人们在黑暗中行事，但上帝不吝施予他的荣耀，因此人肯定需要犯罪，因为罪恰恰是上帝的黑暗面，那里只是没有光。

此外，我们必须考虑到，上帝没有定下超出他自己或超出他的荣耀的法律或规则……罪本身也顺从于上帝的荣耀，就像我们所谓的恩宠和仁慈一样，因为尽管罪恶比比皆是，但恩宠可能比罪恶多得多……

有人也许会说，那么人就可以随心所欲地生活了，因为上帝始终如一，无论我们犯罪还是行善，所有人都得他的荣耀。

我用使徒的话回答他们：人不该因为恩宠充裕就犯罪，但如果他们犯罪了，那就应向上帝祈祷，就算他们行善了，也要祈祷。这样，人的愤怒赞美上帝，人的爱和温顺也赞美上帝，而上帝让每个人都得了荣耀。不过，这似乎支持了上帝是罪的创造者，并且想要犯罪的说法。但对我来说很明显的是，除了上帝以外，没有其他任何东西存在，而罪是虚无，上帝不能成为其创造者，因此犯罪也不在上帝的命令之内……

此外，我想我们会认为一些人邪恶而另一些人敬虔的原因并不在于人本身，而是在于神圣的存在在一些人身上比在另一些人身上更荣耀地显现，所以我们说，这个人是虔诚的圣徒，那个人是邪恶的亵渎者。然而，这个人的行为是遵循至高无上的大能做出的，那个人的也一样。如果存在任何区别，那么这个区别不在于该受造之物，不在于它是什么，或做什么，因为存在于这个和那个里面的神圣的存在是相同的，只是没有以相同的方式显现而已。

［上帝的］意志是他的大能，他的大能是他的意志：他通过同一个行为使事情发生，也通过同一个行为行事。另做解读是我们的弱点，因为上帝是一个整体，他不承认自身有任何区别或分割，他也不承认自己有任何变化，万物只是按照至高无上的意志存在和产生；而且我认为，人们把基督钉死在十字架，随后又接受他同样是遵循了上帝的意志。

我写这些东西，不是为了支持任何人的不恰当行为或邪恶想法；……

关于地狱

……我一直在遭受地狱的折磨，翻来覆去不得安宁，谴责我自己有罪……直到上帝在圣灵中显现，并向我表明 306
他本身就是所有的荣耀和幸福，而肉体则什么都不是……上帝……带我进入身为上帝之子的光荣的自由中，而之前，我一直受到罪、法律和自我谴责的良心的束缚，那才是地狱……

［灵魂］直接来自上帝，而不来自其他地方，如果我可以不冒犯任何人地再说一句，我要说它就是上帝；本质上属于上帝的就是上帝，因为上帝不能被分割……

……我不知道人们为什么说一个灵魂是不洁净且罪大恶极的，因为我无法想象肉体怎么可能玷污圣灵……

事实是，除了上帝以外，没有什么可以永生：上帝以下的一切都会腐坏消亡，最终化为乌有，正如万物显现于受造之物的世界中以前，都是在上帝中生存和存在一样。所以最后，一切都属于上帝，或者说，上帝在世界的尽头降临，万物都将再次被上帝包容。上帝就这样永恒地活在他自己里面，万物也在他里面。所以，当他不再活在肉体和受造之物中时，他会永远活在自己里面，并将荣耀地战胜罪、地狱和死亡；所有受造之物都应将自己的力量和荣耀再次交托给上帝，因为它们原本都从上帝里来，所以上帝就是一切。[19]

（二）乔治·福克斯于 1649 年在考文垂的监狱中见到过一些浮嚣派，其中一个叫约瑟夫·萨蒙的人“在那不久之后……发表了一篇论文，也可以说是一部宣布改变信仰的著作；这些人都因此获得了释放”。从1650年开始，萨蒙在肯特郡做了几年牧师，经常在罗切斯特大教堂（Rochester Cathedral）布道。在他人生的不同阶段，他创作过多部著作。其中之一可能是一份名为《剖析神性》（*Divinity anatomised*）的浮嚣派小册子，该作品似乎已经失传。下面摘录的能够体现其出众诗歌才华的段落出自一份改变信仰宣言，题目是《深处的高处和高处的深处：在名誉败坏的阴云之下也甜美地闪烁出其荣耀的真理……还有对某些特定信条的真诚放弃，无论这些信条是他曾经表达过的，还是被认定为由他表达的》[1]。

> ……那耀眼的光辉曾将其荣耀照射到我的灵上，并从那里向整个世界反射出甜美且强烈的光辉，没过多久，它就把自己笼罩在一片最阴沉和深奥的黑暗中，并在尘世和肉体的黑暗遮盖下退缩了一季。在这种状态下，我的灵的领域也被阴暗笼罩，以至于我都不知道自己走向了哪里，或做了什么。
>
> 我就这样被领上我不认识的道路，并从国王变成野兽，在整个季节里以麸皮为食。在表现出一种对无法实现的目标的狂热渴望之后，我的言行被当权者判定为违反了共和国的文明与秩序，于是我被合法地当作罪犯逮捕了……
>
> 307 我被当作亵渎神明者投入监狱，服刑超过半年。由于缺乏新鲜空气，以及其他各种生活便利，我外在的样子变

---

① *Heights in Depths and Depths in Heights*, *or Truth no less Secretly than Sweetly sparkling out of its Glory from under a Cloud of Obloquie ... Together with a sincere abdication of certain Tenents*, *either formerly vented by him*, *or now charged upon him*, 1651（54 pp.）.

得非常令人厌恶……

萨蒙记录他如何悔过、改变信仰和获释。

我几乎厌倦了发言，但我如今被迫开口，并向全世界表明沉默已掌控了我的灵。全能者的雷不得不有意在我里面发出它们的声音，天地都在它们可怕的声音中颤抖。警报结束后，天堂也安静了。我不知道这会持续多久。

我在主里面静静地躺着，我看到整个世界被相互嫉妒的大火吞噬。我听到很多关于我的噪音，它震聋了我的耳朵，反而让我能够沉入神圣安息的平静酣睡中。有形的世界非常令人恐惧，所有有形体都拿起武器，向自己宣战。全能的力量正在用一物猛击另一物，并把曾经出现在他的荣耀之前的都击碎，他提升，他打倒，谁敢问他你做什么？啊，我的灵魂，来吧，你进入我的房间，关上你周围的门，沉默地隐藏一季，直到愤怒都散去。

……我们似乎生活在一个变化无常的状态中，在这里，我们并不是真正活着，而只是表现出活着的样子。我们的生命是团结在一起的。我们是一个整体，如果被分开，我们就都不存在了。

当我们在变化无常中漫步时，我们就像其中的诸多鬼魂或影子一样，变化本身也只是这个团结整体的影子。

从单一或永恒降级为多样，就是迷失在无尽的迷宫中。

从多样上升为单一，是将我们分散的灵收缩到其原始的中心里面，回到我们在存在之前存在的地方……

那么一个人应如何获得单一性，并与这种遥不可及的荣耀共融？

（即便是我们最高傲的野心）也看不到能让我们在共融中受益的可能办法。

我们应该耐心地期待它及时降临到我们身上，它的本质是将我们包容到它自身之中，并将我们融为相同和相似的本质。

在这一刻真正到来，在它由此显示自己之前，人为了获得满足而做的一切都只能增加自己的哀伤和灵的忧愁……

萨蒙叙述自己的属灵冒险：

我正要去天堂，我的灵魂的全部力量和才能都被无限地占用了……我此时已经抛弃了自己的亲属和父亲的房子……

308 他成了长老派、独立派、浸礼宗教徒，最终成了一名神秘主义者：

我眼中的自己，就是一个被打入永恒的深渊，在万物的存在中化为虚无的人……

他成了浮嚣派：

上帝的存在被遮挡在云层背后，我被暴力地拖上了最黑暗的道路，在那里，我总是跌跌撞撞，还跌入了公开引发恐怖和亵渎神明的陷阱中，（聪明人自然可以判断是什么力量）引导并催促我遵循一种疯狂热忱的原则来弃绝我曾在心中珍视的上帝的样子。

我只为能让我被所有人视为最卑鄙和最丑恶之人的事愉悦，只为我的耻辱荣耀……

我的确充满怒火，我被要求喝下一小瓶愤怒……

好吧——我必须喝，但要记住这个谜语。

给了我，我应该喝，我喝了，我可能会绊倒，我绊倒了，我可能会堕落；我堕落了，堕落让我开心。

想想也奇怪，当肉体表现为这副样子时，在我里面秘密隐藏的上帝是如何沉默地喜悦的；

即使我的肉体在愤怒的火焰中被煎炸和灼烧，我仍可以在主里面安逸地休息。

当我的肉体在它自己的虚荣形成的带泡沫的汹涌潮水中翻滚时，我则在永恒的怀抱里避难……

……我知道对很多人来说这就像一个谜语，只有真正的拿细耳人（Nazarite）① 才能解释；在他乐意指点迷津之前，我很高兴答案能隐藏在黑暗中。

但我的结论是——

我以这样的方式被强迫走上晦涩不明的陌生道路，在狂猛的愤怒风暴中颠簸，在可怕的惊奇岩石上碎裂。我已经历了全能者的所有波涛和巨浪。

现在，我在永恒的寂静深处安息，沉入寂静的深渊，

---

① 以色列民族中自愿奉献给上帝的人（原文意为“奉献者”），有男有女，有的终身侍奉，有的只离俗一段时间。拿细耳人不可剪发，不可饮酒，不可接近尸体，不可参加葬礼。士师参孙、先知撒母耳是著名的拿细耳人。新约时代的施洗约翰也被认为是拿细耳人。

> (已经冲过这个危险的海湾)安全抵达爱的怀抱和安息之地。
>
> 我有时会听到从此时已经被我抛弃的那个世界传来的声音。我会看到它的白昼中还充满相同的喧嚣、争吵和冲突的浪潮,当我离开它时,那里就充斥着这些。我听着,仅此而已……
>
> 我最大的渴望(也是最令我喜悦的)就是能够什么也看不到,什么也不用说……
>
> 我曾经在纷繁的世界中奔波,如今我是永恒的中心。那里就是我被从其中带走的子宫,在这里,我的欲望也降低了……
>
> 309 万物都向中心不断地贪婪地运动。一旦我们厌倦了多样性的烦琐,我们就会陷入沉默,一种我们从没体验过的沉默样子……
>
> 上帝是一种简单、单一、不复杂的荣耀,活在他里面或从他里面流出的,就是他纯粹的自己。
>
> 归一就是圣父,他是万物的创造者和父;(如果愿意也可以说)她是祖母,她里面的子宫内隐藏着各种变化,直到它们有序出生的时刻到来……[20]

(三)劳伦斯·克拉克森[(Laurence Clarkson),亦写作克拉克斯顿(Claxton),1615 年—1667 年)],来自普雷斯顿(Preston)。他从小接受的是英国国教教育,青年时期开始表现出清教徒倾向,对在安息日跳舞的行为感到无比惊骇。他先成了一名长老派,之后又成了独立派。作为一名(符合这个名称在当时的神学意义的)反律法主义者,他在诺福克(Norfolk)当起了“堂区司祭”。那之后,他过的是一种云游生活。1644 年,他成了再洗礼派,第二年,因“给人施洗礼”

而入狱。1648 年底，他追随当时的另一种主要宗教倾向，成了一名寻求派（Seekers）①。在此期间，他是肯特郡的流动布道者，并在赫特福德郡（Hertfordshire）和林肯郡（Lincolnshire）的两个堂区担任牧师。[21]克拉克森还开始撰写宗教小册子。谈到这段时期时他说："在教义或祷告方面，很少有神职人员能够达到我的高度。然而，就因为我没上过大学，所以我经常失业。"[22]鉴于此，克拉克森常常处于财务困境中。他做过军队的随军牧师，后来又试图在伦敦找一个堂区。最终，他在 1649 年初加入浮嚣派，并很快因成了一个自称"我唯一的肉体"（My One Flesh）的特别淫乱的群体的领袖而臭名昭著。由残缺议会任命的调查浮嚣派的委员会仔细研究了克拉克森的"不敬神和亵渎的"著作——《一只眼》（*A Single Eye*）。1650 年 9 月 27 日，议会判处这本书的作者有期徒刑一个月，并在服刑期满后将其驱逐。[23]这本书被公共绞刑吏在议会大厦和交易所外焚毁。当局命令人们把该书都上交以供焚毁，但还是有几本逃脱了这一命运。至于放逐的判决则从未被执行。克拉克森出狱后就恢复了云游生活，此时他的身份是一位占星家。1658 年，他加入极端苦行的马格莱顿派（Muggletonians）②，

---

① 又译"寻求灵恩派"。基督教新教派别。17 世纪早期从英国国教会，特别是从清教徒中分离出来的松散的神秘主义小教派。其根源可追溯至 16 世纪欧洲大陆上的寂静派。该派谴责有形教会及其教义神学、组织制度和礼仪等，认为真正的信徒正在寻求上帝将建于地上的拥有使徒权力的教会。1652 年归入贵格会。

② 创始人洛多维克·马格莱顿（Lodowicke Muggleton，1609 年—1698 年）自称从 1651 年起就不断得到圣灵启示，说自己与表兄是《启示录》（11：3）中所说的"见证人"。在神学上反对三位一体教义，认为圣父、圣子、圣灵是同一位上帝的三种称号。其信徒将其奉为先知，并自称马格莱顿派。该派至少延续至 1868 年。

随后代表该派写了几份小册子。最终，克拉克森以负债人的身份死在了卢德门监狱（Ludgate gaol）。他最后的作品是一本自传，书中的内容对我们了解浮嚣派的生活方式大有帮助，书的名字为《丢失的绵羊被找到：在经历了哀伤又令人疲倦的穿越各种宗教领域的旅途之后，浪子重新回到父亲的房子里……天地的创造者，耶稣基督唯一真正皈依的信使劳伦斯·克拉克
310 森著》[①]。下面这些摘自该书的内容描述的是克拉克森加入浮嚣派群体的过程及由此导致的一些后果：

> ……我住在一栋私人住宅里，一个曾经的朋友问我是否听说过一群叫“我唯一的肉体”的人？我说没有，他们的观点是什么，我要如何与他们中的任何人交谈？然后，她［原文如此］让我去见贾尔斯·卡尔弗特（Giles Calvert），……所以我去见了卡尔弗特，并向他询问关于这些人的事，他担心我会出卖他们，但我用高深的言语与他交流了一会儿之后，他深受触动，并认可我是他们的朋友。所以他写了一封给布拉什先生（Mr Brush）的短笺交给我，内容大概是“这封信的送信人是我迄今为止有幸听其论述的最伟大的智者，我相信接待他就是欢迎一位天使”。于是我就去见了布拉什先生，并把短笺交给他。他看过信就请我进屋，并告诉我如果我来得早一点儿，就能遇到科佩先生了，后者最近似乎过得不好。所以我只见到了玛丽·莱克（Mary Lake），我们谈了一会儿

① *The Lost sheep found*: *or*, *The Prodigal returned to his Fathers house*, *after many a sad and weary Journey through many Religious Countryes . . . Written by Laur. Claxton*, *the onely true converted Messenger of Christ Jesus*, *Creator of Heaven and Earth*, 1660 (64 pp.).

话，但并不涉及我内心的想法，不过他们告诉我，如果下星期天我去三一巷（Trinity-Lane）的梅利斯先生（Mr Melis）那里，我就可以见到一些朋友。至此时为止，我的判断是没有人可以摆脱罪，除非他能不将其视为罪地犯下这个所谓的罪。这个想法已经在我内心灼烧了一段时间，但我不曾透露给任何人，我认为没有人能接受它，我有一种对此进行试验的巨大渴望，无论结果会让我感到烦恼还是满足。就这样……我将自己的变革观点带入了“旷野”，在指定日期当天，我见到了布拉什先生、罗林森先生（Mr Rawlinson）、戈德史密斯先生（Mr Goldsmith）、玛丽·莱克及另外四个人。此时玛丽·莱克是主要发言人，她讲了一些令人愉悦的话，但还没有我所体验的那么高深，然后我就大胆地宣布了我的想法。由于玛丽·莱克是个盲人，她问是谁在讲话？布拉什说是贾尔斯·卡尔弗特介绍的那个人，于是我又更详细地论述了我坚信不存在什么罪，而是人们将其视为罪，因此没有人可以摆脱罪，直到他能不将其视为罪地洁净地犯下所谓的罪为止；我判定，对阴暗的理解来说不洁净的东西，对我来说则是洁净的，因为对洁净的人来说，所有事物、所有行为都是洁净的。这使得《圣经》成了写在蜡上的字①。我以保罗的话为依据，“我凭着主耶稣确知深信，凡物本来没有不洁净的，惟独人以为不洁净的”。我解释说这不仅是指肉和酒，而是指所有行为，因此，除非你能把和所有女人同房看成和一个女人同房，而不将之视为罪，否则你就只能犯

① 指在蜡版上写的字可以被轻易抹去，即《圣经》内容不再是金科玉律，而是可以任人自行解释。

罪。如今我在《圣经》中找到了关于完美的内容，所以我明白，除了依靠这个方式，没有人可以达到完美。我说到这儿，罗林森先生已经被深深吸引，在场的还有萨拉·库林（Sarah Kullin），她真的邀请我去实验我所表述的内容，我接受了。所以我们离开后，她让我到鲁德巷（Rood-lane）的沃茨先生（Mr Wats）家，那里还有一两名和她相似的女士。当天晚上，我同意与她们同房。到了下一个星期天，外面的人都在盛传将有一位多么罕见的知识渊博的人要在布拉什先生家讲话。当天聚集在那里的人很多，男
311 女老少都有，而且这个人数还每天都在扩大。所以如今我可以对自己渴望的人有所选择了，因为来的人太多，关于我的消息传到了官员耳朵里。不过拿到报酬后我就离开了他们，并住到了鲁德巷。我在那里也有很多常客，我无法满足所有需求，除了我们自己，没人知道我们的行为。然而我对必须接待谁是很小心的。这种情欲准则传播得太广泛，以至于市长带着他的官员在午夜时分来抓我，但因为我得知了此事，所以他们没能得逞……我受驱使而决定把我的原则写给世人，于是公开发表了名为《一只眼》的书，从各地前来的男男女女都是为了亲眼看到我，听我讲关于这些事的知识，直到获得我们所说的自由才能不再焦躁难安。此时我就像他们所说的那样，成了浮嚣派的领袖，很多品行良好的女士也来我的住处寻求知识，那里在当时被称为总部。在我的宣讲发展到顶峰的这段时间里，我仍然非常认真地供养着我的妻子，只是将我的身体献给其他女人。所以来找我的人增多了，我不想要人会渴望的任何东西，但最终它变成了一种再普通不过的交易，所有泡沫和

渣滓都从最严重的邪恶中涌出来，我受到公开指责，于是我解散了总部，回到在乡下的妻子身边。在那里我也有很多门徒，……雷恩斯博勒少校（Major Rainsborough）和巴克医生（Doctor Barker）……埃尔福德的瓦利斯先生（Mr Walis of Elford），于是我在那儿和他们见面，我们赞美了作为无穷尽的虚无的上帝，以及主做的那么伟大和荣耀的事，他让我们摆脱束缚，实现了上帝的儿子们的完全自由，这让我们感到无比愉悦和欣喜。但那时我心中想的仍是所有形式的盗窃、欺诈、侵权或伤害都可以由个人实施，但我嘴上讲的却与此恰恰相反，完全不顾我其实已经在所有这些方面（除谋杀以外）都违反了法律。我持有此观点的依据是，上帝使万物美好，没有什么是邪恶的，只是人类将其判定为邪恶。因为根据我的理解，盗窃、欺骗或谎言之类的事本不存在，是人类把它们认定为这样。因为如果［不］是受造之物给世界规定了区分“我的”和“你的”的规矩，就根本不会有盗窃、欺骗或谎言这些概念；为了防止这种情况，埃弗拉德[①]和杰勒德·温斯坦利开垦了公用土地，让所有人都必须自食其力，于是就无须进行欺诈，而是彼此团结……我想，因为我不知道我存在前的样子，所以我对于自己化为虚无之后的样子也永远一无所知。但即便是大海中的一股水流，也各有自己的与众不同。当重新汇入大海时，它就会被大海包容并与大海合为一体。所以人的灵在人的身体中时虽与上帝不同，

① 威廉·埃弗拉德（William Everard，1602 年受洗，于 1651 年或之后去世），他和温斯坦利都是掘地派领袖。

> 但当死亡来临时，它就会回到上帝里面，从而与上帝合而为一，没错，就是成为上帝本身。尽管如此，有时我的灵魂还是会变得不这么坚定，担心事实并非如此，而是与此恰恰相反；但是，一杯葡萄酒就可以消除这个疑问……[24]

克拉克森接着还描述了他最终如何在主教门（Bishopsgate）
312 的小酒馆中被捕，并被囚禁到白厅（Whitehall）的过程。他本来应该承担被安排来看管他的警卫的费用，但浮嚣派在军队中也有其同情者："有些人支持我的原则，他们愿意无偿看管我，他们的一位上校还会给我钱。"克拉克森说当议会指定的委员会对他进行询问时，他不是含糊其词就是干脆撒谎，蒂克尔在《无底洞》中也是这么描述他的。[25]

（四）克拉克森创作的浮嚣派小册子的完整标题是《一只眼，只有光明，没有黑暗，或光明与黑暗合而为一……由众生万象之一——劳伦斯·克拉克森揭示。由贾尔斯·卡尔弗特于伦敦印刷，在天地的力量已被、正被和将被动摇，没错，就是被打入地狱，直到它们不复存在之年》①。该作品无疑证实了某些浮嚣派确实在宣扬被中世纪教会认定为自由灵弟兄会观点的完全的反律法主义：

---

① *A Single Eye All Light, no Darkness; or Light and Darkness One ... This Revealed in L. C. one of the UNIVERSALITY. Imprinted at London, in the Yeer that the POWERS of Heaven and Earth Was, Is, and Shall be Shaken, yea Damned, till they be no more for EVER*, printed by Giles Calvert, 1650 (16 pp.).

看哪，荣耀之王如今降临了
要让上帝和撒旦在劫难逃；
因为二者都是我的仆人
我活在完美的威严中，并凭借它进行统治。……
不仰望苍穹寻求上帝或天堂的人应感到羞耻
因为那里有你的财富
无论以何种形式，永恒的意志都会主宰。
万物都通过他，只有一个他，而不是两个。
他绝对是万物的源泉
（所谓的）好与坏都从他里面来……

体验了他的威严，一切的存在和运行，都以一种双重的形式或面貌出现于受造之物中或展现在受造之物前，受造之物把这种面貌当成真的，但它不过是该无限存在的影子而已……

因此，他的威严做出的呼唤没有被实现和服从，反而被各个教会、圣徒及魔鬼反对和蔑视。因此，从沉睡中醒来，摆脱了遮盖它的东西的受造之物很稀有，只有那时它才能显现出清楚的上帝的样貌，并说面纱已被掀开，他相信存在于他的威严之中的真理……

……如果人们能够理性思考，并据此解释《圣经》，那么他们应该注意到，被他们说成"诚实"的行为其实是通奸，而他们所谓的"通奸"其实与其他行为一样诚实，因为在上帝面前，它们是同一个行为，而且这个行为像上帝一样神圣、公正和仁慈；对我而言，这是经推理证实的，也是《圣经》所宣称的，"在洁净的人，凡物都洁净"。因此，就我而言，我不认为有任何东西是不洁净的，它就是

它自己，所以无论我做什么，都是由在我里面的他的威严做的……所以我不考虑别人如何论断我，我也不去论断我
313 自己。综上所述，对我而言，《圣经》、教会、圣徒和魔鬼的责难不过是打折狗项[①]，

再会。

《以赛亚书》（42：16）。（我要）在他们面前使黑暗变为光明。

……现在时候到了，现在是上帝要掠夺他们的偶像、启发他们摆脱黑暗理解的日子，正如我在正文中说的，上帝会“在他们面前使黑暗变为光明”。

……现在时候临近了，本文中的话语会随着圣灵的显现而成真，“（我要）在他们面前使黑暗变为光明”。

如今到达了我们渴望的港湾，仅剩的困难是要如何把船上满载的隐藏的珍珠卸下，如何靠它们取利，如何让你充分理解这个问题，如何赋予你上帝的思想，好让你像有上帝在你里面一样。

……你可能会读到光明与黑暗都与上帝相似。所以受造之物的理解中可能只出现了黑暗，但那只是被想象出的黑暗，因为本文还说，“上帝是光明，在他里面没有黑暗”。所以你会看到，无论《圣经》以何种形式，用什么名字称呼“黑暗”，上帝里面本没有黑暗。

---

① 参见《以赛亚书》（66：3）：“假冒为善的宰牛，好像杀人。献羊羔，好像打折狗项。献供物，好像献猪血。烧乳香，好像称颂偶像。这等人拣选自己的道路、心里喜悦行可憎恶的事。”

克拉克森这样回答那些将诸如钉十字架之类的罪行归咎于魔鬼，或人的“邪恶发明”的人：

> 黑暗军团如今包围了我，整个军团由一切受造之物的幻想组成，并由魔鬼为其指挥官。我无法逃脱这个营地或跨过深不见底的鸿沟，除非是冲破围绕着我的防范严格的壁垒。
>
> 我拥有威严的武器，我毫不怀疑在我里面的上帝不仅会摧毁那些强大的壁垒和幻想，还会消灭任何自高自大到要抵抗至高者的大能的人……
>
> ……我必须告诉你……鉴于所有能力都是上帝的，因此，由这种能力所产生的一切行为，无论什么性质，都是出于上帝的能力。因此，所有由这种能力产生的行为都像这种能力一样洁净，而这种能力则像上帝一样洁净。
>
> 因此，从行为做出那一刻起，在上帝里面的任何行为都是洁净的，该行为在上帝面前，或在上帝看来也不是罪……
>
> 正如我说过的那样，我要再说一遍，被你们视为或想象为罪的任何行为，并不在上帝里面，也不来自上帝，但正如我所说，所有行为都来自上帝，因此是像上帝一样洁净的。

> ……罪只是在想象中被孕育出来的。因此，只要行为是在上帝里面，或是纯粹由上帝而来，那么它就像上帝一样神圣。但当你里面有了一种关于这种行为是善，那种行

为是恶的表现或理解之后，那么你就像亚当吃了辨善恶的
314 智慧树上的果子一样，你们尝的那果子不在上帝里面，因为本文说，至高者的口中没有善或恶。或者说只有善，没有恶，因为上帝即是善，善即是上帝，因此是上帝使万物都成了善的。没错，被你想象成恶的事，他也让它成了善。所以把其实并不在上帝里面的理解成来自上帝的，就是所有受造之物里最辜负上帝的，因为他们把上帝说成不在上帝里面的东西，（即）罪的创造者。但就眼前这个问题而言，你已经听到，所有行为的存在和诞生都源于上帝，是上帝在行为，直白地说就是那些被你称为咒骂、醉酒、通奸和盗窃之类的行为。这些行为仅仅是行为，是由上帝的大能而产生的，也是由上帝的智慧完善的。

关于我这个咒骂者、醉汉、通奸者、窃贼，却拥有上帝的这些能力和智慧去咒骂、喝酒、行淫和偷窃，我要说什么？……朋友们，虽然上帝在我里面的样子对你来说就像他对山上的摩西表露的一样可怕，但尽管如此，我所看到和听到的，一点儿也不会让我恐惧，我反而为有机会向你宣布这些事而喜悦，不管你是否能够接受。

……正如我之前说过的，我再说一遍，罪这个标签只是一个没有实质的名称，它不存在于上帝或受造之物中，它只出于想象。因此人们才说“你内心的想象一直是邪恶的”。不是身体，也不是生命，而是想象本身，它不是一次或几次，而是一直邪恶。罪本身不表现为任何形式，而是由于受造之物的判断才获得了某种形式……

……考虑任何行为时，无论是咒骂、醉酒、通奸，还

是盗窃，这些行为本质上与祈祷和赞美的行为并无不同。你为什么惊奇？你为什么生气？它们本身都是一样的，没有谁比谁更神圣，也没有谁比谁更洁净。

然而，一旦受造之物将一个行为视为通奸，将另一个视为诚实；将一个视为洁净，将另一个视为不洁；那么对于一个将一种行为视为不洁的人来说，这个行为对他来说就成了不洁的。(如《圣经》中的说法，) 没有什么东西本身是不洁净的，只有……对那个认为它不洁的人来说，它才是不洁的。《圣经》上一次又一次写到，对洁净的人来说万物皆洁净，对污秽的人来说，万物皆污秽……

无论《圣经》、圣徒或教会怎么说，如果在你里面的没有谴责你，你就不应受谴责。因为《圣经》说，"要凭你的口定你的罪"，而不是凭别人的。因此，请记住，如果你不论断你自己，让你的生活顺其自然，你可以做你能做的；如果你不论断你自己，你就不应被论断。因为，"我降世，不是要定世人的罪，乃是要叫世人得救"。但是，如果圣徒和教会的斥责和诽谤确实使你质疑自己，那么你准备好说出他们没说的吗？我确实犯了他们指控我的那些罪。所以说"亚当，是你毁了你自己……"没有错。

……主宣布，那些（你们理解为）黑暗做出的肮脏可憎的行为应被摧毁和惩罚，但是，它们应受到何种惩罚 315
或者被罚入何地？本文中也说到，"我要使黑暗变为光明"：这纯粹是指精神上的，你会发现，罪恶一定不是被扔出去，而是要投到里面，存在于巨大的容器里，它会被

> 染成与酒相同的颜色，就像番红花会将牛奶染成自己的颜色，光之源泉也能够将罪恶、地狱和鬼魔转化为和光自身一样的本质。“我将使颠簸的道路变得平滑”：如今它已被惩罚并猛击入其唯一的中心，它要在那里永恒地居住在它唯一的父的怀抱中。只有这才是受造之物的阴暗理解中最令他们恐惧的，唯一的惩罚……

关于身体的复活，克拉克森说：

> ……你的身体包含血肉和骨头，是由地上的尘土所造，因此，当你的身体被缩减到它的核心时，（而且是只有到那时）你的身体才会活着，并在幸福中得到完善；……那个被称为天堂的地方将成为身体的地狱，因为身体被埋葬在坟墓中就是被埋葬在了它的天堂、荣耀和幸福中，在那里它将腐烂并消亡，永远地回归自己的本质……
>
> 因此，我在光明中宣布，败坏的感官必须被置于洁净之中，你的凡人领悟必须被置于永生之中，考虑到你之前五感灵敏，一感麻木；如今则是五感麻木，一感灵敏。这个唯一可爱和洁净的，除了洁净之外什么都看不到，无论它去哪里，无论它做什么，一切都是甜美和可爱的；无论它被称作什么，你实施了这个行为，因行为而获得能力，因能力而得他的名，他只有一个名，洁净且未被污染。这样，你现在可以更洁净地目睹任何邪恶，所以魔鬼即上帝，地狱即天堂，罪恶即圣洁，惩罚即救赎，只有这才是第一次复活。

但这里没有住所，没有安全的栖居地，你不仅与摩西一起在黑门山（Mount Hermon）上，而且还在埃及边界，这只是打个比方，而不是现实。第二次复活就是你看到的生命和能力，但你还没有达到。直到你摆脱死亡并从坟墓中起来，你才能说，死啊，你得胜的权势在哪里？死啊，你的毒钩在哪里？①

不要觉得我令人震惊，因为没有行为，没有出生，就没有强大的拯救，不仅是说话者，而且是行动者；不仅是你的灵，还有你的身体都必须成为鲜活且可被接受的牺牲。因此，直到犯下所谓的罪，你才能脱离罪的力量，否则你就会一直战战兢兢，并为肉体蒙羞而恐惧。

……我说，在肉体的变成属灵的，属灵的变成肉体的，二者不再孤立，而是完美结合之前，你都被完全束缚着。所以我毫不遮掩地宣布，任何企图遵从肉欲，以肉身或对肉身行为的人都曾经、正在或将要犯下通奸罪。但就我来说，总结如下，只有我犯下所谓的罪，我才能凌驾于罪之上，因此，现在无论我做什么，这个行为都与它的名称，与肉体无关，而只与我里面的永恒有关。因此，对我来说，所有受造之物都是同一个受造之物，这就是我的有形体，即所有受造之物的代表。所以我看我能看的、做我 316
想做的，一切都是同一个最甜美和可爱的。因此，我爱的人们，请想一想，没有行为，就没有生命；没有生命就没有完美；没有完美，就绝对没有永恒的和平与自由。大能

① 参见《哥林多前书》（15：55，56）：“死啊，你得胜的权势在哪里？死啊，你的毒钩在哪里？死的毒钩就是罪，罪的权势就是律法。”

是永恒的威严，它在自己里面统治、征服和惩罚一切，永无止境，直到永远。

（五）最著名的浮嚣派阿比泽·科佩（1619 年—1672 年）在沃里克（Warwick）出生并长大。有趣的是，这位后来会成为自由灵内行的人在青春期却执迷于自己有罪的坚定信念。作为一位焦虑神经症患者，他会每天记录自己的罪过。他经常禁食和守夜，还对自己实施各种羞辱。关于这一时期，他说："在我的晚间和午夜祈祷中，我不断地……（因为灵魂的悲伤而叹息和呻吟，并经常流着泪）坦白我的罪过。……眼泪是我的酒。尘土和灰烬是我的肉。麻布是我的衣服。热忱、虔诚、极端的谨言慎行是我的生活。"他给自己"设立了一个严格的守卫"，看管他说的每个字、做的每件事和产生的每个想法。他有一种几乎强迫性的想要咒骂的渴望，但他声称，通过这种方法，他在长达二十七年的时间里没有咒骂过一次。

1636 年，科佩以"贫穷学者"的身份进入牛津大学——最初是在万灵学院（All Souls）做工读生，不久后成了墨顿学院（Merton college）的邮件管理员。据说此时他的道德观念已经不再那么严格，而且他常常于夜间"在寝室里招待一个放荡的家庭主妇"——但我们无法判断这个说法的真实性。内战的爆发打断了科佩在牛津大学的学业，他没有获得学位就离开了。像劳伦斯·克拉克森一样，他在某段时间里曾经是长老派，后来成了再洗礼派牧师。他以这个身份活跃在牛津郡、沃里克郡和伍斯特郡（Worcestershire）的一些地方，据说他为大约七千人施过"洗礼"，还在一支守备部队中履行布道者的职责。正是由于这些行为，他于1646年前后被关到了考文垂的一座监狱里。[26]

科佩的宗教生活变得越来越反常可能也给他带来了其他不幸。他说他的父母抛弃了他，他的妻子对他感到厌恶，他的名誉被毁了，他的房子也被烧了。这些事反过来促使他在1649年加入浮嚣派。科佩接受了常见的自由灵的新柏拉图泛神论，认为上帝“存在于天堂、人世、海洋、地狱……充满了所有事物、所有地方……是一切中的一切”，而且“万物都要回归它们最初的状态”。[27]他似乎还采用了亚当派的行为方式。伍德①在《牛津传记辞典》（*Athenae Oxonienses*）中说：“他通常在白天，一丝不挂地宣讲许多亵渎神明和闻所未闻的邪恶，到 317
了晚上就喝酒，并与听他布道的乡下姑娘赤身裸体地鬼混。”毫无疑问，正是这种行为导致他在沃里克被收监十四周。根据克拉克森提到他时的说法判断，科佩后来似乎加入了一个围绕着贾尔斯·卡尔弗特的浮嚣派群体，他们自称“我唯一的肉体”。科佩通常与克拉克森一起被视为纵欲的浮嚣派的领袖，而且他在作为浮嚣派传教士时，似乎偶尔会引用克拉克森在《一只眼》中提出的论点。

科佩曾带领一群喝酒、吸烟的浮嚣派出现在关押乔治·福克斯的查令十字监狱里。[28]他似乎确实沉迷于酗酒。但最重要的是，自从他成为浮嚣派，他就放任了自己长期被压抑的咒骂的渴望。理查德·巴克斯特曾带着惊恐质疑道：作为这个男人的追随者的“那些自称对上帝充满狂热敬畏的男男女女，怎么会……认定狂欢、喝酒、行淫、激昂宣讲、随随便便地指着

① 安东尼·伍德（Anthony Wood，1632年—1695年），牛津大学古文物研究者。

上帝的伤口和宝血起誓，并做出人们听过的最可怕的诅咒就是他们的信仰?”我们听说科佩曾在伦敦教堂的讲坛上持续不断地诅咒了一个小时，还在一个小酒馆里十分吓人地咒骂了老板娘，以至于“她在之后的几个小时里一直颤抖不已”。[29]他的门徒也因为咒骂行为而被戴上足枷关进了斯特拉特福（Stratford）。

科佩作为一名浮嚣派于1649年发表了他唯一值得关注的著作:《品一品灵的美酒：一个似火的飞翔书卷》以及《第二个似火的飞翔书卷》（合并装订版）①。这两部作品导致他于1650年1月被捕。他先是（再次）被关押在考文垂，之后又被转移到新门（Newgate)。议会发布命令称，鉴于这两本书中包含“许多可怕的亵渎神明的内容，以及一些恶劣的、可憎的观点”，因此整个共和国中的市长、郡长和地方法官都要扣押这些书，并由公共绞刑吏将其焚毁；还有些副本是在议会大厦、交易所和萨瑟克区（Southwark）被公开焚毁的。[30]（前文中引用过的）1650年8月9日通过的针对“无神论的、亵渎性的和极端无礼的观点”的法案在很大程度上就是因为科佩的作品而被制定出来的。最终，那个在1650年9月审讯了克拉克森的，由议会指定的委员会又在不久之后审讯了科佩。审讯期间，囚犯装疯卖傻，“在房间里把坚果壳和其他东西扔得到处都是”[31]，还自言自语。

在新门监狱，科佩接待了许多访客，并通过“花言巧语”说服不少人加入浮嚣派。然而，监禁的压力最终还是显现出

---

① *Some Sweet Sips of some Spirituall Wine*, *A Fiery Flying Roll* and *A Second Fiery Flying Roule*.

来。1651 年初，他在监狱中发表了《阿比泽·科佩的真诚和狂热声明，对 1650 年 8 月 10 日法案列举的亵渎性和极度无礼观点的抗议》①。五个月之后，他又发表了一份彻底的改变信仰声明《科佩返回真理之道……以及似火的飞翔书卷被剪掉翅膀等》②。科佩在这篇文章中将自己被监禁归因于他的“一些奇怪的行为和举止……一些难懂、阴暗、冷酷、怪异、苛刻和几乎闻所未闻的言辞和用语”。关于自己的激昂宣讲，他说： 318

> 可怕的、重要的主的日子像黑夜中的窃贼一样不知不觉地降临到我头上……主右手里的杯子被放在我手里，里面装满了令人陶醉的葡萄酒，我把酒，甚至是酒渣都喝掉了。因此，我陷入了疯狂的醉酒状态，我说了奇怪的话，也不知道自己做了什么。我让一些人感到惊讶，让另一些人感到困惑，还给一些人带来了极大的悲伤。直到那个酒杯被从我手中拿走为止，我都不知道我说了什么或做了什么。

如今，“他的理解力已经恢复”，他恳求“剪掉似火的飞翔书卷的翅膀……并把它扔到它该属于的地方，即产生它的火焰和硫磺之湖及巨大深渊之中”。因为这封给议会和国务会议

---

① *Remonstrance of the sincere and zealous Protestation of Abiezer Coppe*, *against the Blasphemous and Execrable Opinions recited in the Act of Aug.* 10 1650（6 pp.）.

② *Copps Return to the wayes of Truth* ... *and the Wings of the Fiery flying Roll clipt*, &c.（28 pp.）.

的请愿书，科佩在被关押一年半后获得释放。他于 9 月在伯福德做了改变信仰的布道，正是这次布道引起了约翰·蒂克尔那充满怀疑的评论（见前文）。科佩之后的生活波澜不惊。改变信仰之后的他用海厄姆医生（Dr Higham）的名字在巴恩斯（Barnes）行医，直到去世。

与科佩交谈过的巴克斯特确信他不是疯子；科佩的著作给人的印象是古怪，而不是真正的精神错乱。这些作品总是非常独特，有时几乎前言不搭后语，但它们拥有一种不可否认的语言活力。它们对于我们理解自由灵的宗教具有极为重大的价值。这些小册子比其他任何资料都更清晰地显示出，自由灵内行的奢侈放纵和无政府主义行为如何因他们的半神秘和极乐体验而产生并从中汲取营养。这些资料也让我们了解到很多自由灵的“社会学说”。我们发现科佩肯定了万物都属于或应该只属于上帝，还彻底地谴责了私有财产制度。通常被认为是中世纪特色的使徒般的贫穷和当众自我贬低的冲动在 17 世纪英格兰仍然发挥着作用。我们还可以在这些作品中发现，对私有财产的抵制能够多么容易地与对富人的仇恨融合在一起，从而像在早前几个世纪的欧洲大陆上一样引发不屈不挠的社会激进主义。

319 毫无疑问，科佩最重要的作品就是导致他被监禁的这本《似火的飞翔书卷：主给地上所有与此相关的显赫之人的一句话，这是对可怕的审判之日的最后一次警告。因为如今主就要降临了，他要（1）通知（2）建议和警告（3）指控（4）对显赫之人进行审判和量刑。这也是对伦敦的最充满同情心的提醒，也是最充满感情、最动人的建议和警告。主对集会的会众说了可怕的话，给了他们一个致命打击。这就是最卓越的威严在父的助手（别名科佩）里面，并通过其发光。随之而来的是另一份书卷（这次是给地上所有居民的）。在那重要的日子之初，给伦敦留下印记，在这里，所有心灵的秘密都将被敞开；最恶劣和恶心的邪恶也将被揭露，哪怕它们隐藏在最美好和光鲜的外表下》①。

前言

通往应许之地的入口，新的耶路撒冷，也是通往随后的论述的大门，值得认真考虑。

我亲爱的人。

所有人或没有人。

阳光之下的每个人。

我自己。

（在我里面的）最卓越的威严奇怪而多样地改变了我的有形体。

看啊，凭借（在我里面的）我自己的全能，在一眨眼的工夫，在号角声中，我被改变了。

---

① *A Fiery Flying Roll*: *A Word from the Lord to all the Great Ones of the Earth, whom this may concerne*: *Being the last WARNING PIECE at the dreadful day of JUDGEMENT. For now the Lord is come to 1) Informe 2) Advise and warne 3) Charge 4) Judge and sentence the Great Ones. As also most compassionately informing, and most lovingly and pathetically advising and warning London. With a terrible Word, and fatall Blow from the Lord, upon the Gathered CHURCHES. And all by his Most Excellent MAJESTY, dwelling in, and shining through AUXILIUM PATRIS, alias, Coppe. With another FLYING ROLL ensuing (to all the Inhabitants of the Earth). Imprinted at London, in the beginning of that notable day, wherein the secrets of all hearts are laid open; and wherein the worst and foulest of villanies, are discovered, under the best and fairest outsides.* 1649 (15 pp. and 22 pp.).

如今，在天使长的吼声中，在上帝的号角声中，主从天而降。

海洋，大地，是的，万物此时都交出其中的死人。[①]一切曾经、现在或将被看见的东西都是……荣耀之王（永恒的，不可见的全能）的坟墓，它曾像死了一样被埋葬其中。

但是，看哪，看哪，他现在和一位见证人一起复活了，为的是用复仇来拯救锡安，也是要让他里面的万物迷惑和困扰；他让自己的威严天使（大声）宣告，罪与过犯已经结束；永恒的公义得以实现；永恒的福音会被宣讲；伴随而来的还有最可怕的天崩地裂，以及随后的各种征兆和神迹。

我最卓越的威严（它是普世之爱，它的益处是完美的自由）将我的有形体（本书卷的作者）设定在沉迷肉欲的以色列就是一个征兆和神迹，这让我最卓越的威严感到满意，你在接下来的叙述中会看到一部分。

320 现在，（我亲爱的人们！）阳光之下的每个人，我只会指向大门，我将从那里被带入那个新城市——新的耶路撒冷，也被带到被创造为完美的公正之人的灵，及作为万物法官的上帝的面前。

首先，我的全部能力，我的力量被彻底消灭了，我居住的房屋被烧了。我的父母抛弃了我，我的妻子厌恶我，我原本的名声受到玷污和损毁；我被彻底困扰着、消耗着，受惩罚、受打击，甚至沉入虚无，陷入静止的永恒的

① 参见《启示录》（20：13）：“于是海交出其中的死人，死亡和阴间也交出其中的死人。他们都照各人所行的受审判。”

最深处（我母亲的子宫），我赤身裸体地从那里来，又赤身裸体地回到那里去。我被沉默围绕着在那里躺了一会儿（但与此同时，我的肉体或外在形体还是醒着的），最终我（认为是我的）外在的耳朵听到了一声最可怕的惊雷，接着又是一声。第二声尤其可怕，我在雷声中看到一大团光，像太阳的光，也像火焰一样红，光的形状（好像）鼓，鼓给肉体带来了强烈的颤抖和巨大的惊奇，还有无法言喻的灵的喜悦。我拍着手，并大声喊："阿门，哈利路亚，哈利路亚，阿门。"如此，我就这样躺在那里，颤抖着，流着汗，冒着热气（过了半小时），最终（里面的）我大声叫喊起来："主啊，你要对我做什么？"我（里面的）最卓越的威严和永恒的荣耀回答说："不要害怕，我会带你进入我永恒的王国。但是你要（先）喝一杯苦酒，一杯苦酒，一杯苦酒。（被极大的惊奇充满的）我于是被投入了地狱的深处（这些事超出了言语表达的范围，你可以尽量根据我的描述想象它意味着什么），我在地狱里的所有鬼魔中间，他们甚至展露了最可怕的模样。

在所有这些恐怖和惊奇之下，有一种超然的、卓越的，无法言喻的荣耀的火花，它得以幸存，并自我维持着，继续胜利、狂喜和提升，超越了所有鬼魔，并击碎了暗的黑（你只能通过这些词语来理解，因为它无限地超越了表达的范围）。在此之后，生命被带离了身体（长达一季），因此它有点儿像一个人举着大刷子，沾了白颜料，可以一刷就清除墙上的图案之类的。过了一会儿，呼吸和生命又回到这个有形体中。于是，我外在的眼看到出现在（夜晚的）各种光线，并立刻看到三颗心……它们的亮度超乎寻常；紧接着又出现无数的心，填满了我所在的房间的每个角落。我认为这些心是各种各样的，相互都有区别，好像有好几颗心，但是又以最奇怪和不可表达地复杂方式统一地穿插在一起。我清楚地看到了区别、变化和不同种类，并且清楚地看到了所有东西都融为一体。这一直是我唱了很多次的歌，内在和外在，单一，多样性，多样性，单一，永恒的威严，等等。在这个异象中，一个最强有力、最荣耀的声音说道，公正之人的灵被创造成完美的，这些灵及其他东西与我之间有一种绝对、清晰、全面的共融，这种双向的方式比外在的我与最要好的朋友之
321 间的关系还亲密。上帝的异象和启示，以及永恒而无形的全能的强壮之手在我里面伸向我，这个过程持续了四天五夜，没有间断。

我没有时间告诉你们所有人，但要宣布更多更深奥的东西并不是我里面的最卓越的威严此时的愿望和美意。在我里面发出的各种声音里，有一些说的是“鲜血，鲜血，在哪里，在哪里？在虚伪的神圣的心上”，等等。另一个声音说“复仇，复仇，复仇，让地上的居民感染瘟疫，瘟疫；让所有不向永恒的威严和普世之爱低头的人葬身火海，火海，火海，死于刀剑，刀剑，等等；我要恢复，恢复，我的羊毛，我的亚麻，我的钱财。宣告，宣告，不要惧怕任何人的面孔；在（你里面）的我是石头做成的弹药”，等等。

去伦敦，去伦敦，那个大城市，写，写，写。看哪，我写了，一只手从天而降，手里面有一个书卷，这只肥胖的手已经给书卷插上了翅膀。接着，书卷被从我手中夺走，并塞进了我的嘴里；我把它吃了，用它填满了我的肚腹

[《以西结书》(2：8等；3：1，2，3)]，它像艾蒿一样苦，一直炽热地烧灼着我的胃，直到我把它以这种形式写出来为止。

现在我全心全意地让它飞向你们所有人，

凭借父的帮助

出自《似火的飞翔书卷》，第一章：

主说，我告诉你，我推翻，推翻，推翻。轮到主教、查理①和贵族们被推翻了，无论你是谁，无论你有多么尊贵和卓越的名字或头衔，只要你反对我，那么接下来轮到的就是你（你们这些还活着的显赫之人），我是永恒之神和普世之爱，我的益处是完全的自由，是纯粹的自由主义……

如今主这样说：

尽管你们几乎无法忍受“平等”一词，就像最近被杀死的（走在你们之前——也死在你们之前的）查理一世不能忍受它一样。活人听到平等派（Levellers）这个名字，就像听到撒旦的名字一样，他们（确实）是即将来临的最可怕，但也最伟大和荣耀的美好事物的影子。

看哪，看哪，看哪，我，永恒之神，万军之主，就是那个强大的平等派，我即将降临（是的，已经到了门口），要认真地让一切平等，要达成平等的实效，要在一位见证人的见证下让一切平等，让丘陵与河谷一样低，还要把山峰都抹平。

---

① 国王查理一世于1649年1月30日被推上断头台。

高山！高大的雪松！现在是你们进入岩石，被隐藏在尘土中的时候了，是敬畏主的时候了，是他的威严的荣耀显现的时候了。人的傲气要被挫掉，人必须低下头，到了那天，只有主可以高高在上……

322 丘陵！山脉！雪松！强大之人！你的生气在你的鼻孔里。

那些钦佩、崇拜、神化、赞扬、抬高你，为你而战，冒着损失财物和好名声的风险，甚至是甘愿为你失去四肢或生命的人，都会停止这样做。

你们这些不肯在永恒的威严面前低头的顽固的橡树，（你们之中任何一个，都绝对）不会得到他的重视：他是普世之爱，他的益处是完全的自由，他曾推翻那些强大的人（记住，记住你们的先驱），他曾将强大的人从他们的宝座上推下，并抬高卑微的人……

最重要的平等派正在抹平山脉，也抹平人里面的山。

但这并不是全部。

（主说）看哪，我来复仇了，我还要抹平你的荣耀、财富等，为要污辱一切高傲的荣耀，使地上一切的尊贵人（不仅是尊贵的人，还包括尊贵的事物）被藐视。《以赛亚书》（23：9）。

因为这些荣耀的、尊贵的、文雅讲究的、彬彬有礼的、奢侈浮华的等等，都是地狱一般可怕的骄傲、自大、不逊、傲慢、谋杀、恶意等各种形式的邪恶和不敬之父；是导致已经发生的，从义人亚伯，到最后一个要被杀死的平等派流血丧命的原因。此时，（主说，我指着我的永生起誓）我要来为这些流血、谋杀和骄傲等做裁判。

我看到了一切的根源。（主说，永恒之神，也就是我自己）用斧头砍向树的根部，我要将它砍倒。我指着我的永生起誓，我会烦扰你的荣耀、浮华、显赫、奢侈，将其变为对等、平等和公有；可怕的骄傲、谋杀、恶意和暴政等的脖子将被一刀砍断。我自己，我是永恒之神，我是普世之爱，我将用博爱、普遍的和平和完美的自由充满地上，那是人类的刀剑和力量绝不可能实现的……

第二章：

主这样说：你们这些统治者之类的人啊，从此以后要明智。要接受命令等。要亲吻太阳等。是的，要亲吻乞丐、囚犯，给他们温暖，给他们食物，给他们衣服，给他们钱，免除他们的痛苦，释放他们，把他们带到你们的房子里，敞开门，不要把他们当狗一样对待，等等。

把他们当作自己人，他们是你们的血肉，你们的兄弟，你们的姐妹，（如果我要拿他们与你们比较的话）每一点都和你们一样好，有些地方还比你们更好。

我再说一次，把他们当成自己人；他们就是你们自己，使他们与你们合而为一，否则就落入地狱哭号，为即将降临到你们身上的痛苦而哭号。

靠刀剑实现的平等，靠人实现的平等，只是平等的一小部分，这已经让你们恐惧（也难怪你们恐惧，它确实动摇了你们的王国）。而如今即将降临的，是真正的平等。 323

永恒之神，最强大的平等派即将降临，是的，甚至降临到你的门口，到那一天你会怎么做……

我的耳朵里充满了可怜的囚徒的哭喊，新门和卢德门的监狱里（近来的）哭喊在我耳中几乎一刻不曾消失。人们忧伤地哀号："面包，面包，看在主的分上给我们面包。"这声音穿透我的耳膜，扎在我的心上，我再也承受不住了。

因此加快你到王国中所有监狱的脚步吧，

在那些贫穷、脏污、满身虱子、衣衫褴褛的可怜人面前低头，对他们说，我是你谦卑的仆人，先生们，我们（无条件地）释放你们，愿为你们效劳，等等。

（主说）照此行事，否则我（指着我的永生起誓）要挖出你们的眼睛，然后将你俘虏到陌生的地方。

……解散邪恶的军队，取消沉重的赋税，解下所有的轭，让受压迫的人获得自由。把你的面包送给挨饿的人，把被从（房子和会堂中）赶出去的穷人请到自己家里。给赤身裸体的人衣物：不要躲避你自己的血肉，不要躲避残疾人、流氓、乞丐，他们都是你的血肉。拉皮条者、窃贼等，他们也是你的血肉，他们行窃、拉皮条也是你的血肉在行窃、拉皮条。你们每一个人最多等于十个人，其中任何一个做出的外在行为都可能是你在他们里面做出的，记住，不要对你自己的血肉视而不见。

放弃，放弃你的午夜恶作剧。

单单用字母B烙印。[①]

在判断什么是罪，什么不是，什么是邪恶，什么不是，什么是亵渎，什么不是的时候，不要再表现出这种恐

---

① "B"指亵渎者（Blasphemer）。——作者注

怖、凶残、无礼和傲慢的邪恶。

因为你们，和你们尊敬的那些所谓的神职人员（他们只想着什一税、租金和金钱，是为了实现自身利益才侍奉主耶稣基督），你们都忽略了一件事：

罪和过犯已经结束，它只是一个谜语，但他们依靠他们所有的人类知识也永远无法猜透。

他们也无法理解国王的格言中包含了什么纯粹的荣耀："心怀邪念者蒙羞（*Honi Soit qui Mal y Pense*）。"

有些人是佩戴着嘉德勋章（Noble Knights of the Garter）的贵族骑士（他们被视为已摈除一切罪恶）。自从佩戴了勋章，他们就不会看到邪恶，不会想到邪恶，不会做出邪恶，也不会知道邪恶。

他们说的只有信仰，他们做的都是荣耀。

但是所有你们这些吃了善恶树的果子，眼睛也没有被挖出的人，却称善的是恶，称恶的是善；称光明是黑暗，称黑暗是光明；称真理是亵渎，称亵渎是真理。

此时你们属于你们的魔鬼父亲，还有你们的法利赛人（Pharisee）① 兄弟，他们仍然说（如今已经复活的）基督不好，说我们不好，说他是靠了鬼王②。

---

① 希腊文意为"隔离者"。公元前 2 世纪至 2 世纪时犹太人的一个重要派别，其成员以文士、经师等知识分子及中产阶级为主。他们以圣洁自居，不与俗人来往，故名。因为法利赛人过分强调律法细节，结果流于形式主义，遭到耶稣的猛烈抨击。后来西方人也把法利赛人用作伪君子的同义词。

② 参见《马太福音》（12：22 – 24）："当下，有人将一个被鬼附着、又瞎又哑的人带到耶稣那里，耶稣就医治他，甚至那哑巴又能说话，又能看见。众人都惊奇，说：'这不是大卫的子孙吗?'但法利赛人听见，就说：'这个人赶鬼，无非是靠着鬼王别西卜啊。'"

324 注意，注意，注意。

肮脏下流、盲目无知的鸡奸者称天使为人，因为他们看不到人的形体以外的东西。

（现在）有天使从天上下来，他们表现为人的轮廓和形体，他们里面充满了主的复仇，并且要将上帝的瘟疫倾倒在地上，以折磨地上的居民。

我已经和其中的一些天使彼此熟悉。

我视他们为鬼魔，认为他们是鬼魔的化身。我到处游走，以躲避他们，避免和他们在一起；当别人看到我和他们在一起时，我感到非常羞愧。

但是我的辛劳让我遭受了无法用言语表达的困扰和折磨。因此，现在我宁愿看着其中一位天使一边诅咒一边倾倒出上帝的瘟疫，同时教会别人如何狠狠地诅咒。[1]

我还宁愿听着一个（化为人形的）威严天使高声起誓；看着尼希米（*Nehemiah*）的灵（化为任何男人或女人的形体）奔向一个不洁净的犹太人（一个假装的圣徒），然后像疯子一样撕扯他的头发，咒诅他[2]并让其他人也咒诅；这都胜过听一位热心的长老派，或独立派，或属灵的观点偏激者祈祷、宣讲或举行仪式。

对洁净的人来说，万物都洁净。上帝让咒骂和起誓洁净，所以某些人的咒骂和起誓比另一些人的祈祷和布道更荣耀。

---

① 参见《启示录》第十章、第十五章；《士师记》第五章。

② 参见《尼希米记》（13：25），“我就斥责他们，咒诅他们，打了他们几个人，拔下他们的头发，叫他们指着神起誓，必不将自己的女儿嫁给外邦人的儿子，也不为自己和儿子娶他们的女儿。”

上帝所洁净的，你们不要认为不洁净。

如果彼得通过实施杀人这么恶劣的行为来证明自己是一个伟大的违法者；如果他最终吃了那些（他曾经很讨厌的）普通且不洁净的东西等，（我只想提示你）不要责备他，更不要对他指指点点，或制定一个令人毛骨悚然的法令来惩罚他，以免你们也要因为你们的狂热、盲目的宗教信仰和肉体的圣洁而受烦扰和诅咒，这些东西曾经清香宜人，如今却已臭气熏天。

但是，你这个能看到邪恶或不洁的圣洁、狂热、真诚、公义、虔诚的人啊（无论你是谁），如果你敢咒骂，如果你这样做，（我相信）我会为此把你投入地狱，并嘲笑你的毁灭（主这样说）。

（化为人的形体出现的）天使拥有极度的洁净、崇高的荣耀和威严，他们可以以心，血，伤口和永恒之神等的名义起誓。

出自第二个《似火的飞翔书卷》，第二章：

（主这样说，）

我（再）说一次，将你占有的我的钱交出来，交出来……交给可怜的残疾人、患恶疾者，是的，交给流氓、窃贼、娼妓和扒手，这些人是你的血肉，在我眼中，他们和你一样，而且他们就要被饿死在瘟疫泛滥的监狱和肮脏的地牢里了。主说，如果你不这么做，我就会日日夜夜折磨你，可能是外在的折磨，也可能是内心的折磨，还可能是二者同时存在，我的小拇指很快就会重重地压在你身上，尤其是那些圣洁、狂热、公义、虔诚的擅用者，就像在古时我的腰压在法老和埃及人身上一样；[①] 你将为突然降临在你身上的痛苦而哭泣哀号，因为你的财物被腐蚀了，等等。与此同时，被挪用和擅用的钱财也要遭灾。

上帝的灾祸会降临到你的钱包上、谷仓中、房屋里、马匹上，瘟疫会害死你的猪（你们这些地上的肥猪），它们很快就会被宰杀，然后被挂在屋顶上，然而旱风、霉烂、蝗虫、蚂蚱，是的，还有火灾会毁掉你的房屋和财物，夺走你的谷物和水果，咬烂你的衣物，连你的羊也得了肝蛭病，你没看到过去一年里我一直在施展的手段吗？

你没看到。

我还在继续施展。

虽然你看不见，但你的金子和白银都被腐蚀了，那锈要证明你们的不是，突然间，永恒之神，也就是我，可怕的审判之日到来了，主说，要吃你们的肉，如同火烧。《雅各书》（5：1－7）。

我说，银上的锈迹会像火烧一样吃你们的肉……

……给出去，给出去，给出去，放弃你的房屋、马匹、财物、黄金、土地，放弃，自己什么都不拥有，让所有东西成为公有，否则上帝的灾祸会让你拥有的一切腐烂灭失。

主说，以上帝，以我自己的名义，这是真的。

来！把一切都给穷人，跟从我，你将在天上拥有

---

① 参见《列王纪上》（12：10）。那同他长大的少年人说：“这民对王说：‘你父亲使我们负重轭，求你使我们轻松些。’王要对他们如此说：‘我的小拇指头比我父亲的腰还粗。’”

财富。

第三章：

一个稀奇古怪但无比真实的故事，故事里有一头雄狮，雄狮的吼声足以让田野中的所有野兽都颤抖，让地上的所有王国都摇晃……

上一个主日[①]，1649 年 9 月 30 日，我在开阔地中遇到一个最奇怪的畸形男人，他身穿打补丁的衣服，跟在我后面，满怀希望地看着我，我也同情地看着他；我的心，或是主的日子，在我里面像个燃烧的炉子，使我的舌头如着火一般，非要跟他说这番话：

你现在怎么样，朋友，你很穷吗？

他回答，是的，主人，非常穷。

于是，我的五脏六腑都在我里面颤抖，被虫蛀的箱子（我指的是我的钱箱）也在晃动，让我都拿不住它。

在我里面的伟大的爱（在那个钱箱里的伟大的上帝）因这个人而发烫，他让钱箱的锁孔，像嘴一样再次张开，如此这样说。

你很穷吗？

是的，非常穷，他说。

接着，一个满嘴奉承话、心思微妙的奇怪的女人，在我里面说，

① 《新约》载：耶稣在安息日后一日（即今星期日）复活，故基督教把星期日称为主日，意为“主的日子”。

326 他是个可怜的家伙，给他两便士。

但我（里面的）的卓越与威严嘲笑了她的话，弄乱了她的言辞，并把她从他的面前踢了出去。

那“美貌的妓女”[①]（不是坐在我后面和我一起骑在马背上），而是存在于我里面，她立刻站起来说：

“这是个可怜的家伙，给他六便士。这是一个乡绅或骑士应该施舍给一个可怜人的数目。

“此外（《圣经》中的妓女说），他比一个无法养家糊口的异教徒还糟糕。

“仁爱先从家里开始，等等。

“你和你的家人都没有挨饿，就像被小乌鸦喂饱一样不可思议[②]，尽管你一直是一个布道者，但你却厌恶什一税和租金，而且你事先不知道谁会给你一便士。

“你该关心最能给你带来好处的事。”

她就这样满嘴奉承话，言辞比油还顺畅。她的嘴唇像梳蜂蜜的刷子一样糊着蜜，我受到鼓动，迫不及待地将手伸进口袋，拿出一个先令，对那个可怜的家伙说，给你一先令，找给我六便士。

他回答说，我不能，我身无分文。

于是我说，如果你能找我钱，我本来很乐意给你一些。

然后他说，上帝保佑你。

就这样，我带着满腔爱意，以及这个人给我留下的惊奇（印象），很不情愿地掉转马头走了。但是过了一会

① 参见《那鸿书》（3：4）：“都因那美貌的妓女多有淫行，惯行邪术，……”

② 参见《列王纪上》（17：4）：“你要喝那溪里的水，我已吩咐乌鸦在那里供养你。”

儿，我又（根据我的大利拉[1]的建议）回去找他，希望他能要六便士，我可以把钱留在下一个镇上的一个人的房子里，我想他可能能（像撒非喇那样）把这些钱留下。[2]

但是（因为上帝的审判），我，也是她，都死了。

见到上帝降在我的衣袋上的灾祸，我的银子上的锈迹也来证明我的不是，像火烧一样吞噬了我的血肉，所以我和我的财物一同灭亡了。

我被投入了火和硫磺的湖中。

我身上仅有一便士（但我仔细思考了我以前的情妇鼓动我留一些钱的建议，那天我骑马走了大约八英里，还没有吃过一口面包，只喝了一小口酒；又骑了八九英里之后，我才来到旅途的尽头。我的马瘸了，路上很脏，一路上都下着雨，我不知道我有什么特别要用钱的地方）。然而，（我说）我的银子的锈迹会证明我的不是，又像火烧一样吞噬我的血肉。《雅各书》第五章在我的耳朵里发出雷鸣般的警报，以至于我乐意将自己拥有的全部钱财都放到他的手中，他的样子比我见过的任何人的样子都更凄惨。

这是一个真实的故事，是历史上最真实的故事。

它的神秘之处也是真实的。

故事里潜藏着一些难以被发现的东西，因为它是即将 327

---

① 此处原文为“Demilance”，疑为“Delilah”的错印；对比下文第 329 页（页边码）的“my Delilah”。——作者注

② 参见《使徒行传》（5：1－2）：“有一个人，名叫亚拿尼亚，同他的妻子撒非喇卖了田产，把价银私自留下几分，他的妻子也知道，其余的几分拿来放在使徒脚前。”

到来的各种各样（尽管奇怪）但荣耀的美好事物的影子。

言归正传——当我将锈蚀的金钱放到可怜的家伙手中后，我就骑着马离开了。我浑身颤抖，充满了喜悦和惊奇，感到巨大荣耀的点点光辉正从这片灰烬之下升起。

这之后，我受（存在于这个约柜中的神圣力量的）驱使掉转马头，于是，我看到那个可怜的、畸形的家伙也在认真地看着我。当时我又被驱使摘下帽子，向他鞠了七个躬，（那种奇怪的姿势）让我浑身颤抖、充满惊奇，我下面也有巨大荣耀的点点光辉升起，也从灰烬中升起。我于是再次骑马回到那个可怜家伙跟前说，因为我是国王，所以我做了这些，但是你不需要告诉任何人。

这一天属于我们自己。

这是在1649年9月30日，即上一个主日中发生的。这一年是主为锡安复仇的年，这一日是他复仇的日，是可怕的审判之日。但我（至此）已经讲完了这个故事，因为现在已经是1649年底。

第五章：

作者在显赫之人面前的怪异而高傲的仪态，在乞丐、流氓和吉卜赛人面前的最卑微的举止：连同一个所有这些灰烬中将升起什么荣耀的巨大宣言……

还因为我被那些不寻求我的人找到了。

还因为有些人说，你不告诉我们你做这些事情对我们意味着什么吗？

宽敞街道上有那么多马车，还有数百名身份高贵的男人和女人，我歪戴着帽子、伸出手，凝视着他们，仿佛能看穿这些人。我朝他们中的一部分咬牙切齿，一个巨大的声音昼夜不停地响彻整个伦敦和萨瑟克区，宣布这是主的日子，以及其他各种功绩，等等。我（只是）出于好意和荣幸，才想要特别讲一个与前面讲的极其相似的故事。

（这个故事是）在伦敦拥抱和亲吻一个可怜的畸形的家伙，他的脸上没有鼻子，就像我的手背上没有鼻子一样（应该是鼻子的地方只有两个小孔。）

他也没有眼睛，就像我的手背上没有眼睛一样，之后我以一种奇怪的方式跑回他身边，把我的钱给了他。一些人感到高兴，另一些围观者则感到恐惧和惊奇。

同样，我也会趴在流氓、乞丐、肢体残缺者、瘸子、伤残者、失明者等面前，亲吻他们许多人的脚，然后再站起来，给他们钱，等等。除此之外，我还因与吉卜赛人和圣乔治教堂附近的萨瑟克区监狱中的囚犯来往而得了恶名（他们是我的兄弟姐妹，是我的血肉，他们和英格兰最大 328
的贵族没有什么不同）。

现在从这堆灰烬中升起的，将点燃天上和地上。那些羞愧的已经脸红了，其他的则像醉汉一样摇摇晃晃地走来走去。

因此，主这样说，听听天上，听听地上，我推翻，推翻，推翻，为要污辱一切高傲的荣耀，使地上一切的尊贵人被藐视。《以赛亚书》（23：9）。（如果不屈服于普世之爱，永恒之神，他的益处是完全的自由，）不仅尊贵人会遭到复仇并被击败，连尊贵的事物也会遭遇同样的下场，比如长老之职、牧师之职、团契、教会、法令、祈祷，等等；再比如最高等级的圣洁、公义、各种宗教；是的，还比如蔑视肉体法令的神秘主义者和唯灵主义者；等等。

我是我的行为，我奇怪的行为，我的著作、我奇怪的著作，无论谁听到我的事，他的两只耳朵都会感到刺痛。

我在用大卫的不得体的举止迷惑、困扰、折磨端庄、宁静、不孕的米甲（*Mical*），我像傻瓜、卑鄙的家伙、无耻的家伙一样在仕女面前下流地，衣不蔽体地蹦高，跳跃，舞蹈，[①] ——

……对于（不知道邪恶和罪的）天使来说，高声起誓就像肉和酒——《启示录》（10：6）。尼希米像疯子一样进来，拔下他们的头发，像魔鬼一样咒诅，还叫他们指着神起誓，这样做使尼希米喜悦——《尼希米记》第十三章。你这（知道邪恶的）圣洁之人啊，如果你指责犹太人，指责教会成员，说你可怜的兄弟是傻瓜并祝他得个豆荚[②]，或咒骂，如果你敢这样做，你会为此而在地狱里哭号，而我会嘲笑你的不幸，等等。

……再听我一句（明白的人自然能明白）停止你的卑鄙的、恶心的、醉醺醺的，在吃肉之前和之后的感恩（我就这样称呼该行为，尽管你给它重新取了名字），停止你的令人厌恶的家庭责任，以及你所谓的福音法令，因

① 米甲是扫罗的次女，大卫的第一任妻子，参见《撒母耳记下》（6：14），20：“大卫穿着细麻布的以弗得，在耶和华面前极力跳舞……扫罗的女儿米甲出来迎接他，说：‘以色列王今日在臣仆的婢女眼前露体，如同一个轻贱人无耻露体一样，有好大的荣耀啊！’。”

② 原文为 peace-cods，相当于 peapod（豆荚），是一种嘲弄的诅咒。——作者注

为在它们的限制下，除了贪婪、可怕的伪善、嫉妒、恶意和邪恶的猜测之外，就只有尖利的喊叫、咆哮和嘲讽。

停止，停止，或者如果其他都不能让你这样做，我会在你最意想不到的时候，让你的孩子，你的灵魂所喜悦的你孕育的后代，在你眼前与娼妓同床。你的卑鄙的圣洁和公义可能会为这件卑鄙的事情而困惑。然后，你遭受烦扰，又重新回到母亲的子宫中，这个永恒的子宫；你成了一个小孩，让永恒的母亲，全能者（普世之爱，他的益处是完全的自由）来给你穿衣或脱衣，用襁褓把你包起，再解开，裹紧，再放松，让你躺下，再把你抱起，等等。

……对于这样一个小孩，脱衣和穿衣一样，脏衣和新衣一样，他不知道邪恶，等等，他也不会看见邪恶，但他 329
必须先丢掉所有的义，丢掉他的每一点儿神圣和他的每一点儿宗教，同时受到烦扰，并为（卑鄙的事物）而困惑，直到进入虚无。

由上帝和我所选择的卑鄙的事物。

但是，当你经历过这些之后，我向你展示一条更卓越的通道。……简而言之，我的令人讨厌的、肮脏的、恶心的神圣都为卑鄙的事物而困惑。然后（看哪，我向你展示了一个谜，并给你出了一个谜语）所谓的卑鄙事物也为卑鄙的事物而困惑，因此，我就这样被推入了永恒的威严，无法形容的荣耀，我的生命，我自己。

这就是我的谜语，但是因为无论非利士人[1]的所有君

---

① 地中海东岸岛屿的古代民族。以色列人进迦南前不久，他们由克里特岛侵入迦南沿海地带。掌握炼铁技术，武器先进，屡次战胜以色列人。大卫建立统一王国时击溃四邻诸族，亦含非利士人。

主，还是我的大利拉都无法读懂，

所以我来亲自读，我（仅仅）这样提示。

亲吻也被列入了过犯——它是卑鄙的事物——好吧！（在我将肉体视为神圣的时期）我把可憎的起誓和咒骂，以及卑鄙和粗鲁的亲吻（如我当时所说的那样）都归为卑鄙的事物——它们使我令人厌烦的圣洁感到困惑，于是我被投入了火和硫磺的湖中。

之后，因为放荡的亲吻，亲吻也成了错误的行为；但永恒的亲吻变成了炽烈的战车，使我迅速进入了我的灵魂深爱的他的怀抱中（他就是卓越的威严，荣耀之王）。

我曾经在那里，在那里，在那里，被拥抱、接纳和亲吻，以及被他的嘴亲吻。他的爱比酒还好，我已经被其征服，言语无法表达，那已经不仅仅是钦佩和赞赏。

同样，色欲也被列入了过犯——它也成了一种卑鄙的事物。

如今，美丽的事物会吸引观者的目光。

美是欲望或爱的父亲。

好！我走过的街道上就孕育着这个孩子（色欲），它是因为一个特别美丽的人而产生的。但是来到这个我原本希望它被接生的地方时，我却按照天意遇到了一群鬼魔，尽管他们化成了带着金色药瓶的天使的样子，但实际上，药瓶里倒出的都是邪恶，是被法律禁止说出的极为恶劣的词句。

这些词句足以震聋令人厌烦的圣洁的耳朵。如此恐怖的可恶举动，足以使圣徒的眼睛被挖出，甚至让他们一命呜呼，等等。

（我说）这些卑鄙的事物，这些词句和行为，使那个我关爱的子宫里的孩子感到困惑，并被烦扰至死。

这些卑鄙的事物（就像御风而行的翅膀），将我带入了我的爱的怀抱，它是无形的荣耀、永恒的威严，其自身是洁净的，是无瑕疵的美，其他的美与它相比都变成了丑，等等。

是的，你能想象所有可见之美的精髓被提取，并被组合成一个巨大的美吗？那看起来将是一种美的畸形，我就 330
是从卑鄙的事物里被提升至其中。

那个至高无上、无法言喻、无瑕疵的美是我的荣衔和喜悦，我的命和爱。我不能离开卑鄙的事物，但我有时会因仁慈，有时会因论断而感到困惑；我也离不开我的众多情妇，但它才是我的配偶，我的爱，我的鸽子，我的美人。

第六章：

主再次说，我在你里面，你是永恒的威严，向你的有形体，你的畸形低头。

我在你里面，是永恒的财富，把你的易腐的银子分给穷人，等等。

主这样说，

国王、诸侯、贵族、显赫之人必须向最贫穷的农民低头；有钱人必须俯首于贫穷的流氓，否则他们会为此而悔恨……

对！我们都必须低头，低头，等等。必须将“我的东西”转变……它是你的，但只是在很短的时间里，并且你不应说你拥有的是你自己的，等等……

过不了多久，那些最能让世俗和权贵喜悦的出自《圣经》和世俗理由的、最强大的，是的，似乎是最洁净的道德规范，都应被公有性和普遍性推翻。这其中有一个最辉煌的计划。当可憎的骄傲、谋杀、虚伪、专制和压迫等被彻底战胜时，人们会要求平等、公有和普世之爱。……

第七章：

……哭号，哭号，你们这些贵族，你们这些尊贵人，你们这些富人，哭号吧，因为痛苦即将降临到你们身上。

就我们而言，我们听到了使徒的传道，我们的所有东西都归公有，我们也不会称任何东西属于自己。

你是否（宁愿）让上帝将你所拥有的都腐蚀毁灭。

我们不会，我们会一心一意地一起吃我们的面包，我们会挨家挨户地一起进餐。

注释和参考书目

以下注释和参考书目列明了为本书提供历史内容的原始资料和现代著作的情况。注释中尽可能注明了被引用资料的作者姓名，无法注明的，则注明了资料标题的缩写或编辑姓名。参考书目中按条目和版本列明引证资料出处。必要时使用缩写“OS”（原始资料）或“MW”（现代著作）来表示该条目所属类别。

在附录或注释中已经说明的条目，不再在参考书目中重复。

参考书目中带“*”的条目，表示该资料是在本书最初版本完成之后出现的，笔者在修订版中参考了该内容。

要把所有以这种或那种方式影响了本书整体论点的社会学、人类学、心理学或政治学著作一一列出是不切实际的。但笔者在参考书目第三部分中选择了各国的一些近期著作，它们都是关于千禧年主义运动和弥赛亚运动的。

注 释

第一章 启示预言的传统

犹太教和早期基督教的启示文学

1 在没有更好的术语可选择的情况下，“中世纪”一词在这里被用来指代大约从西罗马帝国灭亡到宗教改革之间的这段时间；而“中世纪后期”从一个相当宽泛的意义上讲，指的是从1100年前后到宗教改革之间这一时期。

2 关于犹太教与基督教共有的千禧年主义预言和弥赛亚预言传统的概论：Case，Döllinger（MW），Gry，Hübscher，Hundeshagen，Nigg（1）；关于希伯来宗教的发展：Oesterley and Robinson；专门关于希伯来和犹太末世论的发展：MacCulloch（1），pp. 376 – 81。

3 波斯（琐罗亚斯德教）的末世论和启示文学与犹太教和基督教共有的末世论和启示文学之间可能存在的关联仍然是专家们争论的问题。形成鲜明对比的观点可见：Söderblom，pp. 270 – 320，以及 Cumont，pp. 64 – 96。更近期的 Cumont 支持这种联系的观点被 Eliade，p. 126 接受，但被 Vulliaud，p. 33 拒绝。

4 Danielvii，23.

5 Ibid.，13 – 14，27.

6 犹太教的启示文学：犹太教启示文学当然决不都是关于这种幻想的。

7 关于希伯来和犹太的弥赛亚幻想的发展：Klausner；但对比这些幻想在巴比伦之囚以前的时代的起源，见 Johnson。

8 *Ezra-Apocalypse*，XI – XIII，pp. 608 – 19.

9 *Baruch-Apocalypse*，XXXIX – XL，p. 501；LXXII – LXXIV，p. 518；XXIX，pp. 497 – 8.

10 Josephus，Book VI，Chap. V（vol. II，p. 108）.

11 关于犹太人的伪弥赛亚：Hyamson。

12 Matthew xvi, 27 – 28 (= Luke ix, 27). 对比 Matthew x, 23。
13 关于两个时期：Vulliaud, pp. 45 sq. 。
14 那个被认为是基督讲述的关于第二次降临的预言，其实完全出自犹太人的启示文学：Mark xiii (= Matthew xxiv, Luke xxi)。该内容似乎被创作于公元 50 年代。关于《巴录启示书》在基督徒中的流行情况，见 Charles, vol. II, p. 470。
15 Revelation xiii, 1, 7 – 8, 11, 13, 14; xix, 11, 14 – 15, 19 – 21; xx, 4; xxi, 1 – 5, 10 – 11.
16 John xv, 26; xvi, 13.
17 Tertullian, cols. 355 – 6.
18 Revelation xxii, 6; 以及对比 ibid., 7, 20。
19 2 Peter iii, 9.
20 Justin Martyr, cap. lxxx, cols. 664 – 8.
21 Papias, cols. 1258 – 9. 这个残篇被保留于 Irenaeus, cols. 1213 – 14。对比 *Baruch-Apocalypse*, XXIX, p. 498。
22 Irenaeus, lib. V, cap. xxxii – xxxiv. 引用的段落位于 col. 1210。
23 Lactantius (2), cols. 1090 – 2.这一段落是对 Lactantius (1) (*Divinae Institutiones*), lib. VII, cap. xx, xxiv, xxvi 的浓缩，尤其可参见 cap. xxiv, cols. 808 – 811。
24 Commodianus (1), pp. 53 – 61; and (2), pp. 175 – 80. 如今人们认为科莫迪亚努斯的生存年代更可能是公元 5 世纪而不是公元 3 世纪；对比 *Oxford Classical Dictionary*, 1949, p. 222。
25 歌革和玛各：这些人在中世纪的启示文学中总会被提及，可对比 Bousset (2), pp. 113 – 31, 及 Peuckert, pp. 164 – 71。起初人们认为他们生活在遥远的北方，后来则将他们的居住地设定为高加索地区，这样就可以很容易地将他们等同于周期性地从中亚地区前来的那些人。关于这个想法的起源，参见 Ezekiel xxxviii – xxxix and Revelation xx, 8 – 9。

中世纪欧洲的启示文学传统

1 Augustine, lib. XX, cap. vi – xvii (vol. II, pp. 458 – 84) .
2 关于查禁伊里奈乌作品中的章节，见 Gry, p. 74；以及 PL, Note to col. 1210 of Irenaeus。
3 关于犹太教的和早期基督教的巫语：Lanchester。关于这些“神谕”的更近期、更容易找到的版本：Kurfess (OS)。Book Ⅷ是关于巫语传统在中世纪欧洲发展的最重要一卷。
4 被公认为权威的关于中世纪末世皇帝幻想的著作仍然是 Kampers (1)。另见：Bernheim, pp. 63 – 109; Dempf, pp. 255 – 6。Kampers (2) 主要论述了基督教诞生前的救主国王的形象。

5 《蒂伯尔神巫预言》的拉丁语正文，可参见 *Tiburtina*，及 Sackur（both OS）。这个版本的时间大约是 1047 年。中世纪出现的《蒂伯尔神巫预言》的无数修订版的书目列表可见 Hübscher，pp. 213 – 14。

6 《伪美多迪乌启示录》的拉丁语正文，参见 *Pseudo-Methodius* 及 Sackur。这个版本是由一名在圣日耳曼德佩的叙利亚或希腊隐修士于公元 8 世纪翻译的。

7 关于中世纪巫语作品的影响力：Kurfess，p. 347 评论说，除《圣经》和教父的著作外，在中世纪时几乎没有任何作品能拥有《伪美多迪乌启示录》所拥有的那样普遍的影响力。

8 关于敌基督象征的详细分析见 Bousset（1），pp. 142 – 89。

9 Daniel xi，36.

10 Danielvii，25.

11 2 Thessalonians ii，4，9；以及对比 Revelation xiii，13 – 14。

12 Revelation xiii，7.

13 Danielviii，10.

14 关于两个兽：Revelation xi，xii，xiii。

15 Hildegard（1），col. 713. 第十一个异象（Vision Ⅺ）整体上是关于中世纪敌基督传说的极好资料。

16 关于末世论对中世纪政治判断的影响：Bernheim，pp. 69 – 101。

17 关于各朝各代对神巫预言的利用：Kampers（1），多处。

18 关于中世纪人预料敌基督将到来：Wadstein，pp. 81 – 158，以及 Preuss，esp. p. 21。

第二章　宗教异议的传统

使徒生活的完美典范

1 关于中世纪宗教异议或“异端邪说”的近期书目列表：Grundmann（6）；Kulcsár。

2 St Benedict of Nursia，p. 110（cap. xlviii）.

3 Acts ii. 44 and iv. 32.

4 关于公元 8—12 世纪的世俗布道者：Russell（2）。

5 亨利通常被称为“洛桑的”亨利（Henry ‘of Lausanne’），但这个叫法缺乏依据。以他为主题的文献很多，一个近期的优秀总结可见 Russell（2），pp. 68 – 74。

6 要理解云游布道者传统的连续性，可参见例如 Russell（2），Grundmann（4）and（5），Leff and Williams。

一些早期的弥赛亚

1 St Gregory of Tours, p. 437 (lib. X, cap. xxv).
2 Matthew xxiv, 7 and 24；对比 Mark xiii, 22。
3 关于阿尔德贝：Synod of Rome, 745, pp. 108 – 18。更近期的叙述见 Russell (1)，以及更简要的 Russell (2), pp. 102 – 8。
4 关于埃翁或欧多的主要同时期资料见：*Sigeberti Continuatio Gemblacensis*, p. 389；*Chronicum Britannicum*, p. 558；以及 Synod of Rheims, 1157, pp. 771 sq.。William of Newburgh, pp. 97 – 8 (lib. I, cap. XIX) 的论述部分基于上述资料中的前两份。另见：*Sigeberti Continuatio Praemonstratensis*, p. 454；*Annales Cameracenses*, p. 517；*Annales Casinenses*, p. 310；*Annales Parchenses*, p. 605；以及 Otto of Freising, p. 81。关于近期的叙述：Russell (2), pp. 118 – 23。
5 William of Newburgh, loc. cit.
6 关于埃翁的追随者：Otto of Freising, loc. cit.；William of Newburgh, loc. cit.。关于饥荒：*Continuatio Gemblacensis*, loc. cit.；以及对比 Alphandéry and Dupront, p. 166。
7 关于伪鲍德温，见下文第五章。
8 *Continuatio Praemonstratensis*, *loc. cit.*
9 关于坦彻尔姆前往圣座的任务：Pirenne (2) 以及 De Smet。
10 关于坦彻尔姆的主要资料，参见 OS under Chapter of Utrecht and *Vita S. Norberti A*。(*Vita S. Norberti B* 中的叙述多是粗俗下流的辱骂，也更不可信。) 更近代的作家 Janssen (1867) 和 Essen (1912) 认为这些早期叙述基本准确；但更现代的作家，如 Philippen (1934)、Mohr (1954) 和 De Smet (1961) 则尝试质疑这些资料，并将坦彻尔姆描述为单纯的充满恶意的格列高利派改革者。更接近今天的作家，如 Russell (2) 则采纳了与本书基本相同的立场。
11 关于名叫亨利的隐修士，参见前文 pp. 39 – 40 (页边码)。
12 Werner and Erbstösser, pp. 265 – 6，以及 Werner (2), pp. 385 – 93，暗示坦彻尔姆的行为是基于一种在 12 世纪仍为人熟知的，对术士西门 (Simon Magus) 的信仰。人们认为西门的追随者中包括一定数量的男子和一名代表智慧的女子 [诺斯替主义中的索菲亚 (the Gnostic Sophia)]。这样的假设很有意思，但可能过分自作聪明了：本书第五章中的“匈牙利大师”和第十一章中的波希米亚亚当派领袖都有各自的“玛利亚”，他们效仿的对象肯定都是耶稣而不是术士西门。
13 *Continuatio Praemonstratensis*, p. 449.
14 失传的圣诺伯特传记：Potthast, vol. II, p. 1494。
15 关于诺伯特的基本事实的文件：Fredericq (OS), vol. I, pp. 24 – 5 and vol. II, pp. 3 – 6。对比 Philippen, pp. 256 – 69。

16 Weber（2），p. 278（笔者的翻译）。关于下级阶层中的救世主义宗教的大致特征，参见 Weber（1），pp. 245 - 8；and（2），pp. 267，276 - 82，296 - 7。关于殖民地和曾经的殖民地地区，参见本书参考书目第三部分“各国关于千禧年主义运动和弥赛亚运动的著作”。
17 Sundkler，p. 114.（见参考书目第三部分）。
18 关于申贝：ibid.，pp. 278。
19 弥赛亚和统治者：ibid.，pp. 115，288。

第三章　迷惘穷人的弥赛亚主义

快速社会变革的冲击

1 关于农民的亲族群体：Bloch（2），pp. 163 - 70，and（3），pp. 190 - 220；Thalamas，pp. 157 - 8。
2 关于纺织业劳动者缺乏保障的情况：Carus-Wilson，p. 387。
3 关于亲族群体的瓦解：Bloch（3），p. 217；Dupré Theseider，p. 58；Weber（2），pp. 527 - 31；以及在意大利的情况见 Tamassia，pp. 112 - 14。

第一次十字军运动中的穷人

1 更近期的对当时的政治背景和发动十字军运动情况的简明叙述可见 Runciman（2），vol. I，pp. 93 - 109。其他可靠的叙述见：Chalandon；Grousset，vol. I；Röhricht（4）；Sybel；更精简的见 Stevenson；非常详细的论述可见 Setton and Baldwin 编辑的大部头作品（esp. Chap. VIII，by F. Duncalf）。
2 乌尔班对贫困和未来的兴旺的评论：Robert the Monk，p. 728。
3 关于骑士的十字军运动的宗教启示：Rousset（1）and（2）。另一方面，对伴随着第一次和第二次十字军运动发生的群众运动，以及启发这些运动的幻想的全面叙述可见 Alphandéry and Dupront。
4 关于隐士彼得及他向众人布道：Hagenmeyer，esp. pp. 127 - 51；Alphandéry and Dupront，pp. 69 - 71。
5 彼得的行为似乎是半神圣的：Guibert of Nogent（1），p. 142。
6 关于 1085—1095 年的灾难列表：Wolff，pp. 108 - 9。对 1095 年饥荒的描述可见 Guibert（1），p. 141。很多编年史作家提到过被称作“麦角中毒”（mal des ardents）或“圣安东尼之火”（St Anthony's fire）的瘟疫，参见例如 Bernold of Constance，p. 459；*Chron. S. Andreae*，p. 542；Ekkehard of Aura（1），pp. 105 - 9（cap. viii）and（2），p. 207；Sigebert of Gembloux，pp. 366 - 7。
7 关于这些新的虔诚群体的例子：Alphandéry and Dupront，vol. I，

pp. 48 – 9。

8 关于平民十字军的社会构成：Baudri of Dol，col. 1070；Bernold，p. 464；Fulcher of Chartres，p. 385；Guibert（1），p. 142。

9 乌尔班忽略耶路撒冷：根据 Fulcher 给出的对克莱蒙会议演说的最早也是最可靠的叙述，其中并没有提到耶路撒冷。

10 关于 1033 年的朝圣：Radulph Glaber，col. 680；关于 1064 年的朝圣：*Annales Altahenses* maiores，pp. 815 sq. 。

11 关于将平民十字军运动视为效法基督，对比 Erdmann（2），pp. 318 – 19。

12 Isaiahl xvi，10 – 13.

13 Robert the Monk，p. 729.

14 关于天上的耶路撒冷降临：Revelation xxi，1 – 5，10 – 11。关于地上城市被理解为天上城市的象征见：Röhricht（1），p. 376，Note 76；Alphandéry and Dupront，I，p. 22；Konrad，（2）。关于穷人将二者混为一谈：Ekkehard（1），p. 301（cap. xxxiv）；天上城市：ibid.，p. 117（cap. x）；孩子们的行为：Guibert（1），p. 142。

15 关于穷人中弥漫的作为上帝的选民的感觉：比较 Alphandéry（5），pp. 59 sq. 。

16 Raymond of Aguilers，p. 254.

17 关于奇迹般的十字印记：ibid.，p. 272。

18 关于塔弗尔人：Guibert（1），p. 242；*Conquête* de *Jérusalem*，*passim*，and esp. pp. 65sq. ；*Chanson d'Antioche*，vol. II，*passim*，and esp. pp. 254 – 5。这两篇用本国语撰写的叙事长诗都创作于 12 世纪初。流传至今的只有那些由 Graindor of Douai 在 13 世纪初修订过的版本；不过关于塔弗尔人的段落似乎并没有被过多编辑。人们普遍认为两首叙事长诗的作者都是朝圣者理查德（Richard the Pilgrim），但这两首诗是由同一个作者创作的说法似乎完全不可信。《耶路撒冷攻城战》（*Conquête de Jérusalem*）是从穷人的角度描述十字军运动的。它指导我们理解去东方的平民十字军的心理的意义胜过了帮助我们了解表面史实的意义；而且它讲述的关于塔弗尔人的内容都是他们的传奇。《安条克之歌》（*Chanson d'Antioche*）则对塔弗尔人做出了更清醒、不怎么讨喜，但无疑是更准确的叙述。优秀的近期叙述可见 Sumberg。

19 关于“塔弗尔”一词：Guibert，p. 242 使用 *Trudannes* 作为 *Tafurs* 的等效词，前者是 *trutani* 的变体，*trutani* 有流浪者、游手好闲者和乞丐的意思。

20 *Chanson d'Antioche*，p. 5. 对比 ibid.，pp. 254 – 5，294 – 5；以及 *Conquête de Jérusalem*，p. 230。

21 *Conquête*，p. 194. 根据 *Conquete*，p. 72 的内容，普罗旺斯军队中的穷

人似乎与塔弗尔人关系密切，而且都是被用非常类似的词语加以描述的。
22 关于塔弗尔人对贫穷的崇拜：Guibert，p. 242。
23 *Conquête*，pp. 163.
24 普罗旺斯的穷人“骑着马在营地中飞驰”：Raymond of Aguilers，p. 249。
25 *Conquête*，pp. 165 – 6. 对比 *Anonymi Gesta Francorum*，pp. 204 – 5。
26 从耶路撒冷突围见 *Conquête*，pp. 243 – 53。
27 诸侯对塔弗尔人的看法：*Chanson*，pp. 6 – 7。
28 塔弗尔国王敦促诸侯：*Conquête*，pp. 64 – 7；被抬离战场：ibid.，pp. 82 – 3；为戈弗雷加冕：ibid.，pp. 191 – 3；发誓留在耶路撒冷：ibid.，pp. 193 – 5。
29 强迫农民改变宗教信仰见 *Anonymi Gesta*，pp. 162 – 4。
30 Raymond，p. 300.
31 耶路撒冷的犹太人被烧死：Ibn al-Qalānisī，p. 48。
32 Raymond，loc. cit. 关于“处死”（*exanitio*）的意义，对比 Du Cange（MW）。
33 屋顶上的屠杀见 *Anonymi Gesta*，pp. 204 – 6。对比 *Conquête*，pp. 178 – 9。
34 对欧洲犹太人的第一次大屠杀：1064 年，在针对西班牙的穆斯林进行“远征”时，那里也出现了一些对犹太人的袭击，但那些事件的规模要小得多。对在第一次和第二次十字军运动期间出现的大屠杀的近现代叙述可见 Parkes，pp. 61 – 89。
35 Sigebert of Gembloux，p. 367. 关于在法兰西王国的屠杀：Guibert（2），p. 240；Richard of Poitiers，pp. 411 – 12。
36 关于在施派尔和沃尔姆斯发生的事：Anonymous of Mainz-Darmstadt，pp. 171 – 2；Eliezer bar Nathan，pp. 154 – 6；Salomo bar Simeon，p. 84；Bernold of Constance，pp. 464 – 5。对希伯来语资料的重要研究见：Elbogen；Porgès；Sonne。
37 美因茨的情况见：Anonymous of Mainz-Darmstadt，pp. 178 – 80；Eliezer，pp. 157 – 8；Salomo，pp. 87 – 91；Albert of Aix，p. 292；Annalista Saxo，p. 729。
38 特里尔的情况见：Salomo，pp. 131 sq.；*Gesta Treverorum*，*Continuatio I*，pp. 182，190。
39 梅茨的情况见 Salomo，p. 137。
40 科隆的情况见：Eliezer，pp. 160 – 63；Salomo，pp. 116 sq.。
41 雷根斯堡的情况见 Salomo，p. 137。
42 布拉格的情况见 Cosmas of Prague，p. 164。
43 关于隐修士鲁道夫：Ephraim bar Jacob，pp. 187 sq.；Otto of Freising，pp. 58 – 9；*Annales Herbipolenses*，p. 3；*Annales Rodenses*，pp. 718 – 19

（一份同时期的，支持鲁道夫、反对圣伯尔纳的资料）；*Annales S. Jacobi Leodiensis minores*, p. 641。关于圣伯尔纳本人的评论：Bernard (3) and (4)。近现代的叙述见 Setton and Baldwin, pp. 472 – 3（by V. G. Berry）。

44 Joseph ha-Cohen, p. 24.

45 杀死犹太人可以让罪过得到赦免：Anonymous of Mainz-Darmstadt, p. 170。

46 Guibert (2), p. 240; Richard of Poitiers, p. 411.

47 Salomo, pp. 88 – 9.

第四章　对抗敌基督大军的圣徒

末世救主

1 关于"预兆"和"号角末次吹响"：Ekkehard of Aura (1), pp. 54 – 6 (cap. ii)。"预兆"是指《马可福音》第十三章中关于基督复临的预言中列举的那些。

2 后来成了蒙捷昂代尔隐修院院长的隐修士阿德索在"海外归来者"路易四世［Louis IV (d'Outremer)］的妻子格伯格（Gerberga）的要求下创作了一部专著。对他的作品和影响的更近期的研究见 Konrad, R. (1)。

3 最后的皇帝变成西方君主：Kampers (1), pp. 30 – 39。

4 阿尔巴的本佐：pp. 605, 617, 623。

5 关于第一次十字军运动中的神巫预言：Erdmann (1), p. 413, and (2), pp. 276 – 8; Heisig, 多处。

6 关于复活的查理曼：Ekkehard (1), pp. 120 – 21 (cap. xi)。

7 关于查理曼作为朝圣者和十字军成员：Benedict, monk of St Andrew on Mount Soracte 在 10 世纪下半叶写过一大群人在查理曼的带领下前往耶路撒冷朝圣的事（cols. 32 – 6），但这似乎并没有促成这个传奇的广泛传播。直到第一次十字军运动时，我们才看到关于查理曼带领武装十字军的故事；主要可见 *Descriptio* (OS)，这些内容是圣但尼隐修院的隐修士编造出来，以解释他们隐修院中的荆棘冠和其他圣物的来历的（相关段落位于 p. 108）。关于这个传奇的广泛传播及其如何被用来为十字军运动做宣传：Rauschen, pp. 141 – 7。第一次十字军运动的编年史 *Anonymi Gesta Francorum*, p. 4，以及被 Robert the Monk 认定为乌尔班所做的演说 p. 728 提到了所谓的查理曼路线。

8 关于沉睡的查理曼：Heisig, pp. 52 sq.; Kampers (1), p. 58。在洞穴或山中沉睡，等待时机苏醒的英雄的形象在中世纪及其他民间传说中很常见。关于亚瑟王还在世，且将来会返回的说法传播得尤其广泛，并为人们所坚信；至于霍亨斯陶芬的腓特烈二世，参见本书第六章。

9 关于被看作末世皇帝的十字军领袖：Alphandéry and Dupront，vol. I，pp. 75，112，131；Alphandéry（4），pp. 3 – 8。

10 关于肩胛骨上的十字印记：Grauert（2），esp. pp. 709 – 19。

11 关于艾米科和他受到的启示：Salomo bar Simeon，p. 92；Annalista Saxo，p. 729；Ekkehard（1），p. 126（cap. xii）。

12 关于艾米科的大军及其命运：Albert of Aix，pp. 293 – 5；Ekkehard（1），pp. 128 – 31（cap. xii）。Albert 尽管往往不太可靠，但他说艾米科的队伍几乎全靠步行前进这一点无疑是正确的，其他编年史作家也都做出了这样的描述。

13 关于艾米科在山中：Ekkehard（2），p. 261。关于艾米科在抵抗施瓦本公爵，守卫美因茨的战斗中丧命：Otto of Freising，p. 29。

14《蒂伯尔神巫预言》的新版本：Kampers（1），pp. 53 – 4 描述了在 11 世纪末和 12 世纪初，预言如何被修改为指向法兰西或德意志的国王们。

15 神谕的原文可见 Otto of Freising，pp. 10 – 11；以及对比 *Annales S. Jacobi Leodiensis minores*，p. 641。这些内容也出现在了其他编年史作品中，参见 Kampers（1），p. 192，Note 32，and（1A），Appendix I，pp. 204 – 5。关于君士坦斯的名字被保留下来：ibid.，pp. 206 – 7。关于神谕对圣伯尔纳的影响：Radcke，pp. 115 sq. 。

16 神谕在德意志王国的情况：Otto 说“高卢”的人们在研究神谕。但是对于他这样一个博学的人来说，“高卢”这个词在 12 世纪时的涵盖范围包括德意志王国。所以 Otto 在 p. 58 提到先知鲁道夫时说他“在高卢的莱茵河沿岸地区”活跃。如果要指代法兰西王国，他倾向于使用“西高卢”一词。

鬼魔大军

1 关于十字军运动是一场圣战的流行理念，以及这与教皇本意之间的对比：Erdmann（2），pp. 264 – 73，321。比萨人在 1087 年入侵穆斯林控制的西西里的行动就被视为圣战。一首被写来赞美这次胜利的诗歌描述了圣米迦勒像在与龙争战时一样吹响号角，圣彼得展示他的十字架，以鼓舞参加战斗的市民，战斗的结局是无论男女老少的所有异教徒都被杀死了；参见 Schneider（OS），poem 25，esp. lines 33 – 40。

2 *Chanson de Roland*，lines 3660 – 70（p. 304）.

3 敌基督已经诞生：根据 St Bernard（2），坦彻尔姆的对手圣诺伯特就相信这个说法；三个世纪后的圣文森特 · 费雷尔也相信。

4 乌尔班对敌基督的看法：Guibert of Nogent（1），p. 138。

5 敌基督和异教徒：与关于敌基督个人的想法一样，关于敌基督的大军的想法也是由在基督教产生前就存在的犹太人末世论幻想发展而来的；对比 Rigaux，esp. p. 402。

6 圣伯尔纳对敌基督和撒拉森人的看法：Bernard（3）。

7 关于穆斯林是敌基督的“帮手”：Eulogius，col. 748 sq.；Alvarus of Cordova，cols. 535 – 6。

8 把穆斯林看作鬼魔见 *Aliscans*，lines 71 – 3，1058 – 61。

9 关于犹太人和撒拉森人的相同之处：Bulard，pp. 225 sq.。Bulard 通过图像证据证明撒拉森人甚至被认为曾和犹太人一起参与耶稣被钉十字架的事。

10 关于犹太人在中世纪的社会和经济状况：Baron，Caro，vol. II；Kisch；Parkes；Roth。

11 敌基督是犹太人：关于这种信念的一个早期例子，参见 Irenaeus，col. 1205。他出自但支派取决于 Genesis xlix，16 – 17。

12 关于典型的反犹版本敌基督传奇的例子：Hippolytus（attrib.），esp. cols. 920，925，928，944。产生了巨大影响的近现代作品《锡安长老会纪要》（*Protocols of Zion*）就是直接从敌基督的传奇衍生而来的。该书于 1905 年首先在俄国出版，它最主要的主题就是敌基督通过自己的犹太人探子进行统治的日子即将降临：参见 Cohn（MW）。

13 阿德索评论敌基督：Adso，pp. 106 – 7。一首流行的韵文中还提到了乱伦（转引自 Wadstein，p. 129，Note 3）：

一个可恶、下流的犹太人
从肉体上认识了他的女儿

14 关于中世纪鬼魔学中的犹太人：Trachtenberg。

15 关于作为犹太人象征的动物，参见例如 Trachtenberg 的卷首插图；专门关于蝎子的见 Bulard。

16 关于在犹太会堂中行邪术，参见本节前文引用过的《罗兰之歌》的内容。

17 认为犹太人在进行竞赛：Burdach（4）。

18 *Pseudo-Methodius*，p. 92.

19 关于敌基督戏剧中的犹太人：Trachtenberg，pp. 36 – 40。

20 关于教廷政策，对比 Trachtenberg，p. 161：“明确禁止暴力行为的 *Constitutio pro Judeis* 被颁布后，曾在 1120—1250 年十次获得继任教皇的支持。”

21 关于犹太人的放贷者角色，参见本章本节注释 10 中的参考文献。似乎可以肯定，第一次十字军运动时，莱茵兰的犹太人还没有开始放贷，参见 Caro，vol. I，pp. 211 – 25，and vol. II，pp. 110，192 sq.；Graetz，vol. VI，p. 402。

22 关于教皇和神职人员在各种持异议的小派和运动的鬼魔学中被赋予

的角色：Benz，pp. 307 – 14，366 – 8；Peuckert，pp. 112 sq. ；Preuss，pp. 44 sq. 。
23 敌基督是主教和修女的儿子：Adso in PL，col. 1292。
24 圣伯尔纳对神职人员的看法见 Radcke，pp. 15 – 17，102。
25 关于 1209 年的先知：Caesarius of Heisterbach，pp. 304 – 7。
26 巴比伦淫妇见 Revelation xvii，6，2；以及兽见 Revelation xiii，17。
27 关于神职人员被看作兽：Benz，pp. 330 – 31。
28 Jean le Fèvre，bk. iii，lines 602 sq.(pp. 176 sq.).

幻想、焦虑与社会神话

1 Revelation xix，14.
2 敌基督作为坏儿子和坏父亲：在一篇最早于 1912 年发表的文章中，Ernest Jones 用坏父亲和坏儿子的形象分析了中世纪的撒旦形象。包含了这篇文章的著作详见本书参考书目，该文章见于该著作第六章。
3 青蛙见 Revelation xvi，13；以及对比洛克的撒旦-敌基督肖像（插图2），画中除了青蛙之外，还有蝎子。
4 犹太人谋杀基督徒儿童：这个指控在纳粹德国时期被重新提起。关于拉比从一个“雅利安”儿童身上吸血的图片在官方报纸《先锋报》(*Der Stürmer*) 上非常常见，该报甚至有一整期关于这个问题的专刊(1934 年 5 月 1 日)，对比 Trachtenberg，p. 243。
5 转引自 Trachtenberg，p. 42。

第五章 十字军运动的后果

伪鲍德温和“匈牙利大师”

1 关于讷伊的福尔克：Reinerus，p. 654。完整的近现代叙述见 Alphandéry and Dupront，vol. II，pp. 45 – 64。关于儿童十字军运动：参见 Hecker，Appendix，pp. 346 – 53，简明概括见 Runciman（2），vol. III，pp. 139 – 44；更完整的叙述见 Alphandéry(3) and Alphandéry and Dupront，vol. II，pp. 115 – 48，这些内容分析了潜在的幻想；以及对比 Munro，esp. p. 520 对资料的批判研究。
2 鲍德温被视为超乎寻常的人：Cahour，p. 82。Cahour 的作品是关于伪鲍德温的最完整的近现代叙述。简短一些的概括见 Kervyn de Lettenhove（1）。本书的叙述主要基于 Mouskes（OS），vol. II，lines 24463 – 25325。
3 关于针对乔安娜女伯爵的战争：Alberic of Trois-Fontaines，p. 794；Baldwin of Ninove，p. 541；*Chronicon S. Medardi* Suessionensis，

p. 722; Mouskes, lines 24839 – 43。对比 Cahour, p. 168。

4 关于人们对伪鲍德温的崇敬: Mouskes, lines 25117 sq. 。

5 ibid., lines 24851 – 5.

6 ibid., lines 24741 – 8; 以及对比 ibid., lines 24771 – 2。对这场运动的社会层面的叙述不仅出自 Mouskes, 也出自一些拉丁语编年史（其中有些不可否认是很久之后才被创作出来的），例如 *Chronicon Andrensis monasterii*, p. 579; *Chronicon Turonense*, pp. 307 – 9; 以及 John of Ypres, p. 609。

7 关于这些盟约: 亨利三世的见 Rymer, vol. I, p. 177; 女伯爵的见 *Gesta Ludovici VIII*, pp. 308 – 9。

8 关于在瓦朗谢讷的骚乱: Mouskes, lines 25019 sq. 。

9 ibid., lines 25201 sq. ; 对比 ibid., lines 24627 – 30。有些编年史作家将这位隐士描述成真正的伯爵, 例如 Paris, vol. III, pp. 90 – 91。但近现代历史学家一致认为这是一次冒名顶替事件。

10 关于法兰西王国在君主国中的至高无上: Bloch (1), p. 237。

11 关于腓力二世的自命不凡: Giraldus Cambrensis, pp. 292 sq. 。对比 Folz, pp. 277 – 9。

12 关于在巴黎的小派信徒: Caesarius of Heisterbach, pp. 304 – 7。

13 穆罕默德比基督更强大: Salimbene, p. 445。

14 1251 年牧人十字军运动的故事是一位巴黎的方济各会会士在当时写给 Adam Marsh 和其他在牛津的方济各会会士的信中讲到的, 这封信可参见: *Annales monasterii de Burton*, pp. 290 – 93; in the *Chroniques* de *Saint-Denis*, pp. 115 – 16; by Paris, vol. V, pp. 246 – 54; by Primat, pp. 8 – 10; by William of Nangis (1), p. 383, and (2), vol. I, pp. 207 – 8, 435 – 6。(William 主要参考了 Primat。) 本书中的叙述主要基于以上资料。下文中列出的资料能够佐证上述内容, 或就特定问题补充额外信息。关于近现代的概述: Berger, pp. 393 – 401; Röhricht (3)。

15 关于“匈牙利大师”: *Chronica minor auctore minorita Erphordiensi*, p. 200, *Chronicon S. Martini Turonensis*, *Continuatio*, p. 476; *Flores temporum*, *Imperatores*, p. 241。

16 关于队伍的结构、人员组成和组织方式: Baldwin of Avesnes (attrib.), p. 169; *Chron. min. auct. minorita Erphordiensi*, loc. cit. ; *Chronica universalis Mettensis*, p. 522; *Chronique anonyme des Rois de France*, p. 83; Gui (1), p. 697; John of Columna, pp. 123 – 4; Wykes, p. 100。

17 牧人靠武力获得食物: *Annales* monasterii de *Waverleia*, p. 344; Richerus, p. 311。

18 他们对圣礼和神职人员的鄙夷: *Chron. univ. Mettensis*, loc. cit. 。

19 牧人在鲁昂：*Chronicon S. Catharinae de Monte Rotomagi*, pp. 401 – 2；*Chronicon S. Laudi Rotomagensis*, pp. 395 – 6；*Chronicon Rotomagense*, p. 339；*Visitationes Odonis Rigaudi*, p. 575。

20 在巴黎、图尔和奥尔良：*Annales monasterii de Oseneia*, p. 100；*Chron. univ. Mettensis*, loc. cit.；John of Columna, p. 124；John of Tayster, p. 589；Thomas of Chantimpré, p. 140。

21 因为杀死司祭而获得威望：*Chronicon Normanniae*, p. 214；Gui（1），loc. cit.。

22 教会陷入危险：Thomas of Chantimpré, loc. cit.。

23 亨利三世的指示见 Berger, p. 401, Note I。

24 说牧人是穆斯林：Baldwin of Ninove, p. 544。

25 关于被认为是牧人的最终目标的内容，参见给 Adam Marsh 的书信结尾处的评论。

最后的穷人十字军运动

1 关于 13—14 世纪佛兰德城镇的状况，Professor Carus-Wilson 最近评论说，"资本和劳动力之间的矛盾达到了十分强烈和暴力的程度，哪怕是近现代欧洲的高资本主义（*Hochkapitalismus*）时期的情况也无法与之相提并论……当时（纺织业中的）工匠已经在各方面陷入了对企业家的依赖"（Carus-Wilson, p. 399）。关于资本家和无产阶级的关系另见：Bezold（3）；Heer, pp. 469 – 71；Peuckert, p. 240。

2 关于农民处境的变化：Nabholz, pp. 493 sq., 503。

3 Tobler（OS）, proverb 52.

4 转引自 Trachtenberg, p. 221。

5 Jean de Meun, lines 11540 – 49.

6 *Renart le Contrefait*, lines 25505 sq.

7 关于卡皮雄：*Chronicon anonymi Laudunensis canonici*, pp. 705 – 6（引语"卡皮雄的极度疯狂"出自这里）；Robert of Auxerre, p. 251；以及运动早期的情况见 Robert of Torigny（参见 Sigebert of Gembloux 项下），p. 534。

8 Luke xviii, 22 – 5.

9 财主和拉撒路：Luke xvi, 19 sq.。

10 富人是基督的坏儿子见 Alphandéry and Dupront, vol. II, p. 197。

11 关于带着蛇的女人：Bernheimer, p. 33；以及对比 Heer, pp. 456 – 60。

12 关于在织布工中间传教的持异端者：Eckbert of Schönau, cols. 13 – 14；Bernard（1）, col. 761。

13 关于 1309 年的平民十字军运动：*Annales Austriacarum*, *Continuatio Florianensis*, pp. 752 – 3；*Annales Colbazenses*, p. 717；*Annales Gandenses*,

p. 596；*Annales Lubicenses*，p. 421；*Annales S. Blasii Brunsvicenses*，p. 825；*Annales Tielenses*，p. 26；*Chronicon Elwacense*，p. 39；*Gesta abbatum Trudonensium*，p. 412；Gui（2），p. 67；John of Winterthur，p. 58；*Continuatio Brabantina*（参见 Martin of Troppau 项下），p. 262；Muisis，p. 175；Ptolomy of Lucca，p. 34；William of Egmont，p. 577。另见 Heidelberger，pp. 44 – 5。

14 饥荒：饥荒的列表出自 Curschmann，pp. 82 – 5，它揭示了一个有启发性的事实，即严重的饥荒于 1225 年（伪鲍德温事件当年）、1296 年（鞭笞派游行当年，见第五章）和 1309 年（平民十字军运动当年）发生在低地国家和莱茵河下游；而在这几个时间点之间，尽管间隔的时间很长，却没有发生饥荒的记录。

15 关于 1315 年的饥荒：Lucas。

16 关于预言：William of Nangis，*Continuatio III*，vol. II，pp. 179 – 80。

17 关于 1320 年的牧人十字军运动：Gui（3），pp. 161 – 3；John，canon of St Victor，pp. 128 – 30（写于 1322 年前后）；William of Nangis，*Continuatio II*，vol. II，pp. 25 – 8（可能是照抄了 John of St Victor 的作品）。近现代的概述见：Devic and Vaissète，pp. 402 – 6；Graetz，vol. VII，pp. 277 sq.；Alphandéry and Dupront，vol. II，pp. 257 – 64。犹太编年史作家 Usque 和 Ibn Verga 在事件发生大约两个世纪后（分别用葡萄牙语和希伯来语）讲述了这个故事，他们的叙述中有许多模糊不清、令人困惑的地方。但他们参考了一份已经失传的西班牙语资料，不仅针对“救世主们”，也就发生在法兰西王国南部和西班牙的对犹太人的屠杀提供了一些特别有价值的内容：Usque，vol. III，pp. xvi sq.；Ibn Verga，pp. 4 – 6. Joseph ha-Cohen，pp. 46 – 7，copies Usque；对比 Loeb，pp. 218 – 20。对在特定地区发生的屠杀的研究见：Kahn，p. 268；以及 Miret y Sans。

18 关于教皇通谕，参见 John xxii。

19 关于低地国家的阶级战争：Pirenne（1）。

20 关于在巴黎和鲁昂的暴乱：Levasseur，p. 510。

21 一名纺织工人在伊普尔被烧死：document in Espinas and Pirenne（OS），p. 790。

22 最容易找到的《与我一同经历苦难》仍是被列在参考书目中 John of Roquetaillade 项下的版本，但该版本的正文略有缺陷。这部作品被分为二十个 *Intentiones*，其中第五个预言了社会动乱。关于罗奎塔亚德的约翰本人：Bignarni-Odier。其中引用的社会预言（pp. 32 – 3）可能出自罗奎塔亚德的约翰的一部已经失传的作品，如果该作品真实存在的话，它可能比《与我一同经历苦难》更有意思，但内部证据强烈显示它其实是很久之后的人假冒其名创作的。

23 后来的预言中，最著名的是由 the hermit Telesphorus of Cosenza 在

1386 年做出的。该预言是献给热那亚总督的，其目的是让热那亚接受法兰西王国的统治。

第六章　腓特烈皇帝作为弥赛亚

约阿基姆预言和腓特烈二世

1 关于菲奥雷的约阿基姆：Grundmann（1）and（3）；Bloomfield。截至1954 年的详尽参考书目信息见 Russo。

2 关于约阿基姆对近现代“历史哲学”的影响：Löwith, pp. 158 – 9 and Appendix I；Taubes, pp. 90 – 94；Voegelin, pp. 110 – 21 *et passim*。

3 关于“第三帝国”这个名称中隐含的约阿基姆主义内涵：Kestenberg-Gladstein, pp. 245, 283。

4 四十二代：Matthew i，17。

5 关于约阿基姆主义在欧洲南部的情况：Benz；更简洁的内容见：Hübscher, pp. 107 – 32；Morghen, pp. 287 sq. 。关于同时期人对里恩佐的态度的叙述，另见 Burdach（1）, pp. 5 – 53, *passim* and esp. pp. 1 – 23。

6 关于在意大利的约阿基姆主义中占据重要地位的天使-教皇的观点：Baethgen。在前述章节中提到过的法兰西先知罗奎塔亚德的约翰在很多方面可以算是一位约阿基姆派，尽管他生活的年代比这晚得多。

7 关于约阿基姆主义渗透到欧洲北部：Bloomfield and Reeves。约阿基姆主义对末世皇帝理念的影响见 Reeves（2）。

8 腓特烈二世作为末世皇帝：Kampers（1）, pp. 76 – 7，154 – 5。

9 关于腓特烈二世，参见 Wolf，G. 中收录的文章。

10 关于在施瓦本的布道者：Albert of Stade, pp. 371 – 2。对这场运动或这个小派的近现代叙述可见 Völter；以及对比 Bloomfield and Reeves, pp. 791 – 2；Lempp；Schultheiss, pp. 19 – 20；Weller, pp. 146 sq. 。

11 宣言正文见 Arnold, Dominican（OS）；对比 Bloomfield and Reeves, loc. cit. ；Bossert, pp. 179 – 81；Völter。

12 关于埃特纳的隐修士：Thomas of Eccleston, p. 568。对比 Kampers（1）, pp. 83 – 7，这里也引用了西西里人和意大利人关于复活的腓特烈的信念的资料。一直与罗马做对的蒂沃利人自然会拥护“帝国的”事业，腓特烈的死是按照《蒂伯尔神巫预言》中的说法受人们悼念的；参见 Hampe，特别是 pp. 18 – 20 的拉丁语宣言。

腓特烈的复活

1 沃尔姆斯附近的伪腓特烈见 *Annales Colmarienses maiores*, p. 211；吕贝克的伪腓特烈见 *Detmar-Chronik*, p. 367。

2 诺伊斯的伪腓特烈的故事主要参考：Ellenhard of Strasbourg（2），

pp. 125－6；*Vita Henrici II archiepiscopi*（*Treverensis*）*altera*, pp. 462－3。一种可信性略差，但显示了这个故事是如何在公众的想象中被重塑的叙述见 Ottokar's *Reimchronik*, lines 32324 sq.（pp. 423 sq.）。Ottokar曾经是一位游方艺人，他在1305—1320年创作的作品似乎取材于一个流传在奥地利平民中间的故事，这个版本有浓厚的伪约阿基姆派观点的特色，它认可诺伊斯的君主是真正的腓特烈二世。近现代的叙述见：Meyer（Victor）；Schultheiss, pp. 23－47；Voigt, pp. 145 sq.；Winkelmann。

3 伪腓特烈作为朝圣者：*Continuatio Anglica*（参见 Martin of Troppau 项下），p. 252。关于他宣称自己曾居住在地下，参见 Note to the *Vita Henrici*, p. 462 中给出的他的书信。

4 关于他的消息在意大利引发的反应见 Salimbene, p. 537。

5 德意志王国诸侯承认这个冒充者：*Magdeburger Schöppenchronik*, p. 170。

6 关于伪腓特烈作为城市穷人的弥赛亚：Schultheiss, p. 170；Voigt, p. 148。

7 伪腓特烈承诺复活：Ottokar, p. 426。

8 关于在乌得勒支执行的处决：*Annales Blandinienses*, p. 33。

9 皇帝从火焰中获救：Ottokar, p. 427。

10 上帝让他返回的圣命：John of Winterthur, p. 280。

11 皇帝与祭祀王约翰：Oswald der Schreiber, pp. 1012 sq. and esp. p. 1027。

12 关于14—16世纪德意志王国对一位未来的皇帝-救主（通常被想象成复活的腓特烈）的信念：Bezold（4）；Döllinger（MW），pp. 317 sq.；Kampers（1），pp. 100 sq.；Peuckert, pp 213－43，606－29；Rosenkranz；Schultheiss；Wadstein, pp. 261 sq.。

13 Regenbogen. 对比 Oswald der Schreiber, loc. cit.。

14 *Magdeburger Schöppenchronik*, p. 313.

15 苏肯维特：转引自 Bezold（3），p. 60。

16 John of Winterthur, p. 280. 遮盖头顶剃光部分的主题在13世纪的伪约阿基姆派小册子 *Oraculum Cyrilli* 中就出现过。它会在德意志王国变得非常流行；对比 Peuckert, p. 189。

17 Rothe, p. 426. 对比他在（p. 466）对诺伊斯的伪腓特烈和大批“接受他的异端邪说”的人的评价。

18 关于希腊哲学家：Döllinger（MW），pp. 285－6。

未来的腓特烈的宣言

1 《变色龙》：拉丁语版本见 Wolf（OS），pp. 720 sq.。（这里以布道词的形式涵盖了原作的大部分内容，这场布道可能是在1409年或1439年进行的）；以及 Lazius（OS），H 2（*b*）-H 3（这里涵盖了原作的结尾部分，并加了 *Vaticinia de Invictissimo Caesare nostro Carolo V* 的新标题）。对此版本的概述可见 Bezold（4），pp. 573 sq.。德语版本见 Reifferscheid（OS），Document 9。对比 Döllinger（MW），pp. 349 sq.；Rosenkranz，pp. 516 – 17。
2 《西吉斯蒙德的改革》：参见 *Reformation Kaiser Sigmunds*（OS）。关于这部作品：Dohna；Bezold（3），pp. 70 sq.，and（4），pp. 587 sq.；Peuckert，pp. 198 sq.，220 sq.。关于作者身份这个令人为难的问题，另见 Beer's introduction，pp. 71 – 4。
3 关于西吉斯蒙德的预言：*Reformation Kaiser Sigmunds*，pp. 138 – 43。
4 《百章书》：这部作品的唯一一份留存于世的庞大手稿在科尔马（Colmar），且从未被编辑过。这里的叙述基于 Haupt（8）（MW）的详细分析。对比 Doren，pp. 160 sq.；Franz，pp. 114 – 15；Peuckert，pp. 224 – 7。
5 Haupt（8），pp. 202 – 3.
6 大量的面包等：对比 Revelation vi，6。面包、葡萄酒和油数量充足、价格低廉也是《蒂伯尔神巫预言》中描述的未来的君士坦斯的统治的特征。
7 "上莱茵的革命者"本人就是弥赛亚：Haupt（8），p. 209。
8 ibid.，p. 202；以及对比 pp. 163，208 sq.。
9 ibid.，pp. 211 – 12.
10 号召暗杀马克西米利安：ibid.，pp. 211 – 12。
11 ibid.，p. 215.
12 ibid.，p. 212；对比 p. 109。
13 ibid.，p. 210.
14 ibid.，p. 212；对比 p. 179。
15 对"放高利贷者"和律师的屠杀：ibid.，p. 201；对比 pp. 134，166。
16 ibid.，p. 168，Note I；对比 pp. 167 – 72。
17 ibid.，pp. 164 – 6.
18 对新型公正的评价：ibid.，pp. 164 – 6。
19 关于古代德意志人的帝国：ibid.，pp. 141 – 5。
20 关于拉丁人：ibid.，pp. 146 – 9。
21 关于德意志人的帝国未来的命运：ibid.，pp. 156 sq.，200。
22 ibid.，p. 201.
23 基督只教导犹太人：ibid.，p. 188。
24 关于宗主教和皇帝：ibid.，pp. 156 – 9。
25 ibid.，p. 157.
26 关于腓特烈转世幻想的延续不断：Peuckert，pp. 606 sq.。
27 关于 1513 年的鞋会起义：Schreiber（MW）。起义纲领中的千禧年主义因素出现在 Documents 20（p. 89）and 22（p. 92）。对比 Haupt（8），p. 200，Note 3；Peuckert，p. 625。

第七章　自我牺牲的救赎者精英

鞭笞派运动的起源

1　关于自我鞭笞行为在欧洲的起源：Förstemann, p. 7；Zöckler, p. 36。在卡马尔多利和丰泰阿韦拉纳进行的自我鞭笞见：Damian（1），cols. 415 – 17, and（2）, col. 1002。

2　一位托钵修士：Suso（1）, p. 43。

3　这里关于在意大利的游行的叙述基于：*Annales S. Justinae Patavini*, p. 179。

4　近现代的关于中世纪鞭笞派运动的叙述见 Förstemann，在长达几乎一个半世纪的时间里，这一直是最全面的叙述，但如今它已经被在佩鲁贾举行的第一次运动爆发六百周年纪念活动出版的专题论文集取代，参见 *Il Movimento dei Disciplinati*（MW）。其他有价值的叙述：Fredericq（1）（MW）；Hahn, vol. II, pp. 537 sq.；Haupt（1），（5）and esp.（II）；Hübner, esp. pp. 6 – 60；Lea（MW）, pp. 381 sq.；Lechner；Pfannenschmid；Werunsky, pp. 291 sq.。参考书目另见 Röhricht（2）。

5　世界即将被摧毁：Annales S. *Justinae*, loc. cit.。

6　Salimbcne, p. 466.

7　关于 1261—1262 年在阿尔卑斯山以北的运动：*Chronicon rhythmicum Austriacarum*, p. 363；*Annales Mellicenses*, Continuations：*Mellicensis*, p. 509, *Zwetlensis III*, p. 656；*Sanerucensis II*, p. 645；*Annales Austriacarum*, *Continuatio Praedicatorum Vindobonensium*, p. 728；Ellenhard（1）, pp. 102 sq.（关于在斯特拉斯堡的游行）；Henry of Heimburg, p. 714；Hermann of Altaha, p. 402。这个运动还传播到了波希米亚和波兰：*Annales capituli* Cracoviensis, p. 601；Basko of Poznan, p. 74；Pulkava of Radenin, vol. III, p. 232。

8　关于意大利的运动对德意志王国的影响：Hübner, pp. 33 – 92。

9　被认为是由基督做出的启示预言：Mark xiii（= Matthew xxiv, Luke xxi）。

10　天堂来信的原文见 Closener, pp. III sq.。信中的上下文背景是关于 1348—1349 年运动的，但内部证据显示这封信的日期可以追溯到 1262 年；对比 Hübner, pp. 54 sq.；Pfannenschmid, pp. 155 sq.。

11　关于德意志王国的运动的社会构成：*Chronicon rhythmicum Austriacarum*, p. 363。Baszko of Poznan 甚至称鞭笞派为“村野匹夫组成的小派”（secta rusticorum）。对比 Hübner, pp. 19 – 20。

12　关于鞭笞派宣称可以获得的救赎：Siegfried of Balnhusin, p. 705。Pulkava, loc. cit. 中的叙述是在很久之后写下的，可信度值得怀疑。

13　关于在德意志王国进行的镇压，参见例如 *Annales Veterocellenses*,

p. 43。

14 关于 1296 年的鞭笞派：Closener, p. 104; and Note 5 thereto。关于饥荒，参见第五章第二节注释 14、15。

15 关于黑死病：Ziegler，该著作如今取代了 Coulton, Nohl。具体到德意志王国的情况见 Hoeniger。

16 鞭笞派出现在瘟疫之前：*Kalendarium Zwetlense*, p. 692; *Annales Austriacorum, Continuato Claustroneoburgensis V*, p. 736。这两份资料都明确提出，在瘟疫蔓延到奥地利之前，这里就已经有活跃的鞭笞派了。

17 瘟疫在欧洲蔓延的过程见 Lechner, pp. 443 sq.；但对比 Hübner, pp. 12 – 13。

18 关于鞭笞派在英格兰：Robert of Avesbury, pp. 407 – 8。

19 斯特拉斯堡的情况见 Closener, pp. 105 sq.。

20 图尔奈的情况见 Muisis, pp. 349, 354 – 5。

21 低地国家的数据：*Breve chronicon Flandriae*, p. 26; Muisis, pp. 354 – 5; 以及爱尔福特的数据见 *Chronicon S. Petri vulgo Sampetrinum Erfurtense*, p. 180。

22 这里的关于鞭笞派的组织、规则和仪式的叙述基于：du Fayt, pp. 703 sq.; Henry of Herford, p. 281; Hugh of Reutlingen, pp. 21 sq.; Matthew of Neuenburg, pp. 265 – 7; Muisis, pp. 355 sq.; Twinger, vol. IX, pp. 105 sq.。

23 女人或司祭会导致仪式失效：Gilles van der Hoye, p. 342; du Fayt, p. 704; Fredericq（OS）, vol. III, p. 15 中的本国语编年史。

24 圣歌的歌词见 Hübner。

25 Henry of Herford, p. 268.

26 John of Winterthur, p. 278. 时间是 1348 年。

27 鞭笞派作为救主见：Boendaele, vol. I, p. 590; Closener, p. 119; Fredericq（OS）, loc. cit. and p. 18; Henry of Diessenhofen, p. 73; *Magdeburger Schöppenchronik*, p. 206。

28 平民诅咒神职人员：Closener, loc. cit.; *Magdeburger Schöppenchronik*, loc. cit.; Muisis, p. 350; Taube of Selbach, p. 77。

革命的鞭笞派

1 关于地震是“弥赛亚灾难”，资料来源参见 Hübner, p. 30, Note 2。

2 对黑死病的末世论解读：*Detmar-Chronik*, p. 522。

3 Hübner, p. 31 中引用了这些内容的拉丁语，并给出了引文出处。

4 John of Winterthur, p. 280.

5 伟大的“占星家”见 Michael de Leone, p. 474。

6 计划持续时间（三十三年半）见 Closener, p. 120。

7 在布雷斯劳的调查参见 Hübner, pp. 22, 24（Note 1）, 29, 47（Note 2）, 204（Note 1）中对 *Quaestio* 做的摘录。

8 鞭笞派将自己比作基督：Boendaele, vol. I, p. 590；William of Nangis, Continuation III, vol. II, p. 218；chronicle in Fredericq（OS）, vol. III, p. 18。

9 关于游行队伍的社会构成：*Breve chronicon Flandriae*, p. 23；Henry of Herford, p. 282；Hugh of Reutlingen, pp. 51 – 2；Kervyn de Lettenhove（OS）, pp. 30 – 31；Matthew of Neuenburg, p. 266；Tilemann Ehlen of Wolfhagen, pp. 32 – 3；另见 Fredericq（OS）, vol. II, p. 136 和 Kervyn de Lettenhove（2）（MW）, vol. III, p. 353 中的资料。

10 关于神职人员作为先知：*hronicon comitum Flandrensium*, p. 226；Closener, p. 118；*Gesta abbatum Trudonensium*, p. 432；以及对比 the fourth version of Froissart，转引自 Fredericq（OS）, vol. II, p. 131。

11 教皇诏书见 Clement VI, pp. 471 – 2。

12 低地国家的编年史作家：*Gesta abbatum Trudonensium*, loc. cit. 。

13 科隆的大主教见 Synod of Cologne, 1353, p. 471。

14 布雷斯劳的情况见 Klose（MW）, p. 190。

15 关于鞭笞派的反教会态度和行为：*Chron. comitum Flandrensium*, loc. cit. ; *Magdeburger Schöppenchronik*, p. 206；*Chron. S. Petrivulgo Sampetrinum*, p. 181；Closener, pp. 115, 119；Detmar-Chronik, p. 520；Henry of Herford, pp. 281 – 2；le Bel, vol. I, p. 225；chronicle in Fredericq（OS）, vol. III, p. 18。

16 教皇的抱怨见 Clement VI, p. 471。

17 一位法兰西编年史作家：le Bel, loc. cit. 。

18 对给水井下毒的指控的近现代研究可见 Wickersheimer；以及对随之而来的屠杀的研究：Graetz, vol. VII, pp. 360 – 84；Werunsky, pp. 239 sq. 。

19 关于发生在法兰克福的事件：*Annales Francofurtani*, p. 395；Camentz, p. 434；Matthew of Neuenburg, p. 264。对比 Kracauer（MW）, pp. 35 sq. 。

20 在美因茨的事件见 Henry of Diessenhofen, p. 70；Matthew of Neuenburg, pp. 264 – 5；Taube of Selbach, pp. 92 – 3。对比 Graetz, vol. VII, p. 375；Schaab, pp. 87 sq. 。

21 科隆的情况见 *Annales Agrippenses*, p. 738；*Detmar-Chronik*, p. 275；*Gesta abbatum Trudonensium*, p. 432；Lacomblet, vol. III, p. 391, no. 489（23 September 1350）（引言出自这里）；*Notae Colonienses*, p. 365；Ennen and Eckertz, vol. IV, nos. 314, 385。对比 Weyden（MW）, pp. 186 sq. 。

22 布鲁塞尔的情况见 Muisis, pp. 342 – 3。

23 关于在低地国家的大屠杀：Boendaele, vol. I, pp. 588 – 93；du Fayt,

pp. 705 – 7; Fredericq (OS), vol. I, pp. 196 – 7 中对 Jan van der Beke 的低地德语翻译。

24 Clement VI, p. 471.

25 鞭笞派袭击平信徒：ibid.; 以及 *Detmar-Chronik*, p. 275。对比 Werunsky, pp. 300 sq. 。

26 腓力五世禁止自我鞭笞：Muisis, p. 361; 以及 Fredericq (OS), vol. III, pp. 20 – 21, 116 – 17 和 Kervyn de Lettenhove (2) (MW), vol. III, p. 358 中的资料。

27 拒绝鞭笞派的城镇：爱尔福特，参见 *Chron. S. Petri vulgo Sampetrinum*, p. 180; 亚琛，参见 Haagen (MW), vol. I, p. 277; 纽伦堡，参见 Lochner (MW), p. 36。

28 关于 1400 年的鞭笞派：Zantfliet, p. 358。

29 阿维尼翁的鞭笞派：*Breve chronicon Flandriae*, p. 14; Matthew of Neuenburg, p. 267, Note 2。

30 让·迪·费的报告见 du Fayt (OS); 以及对比 Fredericq (2) (MW)。

31 关于巴黎大学采取的行动：William of Nangis, Continuation III, vol. II, p. 217; Egasse du Boulay (OS), vol. IV, p. 314。

32 运动被教会当局镇压：Andrew of Regensburg, p. 2112; Benessius Krabice of Weitmühl, p. 516; Closener, p. 120; Francis of Prague, p. 599; Froissart, vol. IV, p. 100; *Magdeburger Schöppenchronik*, p. 206。

33 运动被世俗权威镇压：*Annales breves Solmenses*, p. 449; Tilemann Ehlen, p. 33; 以及 Fredericq (OS), vol. II, pp. 112 – 18 中的资料。

34 Henry of Herford, p. 282.

35 关于在圣彼得大教堂中进行补赎：*Magdeburger Schöppenchronik*, p. 219。

36 后来的禁令：低地国家，尤其是图尔奈，参见 Fredericq (1) (MW); 乌得勒支，参见 Synod of Utrecht, 1353; 科隆，参见 Synods of Cologne, 1353 and 1357, pp. 471, 485 – 6。

37 关于意大利的运动：Duplessis d'Argentré (OS), pp. 336 – 7。

图林根的隐秘鞭笞派

1 此处关于施密德和图林根的隐秘鞭笞派的叙述是基于 Stumpf (MW) 和 Förstemann, Appendix II 中翻印的文件。Stumpf 中的 Documents 2 and 3 概述了这位领袖的观点，另见 Schmid (1) and (2) (both OS)。关于施密德的近现代叙述：Haupt (12); 以及关于这个小派的历史：Förstemann, pp. 159 – 81; Haupt (5), pp. 117 sq. , and (II)。

2 关于 1348—1349 年鞭笞派运动在图林根的情况：*Chron. S. Petri vulgo Sampetrinum*, p. 180。

3 关于图林根作为腓特烈崇拜的中心：Grauert (1); Kampers (1),

pp. 97 – 109。
4 无畏者腓特烈作为末世论人物见：Peter of Zittau, pp. 424 sq. ；以及对比 Grauert (2), pp. 703 sq. 。
5 关于瘟疫的反复暴发：Haupt (5), p. 118, Note。
6 在北豪森的处决见 Körner (OS), col. 1113。
7 教皇鼓励异端裁判所：Gregory XI (1)。
8 关于爱尔福特的群体：Trithemius (1), vol. II, p. 296。
9 关于 1396 年以后发生在欧洲南部的鞭笞派运动：Förstemann, pp. 104 sq. 。
10 关于罗马的鞭笞派：Wadding, vol. X, pp. 33 – 4；以及对比 Wadstein, p. 89。
11 沙利耶·德·吉尔森：Gerson (4), p. 658, and (5), pp. 660 – 64。
12 15 世纪图林根鞭笞派的教义见 Stumpf, Documents 4, 5 (= Reifferscheid, Documents 5, 6)；对后一份文件的修订和增补出自另一份手稿：Haupt (5)。另见 Förstemann, document in Appendix II, pp. 278 – 91。
13 15 世纪的图林根编年史作家：Rothe, p. 426。
14 关于 1414—1416 年的镇压：Körner, p. 1206。对比，关于世俗当局在这些迫害中发挥的占主要地位的作用：Flade, pp. 80 – 82。
15 关于 1446 年在北豪森的鞭笞派：Förstemann, loc. cit., and pp. 173 sq. 。
16 1454 年在松德斯豪森：Stumpf, document 5；Haupt (5)。
17 关于对鞭笞派的最后审判：Förstemann, pp. 180 sq. 。1468 年，一位爱尔福特的隐修士写了一份反对鞭笞派的小册子，参见 John of Hagen (OS)。

第八章 不遵守道德准则的超人精英集团（一）

自由灵的异端邪说

1 “自由灵”的名字出自《哥林多后书》(3：17)：“主的灵在哪里，那里就得以自由。”
2 如今最全面的关于自由灵异端邪说的叙述是 1965 年出版的 Guamieri (2)，它取代了 Mosheim (2) (1790) 及 Jundt (1875)。过去几年里出版的简短一些的叙述见 Guarnieri (1)；以及涉及内容截至 15 世纪的 Leff, vol. I, pp. 308 – 407。Erbstösser and Werner 中的叙述无视了既有事实，反而支持一篇先验论的伪马克思主义论文。
3 自由灵异端邪说的存在受到了诸如著名教会历史学家 Karl Müller 的质疑；对比 Müller (1), p. 612, and (2)，多处。对 Müller (2) 的有力回应见 Niesel。

4 《凯瑟琳修女文集》：现存的所有版本都包含了大量正统天主教神学的篡改。同时使用两种已出版的版本有助于人们更公正地了解其原始内容；参见 Pfeiffer，Birlinger［both（OS），以及对比 Simon（MW）］。
5 “宗教信条”清单见 Preger（2）（OS）。
6 《简单灵魂的镜子》参见 Porete，Marguerite（OS）。
7 能证实天主教对自由灵描述的准确性的，还有关于另一个与之非常相似，但规模小得多的 14 世纪意大利运动的文献。这些内容被发表于 Oliger（MW）。
8 关于正统的中世纪神秘主义：Leclercq，Vandenbroucke and Bouyer。
9 关于正统的和异端的神秘主义之间的关系，尤其是在德意志王国的情况：Leff，vol. II，pp. 259 – 94。
10 在本书第一版中，笔者曾提出自由灵在 12 世纪就已经为西方世界所知的想法；但对证据的进一步思考让笔者对此想法产生了质疑。
11 关于优奇派：Runciman（1），esp. pp. 21 – 5，28 – 9；Guarnieri（2），pp. 272 – 3。
12 关于苏非：Guarnieri（1），pp. 367 – 70；Guarnieri（2）cols. 1249 – 50。

阿莫里派

1 对阿莫里派的近现代叙述见：Aegerter，pp. 59 sq.；Alphandéry（1）；Delacroix，pp. 34 – 52；Gilson，pp. 382 – 4；Hahn，vol. III，pp. 176 sq.；Jundt，pp. 20 sq.；Preger（1），pp. 166 sq.；以及下文详细列出的作品。
2 德意志编年史作家：Caesarius of Heisterbach，vol. I，pp. 304 – 7。Caesarius 给出的各个小派信徒名单在谴责令中得到了确认，参见 Synod of Paris，1209。
3 阿莫里的故事见 William the Breton，pp. 230 – 31。对比 Hauréau，pp. 83 sq.。关于阿莫里那些身份显赫的朋友：*Chronicon universale anonymi Laudunensis*；以及转引自 Capelle（MW），p. 94 的 Hostiensis（Henry of Susa，Henricus de Bartholomaels）。
4 关于阿莫里与此脱不了干系：*Chronica de Mailros*，p. 109。
5 《反对阿莫里派》小册子见 Garnier of Rochefort（attrib.）。
6 库尔松的罗伯特：in Denifle and Chatelain（OS），vol. I，p. 79。
7 英诺森三世：in *Concilium Lateranense IV*，cap. ii，p. 986。
8 关于阿莫里本人的学说，除 Caesarius and Hostiensis 之外，参见 Martin of Troppau，pp. 393 sq.。1278 年去世的 Martin 曾是五位教皇的特遣牧师。他的叙述在 15 世纪时被吉尔森采纳；参见 Gerson（8），p. 394，（10），p. 1242。然而，Martin 和 Hostiensis 可能都只是直接将他们在埃里金纳作品中发现的观点归为阿莫里的观点了。关于阿莫里和埃里金纳，参见 Jourdain，但 Jourdain 的论述如今已经找不到完整版：阿莫里派肯定是阿莫里的追随者，即便那些偏离正轨的成员也是在追随他，而不是追随迪南的大卫（David of Dinant）。

9 John, Abbot of St Victor.

10 在特鲁瓦的异端邪说见 Caesarius, p. 307，在里昂的见 Stephen of Bourbon, p. 294。

11 阿莫里派劝诱改宗见：Caesarius, p. 306；*Chronica de Mailros*, loc. cit.；Haereses sectatorum *Amalrici*。

12 关于阿莫里派的教义：Caesarius；Garnier of Rochefort；*Haereses sectatorum*；John, Abbot of St Victor；以及对被逮捕神职人员的审讯记录［参见 Alverny（MW）］，这些内容证实了 *Haereses sectatorum* 的准确性。近现代的对该教义的复原见：Capelle；Grundmann（2），pp. 355 sq.；Pra.。

13 *Haereses sectatorum*.

14 Caesarius, p. 305.

15 关于连续的道成肉身的理论：*Haereses sectatorum*；Garnier of Rochefort, p. 30。

16 圣灵通过阿莫里派讲话：Caesarius, p. 305。

17 Garnier of Rochefort, p. 51.

18 关于阿莫里派的弥赛亚幻想：Caesarius, pp. 305 – 6。

19 圣维克多隐修院院长的布道见 John, Abbot of St Victor。

20 William the Breton, vol. I, p. 232.

自由灵的社会学

1 狂热追求自愿贫穷的社会学意义一直是一个充满争议的问题。一些马克思主义学者将自愿贫穷解释为受压迫之人的特定运动，这一说法肯定歪曲了事实。Grundmann（2）对这种过度简化做出了精彩分析，参见 esp. pp. 28 sq.，157 sq.，188 sq.，351。尽管如此，无论是在教会内外，那些不可能避免贫穷的人——特别是城市中的工匠——还是在这个运动中发挥了最主要的，比 Professor Grundmann 认为的更多的作用。

2 威廉·科内利斯见 Thomas of Chantimpré, p. 432。

3 关于 1250 年前后在安特卫普的反律法主义和对贫穷的狂热追求：document in Fredericq(OS), vol. I, pp. 119 – 20；以及对比 McDonnell, pp. 489 – 90。

4 关于同样于 1230 年前后活跃在安特卫普的女性神秘主义者 Hadewijch 和意大利人 Jacopone of Todi，参见 Guarnieri（1）pp. 362 – 3，以及 Guarnieri（2）cols. 1243，1247。

5 关于“乞求”和“乞丐”的派生，参见 Oxford English Dictionary。

6 关于贝格哈德的服装和他们在公共场合的行为：*Annales Basileenses*, p. 197；John of Dürbheim（1），pp. 259 – 60；Pelayo，vol. II，lib. ii，article 51，para. K；Wasmod of Homburg；Wattenbach（1）（OS）。Pelayo，articles 51 and 52 仔细分析了贝格哈德的生活方式，也包括自由灵弟兄会的。

7 从几次宗教会议的命令中可以看出神职人员对贝格哈德日益加深的担忧，参见例如（all OS）：Synod of Mainz，1259，p. 997；Magdeburg，1261，p. 777；Trier，1277，p. 27（1227 年的日期是错误的）；Trier，1310，p. 247；Mainz，1310，p. 297。

8 除 Pelayo 之外，关于自由灵弟兄会的生活方式参见：Schmidt（2）（OS），pp. 224 – 33；Wattenbach（1）and（2）（both OS）。

9 关于工匠成为自由灵弟兄会成员：Conrad of Megenberg；Pelayo［最相关的段落转引自 Mosheim（2），p. 290］。关于背教神职人员和出身自富裕家庭的男女参与活动的证据很多；Erbströsser and Werner 试图以下层民众作为整个运动的代表的观点具有误导性。

10 关于中产阶级寡妇和未婚女子的地位：Power，pp. 413，433。

11 关于"寡妇之家中的"阿莫里派：*Chron. de Mailros*，p. 109 称他们为"Papelardi"；以及 *Chron. regia Coloniensis*，*Continuatio II*，p. 15 称他们为"Beggini"。关于这些称呼的意义：Grundmann（2），pp. 373 sq.；以及对比 ibid.，pp. 366 sq.。逮捕女性追随者见 William the Breton，p. 233。

12 关于贝居因：Neumann；McDonnell；以及简短的概要见 Haupt（9）。

13 隐修士被禁止与贝居因打交道：Synod of Mainz，1261，p. 1089。

14 图尔奈的方济各会会士：Simon of Tournai，pp. 33 sq.。

15 德意志王国东部的主教：Bruno of Olmütz，p. 27。

16 关于在俗教士的态度：Grundmann（2），pp. 378 – 84。关于贝居因被托钵修会同化：ibid.，pp. 199 – 318。

17 Conrad of Megenberg 描述了一位自由灵内行受到一个贝居因群体接待的事。

18 Nider, lib. III, cap. v, p. 45.

19 Ulanowski（OS），p. 248.

第九章　不遵守道德准则的超人精英集团（二）

运动的蔓延

1 关于自由灵在上莱茵地区的传播：Hartmann（OS），p. 235。在斯特拉斯堡的火刑的资料出自 Duplessis d'Argentré，vol. I，p. 316。

2 大阿尔伯特见 Nider，lib. III，cap. v，p. 45。

3 特里尔教区见 Synod of Trier，1277，p. 27。

4 科隆见 Henry of Virnenburg；Wadding，vol. VI，pp. 108 –9；以及对比 Mosheim（2），pp. 232 –3。

5 关于讷德林根的两个贝格哈德：*Annales Basileenses*，p. 194；以及对比 Grundmann（2），pp. 404 sq.。异端信条参见 Albertus Magnus（OS）。Preger 和 Haupt 发现的大阿尔伯特做出分析的手稿都是唯一的。Nider 在 1435 年写到（loc. cit.）他在大阿尔伯特的笔记本中看到过原始的信条列表，但那已经失传了。Preger 给出了一个包含二十九个信条的列表，该列表出自另一份同样是关于这次在 Swabian Ries 爆发的异端邪说风潮的独立资料；参见 Preger（1）（OS）。对这些资料中展现的教义的复原见：Delacroix，pp. 60 –68；Grundmann（2），pp. 401 –31；Preger（1）（MW），pp. 207 –12。

6 玛格丽特 · 波雷特见：William of Nangis，*Continuatio II*，vol. I，pp. 379 –80；*Grandes chroniques de France*，vol. V，p. 188；Jean des Preis，pp. 141 –2。对其著作的谴责见 Langlois（OS）。对她的判决见 Lea（OS）。克雷芒五世的书信见 ibid.，p. 578，Note。另见 Guarnieri（1），pp. 388 –9，408 –13，以及关于该书在英格兰的命运，p. 434。

7 关于维埃纳公会议：Müller（Ewald），esp. Appendix B。教皇诏书参见 Clement V。

8 关于教会对贝居因的迫害：McDonnell，pp. 505 –74。

9 斯特拉斯堡主教的牧函：John of Dürbheim（1）。

10 关于主教管辖的异端裁判所：Lea（MW），p. 370。

11 斯特拉斯堡主教给沃尔姆斯主教的书信：John of Dürbheim（2）；以及他给教皇的书信：Baluze（1）（OS），vol. III，pp. 353 –6。

12 异教首领瓦尔特见 Trithemius（1），vol. II，p. 155；以及对比 Mosheim（2），pp. 270 sq.。

13 秘密团体成员被逮捕和处决见 John of Viktring，vol. II，pp. 129 –30；John of Winterthur，p. 116；William of Egmont，pp. 643 –4（最后一个是一份当时的资料）。

14 在科隆的自愿贫穷之家见 Wattenbach（1）（OS）；以及对比 *Gesta Baldevvini Treverensis archiepiscopi*，p. 144。

15 康斯坦茨的三名贝格哈德见 John of Winterthur，pp. 248 –50；以及对比 Mosheim（2），pp. 301 –5。

16 任命教廷裁判官，参见 Innocent VI。

17 在施派尔的内行见：Nauclerus，pp. 898 sq.；Trithemius（1），pp. 231 sq.。另见 Haupt（1），p. 8。

18 1357 年在科隆：Synod of Cologne，1357，pp. 482 –3。

19 巴塞尔的尼古拉斯见 Nider，lib. III，cap. ii，p. 40；对他的一位追随者的判决出自 Schmidt（1）（OS），pp. 66 –9，并在 Haupt（4），p. 509 被修正。Schmidt 的书中关于尼古拉斯的概括论点一直遭到驳斥。关于尼古拉斯的近现代叙述见 Strauch。
20 在美因茨的处决见 Ritter（OS）。
21 塞巴斯蒂安·布兰特：*De singularitate quorundam fatuorum additio*, in Brant（OS）, pp. 119 – 21。
22 自由灵传播到波希米亚和奥地利：John of Viktring, vol. II, p. 130。
23 自由灵在巴伐利亚的贝居因中间：Conrad of Megenberg。
24 在维尔茨堡的主教教区：Haupt（1）, pp. 6 sq.，引自 *Monumenta Boica*, vol. XL, pp. 415 – 21。
25 1377 年雷根斯堡的宗教会议见 Haupt（2）, p. 488，引自 *Monumenta Boica*, vol. XV, p. 612。
26 在艾希施泰特的审判见 ibid., pp. 490 sq.。
27 在卡姆的群体见：*Errores bechardorum et begutarum*，以及 Haupt（7）。
28 关于 15 世纪期间在巴伐利亚实施的针对贝格哈德的措施：Haupt（2）；Lea（MW）, pp. 412 – 13。
29 在施韦德尼茨的群体见 Ulanowski（OS）。
30 Synod of Magdeburg, 1261, p. 777.
31 Matilda of Magdeburg, p. 260.
32 爱尔福特的抄写员见*Gesta archiepiscoporum Magdeburgensium Continuatio I*, p. 434。
33 马格德堡的三名贝居因见 ibid., p. 435；以及*Erphurdianus Antiquitatum Variloquus*, pp. 134 – 5。
34 关于对克林格的任命和他拥有的权力：Urban V（1）；Charles IV（1）and（2）。然而教皇诏书的时间是 1368 年，而不是 Mosheim 给出的 1367 年。
35 在爱尔福特的镇压：Wattenbach（1）（OS）；以及在北豪森的：Körner, p. 1113。
36 爱尔福特和马格德堡不再有持异端的贝格哈德和贝居因：*Gesta archiepiscoporum Magdeburgensium Continuatio I*, p. 441。
37 关于 1550 年前后在图林根的小派：Hochhut, pp. 182 – 96；Wappler, pp. 189 – 206。
38 教皇的呼吁：The Pope's appeal：Gregory XI（2）。
39 在吕贝克和维斯马的处决：Körner, pp. 1185 – 6。
40 关于格鲁特针对异端的斗争：Groot（OS）, pp. 24 – 48；以及对比 Preger（2）（MW）, pp. 24 – 6。
41 布勒默迪内见 Bogaert（OS）, p. 286。关于布勒默迪内的文献很丰富，但是并没有提出什么 Bogaert 没提过的信息。Bogaert 的作品是在吕斯布鲁克去世后写的。然而他声称自己的信息来自吕斯布鲁克的伙伴 John of Schoonhoven；大部分历史学家认为他的叙述是准确的。

42 吕斯布鲁克公开嘲讽：Latomus（MW），p. 85。

43 吕斯布鲁克对自由灵弟兄会的攻击可见参考书目列表中的如下作品：Ruusbroec（1），pp. 52 – 5，（2），pp. 228 – 37，（3），p. 105，（4），pp. 191 – 2，209 – 11，（5），pp. 278 – 82，297 – 8，（6），pp. 39 – 52。讽刺的是，吕斯布鲁克去世二十年后，他本人也被吉尔森指责为异端；参见 Combes，多处。

44 关于 1410 年任命的两名裁判官：Latomus，p. 84。

45 智慧分子见 *Errores sectae hominum intelligentiae*；以及对比 Altmeyer，pp. 82 – 3。

46 1365 年的教皇诏书见 Urban V（2）。

47 关于"特卢平派"：Gaguin，lib. IX，p. 89；Baronius and Raynaldus，vol. XXVI，p. 240。另见 Du Cange，under 'Turlupini'。关于这个名字的可能起源：Spitzer。

48 吉尔森的评论可参见参考书目中列举的如下作品：Gerson（1），p. 19，（2），p. 55，（3），p. 114，（6），pp. 306 – 7，（7），p. 369，（9），p. 866，（11），p. 1435。他获得信息的来源之一是一本"精妙得几乎令人难以置信的"书，他认为该书作者是"Mary of Valenciennes"。如今可以确定这本书就是玛格丽特·波雷特的《简单灵魂的镜子》；对比 Guarnieri（1），pp. 461 – 2。

49 人们普遍认为，14 世纪 70 年代从法兰西王国迁移到萨伏依地区（Savoy）的某些小派信徒及其他一些于 1420 年在杜埃（Douai）被处决的人都是自由灵弟兄会成员；但原始资料不支持这种说法。对杜埃案件的证据的详细研究见 Beuzart。

50 关于普鲁斯汀克和他的追随者：Frederichs（OS）；Luther（3）。近现代的叙述见：Frederichs（1）and（2）（both MW）；Rembert，pp. 165 sq. 。

51 加尔文在 1539 年和 1544 年对属灵自由思想者的最初抨击见 Calvin（1），pp. 300 – 301，350 – 51，and（2），pp. 53 – 4。

52 给纳瓦拉的玛格丽特的警告见 Bucer；Calvin（3）。

53 关于昆廷的结局：Calvin（5），cols. 361 – 2。

54 一万人的估计见 col. 163 of Calvin（4），这是加尔文创作的批判该小派的最重要论文。

55 对曾经的方济各会会士的回应见 Calvin（5）；Farel。

56 对属灵自由思想者的近现代叙述：Jundt，pp. 122 sq. ；Niesel；以及简短一些的：Lefranc，pp. 112 – 13；Saulnier，pp. 246 – 9。似乎没有足够的理由认为有时被认为是由该小派成员撰写的那些小册子真的出自他们笔下。这些作品有一部分实际上已经被确认为只是 the Anabaptist David Joris 的低地德语作品的法语翻译；参见 Bainton，p. 35。

自我神化的方式

1 Grundmann（7）显示了自由灵实际上并没有异端裁判所裁判官说得那么像一个统一的“小派”。不过一种前后一致的思维传统和惯例确实存在。在欧洲南部也能发现这种传统和惯例的踪影。关于意大利的“自由的灵”：De Stefano, pp. 327 – 44；Oliger；Guarnieri（1），pp. 404 – 97。另见 Burdach（1），p. 588 中的暗示性评论。西班牙的情况见 Guarnieri（1），pp. 483 – 4 的参考资料。

2 John of Dürbheim（1），p. 256.

3 *Errores sectae hominum intelligentiae*, p. 287.

4 Albertus Magnus, articles 76, 77.

5 16 世纪的属灵自由思想者具有的相同理念见：Calvin（4），cols. 178 – 9；Farel, p. 263。

6 关于最终的、包容一切的“天恩”的教义：Ruusbroec（3），p. 105，（4），p. 191，（5），p. 278（这里明确提到了三位一体中的三个位格被吸收）。

7 灵魂就像一滴液体：Ruusbroec（6），p. 41；对比 John of Dürbheim（1），pp. 257 – 8；Calvin（4），cols. 221，224。

8 没有来世：Ruusbroec（3），*loc. cit.*；John of Dürbheim（1），*loc. cit.*；以及对比 Pfeiffer（OS），p. 453。

9 地狱的含义：Caesarius of Heisterbach, p. 304。

10 Ulanowski（OS），p. 247.

11 关于灵魂的神性：Albertus Magnus, articles 7, 95, 96；Ruusbroec（6），p. 43。

12 Preger（2）（OS）.

13 ibid.

14 内行将自己置于圣徒等之上：Albertus Magnus, articles 22, 31, 39, 70, 74, 93；Preger（1）（OS），article I；John of Dürbheim（1），pp. 256 – 7；Ritter（1）（OS），p. 156。

15 John of Dürbheim（1），p. 256；对比 Calvin（4），col. 158。

16 Ruusbroec（6），pp. 44 – 5.

17 圣母和基督没有达到完美，参见例如 Wattenbach（2）（OS），pp. 540 – 41。

18 关于见习修士接受的训练参见例如 Ulanowski；*Schwester Katrei*（esp. Birlinger, pp. 20 sq.；Pfeiffer, pp. 456 sq.）；Wattenbach（1），pp. 30 sq.；*Errores bechardorum*。批判这种运动的基督教教会批评家也对这些训练的严格程度感到震惊，参见例如 Ruusbroec（1），（2），and（3）。

19 Wattenbach（2），p. 540. 这段引文不是一字不差的原文，而是根据对裁判官提出的几个问题的回答整理出来的。

20 ibid.,（1）, p. 533.

21 施韦德尼茨的自愿贫穷之家中的人：Ulanowski, p. 241。

22 Preger（2）（OS）.

23 《凯瑟琳修女文集》：Birlinger, pp. 23 – 4.

24 施韦德尼茨的内行的主张见 Ulanowski, pp. 249, 242；以及施瓦本的内行的主张见：Albertus Magnus, articles 19, 70；Preger（1）（OS）, article 30。

25 Albertus Magnus, articles 11, 74.

26 内行相信他们拥有施神迹的能力，参见例如 Gilles the Cantor according to *Errores sectae*; the hermit in the *Buch von den zwei Mannen*（Schmidt（2）（OS））; Hermann Küchener in Haupt（1）。

27 John of Dürbheim（1）, p. 256.

28 Ruusbroec（6）, pp. 42 – 3.

29 Ulanowski, p. 243.

30 Preger（2）（OS）.

神秘无政府主义的教义

1 关于布兰：Bruno de Jésus-Marie。

2 Suso（2）, pp. 352 – 7.

3 Garnier of Rochefort, p. 12.

4 ibid., p. 9.

5 Wattenbach（1）, pp. 532 – 3.

6 Albertus Magnus, article 61.

7 Preger（1）（OS）, article 4。对比 Albertus Magnus, articles 21, 24, 94。属灵自由思想者持有的相同信念见：Calvin（1）, cols. 350 – 51,（4）, cols. 155, 183 – 5, 201, 204 – 9,（5）, cols. 356, 361；Farel, pp. 4 – 5, 23 – 5, 27, 263, 277 – 8, 456 – 7；以及图林根的“血友”的信念：Hochhut（MW）, pp. 185 – 8。

8 Wattenbach（1）, p. 533.

9 Wattenbach（2）, p. 540，对裁判官吐露的内容也出自这里。

10 ibid., p. 539 ·

11 内行必须恢复他的力量：Wattenbach（1）, p. 532；Schmidt（2）（OS）；Nider, lib. III, cap. v, p. 45；Albertus Magnus, articles 44, 52（以及 Haupt 的校订：article 25 A）；Preger（1）（OS）, article 27。

12 Bertold of Rohrbach 强调了大吃大喝的精神价值，这位内行于 1356 年在施派尔被处以火刑；资料见第九章第一节注释 53—56。

13 对金质酒杯的评论见 Wattenbach（2）, p. 539。

14 施韦德尼茨的内行穿精致衣物：Ulanowski, p. 252。

15 凯瑟琳修女：Birlinger, p. 31。

16 Nider, lib. III, cap. v.
17 Schmidt (2) (OS).
18 Preger (OS).
19 《凯瑟琳修女文集》：Pfeiffer, p. 458；Birlinger, p. 31。
20 重获童贞：Wattenbach (2), p. 541。
21 关于无需良心不安的乱交：Calvin (4), cols. 184, 212 - 14；Hochhut, pp. 189 - 94；Preger (1)(OS), article II；*Errores sectae*, p. 283。Henry of Virnenburg 谴责持异端者认为私通不是罪的观点。施韦德尼茨的贝居因和与她们有联系的贝格哈德则坚称，拒绝性交的要求是“粗陋的灵”的标志。
22 “天堂之乐”和“上坡”：*Errores sectae*, p. 282。对比 Nider, lib. III, cap. v；Calvin, col. 184。
23 Hochhut, pp. 183 - 5；Wappler, pp. 189 - 92.
24 参见本书“附录”第 315 页（页边码）。
25 裁判官对原始无罪情景的评论见 *Errores bechardorum*。
26 吉尔森的评论见 Gerson (7), pp. 306 - 7。
27 伊甸园：*Errores sectae*, p. 282。
28 艾希施泰特的内行见 Haupt (2), pp. 490 sq.。
29 属灵自由思想者对亚当和末世的观点见 Pocque (OS)。Antoine Pocque（亦写作 Pocquet）是这个教派的领袖之一。这份小册子中得以留存的内容仅限于被加尔文大段引用的那些，它明确体现了这种教义的千禧年主义和半神秘主义特征。对反律法主义影响的陈述不如本书附录中列举的一些英文资料论述得那么明白，但可对比 Calvin (4), col. 200 关于该小派赋予亚当和无罪情景理念的意义。对涉及亚当崇拜的证据的综合研究可见 Guarnieri (1), pp. 428 - 32。
30 这些服从的誓言可参见例如 Schmidt (2), Ulanowski, Wattenbach (1) (all OS)。
31 吉尔森的评论见 Gerson (3), p. 114。
32 美因茨的马丁的坦白：Schmidt (1)(OS)。
33 Calvin (4), p. 158.
34 加尔文对于伪装的看法：ibid., pp. 170 - 71；Farel, pp. 87 - 8。
35 John of Dürbheim (1), p. 257.
36 Wattenbach (2), p. 539.
37 布吕恩的约翰：Wattenbach (1), pp. 532 - 5。
38 加尔文的评论见 Calvin (4), cols. 184, 214 - 20。
39 参见本书“附录”第 325 页（页边码）。
40 Guarnieri (1), p. 531.
41 ibid., p. 591.
42 ibid., p. 527.

43 ibid., p. 594.
44 ibid., p. 537 ·
45 ibid., p. 537.
46 ibid., p. 538.

第十章　平等主义自然状态

在古代思想中

1 阐述希腊和罗马自然状态概念的精彩文献合集可见 Lovejoy and Boas。
2 Ovid, lib. I, lines 90 – 112, and esp. 135 – 6.
3 Trogus, lib. XLIII, cap. i.
4 Lucian, Letter I.
5 关于希腊斯多葛派的平等主义：Bidez, esp. pp. 27 – 35。
6 Diodorus Siculus, Book II, cap. Iv – Ix（vol. I, pp. 167 – 72）.
7 名为《论公义》的论文见 Clement of Alexandria, vol. VIII, cols. 1104 – 13（Book III, chap. ii）。近现代的概要见：Adler, pp. 78 sq.；Walter（G.）, pp. 231 sq.（然而这里包含了一些错误）。这些作者都赞成的传统观点是，这篇论文是安条克四世写的，据说他是卡波克拉蒂斯派的创始人；但 Kraft 不认可这一点的理由似乎令人信服。
8 Seneca, Epistola XC.
9 平等主义秩序不可恢复地消失了：斯多葛派秉持宇宙历史会循环的观点，他们确实希望黄金时代会再次出现——不过只能出现在下一个循环，或称“伟大千年”（*annus magnu*）之中，即在现有的世界，包括生活于其中的所有人都被一场大火吞噬之后。

在教父思想和中世纪思想中

1 关于自然状态和约定状态的对比：Carlyle, vol. I, pp. 132 – 46; vol. II, pp. 136 sq.；vol. V, pp. 441 – 2：Troeltsch, vol. I, pp. 152 – 4。Boas 的正文和注释详细阐述了中世纪的教父们如何以各种方式想象自然状态。
2 ‘Ambrosiaster’, col. 439.
3 Augustine, vol. II, pp. 428 – 9（lib. XIX, cap. xv）.
4 Beaumanoir, p. 235, para. 1453.
5 Cyprian, cols. 620 – 21（para. 25）.
6 Zeno, col. 287.
7 Ambrose（2）, col. 62.
8 Ambrose（1）, col. 1303。对比 Lovejoy（MW）。我们并不清楚安布罗斯从这个教义中得出的实际结论是什么。如 Professor Lovejoy 指出的那样，他虽然建议通过大量施舍以减轻经济上的不平等，但他也认为贫穷、饥饿和痛苦是通往极乐生活的多种途径。（Ambrose（1），Book II，Chap. V.）

9 Gratian's *Decretum*，*pars secunda*，*causa XII*，*quaestio* i，cap. ii（cols. 882 – 3）.

10 *Recognitiones*，cols. 1422 – 3（lib. X，cap. v）.

11 伪伊西多尔：*Decretales Pseudo-Isidorianae*，p. 65（cap. lxxxii）。

12 Acts iv，32，34 – 5.

13 格拉蒂安接受第五封信的论点：*Decretum*，*pars prima*，*distinctio VIII*，*Gratianus*。

14 共产主义自然状态成为普遍观点：对比 Bezold（2），pp. 18 sq.；Carlyle，vol. II，pp. 41 sq.。

15 Jean de Meun，lines 8356 – 8452.

16 ibid.，lines 9493 – 8.

17 关于腐化堕落的过程：ibid.，lines 9561 – 98。

18 ibid.，lines 9609 – 61.

19 关于各小派对财产的态度：Troeltsch，vol. I，pp. 344 – 5。

第十一章　平等主义千年王国（一）

对英格兰农民起义的旁注

1 关于佛兰德伯国和法兰西王国北部发生的起义，参见本书第 104—105 页（页边码）及第五章第二节注释 18—22。

2 关于英格兰农民起义的权威著作依然是 Oman，Petit-Dutaillis（2）以及最重要的 Réville with Petit-Dutaillis（1）。更多近期的叙述见 Lindsay and Groves。重要的文章：Kriehn，Wilkinson。另见 Hugenholtz，Steel，Trevelyan 中的相关章节；以及 Burdach（2），pp. 171 – 203。

3 约翰·鲍尔的故事见：Froissart，vol. X，pp. 94 – 7；Walsingham，pp. 32 – 4；以及对比 *Anonimalle Chronicle*，pp. 137 – 8。

4 Froissart，vol. X，pp. 95 – 7.

5 Walsingham，pp. 32 – 3. 对比 Gower 的版本，见 p. 41（lib. I，cap. ix）。

6 *Dialogue of Dives and Pauper*，The seventh precepte，Chap. IV，cols. 3 – 4.

7 Master Wimbledon，转引自 Owst（MW），P. 305。

8 Wyclif，Book I，Divisions i and ii，and esp. chaps. 3，5，6，9，10，14.

9 Wyclif，p. 96.

10 关于威克里夫评论的普及：Hugenholtz，p. 212；Trevelyan，p. 198；以及对比 Jusserand，pp. 159 sq.。

11 Langland，vol. I，pp. 594 – 5（B Text，Passus XX，lines 271 sq.；C

Text, Passus XXIII, lines 273 sq.). 对比 vol. II, p. 283, Note 277。
12 Owst, pp. 287 sq. 对布罗姆亚德的翻译和摘录在 pp. 300 sq. 。
13 Matthew xiii, 37 – 43.
14 韵文见：Knighton, Continuation, vol. II, pp. 139 – 40；Walsingham, pp. 33 – 4。
15 关于下层神职人员发挥的作用，参见例如 Calendar of the Close Rolls, Richard II, vol. II, p. 17；以及对比 Hugenholtz, pp. 252 – 3。但从另一方面来说，情况似乎与人们普遍接受的说法不同，起义既不是被托钵修士，也不是被威克里夫的“贫穷教士”煽动起来的；对比 Steel, p. 66。
16 关于理查二世作为“能施神迹的国王”：Hugenholtz, esp. pp. 175 – 9。
17 傅华萨对鲍尔的伦敦支持者的评论：vol. X, p. 97；以及对比 Knighton, Continuation, vol. II, p. 132。关于伦敦人整体上在起义中发挥的作用：Hugenholtz, p. III；Wilkinson, esp. pp. 12 – 20；以及具体到伦敦的穷人：Lindsay and Groves, pp. 112 – 14, 135；Oman, pp. 17, 68；以及对比 Workman, vol. II, pp. 234 – 5。
18 烧毁萨伏依宫见：Monk of Westminster, p. 2；Walsingham, vol. I, p. 457。
19 在史密斯菲尔德提出的要求见 *Anonimalle Chronicle*, p. 147。
20 杰克·斯特劳的坦白见 Walsingham, pp. 9 – 10。这份坦白的真实性总是受到质疑。

塔波尔派的启示文学

1 胡斯和胡斯运动一直是捷克、奥地利及德国历史学家最喜欢的主题。截至 20 世纪 50 年代中期的参考书目见 Heymann；关于截至这个时期的主要著作的较精简列表见 Betts, Notes to pp. 490 – 91。如今被公认为权威的英语通史著作是 Heymann 的作品；但在 Leff, vol. II 和时间更早的 Lützow, 以及 Krofta (1), (2) and (3) 等著作中也能够找到有用的概述。共产主义者在捷克斯洛伐克执政时，推动了从马克思主义角度对这一问题进行的研究；相关作品包括：Graus, Maček。从社会学角度（但不是马克思主义角度）进行的近期研究有 Seibt (1) and (2)。关于这场运动中的塔波尔派分支，1956—1962 年出版的 Kaminsky (1), (2) and (3) 做出了重要的学术贡献；这些作品精辟地利用了捷克近年来对相关问题的研究成果，但避免了像马克思主义者那样将问题过度简单化。在德语作品中，Bezold (1) and Palacký, especially parts 1, 2 of vol. III 虽然年代确实有些久远，但依然非常有价值。Kautsky 的著名叙述曾经是马克思主义版本叙述的标准范例，但它并不可靠。
2 关于胡斯的教义、前辈和同伴：De Vooght；Leff, vol. II, pp. 610 –

85；以及 Molnar（1）and（2）。
3 关于约翰二十三世被废黜：Leff，vol. II，p. 650。
4 关于被认定为由行会发挥的作用：Andrew of Bömischbrod，p. 339；*Litera de Civitate Pragensi*，pp. 312 – 13。对比 Bezold（1），p. 36。
5 关于城镇中的社会阶层：Heymann，pp. 46 – 8；Maček，pp. 28 – 9。
6 关于城镇中的穷人：Graus，pp. 33 – 70。
7 关于人口过剩：ibid.，pp. 112 – 18。
8 关于通货膨胀：ibid.，p. 84，以及 Appendix I，pp. 174 – 95。
9 关于农民的处境：Bezold（1），pp. 55 sq.；但对比 Heymann，pp. 42 – 4，该作者认为大部分农民的状况仍然是不错的。
10 关于农村的无产阶级：Maček，pp. 32，68 sq.。
11 关于他泊山定居点的建立：Kaminsky（1）。
12 关于存在于 14 世纪波希米亚的对千禧年的期待：Burdach（2），pp. 116，133。
13 皮卡第派成员：关于这些移民的身份和观点仍存在很多争议。Bartoš 的结论至今仍很有说服力，参见 Bartoš（3）。但另见 Holinka，pp. 168 sq；Kaminsky（2），pp. 69 – 70，Notes 77 – 81；以及 Kaminsky（3），pp. 174，Notes 23 and 24。
14 启示预言见 *Tractatus contra errores*（*Picardorum*），articles 33 – 7。（此处及随后的对该信条的引用依照的都是 Dollinger's edition 的编号。）另见本节注释 21—28。
15 关于塔波尔派的启示信仰和千禧年主义信仰的最全面资料是 1420 年时根据塔波尔派文献和声明编辑的一份宗教信条列表。这个列表有各种捷克语和拉丁语版本；对它们之间的关系，以及列表的真实性的讨论，参见 Kaminsky（2），pp. 67 – 8，Note 54。捷克语版本之一见 Maček（1），pp. 57 – 66。这个同时包含瓦勒度派和千禧年主义内容的列表无疑是可靠的。很多信条与现存的塔波尔派文献中的内容相似；这些信条于 1420 年 12 月 10 日在布拉格一个被称为“在 Zmrzlik 的房子中举行的辩论”的活动中被提交给塔波尔派布道者，他们认可这些信条大体上正确。
16 转引自 Kaminsky（2）p. 48。
17 转引自 Kaminsky（2），p. 47。
18 不怜悯罪人：*Tractatus*，article 29。
19 ibid.，article 31.
20 ibid.，article 32.
21 切尔奇基奇的评论见 Kaminsky，（2），p. 51。
22 转引自 Kaminsky（2），p. 68，Note 57。
23 中立者也是撒旦大军的成员：*Tractatus*，article 39。
24 在复仇时刻效仿基督：ibid.，article 30。

25 ibid., article 25.

26 基督“带着荣耀和大能”降临：Taborite letter，转引自 Kaminsky (3), p. 178。

27 ibid.

28 关于在千年王国中：*Tractatus*, articles 42, 43, 44, 50, 51, 53；以及对比 Lawrence of Březová, pp. 400 – 401；*Staří letopisové čeští*, p. 478。

波希米亚的无政府共产主义

1 Cosmas of Prague, pp. 8 – 9 (lib. I, cap. iii).

2 《捷克韵文编年史》：*Rýmovanâ kronika česká*, p. 8。

3 *Majestas Carolini*, para. 2, p. 68.

4 不再交税：*Tractatus*, article 46；对比 Lawrence of Březová, p. 400。

5 *Staři letopisové*, p. 478.

6 *Tractatus*, article 47.

7 Jan Přibam，转引自 Palacký, vol. III, part 2, P. 190。

8 要被毁灭的城镇；布拉格被当作巴比伦：Lawrence of Březová, pp. 349, 399 – 400；*Tractatus*, articles 33, 34, 35。对比 Bezold (1), p. 50。

9 Revelation xviii, 7 – 11.

10 *Tractatus*, article 38.

11 Lawrence of Březová, p. 406.

12 ibid., p. 400.

13 1434 年塔波尔派集会的会议记录见 Charlier (OS), pp. 529 sq.。

14 关于建立塔波尔派群体：Maček, pp. 76 – 8；Palacký, vol. III, part I, pp. 394, 417；part 2, p. 60。

15 *Articuli et errores Taboritarum*, p. 220. 对比 *Invectiva contra Hussitas*, p. 627；Pulkava of Radenin, Continuation, vol. IV, p. 136；以及 Bezold (1), p. 44, Note 1 中出现的引自 Windecke 的内容。

16 从上帝的敌人手里抢夺财物：Lawrence of Březová, p. 400；*Tractatus*, article 40。

17 *Sollicitudo sacerdotum Thaboriensium*, pp. 486 – 7. 对比 Andrew of Böhmischbrod, p. 334；Lawrence of Böezová, pp. 391, 395；*Tractatus*, articles 39, 40, 41。

18 关于农民的命运：Bezold (1), pp. 59 – 63；Kaminsky (2), p. 62 and p. 70, Note 88。

19 *Sollicitudo sacerdotum Thaboriensium*, p. 484. 对比 *Invectiva contra Hussitas*, pp. 628 – 9。

20 关于胡斯卡的圣体教义：Kaminsky (3), pp. 174 – 8。

21 关于皮卡第派：Bartoš (1) and (2)；Palacký, vol. III, part 2, pp. 228 – 9；以及迫害他们的政治和军事理由见 Chalupný。关于波希米亚的亚

当派的最可靠资料来源是 Lawrence of Brezová, pp. 500 – 501（原文是捷克语，德语译文见 pp. 501 – 505），这里包含了被转交给布拉格大学的坦白。其他资料包括：Aeneas Silvius, cap. xli, *De Adamiticis haereticis*（p. 109）；以及 *Staři letopisové* 的附录，pp. 476 – 9（捷克语）。近现代的英文叙述：Heymann, pp. 261 – 3；捷克语：Bartoš（1），pp. 101 – 2，103；德语：Büttner and Werner，它取代了诸如 Dobrowský, pp. 318 sq. 和 Svátek, pp. 100 sq. 的早期德语叙述。18 世纪历史学家 Beausobre 证明关于亚当派的整个故事不可信的尝试只有历史学意义；他不知道 Lawrence of Březová 中提到的坦白。连 Kaminsky 和 Werner 这样毫不相似的近现代学者也一致认可当时的描述大体正确。

22 统治者亚当：对比 Burdach（3），pp. 158 – 61 中关于亚当是原始无罪情景中的世界之王。

23 基督评价娼妓和税吏：Matthew xxi, 31。

24 Matthew xxv, 6.

25 *Klingenbesger Chronik*, p. 198.

26 关于塔波尔派在国外的宣传：Palacký, vol. III, part 2, pp. 498 – 9。

27 关于德意志人表现出的焦虑：Haupt（6），pp. 274 – 8。

第十二章　平等主义千年王国（二）

尼克拉斯豪森的鼓手

1 关于维尔斯贝格的两兄弟和他们的教义：*Annales Mellicenses, Continuatio Mellicensis*, p. 521；Glassberger, pp. 422 – 6（包括布雷斯劳的教廷特使写的书信和一份异端信条列表）；Jobst of Einsiedeln；Ritter（2）（OS）（这里也包括一份异端信条列表）。本书的叙述就是基于这些材料，并以 Schiff（2）为补充，后者额外利用了一份慕尼黑的未发表手稿和其他一些于 1882 年由 H. Gradl 首次出版的材料中的内容。简略一些的叙述见：Haupt（13）；Preuss, pp. 46 – 7。

2 关于雇佣军：Schiff, p. 785。

3 Dorsten（OS），pp. 277 – 8（article 10 *ad fin.*）；以及对比 Kestenberg-Gladstein, Note 190, p. 294。

4 Jobst of Einsiedeln, p. 281.

5 关于爱尔福特和那位教授（Dorsten）：Kestenberg-Gladstein, pp. 257 sq.。

6 关于在 15 世纪德意志王国流行的末世论：Peuckert, esp. pp. 152 sq.；以及更简短的叙述见 Rohr。

7 艾希施泰特对鞭笞派的禁令：Haupt（2），p. 493。

8 维尔茨堡对贝格哈德的禁令：Lea（MW），pp. 412 – 13。

9　关于一群马的评论转引自 Franz，p. 81。

10　此处关于汉斯·伯姆和发生在尼克拉斯豪森的事情的叙述主要参考了四份资料：the chroniclers Fries，pp. 852 – 4；Stolle，pp. 380 – 83；Trithemius（1），vol. II，pp. 486 – 91 的叙述；以及由一个听过伯姆讲道的探子提交给维尔茨堡主教的报告［*Handell Hannssen Behem*：Barack（OS），Document 3］。这些资料在下文中不会再重复列举，除非是为了明确某一引文的出处或有其他特殊原因。能够提供补充信息的原始资料大多可以在 Barack（OS）中找到，这里给出了它们在该作品系列中对应的位置编号。Barack 中唯一没有的内容是 Reuss（OS）中一份关于此事件的同时期本国语诗歌，但它并没有什么额外的重要性。近现代叙述见：Barack（MW）；Franz，pp. 78 – 92；Gothein，pp. 10 – 25；Peuckert，pp. 263 – 96；Schäffler；Thoma。

11　Trithemius，p. 488.

12　美因茨大主教：Document 7。

13　Document 3.

14　ibid.

15　城镇贫民被吸引：对比 Peuckert，pp. 268，283。

16　关于农民宣称的“原始权利”：ibid.，pp. 254 – 9。

17　Widman（OS），pp. 216 sq.

18　伯姆作为施神迹者见：Document 4。

19　对朝圣者人数的估计分别出自 Trithemius、Fries 和 Stolle。

20　纽伦堡市议会：Document 6；以及对比 Documents 9，10。

21　宗教会议决定逮捕伯姆：ibid.，Document 8。

22　伯姆号召携带武器见 ibid.，Document 19。这份文件是一封维尔茨堡主教在假定发生的事件六周后写给萨克森公爵的书信；Franz、Gothein 和 Thoma 全都怀疑这封信的真实性。

23　关于朝圣者被驱散：Document II；Stolle。

24　维尔茨堡的担忧见：Document 15；Trithemius，p. 490。

25　主教要求支援：Document 12。

26　对未来朝圣的禁令：Documents 14，16，17，18。

27　朝圣者持续抵达：Documents 20，21，22，23。

28　教堂被停圣事：Document 25。

29　教堂被拆除：Document 27。

30　关于本地领主发挥的作用：Barack，p. 42；Peuckert，p. 284。

31　放弃土地：Document 26。

32　认为伯姆愚笨：Stolle，p. 380；认为他说不出一句整话：Trithemius，p. 486；认为他不会背诵《主祷文》：Document 15。

33　关于堂区司祭发挥的作用：Document 4。

34　关于隐士：Documents 4，10。

35 异象是个诡计：Document 4；Fries，p. 853。
36 隐士提示伯姆：Trimethius，p. 486。
37 隐士是贝格哈德：Document 4；隐士是波希米亚人：Document 10；以及对比 Barack（MW），pp. 37 sq.。
38 伯姆被发现时赤身裸体：Stolle，p. 381。
39 关于 1502 年发生在施派尔的鞋会起义：Franz，pp. 108－9。
40 关于后来的鞋会起义：ibid.，pp. 124－30；Haupt（8），p. 200，Note 3；Peuckert，p. 625；以及对比 Schreiber，p. 93 中的文件。
41 耶路撒冷被举着鞋会起义旗帜的人占领：Franz，p. 93。

托马斯·闵采尔

1 关于托马斯·闵采尔的著作很多。不少作家追随了 Engels（*Der deutsche Bauernkrieg*（1850））和 Kautsky，pp. 104 sq. 的脚步，将闵采尔主要视为一位社会革命家（无论对他持赞赏还是否定态度）。这导致一些作品成了单纯的浪漫主义记录（*vies romancées*）。它们之中具有一定学术性的是 Franz，pp. 408－46；Merx；Walter（L.－G.）；以及两份近期的、站在共产主义角度做出的研究：一是 Meusel，该作品很通俗，但是包含了一个非常有用的由 H. Kamnitzer 编辑的文件附录；二是 Smirin，这是一份篇幅很长的论文。总体来说，最有创见且发人深省的作品都是由那些主要将闵采尔视为神学家和神秘主义者的学者创作的：德语作品包括 Boehmer，Holl，Lohmann；英语作品包括 Carew Hunt，Williams。与本书中提出的解释尤其相关的内容是 Hinrichs 的近期研究和 Heyer 的一些研究。至于原始资料，Brandt［参见 Brandt；以及 Müntzer（both OS）］用现代拼写编辑的文集包括了闵采尔创作的所有小册子和从其他同时期资料中摘选的有用内容。除非另行说明，以下给出的指示信息依据的都是这个全面且方便的版本；但 *Briefwechsel* 指的是 Boehmer and Kirn［参见 Müntzer（OS）］编辑的闵采尔书信集。采用原始拼写的闵采尔最后三份小册子的重要版本可见 *Thomas Müntzers politische Schriften*，ed. Hinrichs。关于另一份通常被认为是出自闵采尔的门徒汉斯·胡特之手，但可能也是由他本人撰写的小册子，参见 Rupp。
2 闵采尔的早年经历参见 Boehmer（1）and（2），其中最先驳斥了一些由来已久的传奇说法。
3 关于施托希：Bachmann。
4 早在 1521 年初，Reformer Johannes Agricola 就注意到了闵采尔的嗜血；参见 *Briefwechsel*，p. 21。
5 闵采尔的苦行和神秘主义教义主要参见 Müntzer（1）and（2）；以及对比 Holl，Lohmann。
6 闵采尔说“成了上帝”：Förstemann（C. E.）（OS），p. 241。

7 Natusius, pp. 147 sq. 评论说闵采尔可能参考了图林根鞭笞派代表的一些传统。
8 关于在茨维考的社会冲突参见 the introduction to Brandt, p. 5。
9 关于茨维考的起义：Bachmann, p. 13。
10 布拉格宣言：*Briefwechsel*, pp. 139 – 59 中给出了德语、捷克语和拉丁语的共四个版本。
11 ibid., p. 150（第二个德语版本）。
12 *Briefwechsel*, p. 40.
13 布道词：Müntzer（3）。传统上认为闵采尔是在选帝侯和约翰公爵面前进行布道的观点不正确，他是在约翰公爵及其儿子面前布道的。对比 Hinrichs（MW）, p. 5, Note I。
14 撒旦的帝国：Müntzer（3）, p. 158。
15 ibid., p. 160.
16 ibid., pp. 161 – 2.
17 闵采尔将自己视为新的但以理：Hinrichs, pp. 59 – 64；Lohmann, pp. 62 – 3；以及对比 Heyer, p. 94。
18 闵采尔给在桑格豪森的追随者的信：*Briefwechsel*, pp. 61 – 3。
19 *Briefwechsel*, p. 76.
20 施托希评论财物公有：Brandt（2）；关于此叙述的可靠性参见 Brandt's note, pp. 224 – 5。
21 关于赫格瓦尔德：Schiff（1）, pp. 82 – 5。
22 卡尔施塔特变成农民：Peuckert, p. 250。
23 Klaus Rautenzweig 的坦白，in Opel（OS）, p. 211；以及对比 Hinrichs, p. 22。
24 关于闵采尔的上帝律法中的“共产主义”理念：Hinrichs, pp. 174 sq. 。
25《托马斯·闵采尔的历史》：Brandt（1）；以及参见 Brand't note, p. 223。对闵采尔的教导的叙述见 pp. 41 – 2。
26 闵采尔的坦白：Brandt（5）。
27 闵采尔为约翰公爵布道后紧接着发生的事见 Hinrichs, pp. 65 sq. 。
28 路德的信：Luther（1）。
29《明确揭露缺乏信仰的世界中的虚假信仰》：Müntzer（4）。
30 Müntzer（4）, p. 178.
31 ibid., pp. 170 – 71.
32 ibid., p. 171.
33 ibid., p. 177.
34 穷人还不够格：ibid., p. 178。
35 ibid., p. 178.
36《最详细和最急需的、对在威滕伯格的没有圣灵、放纵肉欲之人的辩驳和回应》：Müntzer（5）。

37 闵采尔的末世论和路德的截然不同：对比 Hinrichs，pp. 147 sq.。

38 关于闵采尔将路德视为一个末世论人物的观点：ibid.，pp. 170 sq.。

39 Epistle of Jude，14－19. 这个暗示因为《犹大书》第十九章中的“肉欲”一词而更加明显了，《英王钦定本》使用的是“sensual”，德语版《圣经》使用的是“fleischlich”。

40 Müntzer（5），p. 191.

41 ibid.，p. 192.

42 Isaiah v，8.

43 Müntzer（5），p. 192.

44 ibid.，p. 201.

45 选帝侯对平民的评论：Hinrichs，p. 8。

46 关于十字架和剑，以及它们的含义：Boehmer（1），p. 17。

47 关于闵采尔在德意志王国南部云游：Schiff（1）；Carew Hunt，vol. CXXVII，pp. 239－45。

48 关于米尔豪森的社会冲突：Franz，pp. 408 sq.。

49 关于德意志王国爆发农民战争原因的不同观点，优秀范例参见 Franz，Peuckert，Smirin，Waas。在此处试验性地提出的解释不会为马克思主义历史学家所接受；但就连 Professor Smirin（p. 271）也认可的核心观点是，闵采尔的终极目标并不是广大农民完全理解的。

50 在图林根的战争的特殊性：Franz，pp. 434 sq.。

51 关于铜矿工人的处境：Andreas，pp. 309－10。

52 闵采尔在农民战争中扮演的角色：人们可能会用 Bemmann，Boehmer（2）和 Jordan 中的叙述作为持反对意见的例子，这些内容几乎否认了闵采尔具有任何影响力；Franz 则认为闵采尔是图林根战争的唯一策划者；在 Smirin 这样的马克思主义者的作品中，闵采尔被表现为具有激进倾向的理论家，他的观点虽然只被少数人接受，但在绝不仅限于图林根的广大地区中表现出了活跃的影响力。

53 横幅见 Kamnitzer（OS），p. 308；以及对比 Boehmer（1），p. 17。

54 两千名“外国人”见 report of Berlepsch，mayor of Langensalza，转引自 Carew Hunt，vol. CCXXVII，p. 248，Note 184。

55 Brandt（3）；原始拼写版本见 *Briefwechsel*，pp. 109－11。

56 宁录的象征意义参见本书第十三章第 258 页（页边码）引用自 Sebastian Franck 的段落。

57 关于施托希的新活动：Meyer（Christian）（2），pp. 120－22。

58 《反对实施盗窃和谋杀行为的农民团伙》：Luther（2）。

59 关于在弗兰肯豪森的战斗，它的开端和结尾：Baerwald，Jordan；以及更简短的见 Carew Hunt，vol. CXXVII，pp. 253－63。

60 基甸：Judges vii，6 sq.。

61 闵采尔命令农民加入：对比 Baerwald，p. 37。
62 Brandt（4），p. 78.
63《托马斯·闵采尔的历史》：Brandt（1），pp. 45，48。
64 关于米尔豪森的投降和命运：Carew Hunt，vol. CXXVII，p. 262。
65 处决闵采尔见 Brandt（1），p. 50。
66 施托希之死见 Meyer（Christian）（2），p. 122。

第十三章　平等主义千年王国（三）

再洗礼运动与社会动荡

1 例如 Erkbam，以及 Knox，pp. 122 sq. 都强调了再洗礼派与中世纪小派之间的联系。
2 自本书第一版出版后，对再洗礼运动的研究获得了较大进展，但对运动中的革命派和明斯特的再洗礼派的叙述并不需要做什么调整。Williams（1962）的全面而详尽的研究成果取代了 Smithson 讲述的历史，成了公认的权威作品（早得多的 Bax、Heath 和 Newman 的作品则纯粹是出于历史编纂学的角度而创作的）。（完成于 1959 年的）伟大的四卷本著作 *Mennonite Encyclopedia* 是一部杰出的参考书；而 Hillerbrand（1962）则是一份不可或缺的文献目录指南。关于再洗礼运动与本书研究问题关系最紧密的方面，Heyer 和 introduction to Detmer and Krutnbholtz 都具有相关性。
3 关于再洗礼派的经济学说：Klassen。
4 关于汉斯·胡特：Meyer（Christian）（1）；Zschäbitz，pp. 30 – 64；以及 Stayer（1）。关于胡特和闵采尔：Rupp。
5 转引自 Stayer（1），pp. 184 – 5。
6 关于再洗礼派在埃斯林根和纽伦堡的活动：Keller，p. 46。
7 关于南方和北方再洗礼派的运动形式之间的对比：Stupperich，p. 13。
8 对教会国家，特别是明斯特的政体沿革的简短叙述见：Keller，pp. 56 – 76；Köhler，pp. 539 sq. 。
9 1531 年以后的明斯特：关于在明斯特的新耶路撒冷的历史的主要原始资料是 Kerssenbroch（拉丁语）及 Gresbeck（低地德语）。Kerssenbroch 十五岁时见证过革命的开端，后来成了一位杰出的学者；当他于 16 世纪 70 年代开始撰写历史著作时，他利用了大量革命时期的文件，这些文件如今多已失传。尽管他是一名坚定的天主教事业拥护者，但 Kerssenbroch 在处理他的材料时，整体上非常小心谨慎。Gresbeck 原本是一名细木工，明斯特被围困的整个期间他都在城中，并作为一名普通百姓记录了自己见证的事情。他本人也是天主教教徒，对再洗礼运动抱有敌意；但他写到的所见所闻还是令人信服的。其他有价值的资料包括 Cornelius 和 Niesert（both OS）中收集的报告和坦白；以及再洗礼派（尤其是罗特曼）创作的，或一些置身事外的观察者创作的小册子。至于 Dorp 在事件发生时创作的 *Historia*，其中一切有价值的内容都可参见 Kerssenbroch。对于资料的详细评论见 Cornelius's edition of Gresbeck 和 Detmer's edition of Kerssenbroch［Detmer（1）(MW)］；参考书目列表见 Bahlmann。翻译成现代德语，并被整理出连贯顺序的对原始内容的摘要见 Löffler（OS）。近现代的叙述见：除前面列出的对再洗礼运动的概括研究外，还有一些专门研究明斯特的作品。更简短和现代的叙述见：Horsch（英语）；Blanke（德语）。对近期研究成果及仍存在的问题的简要概述见 Stupperich。早期的英文叙述包括：Janssen（Johannes）（译自德语）；Pearson。具体提及共产主义政权的研究见：Ritschl；Schubert。尽管在明斯特的新耶路撒冷受到很多关注，但它的重要性还是被普遍低估了。这是因为它一直被当作孤立事件，或再洗礼运动的赘生物，而没有被当作一种历史悠久的革命千禧年主义的激进表达方式看待。

10 关于罗特曼处于支配地位的时期：Keller，pp. 74 – 133；以及关于罗特曼：Detmer（2），vol. II。

11 关于克尼佩尔多林克：Cornelius（4）。

12 关于霍夫曼：Kawerau。

13 Franck，p. 6A. 对比 Schubert，esp. p. 48。

14 罗特曼宣讲财物公有：Rothmann（1），pp. 70 – 71；Kerssenbroch，pp. 419 – 20。对比 Detmer（2），vol. II，pp. 154 sq.；Schubert，pp. 3 sq.。同样是在这一时期，属灵自由思想者也在引用《使徒行传》第四章以证明财物公有的正当性，参见 Calvin（4），col. 216。

15 Gresbeck，p. 6.

16 明斯特主教写给帝国议会的书信，转引自 Keller，p. 195，Note I。

17 Kerssenbroch，p. 334.

18 除前文列出的历史作品外，关于马提斯的还有 Cornelius（5）（MW）。

19 以诺和以利亚：Kerssenbroch，p. 477。

20 对伯科尔森的具体研究见 Detmer（2），vol. I；以及更简短的见 Cornelius（3）（MW）。对比 Keller，pp. 207 – 8。

明斯特作为新耶路撒冷

1 2 月 8 日的行为见 Kerssenbroch，p. 484。

2 关于女性再洗礼派：ibid.，pp. 472，481 – 2，499 – 500。

3 关于武装起义及其结果：ibid.，p. 505。

4 宣言见 Niesert（3）(OS)，pp. 157 – 9；以及在 Harting（MW），p. 78 中翻印的传单。

5 关于大批移民：Kerssenbroch，p. 509。

6 关于破坏圣像：ibid., p. 521。

7 只向圣父祷告祈求：ibid., p. 500。

8 所有非再洗礼派都要被驱逐：ibid., pp. 532 – 3。

9 难民被迫乞讨：ibid., pp. 534 sq. ; Gresbeck, pp. 19 sq. ; 以及明斯特主教写给本地区宗教会议的书信，转引自 Keller, pp. 198 – 9。

10 关于新的爱的群体：Cornelius（8)(OS), p. 456。

11 再洗礼派宣称他们采取的是自卫行为：ibid., p. 445。

12 组织防御见 Kerssenbroch, pp. 553 sq. 。

13 马提斯开启社会革命：ibid., pp. 557 sq. 。

14 关于铁匠的抗议和处决：ibid., pp. 559 sq. 。

15 恐怖进一步加剧：ibid., pp. 561 – 4。

16 钱财私有被废除：ibid., p. 561; Gresbeck, p. 32; Ramert（attrib.）, p. 246。关于 *Die Ordnung der Wiedertäufer* 被认为出自 Ramert，参见 Ritschl（MW）, p. 5。

17 关于征用食物：Gresbeck, p. 34；关于住宿：ibid., p. 47；Kerssenbroch, pp. 541, 557。

18 关于明斯特的“共产主义”的本质和程度：Ritschl. 。

19 罗特曼说“我的”和“你的”将消失：Gresbeck, p. 31。

20 Cornelius（6）（OS）, p. 373.

21 Rothmann（2）, pp. 70 – 71.

22 转引自 Detmer（2）, vol. II, p. 132。

23 Cornelius（2）（OS）.

24 关于加强对再洗礼运动的镇压：Kerssenbroch, pp. 533 – 4, 566。

25 没文化的人将拯救这个世界，参见例如 Rothmann（2）, p. 14。

26 销毁书籍：Kerssenbroch, pp. 523, 564。

27 关于马提斯的结局：ibid., pp. 568 – 70。

28 伯科尔森被叛逃者哄骗：ibid., pp. 762 sq. 。

29 伯科尔森的信仰宣言：Cornelius（7）（OS）, p. 402。

30 居民人数和健全男子人数见 Gresbeck, p. 107。这个估计多少得到了其他资料的确认。

31 任命长老见 Kerssenbroch, p. 576。

32 新法全文见 Kerssenbroch, pp. 577 sq. 。

33 关于劳动的规定：Blanke, p. 22; Detmer（2）, vol. II, pp. 137 – 8。

34 对克尼佩尔多林克的任命：Kerssenbroch, p. 573, 583。

35 规定性关系的法规见 ibid., p. 580；以及对比 Cornelius（8）（OS）, pp. 457 sq. 。

36 关于伯科尔森对一夫多妻制的看法：Gresbeck, p. 59; Kerssenbroch, p. 619。然而，Kerssenbroch 是因为带有偏见，才说罗特曼和其他布道者像伯科尔森一样迫切地想要施行一夫多妻制。Dorp 的 *Historia*

及多份被捕再洗礼派的坦白都认为伯科尔森在说服其他布道者时面临很大困难。

37 关于起义和处决：Cornelius（6）（OS），pp. 372 – 3；Kerssenbroch，pp. 621 sq. 。

38 关于明斯特的一夫多妻制：Gresbeck，pp. 59，79；Kerssenbroch，pp. 625 sq. 。对比 Detmer（2）（MW），vol. III。

39 关于变节的雇佣兵：Kerssenbroch，p. 616，and Note 2 thereto；以及传单的例子见 ibid.，pp. 586 – 8，613 – 16。

40 关于防御工作的特点见 Gresbeck，pp. 36 – 8，51，80 – 81；Kerssenbroch，pp. 582 sq. ，592，594，671 – 2。

莱顿的约翰的弥赛亚统治

1 此处对迪森舒尔所作所为的叙述基于 Kerssenbroch，pp. 633 sq. 。伯科尔森在他于 1535 年 7 月和 1536 年 1 月做出的两份坦白［Cornelius（6）and（7）（OS）］中否认自己和迪森舒尔之间存在任何秘密共识。不过他肯定自此开始带着完全的自信和极度的冷酷行使国王特权了。

2 伯科尔森的演讲见 Kerssenbroch，pp. 336 – 8；以及对比 Niesert（1）（OS），p. 34。

3 关于重新命名街道：Gresbeck，pp. 154 sq. ；Kerssenbroch，p. 774。

4 关于给孩子取名：Gresbeck，pp. 156 – 7。

5 钱币上的铭文见 Kerssenbroch，pp. 666 – 7。

6 标志见 ibid.，p. 652。

7 关于宫廷的组成：Gresbeck，pp. 83 sq. ；Kerssenbroch，650 sq. 。

8 关于伯科尔森的仪式性出场：Fabricius，p. 99；Gresbeck，pp. 90 sq. ；Kerssenbroch，pp. 662 sq. 。

9 关于没收“富余”衣物：Gresbeck，p. 96；Kerssenbroch，p. 638；Ramert（attrib. ），p. 242。

10 关于“国王”和臣民之间的不信任：Detmer's Note 3 to pp. 771 – 2 of Kerssenbroch。

11 伯科尔森的自我辩解和承诺：Gresbeck，p. 88。

12 罗特曼的小册子：Rothmann（2）and（3）。对这些人论点的全面分析见 Stayer（2）。Urbanus Rhegius 创作的两份驳斥文章都是在回应《恢复原状》，其中一份是流行的本国语小册子，另一份是用拉丁语撰写的博学的论文；参见 Rhegius（1）and（2）。关于罗特曼的“复原主义”与该理念的其他 16 世纪版本之间的关系：Williams，pp. 375 – 8，以及其中列举的作品。

13 Rothmann（3），p. 69.

14 关于圣徒的王国参见 Rothmann（2），cap. i，xiii，xiv，and（3）*passim*；以及对比 Niesert（2）。

15 关于大教堂广场上的闹剧：Gresbeck，pp. 103 sq. *Newe zeitung*, *von den Widerteuffern zu Münster*, p. 257。

16 关于在明斯特的处决：Kerssenbroch, pp. 824–5; Niesert（4）, P. 502。

17 关于派遣“使徒”：Gresbeck, pp. 111–12; Kerssenbroch, pp. 703 sq.; 以及他们的命运：ibid., pp. 709 sq.。

18 关于尝试招募雇佣军：Löffler（OS）, pp. 194 – 5 中的报告。伯科尔森在自己的两份坦白中都拒绝承认这件事。

19 计划大规模起义：对比 Cornelius（2）（OS）。

20 在格罗宁根的起义及其命运见明斯特主教提交给帝国议会的报告及帝国总督给主教的回信，均出自 Keller, pp. 326 sq.。

21 关于其他起义：Kerssenbroch, pp. 792 sq.。

22 转引自 Ritschl, p. 60。

23 计划遭到出卖：Kerssenbroch, p. 724。

24 关于尼德兰再洗礼派的态度：Cornelius（2）; Mellink（1）and（2）。

25 开始闹饥荒：Gresbeck, pp. 140, 174 – 5。

26 宫廷的食物储备：Cornelius（4）(OS), p. 343; Gresbeck, p. 141; Kerssenbroch, p. 804; 以及对比 Detmer's Note I to p. 805。

27 饥荒的极端程度：Gresbeck, p. 189; Kerssenbroch, p. 798。

28 伯科尔森的预言见：Cornelius（6）(OS), p. 373; Kerssenbroch, pp. 793, 803; Löffler, p. 195 中的报告。

29 关于公共娱乐：Gresbeck, pp. 131 sq., 150 sq., 168。

30 关于离开之人的命运：Cornelius（3）and（4）（both OS）; Gresbeck, p. 189; Kerssenbroch, pp. 805 sq.。

31 关于恐怖统治的最后阶段：Cornelius（3）and（4）（both OS）; Kerssenbroch, pp. 772 sq., 784, 820。

32 明斯特的陷落：Cornelius（5)(OS）; Gresbeck, pp. 194 – 5, 200 – 201, 205 sq.; Kerssenbroch, pp. 833 sq.。

33 关于伯科尔森被处决：Corvinus（OS）, p. C ii。

34 关于威廉森：Bouterwek, pp. 34 – 5。

附录 克伦威尔时期英格兰的自由灵：浮嚣派与他们的文献

1 对浮嚣派的简短叙述见：例如 R. M. Jones（MW）, pp. 467 – 81; 以及 C. E. Whiting, *Studies in English Puritanism from the Restoration to the Revolution*, 1660 – 88, London, 1931, pp. 272 – 7。后面提到的和附录中的 17 世纪作品的参考书目信息可参见例如 D. Wing, *Short-title catalogue of books printed in England ... 1641 – 1700*, 3 vols., New

York, 1945 – 51。

2 关于温斯坦利的千禧年主义，参见例如 W. Schenk, *The concern for social justice in the Puritan revolution.* London, 1948, pp. 96 – 111。

3 John Taylor, *Ranters* of both *Sexes ... taken and imprisoned ...* , 1651, p. 4.

4 Richard Baxter, *Plain Scripture Proof of Infants Church Membership*, third edition, 1653, p. 148.

5 George Fox, *Journal*, vol. I, London, 1902, p. 198.

6 军官和士兵遭鞭打：*The Arraignment and Tryall with a Declaration of the Ranters*, 1650, p. 6。

7 贵格会信徒不仅被好争吵的 Ephraim Pagitt (*Heresiography*, fifth edition, 1654, p. 143)，也被宽容的巴克斯特 (*Reliquiae Baxterianae*, 1696, p. 77) 等人视为浮嚣派的同类。

8 Fox, *Journal*, vol. I, pp. 47 – 8.

9 ibid., vol. I, p. 199.

10 在雷丁的会议见 ibid., vol. I, p. 231。

11 在查令十字的浮嚣派见 ibid., vol. I, p. 212。

12 ibid., vol. II, p. 7.

13 ibid., vol. I, p. 95.

14 议会在 1648 年就表现出关切的迹象：*Journals of the House of Lords*, vol. X, p. 240。

15 议会在 1650 年 6 月 14 日任命一个委员会：*Journals of the House of Commons*, vol. VI, p. 423。

16 委员会于 6 月 21 日做出汇报：ibid., p. 427。

17 对法案进行辩论：ibid., pp. 430, 437, 440, 443 – 4, 453 – 4。

18 委员会被重新召集：ibid., p. 493。

19 引用自《上帝的光明面和黑暗面》的段落位于 pp. 1 – 4, 6, 9 – 11, 14, 18, 33, 3 5, 36, 38 – 9, 46 – 7, 49 – 50, 53。

20 引用自《深处的高处和高处的深处》的段落位于 Preface and at pp. 2, 6, 9, 10, 17, 23 – 6, 28, 30, 52。

21 克拉克森在《丢失的绵羊被找到》中描述了自己的职业生涯；关于这段经历的早期部分另见 Thomas Edwards, *Gangraena*, 1646 (second edition, enlarged), pp. 104 – 5。在《浮嚣派的日常》, 1650, p. 2 中，克拉克森和科佩都被说成是"这一代毒蛇一般的浮嚣派中的主要头目"。近现代的叙述参见 *Dictionary of National Biography* 中由 C. W. Sutton 撰写的关于克拉克森的文章。

22 *The Lost sheep found*, p. 23.

23 委员会就《一只眼》做出汇报：*Journals of the House of Commons*, vol. VI, p. 427；委员会被命令提交更详细的报告：ibid., p. 444；委员

会做出最终报告，其中包含对克拉克森的量刑：ibid.，pp. 474 – 5。

24 引用自《丢失的绵羊被找到》的段落位于 pp. 24 – 8。

25 对克拉克森的逮捕和审讯见 ibid.，pp. 29 – 31。

26 对科佩的充满罪恶感的青年时期的叙述出自 *Copp's Return to the wayes of Truth*，First Error。关于科佩后来的经历，参见 Baxter，*Plain Scripture Proof*，pp. 147 – 8；Anthony à Wood，*Athenae Oxonienses*，second edition，vol. II，London，1721，pp. 500 – 502。近现代的叙述见 *Dictionary of National Biography* 中由 Alexander Gordon 撰写的关于科佩的文章。

27 *Copp's Rerurn*，Fourth Error.

28 科佩在查令十字：Fox，*Journal*，vol. I，p. 212。

29 科佩在教堂和酒馆中咒骂：*The Ranters Ranting*，1650，pp. 5 – 6。

30 议会下令没收这两部作品：*Journals of the House of Commons*，vol. VI，p. 354。

31 关于科佩在审讯过程中的行为：*The Routing of the Ranters*，p. 2。

参考书目

缩写

以下列出的参考资料和文集的更详细信息可见于参考书目。

ABAW	*Abhandlungen der königlich bayerischen Akademie der Wissenschaften (Historische Classe).* Munich
ADB	*Allgemeine Deutsche Biographie*
BHPF	*Bulletin de la société de l'histoire du protestantisme français.* Paris
CCF	*Corpus chronicorum Flandriae*
CDS	*Chroniken der deutschen Städte*
CEH	*Cambridge Economic History*
CMH	*Cambridge Medieval History*
ERE	*Encyclopaedia of Religion and Ethics*
FRA	*Fontes rerum Austriacarum*
FRG	*Fontes rerum Germanicarum*
GBM	*Geschichtsquellen des Bistums Münster*
MGHS	*Monumenta Germaniae Historica, Scriptores*
PG	*Patrologiae cursus completus, series Graeca*
PL	*Patrologiae cursus completus, series Latina*
RHC	*Recueil des Historiens des Croisades. (Historiens Occidentaux)*
RHF	*Recueil des Historiens des Gaules et de la France*
RPT	*Realencyclopädie für protestantische Theologie und Kirche*
RS	*Rolls Series*
SGUS	*Scriptores rerum Germanicarum in usum scholarum.* (See under *Monumenta Germaniae Historica* in Bibliography)
SPAW	*Sitzungsberichte der königlichen preussischen Akademie der Wissenschaften.* Berlin
ZKG	*Zeitschrift für Kirchengeschichte.* Gotha

1 原始资料和资料集

ADSO OF MONTIER-EN-DER. *Epistola ad Gerbergam reginam de ortu et tempore Antichristi*, in Sackur, pp. 104–13 (also in PL, vol. CI).

AENEAS SILVIUS (Enea Silvio de' Piccolomini; Pope Pius II). *De ortu et historia Bohemorum*, in *Omnia opera*, Basle, 1551.

AIMO OF SAINT-PIERRE-SUR-DIVES. *Epistola ad fratres Totesberiae*, in PL, vol. CLXXXI, cols. 1707–8.

ALBERIC OF TROIS-FONTAINES. *Chronicon*, in RHF, vol. XVIII.

ALBERT OF AIX. *Liber Christianae expeditionis pro ereptione, emundatione et restitutione Sanctae Hierosolymitanae Ecclesiae*, in RHC, vol. IV.

ALBERT OF STADE. *Annales Stadenses*, in MGHS, vol. XVI.
ALBERTUS MAGNUS. *Compilatio de novo spiritu*, in Preger (1) (MW), vol. I, pp. 461–9. For emendations: Haupt (3).
Aliscans, ed. Wienbech *et al*., Halle, 1903.
ALVARUS OF CORDOVA. *Indicolus luminosus*, in PL, vol. CXXI.
AMBROSE, ST (1). *In Psalmum CXVIII expositio*, in PL, vol. XV.
AMBROSE, ST (2). *De officiis ministrorum*, in PL, vol. XVI.
'AMBROSIASTER'. *Commentaria in Epistolam ad Colossenses*, in PL, vol XVI.
ANDREW OF BÖHMISCHBROD (Andreas de Broda). *Tractatus de origine Hussitarum*, in Höfler, vol. VI of FRA, pp. 327–53.
ANDREW OF REGENSBURG (Andreas Ratisbonensis). *Chronicon*, in Eckhart, vol. I.
Annales Agrippenses, in MGHS, vol. XVI.
Annales Altahenses maiores, in MGHS, vol. XX.
Annales Austriacorum, continuations of, in MGHS, vol. IX:
Continuatio Praedicatorum Vindobonensium
Continuatio Claustroneoburgensis V
Continuatio Florianensis
Annales Basileenses, in MGHS, vol. XVII.
Annales Blandinienses, in MGHS, vol. V.
Annales breves Solmenses, in FRG, vol. IV.
Annales Cameracenses, in MGHS, vol. XVI.
Annales capituli Cracoviensis, in MGHS, vol. XIX.
Annales Casineses, in MGHS, vol. XIX.
Annales Colbazenses, in MGHS, vol. XIX.
Annales Colmarienses maiores, in MGHS, vol. XVII.
Annales Frankofurtani, in FRG, vol. IV.
Annales Gandenses, in MGHS, vol. XVI.
Annales Herbipolenses, in MGHS, vol. XVI.
Annales Lubicenses, in MGHS, vol. XVI.
Annales Mellicenses, continuations of, in MGHS, vol. IX:
Continuatio Mellicensis
Continuatio Zwetlensis III
Continuatio Sancrucensis II
Annales Monasterii de Burton, in RS 36 (*Annales Monastici*), vol. I, 1864.
Annales Monasterii de Oseneia, in RS 36 (*Annales Monastici*), vol. IV, 1869.
Annales Monasterii de Waverleia, in RS 36 (*Annales Monastici*), vol. II, 1865.
Annales Parchenses, in MGHS, vol. XVI.
Annales Rodenses, in MGHS, vol. XVI.
Annales S. Blasii Brunsvicenses, in MGHS, vol. XXIV.
Annales S. Jacobi Leodiensis minores, in MGHS, vol. XVI.
Annales S. Justinae Patavini, in MGHS, vol. XIX.
Annales Tielenses, in MGHS, vol. XXIV.
Annales Veterocellenses, in MGHS, vol. XVI.
ANNALISTA SAXO, in MGHS, vol. VI.
Anonimalle Chronicle, ed. Galbraith, Manchester, 1927.
Anonymi Gesta Francorum et aliorum Hierosolimitorum (ed. Bréhier as *Histoire anonyme de la première Croisade*, in: *Les classiques de l'histoire de France au Moyen Âge*, vol. IV), Paris, 1924.
ANONYMOUS OF MAINZ-DARMSTADT. *Memorial*, in Neubauer and Stern, vol. II.
Archiv český čili staré písemné památky české i moravské (The Bohemian

archives, or old Bohemian and Moravian chronicles), ed. Palacký. 6 vols., Prague, 1840–72.

ARNOLD, Dominican. *De correctione Ecclesiae Epistola*, ed. Winkelmann, Berlin, 1865.

Articuli et errores Taboritarum, in *Archiv český* (OS), vol. III, pp. 218–25.

AUGUSTINE, ST. *De Civitate Dei contra paganos*, ed. Welldon. 2 vols., London, 1924.

BALDWIN OF AVESNES (attrib.). *Chronique attribuée à Baudoin d' Avesnes*, in RHF, vol. XXI.

BALDWIN OF NINOVE. Chronicon, in MGHS, vol. XXV.

BALUZE, E. (1). *Vitae paparum Avinoniensium*, ed. Mollat. 4 vols., Paris, 1914–27.

BALUZE, E. (2). *Miscellanea*. 4 vols., Paris, 1678–83.

BARACK, K. A. (ed.). Documents concerning Hans Böhm, 'the Drummer of Niklashausen'. See Barack (MW), pp. 50–108.
Document 3 (pp. 53–4) is *Handell Hannssen Behem zu Niclaeshussenn*.

BARONIUS, C. and RAYNALDUS, O. *Annales ecclesiastici una cum critica historico-chronologica*, Lucca, 1738–59.

Baruch-Apocalypse (=II Baruch or *The Syriac Apocalypse of Baruch*), ed. and trans. Charles, in Charles, vol. II.

BASZKO OF POZNAN. *Chronicon Poloniae*, in *Silesiacarum rerum scriptores*, vol. II, Breslau, 1730.

BAUDRI OF DOL. *Hierosolymitanae Historiae libri quatuor*, in PL, vol. CLXVI.

BEAUMANOIR, PHILIPPE DE RÉMI, Sire de. *Les Coutumes du Beauvoisis*, ed. Salmon, 2 vols., Paris, 1899.

BENEDICT OF MOUNT SORACTE. *Chronicon*, in PL, vol. CXXXIX.

BENEDICT, ST, OF NURSIA. *The Rule of Saint Benedict in Latin and English*, Ed. and trans. Abbot Justin McCann, London, 1952.

BENESSIUS KRABICE OF WEITMÜHL. *Chronicon*, in *Fontes rerum Bohemicarum*, vol. IV.

BENZO OF ALBA. *Ad Heinricum IV Imperatorem libri VII*, in MGHS, vol. XI.

BERNARD, ST. *Omnia opera*, ed. Picard, Paris, 1609. Includes, *inter alia:*
(1) *In Cantica Canticorum*, Sermo LXV, cols. 759–62.
(2) *Epistola ad Gaufridum Carnotensem episcopum*, col. 1441.
(3) *Epistola ad episcopum, clerum et populum Spirensem*, cols. 1637–9.
(4) *Epistola ad Henricum Moguntinum archiepiscopum*, cols. 1639–40.

BERNOLD OF CONSTANCE. *Chronicon*, in MGHS, vol. V.

BIRLINGER, A. (ed.). *Ein wunder nützes disputieren von einem ersamen bihter und siner bihtohter*, in *Alemannia*, vol. III, Bonn, 1875, pp. 15–45.

BOENDAELE, JAN (Jan de Klerk). *Brabantsche Yeesten*, ed. Willems, 3 vols., Brussels, 1839–69.

BOGAERT, HENDRIK vanden (Pomerius). *De origine monasterii Viridisvallis una cum vita B. Joann. Rusbrockii*, ed. de Smet, in *Analecta Bollandiana*, vol. IV, Paris and Brussels, 1885.

BRANDT, O. H. *Thomas Müntzer. Sein Leben und seine Schriften*. Jena, 1933. Includes, *inter alia* and in addition to Müntzer's pamphlets (for which see Müntzer), the following in modernized spelling:
(1) *Die Historie Thomä Müntzers*, pp. 38–50.
(2) Extract from Marcus Wagner's booklet on Storch, Erfurt, 1597, pp. 53–9.
(3) Müntzer's call to the people of Allstedt of April 1525, pp. 74–6.
(4) Müntzer's letter to the Count of Mansfeld of May 1525, pp. 77–8.
(5) Müntzer's confession, pp. 80–83.

BRANT, SEBASTIAN. *Das Narrenschiff*, ed. Zarncke, Leipzig, 1854.
Breve chronicon Flandriae, in CCF, vol. III.
BRUNO OF OLMÜTZ. *Relatio*, ed. Höfler, in ABAW, vol. IV, 1846, pp. 27 sq
BUCER, MARTIN. Letter to Margaret of Navarre, in Calvin, *Omnia opera*, vol. X b, col. 215.
CAESARIUS OF HEISTERBACH. *Dialogus miraculorum*, ed. Strange, vol. I, Cologne, 1851.
Calendar of the Close Rolls preserved in the Public Record Office. London, 1892 ff.
CALVIN, JEAN. *Omnia opera*, ed. Baum *et al.*, Brunswick, 1864–1900.
(1) vol. I. *Institutio religionis Christianae.*
(2) vol. VII. *Brieve Instruction pour armer tous bons fideles contre les erreurs de la secte des Anabaptistes.*
(3) vol. XII. Letter to Margaret of Navarre, cols. 64–8.
(4) vol. XXXV. *Contre la secte phantastique et furieuse des Libertins qui se nomment spirituelz.*
(5) vol. XXXV. *Epistre contre un certain Cordelier suppost de la secte des Libertins.*
CAMENTZ, CASPAR. *Acta aliquot Francofurtana*, in FRG, vol. IV.
Chanson d'Antioche, ed. P. Paris, 2 vols., Paris, 1848.
Chanson de Roland, ed. Bédier, Paris, 1937.
CHAPTER OF UTRECHT. *Epistola ad Fridericum archiepiscopum Coloniensem de Tanchelmo seductore*, in Duplessis d'Argentré, vol. I, pp. 11–12.
CHARLES IV, Emperor (1). Decree appointing Kerlinger inquisitor, in Mosheim (2) (MW), pp. 343–62.
CHARLES IV, Emperor (2). Letter to Kerlinger, in Mosheim (2) (MW), pp. 368–75.
CHARLES, R. H. (ed.). *The Apocrypha and Pseudepigrapha of the OldTestament*, 2 vols., Oxford, 1913.
CHARLIER, GILLES (Aegidius Carlerus). *Liber de legationibus concilii Basiliensis pro reductione Bohemorum*, in *Monumenta Conciliorum generalium seculi XV. Scriptorum*, vol. I, Vienna, 1857.
Chronica de Mailros, ed. Stevenson (Bannatyne Club), Edinburgh, 1835.
Chronica minor auctore minorita Erphordiensi, in MGHS, vol. XXIV.
Chronica regia Coloniensis, in MGHS, vol. XVII.
Chronica regia Coloniensis, Continuatio II, in MGHS, vol. XXIV.
Chronica universalis Mettensis, in MGHS, vol. XXIV.
Chronicon Andrensis monasterii, in RHF, vol. XVIII.
Chronicon anonymi Laudunensis canonici, in RHF, vol. XVIII.
Chronicon Britannicum in collectione MS Ecclesiae Nannetensis, in RHF, vol. XII.
Chronicon comitum Flandrensium, in CCF, vol. I.
Chronicon Elwacense, in MGHS, vol. X.
Chronicon Normanniae, in RHF, vol. XXIII.
Chronicon rhythmicum Austriacarum, in MGHS, vol. XXV.
Chronicon Rotomagense, in RHF, vol. XXIII.
Chronicon S. Andreae Castri Camaracesii, in MGHS, vol. VII.
Chronicon S. Catharinae de Monte Rotomagi, in RHF, vol. XXIII.
Chronicon S. Laudi Rotomagensis, in RHF, vol. XXIII.
Chronicon S. Martini Turonensis, Continuatio, in MGHS, vol. XXVI.
Chronicon S. Medardi Suessionensis, in RHF, vol. XVIII.
Chronicon S. Petri vulgo Sampetrinum Erfurtense, in *Geschichtsquellen de Provinz Sachsen*, vol. I, Halle, 1870.
Chronicon Turonense, in RHF, vol. XVIII.

Chronicon universale anonymi Laudunensis, in MGHS, vol. XXVI.
Chroniken der deutschen Städte vom 14 bis ins 16 Jahrhundert, Leipzig, 1867–1917. (Pub. *Königlich bayerische Akademie der Wissenschaften.*)
Chronique anonyme des Rois de France, in RHF, vol. XXI.
Chroniques de Saint-Denis, in RHF, vol. XXI.
CLEMENT V, Pope (1). Bull *Ad nostrum* (*Constitutiones Clementis* ('Clementines'), lib. V, tit. III, cap. iii), in *Corpus juris canonici*, vol. II, cols. 1183–4.
CLEMENT V, Pope (2). Bull *De quibusdam* (*Constitutiones*, lib. III, tit. XI, cap. i), in *Corpus juris canonici*, vol. II, col. 1169.
CLEMENT VI, Pope. Bull against Flagellants, in Baronius and Raynaldus, vol. XXV, pp. 493 sq.
CLEMENT OF ALEXANDRIA. *Stromata*, in PG, vols. VIII, IX.
CLOSENER, FRITSCHE. *Strassburgische Chronik*, in CDS, vol. VIII.
COMMODIANUS (1). *Instructiones*, ed. Dombart, in *Corpus Scriptorum Ecclasiasticorum Latinorum*, vol. XV, Vienna, 1887.
COMMODIANUS (2). *Carmen apologeticum* (as for Commodianus (1)).
Concilium Lateranense IV, in Mansi, vol. XXII.
Conquête de Jerusalem, ed. Hippeau, Paris, 1868.
CONRAD OF MEGENBERG (Conradus de Monte Puellarum). *De erroribus Begehardorum et Beginarum* (fragment), in *Bibliotheca veterum patrum*, ed. Despont, vol. XXV, Lyons, 1677, p. 310.
CORNELIUS, C. A. (ed.). *Berichte der Augenzeugen über das münsterische Wiedertäuferreich*, in GBM, vol. II, Münster, 1852. Includes, *inter alia:*
(1) Gresbeck (q.v.).
(2) Erasmus Schetus, Letter to Erasmus of Rotterdam, p. 315.
(3) Letter of Justinian of Holtzhausen of 21 May 1535, pp. 334–7.
(4) Letter of Justinian of Holtzhausen of 29 May 1535, pp. 341–7.
(5) Letter of Sigmund of Buineburg, pp. 367–9.
(6) Confession of Jan Bockelson of July 1535, pp. 369–76.
(7) Confession of Jan Bockelson of January 1536, pp. 398–402.
(8) *Bekenntnis des Glaubens und Leben der Gemeinde Christi zu Münster*, pp. 445–64.
Corpus chronicorum Flandriae, ed. de Smet, 4 vols., Brussels, 1837–65.
Corpus juris canonici, ed. Friedberg, 2 vols., Leipzig, 1879, 1881.
CORVINUS, ANTON. *De miserabili Monasteriensium anabaptistarum obsidione ... epistola ad Spalatinum*, Wittenberg, 1536.
COSMAS OF PRAGUE. *Chronica Boemorum*, in MGHS, new series, vol. II.
CYPRIAN, ST. *Liber de opere et eleemosynis*, in PL, vol. IV.
DAMIAN, PETER (1). *Epistola ad Petrum Cerebrosum monachum*, in PL, vol. CXLIV.
DAMIAN, PETER (2). *Vita S. Romualdi*, in PL, vol. CXLIV.
Decretales Pseudo-Isidorianae, ed. Hinschius, Leipzig, 1858.
DENIFLE, H. S. and CHATELAIN, E. *Chartularium Universitatis Parisiensis*, vol. I, Paris, 1889.
Descripto qualiter Karolus Magnus clavum et coronam Domini a Constantinopoli Aquisgrani detulerit ..., in Rauschen (MW), pp. 103–25.
Detmar-Chronik, ed. Koppmann, in CDS, vol. XIX.
Deutsche Chroniken (*Scriptores qui vernacula lingua usi sunt*). (Part of *Monumenta Germaniae Historica.*)
Dialogue of Dives and Pauper, ed. Pynson, 1493.
DIODORUS SICULUS. *Bibliothecae Historicae libri qui supersunt*, 2 vols., Amsterdam, 1746.
DÖLLINGER, I von. *Beiträge zur Sektengeschichte*, vol. II, Munich, 1890.

DORP, HEINRICH. *Warhafftige Historia wie das Evangelium zu Münster angefangen, und darnach durch die Wiedertäufer verstört, wider auffgehört*, ed. Merschmann, Magdeburg, 1847.
DORSTEN, JOHANNES. *Quaestio de tertio statu*, in Kestenberg-Gladstein (MW), pp. 266–95.
DU FAYT, JEAN. *Contra Flagellatores*, in Fredericq (2) (MW).
DUPLESSIS D'ARGENTRÉ, C. de. *Collectio judiciorum de novis erroribus*, 3 vols., Paris, 1755.
ECKBERT OF SCHÖNAU. *Sermones contra Catharos*, in PL, vol. CXCV.
ECKHART, J. G. *Corpus historicum medii aevi*, 2 vols., Leipzig, 1723.
ÉGASSE DU BOULAY, C. *Historia universitatis Parisiensis*, 6 vols., Paris, 1665–73.
EKKEHARD OF AURA (1). *Hierosolymita*, ed. Hagenmeyer, Tübingen, 1877.
EKKEHARD OF AURA (2). *Chronicon universale*, in MGHS, vol. VI.
ELIEZER BAR NATHAN. *Relation*, in Neubauer and Stern, vol. II.
ELLENHARD OF STRASBOURG (1). *Bellum Waltherianum*, in MGHS, vol. XVII.
ELLENHARD OF STRASBOURG (2). *Chronicon*, in MGHS, vol. XVII.
ENNEN, L. and ECKERTZ, G. *Quellen zur Geschichte der Stadt der Köln*, 6 vols., Cologne, 1860–79
EPHRAIM BAR JACOB. *Relation*, in Neubauer and Stern, vol. II.
Erphurdianus Antiquitatum Variloquus, ed. Thiele (*Geschichtsquellen der Provinz Sachsen*, vol. XLII), Halle, 1906.
Errores bechardorum et begutarum, in Haupt (7) (MW), pp. 88–90.
Errores sectae hominum intelligentiae, in Baluze (2), vol. II, pp. 277–97.
ESPINAS, G. and PIRENNE, H. *Recueil de documents relatifs à l'histoire de l'industrie drapière en Flandre*, Part I, vol. III, Brussels, 1920.
EULOGIUS, Archbishop of Toledo. *Memorialis sanctorum*, in PL, vol. CXV.
Ezra-Apocalypse (= 4 Ezra or 2 Esdras), ed. and trans. Box in Charles, vol. II.
FABRICIUS, DIETRICH. Report on mission to Münster, in *Mitteilungen aus dem Germanischen Nationalmuseum*, vol. II, Nuremberg, 1885, pp. 99–102.
FAREL, GUILLAUME. *Le Glaive de la Parolle veritable*, Geneva, 1550.
Flores temporum, Imperatores, in MGHS, vol. XXIV.
Fontes rerum Austriacarum (*Österreichische Geschichtsquellen*), Section 1. *Scriptores*, Vienna, 1849 ff.
Fontes rerum Bohemicarum, ed. Emler, Prague, 1873 ff.
Fontes rerum Germanicarum, ed. Boehmer, 4 vols., Stuttgart, 1843–68.
FÖRSTEMANN, C. E. (ed.). *Neues Urkundenbuch zur Geschichte der evangelischen Kirchenreformation*, Hamburg, 1842.
FRANCIS OF PRAGUE. *Secundus tractatus chronicae Pragensis*, in FRA, Section 1, vol. VIII.
FRANCK, SEBASTIAN. *Chronica, Zeÿtbüch und Geschÿchtbibel*, Strasbourg, 1531.
FREDERICHS J. (ed.). *Summa doctrinae quorundam hominum, qui nunc ... Loistae ... nunc Libertini ... appellantur*, in Frederichs (1) (MW), pp. 1 sq.
FREDERICQ, P. *Corpus documentorum Inquisitionis haereticae pravitatis Neerlandicae*, 4 vols., Ghent, 1889–1900.
FRIES, LORENZ. *Historie der Bischöffen zu Wirtzburg*, in Ludewig, *Geschichtsschreiber von dem Bischoffthum Wirtzburg*, Frankfort, 1713.
FROISSART, JEAN. *Chroniques*, ed. Luce and Raynaud, 11 vols., Paris, 1869–99.
FULCHER OF CHARTRES. *Gesta Francorum Jerusalem expugnantium*, in RHC, vol. III.
GAGUIN, ROBERT. *Compendio de Francorum gestis*, Paris, 1500.

GARNIER OF ROCHEFORT (attrib.). *Contra Amaurianos*, ed. Baeumker, in *Beiträge zur Geschichte der Philosophie des Mittelalters*, vol. XXIV, Heft 5–6, Münster, 1926.

GERSON, JEAN CHARLIER de. *Opera omnia*, ed. Dupin, 3 vols., Antwerp, 1706. Includes, *inter alia:*

(1) vol. I. *De examinatione doctrinarum.*
(2) *De distinctione verarum visionum a falsis.*
(3) *De libris caute legendis.*
(4) vol. II. *Epistola missa Magistro Vincento O.P. . . . contra se flagellantes.*
(5) *Tractatus contra sectam Flagellantium.*
(6) vol. III. *Tractatus contra Romantium de Rosa.*
(7) *Considerationes theologiae mysticae.*
(8) *De mystica theologica speculativa.*
(9) *Considérations sur Saint Joseph.*
(10) *Sermo de Spiritu Sancto.*
(11) *Sermo die festo S. Ludovici.*

Geschichtsquellen des Bisthums Münster, vols. II, V, VI, Münster, 1852, 1899, 1900.

Gesta abbatum Trudonensium, in MGHS, vol. X.

Gesta archiepiscoporum Magdeburgensium, Continuatio I, in MGHS, vol. XIV.

Gesta Baldevvini Treverensis archiepiscopi, in Baluze (2), vol. I.

Gesta Ludovici VIII, in RHF, vol. XVII.

Gesta Treverorum, Continuatio I, in MGHS, vol. VIII.

GILLES VAN DER HOYE. *Dicta in quodam sermone ad populum*, ed. Berlière, in 'Trois traités inédits sur les Flagellants', *Revue Bénédictine*, vol. XXV, Maredsous, 1908, pp. 334–57.

GIRALDUS CAMBRENSIS. *Liber de instructione principum*, in RS 21, 1891 (vol. VIII of *Opera*).

GLASSBERGER, NICOLAUS. *Chronica*, in *Analecta Franciscana*, vol. II, Quaracchi, 1887, pp. 423–6.

GOWER, JOHN. *Vox clamantis*, in Latin Works, ed. Macaulay, Oxford, 1902.

Grandes chroniques de France, ed. P. Paris, vols. V, VI, Paris 1836–8.

GRATIAN. *Decretum*, in PL, vol. CLXXXVII.

GREGORY, ST, OF TOURS. *Historia Francorum*, in MGHS *rerum Merovingicarum*, vol. I.

GREGORY XI, Pope (1). Letter to Kerlinger and others, in Baronius and Raynaldus, vol. XXVI, p. 228.

GREGORY XI, Pope (2). Letter to Emperor Charles IV, in Baronius and Raynaldus, vol. XXVI, pp. 240–41.

GRESBECK, H. *Summarische Ertzelungk und Bericht der Wiederdope und wat sich binnen der Stat Monster in Westphalen zugetragen im Iair MDXXXV*, in Cornelius, *Berichte*, pp. 3–214.

GROOT, GERHARD. *Gerardi Magni Epistolae XIV*, ed. R. Acquoy, Amstel, 1857.

GUI, BERNARD (1). *E Floribus Chronicorum*, in RHF, vol. XXI.

GUI, BERNARD (2). *Vita Clementis V*, in Baluze (1), vol. I.

GUI, BERNARD (3). *Vita Joannis XXII*, in Baluze (1), vol. I.

GUIBERT OF NOGENT (1). *Gesta Dei per Francos, sive Historia Hierosolymitana*, in RHC, vol. IV.

GUIBERT OF NOGENT (2). *De vita sua*, in RHF, vol. XII.

Haereses sectatorum Amalrici, in Denifle and Chatelain, pp. 71–2.

HARTMANN, CHRISTOPH. *Annales Heremi Deiparae Matris Monasterii in Helvetia*. Freiburg in Breisgau, 1612.

HARTZHEIM, J. and SCHANNAT, J. F. *Concilia Germaniae*, 11 vols., Cologne, 1759–90.
HENRY OF DIESSENHOFEN (Heinrich Truchsess). *Historia ecclesiastica* or *Chronicon*, in FRG, vol. IV.
HENRY OF HEIMBURG. *Annales*, in MGHS, vol. XVII.
HENRY OF HERFORD. *Liber de rebus memorabilioribus sive chronicon*, ed. Potthast, Göttingen, 1859.
HENRY OF VIRNENBURG. *Contra Beggardos et Beggardas*, in Fredericq (OS), vol. I, pp. 151 sq.
HERMANN OF ALTAHA. *Annales*, in MGHS, vol. XVII.
HILDEGARD, ST (1). *Scivias sive visionum ac revelationum libri tres*, in PL, vol. CXCVII.
HILDEGARD, ST (2). *Epistola ad praelatos Moguntinenses*, in PL, vol. CXCVII, cols. 218–43.
HIPPOLYTUS (attribution uncertain). *De consummatione mundi ac de Antichristo*, in PG, vol. X, cols. 904–52.
HÖFLER, C. A. C. VON. *Geschichtsschreiber der husitischen Bewegung in Boehmen*, in FRA, Section 1, vols. II, VI, VII, Vienna, 1856–66.
HUGH OF REUTLINGEN (Spechtshart). *Weltchronik*, ed. Gillert, Münich, 1881.
IBN AL-QALĀNISĪ. *Continuation of the Chronicle of Damascus: The Damascus Chronicle of the Crusades*. Selected and trans. Gibb, London, 1932.
IBN VERGA, SOLOMON. *Shebet Yehuda*. German trans. Wiener, Hanover, 1856.
INNOCENT VI, Pope. Bull appointing inquisitors in France, in Baronius and Raynaldus, vol. XXV, p. 589.
Invectiva contra Hussitas, in Höfler, vol. II of FRA, pp. 621–32.
IRENAEUS, ST. *Adversus haereses*, in PG, vol. VII.
JEAN DE MEUN. *Le Roman de la Rose*, ed. Langlois, 5 vols. Paris, 1914–24.
JEAN DES PREIS-DIT D'OUTREMEUSE. *Ly Myreur des Histors*, ed. Bormans, Brussels, 1887.
JEAN LE FÈVRE. *Les Lamentations de Matheolus*, ed. van Hamel, Paris, 1892.
JOBST OF EINSIEDELN. Report on the Wirsberg brothers, ed. Kürschner, in *Archiv für oesterreichische Geschichte*, vol. XXXIX, Part I, Vienna, 1868, pp. 280 sq.
JOHN, canon of St Victor. *Vita Joannis XXII*, in Baluze (1).
JOHN XXII, Pope. Letter to Seneschal of Beaucaire, in Baronius and Raynaldus, vol. XXIV, pp. 136–7.
JOHN OF COLUMNA. *E Mari Historiarum*, in RHF, vol. XXIII.
JOHN OF DÜRBHEIM (1). Pastoral letter, 1317, in Mosheim (2) (MW), pp. 255–61 (where attributed to John of Ochsenstein).
JOHN OF DÜRBHEIM (2). Letter to the Bishop of Worms, in Mosheim (2) (MW), pp. 267–9.
JOHN OF HAGEN (Joannes de Indagine). *De his, qui se vulnerunt ...*, in Stumpf (MW), Document 6.
JOHN OF ROQUETAILLADE (Rupescissa). *Vade mecum in tribulatione*, in G. Orthuinus, *Fasciculum rerum expetendarum et fugiendarum*, ed. Edward Brown, vol. II, London, 1690, pp. 496–508.
JOHN OF TAYSTER. *Annales*, in MGHS, vol. XXVIII.
JOHN OF VIKTRING. *Liber certarum historiarum*, in SGUS, 1909–10, 2 vols.
JOHN OF YPRES. *Chronicon Sythiense S. Bertini*, in RHF, vol. XVIII.
JOHN OF WINTERTHUR. *Chronica*, in MGHS, new series, vol. III.
JOHN, Abbot of St Victor. Sermon, in Hauréau (MW), pp. 93–4, Note 1.

JOSEPH HA-COHEN. *Emek ha Bakha (The Valley of Tears)*. German trans Wiener, Leipzig, 1858.
JOSEPHUS FLAVIUS. *The Jewish War*, trans. Whiston and Shilleto, 2 vols., London, 1890.
JUSTIN MARTYR. *Dialogus cum Tryphone Judaeo*, in PG, vol. VI.
Kalendarium Zwetlense, in MGHS, vol. IX
KAMNITZER, H. (ed.). *Dokumente des grossen deutschen Bauernkrieges*, in Meusel (MW), pp. 185–332.
KERVYN DE LETTENHOVE, C. B. (ed.). *Récits d'un bourgeois de Valenciennes* (1254–1366), Louvain, 1877.
KERSSENBROCH, HERMANN von. *Anabaptistici furoris Monasterium inclitam Westphaliae metropolim evertentis historica narratio*, ed. Detmer, in GBM, vols. V and VI.
Klingenberger Chronik, ed. Henne von Sargans, Gotha, 1861.
KNIGHTON, HENRY. Continuation of his *Chronicon*, in RS 92, 1895.
KÖRNER, HERMANN (Cornerus). *Chronica novella*, in Eckhart, vol. II.
KURFESS, A. (ed.). *Sibyllinische Weissagungen*, Munich, 1951.
LACOMBLET, T. J. *Urkundenbuch für die Geschichte des Niederrheins*, 4 vols., Düsseldorf, 1840–58.
LACTANTIUS FIRMIANUS (1). *Divinae Institutiones*, in PL, vol. VI.
LACTANTIUS FIRMIANUS (2). *Epitome Divinarum Instutionum ad Pentadium fratrem*, in PL, vol. VI.
LANGLAND, WILLIAM. *The Vision of William concerning Piers the Plowman*, ed. Skeat, 2 vols., Oxford, 1886.
LANGLOIS, C. V. (ed.). *Instrumenta facta super examinacione M. Porete*, in *Revue historique*, vol. LIV, Paris, 1894, pp. 296–7.
LAWRENCE OF BŘEZOVÁ (Vavřince z Březové). *De gestis et variis accidentibus regni Boemiae*, in Höfler, vol. II of FRA, pp. 321–534. (Also, with Czech as well as Latin text, in vol. V of *Fontes rerum Bohemicarum*.)
LAZIUS, WOLFGANG. *Fragmentum vaticinii cuiusdam . . . Methodii, episcopi Ecclesie Patarensis*, Vienna, 1547.
LEA, H. C. (ed.). Sentence on Margaret of Porette, in Lea (MW), Appendix, pp. 575–8.
LE BEL, JEAN. *Chronique*, ed. Viard and Deprez, 2 vols., Paris, 1904–5.
Litera de civitate Pragensi . . ., in Höfler, vol. VI of FRA, pp. 311–19.
LÖFFLER, K. *Die Wiedertäufer zu Münster 1534–5*, Jena, 1923. (Contains much of the material translated into modern German.)
LUCIAN OF SAMOSATA. *Saturnalian Letters*.
LUTHER, MARTIN, *Werke (Kritische Gesamtausgabe)*, Weimar, 1883–1908.
(1) vol. XV. *Brief an die Fürsten zu Sachsen von dem aufrührischen Geist*, pp. 199 sq.
(2) vol. XVIII. *Wider die mörderischen und räuberischen Rotten der Bauern*.
(3) *Sendschreiben an die Christen zu Antwerpen*, 1525, pp. 547 sq.
Magdeburger Schöppenchronik, in CDS, vol. VII.
Majestas Carolini, in *Archiv český*, vol. III, pp. 68–180.
MANSI, J. D. *Sacra conciliorum collectio*, Paris and Leipzig, 1902–13.
MARTÈNE, E. and DURAND, U. *Veterum Scriptorum at Monumentum amplissima collectio*, 9 vols., Paris, 1724–33.
MARTIN OF TROPPAU (Martinus Polonus). *Chronicon expeditissimum*, Antwerp, 1574.
Continuations to Martin's *Chronicon pontificum et imperatorum:*
Continuatio Anglica, in MGHS, vol. XXIV.
Continuatio Brabantina, in MGHS, vol. XXIV.

MATILDA OF MAGDEBURG. *Das fliessende Licht der Gottheit*, ed. Morel Regensburg, 1869.

MATTHEW OF NEUENBURG. *Chronica*, in FRG, vol. IV.

MICHAEL DE LEONE. *Annotata historica*, in FRG, vol. I.

MONK OF WESTMINSTER. Continuation to Higden's *Polychronicon*, in RS 41, vol. IX, 1886.

Monumenta Boica. Munich, 1763 ff.

Monumenta Germaniae Historica, ed. Pertz, Mommsen *et al.*, Hanover and Berlin, 1826 ff.

Scriptores, 1826 ff.

Scriptores rerum Germanicarum in usum scholarum, 1839 ff.

Scriptores rerum Germanicarum, new series, Berlin, 1922 ff.

MOUSKES, PHILIPPE (Mousket). *Chronique rimée*, ed. Reifenberg, vol. II, Brussels, 1838.

MUISIS, GILLES LI. *Chronica*, in CCF, vol. II.

MÜNTZER, THOMAS. *Schriften*, ed. Brandt (see also Brandt (OS)). Includes, *inter alia*, in modernized spelling:

(1) *Von dem gedichteten Glauben* ...

(2) *Protestation oder Entbietung Thomas Müntzers* ...

(3) *Die Fürstenpredigt*

(4) *Ausgedrückte Entblössung* ...

(5) *Hoch verursachte Schutzrede* ...

MÜNTZER, THOMAS. *Thomas Müntzers politische Schriften*, ed. Hinrichs, Halle, 1950.

MÜNTZER, THOMAS. *Thomas Müntzers Briefwechsel*, ed. Böhmer and Kirn, Leipzig, 1931.

NAUCLERUS, JOANNES. *Chronica*, Cologne, 1544.

NEUBAUER, A. and STERN, M. (ed.). *Hebräische Berichte über die Judenverfolgungen während der Kreuzzüge*, in *Quellen zur Geschiche der Juden in Deutschland*, vol. II, Berlin, 1892. (Hebrew, with German translations.)

Newe zeitung, von den Widerteuffern zu Münster, in *Zeitschrift für vaterländische Geschichte und Altertumskunde*, vol. XXVII, Münster, 1867, pp. 255–66.

NIDER, JOHANN. *Formicarius*, Strasbourg, 1517.

NIESERT, J. *Münsterische Urkundensammlung*, vols, I, II, Koesfeld, 1826. Includes, *inter alia*:

(1) vol. I. Confession of Johannes Beckemann, pp. 33–7.

(2) Confession of Zillis Leitgen, pp. 136–49.

(3) Confession of Jacob of Osnabrück, pp. 154–66.

(4) vol. II. *Newe zeittunge vonn Münster*, pp. 499–504.

Notae Colonienses, in MGHS, vol. XXIV.

OPEL, O. (ed.). 'Zur Geschichte des Bauernkrieges', in *Neue Mitteilungen aus dem Gebiete historisch-antiquarischer Forschungen*, vol. XII, Halle and Nordhausen, 1869. (Documents concerning Thomas Müntzer.)

OSWALD DER SCHREIBER (of Königsberg in Hungary), ed. Zarncke, in 'Der Priester Johannes', *Abhandlungen der sächsischen Gesellschaft der Wissenschaften, Philologisch-historische Klasse*, vol. VII, Leipzig, 1879.

OTTO OF FREISING. *Gesta Friderici I Imperatoris*, in SGUS, 1912, 3rd edn.

OTTOKAR. *Österreichische Reimchronik*, 1250–1300, in *Deutsche Chroniken*, vol. V.

OVID. *Metamorphoses*.

PAPIAS. *De expositione oraculorum dominicorum* (fragments), in PG, vol. V.

PARIS, MATTHEW. *Chronica majora*, in RS 57, 7 vols., 1872–83.

Patrologiae cursus completus. Series Latina, ed. J. P. Migne, Paris, 1844–55.

Patrologiae cursus completus. Series Graeco-Latina, ed. J. P. Migne, Paris, 1857–66.

PELAYO, ALVAREZ (Alvarus Pelagius). *De Planctu Ecclesiae*, 2 vols., Ulm, 1474.

PETER OF ZITTAU. *Die Königsaaler Geschichtsquellen* (*Chronica Aulae regiae libri tres*), in FRA, vol. VIII.

PFEIFFER, F. (ed.). *Swester Katrei Meister Ekehartes Tohter von Strâzburc*, in *Deutsche Mystiker des vierzehnten Jahrhunderts*, vol. II, Leipzig, 1857, pp. 448–75.

POCQUE, ANTOINE. Mystical treatise, quoted in Calvin (4), cols. 225–42.

*PORETE, MARGUERITE. *Le Mirouer des simples ames anienties et qui seulement demourent en vouloir et desir d'amour*, ed. Guarnieri, in *Il Movimento del Libero Spirito*, Rome, 1965. (Replaces edition by Guarnieri, Rome, 1961.)

PREGER, W. (ed.) (1). *Compilatio de novo spiritu* (anonymous), in Preger (1) (MW), pp. 469–71.

PREGER, W. (ed). (2). *Tractatus ... contra quosdam articulos erroneos*, in Preger (2) (MW), pp. 62–3.

PRIMAT, Monk of Saint-Denis. *Chronique de Primat*, translated from the (lost) Latin original by John of Vignay, in RHF, vol. XXIII.

Pseudo-Methodius, in Sackur, pp. 59–96.

PTOLOMY (Tholomeus) OF LUCCA. *Vita Clementis V*, in Baluze (1), vol. I.

PULKAVA OF RADENIN (Przibico). *Chronica Boemorum*, with Continuations, in G. Dobner, *Monumenta historica Boemiae*, vols. III, IV.

RADULPH GLABER. *Historiarum libri quinque*, in PL, vol. CXLII.

RAMERT, HERMANN (attrib.). *Die Ordnung der Wiedertäufer zu Münster, item was sich daselbst nebenzu verloffen hat*, in *Zeitschrift für vaterländische Geschichte und Altertumskunde*, vol. XVII, Münster, 1856, pp. 240–49.

RAYMOND OF AGUILERS. *Historia Francorum qui ceperunt Jerusalem*, in RHC, vol. III.

Recognitiones (*S. Clementis Romani*), in PG, vol. I.

Recueil des Historiens des Croisades, Historiens Occidentaux. Publ. *Académie des Inscriptions et Belles-Lettres*, 5 vols., Paris, 1844–95.

Recueil des Historiens des Gaules et de la France (*Rerum Gallicarum et Francicarum scriptores*), ed. Bouquet *et al.*, Paris, 1738–1876.

Reformation Kaiser Sigmunds, ed. Beer (*Beiheft zu den deutschen Reichtagsakten*), Stuttgart, 1933.

REGENBOGEN (attrib.). *Meistersingerlied*, in Schultheiss (MW), pp. 55–8.

REIFFERSCHEID, A. (ed.). *Neun Texte zur Geschichte der religiösen Aufklärung in Deutschland während des 14-ten und 15-ten Jahrhunderts*, Griefswald, 1905.

REINERUS. *Annales S. Jacobi Leodiensis*, in MGHS, vol. XVI.

Renart le Contrefait, ed. Raynaud and Lemaître, vol. II, Paris, 1914.

REUSS, F. A. 'Die Wallfahrt nach Niklashausen im Jahre 1476', in *Archiv des historischen Vereins von Unterfranken und Aschaffenburg*, vol. X, 3, Würzburg, 1858, pp. 300–18. (Collection of documents.)

RHEGIUS, URBANUS (1). *Widderlegung der münsterischen newen Valentinianer und Donatisten Bekentnus*, Wittenberg, 1535.

RHEGIUS, URBANUS (2). *De restitutione regni Israëlitici, contra omnes omnium seculorum Chiliastas: in primis tamen contra Miliarios Monasterienses*, Zell, 1536.

RICHARD OF POITIERS. *Chronicon*, in RHF, vol. XII.

RICHERUS. *Gesta Senoniensis Ecclesiae*, in MGHS, vol. XXV.

RIGORD. *Gesta Philippi Augusti*, in RHF, vol. XVII.

RITTER, G. (ed.). 'Zur Geschichte des häretischen Pantheismus in Deutschland im 15-ten Jahrhundert', in ZKG, vol. XLIII (1924), new series, vol. VI. Includes:
(1) *Articuli confessi per Johannem Lolhardum*, pp. 150 sq.
(2) *Articuli informatoris de heresi circa Egram anno* 1467, pp. 158–9.
ROBERT OF AUXERRE. *Chronologia*, in RHF, vol. XVIII.
ROBERT OF AVESBURY. *De gestis mirabilibus regis Edwardi tertii*, in RS 93, 1889.
Rolls Series (*Rerum Britannicarum medii aevi scriptores*). Published under direction of the Master of the Rolls, London, 1858 ff.
ROTHE, JOHANNES. *Thüringische Chronik*, ed. von Liliencron, vol. III of *Thüringische Geschichtsquellen*, Jena, 1854 ff.
ROTHMANN, BERNT (1). *Bekentnisse van beyden Sacramenten* (first printed in Münster, 1533), in H. Detmer and R. Krumbholtz (MW).
ROTHMANN, BERNT (2). *Eyne Restitution edder Eine wedderstellinge rechter unnde gesunder Christliker leer* ... (first printed in Münster, 1534), in *Neudrucke deutscher Literaturwerke*, nos. 77 and 78, Halle, 1888.
ROTHMANN, BERNT (3). *Eyn gantz troestlick bericht van der Wrake unde straffe des Babilonischen gruwels* ... (first printed in Münster, 1534), in K. W. Bouterwek (MW).
RUUSBROEC, JAN VAN. *Werken*, ed. Reypens and Schurmans, 4 vols., Mechelen and Amsterdam, 1932–4. Includes, *inter alia*, in order of composition:
(1) *Vanden Vier Becoringhen*, in vol. III.
(2) *Die Gheestelike Brulocht*, in vol. I.
(3) *Vanden VII Sloten*, in vol. III.
(4) *Een Spieghel der eewigher Salicheit*, in vol. III.
(5) *Dat Boecsken der Verclaringhe*, in vol. III.
(6) *Van den XII Beghinen*, in vol. IV.
RYMER, T. *Foedera et acta publica*, ed. A. Clarke *et al.*, vol. I, London, 1816.
Rýmovaná kronika česká (with *Di tutsch kronik von Behemlant*), in *Fontes rerum Bohemicarum*, vol. III, Prague, 1882.
SACKUR, E. *Sibyllinische Texte und Forschungen: Pseudomethodius, Adso und die tiburtinische Sibylle*, Halle, 1898.
SALIMBENE OF PARMA. *Cronica*, in MGHS, vol. XXXII.
SALOMO BAR SIMEON. *Relation*, in Neubauer and Stern, vol. II.
SCHEDEL, HARTMAN. *Liber cronicarum cum figuris et ymaginibus ab inicio mundi*, Nuremberg, 1493.
SCHMID, KONRAD (1). *Prophetica ... Schmid haeresi Flagellatorum infecti*, in Stumpf (MW), Document 2, pp. 16–24.
SCHMID, KONRAD (2). *Articuli ab ... flagellantium Praedicatore conscripti*, in Stumpf (MW), Document 3, pp. 24–6.
SCHMIDT, KARL. *Nicolaus von Basel*, Vienna, 1866. Includes:
(1) *Confession of Martin of Mainz*, pp. 66–9. (In Latin. For emendations see Haupt (4) (MW).)
(2) *Buch von den zwei Mannen*, pp. 205–77.
SCHNEIDER, FEDOR (ed). *Fünfundzwanzig lateinische weltliche Rhythmen aus der Frühzeit*, Rome, 1925.
SENECA. *Epistolae morales*.
SIEGFRIED OF BALNHUSIN (Grossballhausen in Saxony). *Historia universalis*, in MGHS, vol. XXV.
SIGEBERT OF GEMBLOUX. *Chronographia*, in MGHS, vol. VI. Continuations to Sigebert's chronicle:
Continuatio Gemblacensis, in MGHS, vol. VI.

Continuatio Praemonstratensis, in MGHS, vol. VI.
Auctarium Gemblacense, in RHF, vol. XIII (also in MGHS, vol. VI).
ROBERT OF TORIGNY (Robertus de Monte). *Chronica*, in MGHS, vol. VI.

SIMON OF TOURNAI. *Collectio de scandalis Ecclesiae*, ed. Stroick, in *Archivum Franciscanum Historicum*, vol. XXIV, Florence, 1931, pp. 33 sq.

Sollicitudo sacerdotum Thaboriensium, in Höfler, vol. VI of FRA (as Chapter 2 of Part I of the *Chronicon Taboritarum*.)

Staří letopisové čeští (Old Czech chronicles), 1378–1527, ed. Palacký, Prague, 1829 (vol. III of *Scriptores rerum Bohemicarum*). (A more recent edition is now available, ed. F. Šimek and M. Kaňák, Prague, 1959.)

STEPHEN OF BOURBON. *Tractatus de diversis materiis predicabilibus*, ed. Lecoy de la Marche, in *Anecdotes historiques d'Étienne de Bourbon*, Paris, 1877.

STOLLE, KONRAD. *Thüringisch-erfurtische Chronik*, ed. Thiele (*Geschichtsquellen der Provinz Sachsen*, vol. XXXIX), Halle, 1900.

SUSO, HEINRICH. *Deutsche Schriften*, ed. Bihlmeyer, Stuttgart, 1907. Includes:
(1) *Leben*.
(2) *Das Büchlein der Wahrheit*.

Synod of Cologne, 1353, in Hartzheim and Schannat, vol. IV.
Synod of Cologne, 1357, in Hartzheim and Schannat, vol. IV.
Synod of Magdeburg, 1261, in Mansi, vol. XXIV.
Synod of Mainz, 1259, in Mansi, vol. XXIII.
Synod of Mainz, 1310, in Mansi, vol. XXV.
Synod of Paris, 1209, in Denifle and Chatelain, p. 70.
Synod of Rheims, 1157, in Mansi, vol. XXI.
Synod of Rome, in Tangl.
Synod of Trier, 1277, in Mansi, vol. XXIII.
Synod of Trier, 1310, in Mansi, vol. XXV.
Synod of Utrecht, 1357, in Fredericq (OS), vol. II, p. 142.

TANGL, M. *Die Briefe des heiligen Bonifatius und Lullus*, Berlin, 1916 (MGH *Epistolae Selectae*, vol. 1).

TAUBE OF SELBACH, HEINRICH. *Chronica*, in MGHS, new series, vol. I.

THOMAS OF CHANTIMPRÉ. *Bonum universale de apibus*, Douai, 1627.

THOMAS OF ECCLESTON. *Liber de adventu Minorum in Angliam*, in MGHS, vol. XXVIII.

Tiburtina, in Sackur, pp. 177–87.

TILEMANN ELHEN OF WOLFHAGEN. *Die Limburger Chronik*, in *Deutsche Chroniken*, vol. IV.

TOBLER, A. (ed.). *Li proverbe au Vilain*, Leipzig, 1895.

Tractatus contra errores (Picardorum), in Döllinger (OS), pp. 691–700. (Also in Höfler, vol. II of FRA, pp. 434–41.)

TRITHEMIUS, JOHANNES (1). *Annales Hirsaugienses*, St Gall, 1690.

TRITHEMIUS, JOHANNES (2). *De viris illustribus ordinis S. Benedicti*, Cologne, 1575.

TROGUS, POMPEIUS GNAEUS, in *Juniani Justini Epitoma Historiarum Philippicarum Pompei Trogi*.

TWINGER OF KÖNIGSHOFEN, JACOB. *Chronik*, in CDS, vols. VIII, IX.

ULANOWSKI, B. (ed.). *Examen testium super vita et moribus Beguinarum ... in Sweydnitz*, in *Scriptores Rerum Polonicarum*, vol. XIII, Cracow, 1889, pp. 233–55.

URBAN V, Pope (1). Bull appointing inquisitors in Germany, in Mosheim (2) (MW), pp. 336–7.
URBAN V, Pope (2). Bull against Beghards in France, in Mosheim (2) (MW), p. 412.
USQUE, SAMUEL. *Consolaçam ás Tribulaçoens de Israel*, ed. Mendes dos Remédios, in *Subsidios para o estudo da Historia da Litteratura Portuguesa*, Coimbra, 1906–7.
Visitationes Odonis Rigaudi archiepiscopi Rothomagensis, in RHF, vol. XXI.
Vita Henrici II archiepiscopi (Treverensis) altera, in MGHS, vol. XXIV.
Vita S. Norberti A, in MGHS, vol. XII.
Vita S. Norberti B, in *Acta Sanctorum Bollandiana, Junii I*, 6 June.
WADDING, L. *Annales Minorum*. 2nd edn., Rome, 1731–45.
WALSINGHAM, THOMAS. *Historia Anglicana*, RS 28, vol. II, 1869.
WASMOD, JOHANN, OF HOMBURG. *Contra hereticos Bekardos Lulhardos et swestriones*, in Haupt (3) (MW), pp. 567–76.
WATTENBACH, W. 'Uber die Sekte der Brüder vom freien Geiste', in SPAW, vol. XXIX (1887), pp. 517–44. Includes:
(1) Confession of John of Brünn, pp. 529–37.
(2) Confession of Johann Hartmann, pp. 538–43.
(Both in Latin.)
WIDMAN, GEORG. *Chronika*, in *Württembergische Geschichtsquellen*, vol. VI, Stuttgart, 1904.
WILLIAM OF EGMONT. *Chronicon*, in Antonius Matthaeus, *Veteris Aevi Analecta*, vol. II, The Hague, 1723.
WILLIAM OF NANGIS (1). *Gesta Ludovici IX*, in RHF, vol. XX.
WILLIAM OF NANGIS (2). *Chronicon*, with *Continuationes I, II, III*, ed. Géraud, 2 vols., Paris, 1843.
WILLIAM OF NEWBURGH. *De rebus Anglicis*, in RHF, vol. XIII.
WILLIAM THE BRETON. *Gesta Philippi Augusti*, ed. Delaborde, in *Oeuvres de Rigord et de Guillaume le Breton*, vol. I, Paris, 1882.
WOLF, JOHANN. *Lectionum memorabilium et reconditarum centenarii XVI*, Lauingen, 1600.
WYCLIF, JOHN. *Tractatus de civili dominio. Liber primus*, ed. Poole, London, 1885.
WYKES, THOMAS. *Chronicon*, in RS 36 (*Annales Monastici*), vol. IV, 1869.
ZANTFLIET, CORNELIUS. *Chronicon*, in Martène and Durand, vol. V.
ZENO, ST, OF VERONA. *Tractatus* (or *Sermones*), in PL, vol. XI.

2 近代作品

ADLER, GEORG. *Geschichte des Sozialismus und Kommunismus von Plato bis zur Gegenwart*, Part I, Leipzig, 1899.
AEGERTER, E. *Les hérésies du Moyen Âge*, Paris, 1939.
Allgemeine Deutsche Biographie, ed. von Liliencron and Wegele, Leipzig, 1875–1912.
ALLIER, R. 'Les frères du libre esprit', in T. Reinach *et al.*, *Religions et sociétés*, Paris, 1905, pp. 109–53.
ALPHANDÉRY, P. (1). *Les idées morales chez les hétérodoxes latins au début du XIIIe siècle.* (*Bibliothèque de l'École des Hautes Études, Sciences religieuses*, vol. XVI, fasc. 1), Paris, 1903.
ALPHANDÉRY, P. (2). 'De quelques faits de prophétisme dans les sectes latines antérieures au joachimisme', in *Revue de l'histoire des religions*, vol. LII, Paris, 1905, pp. 177–218.

ALPHANDÉRY, P. (3). 'Les croisades d'enfants', in *Revue de l'histoire des religions*, vol. LXIII, Paris, 1916. pp. 259–82.
ALPHANDÉRY, P. (4). *Notes sur le messianisme médiéval latin (XIe–XIIe siècles)* Paris, 1912.
ALPHANDÉRY, P. (5). 'Les foules religieuses', in *La Foule* (papers read to the *Centre international de synthèse*, 1932), Paris, 1934, pp. 53–76.
ALPHANDÉRY, P. and DUPRONT, A. *La Chrétienté et l'idée de Croisade*, 2 vols., Paris, 1954, 1959.
ALTMEYER, J. J. *Les précurseurs de la Réforme aux Pays-Bas*, Paris, 1886.
ALVERNY, M. T. d'. 'Un fragment du procès des Amauriciens', in *Archives d'histoire doctrinale et littéraire du Moyen Âge*, vol. XVIII, Paris, 1950–51, pp. 325–6.
ANDREAS, W. *Deutschland vor der Reformation*, Stuttgart and Berlin, 1934.
BACHMANN, R. *Niclas Storch*, Zwickau, 1880.
BAERWALD, R. *Die Schlacht bei Frankenhausen*, Mühlhausen in Thuringia, 1925.
BAETHGEN, F. *Der Engelpapst*, Leipzig, 1943.
BAHLMANN, P. *Die Wiedertäufer zu Münster. Eine bibliographische Zusammenstellung*, Münster, 1894.
BAINTON, R. H. *David Joris*, Leipzig, 1937.
BARACK, K. A. 'Hans Böhm und die Wallfahrt nach Niklashausen im Jahre 1476', in *Archiv des historischen Vereines von Unterfranken und Aschaffenburg*, vol. XIV, 3, Würzburg, 1858, pp. 1–108.
BARON, S. W. *A social and religious history of the Jews*, vol. II, New York, 1937.
BARTOŠ, F.-M. (1). 'Žižka a pikarti', in *Kalich*, vol. IX, fasc. 3–4, Prague, 1924, pp. 97–108.
BARTOŠ, F.-M. (2). 'Kněze Petra Kănyševyznăni víry a večeře Páně z r. 1421', in *Jihočeský sborník historický*, vol. I, Tabor, 1928, pp. 2–5.
BARTOŠ, F.-M. (3). 'Picards et "Pikarti"', in BHPF, vol. LXXX (1931), pp. 465–86; vol. LXXXI (1932), pp. 8–28.
BAX, E. B. *Rise and fall of the Anabaptists*, London, 1903.
BEAUSOBRE, I. de. 'Dissertation sur les Adamites de Bohème', in J. Lenfant, *Histoire de la guerre des Hussites*, vol. I, Amsterdam, 1731, pp. 304–49.
BEMMANN, R. *Thomas Müntzer, Mühlhausen in Thüringen und der Bauernkrieg*, Leipzig, 1920.
BENZ, E. *Ecclesia Spiritualis. Kirchenidee und Geschichtstheologie der franziskanischen Reformation*, Stuttgart, 1934. (2nd edn., 1964.)
BERGER, E. *Histoire de Blanche de Castille, reine de France*, Paris, 1895.
BERNHEIM, E. *Mittelalterliche Zeitanschauungen in ihrem Einflus auf Politik und Geschichtschreibung*, Tübingen, 1918.
BERNHEIMER, R. *Wild men in the Middle Ages*, Cambridge, Mass., 1952.
BETTS, R. R. 'Correnti religiose nazionali ed ereticali dalla fine del secolo XIV alla metà del XV', in *Storia del Medioevo* (MW), pp. 403–513. (In English.)
BEUZART, P. *Les hérésies pendant le Moyen Âge dans la région de Douai, d'Arras et au pays de l'Aller*, Le Puy, 1912.
BEZOLD, F. von (1). *Zur Geschichte des Hussitèntums*, Munich, 1874.
BEZOLD, F. von (2). 'Die Lehre von der Volkssouveränität während des Mittelalters', 1876. Reprinted in *Aus Mittelalter und Renaissance*, Munich and Berlin, 1918, pp. 1–48.
BEZOLD, F. von (3). 'Die "armen Leute" und die deutsche Literatur des späteren Mittelalters', 1879. Reprinted in *Aus Mittelalter und Renaissance*, Munich and Berlin, 1918, pp. 49–81.

BEZOLD, F. von (4). 'Zur deutschen Kaisersage', in *Sitzungsberichte der königlich bayerischen Akademie der Wissenschaften. Philosophisch-philologische Klasse*, vol. XIV, Munich, 1884, pp. 560–606.

BEZOLD, F. von (5). *Geschichte der deutschen Reformation*, Berlin, 1890.

BIDEZ, J. *La Cité du Monde et la Cité du Soleil*, Paris, 1932.

BIGNAMI-ODIER, J. *Études sur Jean de Roquetaillade* (*Johannes de Rupescissa*), Paris, 1952.

BLANKE, F. 'Das Reich der Wiedertäufer zu Münster 1534–1535', in *Archiv für Reformationsgeschichte*, vol. XXXVII, Berlin, 1940, pp. 13–37.

BLOCH, M. (1). *Les rois thaumaturges: Étude sur le caractère surnaturel attribué à la puissance royale particulièrement en France et en Angleterre*, Strasbourg, 1924.

BLOCH, M. (2). *Les caractères originaux de l'histoire rurale française*, Oslo, 1931.

BLOCH, M. (3). *La société féodale: la formation des liens de dépendance*, Paris, 1939.

*BLOOMFIELD, M. W. 'Joachim of Flora. A critical survey of his canon, teachings, sources, biography, and influence', in *Traditio*, vol. XIII, New York, 1957, pp. 249–311.

BLOOMFIELD, M. W. and REEVES, M. E. 'The penetration of Joachism into northern Europe', in *Speculum*, vol. XXIX, Cambridge, Mass., 1954, pp. 772–93.

BOAS, G. *Essays on Primitivism and related ideas in the Middle Ages*, Baltimore, 1948.

BOEHMER, H. (1). *Studien zu Thomas Müntzer*, Leipzig, 1922.

BOEHMER, H. (2). 'Thomas Müntzer und das jüngste Deutschland', in *Gesammelte Aufsätze*, Gotha, 1924.

BORST, A. *Die Katharer* (*Schriften der Monumenta Germaniae Historica*, vol. XII), Stuttgart, 1953.

BOSSERT, G. *et al. Württembergische Kirchengeschichte*, Calw and Stuttgart, 1893.

BOUSSET, W. (1). *The Antichrist legend, a chapter in Christian and Jewish folklore*, trans. Keane, London, 1896.

BOUSSET, W. (2). 'Beiträge zur Geschichte der Eschatologie', in ZKG, vol. XX (1900), pp. 103–31, 262–90.

BOUTERWEK, K. W. *Zur Literatur und Geschichte der Wiedertäufer, besonders in den Rheinlanden*, Bonn, 1864.

BRUNO DE JÉSUS-MARIE *et al.* 'La confession de Boullan', in *Satan* (*Études carmélitaines*, vol. VI), Paris, 1949.

BULARD, M. *Le scorpion, symbole du peuple juif dans l'art religieux des XIVe, XVe, XVIe siècles*, Paris, 1935.

BURDACH, K. *Vom Mittelalter zur Reformation*, Berlin, 1893–1937.
(1) vol. II, part I: *Rienzo und die geistige Wandlung seiner Zeit.*
(2) vol. III, part 2: *Der Dichter des Ackermann aus Böhmen und seine Zeit.*

BURDACH, K. (3). *Reformation, Renaissance, Humanismus*, Berlin, and Leipzig, 1926.

BURDACH, K. (4). *Der Longinus-Speer im eschatologischem Lichte*, in SPAW, vol. IX, 1920, pp. 294–321.

*BÜTTNER, Th. and WERNER, E. *Circumcellionen und Adamiten. Zwei Formen mittelalterlicher Häresie.* (*Forschungen zur mittelalterlichen Geschichte*, vol. II) Berlin, 1958, pp. 73–134.

CAHOUR, A. *Baudouin de Constantinople. Chronique de Belgique et de France*, Paris, 1850.

Cambridge Economic History of Europe, Cambridge, 1942–52.
vol. I: Agrarian life of the Middle Ages, ed. J. H. Clapham and E. Power.
vol. II: Trade and industry in the Middle Ages, ed. M. Postan and E. E. Rich.

Cambridge Medieval History, 8 vols., Cambridge, 1913–36.

CAPELLE, G. C. *Amaury de Bène, étude sur son panthéisme formel*, Paris, 1932.

CAREW HUNT, R. H. 'Thomas Müntzer', in *Church Quarterly Review*, London, vol. CXXVI (1938), pp. 213–44; vol. CXXVII (1939), pp. 227–67.

CARLYLE, R. W. and CARLYLE, A. J. *A history of medieval political theory in the West*, 6 vols., Edinburgh, 1903–36.

CARO, G. *Sozial- und Wirtschaftsgeschichte der Juden im Mittelalter und der Neuzeit*, 2 vols., Frankfort-on-Main, 1920–24.

CARUS-WILSON, E. 'The woollen industry', in CEH, vol. II, chap. 6, pp. 355–428.

CASE, S. J. *The millennial hope*, Chicago, 1918.

CHALANDON, F. *Histoire de la première Croisade*, Paris, 1925.

CHALUPNÝ, E. 'Adamité a Žižka', in *Jihočeský sborník historiký*, vol. I, Tabor, 1928, pp. 51–2.

*COHN, N. *Warrant for Genocide. The Myth of the Jewish world-conspiracy and the Protocols of the Elders of Zion*, London and New York, 1967.

*COMBES, A. *Essai sur le critique de Ruysbroeck par Gerson*, 3 vols., Paris, 1945–59.

CORNELIUS, C. A. (1). *Geschichte des Münsterischen Aufruhrs*, 2 vols., Leipzig, 1855–60.
vol. I: *Die Reformation.*
vol. II: *Die Wiedertaufe.*

CORNELIUS, C. A. (2). *Die niederländischen Wiedertäufer während der Belagerung Münsters 1534 bis 1535*, Munich, 1869.

CORNELIUS, C. A. (3). 'Johann Bokelson', in ADB, vol. III, pp. 91–3.

CORNELIUS, C. A. (4). 'Bernt Knipperdollinck', in ADB, vol. XVI, pp. 293–5.

CORNELIUS, C. A. (5). 'Jan Mathyszoon', in ADB, vol. XX, pp. 600–602.

COULTON, G. G. *The Black Death*, London, 1929.

CUMONT, F. 'La fin du monde selon les mages occidentaux', in *Revue de l'histoire des religions*, vol. CIII, Paris, 1931, pp. 29–96.

CURSCHMANN, H. H. W. F. *Hungersnöte im Mittelalter*, Leipzig, 1900.

DELACROIX, H. *Le mysticisme en Allemagne au 14e siècle*, Paris, 1900.

DEMPF, A. *Sacrum Imperium: Geschichts- und Staatsphilosophie des Mittelalters und der politischen Renaissance*, Munich and Berlin, 1929.

*DE SMET, J.-M. 'De monnik Tanchelm en de Utrechtse Bisschopszetel in 1112–1114', in *Scrinium Lovaniense, Mélanges historiques Etienne van Cauwenbergh*, Louvain, 1961, pp. 207–34.

DE STEFANO, A. *Riformatori ed eretici del medioevo*, Palermo, 1938.

DETMER, H. (1). *Hermann von Kerssenbrochs Leben und Schriften*, Münster, 1900.

DETMER, H. (2). *Bilder aus den religiösen und sozialen Unruhen in Münster*, 3 vols., Münster, 1903–4.
vol. I: Johann von Leiden.
vol. II: Bernhard Rothmann.
vol. III: Uber die Auffassung von der Ehe ... während der Täuferherrschaft.

DETMER, H. and KRUMBHOLTZ, R. *Zwei Schriften des Münsterischen Wiedertäufers Bernhard Rothmann.* With historical introduction, Dortmund, 1904.

DEVIC, C. and VAISSÈTE, J. J. *Histoire générale de la province de Languedoc*, ed. Molinier, vol. IX, Toulouse, 1885.

*DE VOOGT, P. *L'hérésie de Jean Hus* (*Bibliothèque de la Revue d'Histoire ecclésiastique*, fasc. 34), Louvain, 1960.

DICKENS, A. G. *Reformation and society in sixteenth-century Europe*. London, 1966.

Dictionnaire de Théologie Catholique, ed. Vacant and Mangenot, Paris, 1899–1950.

DOBROWSKÝ, J. 'Geschichte der Bömischen Pikarden und Adamiten', in *Abhandlungen der königlich böhmischen Gesellschaft der Wissenschaften*, vol. IV, Prague and Dresden, 1788, pp. 300–343.

*DOHNA, Graf LOTHAR zu,. *Reformatio Sigismundi. Beiträge zum Verständnis einer Reformschrift des fünfzehnten Jahrhunderts* (*Veröffentlichungen des Max-Planck-Instituts für Geschichte*, no. 4), Göttingen, 1960.

DÖLLINGER, I. von. 'Der Weissagungsglaube und das Prophetentum in der christlichen Zeit', in *Historisches Taschenbuch*, fifth series, vol. I, Leipzig, 1871, pp. 259–370.

DOREN, A. 'Wunschräume und Wunschzeiten', in *Vorträge der Bibliothek Warburg*, vol. IV, Leipzig, 1927, pp. 158–205.

DU CANGE, C. DU FRESNE. *Glossarium ad scriptores mediae et infimae Latinitatis*, ed. Henschel, Paris, 1840–50.

DUPRÉ THESEIDER, E. *Introduzione alle eresie medievali*, Bologna, 1953.

ELBOGEN, I. 'Zu den hebräischen Berichten über die Judenverfolgungen im Jahre 1096', in *Festschrift zum 70-ten Geburtstage Martin Philippsons*, Leipzig, 1917.

ELIADE, M. *The myth of the eternal return*, trans. Trask, London, 1955.

Encyclopedia of religion and ethics, ed. Hastings and Selbie, Edinburgh, 1908–26.

ERBKAM, H. W. *Geschichte der protestantischen Sekten im Zeitalter der Reformation*, Hamburg and Gotha, 1848.

*ERBSTÖSSER, M. and WERNER, E. *Ideologische Probleme des mittelalterlichen Plebejertums. Die freigeistige Häresie und ihre sozialen Wurzeln*, Berlin, 1960.

ERDMANN, C. (1). 'Endkaiserglaube und Kreuzzugsgedanke im 11-ten Jahrhundert', in ZKG, vol. LI (1932), pp. 384–414.

ERDMANN, C. (2). *Die Entstehung des Kreuzzugsgedankens*, Stuttgart, 1935.

ESSEN, L. van der. 'De ketterij van Tanchelm in de XIIde eeuw', in *Ons Geloof*, vol. II, Antwerp, 1912, pp. 354–61.

FLADE, P. 'Römische Inquisition in Mitteldeutschland', in *Beiträge zur sächsischen Kirchengeschichte*, vol. IX, Leipzig, 1894.

FOLZ, R. *Le souvenir et la légende de Charlemagne dans l'Empire germanique médiéval*, Paris, 1950.

FÖRSTEMANN, E. G. *Die christlichen Geisslergesellschaften*, Halle, 1828.

FRANZ, G. *Der deutsche Bauernkrieg*, Munich and Berlin, 1933.

FREDERICHS, J. (1). *De secte der Loïsten, of Antwerpsche Libertijnen* (1525–1545), Ghent and The Hague, 1891.

FREDERICHS, J. (2). 'Un luthérien français devenu libertin spirituel: Christophe Herault et les Loïstes d'Anvers (1490–1544)', in BHPF, vol. XLI (1892), pp. 250–69.

FREDERICQ, P. (1). *De secten der geeselars en der dansers in den Nederlanden tijdens de* 14de *eeuw*, Brussels, 1897.

FREDERICQ, P. (2). 'Deux sermons inédits de Jean du Fayt', in *Bulletin de l'Académie royale de Belgique Classe des Lettres*, vols. IX, X, Brussels, 1903, pp. 688–718.

GILSON, E. *La philosophie au Moyen Âge*, Paris, 1944.

GOTHEIN, E. *Politische und religiöse Volksbewegungen vor der Reformation*, Breslau, 1878.

GRAETZ, H. *Geschichte der Juden*, vols. VI, VII, Leipzig, 1873.

GRAUERT, H. von (1). 'Zur deutschen Kaisersage', in *Historisches Jahrbuch*, vol. XIII, Leipzig, 1892, pp. 100–143.

GRAUERT, H. von (2). 'Das Schulterkreuz der Helden mit besonderer Beziehung auf das Haus Wettin', in *Ehrengabe deutscher Wissenschaft (für Prinz Johann Georg)*, ed. Fessler, Freiburg in Breisgau, 1920, pp. 703–20.

GRAUS, F. *Chudina městská v době předhusitské*, Prague, 1949.

GROUSSET, R. *Histoire des croisades et du royaume franc de Jérusalem*, vol. I, Paris, 1934.

GRUNDMANN, H. (1). *Studien über Joachim von Fiore*, Leipzig and Berlin, 1927.

GRUNDMANN, H. (2). *Religiöse Bewegungen im Mittelalter*, Berlin, 1935.

GRUNDMANN, H. (3). *Neue Forschungen über Joachim von Fiore* (Münstersche Forschungen I), Marburg, 1950.

*GRUNDMANN, H. (4). *Neue Beiträge zur Geschichte der religiösen Bewegungen im Mittelalter*. (Supplement to new edition of *Religiöse Bewegungen im Mittelalter*, Hildesheim, 1961.)

*GRUNDMANN, H. (5). *Ketzergeschichte des Mittelalters*, Göttingen, 1963. (Reprinted from vol. II of *Die Kirche in ihrer Geschichte*, ed. K. D. Schmidt and E. Wolf.)

*GRUNDMANN, H. (6). *Bibliographie zur Ketzergeschichte des Mittelalters, 1900–1966*. (*Sussidi Eruditi* no. 20), Rome, 1967.

*GRUNDMANN, H. (7). 'Ketzerverhöre des Spätmittelalters als quellenkritisches Problem,' in *Deutsches Archiv für Erforschung des Mittelalters*, vol. XXI, Cologne and Graz, 1965, pp. 519-575.

GRY, L. *Le millénarisme dans ses origines et son développement*, Paris, 1904.

*GUARNIERI, R. (1). *Il movimento del Libero Spirito. Testi e documenti*, Rome, 1965.

*GUARNIERI, R. (2). 'Frères du libre esprit', in M. Viller *et al.*, *Dictionnaire de Spiritualité*, vol. V, Paris, 1966, cols. 1241–68.

HAAGEN, F. *Geschichte Aachens*, vol. I, Aachen, 1873.

HAGENMEYER, H. *Peter der Eremite*, Leipzig, 1879.

HAHN, C. U. *Geschichte der Ketzer im Mittelalter*, vols. II, III, Stuttgart, 1845.

HAMPE, K. 'Eine frühe Verknüpfung der Weissagung vom Endkaiser mit Friedrich II und Konrad IV' in *Sitzungsberichte der Heidelberger Akademie der Wissenschaften (Philosophisch-historische Klasse)*, Abhandlung VI, 1917.

HARTING, D. *De munstersche Furie*, Enkhuizen, 1850.

HAUCK, A. *Kirchengeschichte Deutschlands*, vol. V, Leipzig, 1911.

HAUPT, H. (1). *Die religiösen Sekten in Franken*, Würzburg, 1882.

HAUPT, H. (2). 'Ein Beghardenprozess in Eichstädt vom Jahre 1381', in ZKG, vol. V (1882), pp. 487–98.

HAUPT, H. (3). 'Beiträge zur Geschichte der Sekte vom freien Geiste und des Beghardentums', in ZKG, vol. VII (1885), pp. 503–76. (Includes emendations to Albertus Magnus, *Compilatio*, from another MS.)

HAUPT, H. (4). 'Zur Biographie des Nicolaus von Basel', in ZKG, vol. VII (1885), pp. 508–11. (Includes emendations to confession of Martin of Mainz.)

HAUPT, H. (5). 'Zur Geschichte der Geissler', in ZKG, vol. IX (1888), pp. 114–19. (Includes emendations to Sonderhausen articles from another MS.)

HAUPT, H. (6). 'Husitische Propaganda in Deutschland', in *Historisches Taschenbuch*, 6th series, vol. VII, Leipzig, 1888, pp. 235–304.

HAUPT, H. (7). 'Zwei Traktate gegen Beginen und Begharden', in ZKG, vol. XII (1891), pp. 85–90.
HAUPT, H. (8). *Ein oberrheinischer Revolutionär aus dem Zeitalter Kaiser Maximilians I.* (*Westdeutsche Zeitschrift für Geschichte und Kunst*, Ergänzungsheft VIII), Trier, 1893, pp. 77–228.
HAUPT, H. (9). 'Beginen und Begarden', in RPT, vol. II, pp. 516–26.
HAUPT, H. (10). 'Brüder des freien Geistes', in RPT, vol. II, pp. 467–72.
HAUPT, H. (11). 'Kirchliche Geisselung und Geisslerbruderschaften', in RPT, vol. VI, pp. 432–44.
HAUPT, H. (12). 'Konrad Schmid', in ADB, vol. XXXI, p. 683.
HAUPT, H. (13). 'Wirsberg: Janko (Johannes) und Livin (Levin) von W.', in ADB, vol. XLIII, pp. 518–20.
HAURÉAU, B. *Histoire de la philosophie scolastique*, Part II, vol. I, Paris, 1880.
HEATH, R. *Anabaptism from its rise at Zwickau to its fall in Münster*, London, 1895.
HECKER, J. F. C. *The epidemics of the Middle Ages*, trans. Babington, London, 1859.
HEER, F. *Aufgang Europas: eine Studie zu den Zusammenhängen zwischen politischer Religiosität, Frömmigkeitsstil und dem Werden Europas im 12-ten Jahrhundert*, Vienna and Zurich, 1949.
HEIDELBERGER, F. *Kreuzzugsversuche um die Wende des 13-ten Jahrhunderts*, Berlin and Leipzig, 1911.
HEISIG, K. 'Die Geschichtsmetaphysik des Rolandsliedes und ihre Vorgeschichte', in *Zeitschrift für romanische Philologie*, vol. LV, Halle, 1935, pp. 1–87.
HEYER, F. *Der Kirchenbegriff der Schwärmer* (*Schriften des Vereins für Reformationsgeschichte*, vol. LXVI), Leipzig, 1939.
HEYMANN, F. G. *John Žižka and the Hussite revolution*, Princeton, 1955.
*HILLERBRAND, H. J. *Bibliographie des Täufertums 1520–1630*. (*Quellen zur Geschichte der Täufer, vol. X*), Gütersloh, 1962.
HINRICHS, C. *Luther and Müntzer, ihre Auseinandersetzung über Obrigkeit und Widerstandsrecht*. Berlin, 1952
HOCHHUT, W. H. 'Landgraf Philipp und die Wiedertäufer', in *Zeitschrift für die historische Theologie*, vol. XXIX, Hamburg and Gotha, 1859.
HOENIGER, R. *Der schwarze Tod in Deutschland*, Berlin, 1882.
HOLINKA, R. '*Sektářství v Cechách před revolucí husitskou*, Bratislava, 1929.
HOLL, K. 'Luther und die Schwärmer', in his *Gesammelte Aufsätze zur Kirchengeschichte*, vol. I, Tübingen, 1923.
HORSCH, J. 'The rise and fall of the Anabaptists of Münster', in *Mennonite Quarterly Review*, vol. X, Goshen, Indiana, 1935, pp. 92–103, 129–43.
HÜBNER, A. *Die deutschen Geisslerlieder*, Berlin and Leipzig, 1931.
HÜBSCHER, A. *Die grosse Weissagung. Texte, Geschichte und Deutung der Prophezeiungen von den biblischen Propheten bis auf unsere Zeit*, Munich, 1952.
HUGENHOLTZ, F. W. N. *Drie boerenopstanden uit de veertiende eeuw*, Haarlem, 1949.
HUNDESHAGEN, C. B. 'Der Communismus und die ascetische Socialreform im Laufe der christlichen Jahrhunderte', in *Theologische Studien und Kritiken*, vol. XVIII, Gotha, 1845, pp. 535–607, 821–72.
HYAMSON, A. M. 'Pseudo-messiahs', in ERE, vol. VIII, pp. 581–7.
**Il Movimento dei disciplinati nel settimo centenario dal suo inizio (Perugia 1260)*. Deputazione di storia patria per l'Umbria. Appendici al Bolletino no. 9, Perugia, 1960.
JANSSEN, H. Q. 'Tanchelijn', in *Annales de l'Académie d'archéologie de Belgique*, vol. XXIII, Antwerp, 1867, pp. 374–450.

JOHNSON, A. R. *Sacral kingship in Ancient Israel*, Cardiff, 1955.
JONES, ERNEST. *On the nightmare. Part II: The connections between the nightmare and certain medieval superstitions*, London, 1931.
JONES, R. M. *Studies in mystical religion*, London, 1909.
JORDAN, R. *Zur Schlacht bei Frankenhausen* (*Zur Geschichte der Stadt Mühlhausen in Thüringen*, vol. IV), Mühlhausen in Thuringia, 1908.
OURDAIN, C. 'Mémoire sur les sources philosophiques des hérésies d'Amaury de Chartres et de David de Dinant', in *Mémoires de l'Académie des Inscriptions et Belles-Lettres*, vol. XXVI, Paris, 1870, pp. 467–98.
JUNDT, A. *Histoire du panthéisme populaire au Moyen Âge et au 16e siècle*, Paris, 1875.
JUSSERAND, J. J. *English wayfaring life in the Middle Ages*, trans. L. T. Smith, London, 1950 (first published 1889).
KAHN, SALOMON. 'Les juifs de Montpellier au Moyen Âge', in *Revue des études juives*, vol. XXII, Paris, 1891, pp. 264–79.
*KAMINSKY, H. (1). 'Hussite radicalism and the origins of Tabor 1415–1418', in *Medievalia et Humanistica*, vol. X, Boulder, Colorado, 1956, pp. 102–30.
*KAMINSKY, H. (2). 'Chiliasm and the Hussite Revolution', in *Church History*, vol. XXVI, New York, 1957, pp. 43–71.
*KAMINSKY, H. (3). 'The Free Spirit in the Hussite Revolution', in *Millennial Dreams in Action* (MW), pp. 166–86.
KAMPERS, F. (1). *Die deutsche Kaiseridee in Prophetie und Sage*, Munich, 1896.
KAMPERS, F. (1A). *Kaiserprophetien und Kaisersagen im Mittelalter*, Munich, 1895. (Same as Kampers (1) but with Appendices.)
KAMPERS, F. (2). *Vom Werdegang der abendländischen Kaisermystik*, Leipzig and Berlin, 1924.
KAUTSKY, K. *Communism in Central Europe in the time of the Reformation*, trans. Mulliken, London, 1897.
KAWERAU, P. *Melchior Hoffmann als religiöser Denker*, Haarlem, 1954.
KELLER, L. *Geschichte der Wiedertäufer und ihres Reiches zu Münster*, Münster, 1880.
KERVYN DE LETTENHOVE, C. B. (1). 'Bertrand de Rays', in *Biographie nationale de Belgique*, vol. I, pp. 338–42.
KERVYN DE LETTENHOVE, C. B. (2). *Histoire de Flandre*, 6 vols., Brussels, 1847–50.
KESTENBERG-GLADSTEIN, R. 'A fifteenth-century polemic against Joachism, and its background', in *Journal of the Warburg and Courtauld Institutes*, vol. XVIII, London, 1955, pp. 245–95.
KISCH, G. *The Jews in medieval Germany*, Cambridge, 1950.
*KLASSEN, P. J. *The economics of Anabaptism, 1525–1560* (*Studies in European History*, no. 3), The Hague, 1964.
KLAUSNER, J. *The messianic idea in Israel*, trans. Stinespring, London, 1956.
KLOSE, S. B. *Von Breslau. Dokumentirte Geschichte und Beschreibung*, vol. II, Breslau, 1781.
KNOX, R. A. *Enthusiasm, a chapter in the history of religion*, Oxford, 1950.
KÖHLER, W. 'Münster, Wiedertäufer', in RPT, vol. XIII, pp. 539–53.
*KONRAD, R. (1). *De ortu et tempore Antichristi. Antichristvorstellung und Geschichtsbild des Abtes Adso von Montier-en-Der.* (*Münchener Historische Studien, Abteilung Mittelalterliche Geschichte*, vol. I), Kallmütz b. Regensburg, 1964.
*KONRAD, R. (2). 'Das himmlische und das irdische Jerusalem im mittelalterlichen Denken. Mystische Vorstellung und geschichtliche Wirkung', in *Speculum historiale*, ed. C. Bauer, L. Boehm and M. Müller, Freiburg i. Br. and Munich, 1965, pp. 523–40.

KRACAUER, I. *Die politische Geschichte der Frankfurter Juden bis zum Jahre 1349*, Frankfort-on-Main, 1911.
KRAFT, H. 'Gab es einen Gnostiker Karpokrates?', in *Theologische Zeitschrift*, vol. VIII, Basle, 1952, pp. 434–43.
KRIEHN, G. 'Studies in the sources of the social revolt of 1381', in *American Historical Review*, vol. VII, New York, 1901–2, pp. 254–85, 458–84.
KROFTA, K. (1). 'Bohemia in the fourteenth century', in CMH, vol. VII, chap. 6, pp. 155–82.
KROFTA, K. (2). 'John Hus', in CMH, vol. VIII, chap. 2, pp. 45–64.
KROFTA, K. (3). 'Bohemia in the fifteenth century', in CMH, vol. VIII, chap. 3, pp. 65–115.
*KULCSÁR, Z. *Eretnekmozgalmak a XI–XIV. században*, Budapest, 1964. (An exhaustive bibliography of heretical movements from the eleventh to the fourteenth centuries.)
LANCHESTER, H. C. O. 'Sibylline Oracles', in ERE, vol. II, pp. 496–500.
LATOMUS, JOANNES. *Corsendonca*, Antwerp, 1644.
LEA, H. C. *A history of the Inquisition of the Middle Ages*, vol. II, London, 1888.
LECHNER, K. 'Die grosse Geisselfahrt des Jahres 1349', in *Historisches Jahrbuch*, vol. V, Munich, 1884, pp. 437–62.
*LECLERCQ, J., VANDENBROUCKE, P., and BOUYER, L. *La spiritualité du moyen âge* (vol. II of *Histoire de la spiritualité chrétienne*), Paris, 1959.
*LEFF, G. *Heresy in the Later Middle Ages. The relation of heterodoxy to dissent, c. 1250–c. 1450*, 2 vols., Manchester and New York, 1967.
LEFRANC, A. *Les idées religieuses de Marguérite de Navarre*, Paris, 1898.
LEMPP, E. 'Sekte von Hall', in RPT, vol. VII, pp. 363–5.
LEVASSEUR, E. *Histoire des classes ouvrières françaises et de l'industrie en France avant 1789*, vol. I, Paris, 1900.
LINDSAY, P. and GROVES, R. *The Peasants' Revolt of 1381*, London, 1950.
LOCHNER, G. W. C. *Geschichte der Reichsstadt Nürnberg zur Zeit Kaiser Karls IV*, Berlin, 1873.
LOEB, I. 'Josef Haccohen et les chroniqueurs juifs', in *Revue des études juives*, vol. XVI, Paris, 1888, pp. 28–56, 209–23.
LOHMANN, A. *Zur geistigen Entwicklung Thomas Müntzers*, Leipzig and Berlin, 1931.
LOVEJOY, A. O. 'The communism of St Ambrose', in his *Essays in the History of Ideas*, London, 1949.
LOVEJOY, A. O. and BOAS, G. *Primitivism and related ideas in Antiquity*, Baltimore, 1935.
LÖWITH, K. *Meaning in History: the theological implications of the Philosophy of History*, Cambridge, 1950.
LUCAS, H. S. 'The great European famine of 1315, 1316 and 1317', in *Speculum*, vol. V, Cambridge, Mass., 1930, pp. 343–77.
LÜTZOW, F. H. H. W. *The life and times of Master John Hus*, London, 1909.
MACCULLOCH, J. A. (1). 'Eschatology', in ERE, vol. V, pp. 373–91.
MACCULLOCH, J. A. (2). *Medieval faith and fable*, London, 1932.
MAČEK, J. (1). *Kto jsû boži bojovníci* (*Who are God's warriors*), Prague, 1951.
MAČEK, J. (2). *Husitské revoluční hnutí*, Prague, 1952.
*MAČEK, J. (3). *The Hussite Movement in Bohemia*, Prague, 1958; London and Prague, 1965 (trans. of Maček (2), by V. Fried and I. Milner).
MCDONNELL, E. W. *The Beguines and Beghards in medieval culture*, New Brunswick, 1954.
MELLINK, A. F. (1). *De Wederdopers in de Noordelijke Nederlanden (1531–1544)*, Groningen, 1953.

*MELLINK, A. F. (2). 'The mutal relations between the Münster Anabaptists and the Netherlands', in *Archiv für Reformationsgeschichte*, vol. I, Berlin, 1959, pp. 16–33.
Mennonite Encyclopedia. 4 vols., Scottdale, Pennsylvania, 1955–9.
MERX, O. *Thomas Münzer und Heinrich Pfeiffer, 1523–5. Ein Beitrag zur Geschichte des Bauernkrieges in Thüringen*, Göttingen, 1889.
MEUSEL, A. *Thomas Müntzer und seine Zeit*, Berlin, 1952.
MEYER, CHRISTIAN (1). 'Zur Geschichte der Wiedertäufer in Oberschwaben', in *Zeitschrift des historischen Vereins für Schwaben und Neuburg*, vol. I, Augsburg, 1874, pp. 271 sq.
MEYER, CHRISTIAN (2). 'Der Widertäufer Nikolaus Storch und seine Anhänger in Hof', in ZKG, vol. XVI (1896), pp. 117–24.
MEYER, VICTOR. *Tile Kolup (der falsche Friedrich) und die Wiederkunft eines ächten Friedrich, Kaisers der Deutschen*, Wetzlar, 1868.
MIRET Y SANS, J. 'Le massacre des Juifs de Montclus en 1320', in *Revue des études juives*, vol. LIII, Paris, 1907, pp. 255–66.
MOHR, W. 'Tanchelm von Antwerpen. Eine nochmalige Überprüfung der Quellenlage', in *Annales Universitatis Saraviensis, Philosophie-Lettres*, vol. III, Saarbrucken, 1954, pp. 234–47.
*MOLNÁR, A. (1). 'Eschatologická naděje česke reformace' (The eschatological hope in the Czech Reformation), in Hromáda *et al.*, *Od reformace k zítřku* (From Reformation to Tomorrow), Prague, 1956, pp. 11–101.
*MOLNÁR, A. (2). 'Le mouvement préhussite et la fin du temps', in *Communio Viatorum*, vol. I, Prague, 1958, pp. 27–32.
MORGHEN, R. *Medioevo cristiano*, Bari, 1951.
MOSHEIM, J. L. von (1). *Institutiones historiae ecclesiasticae Novi Testamenti*, vol. I, Helmstadt, 1764.
MOSHEIM, J. L. von (2). *De Beghardis et Beguinabus commentarius*, Leipzig, 1790.
MÜLLER, EWALD. *Das Konzil von Vienne, 1311–12. Seine Quellen und seine Geschichte*, Münster, 1934.
MÜLLER, KARL (1). *Kirchengeschichte*, vol. I, Freiburg in Breisgau, 1892.
MÜLLER, KARL (2). 'Calvin und die "Libertiner"', in ZKG, vol. XL (1922), pp. 83–129.
MUNRO, D. C. 'The Children's Crusade', in *American Historical Review*, vol. XIX, London, 1914, pp. 516–24.
NABHOLZ, H. 'Medieval society in transition', in CEH, vol. I, chap. 8, pp. 493–562.
NATUSIUS, M. von. *Die christlich-socialen Ideen der Reformationszeit und ihre Herkunft*, Gütersloh, 1897.
*NEUMANN, E. G. *Rheinisches Beginen- und Begardenwesen*. (*Mainzer Abhandlungen zur mittleren und neueren Geschichte*, vol. IV), Meisenheim am Glan, 1960.
NEWMAN, A. H. *A history of anti-pedobaptism*, Philadelphia, 1897.
NIESEL, W. 'Calvin und die Libertiner', in ZKG, vol. XLVIII (1929), pp. 58–74.
NIGG, W. (1). *Das ewige Reich*, Berlin and Munich, 1944.
NIGG, W. (2). *Das Buch der Ketzer*, Zurich, 1949.
NOHL, J. *The Black Death*, trans. Clarke, London, 1926.
OESTERLEY, W. O. E. and ROBINSON, T. H. *Hebrew religion, its origin and development*, London, 1949.
OLIGER, L. *De secta Spiritus Libertatis in Umbria saeculo XIV. Disquisitio et Documenta*. (*Storia e Letteratura, Raccolta di Studi e Testi*, vol. III), Rome, 1943.

OMAN, C. *The Great Revolt of 1381*, Oxford, 1906.
OWST, G. R. *Literature and pulpit in medieval England*, Cambridge, 1933.
PALACKÝ, F. *Geschichte von Boehmen*, vol. III, Prague, 1845.
PARKES, J. W. *The Jew in the medieval community*, London, 1938.
PAYNE, E. A. *The Anabaptists of the 16th century*, London, 1949.
PEARSON, K. 'The Kingdom of God', in *Modern Review*, vol. V, London, 1884, pp. 29–56, 259–83.
PETIT-DUTAILLIS, C. (1). 'Introduction historique' to A. Réville, *Le soulèvement des travailleurs en Angleterre en 1381* Paris, 1898.
PETIT-DUTAILLIS, C. (2). 'Causes and general characteristics of the rising of 1381', in *Studies and notes supplementary to Stubbs' Constitutional History*, vol. II, Manchester, 1914, pp. 252–304.
PEUCKERT, W. E. *Die grosse Wende. Das apokalyptische Saeculum und Luther*, Hamburg, 1948.
PFANNENSCHMID, H. 'Zur Geschichte der deutschen und niederländischen Geissler', in P. Runge, *Die Lieder und Melodien der Geissler des Jahres 1349*, Leipzig, 1900.
PHILIPPEN, L. J. M. 'De Heilige Norbertus en de strijd tegen het Tanchelmisme te Antwerpen', in *Bijdragen tot de Geschiedenis*, vol. XXV, Antwerp, 1934, pp. 251–88.
PIRENNE, H. (1). *Le soulèvement de la Flandre maritime de 1323–1328*, Brussels, 1900.
PIRENNE, H. (2). 'Tanchelm et le projet de démembrement du diocèse d'Utrecht vers 1100', in *Bulletin de l'Académie royale de Belgique, Classe des Lettres*, fifth series, vol. XIII, Brussels, 1927, pp. 112–19.
PIRENNE, H. (3). *A history of Europe from the Invasions to the sixteenth century*, trans. Miall, London, 1952.
PORGÈS, N. 'Les relations hébraïques des persécutions des Juifs pendant la première croisade', in *Revue des études juives*, Paris, vol. XXV (1892), pp. 181–201; vol. XXVI (1893), pp. 183–97.
POTTHAST, A. *Bibliotheca historica Medii Aevi*, 2 vols., Berlin, 1896.
POWER, E. 'The position of women', in *Legacy of the Middle Ages*, ed. Crump and Jacob, chap. VII, Oxford, 1926, pp. 401–34.
PRA, M. DAL. *Amalrico di Bena*, Milan, 1951.
PREGER, W. (1). *Geschichte der deutschen Mystik im Mittelalter*, vol. I, Leipzig, 1874.
PREGER, W. (2). *Beiträge zur Geschichte der religiösen Bewegung in den Niederlanden in der zweiten Hälfte des vierzehnten Jahrhunderts*, in ABAW, vol. XXI, Part 1, Munich, 1894.
PREUSS, H. *Die Vorstellungen vom Antichrist im späteren Mittelalter bei Luther und in der konfessionellen Polemik*, Leipzig, 1906.
RADCKE, F. *Die eschatologischen Anschauungen Bernhards von Clairvaux*, Langensalza, 1915.
RAUSCHEN, G. (ed.), *Die Legende Karls des Grossen im 11-ten und 12-ten Jahrhundert* Leipzig, 1890.
Realencyklopädie für protestantische Theologie und Kirche, 3rd edn, Leipzig, 1896–1913.
REEVES, M. E. (1). 'The *Liber Figurarum* of Joachim of Fiore', in *Medieval and Renaissance Studies*, vol. II, London, 1951, pp. 57–81.
*REEVES, M. E. (2). 'Joachimist influences on the idea of a Last World Emperor', in *Traditio*, vol. XVII, New York, 1961, pp. 323–70.
REMBERT, C. *Die Wiedertäufer im Herzogtum Jülich*, Berlin, 1899.
REUTER, H. *Geschichte der religiösen Aufklärung im Mittelalter*, vol. II, Berlin, 1877.

RÉVILLE, A. *Le soulèvement des travailleurs en Angleterre en 1381* (*Mémoires et documents publiés par la Société de l'École des Chartes*, II), Paris, 1898.

RIGAUX, B. *L'Antéchrist et l'opposition au Royaume Messianique dans l'Ancien et le Nouveau Testament*, Gembloux and Paris, 1932.

RITSCHL, H. *Die Kommune der Wiedertäufer in Münster*, Bonn and Leipzig, 1923.

ROHR, J. 'Die Prophetie im letzten Jahrhundert vor der Reformation als Geschichtsquelle und Geschichtsfaktor', in *Historisches Jahrbuch*, vol. XIX, Munich, 1898, pp. 29–56, 423–66.

RÖHRICHT, R. (1). 'Die Pilgerfahrten nach dem Heiligen Lande vor den Kreuzzügen', in *Historisches Taschenbuch*, fifth series, vol. V, Leipzig, 1875, pp. 323–96.

RÖHRICHT, R. (2). 'Bibliographische Beiträge zur Geschichte der Geissler', in ZKG, vol. I (1877), pp. 313–21.

RÖHRICHT, R. (3). 'Die Pastorellen (1251)', in ZKG, vol. VI (1884), pp. 290–95.

RÖHRICHT, R. (4). *Geschichte des ersten Kreuzzuges*, Innsbruck, 1901.

ROSENKRANZ, A. 'Prophetische Kaisererwartungen im ausgehenden Mittelalter', in *Preussische Jahrbücher*, vol. CXIX, Berlin, 1905, pp. 508–24.

ROTH, C. 'The Jews in the Middle Ages', in CMH, vol. VII, chap. 22, pp. 632–63.

ROUSSET, P. (1). *Les origines et les caractères de la première Croisade*, Neuchâtel, 1945.

ROUSSET, P. (2). 'L'idée de croisade chez les chroniqueurs d'Occident', in *Storia del Medioevo* (MW), pp. 547–63.

RUNCIMAN, S. (1). *The Medieval Manichee*, Cambridge, 1947.

RUNCIMAN, S. (2). *A history of the crusades*, 3 vols., Cambridge, 1951–4.

*RUPP, E. G. 'Thomas Müntzer, Hans Huth and the Gospel of all creatures', in *Bulletin of the John Rylands Library*, vol. XLIII, Manchester, 1960–61, pp. 492–519.

*RUSSELL, J. B. (1). 'Saint Boniface and the Eccentrics', in *Church History*, vol. XXXIII, no. 3, Chicago, 1964, pp. 235–47.

*RUSSELL, J. B. (2). *Dissent and Reform in the Early Middle Ages*, Berkeley and Los Angeles, 1965.

RUSSO, F. *Bibliografia Giochimita* (*Biblioteca di Bibliografia Italiana*, vol. XXVIII), Florence, 1954.

SAULNIER, V. L. (ed.). Marguerite de Navarre: *Théâtre profane*. With commentary, Paris, 1946.

SCHAAB, A. *Diplomatische Geschichte der Juden zu Mainz*, Mainz, 1855.

SCHÄFFLER, A. 'Hans Böhm', in ADB, vol. III, pp. 62–4.

SCHIFF, O. (1). 'Thomas Münzer und die Bauernbewegung am Oberrhein', in *Historische Zeitschrift*, vol. CX, Munich, 1913, pp. 67–90.

SCHIFF, O. (2). 'Die Wirsberger. Ein Beitrag zur Geschichte der revolutionären Apokalyptik im 15-ten Jahrhundert', in *Historische Vierteljahrschrift*, vol. XXVI, Dresden, 1931, pp. 776–86.

SCHMIDT, KARL. *Histoire et doctrine de la secte des Cathares ou Albigeois*, 2 vols., Paris, 1848–9.

SCHREIBER, H. *Der Bundschuh zu Lehen im Breisgau*, Freiburg in Breisgau, 1824.

SCHUBERT, H. von. *Der Kommunismus der Wiedertäufer in Münster und seine Quellen*, Heidelberg, 1919.

SCHULTHEISS, F. G. *Die deutsche Volkssage vom Fortleben und der Wiederkehr Kaiser Friedrichs II*, Berlin, 1911.

*SEIBT, F. (1). 'Die Hussitenzeit als Kulturepoche' in *Historische Zeitschrift*, vol. CVC, Munich, 1962, pp. 21–61.
*SEIBT, F. (2). *Hussitica. Zur Struktur einer Revolution*, Cologne and Graz, 1965.
SETTON, K. M. and BALDWIN, M. W. (ed.). *A history of the crusades*, vol. I: *The first hundred years*, Philadelphia, 1955.
SIMON, O. *Überlieferung und Handschriftsverhältnis des Traktates 'Schwester Katrei'*, Halle, 1906.
SMIRIN, M. M. *Der Volksaufstand des Thomas Müntzer und der grosse Bauernkrieg*, Berlin, 1952. (Translated from the Russian.)
SMITHSON, R. J. *The Anabaptists*, London, 1935.
SÖDERBLOM, N. *La vie future d'après le mazdéisme: étude d'eschatologie comparée*, Paris, 1901.
SOMMARIVA, L. 'Studi recenti sulle eresie medievali (1939–52)', in *Revista storica italiana*, vol. LXIV, fasc. II, Naples, 1952, pp. 237–68.
SONNE, I. 'Nouvel examen des trois Relations hébraïques sur les persecutions de 1096', in *Revue des études juives*, vol. XCVI, Paris, 1933, pp. 113–56.
SPITZER, L. 'Turlupin', in *Modern Language Notes*, vol. LXI, Baltimore, 1946, pp. 104–8.
*STAYER, J. M. (1). 'Hans Hut's doctrine of the sword: an attempted solution', in *Mennonite Quarterly Review*, vol. XXXIX, Goshen, Indiana, 1965, pp. 181–91.
*STAYER, J. M. (2). 'The Münsterite rationalization of Bernhard Rothmann', in *Journal of the history of ideas*, vol. XVIII, Lancaster (Penn.) and New York, 1967, pp. 179–92.
STEEL, A. *Richard II*, Cambridge, 1941.
STEVENSON, W. B. 'The First Crusade', in CMH, vol. V, chap. 7, pp. 265–99.
Storia del Medioevo. Vol. III of the Proceedings of the Tenth International Congress of Historical Sciences, Florence, 1955.
STRAUCH, P. 'Nicolaus von Basel', in ADB, vol. XXIII, pp. 620–21.
STUMPF, A. *Historia Flagellantium, praecipue in Thuringia.* Written in 1780 but first appeared (ed. Erhard) in vol. II, *Neue Mitteilungen aus dem Gebiet historisch-antiquarischer Forschungen*, Halle and Nordhausen, 1836.
*STUPPERICH, R. *Das Münsterische Täufertum. Ergebnisse und Probleme der neueren Forschung*, Munster i. W., 1958.
*SUMBERG, L. A. M. 'The *Tafurs* and the First Crusade', in *Medieval Studies* (University of Toronto), vol. XXI, London, New York, 1959, pp. 224–46.
SVÁTEK, J. *Culturhistorische Bilder aus Böhmen*, Vienna, 1879.
SYBEL, H. von. *Geschichte des ersten Kreuzzuges* Leipzig, 1881.
TAMASSIA, N. *La famiglia italiana nei secoli XV e XVI*, Milan, Palermo, Naples, 1910.
TAUBES, J. *Abendländische Eschatologie*, Bern, 1947.
THALAMAS, A. *La société seigneuriale française, 1050–1270*, Paris, 1951.
THOMA, A. 'Der Pfeifer von Niklasbausen', in *Preussische Jahrbücher*, vol. LX, Berlin, 1887, pp. 541–79.
TRACHTENBERG, J. *The Devil and the Jews. The medieval conception of the Jew and its relation to modern anti-semitism*, New Haven, Conn., 1944.
TREVELYAN, G. M. *England in the age of Wycliffe*, London, 1899.
TROELTSCH, E. *The social teaching of the Christian Churches*, trans. Wyon, 2 vols., 3rd edn., London, 1950.
TURBERVILLE, A. S. *Medieval heresy and the Inquisition*, London, 1920.
VERNET, F. 'Les frères du libre esprit', in *Dictionnaire de Théologie Catholique*, vol. VI, Paris, 1920, cols. 800–809.
VOEGELIN, E. *The new science of politics*, Chicago, 1952.

VOIGT, GEORG. 'Die deutsche Kaisersage', in *Historische Zeitschrift*, vol. XXVI, Munich, 1871, pp. 131–87.

VÖLTER, D. 'Die Secte von Schwabisch-Hall und der Ursprung der deutschen Kaisersage', in ZKG, vol. IV (1881), pp. 360–93.

VULLIAUD, P. *La fin du monde*, Paris, 1952.

WAAS, A. 'Die grosse Wendung im deutschen Bauernkrieg', in *Historische Zeitschrift*, Munich, 1938, vol. CLVIII, pp. 457–91; vol. CLIX, pp. 22–53.

WADSTEIN, E. *Die eschatologische Ideengruppe: Antichrist, Weltsabbat, Weltende und Weltgericht*, Leipzig, 1896.

WALTER, G. *Histoire du Communisme*, vol. I, *Les origines judaïques, chrétiennes, grecques, latines*, Paris, 1931.

WALTER, L.-G. *Contributions à l'étude de la formation de l'esprit révolutionnaire en Europe: Thomas Munzer et les luttes sociales à l'époque del a Réforme*, Paris, 1927.

WAPPLER, P. *Die Täuferbewegung in Thüringen von 1526-1584*, Jena, 1913.

WEBER, M. (1). *Gesammelte Aufsätze zur Religionssoziologie*, vols. I, II, Tübingen, 1920.

WEBER, M. (2). *Wirtschaft und Gesellschaft*, Tübingen, 1925.

WELLER, K. 'König Konrad IV und die Schwaben', in *Württembergische Vierteljahrshefte für Landesgeschichte*, new series, vol. V, Stuttgart, 1896, pp. 113–60.

*WERNER, E. (1). 'Popular ideologies in late medieval Europe: Taborite chiliasm and its antecedents', in *Comparative Studies in Society and History*, vol. II, The Hague, 1959–60, pp. 344–63.

*WERNER, E. (2). 'Messianische Bewegungen im Mittelalter', in *Zeitschrift für Geschichtswissenschaft*, vol. X, Berlin, 1962, pp. 371–96, 598–622.

*WERNER, E. and ERBSTÖSSER, M. 'Sozial-religiöse Bewegungen im Mittelalter', in *Wissenschaftliche Zeitschrift der Karl-Marx-Universität Leipzig, Gesellschafts- und Sprachwissenschaftliche Reihe*, no. 7, 1957–8, pp. 257–82.

WERUNSKY, E. *Geschichte Kaiser Karls IV und seiner Zeit*, Innsbruck, 1882.

WEYDEN, E. *Geschichte der Juden in Köln am Rhein*, Cologne, 1867.

WICKERSHEIMER, E. 'Les accusations d'empoisonnement portées pendant la première moitié du XIVe siècle contre les lépreux et les juifs', in *Bulletin du quatrième Congrès international d'histoire de la médicine*, Brussels, 1923 (published 1927).

WILKINSON, B. 'The Peasants' Revolt of 1381', in *Speculum*, vol. XV, Cambridge, Mass., 1940, pp. 12–35.

*WILLIAMS, G. H. *The Radical Reformation*, London, 1962.

WINKELMANN, E. 'Holzschuh', in ADB, vol. XV, pp. 792–3.

*WOLF, G. (ed.). *Stupor Mundi. Zur Geschichte Friedrichs II von Hohenstauffen*, Darmstadt, 1966.

WOLFF, T. *Die Bauernkreuzzüge des Jahres 1096*, Tübingen, 1891.

WORKMAN, H. B. *John Wiclif*, 2 vols., Oxford, 1926.

*ZIEGLER, P. *The Black Death*, London, 1969.

ZÖCKLER, O. *Kritische Geschichte der Askese*, Frankfort-on-Main and Erlangen, 1863.

*ZSCHÄBITZ, G. *Zur mitteldeutschen Wiedertäuferbewegung nach dem grossen Bauernkrieg*, Berlin, 1958.

3 各国关于千禧年主义运动和弥赛亚运动的著作

ANDERSSON, E. *Messianic popular movements in the Lower Congo*, Uppsala, 1958.

Archives de sociologie des religions, vol. IV (*Messianismes et millénarismes*) and vol. V (*Les messianismes dans le monde*), Paris, 1957–8.

BURRIDGE, K. O. L. *New Heaven, new earth: a study of millenarian activities*, Oxford, 1969.

*COHN, N. 'Reflexions sur le millénarisme', in *Archives de sociologie des religions*, vol. V, Paris, 1958, pp. 103–7.

COHN, N. 'Medieval Millenarism: its bearing on the comparative study of millenarian movements,' in *Millennial Dreams in Action*, pp. 31–43.

DESROCHE, H. 'Messianismus', in *Die Religion in Geschichte und Gegenwart*, vol. IV, Tübingen, 1960.

GUARIGLIA, G. *Prophetismus und Heilserwartungs-Bewegungen als völkerkundliches und religionsgeschichtliches Problem.* (*Wiener Beiträge zur Kulturgeschichte und Linguistik*, vol. XIII) Vienna, 1959.

HOBSBAWM, E. J. *Primitive Rebels*, Manchester, 1959.

LANTERNARI, V. *The religions of the oppressed. A study of modern messianic cults*, trans. Sergio, London, 1963.

Millennial Dreams in Action, ed. S. L. Thrupp (*Comparative Studies in Society and History, Supplement II*), The Hague, 1962.

MÜHLMANN, W. E. *Chiliasmus und Nativismus. Studien zur Psychologie, Soziologie und historischen Kasuistik der Umsturzbewegungen*, Berlin, 1961.

SUNDKLER, B. *Bantu Prophets in South Africa*, London, 1948.

WORSLEY, P. *The trumpet shall sound. A study of 'Cargo' Cults in Melanesia*, London, 1957.

索 引

（以下页码为原书页码，即本书页边码）

Acts of the Apostles, on community of goods, 194, 197, 200, 241, 259
Adam-cult, and the Free Spirit, 180–1, 210; amongst Adamites, 220; and Böhm, 233
Adamites, Bohemian, 219–21
'Adam-Moses', Adamite leader, 220–1
Adso, monk, on Antichrist, 78
Albertus Magnus, on the Free Spirit, 163
Aldebert, heresiarch, 42–4; claims sainthood, 43; his following, 42–3; condemned by synods, 43
Amaurians: leadership, 152–3; apostolate and doctrine, 154–6; female followers, 160
Amaury of Bène, philosopher, 153–4
Ambrose, St, on community of goods, 193, 200
'Ambrosiaster', on freedom and slavery, 192
Anabaptism, and Müntzer, 250–1, 284; general characteristics of, 253–4; millenarian and communistic, 254–5, 258–80. (See also Münster, revolutionary)
Antichrist, Biblical origins of the idea of, 33–4; medieval ideas of, 35; expectations of, in Middle Ages, 35–6, 85–6; during First Crusade, 75; amongst followers of Vincent Ferrer, 145; amongst Taborites, 205–6; amongst Anabaptists, 254, 261; prophecies concerning, in Lactantius, 28; in Commodianus, 28; in *Tiburtina*, 31; in *Pseudo-Methodius*, 32; in Adso, 78; by Benzo, 72; in Roquetaillade, 105; in Joachim of Fiore, 110; by Brother Arnold, 112; by Milič, 205–6; by Matthew of Janov, 205–6; by Storch, 236; dramas about, 79, 136; ministers of Antichrist: Moslems, 75; Jews, 78–9; 86; clergy, 80–1, 83–4, 112, 145, 223; the rich, 101, 215; Lutherans and Catholics, 253–4; Pope as, 80–1, 83–4, 112, 156, 211, 243; Frederick II as, 112–13, 114; and Satan, 34, 86; as a Jew, 78–9; Babylon the birthplace of, 74, 77, 215
Antiochus Epiphanes, persecutes Judaism, 21; in Book of Daniel, 33, 34
Apostolic life, as ideal, 38; its appeal, 37–9
Aquinas, St Thomas, on property, 100
Aristotle, banned at Paris, 153–4
Arnold, Brother, prophecy by, 112–13, 118, 130
Artisans, in local industry, 58; in export industry, 58–9. (See also Cloth-workers; Guilds; Poor, the revolutionary)
Augustine, St, discredits millenarianism, 29; on equality, 193
Aurelius, Bishop of Le Puy, 42
Avaritia, 101, 121, 122, 158, 203, 225, 227, 242

Babylon, as symbol of evil, in Sibylline prophecies, 74; in *Book of a Hundred Chapters*, 121; in Revelation, 215–16; in Rothmann's pamphlets, 274; associated with Church of Rome, 81, 274; with Holy Roman Empire, 111; with the

Babylon—(*contd.*)
rich, 121, 215; Prague as, 215; built by Nimrod, 248. (See also Antichrist)
Bakunin, Mikhail, 148
Baldwin IX, Count of Flanders, 90, 91, 92, 93. (See also Pseudo-Baldwin)
Ball, John, 284; pronouncements attributed to, 198–200, 203–4; as revolutionary leader, 204
Bar-Cochba, Simon, as Jewish Messiah, 23
Baruch, Apocalypse of, on messianic kingdom, 22, 26
Batenburg, Johann, militant Anabaptist, 280
Beaumanoir, jurist, on equality, 193
Beghards, 'holy beggars', 159; condemned by synods, 161, 225; and Niklashausen, 233; as adepts of the Free Spirit (see Brethren of the Free Spirit)
Beguines, 160–2; as adepts of the Free Spirit (see Brethren of the Free Spirit)
Benedict, St, rule of, 38
Benzo, Bishop of Alba, on Last Emperor, 72, 73
Bernard, St, protects Jews, 70; on heretics and weavers, 101
Bertrand of Ray, 92–3. (See also Pseudo-Baldwin)
Black Death, 131–2; contemporary interpretations of, 87, 136; recurrence of, 140, 144, 257
Blanche of Castile, Queen of France, and Shepherds' Crusade, 96, 97
Bloemardinne, adept of the Free Spirit, 168
Blood Friends, sect of the Free Spirit, 167, 180
Bockelson, Jan, 284; arrives at Münster, 261; assists Matthys, 262; at Münster, 267–80. (See also Münster revolutionary)
Bohemia, medieval development of, 205–9. (See also Taborites)
Böhm, Hans, 'the Drummer of Niklashausen', as preacher of repentance, 226–7; of revolution, 227–31; as saviour, 229–30; executed, 231; used by various interests, 322
Boniface, St, on Aldebert, 42–4
Book of a Hundred Chapters, on Emperor from the Black Forest, 119-122, 124–5; against clergy and the rich, 121–2, 233; on Germans as the Chosen People, 123; and *Bundschuh*, 126, 234. (See also Brethren of the Yellow Cross; Community of goods)
Boullan, Jean-Antoine, nineteenth-century sectarian, 176
Bourges, Messiah of, 41–2
Brabançons, disbanded mercenaries, 58
Brant, Sebastian, satirist, on the Free Spirit, 166
Brethren of Common Life, 168
Brethren of the Cross, 133
Brethren (or adepts) of the Free Spirit, as 'holy beggars', 159; relations of, with Beguines, 161–2; first appearance of, in Germany, 163; active in Rhine valley, 163, 165–6; in Bavaria, 166, 225; in central and eastern Germany, 166–7; in north Germany and Holland, 167–8; in Brabant and north France, 168–9. (See also Free Spirit, heresy of the)
Brethren of the Yellow Cross, 120–1, 130, 241
Bromyard, John, on Last Judgement, 201–2
Bucer, Martin, German Reformer, on Spiritual Libertines, 170
Bundschuh risings, 126, 233–4

Calamities: famines, 45, 63, 69, 102, 129; plagues, 63, 87, 129, 131–2, 136, 140, 144, 257; inflation, 208, 257; as stimulus to revolutionary millenarianism, 59–60
Calvin, Jean, on Spiritual Libertines, 171, 183, 185
Canon Law, on Jews, 79; on 'usury'. 79; blamed for introducing private property, 123; on community of goods, 193, 195
Capek, John, Taborite preacher, 212
Capistrano, Giovanni di, and Böhm, 226
Caputiati, militant egalitarians, 100
Carloman, Frankish king, 43–4
Carpocratians, supposed sect of, 189
Catharism, Cathars, 148, 158, 197

Chanson de Roland, on annihilation of misbelievers, 75
Charlemagne, crowned emperor, 71; folklore about, 72; and First Crusade, 72; resurrected, 113; a 'second Charlemagne', 94, 106
Charles IV, Emperor, 167
Charles V, Emperor, 126
Chelčický, Peter, moderate Taborite, 212–13
Christ (see Messiah; Second Coming; Wheat and the tares, parable of the)
Clarkson, Laurence, Ranter, 180
Claro of Montefalco, St, 171
Clement, 'Fifth Epistle' of, on community of goods, 194–7, 200, 258
Clement I, Pope, 193
Clement V, Pope, and Knights Hospitallers, 102; condemns the Free Spirit, 164
Clement VI, Pope, condemns flagellants, 138, 139–40
Clement of Alexandria, quotes treatise *On Justice*, 189
Clergy, worldliness amongst, 82, 134–5, 158, 205, 225, 256; disinterestedness amongst, 83, 158; seen as demonic, 80–1, 83–4, 142; as 'bad fathers' and 'bad sons', 86; condemned by Henry the Monk, heretical preacher, 39–40; by Tanchelm, 47; by Roquetaillade, 105–6; by Franciscan Spirituals, 110; by Swabian preachers, 112; by Brother Arnold, 112; in *Reformation of Sigismund*, 119; in *Book of a Hundred Chapters*, 121; by *Pikarti*, 221; by Wirsberg brothers, 223; by Böhm, 226–7; by Müntzer, 238–9, by Rothmann, 274; in Shepherds' Crusades, 96, 103–4; by flagellants, 130–1, 138, 142, 145–6; in English Peasants' Revolt, 203–4; by followers of Böhm, 227–8; at Münster, 259; by Anabaptists, 277; to be chastised by Emperor Frederick, 111–12, 115, 116, 118, 121, 136
Cloth-industry, in Flanders, 57, 58; decline of, 107; in Champagne, 154; in Holland, 259. (See also Cloth-workers)
Cloth-workers, social situation of, 58–9; insurrections of, 102, 105; with heresy, 101, 105; with flagellants, 146; with the voluntarily poor, 157; with Storch and Müntzer, 235, 237; with militant Anabaptism, 259–60
Commodianus, Latin poet, 28, 78
Community of goods, in *Book of a Hundred Chapters*, 182–3; amongst Brethren of the Free Spirit, 182–3; Ovid on, 187; Trogus on, 187–8; Lucian on, 188; Diodorus Siculus on, 189; in Greek treatise *On Justice*, 189–90; Seneca on, 190–1; Cyprian on, 193; Zeno of Verona on, 193; Ambrose on, 193, 200; in *Recognitions of Clement*, 194; Pseudo-Isidore on, 194; in Acts IV, 194, 197, 200, 241, 259; Jean de Meun on, 195, 197; in Ball's sermon, 199; in *Dives and Pauper*, 200; Wyclif on, 200; Langland on, 201; Cosmas of Prague on, 214; in *Czech Rhymed Chronicle*, 214; in *Majestas Carolini*, 215; amongst Taborites, 217; amongst Adamites, 220; Storch on, 240; Müntzer on, 240–1; Hut on, 254–5; Franck on, 258–9; Rothmann on, 259, 264, 265–6; Bockelson on, 265; at Münster, 265–6;
Comte, Auguste, 109
Constans I, Roman emperor, 84; in *Tiburtina*, 31; resurrected as Louis VII, 74
Constantine I, Roman emperor, as messianic king, 30–1
Constantius II, Roman emperor, 31
Coppe, Abiezer, Ranter, 183, 287
Copper-industry, at Cologne, 57; at Mansfeld, 238, 246
Cornelis, Willem, adept of the Free Spirit, 158, 163
Cosmas of Prague, historian, on Golden Age, 214
Council, ecumenical, of Basle, 118, 222; of Clermont, 61–2, 64; of Constance, 145, 207; of Lyons, 161; of Vienne, 164; Fourth Lateran, 79, 153
Cross, as stigma on shoulder-blades, 65, 73, 103, 143

Crusade of the Shepherds, in 1251, inspiration and organization of, 94–5; turns against clergy, 96; suppressed, 97
Crusade of the Shepherds, in 1320, 103–4; and Böhm, 226
Crusade, popular, in 1309, 102
Crusade, the First: the appeal at Clermont, 61–2; formation of People's Crusade, 62–4; significance of Jerusalem, 64–5; the poor as the elite, 65; and as Tafurs, 65–7; massacres of Moslems in the East, 67–8; and of Jews in Europe, 68–9, 70; belief in Last Emperor, 71–3; *Chanson de Roland* and the Crusade, 75; the Crusade as the eschatological battle, 75
Crusade, the Second, and massacres of Jews, 70; and Last Emperor, 73–4
Crusade, the Third, 89
Crusade, the Fourth, 89, 90
Crusade, the Seventh, 94. (See also Crusade of the Shepherds, in 1251)
Crusaders of peace (see *Caputiati*)
Crusades, Children's, 89–90
Custom of the manor, 55, 198, 246
Cyprian, St, on community of goods, 193
Czech Rhymed Chronicle, on Golden Age in Bohemia, 214

Dabenton, Jeanne, leader of Turlupins, 169
'Daniel's dream', in Book of Daniel, 22, 27, 33–4; and *Book of a Hundred Chapters*, 124; and Müntzer, 238–9, 248
Decretals, the False, 194–5
Decretum (see Gratian)
de Montfort, Simon, 97
Diodorus Siculus, Greek historian, on Isles of the Blessed, 189
Divara, 'queen' of Münster, 270, 273, 279
Dives, as symbol of the rich, 101; in drama at Münster, 278
Dives and Pauper, Dialogue of, on community of goods, 200
Dolcino, Fra, Italian millenarian, 110
Dominic, St, 83
Dominican Order (see Mendicant Orders)
Drummer of Niklashausen (see Böhm, Hans)
du Fayt, Jean, Flemish monk, 140
Dürer, Albrecht, picture of Day of Wrath by, 84
Dusentschur, Anabaptist prophet, 271–2, 273, 274–5, 276

Egalitarian Millennium, references to, in *Book of a Hundred Chapters*, 122, 233; by Ball, 199–200, 203–4; by Böhm, 228–9, 232; by Müntzer, 240–9; by Storch, 240; by Hugwald, 240; by Hut, 254–5; by Rothmann, 259, 265–6; as aim of *Bundschuh* risings, 234. (See also Adamites; Münster, revolutionary; Taborites)
Egalitarian State of Nature, 187; in Greek Stoic doctrine, 188; in Diodorus Siculus, 189; in patristic doctrine, 191–2; in Ball's sermon, 199; 'Ambrosiaster' and Augustine on slavery, 192–3; Beaumanoir on original freedom, 193. (See also Community of goods; Egalitarian Millennium)
Emico, Count of Leiningen, as Last Emperor, 73, 93, 283, 284, 285
Emperor from the Black Forest (see *Book of a Hundred Chapters*)
Emperor of the Last Days, origin of the idea of, 31–2; expectation of, in Middle Ages, 35; prophecies concerning, in *Tiburtina*, 31; in *Pseudo-Methodius*, 31–2; by Benzo, 72; in Roquetaillade, 106; in *Gamaleon*, 118; in *Reformation of Sigismund*, 118–19; in *Book of a Hundred Chapters*, 120, 121, 124; as a western monarch, 71; Emperor Henry IV as, 72; resurrected Charlemagne as, 72; leaders of First Crusade as, 73; Emico of Leiningen as, 73; Louis VII as, 73–4, 93; Louis VIII as, 81, 94, 156; Pseudo-Baldwin as, 92, 93; Frederick II as, 111–13; resurrected Frederick II as, 113, 116–18, 126, 130, 136, 143; Pseudo-Frederick as, 115; Frederick the Undaunted as, 142–3; Konrad Schmid as, 142, 146; dynastic exploitation of the idea, 35, 106.

(See also Emperor, Sleeping; Saviour, eschatological)
Emperor, Sleeping, in *Pseudo-Methodius*, 32; Charlemagne as, 72; Emico of Leiningen as, 73; Baldwin IX of Flanders as, 90, 93, 113; Frederick II as, 113, 142–3; King Arthur as, 93, 113
Engels, Friedrich, on Müntzer, 251
Enoch and Elijah, as witnesses against Antichrist, 145–6, 261
Eon, heresiarch, 44; claims divinity, 44; his following, 44–5; capture and death, 46
Ernest, Count of Mansfeld, and Müntzer, 241, 249, 250
Eschatology, definition of, xiii
Euchites, mystical sect, 151
Eugenius III, Pope, and Eon, 46; and Jerusalem, 73
Everwacher, associate of Tanchelm, 47
Ezra, Apocalypse, on Messiah, 22

Family, the peasant, 56; disintegration of, 59
Farel, Guillaume, Reformer, on Spiritual Libertines, 171
Fichte, J. G., 109
Flagellants in 1260–62, in Italy, 128–9; in Germany, 129–31. (See also Heavenly Letter; Joachism; Poor, the revolutionary.)
Flagellants in 1348–49, and Black Death, 131–2; spread and numbers of, 132; organization and procedure of, 132–4; claim miraculous powers, 135; eschatologically. inspired, 136; turn against clergy, Jews, the rich, 138–40; suppressed, 140–1. (See also Poor, the revolutionary)
Flagellants about 1400, in Low Countries, 136, 139; in Italy, 145
Flagellants in Thuringia, millenarian sect, 142–4, 145–6; repression of, 144–5, 146–7. (See also Emperor of the Last Days; Poor, the revolutionary; Schmid, Konrad)
Flagellation, origins of, in Europe, 127; redemptive and eschatological significance of, 127–8. (See also Flagellants)
Francis I, king of France, 170
Francis, St, 66, 83, 100, 157
Franciscan Order (see Mendicant Orders)
Franciscan Spirituals, 40, 110, 158, 224. (See also Joachism)
Franck, Sebastian, Humanist, on community of goods, 258–9
Frederick I, Emperor, 111
Frederick II, Emperor, 111–12, 126, 283; messianic pretensions of, 111. (See also Antichrist; Emperor of the Last Days)
Frederick III, Emperor, 126, 225
Frederick of Lantnaw, priest, as 'future Frederick', 118–19
Frederick the Undaunted, Margrave of Thuringia, 142–3
Frederick the Wise, Elector of Saxony, 238, 243, 244, 248
Free Spirit, heresy of the: range and significance, 148–9; evidence on the doctrine, 149–50; an eccentric type of mysticism, 150; the Neo-Platonic framework, 172–3; adepts 'become God' and claim omnipotence, 174–6; psychoanalytic interpretation, 176; personality of a modern adept, 176–7; Suso on 'Nameless Wildness', 177; total amoralism of the adepts, 177–80; mystical eroticism, 179; the Adam-cult, 180–1; adepts and disciples, 181; revolutionary social doctrine, 182–3, 197. (See also Adamites; Amaurians; Arnold, adept; Brethren of the Free Spirit; *Mirouer des simples ames*; Ranters; Spiritual Libertines; Taborites)
Fritz, Joss, leader of *Bundschuh*, 233–4
Froissart, Jean, on John Ball, 199, 204
Fulk of Neuilly, preacher of popular crusade, 89

Gamaleon, Latin tract on Last Emperor, 118, 125
Genesis, Book of, cited by Ambrose, 193
Germans, as Chosen People, in *Gamaleon*, 118; in *Book of a Hundred Chapters*, 123
Gerson, Jean Charlier de, on flagellants, 145; on the Free Spirit, 169, 180, 181

Godfrey of Bouillon, King of Jerusalem, 67, 73
Gog and Magog, in Commodianus, 29; in medieval Sibyllines, 31, 32, 78; as Huns etc., 35; as lost tribes of Israel, 78
Gratian, canonist, on communistic State of Nature, 193, 195, 200
Gregory, St, Bishop of Tours, on Messiah of Bourges, 41–2
Gregory VII, Pope, on clerical celibacy and simony, 38–9
Gregory XI, Pope, on the Free Spirit, 167
Groot, Gerhard, founder of Brethren of Common Life, 168
Guarnieri, Professor Romana, 149, 183
Gubbio, Bentivenga da, 171
Guilds, in local and export industries, 58, 59; in Bohemia, 208; at Münster, 256–7, 268; workers outside the, 59, 118–19, 204, 259

Hartmann, Johann, adept of the Free Spirit, 182, 185
Heavenly Letter, of Peter the Hermit, 62; of 'Master of Hungary', 94–5; of Revolutionary of the Upper Rhine, 119–20; of flagellants, 129–30, 131, 134, 146; and Böhm, 230
Hegel, G. W. F., 109
Heisterbach, chronicler of, on Amaurians, 152
Henry, heretical preacher, 39–40; attacks clergy, 39; and Tanchelm, 48–9
Henry III of England, 92, 97
Henry IV, Emperor, as Last Emperor, 72, 73
Hildebert of Lavardin, bishop of Le Mans, 39
Hoffmann, Melchior, Anabaptist prophet, 258, 260
Homines intelligentiae, sect of the Free Spirit, 168–9; and Adam-cult, 179–80; and Bohemia, 211
Hugwald, Ulrich, Humanist, on egalitarian Millennium, 240
Hundred Years War, 107
Hus, John, 206–7
Húska, Martin, Taborite preacher, 211–12, 284
Hussite Movement, 284; beginning of, 207–8. (See also Hus, John; Taborites; Utraquists)
Hut, Hans, militant Anabaptist, 254–5, 260

Industry and commerce, local, 58; export, 57, 58–9, 114, 116, 154. (See also Cloth-industry; Copper-industry)
Innocent III, Pope, condemns Amaury of Bène, 153
Innocent IV, Pope, condemned by Swabian preachers, 112
Innocent VI, Pope, appoints inquisitor in Germany, 165
Inquisition, in Germany, 144, 146, 164–7; on Low Countries, 168, 169; in France, 169
Interregnum, the Great, in Germany, 114
Irenaeus, St, millenarian writings of, 27, 29
Isaiah, Book of, on Jerusalem, 64; on the rich, 244

Jacquerie, French peasant rising, 105, 203, 245
Jakoubek of Stříbo, 207
Jean de Meun, poet, on Golden Age, 195, 197
Jerusalem, as centre of messianic kingdom, 64–5; Antichrist at, 31, 32, 75; Last Emperor journeys to, 31, 32, 116, 124; New, or Heavenly, 25–9, 64–5. (See also Münster, revolutionary)
Jews, attitude of, to history, 19–20; eschatology of, in Prophetical Books 20; and in apocalypses, 20–1; phantasies of, about a Messiah, 22–3, 77; refusal to be absorbed, 76–7; survival of, due to religion, 77; social situation of, in Middle Ages, 76, 79, 139; as money-lenders, 79–80; seen as demonic, 76, 77–8, 80, 87; as 'bad fathers' and 'bad children', 86; massacred in First Crusade, 68–9, 73; in Second Crusade, 69–70; in later People's Crusades, 102–3; during Black Death, 87, 138; by flagellants, 138–9; in twentieth century, 76; in *Gamaleon*, 118; in

Jews, attitude of—(*contd.*)
Books of a Hundred Chapters, 123, 125. (See also Antichrist; Satan)
Joachim of Fiore, 108–10, 155, 281; influence of, in modern philosophies of history, 109–10
Joachism, 110–13, 158; and flagellants, 129, 130, 137, 143; and Wirsberg brothers, 224. (See also Third Age, the)
Joanna, Countess of Flanders, 90, 91, 92, 93. (See also Pseudo-Baldwin)
Johannes Scotus Erigena, and the Free Spirit, 153, 172
John, Duke (later Elector) of Saxony, 238, 241, 243, 244
John XXII, Pope, opposes *Pastoureaux*, 104
John XXIII, Pope, and Hus, 206–7
John of Brünn, adept of the Free Spirit, 182–3, 185
John of Leyden (see Bockelson, Jan)
John of Roquetaillade (see Roquetaillade)
John of Winterthur, chronicler, on resurrected Frederick II, 117, 136, 227
Josephus, on Jewish War, 23
Jude, Epistle of, on Second Coming, 243
Justice, On, Greek treatise on community of goods, 189–90
Justin Martyr, on Millennium, 26

Kániš, Peter, leader of *Pikarti*, 219
Karlstadt, Andreas Bodenstein von, German Reformer, 240
Kempis, Thomas à, 168
Kerlinger, Walter, inquisitor, 167
Knights Hospitallers, 102
Knipperdollinck, Bernt, Anabaptist, activities of, at Münster, 258, 261, 262, 263, 269, 273, 278; executed, 280
Kyffhäuser mountain, and Sleeping Emperor, 143, 144, 146

Lactantius, millenarian writings of, 27–8
Langland, William, on community of goods, 201
Last Emperor (see Emperor of the Last Days)
Lazarus, as symbol of the poor, 66, 101; in drama at Münster, 278
League of the Elect (see Müntzer, Thomas)
Leeuwe, Aegidius de, leader of *Homines intelligentiae*, 168, 180
Lessing, G. E., 109
Lorch, Melchior, picture of Satan-Antichrist by, 34, 83–4, 86
Lost tribes of Israel, as army of Christ, 28; of Antichrist, 78–9,
Louis VII, as Last Emperor, 69 73–4, 93
Louis VIII, as eschatological monarch, 81, 94, 156; and Pseudo-Baldwin, 92
Louis IX, and Seventh Crusade, 94, 283
Lucian, on Golden Age, 188
Luther, Martin, on Pope as Antichrist, 80; and Pruystinck, 170; launches German Reformation, 235; eschatology of, 243; and Müntzer, 235–6, 242–4; and Peasants' War, 248; and Anabaptism, 252–3
Luxuria, 101, 121, 122, 203, 212, 215, 225, 227, 242, 283

Maccabaean revolt, 21
Magnus, Albertus, 163
Majestas Carolini, Bohemian legal code, 215
Manasses, associate of Tanchelm, 49
Margaret of Navarre, Queen, and Spiritual Libertines, 170–1
Marguerite Porete, adept of the Free Spirit, 149, 163, 183–6
Martin V, Pope, and Hussites, 207
Martin of Mainz, disciple of Nicholas of Basle, 181
Marxism, and Joachism, 108, 109
'Master of Hungary', leader of Shepherds' Crusade of 1251, 94–8, 129, 138, 261, 285
Matilda of Magdeburg, Beguine, on the Free Spirit, 166–7
Matthew of Janov, 206
Matthew, St, 110
Matthys, Jan, Anabaptist, character of, 260; arrives at Münster, 262; in power at Münster, 264–7; death of, 267
Maximilian I, Emperor, 121, 126

Mendicant Orders, 40, 95, 96, 106, 110, 158–9, 161, 204, 223
Merchants, and emancipation of towns, 57–8; become hated by artisans, 98
Messalians, (see Euchites)
Messiah, in Jewish apocalypses, 22; Christian, 23. (See also Second Coming)
Messianic banquet, 213
Meun, Jean de, 195, 197
Milíč, John, Bohemian divine, 205–6, 210
Millenarianism, revolutionary, 21; incidence of revolutionary millenarianism in medieval Europe, 53. (See also Millennial and Messianic prophecies)
Millennial and messianic prophecies, inherited from Antiquity, xiii, 19; in Prophetical Books, 20, in Book of Daniel, 20–1; in Apocalypses of Baruch and Ezra, 22; amongst first Christians, 23–4; in Revelation, 24; inspire Montanism, 25–6; by Papias, 26–7; by Irenaeus, 27; by Lactantius, 27–8; by Commodianus, 28–9; condemned by Origen and Augustine, 29; in *Tiburtina*, 31; in *Pseudo-Methodius*, 32; during First Crusade, 64–5, 72; by Benzo of Alba, 72; concerning Louis VII, 69–70; during famine of 1315, 102–3; by Roquetaillade, 105–6; by Joachim of Fiore, 108–10; by Franciscan Spirituals, 110; by Brother Arnold, 112; concerning resurrected Frederick II, 116–18; in *Gamaleon*, 118; in *Book of a Hunderd Chapters*, 119–26, 233; amongst flagellants, 128–30, 136–7, 142–4, 145–6; amongst Amaurians, 155–6; amongst Brethren of the Free Spirit, 180; in English Peasants' Revolt, 202–4; in Bohemia and amongst Taborites, 210–16, 219; by Wirsberg brothers, 223–4; by Böhm, 228–9, 233; by Storch, 240, 248; by Müntzer, 238–43, 247–8, 250; amongst early Anabaptists, 254–5, 258; at Münster, 260, 262, 265–6, 271–2, 274, 279. (See also Antichrist; Emperor of the Last Days; Second Coming; Saviour, eschatological)
Mirouer des simples ames, mystical treatise, 149, 163–4, 183–6; and see Free Spirit, 149
Monarchy, consolidation of French, 106–7; decline of German, 107, 114, 116–17, 225
Mohammed, 75–6, 94
Money-lenders, Jewish, 79–80; Christian, 79. (See also 'Usury')
Montanism, 25–6
Moslems, and *Pseudo-Methodius*, 32; massacred in First Crusade, 66–8; seen as demonic, 75–6; in *Book of a Hundred Chapters*, 124. (See also Antichrist; Crusades)
Münster, revolutionary: bishopric and city, 256; guilds against clergy, 257; arrival of Anabaptists, 258; Rothmann preaches community of goods, 258–9; immigration of the propertyless, 259; the town becomes Anabaptist, 261–2; Matthys expels misbelievers, 262–3; siege begins, 263; terror begins, 264; community of goods, 265–6; and its appeal outside the town, 266–7; burning of books, 267; death of Matthys and succession of Bockelson, 267–8; new authoritarian constitution, 268; polygamy introduced, 269–70; military superiority of the defence, 271; Bockelson proclaimed king, 271–2; and elaborates ceremonial monarchy, 272–3; millennial prophecies, 274; banquet on 'Mount Sion', 275; terror intensified, 275–6; risings in sympathy with Münster, 277; famine, 278; terror further intensified, 278–9; fall of the town, 279; massacres and execution of Anabaptists, 279–80. (See also Anabaptism; Rothmann)
Müntzer, Thomas, 170, 260, 284, 286; an 'eternal student', 235; influenced by Storch, 235–6; ascetic and mystical doctrine of, 236–7; at Prague, 237–8; founds 'League of the Elect', 238; preaches before Duke John, 238–9; egalitarian millenarianism

Müntzer—(*contd.*)
of, 240–1, 247–8; pamphlet against the rich, 241–2; and against Luther, 242–4; at Mühlhausen, 244–5; role of, in the Peasants' War, 246–50; letter to followers at Allstedt by, 247–8; capture and execution of, 250; posthumous fame of, 250–1; and flagellants, 147, 237. (See also Luther; Storch)

Neo-Platonism, and the Free Spirit, 153, 154, 172, 179
Nicholas of Basle, adept of the Free Spirit, 165–6, 181
Nietzsche, Friedrich, 148–9
Nimrod, as originator of private property, 248, 258
Norbert, St, 40; opposes Tanchelm, 47; biography of, 49–50; voluntary poverty of, 100
Novus dux, in Joachite prophecy, 110, 112

Origen, discredits millenarianism, 29
Ovid, on Golden Age, 187
Owst, G. R., translation of Bromyard by, 201

Papias, 'Apostolic Father', millenarian prophecy by, 26–7
Paschal II, Pope, 47
Pastoureaux (see Crusade of the Shepherds, in 1251, 1320)
Paul, St, on Antichrist, 33–4
Peasantry, social situation of, 54–6, 99; and English Peasants' Revolt, 198; and Taborites, 209, 218; and Böhm, 231; in German Peasants' War, 245, 249; little inclined to millenarianism, 55, 126, 245
Peasants' Revolt, English, 198, 242, 245
Peasants' War, German, 245–6, 248–9, 254, 257
Pepin, Frankish king, 43–4
Persian religion, 19, 34
Peter the Hermit, 62, 67, 94, 129
Pfeiffer, Heinrich, revolutionary of Mühlhausen, 244, 245, 247, 249, 250
Philip II (Augustus) of France, 90, 94, 156; as 'second Charlemagne', 94
Philip V of France, 102–3
Philip V of France, bans flagellants, 140
Philip, Landgrave of Hesse, 248–50
Philippa of Hainaut, Queen of England, 164
Pikarti: arrival of Picards in Bohemia, 211; radical Taborites, 219–20, 224, 260
Pirenne, Henri, 105
Plotinus, and the Free Spirit, 172–4
Poor, the revolutionary, social situation of, 58–60, 87–8; salvationist tendencies amongst, 83; see themselves as Elect ('Saints'), 65, 85; hostility of, towards Jews, 75, 78–9, 80; towards clergy, 80–1, 83–4; towards the rich, 98–101, 116–17; associated with First Crusade, 62–9, 72–3; with Second Crusade, 69–70, 73–4; with Fulk of Neuilly, 89; with Pseudo-Baldwin, 92–3; with Shepherds' Crusade of 1251, 95; with *Caputiati*, 100; with later popular crusades and revolts, 101–5; with Frederick II, 112–13; with Pseudo-Frederick, 114–15; with resurrected Frederick II, 116–17; with flagellants, 128, 130, 137–40, 144–7; with Pruystinck, 170; with English Peasants' Revolt, 203–4; with Taborites, 208–9; with Böhm, 226, 228–9; with *Bundschuh*, 234; with Müntzer, 237, 246–7; with Münster, 259, 266; role ascribed to, by Roquetaillade, 105; by Brother Arnold, 112; in *Reformation of Sigismund*, 118–19; in *Book of a Hundred Chapters*, 121; by Ball, 199; by Bromyard, 201–2; by Böhm, 228; by Müntzer, 242, 244–5; by Rothmann, 266, 274; by Bockelson, 273–4. (See also Artisans; Cloth-workers; Peasantry)
Population, surplus, in Flanders, 57–60; in Bohemia, 208–9; other references, 59, 63, 87–8, 107, 204, 237
Porete, Marguerite, adept of the Free Spirit, 149, 163, 183–6. (See also *Mirouer des simples ames*)

Poverty, voluntary, 100, 157–8, 197 (See also Beghards)
Propheta, definition of, 62
Pruystinck, Loy, and Spiritual Liberty, 169–70
Pseudo-Baldwin, 282, 283, 284; poses as Count of Flanders, 90–1; wages war, 91; as messiah of the poor, 92–3; executed, 93
Pseudo-Dionysius, and Neo-Platonism, 172
Pseudo-Frederick, at Neuss, 113–15, 231, 284; as eschatological saviour, 115
Pseudo-Isidore, author of the False Decretals, 195, 197
Pseudo-Methodius, Sibylline Oracle, 32, 71, 72, 79

Quintin, Quintinists, Spiritual Libertines, 170–1

Ranters, relevance of, to the Free Spirit, 150. (See also Clarkson, Laurence; Coppe, Abiezer)
Raymond of Aguilers, chronicler, on the poor in First Crusade, 65
Raymond of St Giles, Count of Toulouse, 65, 73
Recognitions of Clement, on community of goods, 194
Reformation, the German, 235, 252
Reformation of Sigismund, tract on social reform and Last Emperor, 118–19, 233
Revelation, Book of, on Second Coming and Last Judgement, 24, 26, 84, 223; Augustine on, 29; influence of, in Middle Ages, 32–3, 108, 120; on Antichrist, 34; on Babylon, 215–16; on the 'two witnesses', 145
Revolutionary of the Upper Rhine (see *Book of a Hundred Chapters*)
Rich, the, as merchant capitalists, 98, 215; as landlords, 99; become hated by the poor, 98–101, 116–17; Christian teaching invoked against, 100–1; symbolized by Dives, 101; by Babylon, 215–16; seen as demonic, 101, 203; condemned by Roquetaillade, 105–6; in *Reformation of Sigismund*, 119; in *Book of a Hundred Chapters*, 121; by Lucian, 188; by Jean de Meun, 196; by Ball, 199; by Bromyard, 201–2; by Böhm, 227–8; by Müntzer, 240–2, 243–4, 247–8; by Hut, 254–5; by Rothmann, 264; menaced by *Caputiati*, 100; in fourteenth-century revolts, 103–4; by flagellants, 139; in English Peasants' Revolt, 204; by Taborites, 215–16, 221–2; by *Bundschuh*, 233–4; at Münster, 260, 263. (See also Clergy; Community of goods; Egalitarian Millennium; Poor, the revolutionary)
Rienzo, Cola di, in Italy, 110; in Bohemia, 210
Robert II, Count of Flanders, and Tanchelm, 47
Robert of Arbrissel, preacher, 40, 50
Robert of Courçon, on Amaury of Bène, 153
Roman de la Rose (see Jean de Meun)
Roman Law, blamed for introducing private property, 123; undermines 'custom', 246
Roquetaillade, John of, prophecy by, 105–6
Rothmann, Bernt, preacher at Münster, Lutheran and Anabaptist, 257–8, 260; on community of goods, 259, 264, 265–6; on Second Coming, 273, 274; death of, 279
Rousseau, Jean-Jacques, 195
Rudolph I, German King, and Pseudo-Frederick, 114, 115
Rudolph, monk, in Second Crusade, 69–70, 74
Rudolph of Scherenberg, Bishop of Würzburg, 226; and Böhm, 230–2
Ruusbroec, Jan van, mystic, on the Free Spirit, 168, 176

Salimbene of Parma, chronicler, on flagellants, 129
Satan, and Antichrist, 34, 86; and Jews, 78
Saturn, Reign of, as Golden Age, 187
Saviour, eschatological, as 'good father' and 'good son', 84–5; role of, assumed by *prophetae*, 83, 84–5; Tanchelm as, 49; Revolutionary of the Upper Rhine as,

Saviour—(*contd.*)
119–20; Konrad Schmid as, 142–3, 145–6; Wirsberg brothers and, 224; Storch as, 248; Bockelson as, 271. (See also Emperor of the Last Days; Messiah; Second Coming)
Schelling, F. W. J. von, 109
Schism, the Great, 145
Schmid, Konrad, 284; leader of Thuringian flagellants, 141–3, 167, 182; as Messiah and Last Emperor, 142–3, 145–6; executed, 144, 167
Schweitzer, Albert, 23
Schwester Katrei, mystical treatise, and the Free Spirit, 149, 175, 179
Second Coming, in Matthew, 23, 248; in Revelation, 24, 216, 248; in Montanism, 25–6; in 2 Peter, 26; in Lactantius, 27–8; in Commodianus, 28; in medieval Sibyllines, 30, 31; general expectation of, in Middle Ages, 35; First Crusade and, 72; in *Gamaleon*, 118; in *Book of a Hundred Chapters*, 120–1; in Heavenly Letter of flagellants, 129–30; in Jude, 243; Konrad Schmid and, 145–6; Ball's sermon and, 203; expectations of, in Bohemia, 210–11, 213, 216; in teaching of Storch, 236; of Luther, 243; of Müntzer, 248, 250; of Hut, 255; of Hoffmann, 258; expectations of, at Münster, 260, 274
Seneca, on Golden Age, 190–1, 193, 197
Shembe, Isaiah, Zulu Messiah, 52
Sibylline Books, 30
Sibylline Oracles, origin of, 30; influence of, 33, 35. (See also Emperor of the Last Days; Millennial and messianic prophecies; *Pseudo-Methodius*; *Tiburtina*)
Sigismund, Emperor, as Last Emperor, 126; and Hussites, 207, 211, 213. (See also *Reformation of Sigismund*)
Simon de Montfort, disperses *Pastoureaux*, 97
Spiritual Libertines, sect of the Free Spirit, 170–1, 185
Stoics, 188–9
Storch, Niklas, millenarian prophet, 235–6; on community of goods, 240; as eschatological saviour, 248; death of, 250
Straw, Jack, supposed confession of, 204
Suchenwirt, Peter, poet, on the urban poor, 117
Sufis, Moslem mystics, 151–2
Sundkler, Bengt, Missionary, 51–2
Suso, Heinrich, mystic, on self-flagellation, 127; on the Free Spirit, 177–8

Tabor, founding of, 210; capture of, 223
Taborites, radical Hussites, 209, social composition of, 208; religious and social aspirations of, 210; militant millenarianism amongst, 211–13; Joachism amongst, 213; anarcho-communistic phantasies amongst, 215–16, 218–19; communistic experiments amongst, 216–17; pillaging by, 217–18; peasantry oppressed by, 218; continuing influence of, outside Bohemia, 221–2; decline of, in Bohemia, 223. (See also Adamites; Babylon; *Pikarti*)
Tafur, 'King', leader of Tafurs, 66–7, 72, 89, 283
Tafurs, in First Crusade, 65–7
Tanchelm, heresiarch, 46–50, 61, 68, 91, 95, 155, 156, 227; attacks clergy, 47; claims divinity, 49; followed by artisans, 49
Tancred, crusader, 68
Tertullian, and Montanism, 26
Third Age, the, in Joachim of Fiore, 108–9; in modern philosophies of history, 109; amongst Amaurians, 155; amongst *Homines intelligentiae*, 180; amongst Taborites, 213; and Wirsberg brothers, 223; in Rothmann, 274. (See also Joachism)
Tiburtina, Sibylline Oracle, 31, 74
Towns, medieval, as industrial and commercial centres, 57–8; size of, 59; conflicts of, with ecclesiastical overlords, 256–7. (See also Merchants; Poor, the revolutionary)
Trithemius, chronicler, on Böhm, 228

Trogus, Gnaeus Pompeius, on Golden Age in Italy, 187–8
Turlupins, sect of the Free Spirit, 169, 180

Unio mystica, not self-deification, 175
Urban II, Pope, and First Crusade, 61–2, 64, 75
Urban V, Pope, and the Free Spirit, 167, 169
'Usury', condemned by Church, 79, 82; in *Book of a Hundred Chapters*, 122. (See also Money-lenders)
Utraquists, moderate Hussites, 210, 221
Utrecht, Chapter of, on Tanchelm, 47–8, 49

Vademecum in tribulationibus (see Roquetaillade)
Van den Bruck, Moeller, German publicist, 109
Victor, St, Abbot of, on the Amaurians, 156
Vikings, as traders, 57
Vincent Ferrer, St, and flagellants, 145
Virgil, on Golden Age in Italy, 187

Waldensians, sect of, 40, 157, 158, 197, 210, 211, 254
Waldo, Peter, founder of Waldensians, 157
Walsingham, Thomas, chronicler, on Ball, 199, 202
Walter, adept of the Free Spirit, 165
Weavers (see Cloth-workers)
Weber, Max, sociologist, 51
Wenceslas IV, King of Bohemia, 205; and Hussites, 207, 209, 211
Wheat and the tares, parable of the, 199, 203, 237
Willemsen, Jan, mystical anarchist, 280
William of Hildernissen, adept of the Free Spirit, 168
William of Newburgh, chronicler, on Eon, 44–6
William the Goldsmith, leader of Amaurians, 152, 155
Winstanley, Gerrard, 288
Wirsberg, Janko and Livin of, Bohemian millenarians, 223–5
Women, and the Free Spirit, 160–1; and Anabaptism at Münster, 261, 270
Wyclif, John, on community of goods, 200; influence of, in Bohemia, 206

Zachary, Pope, 43–4
Zelivsky, John, radical Hussite, 207
Zeno, Stoic philosopher, on total community, 189
Zeno of Verona, St, on community of goods, 193
Žižka, John, Hussite general, 213; opposed to millenarianism, 219; suppresses *Pikarti* and Adamites, 219–21
Zulu prophets, 51–2

图书在版编目（CIP）数据

追寻千禧年：中世纪的革命千禧年主义者和神秘无政府主义者：修订增补版／（英）诺曼·科恩（Norman Cohn）著；冯璇译．--北京：社会科学文献出版社，2022.11

书名原文：The Pursuit of the Millennium: Revolutionary Millenarians and Mystical Anarchists of the Middle Ages(Revised and Expanded Edition)

ISBN 978-7-5201-9898-1

Ⅰ.①追… Ⅱ.①诺… ②冯… Ⅲ.①欧洲－中世纪史 Ⅳ.①K503

中国版本图书馆 CIP 数据核字（2022）第 047121 号

追寻千禧年

——中世纪的革命千禧年主义者和神秘无政府主义者

（修订增补版）

著　　者／〔英〕诺曼·科恩（Norman Cohn）
译　　者／冯　璇

出 版 人／王利民
组稿编辑／董风云
责任编辑／李　洋
责任印制／王京美

出　　版／社会科学文献出版社·甲骨文工作室（分社）（010）59366527
地址：北京市北三环中路甲 29 号院华龙大厦　邮编：100029
网址：www.ssap.com.cn
发　　行／社会科学文献出版社（010）59367028
印　　装／三河市东方印刷有限公司

规　　格／开　本：889mm×1194mm　1/32
印　张：17.875　插　页：0.25　字　数：413 千字
版　　次／2022 年 11 月第 1 版　2022 年 11 月第 1 次印刷
书　　号／ISBN 978-7-5201-9898-1
著作权合同登记号／图字 01-2016-3229 号
定　　价／98.00 元

读者服务电话：4008918866